COMPLETE - PASS

텔레
마케팅
1·2차 한권으로 끝내기
관리사

COMPLETE-PASS

텔레 마케팅 관리사

1·2차 한권으로 끝내기

텔레마케팅관리사 시험이 2022년 3회 1차 필기부터 CBT(시험장에 가서 컴퓨터 화면으로 시험을 보는 형태) 방식으로 변경되었습니다. 문제가 공개되지 않아 누구도 완성된 기출문제를 구할 수 없습니다. 또한 2023년부터는 평가 영역이 개정되어 기출문제만으로는 바뀐 경향에 대비하는 데 어려움이 있습니다.

본 수험서는 시험을 준비하는 수험생의 입장에서 약 1년간의 제작 과정을 거쳐 최종 완성되었습니다. 필자가 평가 영역을 면밀히 분석하여 1차적으로 이론을 완성하였고, 시험에 직접 응시하여 이론의 완성도를 검증하였습니다.

시험 당시 실제 집필한 이론적 지식만으로 시험에 응시하였고, 1차 시험은 약 90%의 적중률로 나타났습니다. 2차 시험까지 응시하여 최종 합격한 이후 생생한 시험 경험을 바탕으로 이론을 보강, 단원별로 실제 나올만한 문제를 엄선하여 최종 수록하였습니다.

본 수험서는 다른 어떤 수험서와도 비교할 수 없는 특징을 가지고 있습니다.

첫째, NCS에 맞춰 개정된 평가 영역을 100% 반영하여 이론을 완성하였습니다.

본서에 담긴 한 줄 한 줄은 광대한 NCS의 이론을 평가 영역과 모두 비교하고 압축하여 완성한 내용입니다. 어느 한 단원도 버릴 것 없이 출제될 수 있는 내용으로 알차게 구성하였습니다.

둘째, 1차 시험과 2차 시험을 동시에 대비할 수 있는 수험서입니다.

필자는 본 수험서의 내용만으로 최종 시험에 합격하였습니다. 합격률이 비교적 높지 않은 2차 시험의 경우는 기존 알려진 기출문제만으로는 대비하는 데 다소 부족함이 있을 수 있습니다. 이에, 직접 시험에 응하여 내용 검증을 거친 단 하나밖에 없는 수험서임을 강조합니다.

셋째, 단원별 중요도를 별표로 표시하여 어떤 영역에서 더 많은 문제가 나오는지, 2차 시험은 어떤 형태로 출제되는지를 한 눈에 볼 수 있도록 표시하였습니다.

또한, 처음 시험을 접하는 수험생분들은 개념이 난해할 수 있는데, 중요한 개념에는 별색 표시를 하였습니다.

마지막으로, 이 책에 수록된 단원별 1, 2차 실전 예상문제와 1차, 2차 기출유형 모의고사는 실제 시험과 유사 혹은 동일한 형태의 문제입니다.

어디서도 볼 수 없는 필자의 경험을 녹여냄으로써 이 책으로 공부한 수험생분들께서는 시험장에서 보다 수월하게 문제를 풀어가는 경험을 하게 될 것입니다.

상대적으로 합격률이 높은 1차 시험과 비교하여 2차 시험은 약 30%대의 합격률을 보이므로 보다 전략적인 학습을 요하고 있습니다. 1차와 2차를 동시에 대비할 수 있는 본 수험서로 최단기간 내 최종 합격에 도전하십시오.

편저자 씀

● **개요**

전문 지식을 바탕으로 컴퓨터를 결합한 정보통신기술을 활용해 고객에게 필요한 정보를 즉시 제공, 신상품 소개, 고객의 고충 사항 처리, 시장조사, 인바운드와 아웃바운드 등 다양한 기능을 수행하는 숙련된 기능인력을 양성하기 위해 텔레마케팅관리사 자격제도를 제정함

● **수행 직무**

통신수단을 이용하여 이루어지는 상품 또는 서비스에 대한 판매 및 고객관리를 의미하며 시장환경분석, 상품개발기획, 전략 수립, 조직 운영관리, 성과 관리, 고객 관계 관리, 판매관리, 인·아웃바운드마케팅, 텔레마케팅 시스템운용의 업무를 수행

● **취득 방법**

① 시행처 : 한국산업인력공단(www.q-net.or.kr)
② 시험과목

구분	필기(1차)	실기(2차)
시험과목	1. 고객관리 2. 시장환경조사 3. 마케팅관리 4. 조직운영 및 성과 관리	비대면매체 고객관리 실무
검정방법	객관식 4지 택일형(CBT방식)	필답형
문제 수	과목당 25문항(총 100문항)	20~25문항
시험시간	2시간 30분	2시간 30분
합격기준	100점을 만점으로 하여 과목당 40점 이상, 전과목 평균 60점 이상	100점을 만점으로 하여 60점 이상

※ 1차 필기시험 방식이 CBT 방식으로 변경됨
※ 텔레마케팅관리사 출제 기준이 2023년부터 변경됨

● **응시 자격**

제한 없음

● 1·2차 기출분석 핵심이론 엄선

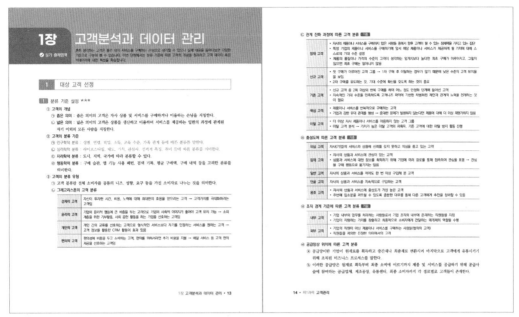

- 1·2차 기출분석을 통해 시험에 반복 출제되는 빈출 핵심 내용 엄선, 수록
- 주요 기출 내용은 기출 표기를 하여 중요도 강조
- 주요 핵심 내용에 ★ 표시하여 학습 포인트 제시

● 1·2차 실전 예상문제 / 2차 실기 기출포인트 예제문제 수록

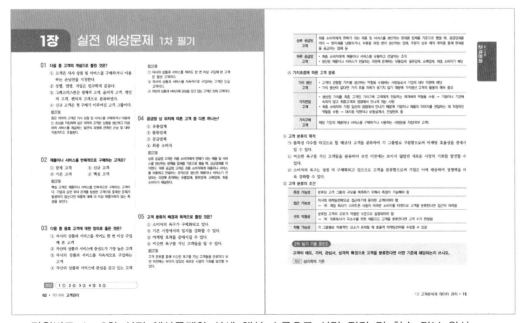

- 단원별로 1·2차 실전 예상문제와 상세 해설 수록으로 실력 점검 및 학습 리뷰 완성
- 2차 실기 기출 이론에 대해 『2차 실기 기출 포인트』로 체크하여 예제문제와 정답 수록

이 책의 구성과 특징 텔레마케팅관리사 1·2차 한 권으로 끝내기

● 1차 필기 기출유형 모의고사 및 정답·상세 해설 수록

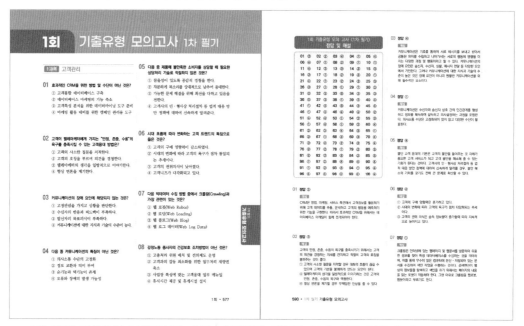

- 1차 필기 기출유형 모의고사를 수록, 출제경향 파악과 함께 실전 적응력 제고
- 정답과 함께 상세한 해설을 첨부하여 출제유형에 철저하게 대비

● 2차 실기 기출유형 모의고사 및 정답 수록

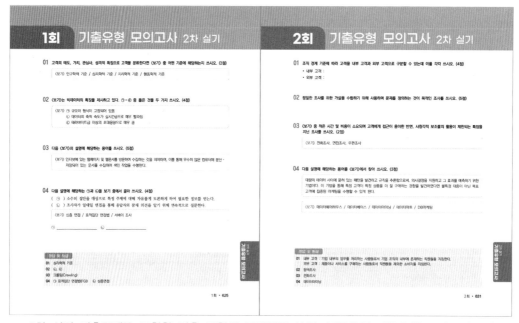

- 2차 실기 기출문제를 포함한 기출 동형의 문제들을 분석, 분류하여 기출유형 모의고사 2회분 수록
- 실제 시험과 동일한 형태의 문제 수록으로 실력 점검은 물론 실전에 효과적으로 대비

● Step 1 _ 단원 개요 읽기

매 단원의 각 장에는 해당 단원에서 다루고 있는 핵심을 제시하고 있습니다. 학습해야 할 전체 내용의 줄거리이므로 잘 숙지한다면 전반적인 단원의 맥락을 파악하고 이해를 도모할 수 있습니다.

[예시]

> 흔히 생각하는 고객은 물건 내지 서비스를 구매하는 손님으로 생각할 수 있으나 실제 내용을 들여다보면 다양한 기준으로 구분해 볼 수 있습니다. 이번 단원에서는 분류 기준에 따른 고객의 개념을 정리하고 고객 데이터 혹은 빅데이터에 대한 특성을 학습합니다.

● Step 2 _ 별색 표시된 개념과 문장 눈여겨보기

색깔이 표시된 내용은 시험에 자주 출제되었거나 해당 영역을 대표하는 내용 또는 전체적인 구조의 바탕이 되는 개념입니다. 완성도 높은 학습을 위해서는 눈으로만 보지 말고 한 번씩 써 보면서 익힐 것을 추천해 드립니다.

[예시]

> ② 고객의 분류 기준
> 　㉠ 인구학적 분류 : 성별, 연령, 직업, 소득, 교육 수준, 가족 관계 등에 따른 분류를 말한다.
> 　㉡ 심리학적 분류 : 라이프스타일, 태도, 가치, 관심사, 성격적 특징, 취미 등에 따른 분류를 의미한다.
> 　㉢ 지리학적 분류 : 도시, 지역, 국가에 따라 분류할 수 있다.
> 　㉣ 행동학적 분류 : 구매 습관, 앱 기능 사용 패턴, 검색 기록, 평균 구매액, 구매 내역 등을 고려한 분류를 의미한다.

● Step 3 _ 전체 내용 읽어 나가기

본서는 표 형식의 요약, 핵심 나열식, 자세한 서술형 등 해당 주제에 적합한 서술 방식으로 구성되어 있습니다. 시험에 출제되는 주제를 파악하고 용어에 익숙해지려면 전체 내용을 읽어 봐야 합니다. 이후에 표와 압축식 내용의 개념과 용어는 암기할 내용으로, 서술식 문장은 이해를 요하는 내용으로 구분하여 마무리 학습 또는 반복 학습을 하면 효율적입니다.

● Step 4 _ 2차 실기 기출 포인트 숙지

개념 중간중간 제시된 2차 실기 기출 포인트는 반드시 숙지하고 모두 암기한다는 생각으로 되새겨야 합니다. 한번 출제된 문제는 언제인가는 다시 출제될 가능성이 높으므로 실제 시험을 대비한다는 생각으로 몇 번씩 써 보면서 숙지해야 합니다.

[예시]

> **2차 실기 기출 포인트**
>
> **고객의 태도, 가치, 관심사, 성격적 특징으로 고객을 분류한다면 어떤 기준에 해당하는지 쓰시오.**
>
> [정답] 심리학적 기준

● Step 5 _ 단원별 1, 2차 실전 예상문제는 최소 2회 풀이

1차 필기 1회차 실전 예상문제를 풀 때는 해설을 보면서 공부했던 내용을 점검해도 무방하나, 2회차에는 해설을 보지 말고 문제를 풀어봐야 합니다. 만약 3회차까지 풀어본다면 문제만 봐도 답의 맥락이 떠올라 학습의 완성도가 높은 상태에 도달할 것입니다.

1회차 학습		2회차 학습		3회차 학습
문제를 풀며 해설 함께 살펴보기	⇨	해설을 보지 않고 문제 풀어보기	⇨	문제를 풀며 답의 맥락 떠올리기

2차 실기 1회차 실전 예상문제를 풀 때는 정답을 따라 써 보면서 문제의 유형을 익히고 서술형 시험에 익숙해지는 연습을 해야 합니다. 2회차부터는 정답을 보지 않고 써 보는 연습을 반복해야 하며, 3회차 이상부터는 따로 연습장을 만들어서 연습해 본다면 실전 시험에 큰 도움이 됩니다.

1회차 학습		2회차 학습		3회차 학습
문제 유형 익히고 서술형 정답 작성 연습	⇨	정답 보지 않고 서술형 정답 작성 반복	⇨	연습장으로 실전 연습하기

● Step 6 _ 기출유형 모의고사로 최종 마무리

본 수험서 마지막의 1차, 2차 기출유형 모의고사는 실제 시험이라고 생각하고 실력을 점검하는 용도로 활용해야 합니다. Step 5까지를 순차적으로 학습한 후에 문제를 풀어본다면 보다 정확한 평가가 될 것입니다. 문제를 풀어보고 틀렸거나 혹은 맞혔더라도 내용 파악이 안 된 상태라면 문제 옆에 관련 내용을 정리해 두고 시험 전까지 대비합니다.

※ 본 수험서 한권으로 **1차 및 2차 동시 준비**가 가능하도록 2차 실기시험의 주요 출제기준에 해당하는 영역에는 ✔ 실기 표시를 하였습니다.
단, 표시 이외의 영역에서도 출제 가능성이 있으므로 2차 실기 실전 예상문제는 모두 수록하였습니다.

제1과목

고객관리

COMPLETE - PASS

텔레
마케팅
1·2차 한권으로 끝내기
관리사

1장 고객분석과 데이터 관리

✔ 실기 출제영역

흔히 생각하는 고객은 물건 내지 서비스를 구매하는 손님으로 생각할 수 있으나 실제 내용을 들여다보면 다양한 기준으로 구분해 볼 수 있습니다. 이번 단원에서는 분류 기준에 따른 고객의 개념을 정리하고 고객 데이터 혹은 빅데이터에 대한 특성을 학습합니다.

1 대상 고객 선정

1 분류 기준 설정 ★★★

① **고객의 개념**
- ㉠ **좁은 의미** : 좁은 의미의 고객은 자사 상품 및 서비스를 구매하거나 이용하는 손님을 지칭한다.
- ㉡ **넓은 의미** : 넓은 의미의 고객은 상품을 생산하고 이용하며 서비스를 제공하는 일련의 과정에 관계된 자기 이외의 모든 사람을 지칭한다.

② **고객의 분류 기준**
- ㉠ 인구학적 분류 : 성별, 연령, 직업, 소득, 교육 수준, 가족 관계 등에 따른 분류를 말한다.
- ㉡ 심리학적 분류 : 라이프스타일, 태도, 가치, 관심사, 성격적 특징, 취미 등에 따른 분류를 의미한다.
- ㉢ **지리학적 분류** : 도시, 지역, 국가에 따라 분류할 수 있다.
- ㉣ **행동학적 분류** : 구매 습관, 앱 기능 사용 패턴, 검색 기록, 평균 구매액, 구매 내역 등을 고려한 분류를 의미한다.

③ **고객의 분류 유형**
- ㉠ 고객 분류란 전체 소비자를 공통의 니즈, 성향, 요구 등을 가진 소비자로 나누는 것을 의미한다.
- ㉡ 그레고리스톤의 고객 분류

경제적 고객	자신이 투자한 시간, 비용, 노력에 대해 최대한의 효용을 얻으려는 고객 → 고객가치를 극대화하려는 고객임
윤리적 고객	기업의 윤리적 행동에 큰 비중을 두는 고객으로 기업의 사회적 이미지가 좋아야 고객 유치 가능 → 소외 계층을 위한 기부활동, 사회 공헌 활동을 하는 기업을 선호하는 고객임
개인적 고객	개인 간의 교류를 선호하는 고객으로 형식적인 서비스보다 자기를 인정하는 서비스를 원하는 고객 → 고객 정보를 활용한 CRM 활동이 효과 있음
편의적 고객	편의성에 비중을 두고 소비하는 고객, 편의를 위해서라면 추가 비용을 지불 → 배달 서비스 등 고객 편의 제공을 선호하는 고객임

ⓒ 관계 진화 과정에 따른 고객 분류 [기출]

잠재 고객	• 자사의 제품이나 서비스를 구매하지 않은 사람들 중에서 향후 고객이 될 수 있는 잠재력을 가지고 있는 집단 • 특정 기업의 제품이나 서비스를 구매하기에 앞서 해당 제품이나 서비스가 제공하게 될 가치에 대해 스스로의 기대 수준 설정 • 제품의 품질이나 가격의 수준이 고객이 생각하는 임계치보다 높다면 최초 구매가 이루어지고, 그렇지 않으면 최초 구매는 일어나지 않음
신규 고객	• 첫 구매가 이루어진 고객 그룹 → 1차 구매 후 이탈하는 경우가 많기 때문에 낮은 수준의 고객 유지율을 보임 • 2차 구매를 유도하는 것, 기대 수준에 확신을 갖도록 하는 것이 중요
기존 고객	• 신규 고객 중 2회 이상의 반복 구매를 하여 어느 정도 안정화 단계에 들어선 고객 • 지속적인 기대 수준을 만족하도록 고객니즈 파악에 기반한 차별화된 제안과 관계적 노력을 전개하는 것이 필요
핵심 고객	• 제품이나 서비스를 반복적으로 구매하는 고객 • 기업과 강한 유대 관계를 형성 → 중대한 문제가 발생하지 않는다면 제품에 대해 더 이상 재평가하지 않음
이탈 고객	• 더 이상 자사 제품이나 서비스를 이용하지 않는 고객 그룹 • 이탈 고객 분석 → 가치가 높은 이탈 고객의 재획득, 기존 고객에 대한 이탈 방지 활동 진행

ⓔ 충성도에 따른 고객 분류 [기출]

의심 고객	자사(기업)의 서비스와 상품에 신뢰를 갖지 못하고 의심을 품고 있는 고객
잠재 고객	• 자사의 상품과 서비스에 관심이 있는 고객 • 상품과 서비스에 대한 정보를 획득하기 위해 기업에 여러 경로를 통해 접촉하여 관심을 표명 → 관심을 구매 행동으로 옮기지는 않음
일반 고객	자사의 상품과 서비스를 적어도 한 번 이상 구입해 본 고객
단골 고객	자사의 상품과 서비스를 지속적으로 구입하는 고객
옹호 고객	• 자사의 상품과 서비스에 충성도가 가장 높은 고객 • 주변에 입소문을 퍼뜨릴 수 있도록 충분한 대우를 통해 다른 고객에게 추천을 장려할 수 있음

ⓕ 조직 경계 기준에 따른 고객 분류 [기출]

내부 고객	• 기업 내부의 업무를 처리하는 사람들로서 기업 조직의 내부에 존재하는 직원들을 지칭 • 기업이 지향하는 가치를 창출하고 최종적으로 소비자에게 전달하는 매개체의 역할을 수행
외부 고객	• 기업의 직원이 아닌 제품이나 서비스를 구매하는 사람들(협의의 고객) • 직원들을 제외한 진정한 의미에서의 고객

ⓖ 공급망상 위치에 따른 고객 분류
  ⓐ 공급망이란 기업이 원재료를 획득하고 중간재나 최종재로 변환시켜 마지막으로 고객에게 유통시키기 위해 조직된 비즈니스 프로세스를 말한다.
  ⓑ 이러한 공급망은 원재료 획득부터 최종 소비에 이르기까지 제품 및 서비스를 공급하기 위해 공급사슬에 참여하는 공급업체, 제조공장, 유통센터, 최종 소비자까지 각 경로별로 고객들이 존재한다.

상류 공급망 고객	최종 소비자에게 판매가 되는 제품 및 서비스를 생산하는 완제품 업체를 기준으로 했을 때, 공급업체를 의미 → 원자재를 납품하거나, 부품을 하청 받아 생산하는 업체, 주문자 상표 제작 계약을 통해 완제품 을 공급하는 업체 등
하류 공급망 고객	• 최종 소비자에게 제품이나 서비스를 유통하고 전달하는 조직 • 생산된 제품이나 서비스가 전달되는 과정에 존재하는 유통업체, 물류업체, 소매업체, 최종 소비자가 해당

Ⓐ 가치흐름에 따른 고객 분류

가치 생산 고객	• 고객이 경험할 가치를 생산하는 역할을 수행하는 사람들로서 기업의 내부 직원에 해당 • 가치 생산이 없다면 가치 흐름 자체가 생기지 않기 때문에 가치생산 고객의 활동이 매우 중요
가치전달 고객	• 생산된 가치를 최종 고객인 가치구매 고객에게 전달하는 매개체의 역할을 수행 → 기업이나 기관에 속하지 않고 최종고객과 접점에서 만나게 되는 사람 • 최종 소비자와 가장 일선의 접점에서 만나기 때문에 기업이나 제품의 이미지를 전달하는 데 직접적인 역할을 수행 → 대리점 직원이나 보험설계사, 컨설턴트 등
가치구매 고객	해당 기업의 제품이나 서비스를 구매하거나 사용하는 사람들을 지칭(외부 고객)

④ 고객 분류의 목적
　㉠ 불특정 다수를 타깃으로 할 때보다 고객을 분류하여 각 그룹별로 구분함으로써 마케팅 효율성을 증대시
　　킬 수 있다.
　㉡ 비슷한 욕구를 지닌 고객들을 분류하다 보면 이전에는 보이지 않았던 새로운 시장의 기회를 발견할 수
　　있다.
　㉢ 소비자의 욕구는 점점 더 구체화되고 있으므로 고객을 분류함으로써 기업은 이에 대응하여 경쟁력을 더
　　욱 강화할 수 있다.

⑤ 고객 분류의 조건

측정 가능성	분류된 고객 그룹의 규모를 예측하기 위해서 측정이 가능해야 함
접근 가능성	자사의 마케팅전략으로 접근하기에 용이한 고객이어야 함 → 예 게임 회사가 스마트폰 사용이 어려운 소비자를 타켓으로 고객을 분류한다면 접근이 어려움
규모 적절성	분류된 고객의 규모가 적절한 수준으로 설정되어야 함 → 예 의류회사가 극소수를 위한 제품으로 고객을 분류한다면 고객 수가 한정됨
차별 가능성	각 그룹별로 차별적인 요소가 존재할 때 효율적 마케팅전략을 수립할 수 있음

2차 실기 기출 포인트

고객의 태도, 가치, 관심사, 성격적 특징으로 고객을 분류한다면 어떤 기준에 해당하는지 쓰시오.

정답 심리학적 기준

2 고객데이터 추출 ★★★

(1) 의의

① 기업이 비즈니스를 하는 과정에서 각종 데이터가 발생하게 되는데, 고객데이터란 고객 거래 정보를 포함하여 고객과의 모든 접촉에서 얻는 정보를 의미한다.

② 고객데이터는 기업 경영에 적극 활용되는데, 고객데이터에서 추출된 각종 지식은 기업의 의사결정에 필요한 객관적 근거이자 바탕이 되기 때문이다.

③ 체계적으로 수집되고 관리된 고객데이터에 대한 분석을 통해 기업은 고객의 핵심적인 욕구를 알아내고 욕구를 만족시키는 등 성공적인 경영 전략을 수립할 수 있다.

(2) 빅데이터의 기본 이해

① 빅데이터의 개념

　㉠ 빅데이터(Big Data)는 규모가 매우 큰 대량의 필요한 데이터를 수집하여 이를 저장하고 목적에 따라 데이터를 분석하여 새로운 가치를 창출하는 기술을 의미한다.

　㉡ 최근 빠르게 변해가는 산업과 기술 트렌드에 따라 디지털 환경에서 추출되거나 생성되는 데이터는 규모가 매우 크고 데이터 생성 주기는 짧아지고 있다.

　㉢ 데이터의 형태도 문자, 숫자, 영상 데이터 등으로 매우 다양해지고 있다.

② 빅데이터 특징 [기출]

　㉠ 데이터의 규모와 형식이 매우 다양함(variety)

　㉡ 데이터의 축적 속도(velocity)가 실시간급으로 매우 빨라짐

　㉢ 테라바이트급 이상의 초대용량으로 용량(volume)이 매우 큼

　㉣ 정형 데이터와 비정형 데이터의 다양한 데이터를 모두 포함함

　㉤ 데이터의 초고속 수집과 발굴, 그리고 분석을 지원하는 차세대 기술

　㉥ 효율적으로 가치(value)를 추출하여 지능화 서비스를 지원함

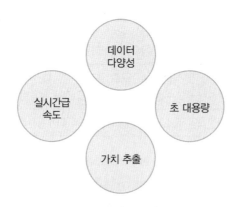

③ 빅데이터 효용 이해

　㉠ 데이터 활용을 통한 고객 니즈 발견

　㉡ 빠르게 변화하는 고객 니즈 분석과 고객 세분화 가능

　㉢ 융복합 기술과 사회 변화의 트렌드 예측

ⓔ 데이터 분석 결과를 기반으로 합리적인 의사결정을 할 수 있는 시스템 지원

ⓜ 데이터 기반의 비즈니스 모델 구축

ⓑ 디지털 기술과 고객 요구사항을 반영한 혁신적인 상품과 서비스 개발

ⓢ 데이터 분석을 통해 획득한 인사이트를 활용하여 경영 전략 수립

ⓞ 데이터 기반의 산업 투명성 증대와 성과 향상

(3) 빅데이터 분석 수행 기본 절차 이해

① **고객과 비즈니스에 관한 현황 파악** : 현재 고객이나 비즈니스에 관한 문제 사항을 인식하고 이에 관한 객관적인 기초 조사를 진행하여 전체 현황을 파악한다.

② **데이터 분석 계획 수립**

㉠ 데이터를 분석하려는 목표를 정의하고 목표를 달성하기 위한 성과 목표와 성과 측정 지표를 도출한다.

㉡ 고객의 요구사항을 도출하고 이를 수행하는 데 필요한 데이터 관련 기술과 과정에 관해 검토하고 데이터 분석에 필요한 자원 등을 고려하여 예산안을 수립한다.

㉢ 필요한 개발 인력과 분석 일정, 리스크 등을 고려하여 데이터 분석 계획을 수립한다.

③ **데이터 추출과 수집**

㉠ 데이터를 분석하려는 목적에 따라 필요한 데이터 종류나 형태, 범위와 수집 방법 등을 검토하고 데이터 분석에 필요한 데이터를 추출하여 이를 수집한다.

㉡ 수집된 데이터는 전처리 과정과 데이터 정제 과정을 거쳐서 목표에 적합한 데이터가 맞는지 적절하게 검증한다.

④ **데이터 분석** : 수집된 데이터를 적절하게 분석하기 위하여 데이터 분석 방법, 도구, 모형 개발, 검증 등에 관해 검토하고 데이터 분석을 통해 적절한 결괏값을 도출한다.

⑤ **데이터 결과 활용** : 분석된 데이터 결과를 적절하게 활용하기 위해 분석된 결과를 분석 목표와 목적에 맞게 매칭하고 이를 고객과 비즈니스에 접목하여 가치 창출이나 최적의 의사결정을 할 수 있게 활용한다.

> **2차 실기 기출 포인트**
>
> **빅데이터의 특징 두 가지를 쓰시오.**
>
> 정답 ① 데이터의 축적 속도가 실시간급으로 매우 빨라짐
>
> ② 테라바이트급 이상의 초대용량으로 매우 큼

(4) 고객데이터의 분류와 유형

① 고객데이터의 분류

종류	특징
정형 데이터	• 고정된 필드에 저장되며 형식과 값에서 일관성을 가지는 데이터 • 정형화된 스키마 구조 기반의 형태로 데이터 자체로 분석 가능 • 설계된 구조기반의 목적에 맞는 정보들에 관한 분석에 용이 • 예시로 관계형 데이터베이스(RDB), 스프레드시트가 있음
반정형 데이터	• 스키마 구조 형태를 가지고 메타데이터를 포함하고 있어서 이를 활용해야 해석이 가능 • 형식과 값에서 일관성을 가지지 않는 데이터 • 데이터로 분석이 가능하지만 해석이 불가능 • 예시로 XML, 시스템 로그, 센서 데이터, 웹 로그 등이 있음
비정형 데이터	• 스키마 구조 형태를 가지지 않고 고정된 필드에 저장되지 않는 데이터 • 데이터 자체로 분석이 불가능하며 특정 처리 프로세스로 변경 후에 분석 가능 • 예시로 SNS 데이터, 문자/이미지/오디오/영상 데이터가 있음

② 고객데이터의 유형

개인 식별 데이터 (ID)	개인의 신원을 알 수 있는 데이터 : 성명, 생년월일, 성별, 전화번호, 이메일 주소, 거주지 주소
특성 데이터	고객의 상태나 지위 등을 알 수 있는 데이터 : 직책, 연간 소득, 학력, 결혼 여부, 자녀 수, 보유 차량 유형
행동 데이터	고객의 상호 작용하는 모습을 알 수 있는 데이터 : 웹 사이트 방문, 열어봤거나 열람한 이메일, 클릭률, 구매한 제품과 지출 금액, 온라인 장바구니에 담긴 제품, 반품한 제품

(5) 고객데이터의 수집

① 개요

㉠ 고객데이터 수집이란, 의사결정 혹은 문제 해결을 위해 기업 조직 내부 및 외부에 있는 다양한 데이터를 일괄(주기) 혹은 실시간으로 수집하는 과정을 의미한다.

㉡ 체계적으로 잘 수집되어 분석된 고객데이터는 고객에 대한 깊은 이해와 지식을 제공하여 개개인의 니즈에 맞는 상품 및 서비스를 제공하고, 고객 요구에 즉각 반응할 수 있도록 해주며, 개별 고객의 평생 가치, 즉 기업 수입 기여도를 극대화해 준다.

㉢ 데이터를 모을 수 있는 원천을 데이터원(Source)이라고 하며, 데이터원은 1차 데이터와 2차 데이터로 구분할 수 있다.

1차 데이터	2차 데이터
해당 목적에 맞게 조사자가 설문 조사, 관찰 등을 통해 직접 수집한 데이터	원래의 데이터 수집 조사의 목적이 아닌 다른 목적으로 수집된 데이터

② 고객데이터의 항목 선정 예시

구분		내용
고객 인구통계학적 데이터	고객 이름	고객의 한글, 한자, 영문 이름 등
	고객 성별	남성, 여성
	고객 연령	10대, 20대, 30대, 40대, 50대, 60대 이상
	고객 지역	충청권, 강원권, 전라권, 경상권, 수도권으로 구분
	고객 직업	학생, 주부, 직장인, 자영업자, 공무원으로 구분
고객 구매 행태 데이터	구매 방법	온라인 구매, 오프라인 구매
	구매 제품	A제품, B제품, C제품, D제품, E제품으로 구분
	월 구매 횟수	1회, 2회, 3회, 4회, 5회 이상
고객 만족도 데이터 (5점 척도)	만족도1	구매 시 제품과 관련된 만족도 수준
	만족도2	구매 시 가격과 관련된 만족도 수준
	만족도3	구매 시 서비스 이용과 관련된 만족도 수준
	만족도4	오프라인 매장과 관련된 만족도 수준
	만족도5	직원과 관련된 만족도 수준

③ 고객데이터 수집 시 고려 사항

[수집하려는 원천 데이터에 관한 고려]
• 목표로 하는 고객데이터에 관한 수집 가능성 여부 검토
• 고객데이터 수집 시 발생하는 비용과 난이도 검토
• 활용 목표에 부합하는 정확한 고객데이터 여부 검토
• 고객데이터 수집 시 보안 여부 검토

[데이터에 관한 종류 고려]
• 네트워크 접속 데이터, 서비스 시스템 기반 데이터, 마케팅 데이터, 고객관리 데이터 등에 관한 내부 활용 가능한 데이터 여부 검토
• 외부 기관 데이터, 소셜 데이터, 사물지능 데이터, 링크드 오픈 데이터(LOD : Linked Open Data) 등의 외부에서 활용 가능한 데이터 활용 여부 검토

[데이터 수집 시 데이터 적절성 고려]
• 데이터 수집 시 데이터의 정확성 고려
• 데이터 수집 시 원시 데이터와 비교 검토
• 원시 데이터에서 누락 데이터는 없는지 검토
• 데이터의 소비자기본법 등에 관한 검토

④ 데이터 수집 방법 기출

㉠ 데이터의 수집에는 다양한 방법이 존재하는데, 어떠한 방법을 사용할지 결정하기 위해서는 해결하고자 하는 문제와 관련한 데이터 수집의 목적을 고려해야 한다.

ⓛ 데이터 수집의 목적에 따라 수집 방법은 탐색조사, 기술조사, 인과조사로 나눌 수 있다.

분류	특징	예
탐색조사	• 문제를 정의하는 것이 목적 • 정밀한 조사를 위한 가설을 수립하기 위해 사용 • 조직 내·외부 관련자들과의 인터뷰 및 각종 문헌 조사를 통해 이루어짐	• 문헌조사 • 전문가 의견조사
기술조사	• 고객의 생각 및 행동을 기술하는 것이 목적 • 고객 특성 파악 및 행동 예측에 사용 • 조사의 확실한 목적과 조사에 따른 가설을 염두하여 실시	• 특정 제품에 대한 고객의 인구통계적 특성
인과조사	• 고객 행동 및 특성의 인과관계를 밝히는 것이 목적 • 영향을 주는 변수 → 독립변수, 영향을 받는 변수 → 종속변수 • 독립변수가 종속변수에 미치는 영향을 추론하여 관찰	• 제품 가격 인하가 판매에 미치는 영향

2차 실기 기출 포인트

정밀한 조사를 위한 가설을 수립하기 위해 사용하며 문제를 정의하는 것이 목적인 조사를 쓰시오.

[정답] 탐색조사

⑤ 데이터 수집 절차
　㉠ 수집 대상 데이터 선정
　　ⓐ 가장 먼저 수집할 고객데이터 및 범위를 선정하고, 이에 대한 목록을 작성한다. 데이터 수집 활동은 기업 경영 활동의 질을 결정하는 매우 중요한 핵심 업무이기 때문에, 기업 내·외부 의사결정자 및 전문가의 의견을 모두 수렴하여 분석 목적에 맞는 고객데이터를 도출해야 한다.
　　ⓑ 1차 데이터 혹은 2차 데이터를 수집해야 하는지 결정해야 하며, 2차 데이터 중에서도 내부 2차 데이터와 외부 2차 데이터를 구분하여 선택해야 한다.
　　ⓒ 해당 데이터가 사용 가능하고 수집 가능한지, 수집 시 고객의 개인정보 포함 여부 및 유출의 우려는 없는지, 활용 목적에 따른 세부 항목들이 적절하게 포함이 되어 있는지, 그리고 데이터 수집에 드는 비용은 어느 정도인지를 고려해야 한다.
　㉡ 수집 세부 계획 수립
　　ⓐ 첫 번째로, 데이터 소유 기관을 파악해야 한다. 즉, 데이터가 기업 내부의 보유 데이터인지 외부 데이터인지 구분해야 할 것이며, 이에 따른 조건, 적용 기술, 보안 사항 등을 파악해야 한다.
　　ⓑ 두 번째로, 수집 대상 데이터 유형을 분류해야 한다. 데이터 유형은 정형 데이터와 비정형 데이터로 구분할 수 있다.
　　ⓒ 세 번째로, 데이터 유형에 맞는 적절한 수집 기술을 선정해야 한다. 수집 기술은 다양한 유형의 데이터를 수집하기 위해 확장성, 안전성, 유연성 등이 확보되어야 한다. 일반적으로 기업 활동에 따른 부산물로서의 데이터는 스프레드시트 종류의 정형 데이터가 대부분이며, 비정형 데이터의 경우 기업에서는 Crawling 등의 방법을 사용하여 데이터를 수집하고 있다.

> **Crawling** `기출`
>
> 인터넷에 있는 웹페이지 및 웹문서를 방문하여 수집하는 것을 의미하며, 이를 통해 무수히 많은 컴퓨터에 분산·저장된 문서를 수집하여 색인 작업을 수행하는 것이다. 즉, 인터넷에 있는 웹페이지 및 웹문서를 방문하여 수집하는 것으로, 이때 한 페이지만 방문하는 것이 아니라 해당 페이지에 링크된 또 다른 페이지를 차례로 방문하는 메커니즘을 이루고 있다. 이처럼 링크를 따라 웹(Web)을 돌아다니는 모습이 마치 거미와 비슷하다고 하여 Spider라고 부르기도 한다.

　　ⓓ 네 번째로, 데이터 유형에 따라 수집 주기를 결정해야 한다. 수집 주기는 데이터 종류와 크기, 데이터가 발생하는 빈도나 주기, 분석 주기, 시스템 및 네트워크 부하 수준, 적용 가능한 기업의 수집 기술 등을 전반적으로 고려해야 한다. 분석 시점에서 필요한 충분한 데이터의 양을 확보할 수 있도록 최소한의 수집 기간을 설정해야 한다.

　　ⓔ 마지막으로, 수집계획서를 작성하여 데이터 유형 및 출처, 수집 기술, 수집 주기, 수집 담당자의 주요 업무 등을 모두 포함한 계획서를 작성하여 이를 활용한다.

　ⓒ 데이터 수집 진행

　　ⓐ 수집 세부 계획이 끝났다면, 계획에 따라 데이터 수집을 진행한다. 단, 이 경우 수집 과정 중에 주요 데이터가 누락되지는 않았는지, 수집하는 데이터가 명확하고 정확한지를 점검해야 한다.

　　ⓑ 특히 외부 데이터를 수집하는 경우 개인정보 포함 여부를 꼼꼼히 확인하여 고객데이터에 대한 보안 방안을 숙고해야 한다.

　　ⓒ 데이터 수집 후 저장된 데이터는 회사의 주요한 자산이자, 고객의 개인정보가 다수 포함되어 있기 때문에 이에 대한 외부인의 접근을 방지해야 할 뿐만 아니라 유출 시 대처 방안 등에 대한 관련 구체적인 업무 지침을 마련하는 것 또한 요구된다.

⑥ 정량 데이터의 수집

　㉠ 대표적인 정량조사 방법은 서베이법이 있다.

　㉡ 서베이법은 응답자의 일반적인 인구통계학적 특징, 태도나 의견, 의도, 행동 동기 및 경험 등의 광범위한 데이터를 짧은 시간에 많이 수집할 수 있다는 장점이 있다.

　㉢ 서베이법은 어떻게 시행하여 조사하느냐에 따라 면접, 전화, ARS, 우편, 온라인 조사로 구분할 수 있다.

유형	방법	특징
면접조사	조사원이 선정된 일부 고객을 대상으로 직접 대면하여 조사함	• 높은 응답률 • 면접 상황의 통제 가능 • 시각, 청각 등의 보조물 사용 가능 • 설문에 대한 설명 가능
		• 많은 비용 및 많은 시간의 소요 • 익명성 유지가 어려움 • 응답의 어려움 • 설문 대상의 편향이 발생할 수 있음
전화조사	조사원이 전화를 통해 고객으로부터 응답을 얻어냄	• 적은 시간 및 적은 비용의 소요 • 면접에 비해 고객에게 접근이 용이함
		• 질문 길이 및 내용의 제한 • 시청각적 보조물의 활용 제한

ARS조사	자동 응답 시스템을 이용하여 미리 일정하게 녹음된 내용으로 응답자에게 질문이 주어지고 응답자가 전화기의 버튼을 누름과 동시에 실시간으로 자료 입력 및 분석이 이루어짐	• 일반 전화조사에 비해 짧은 시간에 많은 응답을 받을 수 있음
		• 질문의 길이 및 내용의 제약 • 질문에 대한 부연 설명이 어려움 • 응답자의 무성의한 응답 가능
우편조사	질문지를 우편으로 발송하여 직접 질문지에 응답을 표시한 후 회수	• 적은 비용 • 익명성 보장 • 조사 시간의 제약이 없어 접근하기 어려운 고객을 대상으로 조사 가능 • 응답자에게 충분한 시간을 줌으로써 깊이 있는 응답 가능
		• 낮은 회수율 • 길게 소요되는 회수 시간 • 부연 설명의 제한 • 실제 응답자에 대한 확인 불가능
온라인조사	온라인을 활용하여 기업 홈페이지 및 외부 전문 조사 웹사이트 혹은 E-mail 발송을 통해 조사함	• 조사와 분석이 매우 신속 • 조사 비용이 적게 소요 • 시공간의 제약이 없음 • 쌍방향 소통이 가능 • 동영상 등의 보조 자료 제시 가능
		• 응답자에 대한 의존성이 높음 • 동일한 고객의 복수 응답 가능성

ⓛ 이 외에도 CADC(Computer Assisted Data Collection) 방식 또한 널리 사용되고 있다. 질문은 전화로 하지만 응답은 전화기의 번호를 눌러 바로 컴퓨터에 응답한 내용이 입력되도록 하는 것이다.

⑦ 정성 데이터의 수집 기출

ⓐ 서베이 기반의 정량 데이터의 경우 많은 고객의 의견을 들을 수 있다는 장점이 있지만, 조사 내용이 정해져 있어 다양한 고객의 마음을 읽거나 요구사항을 파악하기에는 한계가 있다.

ⓑ 이에 고객의 새로운 니즈 발굴을 위해서는 정성조사 방법이 적합하다. 정성조사를 통한 항목들은 비정형 데이터 형식에 해당하며, 이러한 데이터의 정형화를 위해 추가로 고객 테이블을 생성해 입력 및 관리해야 한다.

ⓒ 정성조사의 경우 심도 있는 이해 및 지식 추출은 가능하지만, 정량 조사에 비해 시간과 노력이 많이 소요되며, 많은 고객을 대상으로 조사할 수 없기에 조사 결과를 일반화하기에 어렵다는 한계가 있다.

ⓓ 기업에서 시행하는 정성조사의 대부분은 기업의 경영 전략에 부합하는 특정 표적 집단을 정한 후, 해당 특성에 맞는 일부 참여자에 대해 정성조사를 실시하고 있다.

ⓔ 대표적인 질적 조사 방법은 면접법(표적집단면접법, 심층면접법 등), 투사법(단어연상법, 문장완성법, Zmet 등), 관찰법(Home visit, 문화기술적 방법 등)이 있다.

ⓑ 면접법

유형	방법	특징
표적집단 면접법	전문적 지식을 가진 면접 진행자가 동질적인 특성이 있는 소수의 집단을 대상으로 특정 주제에 대해 자유롭게 토론하게 하여 필요한 정보를 얻는 방법	• 솔직하고 정확한 자신의 의견 표명 가능 • 상대적으로 비용 및 시간의 소요가 적음 • 참여자 간 상호 영향을 주고받을 수 있음 • 오피니언 리더로 인해 의견이 편향되어 왜곡될 수 있음 • 면접 진행자의 역량이 크게 요구됨 • 특정 집단의 결과로 일반화의 어려움
심층면접	조사자가 일대일 면접을 통해 응답자의 잠재 의견을 알기 위해 연속적으로 질문하는 형태로, 개인적이거나 민감한 주제에 대한 조사 시 주로 사용됨	• 깊이 있는 정보 추출이 가능함 • 다수 및 소수의 의견 모두 개진 가능함 • 표적집단면접법과 달리 집단 압력으로 인한 의견 편향 및 왜곡의 문제가 없음 • 창의적 사고를 유도하기 어려움 • 시간과 비용의 소요

ⓢ 투사법

유형	방법	특징
단어 연상법	응답자에게 단어를 제시하여 가장 먼저 연상되는 단어를 표현하도록 요구하여, 특정 단어의 빈도, 응답 시간 등의 반응을 분석하는 방법	• (1단계) 워킹화 하면 떠오르는 것? • (2단계) 아웃도어 하면? • (3단계) 캠핑?
문장 완성법	응답자에게 완성되지 않은 문장을 제시하게 하고 이를 완성시키는 방법	• 경제침체의 원인은? • 주가 급등락의 원인은?
Zmet	무의식적으로 형성된 사고를 알아내기 위해 비언어적 시각적 이미지를 통해 이해하고자 하는 방법	• (1단계) 참여자에게 1주일 정도 질문에 대해 생각해 보게 한 후 자신의 생각이나 느낌을 표현할 수 있는 10여 개의 이미지(사진, 그림)나 물건을 준비하도록 지시 • (2단계) 일정 기간 후 이미지 해석 참여자(12-20명)의 공동 테마를 파악한 후 이를 모두 종합하여 모자이크를 재창조해 설명

ⓞ 관찰법

유형	방법	특징
Home Visit	가정 내에서 실제 제품을 사용하는 환경 및 고객 라이프스타일을 조사하기 위해 조사 대상 가구를 방문하여 생활을 관찰하고 인터뷰하는 방법으로 고객-제품-환경 간의 상호작용을 파악함	• 사전 단계, 관찰 단계, 인터뷰 단계로 나뉨 • 사전 단계 : 조사 전 응답자의 가정 사전 방문(응답자 성향 파악), 응답자로 하여금 조사 대상에 대한 사전 조사 시행 • 관찰 단계 : 관찰 대상 및 흐름 계획 • 인터뷰 단계 : 질문 가이드라인 작성
문화 기술적 방법	직접 조사자가 특정 문화 집단에 참여하는 것으로, 최근에는 온라인에서의 고객 활동이 다양해짐에 따라 오프라인뿐만 아니라, 온라인에서의 문화기술적 방법이 활용되고 있음 • 특정 온라인 커뮤니티 고객의 특성 및 사고를 파악하기 위해 조사자가 해당 커뮤니티의 회원이 되어 참여 관찰할 수 있음	• 문맥적 상황의 관찰을 통해 전체적 관점에서 문제 이해 가능 • 자연적 행동 및 다수의 이전 행동에 대한 경향, 고객의 실제 현실을 더 반영 • 시간과 비용이 매우 많이 소요됨 • 조사자의 역량이 크게 요구됨

⑧ 인터넷을 통한 데이터 수집

ㄱ 인터넷을 통해서도 다양한 방법으로 데이터를 얻을 수 있다. 고객이 어느 사이트에서 어떤 광고를 보고, 어떤 상품을 구매하고, 어떠한 의견 및 태도를 보이고 있는지 등의 고객 행동에 대한 활용도 높은 데이터를 인터넷에서 얻을 수 있는 것이다.

ㄴ 이러한 고객의 구매 행동 및 경험에 관한 데이터는 고객의 인구통계적 정보와 결합하여 분석하는 경우 정확도가 더욱 높아지게 된다.

ㄷ 컴퓨터 서버 내에는 해당 서버에 접속한 사용자의 활동 기록을 일컫는 '로그파일'이 남게 되는데, 이 로그파일은 고객의 클릭 시간, 클릭 내용, 구매 내역 등의 정보를 포함한다.

ㄹ 이러한 고객 데이터를 활용하면, 고객에게 차별화된 서비스를 제공하는 것이 가능해지며, 고객의 개인적 특성과 행동적 특성을 분석하여 취향에 맞는 특정 제품을 추천하는 기능 또한 가능하다.

(6) 고객데이터 관리

① 개요

ㄱ 데이터가 기업 활동의 필수 요소로 부각되면서, 기업들이 수집된 고객 데이터를 관리하기 위해 많은 관심을 기울이고 있다.

ㄴ 데이터 관리는 데이터의 효과적인 확보 - 유지 - 관리를 위해 수립된 규정이나 계획 등에 포함된 데이터 관리 방향을 의미한다.

ㄷ 데이터와 그의 환경을 자산으로써 관리하고 효율적이고 지속적으로 관리하기 위해서는 관리의 원칙이 되는 데이터 관리지침의 수립이 요구된다.

ㄹ 이러한 데이터 관리지침은 수집된 데이터의 유형 및 특성에 따라 저장 계획을 수립하고, 데이터를 저장·유지하기 위한 것으로, 데이터 관리에 필요한 모든 조치(보안 관리, 저장 처리, 모니터링 등)에 관한 가이드 라인이 포함되어야 한다.

ㅁ 고객데이터 관리를 통해 고객 확보 증대, 고객 유지, 고객 충성도 개선, 고객 만족도 증가, 개인 맞춤형 경험의 질적 개선을 통한 경쟁 우위 달성, 고객 관계 강화를 가능하게 한다.

② 고객데이터 관리의 필요성

ㄱ 데이터 분석의 활동 계획, 데이터 수집, 데이터 분석, 그리고 데이터 활용에 관한 고객 데이터의 품질 유지와 관련된 규정을 포함하는 고객 데이터 관리 기준 필요

ㄴ 효율적인 고객 데이터 관리를 위한 적정 인력, 데이터 표준 운영 관리 절차, 조직별 역할과 책임 등을 명확하게 설정

ㄷ 관리 대상이 되는 고객데이터에 관한 체계적인 분류와 정확한 관리 규정을 명시

ㄹ 체계적인 고객데이터 관리를 수행하기 위해 다양한 경로를 통해 도출되는 고객의 요구사항에 관한 일원화된 관리 필요

ㅁ 표준화되고 매뉴얼화된 절차에 따라 고객데이터 관리 업무를 효율적으로 수행할 수 있도록 고객데이터 관리에 관한 표준화

③ 고객데이터 관리의 관점

구분	설명
접근성	• 기업 경영 활동에 요구되는 고객데이터에 쉽게 접근할 수 있어야 하며, 요구되는 데이터를 신속히 얻을 수 있도록 설계되어야 함 • 필요한 고객데이터에 대해 의미를 쉽게 알 수 있어야 함 • 고객데이터의 구조를 쉽게 파악할 수 있어야 함 • 사용 권한이 적절히 배정되어야 함
신뢰성	• 고객데이터 및 구조는 지속적 보완 및 갱신으로 최신의 것이어야 함 • 기업 경영을 지원할 수 있는 적합한 품질을 유지해야 함
비즈니스 지속성	• 기업 경영을 지원할 수 있도록 비즈니스 품질을 보장해야 함 • 장애 발생 시 신속하게 대응할 수 있어야 함
규제 준수성	각종 법규 및 규제를 준수할 수 있어야 함
보안성	데이터에 대한 불필요한 접근을 권한에 따라 통제해야 함

④ 고객데이터 관리방법
ㄱ 엄중한 보안 관리 : 데이터의 유출은 기업에 큰 손실을 초래하므로 고객의 개인정보를 수집하고 관리하는 데는 안전한 관리를 위한 계획이 필요하다.
ㄴ 윤리적인 정보 수집 : 몰래 고객의 정보를 수집하면 기업의 신뢰도는 크게 추락한다. 신뢰를 구축하는 최선의 방법은 데이터 수집 정책을 투명하게 공개하는 것이다.
ㄷ 실제 필요한 정보 선정 : 데이터가 너무 많으면 기업은 정보에 매몰되어서 의사결정에 방해받을 수 있다. 고객으로부터 데이터를 수집할 때에는 명확한 목적이 있어야 하며 이에 필요한 정보만 수집하면 프로세스를 간소화할 수 있다.
ㄹ 고객데이터베이스에 대한 투자 : 고객의 정보를 안전하고 쉽게 수집하고 정리할 수 있도록 소프트웨어 도입 등 투자가 뒷받침되어야 한다.
ㅁ 데이터 백업 : "데이터 손실을 겪은 중소기업의 60%는 6개월 안에 문을 닫는다"라는 말이 있듯, 데이터 백업과 복구 플랜은 기업을 유지하는 데 필수적이다.
ㅂ 고객데이터 정리 : 고객데이터는 시간이 지날수록 정확성이 떨어지므로 이메일 주소, 전화번호, 집 주소와 같은 정보를 확인하고 업데이트하는 것이 중요하다.
ㅅ 직원 교육 : 직원에게 고객데이터에 대해 교육하면 장기적으로 비 장기적으로 비용을 절약할 수 있다. 직원들이 데이터를 처리하고 해석할 수 있도록 교육과 훈련에 시간을 투자해야 한다.

(7) 데이터마이닝(Data Mining)과 데이터웨어하우스(DW : Data Warehouse) 기출

① 데이터마이닝
ㄱ 데이터마이닝이란 대량의 데이터 사이에 묻혀 있는 패턴을 발견하고 규칙을 추론함으로써, 의사결정을 지원하고 그 효과를 예측하기 위한 기법이다.
ㄴ 데이터마이닝의 결과로 특정 고객이 특정 상품을 더 잘 구매하는 경향을 발견하였다면 불특정 대중이 아닌 목표 고객에게 집중된 마케팅을 수행할 수 있게 된다.

ⓒ 예를 들어 신용카드 결제일에 고객의 관심사를 반영한 선전물이 함께 동봉된다면 효율적인 비즈니스가 가능하게 되는데 이는 데이터마이닝을 통해 구현된다.

② 데이터웨어하우스

　　㉠ 데이터마이닝을 위해서는 다양한 형태의 채널을 통하여 매우 큰 용량의 데이터 저장소에 모여지고 분석이 용이한 형태로 저장이 되어야 한다. 이러한 기능을 수행하는 것이 데이터웨어하우스다.

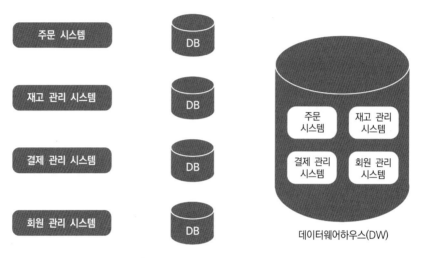

▲ 데이터웨어하우스

　　㉡ 특징

주제 지향성	DW 내의 데이터는 업무 중심이 아닌 일정한 주제별(고객, 상품 등)로 구성
통합성	DW 내의 데이터는 일관된 형태로 변환되어야 함
비휘발성	DW 내에 데이터가 기록되면 읽기 전용으로 존재 → 변경이나 삭제 불가
시계열성	DW 내에 데이터는 계속하여 누적되어 보관 → 시간의 흐름에 따라 분석 가능

> **2차 실기 기출 포인트**
>
> 대량의 데이터 사이에 묻혀 있는 패턴을 발견하고 규칙을 추론함으로써, 의사결정을 지원하고 그 효과를 예측하기 위한 기법이다. 이 기법을 통해 특정 고객이 특정 상품을 더 잘 구매하는 경향을 발견하였다면 불특정 대중이 아닌 목표 고객에 집중된 마케팅을 수행할 수 있게 된다. 이에 해당하는 용어를 쓰시오.
>
> [정답] 데이터마이닝

(8) 데이터마트(Data mart)

① 데이터웨어하우스의 높은 구축 비용과 대용량 데이터를 취급하는 데 드는 시간과 효율성의 부족으로 데이터마트를 사용한다.

② 데이터마트는 데이터웨어하우스에 있는 데이터 중 각 사업단위에 필요한 데이터만 뽑아서 저장한 작은 데이터웨어하우스라고 할 수 있다.

③ 데이터마트를 사용함으로써 각 사업 단위별로 필요한 데이터마이닝 작업이 가능하며 훨씬 더 효율적이고 빠른 데이터 분석과 의사결정이 가능해진다.

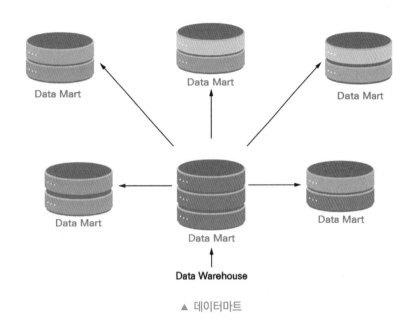

▲ 데이터마트

3 대상 고객 선정

① 타깃 선정
  ㉠ 타깃 고객은 기업이 자신의 마케팅 노력을 기울여서 유리한 성과를 가져오리라 기대되는 매력적인 고객 집단이다.
  ㉡ 세분화된 시장 내에서도 다양한 성향의 소비자가 존재할 수 있고, 기업은 그 모든 사람과의 커뮤니케이션이 어렵다.
  ㉢ 기업은 자사의 제품 또는 서비스에 매력을 갖고 구매해 줄 고객을 선정하고 커뮤니케이션함으로써 마케팅 성과를 창출할 수 있게 된다.

② 목표 소비자 설정
  ㉠ 목표 소비자는 마케팅 활동에 가장 강한 반응을 일으키는 집단이나 사람을 뜻한다.
  ㉡ 목표 소비자의 설정을 위한 세분화 방법은 지리학적 세분화, 인구통계학적 세분화, 심리학적 세분화, 행동적 세분화 등으로 구분할 수 있다.

③ 핵심 고객의 정의
  ㉠ 기업의 지향 가치와 부합하는 고객인가? : 아무리 잠재력이 있고 눈앞의 이익이 될 수 있는 고객이라도 기업이 지향하는 가치와 부합되지 않는다면 기업의 정체성과 일관된 정책을 펼치는 데 문제를 발생시킨다.

ⓒ 기업이 할 수 있는 역량으로 문제를 해결해 줄 수 있는 고객인가? : 기업은 자사의 역량으로 경쟁할 수 있어야 한다. 간혹 경쟁사가 다른 기술을 개발하고 제품을 출시하면 위기감을 느껴 기술과 인력의 준비가 부족한 상태에서 경쟁 제품을 개발하려는 경우가 있다. 이는 자칫 자원의 낭비와 위험을 초래하는 요인이 된다.

ⓒ 수익 창출 잠재력이 있는 고객인가? : 기업이 지향하는 가치와 부합하고 현재 할 수 있는 것으로 만족시킬 수 있는 고객이 있다고 하더라도 수익을 낼 수 없다면 핵심 고객이 될 수 없다.

2 고객정보 분석

1 분석 기준 설정 ★★

(1) 개요

① 고객정보 분석은 고객에 대한 이해를 증대시키고, 고객과 관련된 업무 판단을 위한 의사결정을 용이하게 내리기 위해 각종 고객 관련 데이터를 통해 유용한 정보를 수집하여 의미 있는 결론을 도출하는 것이다.

② 고객정보 분석 작업은 정보 통신 기술의 발달로 다량의 고객데이터를 실시간으로 처리하는 것이 가능해졌으며, 고객가치 실현을 통해 기업의 조직과 프로세스를 혁신하고자 하는 노력이 결합하면서 더욱 발전하게 되었다.

③ 고객정보 분석을 통해 신규 고객 획득, 기존 고객 유지 및 고객 수익성을 증대시키기 위해 지속적으로 고객과 커뮤니케이션을 하며 고객 행동을 이해하는 데 있어 매우 유용하게 활용될 수 있다.

(2) 고객정보 분석 수행

① 고객정보 분석을 수행하기 위해서는 고객의 구매 상품과 행동(구매)빈도, 구매 의사결정 과정, 구매 이유, 구매 방법, 구매 후 행동 등을 파악하여 진행할 수 있다.

② 고객의 인구통계학적 특성이나 프로파일링(Profiling), 고객 수익성, 동질적인 고객군인 세분화 그룹, 고객 행동을 예측하는 모델링(Modeling), 고객을 특정 점수를 통해 계량화하여 등급화하는 점수화(Scoring) 과정 등을 통해 진행할 수 있다.

③ 이러한 과정을 구체화하기 위해서는 고객 관련 데이터를 바탕으로 다양한 계량적 기법과 데이터마이닝 방법을 활용할 수 있다.

④ 고객정보 분석 시에는 적합한 분석 기법을 적용하는 것도 중요하나 명확한 기준을 가지고 이슈를 파악하여 분석의 목표와 주제에 따라 적절한 고객분석 절차를 수행하는 것이 요구된다.

(3) 고객정보 분석 절차 기출

① **고객에 대한 학습 단계 : 고객정보 축적 및 고객 세분화**
   ㉠ 고객정보 분석을 진행하기 위한 단계는 고객을 학습하는 것이다. 상품 및 서비스를 중심으로 축적된 기업의 고객 관련 데이터를 활용하여 인구통계 정보, 거래 이력 등 기업의 고객정보를 정제하고 분석 및 통합하여 고객을 세분화한다.
   ㉡ 기업의 고객데이터를 중심으로 우량 고객, 현재 고객, 휴면 고객, 잠재 고객 집단 등으로 고객집단을 세분화하여 고객관리 대상 고객을 선정해야 한다.
② **고객에 대한 대응 단계 : 고객관리 전략 수립 및 실행**
   ㉠ 세분화된 고객정보들을 이용하여 집단별로 고객을 대응하는 전략을 수립하고 실행하는 단계다.
   ㉡ 세분화된 고객정보를 추출하여 이를 바탕으로 고객집단별로 적합한 차별화 분류 기준을 설정한 뒤 다양한 고객 접점 채널 및 프로그램을 통해 고객분석을 진행할 수 있다.
③ **대응 결과 수집 및 반영 : 고객정보 추가**
   ㉠ 고객관리 전략 실행 결과를 바탕으로 고객정보를 추가 수집하고, 추가된 정보를 보완하는 단계이다.
   ㉡ 각각의 세분화된 고객 집단들의 반응을 체크할 수 있도록 하며, 수집된 고객 반응 결과들을 계량화하고 고객 학습 단계에서 다시 활용될 수 있도록 고객정보에 대한 해당 내용을 추가한다.

2차 실기 기출 포인트

고객정보 분석 절차를 순서대로 쓰시오.

정답 고객에 대한 학습 → 고객에 대한 대응 → 결과 수집 및 반영

(4) 고객정보 분석의 접근

① 고객정보의 분류

구분		개요	데이터 항목 사례
개인정보	신상정보	다른 사람과 구별되는 개인의 기본 신상정보	주민등록번호, 성명, 주소, 전화번호, 취미, 학력, 결혼 여부 등
	재정정보	고객의 경제적 상황을 파악할 수 있는 소득과 관련된 정보	연 소득, 직장, 직위, 종합소득세, 차량 소유 여부, 직업군 등
	접촉정보	다양한 접점을 통한 회사와 고객과의 접촉 이력 정보	접촉 일자, 접촉 방법, 불만 및 문의 사항, 이탈 사유 등
	선호정보	고객의 선호도를 파악할 수 있는 정보	선호 시간대, 선호 상품, 선호 채널, 만족도 등
	신용정보	내·외부적으로 일정 기준에 의해 산정된 고객의 신용정보	고객 평가 점수, 신용 등급 등
	거래정보	고객과 회사와의 거래와 관련된 정보	거래일자, 거래내역, 금액 등
세대정보		고객의 가족 사항과 관련된 정보	가족 수, 맞벌이 여부, 배우자 주민번호, 가계 소득, 취학 아동수 등

② 인구통계학적 기반 분석

　㉠ 나이, 성별, 거주 지역 등과 같은 변수를 기반으로 고객정보를 분석한다.

　㉡ 자사 고객들에 대한 기초적인 특성을 개략적으로 파악하는 데는 용이하지만, 실질적인 마케팅 자료로 활용하는 데는 한계가 있다.

③ 매출액 기반 분석

　㉠ 고객들이 발생시키는 매출액을 기준으로 고객을 평가하고 분석한다.

　㉡ 고객들이 발생시키는 비용과 매출을 일으키는 과정에서 나타나는 행위적 특성을 파악하지 못한다.

④ 수익성 기반 분석

　㉠ 수익성은 고객이 실질적으로 자사에 기여하는 가치를 평가하는 것으로 등급별 마케팅전략을 수행하는 근거가 된다.

　㉡ 기업이 진정한 고객가치를 평가하기 위해서는 매출액뿐만 아니라 수익성에 근거한 분석이 뒷받침되어야 한다.

2 분석방법 결정 ★★

(1) 개요

① 고객정보 분석은 기업의 각 채널 및 고객 접점에서 모인 다양한 고객정보를 수집·통합·분석하여 전사적인 마케팅전략 수립 및 의사결정을 용이하게 하는 데 활용할 수 있도록 하는 것이다.

② 고객정보 분석에 활용되는 데이터는 정량적인 것일 수도 있고 정성적인 것일 수도 있다. 기출

정량 데이터 분석	정성 데이터 분석
• 수치 데이터를 바탕으로 분석 • 사이트 접속 수, 순이익 등 객관적으로 현상을 평가 • 분석 결과의 정확성을 위해 많은 샘플을 수집해야 함	• 숫자를 사용하지 않고 질적 데이터를 바탕으로 분석 • 제품 이용에 관한 느낌을 평가할 수 있으나 객관성이 부족 • 핵심 논점이나 전반적인 분위기를 읽어내는 데 유용

③ 고객정보를 분석하는 방법은 크게 두 가지로 구분될 수 있다. 첫 번째는 다양한 고객 관련 데이터를 수집하고 저장하는 방법이며, 두 번째는 통합된 데이터를 활용하여 분석한 뒤 데이터가 갖는 의미를 발굴하는 등의 결과 분석과 관련된 업무이다.

(2) 분석방법의 유형

① 고객 데이터베이스 기반의 분석방법
　㉠ 고객분석 업무를 진행하기 위해 다양한 고객 관련 데이터를 수집하고 저장하는 작업을 중점적으로 수행하는 방법이 고객 데이터베이스 기반의 분석법이다.
　㉡ 정보 통신 기술의 발달로 인해 각종 고객 관련 데이터를 수집하고 축적하는 것이 가능한 데이터웨어하우스(Data Warehouse)의 등장으로 본격화된 방법이다.
　㉢ 고객 데이터베이스 기반의 분석법은 고객분석 업무를 원활히 진행하는 데 필요한 정보들의 원천을 제공하는 것을 의미한다.
　㉣ 기업에서 고객 관련 데이터베이스를 활용하는 방법은 각 부서에서 사용하고 있는 웹 DB, 영업 DB, 마케팅 DB 등 거래 단계별로 처리되는 각종 데이터를 활용한다.
　㉤ OLAP(On-Line Analysis Processing)와 같이 다차원적인 데이터를 분석함에 있어 정형화된 형식에 맞춰 최종 사용자의 필요에 따른 검색 조건과 정렬 기능을 이용하여 데이터를 분석하는 방법도 자주 활용된다.

② 분석 기반의 분석방법
　㉠ 분석 기반의 방법은 수집된 고객 관련 데이터를 분석하거나 해석하는 업무에 초점을 두는 것이다.
　㉡ 새로운 채널의 확보, 접점 업무의 강화, 업무 프로세스의 개선 등을 통해 기업들이 양질의 고객 관련 데이터를 과거에 비해 상대적으로 많이 확보할 수 있게 되면서 이러한 계량화된 통계 기법이나 분석 툴을 활용한 방법을 사용하는 것이 가능해졌다.
　㉢ 기업들은 다양한 온·오프 채널을 통해 고객정보를 수집하고 있으며, 고객접점부서인 콜센터, 고객 서비스 센터를 통해 고객 제안 사항 및 불만 관련 데이터 등 고객이 이용한 서비스의 이력 정보까지도 확인할 수 있게 되었다.
　㉣ 수집된 고객 관련 데이터를 바탕으로 적절한 분석 기법이나 축적된 데이터 속에서 유용한 정보를 추출하는 데이터마이닝 기법의 활용을 통해 실제 응용 가능한 의미 있는 결과들을 도출해낼 수 있는 방법 등이 사용되고 있다.

(1) 분석방법의 접근

① 고객 구매력 향상 – 고객 점유율 이용을 통한 고객정보 분석

㉠ 고객 점유율(Share of Customer)이란 하나의 고객이 소비하는 제품이나 서비스군 중에서 특정 기업을 통해 제공받는 제품이나 서비스의 비율을 지칭한다.

㉡ 고객 점유율은 고객자산가치 내에서 고객가치를 평가할 수 있다는 측면에서 의미가 있지만 고객 점유율이 가지고 있는 상대적 가치 체계라는 한계점이 있다. 따라서 고객 점유율이 높다는 것이 무조건 긍정적이라고 단정 지을 수 없다.

㉢ 고객 점유율은 고객 구매력과 함께 판단해서 분석해야 고객 정보를 정확하게 분석할 수 있다. 이러한 고객 점유율과 고객 구매력을 함께 판단하여 고객정보를 분석할 수 있는 방법은 고객 구매력과 고객 점유율 현황을 매트릭스로 구성하여 활용하는 것이다.

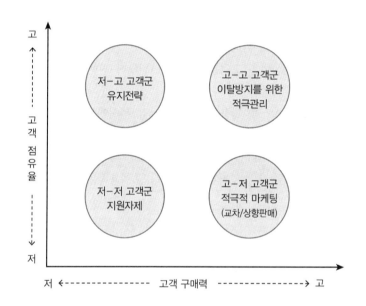

② 이탈 고객 최소화를 위한 고객정보 분석

㉠ 이미 이탈 고객으로 거래 관계가 끊긴 고객과의 관계를 재획득하는 것은 신규 고객을 창출하는 것만큼이나 어려운 일이다.

㉡ 이탈 고객의 원인이 해결되어 재구매가 이루어질 경우 그들은 충성 고객이 될 확률이 신규 고객보다 높기 때문에 고객 이탈의 원인 파악 및 유형과 대처 방안에 대한 고객정보 분석이 이루어져야 한다.

㉢ 고객 이탈의 원인이 제품이나 서비스에 대한 가격이나 혹은 비용적인 차원의 불만 요소에 의한 이탈이거나 경쟁사의 공격적인 마케팅이나 혜택 제공이라면 이러한 이탈 고객을 재획득할 수 있는 가능성은 높아진다.

㉣ 그러나 고객접점에서 부정적인 경험을 지속했거나 제품이나 서비스에 대한 품질 및 편의성에 대한 불만으로 의한 이탈일 경우 재획득의 가능성은 상대적으로 낮다.

ⓜ 이탈 고객을 최소화하기 위한 고객정보 분석을 진행하기 위해 과거 이탈 고객 데이터를 확보하여 이탈 원인(특성) 등을 파악하여야 한다.

ⓗ 고객 이탈이 발생하는 원인을 파악하여 적합한 전략 방안을 고려할 수 있어야 한다. 이탈 고객 최소화의 목표를 달성하기 위해서는 과거 이탈 고객을 분석하여 이탈하는 고객들의 행동 패턴과 특성을 파악해야 한다.

ⓢ 각 상품별로 이탈 가능 고객을 추출하여 그들의 불만 사항을 신속히 개선하여 이탈 가능성이 높은 고객을 위한 관리 시스템을 적용하여 대처 능력을 향상하는 것이 필요하다.

ⓞ 이탈 가능 고객을 대상으로 한 적극적인 고객관리 프로그램의 시행을 통해 기존 고객을 유지하고 이탈 고객을 최소화하려는 관리 노력이 요구된다.

③ 신규 고객 확보를 위한 고객정보 분석

ⓒ 신규 고객 확보를 위해서는 고객 관련 데이터 분석을 통해 잠재 구매력이 높은 고객을 발굴하고, 그들이 선호하는 상품과 서비스군을 파악하여 맞춤화된 고객관리 전략을 통해 신규 고객을 유치하고 잠재 고객을 발굴할 수 있다.

ⓛ 신규 고객 확보를 위한 관련 고객정보 분석을 수행하기 위해서는 인바운드된 고객 데이터인 전화 문의, 홈페이지 방문, 영업소 방문, 관심 상품 목록, 거래 채널별 특성 등 다양한 고객정보를 분석하여야 한다.

ⓒ 신규 고객 유치를 위한 다양한 캠페인 기간에 따른 실적, 캠페인 종류에 따른 계약 실적, 상품 유지율 분석, 캠페인의 반응 정도 등 캠페인 효과 분석을 통해 최적 고객을 추출하기 위한 정보 분석이 선결되어야 한다.

(2) 분석방법의 유형

① 데실 분석(Decile Analysis)

ⓒ 데실 분석이란 데이터를 단계별로 분리하여 분석하는 방법으로 모든 고객을 "일정 기간 내 구매 금액이 높은 순"으로 정렬한다.

ⓛ 그다음 상위에서 10분의 1씩, 10개의 그룹으로 나눈다. 다시 말해서, 모든 고객을 구매 금액이 높은 순서대로 10개의 그룹으로 분류한다.

ⓒ 각 그룹의 합계 구매 금액을 산출하고 전체의 몇 %(퍼센트)에 해당하는지 산출한다.

ⓡ "상위 몇 %의 고객이 전체의 몇 %의 매출을 차지하고 있는가?"가 명확해지며, 각 그룹에 사용할 전략을 계획할 수 있게 된다.

② 고객 생애가치(LTV : Lifetime Value) 분석 [기출]

ⓒ LTV 분석은 한 명의 고객이 일회적인 소비로 그치는 것이 아니라, 평생에 걸쳐 자사의 제품이나 서비스를 주기적으로 소비한다는 가정하에 고객가치를 측정한다.

ⓛ 기업이 마케팅전략을 수립할 때 분기별 이익 창출에 초점을 맞추는 데에서 벗어나 장기적인 관점에서 수익성이 높은 고객과의 관계를 향상하는 데 중점을 두고 있다.

③ RFM 분석 [기출]

ⓒ RFM 분석은 회사 매출에 가장 중요한 인자는 최근성, 행동(구매)빈도, 구매 금액이라는 가정을 두고, 이러한 3가지 관점에서 고객의 가치를 분석하는 방법이다.

      ⓒ R(Recency = 최근 구매일)이 최근일수록, F[Frequency = 행동(구매)빈도], M(Monetary = 구매 금액)이 높을수록, 우량 고객이라 할 수 있다.

④ CTB 분석

      ㉠ CTB 분석은 자사에서 취급하는 모든 상품 각각을 「C(카테고리)」, 「T(테이스트)」, 「B(브랜드)」로 분류하여 과거 구매 이력에서부터 현재, 그리고 앞으로 고객의 구매 동향을 분석하는 방법이다.

      ㉡ 분석 난이도가 높지만, 고객의 구매 행동을 더 정밀하게 예측할 수 있다.

      ㉢ 다양한 상품을 취급하는 소매점과 슈퍼마켓 등에 맞는 방법이다.

4 고객정보 분석 ★

(1) 온라인 분석처리(OLAP : On-Line Analytical Processing)

① 올랩은 사용자가 다차원 정보에 직접 접근하여 대화 형태로 정보를 분석하고 복잡한 질의를 고속으로 처리하는 데이터 분석 기술이다.

② 다차원의 데이터 분석을 지원하며 대화식으로 정보가 분석되기 때문에 "지역별/분기별/상품별 판매액 현황 분석과 같은 분석"을 수행한다.

③ 질문들에 답할 수 있도록 데이터베이스에 해당 데이터들을 구성해 놓고 사용자가 신속하게 답변을 얻을 수 있도록 설계되어 있다. 폰뱅킹, TV 홈쇼핑은 올랩이 구현된 예다.

(2) 의사결정 나무(Decision Tree)

① 의사결정 나무는 데이터를 분석하여 이들 사이에 존재하는 패턴을 예측 가능한 규칙들의 조합으로 나타내며 그 모양이 '나무'와 같다고 해서 이름 붙여졌다.

② 질문을 던져서 대상을 좁혀가는 스무고개 놀이와 비슷한 개념이다.

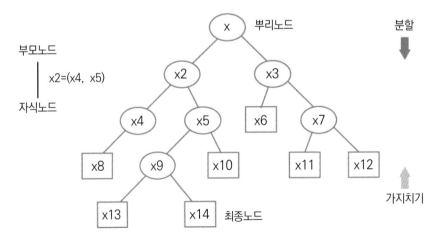

▲ 의사결정 나무(Decision Tree)

③ 맨 위의 마디를 뿌리노드(root node)라 하며 이는 분류 또는 예측 대상이 되는 모든 자료집단을 포함한다.

④ 상위 마디를 부모마디(parent node)라 하고, 하위 마디를 자식마디(child node)라 하며, 더 이상 분기되지 않는 마디를 최종노드(terminal node)라고 부른다.

⑤ 가지분할(split)은 나무의 가지를 생성하는 과정을, 가지치기(pruning)는 생성된 가지를 잘라내어 모형을 단순화하는 과정을 나타낸다.

(3) 인공신경망(Neural Networks)

① 인공신경망은 생물학의 신경망(중추 신경계 중 특히 뇌)에서 영감을 얻은 통계학적 학습 알고리즘이다.

② 데이터가 많은 반면 비교적 규칙적으로 정리되어 있지 않은 금융업계에서 많이 활용되고 있으며 금융사기 탐색 및 예방, 신용평가 등에 쓰이고 있다.

③ 예를 들어 신용카드의 부정거래를 분석하려고 할 때, 입력계층, 은닉계층, 출력계층을 입력하여 결과를 얻을 수 있다.

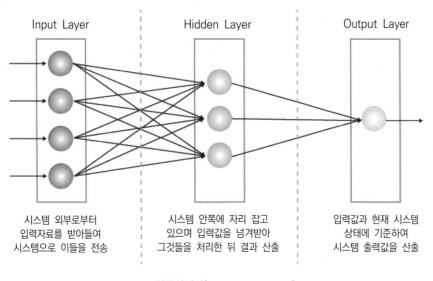

▲ 인공신경망(Neural Networks)

입력계층(Input Layer)	결과 변수를 설명하는 데 이용하고자 하는 입력 변수들 → 카드 승인 시간, 승인 금액, 누적 승인 건수 등
은닉계층(Hidden Layer)	입력계층으로부터 입력값을 받아 가중합을 계산하고 출력층에 전달
결과계층(Output Layer)	예측치를 얻고자 하는 결과 변수 → 부정 사용 또는 정상 사용

(4) 장바구니 분석(연관 규칙 : Association Rule)

① 함께 구매한 상품 혹은 서비스 간의 관계를 살펴보고 이로부터 유용한 규칙을 찾아내고자 할 때 이용할 수 있는 기법이다.

② 거래기록 데이터로부터 상품 간의 연관성 정도를 측정하여 연관성이 많은 상품을 그룹화하는 군집방법의 일종이다.

③ 동시에 구매될 가능성(맥주와 기저귀)이 큰 상품들을 찾아냄으로써 시장바구니 분석을 다루는 문제에 활용되고 있다.

3 고객 유형 결정

1 고객 범위 결정 ★

① 기업은 자사의 상품과 서비스를 구매해 줄 신규 고객을 획득하는 것과 기존 고객을 유지하는 것, 이탈 고객을 동시에 고려하여 마케팅 활동을 수행해야 한다.

② 신규 고객 [기출]

ㄱ 고객은 특정 시점에서 거래 관계가 있느냐 없느냐에 따라 기존 고객과 가망 고객으로 구분할 수 있다.

ㄴ 기존 고객은 기업에 있어 현재 거래 상태에 있는 고객으로서 유지 및 가치증진의 대상이며, 가망 고객은 현재 거래 상태에 있지는 않으나 기업의 지속적 성장을 위해 확보해 나가야 할 대상이다.

ㄷ 기업의 신규 고객 획득 단계를 세부적으로 보면, 고객을 선별하여 획득한 후 고객을 개발하고 유지하는 일련의 단계를 밟아 간다.

고객선별단계	⇨	고객획득단계
제품과 서비스를 통해 최고의 수익성을 얻을 수 있는가? 우리 기업과 지속적인 관계를 원하고 있는가? 기업에 최고의 평생 가치를 제공할 수 있는가? 라는 질문에 대한 해답을 통해 가치 있는 고객정보를 획득		고객 관계에서 최고의 잠재적 수익성과 영향력을 지닌 고객군에 기업자원을 할당한다.
고객유지단계	⇦	고객개발단계
기업은 고객이 원하는 것을, 원하는 방법으로, 원하는 때에 제공할 수 있어야 한다.		고객은 자신이 원하는 제품과 서비스를 지속적으로 제공받을 수 있어야 그 기업의 고객으로 계속 남아 있게 된다.

③ 기존 고객

ㄱ 기존 고객을 유지하는 데 소용되는 비용은 신규 고객을 유치하는 비용보다 적으므로 비용 절감 측면에서도 기존 고객 유지는 매우 중요하다.

ㄴ 기존 고객을 유지하지 못하고 고객이 이탈하면 부정적인 구전효과가 발생하므로 관계의 모니터링과 평가 체계를 구축해야 한다.

ⓒ Jones(1998)는 고객 만족과 고객 유지와의 관계를 하나의 모델로 제시하였다.

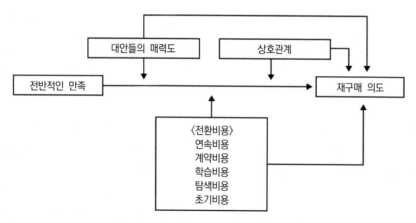

▲ 만족, 전환, 재구매 의도의 상호 관련 모델

④ 이탈 고객

ㄱ 고객 이탈은 자발적 또는 비자발적으로 현재의 서비스에 중단이 생긴 것을 말하며 고객의 개인적인 특성 (소득, 연령, 성별 등)과 만족도와 밀접한 관계가 있다.

ㄴ 이탈 원인에 대한 문제점을 적극적으로 해결하여 수익성이 높은 이탈 고객을 재탈환하는 전략이 필요하며 향후 잠재 이탈 고객들을 미연에 파악할 수 있는 이탈 예측 모형을 개발해야 한다.

2 고객 세분화 및 유형 분류 ★★★

(1) 고객 관계 관리의 이해

① 개요

ㄱ 고객 관계 관리(CRM : Customer Relationship Management)는 고객과의 관계를 어떻게 잘 관리할 것인가에 중점을 두는 업무를 지칭한다.

ㄴ 새로운 고객을 해당 기업의 신규 고객으로 만들고, 기존 고객을 잘 관리하여 유지하는 업무이며 이를 통해서 매출을 발생시키고 수익을 창출하여 궁극적으로 기업의 존속을 가능하게 한다.

② 고객 관계 확보

ㄱ 고객 관계 확보 활동은 고객 관계 관리 전략의 핵심 대상이 되는 고객 유형을 분석하여 분류하는 과정이다.

ㄴ 고객과의 다양한 접점에 관한 이해를 바탕으로 기업 대 기업, 기업 대 소비자, 소비자 대 소비자 등 다양한 형태의 주고받는 관계에서 지속해서 상호 간 호감도를 높이는 커뮤니케이션 활동을 포함한다.

ㄷ 이러한 활동의 주체는 보편적으로 공급자의 입장을 의미하는 게 일반화되어 있지만, 때로는 상호 간의 관계를 폭넓게 포함하는 관계로도 해석할 수 있다.

ㄹ 즉, 갑(고객관리 행위자)과 을(고객관리 대상자)은 어떠한 형태, 상황, 지위 등에 따라서 변경되고 바뀔 수 있다.

③ 고객 관계 관리의 단계 [기출]
- ㉠ 탐색 단계
  - ⓐ 고객 관계 확보 프로세스의 첫 번째 단계로 고객과 기업이 서로의 욕구(needs & wants)에 잘 맞는지 확인하기 위한 초기 활동 및 대화가 포함된다.
  - ⓑ 소셜미디어 또는 이벤트에서라면 이 단계는 첫인상이라고 생각할 수 있다.
- ㉡ 기본 단계
  - ⓐ 서로 알아가기 단계로, 고객 관계가 한발 더 나아간다.
  - ⓑ 기업에서는 이메일 마케팅 캠페인 또는 기타 인바운드 마케팅 노력을 통해 제품과 서비스의 가치를 전달하고, 유용한 리소스를 공유하여 잠재 고객에게 고객의 욕구(needs & wants)를 파악하고 있음을 입증하고자 한다.
- ㉢ 협업 단계 : 더 깊은 관계로 발전하기의 단계로, 이때에는 여러 부서가 관여해야 하고 함께 고객 관계를 좀 더 긍정적인 방향으로 증대시켜 나가도록 하는 것이다.
- ㉣ 상호 연결 단계 : 헌신적인 파트너 되기 단계로, 기업이 고객과 끊어지기 힘든 탄탄한 관계를 구축했음을 의미한다. 고객이 기업을 전적으로 신뢰하고, 장기간 충성도를 유지하도록 장려된다.

④ CRM의 분류 [기출]
- ㉠ 메타그룹(Meta group)의 산업보고서의 분류에 따르면 CRM은 프로세스 관점에 따라 분석(analytical) CRM, 운영(operational) CRM, 협업(collaborative) CRM으로 구분된다.
- ㉡ 분석 CRM
  - ⓐ 영업, 마케팅, 서비스 측면에서 고객정보를 활용하기 위해 고객 데이터를 추출, 분석하고 고객의 행동을 예측하기 위한 시스템이다.
  - ⓑ 이를 통해 사업에 필요한 고객, 시장 세분화, 고객 프로파일링, 제품 컨셉의 발견, 캠페인 관리, 이벤트 계획, 프로모션 계획 등의 기회 및 방법에 대한 아이디어가 도출될 수 있다.
  - ⓒ 고객 데이터의 과학적인 분석을 위하여 데이터마이닝 기술이 매우 중요한 이슈로 부각되며, CRM의 다른 구성요소인 운영 CRM, 협업 CRM과 밀접하게 연관되어야 한다.
- ㉢ 운영 CRM
  - ⓐ CRM의 구체적인 실행을 지원하는 시스템이다.
  - ⓑ 기존의 ERP 시스템이 조직 내부의 관리 효율화를 담당하는 시스템(back-end)임에 반하여, 운영 CRM은 조직과 고객 간의 관계 향상에 초점을 맞춘다.
  - ⓒ ERP 시스템의 기능(거래처리, 재무, 생산, 재고 및 인사관리) 중에서 고객접촉과 관련된 기능을 강화하여 조직의 전방위 업무를 지원하는 시스템(front-end)이다.
  - ⓓ 운영 CRM은 주로 영업과 서비스를 위한 시스템으로 이루어져 있다.
- ㉣ 협업 CRM
  - ⓐ 1990년대 후반기부터 인터넷을 기반으로 한 비즈니스의 성장 및 오프라인 기업의 온라인화가 가속화되면서 등장하였다.
  - ⓑ 인터넷에 대응하는 신개념의 CRM으로 e-CRM이라고도 하며 협업은 분석과 운영시스템의 통합을 의미한다.

ⓒ e-비즈니스 환경에서 각 고객별로 차별화된 서비스를 제공하는 웹 개인화 서비스 시스템이 대표적 예이다.

⑤ e-CRM의 이해 `기출`

　㉠ e-CRM이란, e-비즈니스 프로세스 기반하에서 웹 고객 데이터를 이용한 마케팅, 영업, 고객서비스 프로세스의 자동화 및 최적화를 통한 고객 관계 관리다.

　㉡ e-CRM은 인터넷을 통한 실시간 고객 관계 관리를 통하여 고객 요구사항에 신속히 대응하고 고객 행동에 대한 예측성을 높임으로써 고객 점유율을 제고하며 시장점유율을 향상하는 것을 목적으로 한다.

　㉢ 온라인상의 전자적 고객접점 경로

　　ⓐ e-CRM은 크게 상품과 서비스, 콘텐츠를 온라인상의 고객접촉 수단과 원리를 활용하여 수시 또는 즉시로 기업 내·외부의 고객관련 정보를 통합하고 가공·재정리·분류·분석한다.

　　ⓑ 고객과의 관계 개선을 통해 고객로열티를 증진하고 궁극적으로는 수익구조를 개선한다는 특징이 있다.

　㉣ 공격적·비대면적인 고객접촉

　　ⓐ 온라인상에서의 고객접촉은 동시에 여러 경로에서 커뮤니케이션이 가능하며, 실시간 데이터 또는 비대면 접촉이 가능하다.

　　ⓑ 고객접촉 상황의 기록과 관리, 보관이 용이하며 실시간 고객 행동의 분석과 자료추적 등이 가능하다.

　　ⓒ 온라인 고객접점 경로를 통한 e-CRM은 대량의 이메일 발송, 동시 캠페인 전개, 이벤트 참여, 평가나 테스트 결과 체크 및 자동 통보 등의 마케팅 활동 내지는 서비스 활동까지 비대면 접촉 상황에서 공격적으로 실행할 수 있다.

　㉤ 디지털 환경 중심의 다기능 접촉 도구의 활용

　　ⓐ 디지털 경영과 디지털 마케팅이 강화될수록 e-CRM 중심의 고객접촉 빈도와 범위가 왕성해지고 있다.

　　ⓑ 이러한 상황에서 새로운 커뮤니케이션 방법과 장비, 관련 콘텐츠의 발굴과 관심 사항의 업그레이드 등 고객관계를 향상시키려는 활동이 필요하다.

　㉥ 인터넷 고객센터에서의 고정고객관리 강화

　　ⓐ 인터넷 고객센터에서는 네트워크 환경 중심에서 텔레마케팅을 실시간으로 연계하여 고객응대를 종합적으로 처리할 수 있다.

　　ⓑ 고객상담원은 통합된 고객정보 데이터베이스를 활용하여 개별적으로 상세하게 상담에 임할 수 있다.

　　ⓒ 종전의 전화 처리 중심의 데이터 통합과 비교하여 인터넷 고객센터는 인터넷 환경 중심에서 콜처리 능력을 강화함으로써 e-CRM 분석과 활용 능력을 향상시키고 있다.

　　ⓓ 초기 구축에 필요한 비용이 적은 편이며 관리 비용 절감과 시간 및 공간의 한계 개선 등의 장점도 지니고 있다.

⑥ 고객 관계 마케팅의 이점

　㉠ 현재 고객 및 잠재 고객과 탄탄한 관계를 구축하도록 한다. 고객 관계 마케팅전략을 이행하면 고객의 충성도가 높아지고 기업이 고객을 거래 수단이 아니라 관계로 본다는 것을 보여줄 수 있다.

　㉡ 고객 유지율을 개선한다. 잠재 고객 및 기존 고객을 잘 파악하고 이들의 불만을 해결하면 할수록 충성도는 더욱 높아질 수 있다.

ⓒ 품질 추천 기회가 증가한다. 제품과 서비스에 만족하면 고객이 다른 사람에게 해당 제품과 서비스 또는 브랜드를 추천할 가능성이 더 커진다(구전마케팅).

(2) 고객 세분화의 이해

① 고객 세분화(Customer Segmentation)의 개념
  ㉠ 시장은 서로 다른 특성을 지닌 소비자들로 구성되어 있다. 즉, 소득, 나이, 직업 등의 개인적 특성뿐만 아니라 제품을 구매할 때 고려하는 속성, 구매행동에 있어서도 각기 다른 모습을 보인다.
  ㉡ 고객 세분화란 고객들을 유사한 특성을 가진 분화된 집단으로 분류하는 과정을 말한다. 기업은 고객세분화를 통해 도출한 몇몇 세분시장(Segment)에 서로 다른 마케팅 활동을 수행하여 성과를 극대화하고자 한다.
  ㉢ 고객세분화는 다양한 형태의 고객 데이터를 바탕으로 가장 적절한 세분화 기준과 적용 방안을 고려해 고객 계층을 발굴하여 지속적이고 집중적으로 관계 관리를 강화하기 위해 가장 대표적으로 활용되는 기준이다.

② 고객 세분화의 필요성
  ㉠ 고객 세분화를 통해 제품, 서비스, 브랜드에 관심이 있는 목표 고객을 정의할 수 있다.
  ㉡ 해당 상품 라인의 제품을 이미 사용하고 있거나, 이미 관심을 두고 있는 고객들을 대상으로 마케팅 활동을 하면 예산을 효율적으로 사용할 수 있고 이를 기반으로 고객 경험 최적화 전략을 수립할 수 있기 때문이다.
  ㉢ 같은 성별의 같은 연령이라고 해도 고객마다 원하는 제품, 원하는 혜택, 원하는 메시지가 모두 다르므로 성별과 연령, 지역과 같은 인구통계학적 특성을 넘어 브랜드와의 접점, 경험의 패턴, 관심사에 관한 것까지 그 대상이 된다.

③ 고객의 세분화 접근 방식
  ㉠ 가치기반 접근
    ⓐ 단순 주문(구매)금액으로 세분화하지 않는다. 가치기반의 고객 세분화 마케팅을 집행하고 있다면, 정말 해당 기준이 비즈니스 가치와 연결되는 것인지 검토해 볼 필요가 있다.
    ⓑ 12개월 동안 20만 원 1건의 주문을 한 고객과 12개월 동안 3개월마다 2만 원씩 총 10번의 주문을 한 고객이 같지 않은 것과 같다.
  ㉡ 선택과 집중
    ⓐ 올바르지 못한 고객에게 집중하지 않는다. '올바르지 못한' 고객은 비즈니스 성장에 기여하는 가치가 낮은 고객을 의미한다.
    ⓑ 지독한 얌체족(체리피커), 재고관리에 혼란을 주는 잦은 주문 취소, 불분명한 사유의 잦은 반품의 고객과 같이 유지비용이 높은 고객들을 분류하는 것이다.
    ⓒ 상대적으로 유지비용이 낮으면서도 브랜드 충성도가 높은 고객들에게 집중한다.

> **체리피커** 기출
>
> 자신의 실속을 챙기는 데 관심을 두고 상품이나 서비스 등은 구매하지 않는 소비자를 가리켜 체리피커(cherry picker)라고 한다. 체리가 올라간 케이크의 빵은 먹지 않으면서 그 위에 올려진 체리만 쏙 집어 먹는 행위와 비슷하다 하여 체리피커라는 이름으로 불리게 되었다. 본래 체리피커라는 용어는 신용카드를 발급할 때 특별하게 제공되는 혜택이나 서비스 등만 누리고 실제 카드 사용은 하지 않는 고객들을 일컫는 말로 사용되었다고 하며 이처럼 주로 카드나 금융 상품 등을 이용할 때 최대한의 서비스와 혜택만 이용한 채로 사용을 최소화하는 행위가 체리 피킹(cherry picking)이라는 체리피커들의 행위의 전형적인 모습이다. 기업으로서는 실질적인 매출이 발생하지 않은 채 지출만 발생하기 때문에 이를 긍정적인 행위로 보지 않게 되며 실제로도 각 분야 회사의 총매출을 살펴봤을 때 홈쇼핑은 20%, 유통업체는 20%, 신용카드는 17% 이상이 체리피커 형태의 소비자로 나타난다.

　ⓒ 과정의 세분화

　　ⓐ 결과보다 과정을 세분화하여 미리 대응한다. 결과로만 세분화하는 것은 너무 늦다.

　　ⓑ 이탈 징후를 보이는 고객들을 미리 분류하여 이탈하지 않게 하는 캠페인을 진행한다.

　　ⓒ 이미 이탈한 고객을 분류하는 데에 정성을 쏟는 것보다 이탈 징후가 보이는 고객을 찾아 마케팅 메시지를 전달하는 것이 낫다.

④ 고객의 경험 여정 분석

　㉠ 이탈 징후를 알기 위해서는 단순히 고객들의 구매 주기뿐만 아니라, 고객의 여정을 파악하려 노력하다 보면 부족한 부분과 필요한 정보가 무엇인지 자연스럽게 알게 되고 이를 보강함으로써 고객에 관한 정보를 풍부히 할 수 있다.

　㉡ 구글 애널리틱스의 이탈 경로 또는 이탈 페이지와 같이 특정 채널에 관한 Pain-point만 고려할 것이 아니라, 고객과의 모든 접점에서 이탈을 일으키는 요소를 찾아야 한다.

> **페인 포인트** 기출
>
> 사전적 의미로 불평, 불편함을 느끼는 지점 등으로 해석된다. 경영 관점에선 일반적으로 고객들이 불편하게 느끼거나 기능이 결여된 부문 등을 의미한다. 느린 배송, 무거운 제품, 불편한 송금 시스템 등이 대표적인 예다.

(3) 고객 세분화 유형 분류

① 고객 세분화에 필요한 고객 정보

인구통계학적 정보 및 상품 정보	• 고객 신상정보 : 성별, 생일, 연령, 수입, 주소 등 • 상품 정보 : 상품 특성, 상품 가격, 재고량 등
장기적인 고객 행동 정보	고객의 기대, 채널 선호도, 채널 사용 이력, 거래 이력 : OLAP 분석, 고객 설문 조사로 획득 가능
심리학적 정보	고객의 라이프스타일, 성격 정보, 관심사 등
파생 정보	고객 생애가치(LTV), 수익성, 충성도, 구매유형 등

② 일반적인 유형 분류

Kotler의 분류	지리적 기준	문화, 기후, 풍습	
	인구통계적 기준	연령, 성, 가족규모, 가족생활주기, 소득, 직업, 교육, 종교, 인종, 세대, 국적, 사회계층	
	심리도식적 기준	라이프스타일, 개성, 사회계층	
	행동적 기준	지식, 편익, 사용자 지위, 사용률, 충성도의 정도, 구매 준비 태세 단계, 제품에 대한 태도	
Frank Massy, and Wind의 분류		일반적 소비자 특성	상황 – 특수 소비자 특성
	객관적 측정	인구통계적 요인(연령, 생활주기, 성, 거주지 등), 사회경제적 요인	소비패턴(사용량), 상표 충성도 패턴, 구매 상황
	주관적 측정	개성, 생활스타일	태도, 인식 및 선호
Joseph T. Plummer의 분류 : AIO 차원	활동	일, 취미, 사회적 사건, 휴가, 오락, 클럽, 공동사회, 쇼핑, 스포츠	
	관심	가족, 가정, 직업, 공동사회, 오락, 유행, 음식, 매체, 성취감	
	의견	자기 자신, 사회적 쟁점, 정치, 기업, 경제, 교육, 제품, 미래, 문화	
	인구통계적 변수	연령, 교육, 소득, 직업, 가족 규모, 거주지, 지역, 도시 규모, 라이프스타일 단계	

③ 의미론적 관점에서의 유형 분류

고객 분류 유형	구분 예
표면적 데이터에 의한 분류	나이, 성별, 주소, 세대 구성 등
매출액에 기반을 둔 고객 분류	매출 거래 금액
고객가치에 기반을 둔 고객 분류	충성 고객, 우수 고객, 신규 고객 등
생애 단계에 기반을 둔 고객 분류	유년기, 청년기, 장년기, 노년기 등
고객 형태에 기반을 둔 고객 분류	거래 주기, 교차 구매 등
고객 요구 및 특성에 기반을 둔 고객 분류	특정 브랜드 선호, 고객 특성 등
내부 분석 요구에 의한 고객 분류	자사의 내부 필요성 등

④ **고객 진화 과정에 따른 유형 분류** : 가장 보편적인 고객 유형 분류 방법으로 고객의 진화 속성, 즉 고객의 수익성에 기반한 가치 변화에 따른 구분 방식이다.

잠재 고객	자사의 제품이나 서비스를 구매하지 않은 사람들 중에서 향후 자사의 고객이 될 수 있는 잠재력을 가지고 있는 집단을 의미
신규 고객	잠재 고객이 처음으로 구매하고 난 후의 고객
기존 고객	신규 고객 중 2회 이상의 반복 구매를 한 고객
핵심(충성) 고객	해당 제품이나 서비스를 반복적으로 구매하게 되는 고객
이탈 고객	더는 자사의 제품이나 서비스를 이용하지 않는 고객

⑤ 가치기반의 유형 분류

　　㉠ 가치기반의 유형 분류는 고객가치와 수익성을 바탕으로 고객관리에 대한 방향을 제시해 준다.

　　㉡ 고객관리 방향

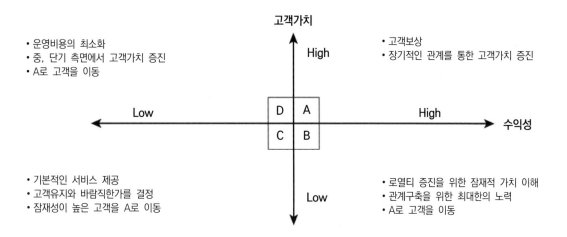

⑥ 채널 기반 세분화 : 전화/팩스, 이메일, ARS, 웹, SMS 등 매체별로 특성에 따라 신뢰성, 비용, 편의성을 기준으로 고객을 세분화한다.

(4) 고객의 그룹화

① 의의

　㉠ 고객 그룹화는 고객의 특성과 회사의 역량이 잘 어울리는 지점을 찾아 어디에 자원을 집중해야 효과적인지 보여줌으로써 전략적 의사결정에 필요한 단계이다.

　㉡ 고객의 구매 특성과 요구 및 수요를 분석하여 그룹화하고, 고객의 지향 가치와 상품의 가치를 연계하여 그룹화한 후 가치 고객군의 구매 행동을 예측하고 이에 따른 전략을 수립할 수 있다.

　㉢ 고객을 그룹화할 때 상품 위주로 세분화하는 것보다는 가치 중심의 그룹화가 전략 수립과 과제 선정에 더 적절한 배경을 제공하게 된다.

② 고객 그룹화의 장점

　㉠ 자사가 가장 효율적으로 그리고 수익성 높게 누릴 수 있는 고객군을 중심으로 상품 서비스 인력, 프로세스를 집중할 수 있게 된다.

　㉡ 특정 고객군의 니즈를 중심으로 상품 및 서비스의 지향점을 명확히 하여 성공 확률을 높일 수 있다.

　㉢ 숨어있는 고객 니즈와 시장 기회에 관한 조직의 민감도를 높여 현재 타 경쟁업체보다 이른 시간에 시장의 잠재 기회를 선점하는 게 가능하다.

　㉣ 고객과 시장 변화와 주요 변화 동인 탐지를 위한 최적 플랫폼을 구축할 수 있다.

　㉤ 광고 및 마케팅 활동의 기획에 집중할 수 있어 효율성을 극대화할 수 있고, 평가에 있어서 명확한 지표를 세우고 관찰할 수 있다.

③ 고객 그룹화 단계

목표의 명확화	그룹화의 목표를 명확히 하면서 분석시장 선정과 분석 툴의 결정에 관해 합의
가설 설정	고객 그룹화의 기준을 선별하고 다양한 잠재 결과를 예측하여 이에 기반을 둔 가설을 설정
데이터 수집 및 분석	데이터를 수집하고 분석하면서 1차 시장 그룹화를 개발 → 시장 그룹화의 타당성을 검증하고 그룹 가치와 수익성을 검토하여 각각의 그룹의 우선순위를 결정
실행 전략	그룹화에 기반한 실행 전략을 수립

④ 고객 그룹화 방법 기준선별
  ㉠ 고객 그룹화를 함에 있어서는 고객에 대한 정의, 중시하는 가치, 고객에 대한 대우 방법 등을 기준으로 한다.
  ㉡ 고객 그룹화 사례

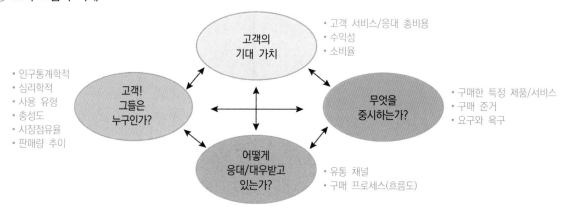

(5) 고객의 유입 경로
① 개요
  ㉠ 고객이 유입되는 경로는 해당 기업 혹은 고객관리 주체의 성격에 따라서 매우 다양한 방식으로 나타나게 된다.
  ㉡ 그렇지만, 보편적으로 관계 마케팅의 대상이 되는 모든 채널에서 온라인/오프라인 방식의 다양한 형태로 나타난다.
  ㉢ 경로에 따라서 수집된 고객 정보를 여러 형태의 분석 방법, 수단, 도구 등을 통해서 고객의 정보를 분석하고 이를 고객 관계 관리 구축 및 나아가 관계 마케팅의 대상으로 활용할 수 있다.
② 고객의 유입 경로 분류

기존 접점/구매 경로   온라인 경로

오프라인 경로

신규 접점/구매 경로   온라인 경로

오프라인 경로

③ 고객의 온라인 유입 경로

    ㉠ 고객이 유입되는 채널은 온라인 포털 검색(organic search)을 통한 유입, 온라인 홍보를 통한 유입, SNS를 통한 유입, 온라인 광고를 통한 유입 및 전자메일 및 전자 푸시 알림을 통한 유입 등이 있다.

    ㉡ 온라인 유입 경로 분석을 통한 고객 유입을 늘리는 방법으로 로그 분석을 통해 어떤 채널에서 얼마만큼의 유입이 발생하고 있는지 수치상으로 측정할 수 있다.

> **로그분석** `기출`
>
> 온라인 웹사이트 방문자의 분석을 통하여 방문자 수와 페이지 뷰 수, 쿠키값 분석 등을 통한 방문자 정보분석 등을 통하여 사이트의 현 상황을 자세히 분석하는 것을 뜻한다.

    ㉢ 측정이 가능하면 문제점을 찾아낼 수 있고 문제점을 찾아내면 상황에 따른 성공적인 고객관리를 위한 맞춤 처방을 찾을 수 있다.

    ㉣ 기업 자체적으로 혹은 외주를 통한 서비스 운영자는 고객 유입 확대를 위해 여러 채널에 마케팅을 진행함과 동시에 각각의 채널별 고객 유입을 지속해서 점검해야만 한다.

    ㉤ 이러한 과정의 반복을 통해 온라인 경로로 유입되는 고객을 최대로 이끌어낼 수 있다.

(6) 고객데이터 분석 방법 - RFM 고객분석 `기출`

① 의의

    ㉠ 효과적인 고객 수익기여도 유형 분류를 위한 분석법 중 하나인 'RFM 분석'을 대표 기법으로 활용한다. 'RFM'은 각각 Recency, Frequency, Monetary의 약자이다.

    ㉡ Recency(최근성)

        ⓐ '고객이 얼마나 최근에 구매하였는가?'와 같이 특정 행동을 얼마나 최근에 했는지를 의미하며 고객의 최근성이라 한다.

        ⓑ 최근성 관점에서 최근에 특정 행동(행동 : 고객이 취하는 행동이 단순히 구매뿐만 아니라 온라인상의 클릭, 오프라인상의 방문 등 여러 가지를 의미)을 취한 고객이 나중에 행동을 취한 고객보다 더욱더 가치 있게 되는 것이다.

    ㉢ Frequency[행동(구매)빈도]

        ⓐ '고객이 얼마나 자주 방문했는가?'와 같이 특정 행동을 얼마나 자주 했는지를 의미하며 고객의 행동(구매)빈도라고 한다.

        ⓑ 행동(구매)빈도 관점에서는 정해진 기간 고객이 특정 행동을 자주 할수록 가치 있는 고객을 의미한다.

    ㉣ Monetary(구매 금액)

        ⓐ "고객이 돈을 얼마나 썼는가?"에 관한 것으로 고객의 구매 금액이라고 한다.

        ⓑ 구매 금액 관점에서는 특정 기간 구매 금액을 더 많이 지출한 고객이 더 가치가 있게 되는 것이다.

② RFM 고객분석법의 장단점

    ㉠ RFM 분석법은 상기에 언급한 세 가지 기준으로 고객을 분류하는 방법이다. 이러한 방법으로 고객데이터를 분석하고 고객 유형을 분류한다면 가치 있는 고객을 효율적으로 추출해 관리할 수 있다.

    ㉡ RFM 분석은 고객의 복잡한 구매패턴을 단순히 최근성, 행동(구매)빈도, 구매 금액 이 3가지 관점으로만 분석한다는 단점이 있다.

ⓒ 고객의 성별, 연령, 상품의 특성 등 여러 가지 변수가 고객 구매패턴에 영향을 미칠 수 있기 때문이다.

ⓔ 이러한 분석은 여러 산업에서 가장 기본적으로 활용될 수 있고, 비교적 간단한 방법으로 고객 성향에 관한 인사이트를 제공한다는 장점이 있다.

2차 실기 기출 포인트

회사 매출에 가장 중요한 인자는 최근성, 행동(구매)빈도, 구매 금액이라는 가정을 두고, 이러한 3가지 관점에서 고객의 가치를 분석하는 방법을 쓰시오.

정답 RFM 분석

(7) 고객별 구매패턴 분석

① 의의

ⓐ 과거에는 제한된 채널과 환경에서의 접촉을 통해 구매가 이뤄지고, 고객의 패턴 또한 단순하였다.

ⓑ 현재는 기하급수적으로 늘어난 광고 채널과 다양한 고객접점을 통한 유입 환경으로 인해 '상품 노출 → 흥미/호기심 → 상품 검색 → 구매 → 구매 정보 공유' 등 많은 단계를 거친 후에야 상품 구매가 가능해졌고 그 패턴도 다양해졌다.

ⓒ 마케팅에서는 이러한 예측 불가한 상황을 분석하기 위해 '기여 분석'을 활용한다.

② 기여 분석의 이해

ⓐ 기여는 사전적 의미로 무언가에 도움이 되는 일련의 행동을 뜻한다.

ⓑ 마케팅에서의 기여란 전환/구매가 발생하기까지의 고객의 전체 유입 채널에 관해 각 유입 채널이 전환/구매에 얼마만큼의 영향을 끼쳤는지 분석하는 기술로, 대용량 데이터의 수집과 처리 및 분석이 필요한 기술이다.

ⓒ 즉 실제 고객의 구매패턴과 각 유입 채널의 상호작용을 분석하여 다양한 모델을 적용함으로써, 데이터 기반의 마케팅 최적화가 가능해지게 된다.

③ 기여 분석의 모델과 활용

ⓐ 기여 분석은 크게 1개의 유입 채널(single touch)과 다중 유입 채널(multi touch) 2가지로 분류할 수 있고, 각 분류 내에 다양한 모델이 있다.

ⓑ Single Touch

ⓐ 경로 내 1개의 유입 채널에만 기여를 분배하는 방식으로 데이터 분석은 용이하나, 전환 및 구매에 영향을 준 다른 채널은 무시된다.

ⓑ 모델로는 첫 번째 클릭, 마지막 클릭, 마지막 간접 클릭 모델이 있다.

ⓒ Multi Touch

ⓐ 경로 내 모든 유입 채널에 기여를 분배하는 방식으로 데이터 분석의 난도는 높으나, 모든 유입 채널의 상호작용을 분석할 수 있다.

ⓑ 모델로는 선형, 시간가치 하락, 위치 기반 모델이 있다.

3 고객가치 측정 방법 ★★

(1) 고객가치의 개념

① 고객 관점에서의 고객가치

  ㉠ 고객이 기업과의 거래를 통해 얻을 수 있는 인지적 가치(Perceived value)를 의미하며, 이러한 인지적 가치는 고객이 제품 및 서비스에 대해 지불한 비용과 제공받는 혜택에 대한 주관적인 효용성 평가의 정도로 가늠할 수 있다.

  ㉡ 고객은 제품의 구매를 위해 금전적인 비용뿐만 아니라 시간과 같은 무형의 비용을 지불하는 대신 그 제품이나 서비스를 통해 편의성과 같은 혜택을 얻게 된다.

  ㉢ 고객가치가 높다고 평가되는 경우는 고객이 자신이 제품이나 서비스의 구매를 위해 지불한 유·무형의 비용에 비해 얻게 되는 품질이나 편의성에 대한 지각이 큰 경우에 해당하며, 반대의 경우는 낮은 고객가치로 평가될 수 있다.

② 기업 관점에서의 고객가치

  ㉠ 개별 고객의 생애가치를 극대화할 수 있는 전략과 구체적인 방법론을 수립할 수 있도록 고객데이터를 분석 및 응용하고, 커뮤니케이션 기술을 활용하는 조직 활동이라 할 수 있다.

  ㉡ 기업은 고객의 기여 가치를 측정함으로써 1차적으로는 고객의 수익성에 따라 자원을 효과적으로 배분할 수 있어 분류된 고객 유형을 이용하여 전체적인 마케팅 비용의 감소와 기업의 매출 성과의 개선을 극대화하는 데 기여하게 된다.

  ㉢ 고객가치를 통해 고객의 유형을 구분하는 것은 2차적으로 고객들에 대해 보다 정확한 평가를 내릴 수 있기 때문에 수익성 있는 고객들을 확보하고 유지할 수 있으며, 나아가 가치 있는 휴면 고객들을 발굴하고 이들을 활성화할 수 있는 주요 기준을 마련할 수 있다.

  ㉣ 고객의 과거/현재/잠재 가치를 바탕으로 기업의 고객을 선별하고, 고객 각각에게 차별화된 서비스를 제공하여 지속적인 관계를 형성하는 데 중요한 판단기준이 된다는 점에서 고객가치를 통한 고객 분류는 매우 의미 있는 작업이다.

(2) 고객가치 기준 활용

① 대상 고객에 대한 분석을 진행하기 위해 고객가치 기준을 활용하기 위해서는 대상 고객의 판매량(매출액) 기여도나 이익 기여도를 활용하여 고객가치를 탐색할 수 있다.

② 판매량 기여도는 고객이 특정 기간 동안 해당 기업과 행한 거래를 통해 발생한 매출액이나 판매량을 통한 기여분을 의미하며, 이익 기여도는 수익 기여 부분에서 상품 및 서비스 이용 시 발생하는 총비용을 차감한 기업의 입장에서 순수한 기여 금액을 의미한다.

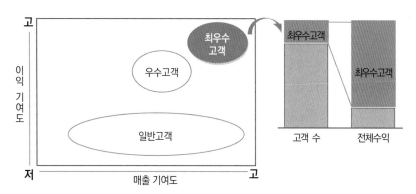

(3) 고객 생애가치(CLV, LTV : Customer Lifetime Value) [기출]

① 고객 생애가치란 고객 한 명이 평생 동안 산출할 수 있는 수익이다. 고객이 타 기업으로 이탈 없이 기업과의 관계를 장기간 유지함으로써 개별 고객으로 증가하는 가치를 계산한 것이 고객 생애가치이다.

② 한 번의 거래에서 나오는 수익을 극대화하는 것보다 고객 생애가치를 극대화하는 것이 기업의 존속과 발전에 바람직하다.

③ 고객 생애가치의 측정

    ㉠ 고객들로부터 미래의 일정 기간 얻게 될 이익(= 수입 - 비용)을 할인율에 따라 현재 가치로 환산한 재무적 가치를 의미한다.

- $CLV = \sum_{i=1}^{n}$ (고객 i가 창출하는 수익 - 고객 i에 대한 비용)/(1+할인율)$^{t-1}$
- ·고객 i가 창출하는 수익 : 고객의 수익 + 그 고객으로 인해 발생할 수 있는 수익
- ·고객 i에 관한 비용 : 특정 시점에 특정 고객 i에게 투입된 비용
- ·할인율 : 마케팅 투자를 현재의 가치로 환산하기 위하여 적용하는 비율

    ㉡ 할인율(discount rate) : 미래에 발생하게 될 고객가치를 현재 가치로 환산하는 데 필요한 비율로, 할인율은 고객 생애가치를 평가할 때 모든 고객에 관해 동일하게 적용되는 일종의 상수(constant)로써, 기업이 자체적으로 결정한다.

    ㉢ 마케팅 비용 : CRM 전략 차원의 마케팅 비용 산정이란 기업의 마케팅 활동을 신규 고객 확보, 관계 유지, 그리고 관계 강화라는 CRM 활동으로 분류하고, 각 활동 기준별로 마케팅 활동을 재배치하고 이를 기준으로 마케팅 비용을 산정하는 것을 의미하는데, 일반적으로 산정하기가 쉽지 않다.

④ 고객 생애 가치의 분석 용도

공헌 마진	고객이 기업과 처음 거래를 시작한 시점부터 현재까지 기여한 총 가치
고객 점유율	• 한 고객이 소비하는 제품 중에서 특정 기업의 제품이 차지하는 비율 → 잠재 구매력을 지닌 고객에게 특정 기업이 어느 정도 성과를 달성하고 있는지를 나타내는 지표 • 기존 고객을 유지하고, 관계를 강화하는 활동이 중심이 되어야 함
고객 구매력	특정 상품군(상품 카테고리)에서 고객이 소비할 수 있는 총 금액 또는 상품군의 모든 기업이 특정 고객에게 상품을 판매하는 총액
고객 추천 가치	고객들이 기업에 제공하는 추천 및 입소문의 가치를 측정할 수 있는 방법
고객 간접적 기여 가치	충성 고객의 긍정적인 추천이나 입소문으로 기업의 상품이나 서비스를 구매하게 됨으로써 마케팅이나 영업 활동의 전개 없이 확보된 신규 고객의 가치

(4) 고객 순자산가치

① 의의

    ㉠ 기업의 모든 고객이 기업에 제공하는 재무적 기여의 총합으로 정의할 수 있으며 고객 순자산가치의 전형은 고객 생애 가치의 총합으로 측정한다.

고객들의 기여 가치 = 개별 고객의 생애 가치의 총합

ⓒ 고객이 기업에 제공하는 가치는 해당 고객이 직접 제품이나 서비스를 구매함으로써 기여할 수 있는 가치가 있을 수 있고, 다른 고객을 추천하거나 다른 사람들에게 그 기업에 관한 좋은 입소문을 전파함으로써 다른 고객들이 제품이나 서비스를 구매하도록 하는 간접적인 기여도가 있다.

ⓒ 고객 순자산가치의 개념을 충실히 반영한 조작적 정의나 측정 모델은 고객들의 직접적인 재무적 기여와 간접적인 기여를 함께 포함하는 것이어야 한다.

② 고객 순자산가치의 구성요소

　㉠ 의의

　　ⓐ 고객들이 특정 기업의 제품이나 서비스를 지속적으로 구매하는 이유는 가치 자산, 브랜드 자산, 관계 자산의 세 가지 가치 요소 중 하나 이상에 근거하게 된다.

　　ⓑ 가치 자산은 기업이 제시하는 상품 및 서비스의 객관적 품질이나 가격 그리고 편의성에 기초하여 형성된다.

　　ⓒ 브랜드 자산은 해당 상품 및 서비스의 브랜드 인지도에 기초한다.

　　ⓓ 관계 자산은 제품 및 서비스의 학습 곡선, 직원과의 친밀성 등의 요소를 기반으로 하여 형성된다.

　　ⓔ 기업의 고객 순자산가치는 세 가지 순자산 요인들이 복합적으로 상호작용함으로써 나타나는 총체적인 결과라고 볼 수 있다.

　㉡ 자산의 구체적 이해

가치 자산 (value equity)	• 고객의 인지적 가치를 의미 : 고객이 제공한 것(비용, 시간)에 비해 제공받은 제품 및 서비스의 효용에 관한 전반적인 평가 • 품질 : 제품이나 서비스에 관한 물질적 혹은 비물질적인 관점의 질적 수준 • 가격 : 어떤 것을 얻기 위해 포기 또는 지급해야 하는 금전적 크기 • 편의성 : 제품이나 서비스를 구매하거나 사용하는 데 걸리는 시간과 노력을 덜어주는 정도
브랜드 자산 (brand equity)	• 브랜드에 관한 고객의 주관적이고 무형적인 평가를 통해 고객들이 특정 브랜드를 소유함으로써 기업이 얻게 되는 바람직한 마케팅 효과의 정도 • 브랜드 인지도 : 소비자가 한 제품 범주에 속한 특정 브랜드를 알아보거나 그 브랜드명을 쉽게 떠올릴 수 있는 능력(현○자동차 → 소○타) • 브랜드 연상 : 한 브랜드와 관련하여 소비자가 갖는 생각들(폭○바겐 → 딱정벌레) • 브랜드 이미지 : 특정 브랜드를 통해 고객들이 인지하는 긍정적인 혹은 부정적인 인상의 정도
관계 자산 (relationship equity)	• 특정 기업에 관한 가치나 브랜드에 관한 인지적 수준 평가를 넘어서 기업이 고객과 형성하게 되는 관계의 정도 • 로열티 프로그램 : 반복적으로 구매하는 고객의 로열티를 증진하기 위해서 여러 가지 인센티브를 제공하는 활동 • 특별한 인지와 처우 : 고객의 그룹이나 계층에 따라 고객의 요구사항을 기업이 인지하고 그에 맞는 처우 방법을 다르게 적용하는 것을 의미 • 친근화 프로그램 : 고객들이 갖는 공통의 이해관계나 관심사를 묶어 기업과의 유대관계를 강화해 나가는 마케팅 활동 • 커뮤니티 프로그램 : 특정 주제에 관해 고객들이 집단 혹은 모임을 형성하여 고객들 간의 유대관계를 형성하고자 하는 프로그램

(5) 고객 점유율(Share of Customer)과 고객가치 분석

① 고객 구매력(소구력, Size of Wallet)

    ㉠ 특정 상품 카테고리 내에서 고객이 소비할 수 있는 총액, 혹은 해당 카테고리의 모든 기업이 특정 고객에게 그 카테고리의 제품이나 서비스를 판매하는 총액을 말한다.

    ㉡ 고객 점유율을 계산하기 위한 기초 정보로 활용되기 때문에 CRM 전략을 수행하는 데 있어서 매우 중요한 의미이다.

② 고객 점유율(Share of Customer)

    ㉠ 한 고객이 소비하는 제품이나 서비스군 중에서 특정 기업을 통해 받는 제품이나 서비스의 비율을 말한다.

    ㉡ 고객 구매력 지표가 고객의 잠정적인 구매력 크기라고 한다면, 고객 점유율은 이러한 잠재 구매력을 가진 고객들을 대상으로 그들의 니즈를 얼마나 충족시키고 있는지에 관한 기업의 성과를 판단할 수 있는 지표라고 할 수 있다.

③ 고객가치 분석(Customer Value Analysis)

    ㉠ 고객 중에 보다 수익성이 있는 고객, 연계 또는 상승 판매를 유도할 수 있는 고객이 어떤 고객인가에 관해 분석하는 것이다.

    ㉡ 즉 어떤 고객이 더 큰 가치를 가지고 있으며 잠재 가치가 누가 더 높은지를 분석해 마케팅 자원을 적절히 배분해야 한다.

    ㉢ 고객 포트폴리오에 적절한 투자와 서비스를 하려면 고객의 선호도, 특징 등에 관한 지식이 필요하다.

④ 고객가치 평가의 전략적 활용

    ㉠ 표면적 데이터에 의한 방법 : 현재 기업이 보유하고 있는 고객 데이터베이스의 표면적인 데이터를 바탕으로 세분화를 수행하는 방법이다.

    ㉡ 고객가치 측정 모델에 의한 방법 : 다양한 고객가치 측정 모델을 통해 도출된 고객가치 지수(고객 생애 가치, 고객 순자산가치, RFM 지수 등)를 기반으로 하는 고객 세분화 방법이다.

    ㉢ 고객 니즈(needs)에 의한 세분화 방법 : 기업의 고객들이 가지고 있는 니즈에 따라 세분화하는 방법이다.

    ㉣ 내부 분석 니즈에 의한 세분화 : 기업의 내부적인 분석 필요성에 의한 다양한 형태의 세분화 방법이다.

(6) 고객 수익기여도의 이해

① 고객 수익기여도 관리

    ㉠ 우량 고객은 기업에 많은 수익을 가져다주는 고객으로, 극히 일부에 지나지 않는다. 일반적인 기업에서는 전체 수익 중 80%를 단 20%의 고객이 제공한다.

    ㉡ 이것을 '20 : 80의 법칙(파레토 법칙)'이라고 한다. 쉽게 말하면 매장을 방문하는 고객 100명 중 20명만이 실제 수익을 낸다는 것이다.

> **파레토 법칙** `기출`
>
> ❶ 이탈리아의 경제학자인 빌프레도 파레토(Vilfredo Pareto)가 이탈리아 인구의 20%가 토지의 80%를 소유하고 있다는 경제적 불균형 현상(80 : 20 법칙)을 제시하였다.
>
> ❷ AMR Research의 연구에 따르면 기업에 수익을 가져다주는 고객 중 20%가 전체 매출의 80%를 차지한다는 결과가 실제로 존재한다.
>
> ❸ 고객 중 기업에 수익을 가져다주는 고객은 전체 중 일부에 지나지 않으며 이러한 고객은 지속적으로 관계를 맺어야 할 대상이다.
>
> ❹ 이들 고객을 유지하는 활동은, 신규 고객을 획득하기 위해 투자하는 것보다 훨씬 적은 비용으로 높은 효과를 얻을 수 있다.

ⓒ 파레토 법칙은 모든 잠재적 고객이 기업의 수익에 도움을 주는 것은 아니라는 것을 보여준다. 또한 고객의 구매 행위가 기업의 큰 수익으로 이전되지 않으면 우수 고객이 되지 않는다는 것을 보여준다.

ⓓ 고객의 유형별, 세분화된 고객별 예측된 그리고 발생한 수익을 토대로 하여 고객관리 방안이 필요로 되는 이유이다.

② 고객 수익기여도 분석

　ⓒ 수익 모델

　　ⓐ 기업의 수익성 증대를 위한 수익 모델의 주요 내용으로는 더 많은 고객의 확보, 비용의 절감, 관계한 기간의 연장, 고객당 매출액의 증대 등이 있다.

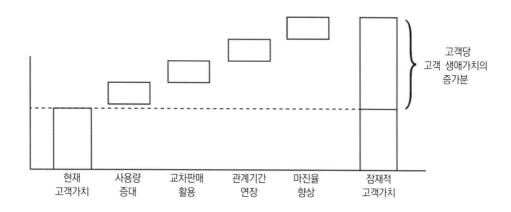

고객당 고객 생애가치의 증가분

현재 고객가치 / 사용량 증대 / 교차판매 활용 / 관계기간 연장 / 마진율 향상 / 잠재적 고객가치

　　ⓑ 그림은 한 고객과의 관계 개선이 가져올 수 있는 다양한 유형의 추가 가치 증대를 보여주고 있다.

　　ⓒ 현재의 고객가치와 앞으로 이 고객이 우리 기업에 가져올 잠재적 가치의 사이에는 사용량의 증대, 교차 판매의 활용, 관계한 기간의 연장, 이익률의 향상 등이 있다.

　　ⓓ 한 고객과의 관계가 지속되고 보다 우호적인 상관관계가 형성됨에 따라 반복 구매가 이루어지고 고객정보를 바탕으로 한 교차판매나 업셀링 등이 이루어질 수 있다.

③ 고객 기간의 길이와 수익성 간에 기대되는 관계

　ⓒ 수익성 증가를 위한 장기적인 고객 관계의 유지

　　ⓐ 장기적인 고객 관계의 유지를 통해 수익성을 증가시키기 위해 기업은 비용 측면에서 고객의 선호, 구매 유형, 가치 등을 파악하는 것에 투자한다.

　　ⓑ 그렇게 해서 얻은 고객정보는 더 강한 고객 유대를 창출하는 프로그램을 설계하는 데 사용된다.

ⓛ 신규 고객과 기존 고객과의 비용과 수익성의 관계

    ⓐ 신뢰 관계가 형성된 기존 고객은 이미 기업에 관하여 인식하고 있고, 적어도 한 번은 해당 기업에서 구매한 적이 있으므로 기업은 고객들에게 이전의 거래에서 적절한 제품과 서비스를 제공했는지를 확인하기 위한 전략에 큰 비용을 투자해야 할 필요가 없다.

    ⓑ 신상품이 출시되었을 때 신뢰 관계가 형성된 기존 고객은 신규 고객이 지불할 의사보다 더욱더 높은 가격을 기꺼이 지불할 의사가 있다.

    ⓒ 장기 고객은 관계의 비경제적 편익에 어떤 가치를 부여하거나, 특별한 고객 서비스와 같은 보상 프로그램을 제공한다면 가격에는 크게 관심을 두지 않는다. 예를 들면, 신뢰 관계가 형성되고 잦은 구매를 하는 고객의 경우는 관계를 계속하고자 할 때 신규 고객처럼 가격에 민감하게 반응하지 않는다.

4 고객 데이터 수집 및 유지

1 데이터 유형 분류 ★

① 데이터는 기업에 진짜 고객이 누구인지, 어디서 무엇을 구매했는지, 얼마를 소비하는지 등을 알려준다.

② 데이터는 누가 데이터를 수집하는가, 그리고 데이터 통제권을 기업이 어느 정도 쥐고 있느냐에 따라 1자 데이터(First Party Data), 2자 데이터(Second Party Data), 3자 데이터(Third Party Data), 0자 데이터(Zero Party Data)로 분류된다.

1자 데이터	• 브랜드 소유의 채널, 고객 서비스센터 등을 통해 고객으로부터 직접 수집한 데이터 → 방문자 구매 이력, 인구통계학적 정보 등 • 향후 구매 의사나 새로운 취향 등을 파악하는 데 한계
2자 데이터	• 다른 기업의 1자 데이터로 타깃층이 비슷한 기업끼리 주고받은 정보 • 기업마다 처한 상황이 다르므로 기업의 의도대로 고객에게 서비스를 제공하는 데 한계
3자 데이터	• 애드테크(광고기술) 기업이 발행한 데이터 → 접속 기록 정보(쿠키) 형태로 존재하며 경쟁사들도 접근할 수 있음 • 정제되지 않은 정보를 담고 있어 유용성이 낮으며 개인정보 보호에 취약
0자 데이터	• 고객이 데이터의 수집과 활용, 목적을 명시적으로 인식하고 동의한 채 자발적으로 공유하는 데이터 → 소비자들이 데이터의 소유권과 통제권을 갖고, 기업이 무엇을 언제까지 수집해 어디에 쓰는지, 데이터 제공을 거부할 수 있는지 여부 등 정보 수집에 관해 소비자들이 소유하고 통제 • 높은 정확도와 향상된 품질, 투명성과 높은 신뢰도, 브랜드 충성도 제고 가능

2 데이터 수집 경로 및 방법 결정 ★

① 등록, 회원 가입 시 수집형(Registration)
 ㉠ 서비스 가입 단계에서 수집되는 데이터로 이름, 성별, 나이 등 기본적 정보 및 취향 정보를 얻을 수 있다.
 ㉡ 처음 만난 고객, 즉 이전에 해당 기업과 접점이 없었던 고객을 상대로 정보를 얻을 수 있다는 장점이 있다.
 ㉢ 가입 단계에서는 제품과 서비스 구매를 위한 기초적인 정보만을 요구하기 때문에 다양한 경로를 통해 지속적인 정보 수집이 필요하다.

② 설문 조사형(Survey)
 ㉠ 기업은 설문 조사 형태로 데이터를 확보하기도 한다. 소비자들의 설문에 참여함으로써 할인, 적립금과 같은 금전적인 보상을 획득할 수도 있다.
 ㉡ 자사의 웹이나 앱, SNS 등에서 시행하는 설문 조사는 신규 고객부터 기존 고객까지 다양한 의견을 수집할 수 있다는 장점이 있다.
 ㉢ 설문 조사는 다른 방식에 비해 시간과 비용이 든다는 점과 정보제공이 일회성으로 끝난다는 단점이 있다.

③ 소셜미디어 활용형(Social Media)
 ㉠ 기업은 인스타그램 스토리, 유튜브 커뮤니티 투표, SNS 채널의 설문 기능을 통해 소비자들과 소통하고 제품에 대한 선호도를 측정한다.
 ㉡ SNS는 이용자가 많이 늘어나면서 지속적으로 기업의 가치를 노출하고 고객의 참여를 비교적 자연스럽게 유도하는 데 유리하다.
 ㉢ 소비자들의 전반적인 선호도를 빠르게 확인할 수 있으며 기업과의 지속적 소통을 통해 고객 충성도 또한 높일 수 있다.
 ㉣ 소셜미디어를 통해서는 소비자 개개인의 취향 정보를 파악하는 데는 한계가 있다는 게 단점이다.

④ 피드백 수집형(Feedback)
 ㉠ 만족도 조사, 불만 사항 접수 처리 등을 통해 수집된 고객의 피드백은 데이터를 얻을 수 있는 좋은 방법 중 하나다.
 ㉡ 고객의 피드백을 통해 기업은 제품 및 서비스 개선에 관한 고객의 정확한 의견을 들을 수 있다. 또한 피드백을 받는 동의 과정에서 자연스럽게 정보를 취득할 수 있다.
 ㉢ 고객은 자신의 참여가 기업의 의사결정에 반영된다면 기업에 대한 책임감과 소속감까지 느끼게 되는 이점이 있다.

⑤ 게임 및 이벤트형(Game)
 ㉠ 퀴즈, 취향 테스트 등 다양한 방식으로 소비자의 참여를 유도해 데이터를 얻을 수 있다.
 ㉡ 게임 형태의 정보 수집 방법은 기업이 고객에게 친밀하게 다가갈 수 있으며 고객의 흥미를 유도하기 용이하다.
 ㉢ 게임 방식은 얻을 수 있는 정보가 한정적이기에 개인화된 데이터를 얻는 데는 다소 무리가 있다. 따라서 다른 방식과 함께 활용해야 효과를 볼 수 있다.

⑥ 개인화 콘텐츠 제공형(Newsletter & E-mail)
 ㉠ 회원 가입이나 설문 조사 등을 통해 소비자의 e메일 주소를 확보하면 신제품이나 브랜드 할인 정보 등을 제공하여 구매를 유도할 수 있다.

       ⓒ 소비자들은 광고성 e메일로 인식하면 해당 메일을 열람할 가능성이 낮아진다. 이를 해결하기 위해 고객에게 개인화된 콘텐츠를 제공하는 뉴스레터가 도움이 될 수 있다.

⑦ 맞춤 서비스 제공형
       ㉠ 고객이 브랜드의 웹사이트나 앱에 머물고 있을 때마다 지속적인 개인화 경험을 제공하는 방식이다.
       ⓒ 소비자로부터 방대하고 다양한 데이터를 계속 확보하는 기술적인 기반이 갖춰져야 구현할 수 있다.
       ⓒ 맞춤 서비스에 만족한 소비자들은 앱과 웹 체류 기간을 늘리면서 자신의 데이터들을 다시 제공한다. 기업은 새롭게 제공받은 데이터로 고객의 취향을 업데이트하고 더 나은 개인화 서비스를 제공한다.
       ㉣ 개인화 서비스를 설계하고 시스템을 디자인하는 초기 작업은 어렵지만 이를 구현하면 지속적인 맞춤형 서비스가 가능하다는 장점이 있다.

3 데이터 정제 ★★

① 데이터 정제(Data Cleansing)의 개념
       ㉠ 원천 데이터에는 누락된 값이나 극단적인 값, 오류 등이 포함될 수 있으므로 이를 제거하거나 값을 대체하여 고품질의 데이터 요건을 갖추는 작업이 필요하다.
       ⓒ 데이터 정제란 데이터의 신뢰도를 높이기 위해 결측값(누락)을 채우거나 이상값(극단)을 제거하는 과정을 의미한다.
       ⓒ 데이터 정제는 데이터 오류 원인 분석, 정제 대상 선정, 정제 방법 결정 순으로 진행한다.

② 데이터 오류의 원인 **기출**

원인	설명
결측값(Missing Value)	필수적인 데이터가 입력되지 않고 누락된 값
노이즈(Noise)	데이터를 측정하는 데 있어서 어떤 이유로 잘못 입력 → 신체검사에서 몸무게를 측정하기는 했으나 잘못 기록함
이상값(Outlier)	데이터 값이 일반적인 값보다 크거나 작아서 편차가 큰 것

③ 결측값
       ㉠ 결측값은 NA, 999999, Null 등으로 표현하며 완전 무작위 결측, 무작위 결측, 비 무작위 결측으로 구분한다.
       ⓒ 결측값의 종류

완전 무작위 결측 (MCAR : missing completely at random)	결측값이 다른 변수들과 아무런 상관이 없는 경우 → 설문 조사를 하는 데 있어서 응답을 빠트린 경우나 전산오류로 누락된 경우
무작위 결측 (MAR : missing at random)	결측값의 발생이 다른 변수에 따라 조건부로 발생하는 경우 → 설문 조사에서 여성들은 모두 응답하였으나 남성들이 특정 설문에 응답하지 않은 경우
비 무작위 결측 (MNAR : missing at not random)	위 두 가지 상황이 아닌 경우 → 설문 조사에서 특정 응답자가 의도적으로 응답을 하지 않는 경우 예 서비스에 불만족한 고객들이 만족도 설문에 응답하지 않음, 우울감이 심한 사람이 우울감 때문에 설문에 응답하지 않은 경우

ⓒ 결측값 처리 방법

단순 대치법	• 결측값을 그럴듯한 값으로 대체하는 통계적 기법 • 완전 분석법 : 불완전 자료는 모두 무시하고 완전하게 관측된 자료만 사용하여 분석하는 방법 → 분석은 쉽지만, 부분적으로 관측된 자료가 무시되어 효율성이 상실되고 통계적 추론의 타당성 문제가 발생 • 평균 대치법 : 관측 또는 응답한 자료의 평균값으로 결측값을 대치해서 불완전한 자료를 완전한 자료로 만드는 방법 • 단순 확률 대치법 : 결측값을 대치할 때 적절한 확률값을 부여한 후 대치하는 방법 → 무응답자와 비슷한 성향을 보인 응답자의 자료로 대치하는 방법, 이전의 비슷한 조사에서 얻어진 값으로 대치하는 방법 등
다중 대치법	단순 대치법을 한 번 사용하지 않고 여러 번의 대체 표본으로 대치를 통해 완전한 자료를 만들어서 분석하는 방법

④ 이상값 기출

㉠ 데이터 이상값은 관측된 데이터의 범위에서 많이 벗어난 아주 작은 값, 또는 아주 큰 값이다.

㉡ 이상값의 종류

표본 추출 오류	데이터를 샘플링(수집)하는 과정에서 나타나는 오류 → 대학 신입생들의 키를 조사하는데 농구 선수가 포함되어 있다면 농구 선수의 키는 이상값이 될 수 있음
고의적인 이상값	자기 보고식 측정에서 정확하게 기입한 값이 이상값으로 나타날 수 있음 → 음주량을 묻는 조사에서 대부분은 자신들의 음주량을 적게 기입할 경우 정확하게 값을 적은 값이 이상값으로 분석될 수 있음
데이터 입력 오류	데이터를 수집, 기록, 입력하는 과정에서 실수로 발생하는 오류 → 10을 입력해야 하는데 100을 입력하면 10배 값으로 나타남
실험 오류	실험 조건이 동일하지 않은 경우 발생 → 달리기 선수의 스피드를 측정하는데 한 선수가 출발 신호를 못 듣고 늦게 출발했다면 그 선수의 스피드 측정은 이상값이 될 수 있음
측정 오류	데이터를 측정하는 과정에서 발생하는 오류 → 몸무게를 측정하는 저울이 5개인데, 1개는 오작동 할 경우 이상값이 될 수 있음

㉢ 이상값의 처리 방법

삭제	• 이상값으로 판단되는 관측값을 제외하고 분석하는 방법 • 이상값을 제외하기 위해 양극단의 값을 절단하기도 함
대체	이상값을 평균이나 중앙값 등으로 대체하는 방법
변환	극단적인 값으로 이상값이 발생했다면 수학적인 방법(자연로그)을 취해서 값을 감소시킴

4 데이터 관리지침 ★

(1) 의의

① 데이터 관리지침이란, 수집된 고객데이터의 효과적인 확보, 유지, 관리를 위해 수립된 규정이나 계획, 데이터의 관리 방향이나 원칙을 담은 가이드라인을 의미한다.

② 고객데이터 관리지침은 데이터 관리의 기준이나 방향성을 제시하며, 모든 데이터 관리 활동은 데이터 관리 정책을 준수하여 정의되고 이루어져 있다.

(2) 데이터 관리의 원칙

① 자산으로서 관리
  ㉠ 데이터의 가치, 데이터 공유, 데이터 접근에 대한 필요성과 원칙이 수립되어야 하며, 데이터 품질을 높이기 위한 정책이나 절차를 마련해야 한다.
  ㉡ 데이터의 불법 유·출입을 막고 손실에 대한 백업 및 복구에 대한 정책이 포함되어야 하며, 데이터 관리자 및 담당자의 역할 및 책임 또한 명시되어야 한다.

② 효율적인 관리
  ㉠ 데이터의 중복 및 복제는 데이터의 성능 및 가용성 향상을 위해서만 이루어져야 하며, 데이터의 전반적 관리와 이에 대한 책임을 지는 데이터 책임자가 요구된다.
  ㉡ 더불어 데이터 보안의 수준은 접근성을 해치지 않는 범위에서 설정되어야 한다.

③ 지속적인 관리 : 지속적으로 데이터의 품질을 관리해야 하며, 데이터를 관리하는 담당자들의 전문성을 높이기 위해 지속적인 교육훈련 또한 함께 이루어져야 한다.

(3) 데이터 관리지침의 포함 내용

① 데이터 관리에 관한 지침
  ㉠ 고객데이터의 품질 활동과 관련한 전사의 규정을 의미한다. 고객데이터 품질 관리를 위해서는 데이터 자체뿐만 아니라 구성원, 표준 운영관리 절차, 역할, 조직 문화, 정보 및 지식, 저장소 등과 같은 대상들을 모두 관리 대상으로 포함해야 한다.
  ㉡ 이러한 관리 대상들은 대체로 가시적이지 않거나, 서로 중복되어 겹쳐 있거나, 혹은 연관되어 있을 가능성이 매우 높다. 따라서 관리 대상이 되는 각각의 데이터에 대한 체계적인 분류와 관리 규정을 명시해야 한다.

② 조직 관리지침
  ㉠ 고객데이터 관리 업무를 수행하는 데 필요한 조직의 구성 및 체계와 관련된 규정을 의미한다.
  ㉡ 데이터 품질 관리를 수행하는 조직의 역할 및 기능, 그리고 수행 방법 등에 관한 규정을 두어야 한다.
  ㉢ 데이터 관리지침의 지속적 운영이나 적용을 위해서는 해당 조직 문화를 고려하여 수립해야 한다.
  ㉣ 고객데이터 관리 업무를 표준화 및 매뉴얼화하여 데이터 관리 시 표준화된 절차에 따라 업무를 효율적으로 수행할 수 있도록 해야 한다. 표준화 및 매뉴얼화를 통해 업무의 인수인계 및 사용자(직원) 교육 또한 효율적으로 이루어질 수 있다.

③ 문서 관리에 관한 지침
  ㉠ 표준에 따라 데이터 관리, 분석 산출물 관리, 기타 데이터 관리와 관련한 문서에 대한 관리 규정을 의미한다. 이를 통해 고객데이터의 품질 관리가 지속적으로 이루어질 수 있다.
  ㉡ 문서 관리지침은 문서 관리 활동에 따라 이루어져야 하며, 이를 통해 경영 정보의 체계적인 축적, 책임 및 소재의 명확화, 보안 관리를 할 수 있다.
  ㉢ 문서 관리의 일반적 절차는 문서 작성 → 문서 결재 → 문서 처리 → 문서 보관 → 문서 보존 → 문서 폐기의 순서를 따른다.

④ 요구사항 관리에 관한 지침

　ⓐ 요구사항 관리지침이란 고객데이터 관리 중에 다양한 경로를 통해 도출되는 사용자의 요구사항에 대한 일원화된 관리 체계를 정의한 것이다. 이를 통해 고객데이터 관리 업무의 지속성을 증대시킬 수 있다.

　ⓑ 사용자의 요구사항 관리를 위한 일반적인 절차는 요구사항 도출 → 요구사항 정의 → 요구사항 변경 관리 → 요구사항 확인으로 이루어진다.

　ⓒ 마지막 단계인 요구사항 확인은 실제로 사용자의 요구사항이 구현되었는지, 혹은 얼마만큼 반영이 되었는지 확인하는 단계로 이는 기록이 요구된다.

⑤ 데이터 백업 및 복구 활동에 관한 지침

　ⓐ 데이터 백업 및 복구 활동에 대한 지침은 데이터의 백업과 복구 활동에 대한 표준화된 절차를 정의함으로써 위급 상황 발생 시 신속한 대처를 통해 데이터 손실을 최소화하는 데 그 목적이 있다.

　ⓑ 데이터 백업 및 복구 활동에 대한 지침은 데이터 변환 및 처리 비율, 데이터 중요도 등을 고려하여 최적의 백업 스케줄링과 복구 절차를 담고 있어야 한다.

　ⓒ 한편, 데이터 백업 → 이전 → 저장 → 복구 활동의 각 단계에서는 문제가 발생할 수 있으므로, 단계별 문제점을 대비하여 지침 수립 시 이를 반영해야 한다.

문제점		예
백업 단계	데이터 손실 및 불일치 위험	데이터 백업 시
	프로세스 실패 위험	소프트웨어 오류, 기록 장치 오류, 수작업 오류
	관리 부담 문제	백업 데이터 증가로 인한 관리상 문제
이전 단계	속도의 문제	백업 장치 이동 지연
	데이터 조작의 위험	보관 오류, 조작 미숙으로 인한 백업 데이터 손상
	운송 과정의 위험	별도 저장소에 데이터 백업하는 경우
저장 단계	보안 및 안전상의 위험	자연재해 및 인재 위험
	접근 용이성의 위험	백업본의 손쉬운 입수 및 복구에 대한 대책
	비용상의 문제	저장 공간에 대한 비용 지출, 이용 편의성
복구 단계	데이터 복원 시의 문제	복구 데이터의 최신성
	신뢰성의 문제	데이터 복구 시 복구 데이터의 정확성 판단 방안
	속도의 문제	데이터 복구에 필요한 복원 시간

⑥ 시스템 보안 및 접근 권한 관리에 관한 지침

　ⓐ 시스템 보안 및 접근 권한 관리지침은 데이터를 외부 침입이나 재난 등의 위험으로부터 보호하고, 사용자별로 권한을 명확히 정의함으로써 수집된 고객데이터를 보호하는 데 그 목적이 있다.

　ⓑ 효과적인 보안정책 수립과 수행을 통해 데이터 무결성 및 신뢰성 증대, 생산성 증대, 비용 절감 등의 효익을 기대할 수 있다.

　ⓒ 보안 및 사용자 접근 권한 관리에서 중요한 것은 보호하고자 하는 고객데이터에 대한 정확한 정의를 내리고, 이에 대한 관리지침 체계를 구성하는 것이다.

② 보안 활동은 크게 관리적 보안 활동과 기술 및 물리적 보안 활동으로 구분할 수 있다.

관리적 보안 활동	사람, 문서, 재해 복구 계획을 주요 관리 대상으로 하여 조직 보안 규정 및 지침을 수립
기술 및 물리적 보안 활동	해킹이나 바이러스 피해에 대한 보안 활동의 지침

⑩ 보안지침은 효과적인 통제 수단, 내부 데이터 보호, 기술 선정 및 구성에 관한 표준지침, 책임 할당, 보안적용 방법의 일관성 확보, 관리 프로세서의 변화 관리, 보안지침의 공유 및 사용자 교육을 담고 있어야 한다.

5 개인정보 관련법 ★

(1) 개인정보 처리방침

① 의의
  ㉠ 개인정보 처리방침이란 개인정보처리자의 개인정보 처리 기준 및 보호조치 등을 「개인정보 보호법」(이하 법)에 따른 기재사항을 포함하여 문서화한 것을 의미한다.
  ㉡ 법 제30조에서는 사업자 등 개인정보처리자로 하여금 개인정보 처리방침을 수립·공개하도록 의무화하고 있다.
  ㉢ 개인정보 처리방침을 정하지 않거나 공개하지 않는 개인정보 처리자에게는 1천만 원 이하 과태료가 부과된다.

② 기재사항
  ㉠ 법, 동법 시행령 및 표준 개인정보 보호지침(이하 표준지침)은 개인정보 처리방침에 포함되어야 하는 사항을 규정하고 있다.
  ㉡ 개인정보 처리방침 기재사항 [기출]

1. 개인정보 처리 목적
2. 개인정보의 처리 및 보유기간
3. 개인정보의 제3자 제공에 관한 사항(해당하는 경우에만 정함)
4. 개인정보의 파기 절차 및 파기 방법(개인정보를 보존하여야 하는 경우에는 그 보존 근거와 보존하는 개인정보 항목)
5. 개인정보처리의 위탁에 관한 사항(해당하는 경우에만 정함)
6. 정보주체와 법정대리인의 권리·의무 및 그 행사 방법에 관한 사항
7. 개인정보 보호책임자의 성명 또는 개인정보 보호업무 및 관련 고충 사항을 처리하는 부서의 명칭과 전화번호 등 연락처
8. 인터넷 접속정보파일 등 개인정보를 자동으로 수집하는 장치의 설치·운영 및 그 거부에 관한 사항(해당하는 경우에만 정함)
9. 처리하는 개인정보의 항목
10. 개인정보의 안전성 확보 조치에 관한 사항
11. 개인정보 처리방침의 변경에 관한 사항
12. 개인정보의 열람청구를 접수·처리하는 부서
13. 정보 주체의 권익침해에 대한 구제방법
14. 가명정보를 처리하는 경우 가명정보 처리에 관한 사항(해당하는 경우에만 작성)
   - 가명정보의 처리 목적
   - 가명정보의 처리 및 보유기간

- 가명정보의 제3자 제공에 관한 사항(해당하는 경우에만 작성)
- 가명정보 처리의 위탁에 관한 사항(해당하는 경우에만 작성)
- 가명처리하는 개인정보의 항목
- 가명정보의 안전성 확보 조치에 관한 사항

15. 국내 대리인을 지정한 경우 국내 대리인의 성명(법인의 경우 그 명칭 및 대표자의 성명), 주소(법인의 경우 영업소 소재지), 전화번호 및 전자우편 주소(해당하는 경우에만 작성)
16. 추가적인 이용·제공 관련하여 판단기준(해당하는 경우에만 작성)
17. 영상정보처리기기 운영·관리에 관한 사항(해당하는 경우에만 작성)
18. 그 밖에 개인정보처리자가 개인정보 처리 기준 및 보호조치 등에 관하여 자율적으로 개인정보 처리방침에 포함하여 정한 사항

(2) 개인정보 보호 10가지 원칙(개인정보보호위원회)

① **무분별한 개인정보 수집자제** : 불필요하게 개인정보를 수집하는 경우, 관리 소홀로 해킹 등 유출 사고 시 책임이 크게 증가하므로 서비스 제공에 필요한 최소한의 개인정보수집이 현명하다.

② **필수정보와 선택정보 구분** : 정보 수집 시 해당 서비스 제공과 관련 없는 개인정보(생일, 결혼기념일 등)나 제삼자 제공 동의 여부는 고객이 선택적으로 입력할 수 있도록 하여야 한다.
선택정보를 고객이 입력하지 않았다고 해서 해당 서비스 제공을 거부하는 것은 과태료 3천만 원 부과사항이다. 법적 분쟁 시 필수정보와 선택정보가 적정한지 여부는 사업자가 입증 책임을 부담한다.

③ **고유식별정보(주민등록번호)와 민감정보(종교, 건강정보 등)는 원칙적 처리금지** : 고유식별정보와 민감정보는 정보주체의 별도의 동의, 법령에서 구체적으로 명시하거나 허용하는 경우를 제외하고는 처리(수집·관리)할 수 없으며, 수집하는 경우에도 다른 정보와 구분하여 별도의 동의를 받아야 한다.

④ **개인정보 위탁 시 고객에게 고지하고 철저히 관리** : 홍보·판매 목적으로 개인정보처리업무를 위탁할 때에는 해당 사실을 고객들에게 고지해야 한다. 또한 수탁자의 잘못으로 개인정보가 유출되어 피해가 발생한 경우, 위탁자가 손해배상을 해야 한다. 위탁자는 수탁자를 관리 감독할 책임이 부과되므로 수탁자 교육 등을 철저히 이행해야 한다.

⑤ **개인정보 파일의 안전한 보관** : 개인정보파일은 유출되었을 때 명의도용, 불법마케팅, 보이스피싱 등에 악용될 수 있으므로 안전한 방법으로 보관해야 한다. 안전하게 보관하기 위해서는 DB 접근권한제한, 백신프로그램 설치, 방화벽 등 침입차단시스템을 설치하고 필요한 보호조치를 취해야 한다.

⑥ **보유기간 준수** : 고객의 개인정보가 담긴 계약서, 청약철회서처럼 보관하고 있지 않으면 불이익을 당할 수 있는 문서를 보관해야 할 때는 법령에서 지정한 보유기간(전자상거래법의 거래기록 보존규정 등)을 숙지하고 이를 준수하는 것이 좋다.

⑦ **목적 달성 시 파기** : 개인정보의 보유 이용 기간이 끝난 경우, 이용 목적을 달성한 경우에는 문서를 분쇄하거나 소각해 파기해야 한다. 컴퓨터로 저장된 문서를 가지고 있는 경우라면 복원할 수 없는 방법으로 파기 처리한다.

⑧ **CCTV에는 반드시 안내판 설치** : 안내판에는 설치 목적 및 장소, 촬영범위 및 시간, 관리책임자 성명 및 연락처를 기재해야 한다.

⑨ **문서 구비** : 개인정보보호 관련문서를 명확하게 구비하지 않았다면, 개인정보가 유출되는 경우에 책임이 보다 커질 수 있다. 내부관리계획 작성·구비, 개인정보열람청구서 등 비치, 인터넷 웹사이트의 경우 회원정보열람정정메뉴, 회원탈퇴메뉴를 쉽게 찾을 수 있도록 조치한다.

⑩ 유출 시 행동방침 : 개인정보가 유출된 경우 정보주체에게 즉시 알리고, 사실확인, 홈페이지 차단, 비밀번호 변경 공지 등 초동 조치를 신속히 하여야 한다. 유출 피해자는 분쟁조정위원회에 집단분쟁조정 또는 법원에 권리침해단체소송을 제기할 수 있으므로 철저히 대비해야 한다.

(3) 개인정보 관련법

① 개인정보 보호법 [기출]

　㉠ 개인정보의 처리 및 보호에 관한 사항을 정함으로써 개인의 자유와 권리를 보호하고, 나아가 개인의 존엄과 가치를 구현하기 위해 제정되었다.

　㉡ 개인정보 보호에 관한 일반법으로 사회 모든 분야(공공기관, 회사, 단체, 개인)에 적용이 되며 개인정보 보호에 관한 기본 원칙을 규정하고 있다.

　㉢ 개별 분야의 개인정보 보호에 관한 사항을 규정하는 신용정보법과 같은 개별법은 「개인정보 보호법」에 대해 특별법의 지위에 있다.

　㉣ 이렇게 하나의 사안에 적용할 수 있는 일반법과 특별법이 있을 경우, 특별법 우선의 원칙에 따라 신용정보법과 같은 개별법이 우선 적용된다.

　㉤ 주요 내용

적용 대상	분야별 개별법에 따라 시행되던 개인정보 보호 의무 적용 대상을 공공·민간 부문의 모든 개인정보처리자로 확대 적용
보호 범위	종이문서에 기록된 개인정보 외에 컴퓨터 등에 의해 처리되는 정보, 가명 처리된 개인정보도 보호 대상에 포함
수집·이용·제공 기준	• 개인정보를 수집할 때는 정보 주체의 동의를 받아야 하며, 수집·이용 목적, 수집 항목, 보유 및 이용 기간, 동의 거부권 등을 알려야 함 • 개인정보를 수집할 때는 필요 최소한으로 수집해야 함 • 개인정보를 제3자에게 제공할 때는 정보 주체의 동의를 받아야 함 • 수집한 목적 범위를 초과하여 이용하거나 제3자에게 제공 금지
처리 제한	• 사상·신념, 노동조합, 정당의 가입·탈퇴, 정치적 견해, 건강, 성생활 등 정보 주체의 사생활을 침해할 우려가 있는 정보 처리 금지 • 고유식별정보는 법령에서 구체적으로 처리를 요구한 경우를 제외하고 원칙적으로 처리금지
영상정보 처리기기 규제	• 공개된 장소에 설치·운영하는 영상정보처리기기 규제를 민간까지 확대 • 설치목적을 벗어난 카메라 임의 조작, 다른 곳을 비추는 행위, 녹음 금지
유출 통지 및 신고제	• 정보 주체에게 개인정보 유출 사실을 통지 • 대규모 유출 시에는 보호위원회 또는 전문기관(한국인터넷진흥원)에 신고
정보 주체의 권리 보장	• 정보 주체는 개인정보처리자에게 자신의 개인정보에 대한 열람, 정정·삭제, 처리정지 등을 요구 가능 • 정보 주체는 개인정보처리자의 고의 또는 중대한 과실로 인하여 개인정보가 분실, 도난, 유출, 위조, 변조 또는 훼손된 경우 손해에 대한 배상을 요청할 수 있음
안전조치 의무	개인정보처리자는 개인정보가 분실, 도난, 유출, 위조, 변조 또는 훼손되지 않도록 내부관리계획 수립, 접속기록 보관 등 안전성 확보에 필요한 기술적·관리적 및 물리적 조치를 하여야 함
가명정보의 처리 특례	• 통계작성, 과학적 연구, 공익적 기록보존 등을 위하여 정보주체의 동의 없이도 가명정보 처리 허용 • 통계작성, 과학적 연구, 공익적 기록보존 등의 처리목적 외로 이용하거나 제3자에게 제공, 영리 또는 부정한 목적으로 이용 금지

② 정보통신망 이용 촉진 및 정보 보호 등에 관한 법률
  ⊙ 정보통신망 이용을 촉진하고 정보통신서비스 이용자의 정보를 보호하며 정보통신망을 건전하고 안전하게 이용할 수 있는 환경 조성을 목적으로 한다.
  ⓒ 앱 접근권한에 대한 동의, 영리 목적의 광고성 정보 전송 제한 등의 내용을 규정하고 있다.

③ 위치정보의 보호 및 이용 등에 관한 법률
  ⊙ 위치정보의 유출·오용 및 남용으로부터 사생활의 비밀 등을 보호하고 위치정보의 안전한 이용환경을 조성하여 위치정보의 이용을 활성화하고자 제정되었다.
  ⓒ 위치정보의 보호 및 이용 등에 관한 사항을 규정하고 있다.

④ 신용정보의 이용 및 보호에 관한 법률
  ⊙ 신용정보업을 건전하게 육성하고 신용정보의 효율적 이용과 체계적 관리를 도모하며 신용정보의 오용 및 남용으로부터 사생활의 비밀 등을 적절히 보호하고자 제정되었다.
  ⓒ 신용정보의 유통·이용 및 관리에 관한 사항 등을 규정하고 있다.

⑤ 통신비밀 보호법
  ⊙ 통신 및 대화의 비밀과 자유를 보장하기 위해 제정된 법률이다.
  ⓒ 그 제한은 엄격한 법적 절차를 거치도록 함으로써 통신비밀을 보호하고 통신의 자유를 신장하기 위한 규정을 두고 있다.

⑥ 전자금융거래법
  ⊙ 전자금융거래의 법률관계를 명확히 하여 전자금융거래의 안전성과 신뢰성을 확보하고자 제정되었다.
  ⓒ 전자금융업의 건전한 발전 기반을 조성하여 국민의 금융 편의를 꾀하고 국민경제의 발전에 이바지하고자 제정되었다.

⑦ 전자상거래 등에서의 소비자보호에 관한 법률
  ⊙ 전자상거래 등에서 소비자의 권익을 보호하고, 시장의 신뢰도를 높여 국민경제의 건전한 발전에 이바지하고자 제정되었다.
  ⓒ 전자상거래 및 통신판매 등에 의한 재화 또는 용역의 공정한 거래와 소비자 보호에 관한 사항을 규정하고 있다.

01 다음 중 고객의 개념으로 틀린 것은?

① 고객은 자사 상품 및 서비스를 구매하거나 이용하는 손님만을 지칭한다.
② 성별, 연령, 직업은 인구학적 분류다.
③ 그레고리스톤은 경제적 고객, 윤리적 고객, 개인적 고객, 편의적 고객으로 분류하였다.
④ 신규 고객은 첫 구매가 이루어진 고객 그룹이다.

해설

좁은 의미의 고객은 자사 상품 및 서비스를 구매하거나 이용하는 손님을 지칭하며 넓은 의미의 고객은 상품을 생산하고 이용하며 서비스를 제공하는 일련의 과정에 관계된 손님 및 내부 직원까지도 포함한다.

02 제품이나 서비스를 반복적으로 구매하는 고객은?

① 잠재 고객
② 신규 고객
③ 기존 고객
④ 핵심 고객

해설

핵심 고객은 제품이나 서비스를 반복적으로 구매하는 고객이다. 기업과 강한 유대 관계를 형성한 고객으로 중대한 문제가 발생하지 않는다면 제품에 대해 더 이상 재평가하지 않는 특성을 보인다.

03 다음 중 옹호 고객에 대한 정의로 옳은 것은?

① 자사의 상품과 서비스를 적어도 한 번 이상 구입해 본 고객
② 자산의 상품과 서비스에 충성도가 가장 높은 고객
③ 자사의 상품과 서비스를 지속적으로 구입하는 고객
④ 자산의 상품과 서비스에 관심을 갖고 있는 고객

해설

① 자사의 상품과 서비스를 적어도 한 번 이상 구입해 본 고객은 일반 고객이다.
③ 자사의 상품과 서비스를 지속적으로 구입하는 고객은 단골 고객이다.
④ 자산의 상품과 서비스에 관심을 갖고 있는 고객은 잠재 고객이다.

04 공급망 상 위치에 따른 고객 중 다른 하나는?

① 유통업체
② 물류업체
③ 공급업체
④ 최종 소비자

해설

상류 공급망 고객은 최종 소비자에게 판매가 되는 제품 및 서비스를 생산하는 완제품 업체를 기준으로 했을 때, 공급업체를 의미한다. 하류 공급망 고객은 최종 소비자에게 제품이나 서비스를 유통하고 전달하는 조직으로 생산된 제품이나 서비스가 전달되는 과정에 존재하는 유통업체, 물류업체, 소매업체, 최종 소비자가 해당한다.

05 고객 분류의 배경과 목적으로 틀린 것은?

① 소비자의 욕구가 구체화되고 있다.
② 기존 시장에서의 입지를 강화할 수 있다.
③ 마케팅 효과를 증대시킬 수 있다.
④ 비슷한 욕구를 지닌 고객들을 알 수 있다.

해설

고객 분류를 통해 비슷한 욕구를 지닌 고객들을 분류하다 보면 이전에는 보이지 않았던 새로운 시장의 기회를 발견할 수 있다.

정답 1 ① 2 ④ 3 ② 4 ③ 5 ②

06 고객 분류의 조건으로 무관한 것은?

① 식별 가능성 ② 접근 가능성
③ 규모 적절성 ④ 차별 가능성

해설

고객 분류의 조건은 측정 가능성, 접근 가능성, 규모 적절성, 차별 가능성이다.

07 고객 빅데이터에 대한 설명으로 틀린 것은?

① 고객과의 접점에서 발생하는 정보다.
② 고객의 핵심 욕구를 알아낼 수 있다.
③ 고객 빅데이터는 거래 정보만을 담고 있다.
④ 경영 전략 수립을 위한 정보로 활용된다.

해설

기업이 비즈니스를 하는 과정에서 각종 데이터가 발생하게 되는데, 고객데이터란 고객 거래 정보를 포함하여 고객과의 모든 접촉에서 얻는 정보를 의미한다.

08 고객 빅데이터에 대한 특징으로 틀린 것은?

① 규모가 큰 대량의 필요한 데이터를 수집하여 목적에 따라 새로운 가치를 창출하는 기술이다.
② 산업과 기술 트렌드에 따라 디지털 환경에서 추출된 데이터로 생성 주기가 길다.
③ 빅데이터의 형태는 문자, 숫자, 영상 등 매우 다양하다.
④ 효율적으로 가치를 추출하여 지능화 서비스를 지원한다.

해설

빅데이터(Big Data)는 규모가 매우 큰 대량의 필요한 데이터를 수집하여 이를 저장하고 목적에 따라 데이터를 분석하여 새로운 가치를 창출하는 기술을 의미한다. 최근 빠르게 변해가는 산업과 기술 트렌드에 따라 디지털 환경에서 추출되거나 생성되는 데이터는 규모가 매우 크고 데이터 생성 주기는 짧아지고 있다.

09 고객 빅데이터의 효용을 설명한 것으로 틀린 것은?

① 빠르게 변화하는 고객 니즈 분석과 고객 세분화가 가능하다.
② 데이터 분석 결과를 기반으로 합리적인 의사결정을 할 수 있는 시스템을 지원한다.
③ 고객과 비즈니스에 관한 문제 사항을 주관적으로 인식하여 현황을 파악할 수 있다.
④ 데이터 분석을 통해 획득한 인사이트를 활용하여 경영 전략 수립에 도움을 준다.

해설

현재 고객이나 비즈니스에 관한 문제 사항을 인식하고 이에 관한 객관적인 기초 조사를 진행하여 전체 현황을 파악할 수 있도록 해준다.

10 고객 빅데이터의 분석에 대한 설명으로 틀린 것은?

① 데이터를 분석하려는 목표를 정의하고 목표를 달성하기 위한 성과 목표와 성과 측정 지표를 도출한다.
② 고객의 요구사항을 도출하고 데이터 분석에 필요한 자원 등을 고려하여 예산안을 수립한다.
③ 필요한 개발 인력과 분석 일정, 리스크 등을 고려하여 데이터 분석 계획을 수립한다.
④ 데이터를 분석하려는 목적에 상관없이 필요한 모든 데이터를 추출하여 이를 수집한다.

해설

데이터를 분석하려는 목적에 따라 필요한 데이터 종류나 형태, 범위와 수집 방법 등을 검토하고 데이터 분석에 필요한 데이터를 추출하여 이를 수집한다.

정답 6 ① 7 ③ 8 ② 9 ③ 10 ④

11 다음 고객데이터에 대한 설명 중 성격이 다른 하나는?

① SNS 데이터, 문자, 이미지, 오디오, 영상 데이터가 대표적이다.
② 고정된 필드에 저장되며 형식과 값에서 일관성을 갖는다.
③ 정형화된 스키마 구조 기반의 형태로 데이터 자체로 분석 가능하다.
④ 설계된 구조 기반의 목적에 맞는 정보 분석이 가능하다.

> 해설
>
> 고객데이터는 크게 정형 데이터와 반정형 데이터, 비정형 데이터로 구분된다. ①은 비정형 데이터의 예이고, ②, ③, ④는 정형 데이터를 설명하고 있다.

12 고객데이터 수집에 대한 설명으로 틀린 것은?

① 의사결정 혹은 문제 해결을 위해 기업 조직 외부에 있는 데이터만을 수집한다.
② 개개인의 니즈에 맞는 상품 및 서비스 제공을 위해 데이터 수집이 필요하다.
③ 1차 데이터는 수집 목적에 맞게 조사자가 직접 수집한 데이터이다.
④ 데이터를 모을 수 있는 원천을 데이터원(Source)이라고 한다.

> 해설
>
> 고객데이터 수집이란, 의사결정 혹은 문제 해결을 위해 기업 조직 내부 및 외부에 있는 다양한 데이터를 주기(주간, 월간, 분기)별로 일괄 또는 실시간으로 수집하는 과정을 의미한다.

13 고객데이터 수집 시 고려 사항으로 틀린 것은?

① 목표로 하는 고객데이터에 관한 수집 가능성 여부를 검토한다.
② 고객데이터 수집 시 발생하는 비용과 난이도를 검토한다.
③ 활용 목표에 부합하는 정확한 고객데이터 여부를 검토한다.
④ 데이터의 원천보다는 종류에 대한 고려를 우선해야 한다.

> 해설
>
> 고객데이터 수집 시에는 수집하려는 원천 데이터에 관한 고려, 데이터의 종류에 관한 고려, 데이터 수집 시 데이터 적절성을 종합적으로 고려해야 한다.

14 다음 중 정밀한 조사를 위한 가설을 수립하기 위해 실시하는 것은?

① 기술조사
② 탐색조사
③ 인과조사
④ 실험조사

> 해설
>
> 데이터 수집의 목적에 따라 수집 방법은 탐색조사, 기술조사, 인과조사로 나눌 수 있다. 탐색조사는 문제를 정의하는 것이 목적이며 정밀한 조사를 위한 가설을 수립하기 위해 사용한다. 기술조사는 고객의 생각 및 행동을 기술하는 것이 목적이다. 인과조사는 고객 행동 및 특성의 인과관계를 밝히는 것이 목적이다.

15 인터넷에 있는 웹페이지 및 웹문서를 방문하여 수집하는 것으로 무수히 많은 문서를 색인 작업하는 메커니즘을 뜻하는 용어는?

① SaaS
② IoT
③ Cloud
④ Crawling

> 해설
>
> ① 서비스로서의 소프트웨어(Software-as-a-Service, SaaS)는 클라우드 애플리케이션과 기본 IT 인프라 및 플랫폼을 인터넷 브라우저를 통해 최종 사용자에게 제공하는 클라우드 컴퓨팅 형태다.
> ② IoT는 사물인터넷으로 정보통신기술 기반으로 모든 사물을 연결해 사람과 사물, 사물과 사물 간에 정보를 교류하고 상호 소통하는 지능형 인프라 및 서비스 기술이다.
> ③ Cloud는 데이터를 인터넷과 연결된 중앙컴퓨터에 저장해서 인터넷에 접속하기만 하면 언제 어디서든 데이터를 이용할 수 있는 기술이다.

정답 11 ① 12 ① 13 ④ 14 ② 15 ④

16 데이터 수집을 위한 면접조사에 대한 설명으로 틀린 것은?

① 낮은 응답률

② 면접 상황 통제 가능

③ 시각, 청각 등 보조물 사용 가능

④ 설문에 대한 설명 가능

해설

면접조사는 조사원이 선정된 일부 고객을 대상으로 직접 대면하여 조사하는 것으로 높은 응답률을 특징으로 한다.

17 적은 시간 및 비용이 소요되나 질문 길이 및 내용이 제한되는 조사 방법은?

① 면접조사　　② 전화조사

③ ARS조사　　④ 우편조사

해설

전화조사는 조사원이 전화를 통해 고객으로부터 응답을 얻어내는 방법이다. 적은 시간과 비용이 소요되며 면접에 비해 고객에게 접근이 용이하다. 반면 질문 길이 및 내용의 제한, 시청각적 보조물의 활용이 제한된다.

18 표적집단면접법(FGI)에 대한 설명으로 틀린 것은?

① 이질적인 특성을 가진 소수의 집단을 대상으로 면접을 진행한다.

② 특정 주제를 두고 면접자 간 자유롭게 토론을 하게 하여 필요한 정보를 얻는다.

③ 솔직하고 정확한 자신의 의견 표명을 유도한다.

④ 면접 진행자의 역량이 크게 요구된다.

해설

표적집단면접법은 전문적 지식을 가진 면접 진행자가 동질적인 특성을 가지고 있는 소수의 집단을 대상으로 특정 주제에 대해 자유롭게 토론을 하게 하여 필요한 정보를 얻는 방법이다.

19 무의식적으로 형성된 사고를 알아내기 위해 비언어적 시각적 이미지를 통해 이해하고자 하는 데이터 수집 방법은?

① 심층 면접법

② 단어 연상법

③ 문장 완성법

④ Zmet

해설

① 심층 면접법은 조사자가 일대일 면접을 통해 응답자의 잠재 의견을 알고자 연속적으로 질문하는 형태로, 개인적이거나 민감한 주제에 대한 조사 시 주로 사용된다.

② 단어 연상법은 응답자에게 단어를 제시하여 가장 먼저 연상되는 단어를 표현하도록 요구하여, 특정 단어의 빈도, 응답 시간 등의 반응을 분석하는 방법이다.

③ 문장 완성법은 응답자에게 완성되지 않은 문장을 제시하게 하고 이를 완성시키는 방법이다.

20 다음 사례에 해당하는 데이터 수집 방법은?

- 사전 단계 : 조사 전 응답자의 가정 방문, 응답자로 하여금 조사 대상에 대한 사전 조사 시행
- 관찰 단계 : 관찰 대상 및 흐름 계획
- 인터뷰 단계 : 질문 가이드라인 작성

① 표적집단면접법

② 서베이법

③ Home Visit

④ 문화 기술적 방법

해설

Home Visit는 가정 내에서 실제 제품을 사용하는 환경 및 고객 라이프스타일을 조사하기 위해 조사 대상 가구를 방문하여 생활을 관찰하고 인터뷰하는 방법으로 고객 – 제품 – 환경 간의 상호작용을 파악하는 것이다. 사전 단계, 관찰 단계, 인터뷰 단계로 나뉜다.

정답　16 ①　17 ②　18 ①　19 ④　20 ③

21 고객데이터 관리를 설명한 것으로 틀린 것은?

① 데이터 분석의 활동 계획, 데이터 수집, 데이터 분석, 그리고 데이터 활용에 관한 고객데이터의 품질 유지와 관련된 규정을 포함하는 고객데이터 관리 기준을 수립해야 한다.

② 효율적인 고객데이터 관리를 위한 적정 인력, 데이터 표준 운영 관리 절차, 조직별 역할과 책임 등을 명확하게 설정해야 한다.

③ 관리 대상이 되는 고객데이터에 관한 체계적인 분류와 정확한 관리 규정을 명시해야 한다.

④ 고객데이터 관리를 수행하기 위해 다양한 경로를 통해 도출되는 고객의 요구사항에 관한 분산된 관리가 필요하다.

해설

체계적인 고객데이터 관리를 수행하기 위해 다양한 경로를 통해 도출되는 고객의 요구사항에 관한 분산이 아니라 일원화된 관리가 필요하다.

23 고객데이터 관리방법을 설명한 것으로 틀린 것은?

① 신뢰를 구축하는 최선의 방법은 데이터 수집 정책을 투명하게 공개하고 고객이 알지 못하도록 정보를 수집하는 것이다.

② 데이터의 유출은 기업에 큰 손실을 초래하므로 고객의 개인정보를 수집하고 관리하는 데는 안전한 관리를 위한 계획이 필요하다.

③ 고객으로부터 데이터를 수집할 때에는 명확한 목적이 있어야 하며 이에 필요한 정보만 수집하면 프로세스를 간소화할 수 있다.

④ 고객의 정보를 안전하고 쉽게 수집하고 정리할 수 있도록 소프트웨어 도입 등 투자가 뒷받침되어야 한다.

해설

몰래 고객의 정보를 수집할 경우 기업의 신뢰도는 크게 추락한다. 신뢰를 구축하는 최선의 방법은 데이터 수집 정책을 투명하게 공개하는 것이다.

22 고객데이터 관리의 관점을 설명한 것으로 틀린 것은?

① 필요한 고객데이터의 의미를 쉽게 알 수 있어야 한다는 것은 접근성이다.

② 기업경영을 지원할 수 있는 적합한 품질을 유지해야 하는 것은 신뢰성이다.

③ 장애 발생 시 신속하게 대응할 수 있어야 하는 것은 비즈니스 지속성이다.

④ 데이터에 대한 불필요한 접근을 권한에 따라 통제해야 하는 것은 규제 준수성이다.

해설

데이터에 대한 불필요한 접근을 권한에 따라 통제해야 하는 것은 보안성이다. 규제 준수성은 각종 법규 및 규제를 준수할 수 있어야 한다는 것을 의미한다.

24 데이터마이닝(Data Mining)에 대한 설명으로 틀린 것은?

① 대량의 데이터 사이에 묻혀 있는 패턴을 발견하고 규칙을 추론

② 의사결정을 지원하고 그 효과를 예측

③ 단일 형태의 채널을 통한 데이터 관리

④ 목표 고객에게 집중된 마케팅을 수행

해설

데이터마이닝이란 대량의 데이터 사이에 묻혀 있는 패턴을 발견하고 규칙을 추론함으로써, 의사결정을 지원하고 그 효과를 예측하기 위한 기법이다. 데이터마이닝을 위해서는 다양한 형태의 채널을 통하여 매우 큰 용량의 데이터 저장소에 모여지고 분석이 용이한 형태로 저장이 되어야 한다. 이러한 기능을 수행하는 것이 데이터웨어하우스다.

정답 **21** ④ **22** ④ **23** ① **24** ③

25 데이터웨어하우스(DW : Data Warehouse)의 특징으로 틀린 것은?

① 주제 지향성은 업무 중심이 아닌 일정한 주제별로 구성된다는 것이다.
② 통합성은 데이터가 갖는 성격을 단일화하여 표현한다는 것이다.
③ 비휘발성은 데이터가 기록되면 변경이나 삭제가 가능하다는 것이다.
④ 시계열성은 시간의 흐름에 따라 분석이 가능하다는 것이다.

> **해설**
> 데이터웨어하우스의 특징 중 비휘발성은 DW 내에 데이터가 기록되면 읽기 전용으로 존재하여 변경이나 삭제가 불가하다는 것을 의미한다.

26 데이터마트(Data mart)에 대한 설명으로 틀린 것은?

① 각 사업 단위에 필요한 데이터만 뽑아서 저장 가능하다.
② 빠른 데이터 분석이 가능하다.
③ 신속한 의사결정을 지원한다.
④ 데이터웨어하우스 보다 높은 구축 비용이 수반된다.

> **해설**
> 데이터웨어하우스의 높은 구축 비용과 대용량 데이터를 취급하는 데 드는 시간과 효율성의 부족으로 데이터마트를 사용한다. 데이터마트는 데이터웨어하우스에 있는 데이터 중 각 사업단위에 필요한 데이터만 뽑아서 저장한 작은 데이터웨어하우스라고 할 수 있다.

27 다음 중 경쟁사에서 전환 가능한 비고객 집단은?

① 1차 집단   ② 2차 집단
③ 3차 집단   ④ 4차 집단

> **해설**
> 고객 집단 중 1차 집단은 곧 고객이 될 비고객이거나 경쟁사에서 전환 가능한 비고객이다. 2차 집단은 의식적으로 거부하는 비고객, 3차 집단은 미개척 비고객에 해당한다.

28 목표 소비자에 대한 설명으로 틀린 것은?

① 마케팅 활동에 가장 강한 반응을 일으키는 집단이다.
② 목표 소비자는 인구통계학적으로 세분화 가능하다.
③ 세분시장은 동질적이고 모든 사람과 커뮤니케이션해야 한다.
④ 자사의 제품 또는 서비스에 매력을 느낄 소비자 그룹이다.

> **해설**
> 세분화된 시장 내에서도 다양한 성향의 소비자가 존재할 수 있고, 기업은 그 모든 사람과 커뮤니케이션하기가 어렵다. 기업은 자사의 제품 또는 서비스에 매력을 갖고 구매해 줄 고객을 선정하고 커뮤니케이션함으로써 마케팅 성과를 창출할 수 있게 된다.

29 핵심 고객에 대한 정의로 가장 알맞지 않은 것은?

① 기업의 지향 가치와 부합하는 고객인가?
② 기업이 할 수 있는 역량으로 문제를 해결해 줄 수 있는 고객인가?
③ 수익 창출 잠재력이 있는 고객인가?
④ 담당 직원의 성명을 알고 문의를 하였는가?

> **해설**
> 핵심 고객은 기업의 지향 가치와 부합해야 하고, 기업이 할 수 있는 역량으로 문제를 해결해 줄 수 있어야 하며 수익 창출 잠재력이 있어야 한다.

30 고객정보 분석에 대한 설명으로 틀린 것은?

① 신규 고객 획득을 위한 작업이며 기존 고객 유지를 위해서는 적합하지 않다.
② 고객 관련 데이터를 통해 유용한 정보를 수집하여 의미 있는 결론을 도출한다.
③ 고객에 대한 이해를 증대시키고, 고객과 관련된 업무 판단을 위한 의사결정을 용이하게 내리기 위해 수행한다.
④ 정보 통신 기술의 발달로 다량의 고객데이터를 실시간으로 처리하는 것이 가능해졌다.

> **해설**
> 고객정보 분석을 통해 신규 고객 획득, 기존 고객 유지 및 고객 수익성을 증대시키기 위해 지속적으로 고객과 커뮤니케이션을 하며 고객 행동을 이해하는 데 있어 매우 유용하게 활용될 수 있다.

정답 **25** ③ **26** ④ **27** ① **28** ③ **29** ④ **30** ①

31 고객정보의 분류로 틀린 것은?

① 주민등록번호, 성명, 주소는 신상정보이다.
② 연 소득, 직장, 직위는 재정정보이다.
③ 고객 평가 점수, 신용 등급은 신용정보이다.
④ 선호 상품, 만족도는 거래 정보이다.

해설

선호 상품, 선호 채널, 만족도는 선호정보다. 거래 정보는 거래 일자, 거래 내역, 금액 등이다.

32 고객 분석방법과 관련된 다음의 설명 중 성격이 다른 하나는?

① 수치 데이터를 바탕으로 분석한다.
② 제품 이용에 관한 느낌을 평가할 수 있다.
③ 사이트 접속 수를 바탕으로 분석한다.
④ 많은 샘플을 바탕으로 순이익을 추정할 수 있다.

해설

고객정보 분석에 활용되는 데이터는 정량적인 것과 정성적인 것으로 나눌 수 있다. 제품 이용에 관한 느낌은 정성 데이터 분석에 해당한다.

33 다음 설명에 공통으로 해당하는 것은?

- 고객이 소비하는 제품이나 서비스군 중에서 특정 기업을 통해 제공받는 제품이나 서비스의 비율
- 고객자산가치 내에서 고객가치를 상대적으로 평가할 수 있는 지표

① 고객 점유율　　② 고객구매력
③ 고객밀집도　　④ 고객전환율

해설

고객 점유율(Share of Customer)이란 고객이 소비하는 제품이나 서비스군 중에서 특정 기업을 통해 제공받는 제품이나 서비스의 비율을 지칭한다. 고객 점유율은 고객자산가치 내에서 고객가치를 평가할 수 있다는 측면에서 의미가 있지만 고객 점유율이 가지고 있는 상대적 가치 체계라는 한계점이 있다. 따라서 고객 점유율이 높다는 것이 무조건 긍정적이라고 단정 지을 수 없다.

34 이탈 고객 최소화를 위한 고객정보 분석 방안으로 틀린 것은?

① 이탈 고객의 원인이 해결되어 재구매가 이루어질 경우 그들은 충성 고객이 될 확률이 신규 고객보다 높다.
② 이탈 고객을 최소화하기 위한 고객 정보 분석을 진행하기 위해 과거 이탈 고객 데이터를 확보하여 이탈 원인을 파악하여야 한다.
③ 이미 이탈 고객으로 거래 관계가 끊긴 고객과의 관계를 재획득하는 것은 신규 고객을 창출하는 것보다는 수월하다.
④ 고객 접점에서 부정적인 경험을 지속했거나 제품이나 서비스에 대한 품질 및 편의성에 대한 불만으로 의한 이탈일 경우 재획득의 가능성은 상대적으로 낮다.

해설

이미 이탈 고객으로 거래 관계가 끊긴 고객과의 관계를 재획득하는 것은 신규 고객을 창출하는 것만큼이나 어려운 일이다.

35 고객정보 분석방법을 설명한 것으로 옳은 것은?

① 데실 분석은 평생에 걸쳐 자사의 제품이나 서비스를 주기적으로 소비한다는 가정에서 고객가치를 측정한다.
② 고객 생애 가치 분석은 데이터를 단계별로 분리하여 분석하는 방법으로 모든 고객을 "일정 기간 내 구매 금액이 높은 순"으로 정렬하는 것이다.
③ RFM 분석은 회사 매출에 가장 중요한 인자는 최근성, 행동(구매)빈도, 구매시점이라는 가정을 둔다.
④ CTB 분석은 구매 이력에서부터 현재, 그리고 앞으로 고객의 구매 동향을 분석하는 방법이다.

해설

① 평생에 걸쳐 자사의 제품이나 서비스를 주기적으로 소비한다는 가정에서 고객가치를 측정하는 방법은 고객 생애 가치 분석이다.
② 데실 분석은 데이터를 단계별로 분리하여 분석하는 방법으로 모든 고객을 "일정 기간 내 구매 금액이 높은 순"으로 정렬하는 것이다.
③ RFM 분석은 '회사 매출에 가장 중요한 인자는 최근성, 행동(구매)빈도, 구매 금액'이라는 가정을 둔다.

36 고객정보 분석 기법에 대한 설명으로 옳은 것은?

① 장바구니 분석은 상품 간의 관계를 살펴보고 유용한 규칙을 찾아내고자 할 때 이용할 수 있다.
② 온라인 분석처리(OLAP)는 일차원적 정보에 접근하여 대화 형태로 정보를 분석한다.
③ 의사결정 나무는 질문을 던져서 대상을 좁혀가는 개념으로 데이터 사이에 존재하는 패턴을 발견하는 데는 한계가 있다.
④ 인공신경망에서 처리할 수 있는 데이터는 규칙적으로 정리가 되어 있어야 한다.

해설
② 온라인 분석처리(OLAP)는 다차원적 정보에 접근하여 대화 형태로 정보를 분석한다.
③ 의사결정 나무란 질문을 던져서 대상을 좁혀가는 개념으로 데이터 사이에 존재하는 패턴을 예측 가능한 규칙들의 조합으로 나타낸다.
④ 인공신경망은 데이터가 많은 반면 비교적 규칙적으로 정리되어 있지 않은 금융업계에서 많이 활용되고 있다.

37 고객 유형 결정과 관련된 다음의 설명으로 가장 바람직하지 않은 것은?

① 기업은 자사의 상품과 서비스를 구매해 줄 신규 고객을 획득하는 것과 기존 고객을 유지하는 것, 이탈 고객을 동시에 고려하여 마케팅 활동을 수행해야 한다.
② 가망 고객은 현재 거래상태에 있지는 않으나 기업의 지속적 성장을 위해 확보해 나가야 할 대상이다.
③ 고객은 특정 시점에서 거래 관계가 있느냐 없느냐에 따라 기존 고객과 가망 고객으로 구분할 수 있다.
④ 기존 고객을 유지하는 데 소용되는 비용은 신규 고객을 유치하는 비용보다 크므로 비용 절감 측면에서도 신규 고객 유치는 매우 중요하다.

해설
기존 고객을 유지하는 데 소용되는 비용은 신규 고객을 유치하는 비용보다 적으므로 비용 절감 측면에서도 기존 고객 유지는 매우 중요하다.

38 이탈 고객에 대한 설명으로 틀린 것은?

① 고객 이탈은 자발적으로도 발생한다.
② 현재 서비스에 중단이 생긴 것이다.
③ 잠재 이탈 고객들을 미연에 파악할 수 있는 예측 모형 개발은 불가능하다.
④ 개인적인 특성과 만족도와 밀접한 관계가 있다.

해설
이탈 원인에 대한 문제점을 적극적으로 해결하여 수익성이 높은 이탈 고객을 재탈환하는 전략이 필요하며 향후 잠재 이탈 고객들을 미연에 파악할 수 있는 이탈 예측 모형을 개발해야 한다.

39 고객 관계 관리(CRM)를 설명한 것으로 틀린 것은?

① 고객 유지율을 높이는데 유효하나 고객 충성도를 높일 수는 없다.
② 새로운 고객을 해당 기업의 신규 고객으로 만들고, 기존 고객을 잘 관리하여 유지하는 업무다.
③ 매출을 발생시키고 수익을 창출하여 궁극적으로 기업의 존속을 가능하게 한다.
④ 고객 관계 확보 활동은 고객 관계 관리 전략의 핵심 대상이 되는 고객 유형을 분석하여 분류하는 과정이다.

해설
잠재 고객 및 기존 고객을 잘 파악하고 이들의 불만을 해결하면 할수록 충성도는 더욱 높아질 수 있다.

40 고객 세분화의 접근 방식에 대한 설명으로 틀린 것은?

① 가치기반의 고객 세분화 마케팅을 집행해야 한다.
② 선택과 집중 전략을 구사한다.
③ 체리피커는 올바르지 못한 고객의 대표적인 사례다.
④ 유지비용이 높으면서 브랜드 충성도가 높은 고객들에게 집중한다.

해설
고객 세분화의 접근방식으로 상대적으로 유지비용이 낮으면서도 브랜드 충성도가 높은 고객들에게 집중한다.

정답 36 ① 37 ④ 38 ③ 39 ① 40 ④

41 고객 세분화에 대한 설명으로 가장 옳지 않은 것은?

① 결과보다 과정을 세분화하여 미리 대응한다.
② 이탈 징후를 보이는 고객들을 미리 분류하여 대응한다.
③ 이미 이탈한 고객을 분류하는 데에 정성을 쏟아야 한다.
④ 이탈 징후를 알기 위해서는 고객의 여정을 파악해야 한다.

해설

이미 이탈한 고객을 분류하는 데에 정성을 쏟는 것보다 이탈 징후가 보이는 고객을 찾아 마케팅 메시지를 전달하는 것이 낫다.

42 코틀러(Kotler)의 고객 유형 분류로 맞는 것은?

① 지리적 기준, 인구통계적 기준, 심리도식적 기준, 행동적 기준
② 객관적 기준, 주관적 기준
③ 활동, 관심, 의견, 인구통계적 변수
④ 1차 고객, 2차 고객

해설

코틀러는 고객 유형 분류 기준으로 지리적 기준(문화, 기후 등), 인구통계적 기준(연령, 성, 가족 규모 등), 심리도식적 기준(라이프스타일, 개성 등), 행동적 기준(지식, 편익 등)을 제시하였다.
객관적 기준, 주관적 기준은 Frank, Massy and Wind의 분류이고, 활동, 관심, 의견, 인구통계적 변수는 Joseph T. Plummer의 분류이다.

43 고객 진화 과정에 따른 고객 유형 분류로 괄호 안에 들어갈 말은?

> 잠재 고객, 신규 고객, 기존 고객, 충성 고객,
> (   )

① 소개 고객
② 이탈 고객
③ 구전 고객
④ 추가 고객

해설

고객 진화 과정에 따른 고객 유형 분류로 이탈 고객이 알맞으며 더는 자사의 제품이나 서비스를 이용하지 않는 고객이다.

44 고객의 그룹화에 대한 설명으로 틀린 것은?

① 자사가 가장 효율적으로 그리고 수익성 높게 누릴 수 있는 고객군을 중심으로 상품 서비스 인력, 프로세스를 집중할 수 있게 된다.
② 고객의 구매 특성과 요구 및 수요를 분석하여 그룹화하고, 고객의 지향 가치와 상품의 가치를 연계한다.
③ 모든 고객의 니즈를 중심으로 상품 및 서비스의 지향점을 명확히 하여 성공 확률을 높일 수 있다.
④ 숨어있는 고객 니즈와 시장 기회에 관한 조직의 민감도를 높여 현재 타 경쟁업체보다 이른 시간에 시장의 잠재 기회를 선점하는 게 가능하다.

해설

모든 고객이 아니라 특정 고객군의 니즈를 중심으로 상품 및 서비스의 지향점을 명확히 하여 성공 확률을 높일 수 있다.

45 고객 그룹화 방법의 기준에 대한 설명으로 틀린 것은?

① "고객들은 누구인가?"라는 관점에서 인구통계학적 기준이 활용된다.
② "고객의 기대 가치"의 관점에서 수익성이 활용된다.
③ "어떻게 응대/대우받고 있는가?"라는 관점에서 구매 프로세스가 활용된다.
④ "무엇을 중시하는가?"라는 관점에서 시장점유율이 활용된다.

해설

"무엇을 중시하는가?"라는 관점에서 구매한 특정 제품 및 서비스, 구매 준거, 요구와 욕구 등이 활용된다.

정답 **41** ③ **42** ① **43** ② **44** ③ **45** ④

46 RFM 고객 분석법에 대한 설명으로 틀린 것은?

① 고객의 성별, 연령, 상품의 특성 등 여러 가지 변수를 함께 고려한다.

② 가치 있는 고객을 효율적으로 추출해 관리할 수 있다.

③ 비교적 간단한 방법으로 고객 성향에 관한 인사이트를 제공한다.

④ 여러 산업 현장에서 가장 기본적으로 활용될 수 있다.

> **해설**
> RFM 분석은 고객의 복잡한 구매패턴을 단순히 최근성, 행동(구매)빈도, 구매금액 3가지 관점으로만 분석하는 방법이다. 고객의 성별, 연령, 상품의 특성 등 여러 가지 변수가 고객 구매패턴에 영향을 미칠 수 있는데 이를 반영하지 못하는 단점이 있다.

47 고객별 구매패턴 분석에 대한 설명으로 틀린 것은?

① 고객 접점을 통한 구매 패턴은 상품노출 → 흥미/호기심 → 상품 검색 → 구매 → 구매 정보 공유의 과정을 거친다.

② Single Touch는 경로 내 1개의 유입 채널에만 기여를 분배하는 방식으로 데이터 분석이 용이하다.

③ 고객의 구매 패턴과 구매 채널이 과거보다 단순해지고 있다.

④ 마케팅에서는 고객 구매 과정의 예측 불가한 상황을 분석하기 위해 기여 분석을 활용한다.

> **해설**
> 과거에는 제한된 채널과 환경에서의 접촉을 통해 구매가 이뤄지고, 고객의 패턴 또한 단순하였다. 현재는 기하급수적으로 늘어난 광고 채널과 다양한 고객 접점을 통한 유입 환경으로 인해 '상품 노출 → 흥미/호기심 → 상품 검색 → 구매 → 구매 정보 공유' 등 많은 단계를 거친 후에야 상품 구매가 가능해졌고 그 패턴도 다양해졌다.

48 고객가치에 대한 설명으로 틀린 것은?

① 고객이 기업과의 거래를 통해 얻을 수 있는 인지적 가치를 의미한다.

② 고객은 무형의 비용을 제외하고 금전적인 비용에 대해서 혜택을 평가한다.

③ 고객가치는 고객 관점뿐만 아니라 기업 관점에서도 중요한 평가 요소다.

④ 고객의 과거/현재/잠재 가치를 바탕으로 기업의 고객을 선별해야 한다.

> **해설**
> 고객은 제품의 구매를 위해 금전적인 비용뿐만 아니라 시간과 같은 무형의 비용을 지불하는 대신 그 제품이나 서비스를 통해 편의성과 같은 혜택을 얻게 된다.

49 고객 생애 가치(LTV)를 설명한 것으로 틀린 것은?

① 고객 한 명이 평생 동안 산출할 수 있는 수익이다.

② 고객이 기업과의 관계를 장기간 유지함으로써 개별 고객으로 증가하는 가치를 계산한 것이다.

③ 한 번의 거래에서 나오는 수익을 극대화하는 것을 목표로 한다.

④ 미래 이익을 할인율에 따라 현재 가치로 환산한 재무적 가치를 의미한다.

> **해설**
> 한 번의 거래에서 나오는 수익을 극대화하는 것보다 고객 생애 가치를 극대화하는 것이 기업의 존속과 발전에 바람직하다.

정답 (46 ① 47 ③ 48 ② 49 ③)

50 다음 중 고객 간접적 기여 가치를 바르게 설명한 것은?

① 충성고객의 긍정적인 추천이나 입소문으로 기업의 상품이나 서비스를 구매하게 된 신규 고객의 가치

② 고객이 소비할 수 있는 총금액의 가치

③ 한 고객이 소비하는 제품 중에서 특정 기업의 제품이 차지하는 비율

④ 고객이 기업과 처음 거래를 시작한 시점부터 현재까지 기여한 총 가치

> **해설**
> ② 고객이 소비할 수 있는 총 금액의 가치는 고객 구매력이다.
> ③ 한 고객이 소비하는 제품 중에서 특정 기업의 제품이 차지하는 비율은 고객 점유율이다.
> ④ 고객이 기업과 처음 거래를 시작한 시점부터 현재까지 기여한 총 가치는 공헌 마진이다.

51 고객 순자산가치를 구성하는 요인 중 고객들이 갖는 공통의 이해관계나 관심사를 묶어 기업과의 유대관계를 강화해 나가는 마케팅 활동이 필요한 것은?

① 로열티 자산　② 브랜드 자산
③ 가치 자산　④ 관계 자산

> **해설**
> 관계 자산은 특정 기업에 관한 가치나 브랜드에 관한 인지적 수준 평가를 넘어서 기업이 고객과 형성하게 되는 관계의 정도를 나타낸다. 고객들이 갖는 공통의 이해관계나 관심사를 묶어 기업과의 유대관계를 강화해 나가는 마케팅 활동인 친근화 프로그램을 활용해야 한다.

52 고객 수익 기여도에 대한 설명으로 틀린 것은?

① 우량 고객은 기업에 많은 수익을 가져다주는 고객으로, 극히 일부에 지나지 않는다.

② 20 : 80의 법칙(파레토 법칙)이 적용된다.

③ 모든 잠재적 고객은 기업의 수익에 도움이 되며 우수 고객으로 전환된다.

④ 세분화된 고객별로 예측된 수익을 토대로 하여 고객관리 방안이 필요하다.

> **해설**
> 모든 잠재적 고객이 기업의 수익에 도움이 되는 고객이 아니며, 또한, 우수 고객으로 설정된 기준을 초과한 고객으로 구매금액, 매출액이 많다 하더라도 마찬가지로, 고객의 실제 수익이 기업의 수익으로 이전되지 않으면 우수 고객으로 전환되지 않는다.

53 고객 수익성에 대한 설명으로 틀린 것은?

① 장기적인 고객 관계의 유지를 통해 수익성을 증가시키기 위해 기업은 비용 측면에서 고객의 선호, 구매 유형, 가치 등을 파악하는 것에 투자한다.

② 신상품이 출시되었을 때 신뢰 관계가 형성된 기존 고객은 신규 고객이 지불할 의사보다 더 높은 가격을 기꺼이 지불할 의사가 있다.

③ 장기 고객은 관계의 비경제적 편익에 어떤 가치를 부여하거나, 특별한 고객 서비스와 같은 보상 프로그램을 제공한다면 가격에는 크게 관심을 두지 않는다.

④ 신뢰 관계가 형성되고 잦은 구매를 하는 고객의 경우는 관계를 계속하고자 할 때 신규 고객보다 가격에 더 민감하게 반응한다.

> **해설**
> 장기 고객은 관계의 비경제적 편익에 어떤 가치를 부여하거나, 특별한 고객 서비스와 같은 보상 프로그램을 제공한다면 가격에는 크게 관심을 두지 않는다. 예를 들면, 신뢰 관계가 형성되고 잦은 구매를 하는 고객의 경우는 관계를 계속하고자 할 때 신규 고객처럼 가격에 민감하게 반응하지 않는다.

54 브랜드 소유의 채널, 고객 서비스센터 등을 통해 고객으로부터 직접 수집한 데이터는?

① 0자 데이터　② 1자 데이터
③ 2자 데이터　④ 3자 데이터

> **해설**
> ① 0자 데이터는 고객이 데이터의 수집과 활용, 목적을 명시적으로 인식하고 동의한 채 자발적으로 공유하는 데이터이다.
> ③ 2자 데이터는 다른 기업의 1자 데이터로 타깃층이 비슷한 기업끼리 주고받은 정보이다.
> ④ 3자 데이터는 애드테크(광고기술) 기업이 발행한 데이터이다.

정답　50 ① 51 ④ 52 ③ 53 ④ 54 ②

55 데이터 수집 경로 및 방법에 관한 설명으로 틀린 것은?

① 피드백 수집은 기업이 고객에게 친밀하게 다가갈 수 있으며 고객의 흥미를 유도하기 용이하다.

② 서비스 가입 단계에서 수집되는 데이터로 이름, 성별, 나이 등 기본적 정보 및 취향 정보를 얻을 수 있다.

③ 기업은 설문 조사 형태로 데이터를 확보하기도 한다. 소비자들의 설문에 참여함으로써 할인, 적립금과 같은 금전적인 보상을 획득할 수도 있다.

④ SNS를 통해 소비자들의 전반적인 선호도를 빠르게 확인할 수 있으며 기업과의 지속적 소통을 통해 고객 충성도 또한 높일 수 있다.

해설

피드백 수집형은 만족도 조사, 불만 사항 접수 처리 등을 통해 수집된 고객의 피드백은 데이터를 얻을 수 있는 좋은 방법 중 하나이다. 기업이 고객에게 친밀하게 다가갈 수 있으며 고객의 흥미를 유도하기 용이한 방법은 게임 및 이벤트 형태의 정보 수집 방법이다.

56 고객데이터 정제에 대한 설명으로 옳은 것은?

① 데이터 정제는 데이터 오류 원인 분석, 정제 대상 선정, 정제 방법 결정 순으로 진행한다.

② 결측값은 데이터를 측정하는 데 있어서 어떤 이유로 잘못 입력된 값이다.

③ 노이즈는 데이터값이 일반적인 값보다 크거나 작아서 편차가 큰 것이다.

④ 이상값은 필수적인 데이터가 입력되지 않고 누락된 값이다.

해설

② 결측값은 필수적인 데이터가 입력되지 않고 누락된 값이다.
③ 노이즈는 데이터를 측정하는 데 있어서 어떤 이유로 잘못 입력된 값이다.
④ 이상값은 데이터값이 일반적인 값보다 크거나 작아서 편차가 큰 것이다.

57 결측값이 다른 변수들과 아무런 상관이 없는 경우는?

① 단순 무작위 결측 ② 무작위 결측
③ 완전 무작위 결측 ④ 비 무작위 결측

해설

결측값은 크게 세 가지로 나타난다. 완전 무작위 결측은 결측값이 다른 변수들과 아무런 상관이 없는 경우이다. 무작위 결측은 결측값의 발생이 다른 변수에 따라 조건부로 발생하는 경우이다. 비 무작위 결측은 완전 무작위 결측도 무작위 결측도 아닌 경우의 결측으로 대표적으로 설문 조사에서 특정 응답자가 의도적으로 응답을 하지 않은 경우이다.

58 이상값을 설명한 것으로 틀린 것은?

① 표본 추출 오류는 데이터를 샘플링(수집)하는 과정에서 나타나는 오류이다.

② 고의적인 이상값은 자기 보고식 측정에서 정확하게 기입한 값이 이상값으로 나타나는 경우이다.

③ 데이터 입력 오류는 데이터를 수집, 기록, 입력하는 과정에서 실수로 발생하는 오류이다.

④ 실험 오류는 데이터를 측정하는 과정에서 발생하는 오류이다.

해설

실험 오류는 실험 조건이 동일하지 않은 경우 발생하는 오류이다. 데이터를 측정하는 과정에서 발생하는 오류는 측정 오류이다.

59 다음 설명에 해당하는 것은?

> 수집된 고객데이터의 효과적인 확보, 유지, 관리를 위해 수립된 규정이나 계획, 데이터의 관리 방향이나 원칙을 담은 가이드라인

① 고객 관계 관리   ② 데이터관리지침
③ 개인정보 보호   ④ 상담스크립트

해설

데이터 관리지침이란, 수집된 고객데이터의 효과적인 확보, 유지, 관리를 위해 수립된 규정이나 계획, 데이터의 관리 방향이나 원칙을 담은 가이드라인을 의미한다. 고객데이터 관리지침은 데이터 관리의 기준이나 방향성을 제시하며, 모든 데이터 관리 활동은 데이터 관리정책을 준수하여 정의되고 이루어져 있다.

정답 (**55** ① **56** ① **57** ③ **58** ④ **59** ②)

60 시스템 보안 및 접근 권한 관리를 설명한 것으로 틀린 것은?

① 데이터를 외부 침입이나 재난 등의 위험으로부터 보호한다.
② 데이터 무결성 및 신뢰성 증대, 생산성 증대, 비용 절감 등의 효익을 기대할 수 있다.
③ 보호하고자 하는 고객데이터에 대한 정확한 정의를 내려야 한다.
④ 해킹이나 바이러스 피해에 대한 보안 활동의 지침은 관리적 보안 활동이다.

해설

관리적 보안 활동은 사람, 문서, 재해 복구 계획을 주요 관리 대상으로 하여 조직 보안 규정 및 지침을 수립하는 것을 의미한다. 해킹이나 바이러스 피해에 대한 보안 활동의 지침은 기술 및 물리적 보안 활동이다.

61 개인정보 처리방침 기재사항으로 가장 옳지 않은 것은?

① 개인정보 관리자의 학력
② 개인정보의 처리 및 보유 기간
③ 개인정보의 파기절차 및 파기방법
④ 개인정보의 안전성 확보 조치에 관한 사항

해설

개인정보 처리방침 기재사항은 개인정보 처리 목적, 개인정보의 처리 및 보유 기간, 개인정보의 제3자 제공에 관한 사항(해당하는 경우), 개인정보의 파기절차 및 파기방법 등 총 18개 사항을 규정하고 있다.

62 개인정보 보호 원칙을 설명한 것으로 가장 관련성이 없는 것은?

① 필요하게 개인정보를 수집하는 경우, 관리 소홀로 해킹 등 유출 사고 시 책임이 크게 증가하므로 서비스 제공에 필요한 최소한의 개인정보수집이 현명하다.
② 정보 수집 시 해당 서비스 제공과 관련 없는 개인정보나 제3자 제공 동의 여부는 고객이 선택적으로 입력할 수 있도록 하여야 한다.
③ 홍보·판매 목적으로 개인정보처리업무를 위탁할 때에는 해당 사실을 고객들에게 고지해야 한다.
④ 개인정보의 보유 이용 기간이 끝난 경우에는 장래 발생할 문제를 대비하기 위해 문서를 영구 보관해야 한다.

해설

개인정보의 보유 이용 기간이 끝난 경우, 이용 목적을 달성한 경우에는 문서를 분쇄하거나 소각해 파기해야 한다. 컴퓨터로 저장된 문서를 가지고 있는 경우라면 복원할 수 없는 방법으로 파기 처리한다.

63 개인정보 관련법으로 가장 무관한 것은?

① 개인정보 보호법
② 정보통신망 이용 촉진 및 정보 보호 등에 관한 법률
③ 근로기준법
④ 신용정보의 이용 및 보호에 관한 법률

해설

근로기준법은 근로조건의 기준을 정함으로써 근로자의 기본적 생활을 보장, 향상하며 균형 있는 국민경제의 발전을 꾀하는 것을 목적으로 한다.

정답 60 ④ 61 ① 62 ④ 63 ③

1장 실전 예상문제 2차 실기

01 관계 진화 과정에 따른 고객의 분류를 5가지 쓰시오.

> **정답** 잠재 고객, 신규 고객, 기존 고객, 핵심 고객, 이탈 고객

02 괄호 안에 들어갈 말을 차례대로 쓰시오.

> (   ) : 고정된 필드에 저장되며 형식과 값에서 일관성을 가지는 데이터
> (   ) : 형식과 값에서 일관성을 가지지 않고 스키마 구조 형태의 데이터

> **정답** 정형 데이터, 반정형 데이터

03 고객데이터 수집 시 정밀한 조사를 위한 가설을 수립하기 위해 사용하는 조사는?

> **정답** 탐색조사

04 다음 설명에 해당하는 용어를 쓰시오.

> 인터넷에 있는 웹페이지 및 웹문서를 방문하여 수집하는 것을 의미하며, 이를 통해 무수히 많은 컴퓨터에 분산·저장되어 있는 문서를 수집하여 색인 작업을 수행하는 것이다.

> **정답** 크롤링 또는 Crawling

05 서베이법을 설명하시오.

> **정답** 조사 대상자에게 설문지를 바탕으로 질문을 하여 데이터를 얻는 방법으로 어떻게 시행하느냐에 따라 면접, 전화, ARS, 우편, 온라인 조사로 구분할 수 있다.

06 다음 설명에 해당하는 용어를 쓰시오.

전문적 지식을 가진 면접 진행자가 동질적인 특성을 가지고 있는 소수의 집단을 대상으로 특정 주제에 대해 자유롭게 토론하게 하여 필요한 정보를 얻는 방법

정답 표적집단면접법 또는 FGI

07 데이터마이닝을 약술하시오.

정답 대량의 데이터 사이에 묻혀 있는 패턴을 발견하고 규칙을 추론함으로써, 의사결정을 지원하고 그 효과를 예측하기 위한 기법이다.

08 데이터웨어하우스의 특징 4가지를 쓰시오.

정답 주제지향성, 통합성, 비휘발성, 시계열성

09 고객 생애 가치(LTV) 분석을 설명하시오.

정답 한 명의 고객이 일회적인 소비로 그치는 것이 아니라, 평생에 걸쳐 자사의 제품이나 서비스를 주기적으로 소비한다는 가정하에 고객가치를 측정하는 것이다. 기업이 마케팅전략을 수립할 때 분기별 이익 창출에 초점을 맞추는 데에서 벗어나 장기적인 관점에서 수익성이 높은 고객과의 관계를 향상시키는 데 중점을 두고 있다.

10 RFM 분석을 약술하시오.

정답 회사 매출에 가장 중요한 요소는 최근성(R), 행동(구매)빈도(F), 구매금액(M)이라는 가정을 두고, 이러한 3가지 관점에서 고객의 가치를 분석하는 방법이다.

11 고객 관계 관리(CRM)를 설명하시오.

정답 고객과의 관계를 어떻게 잘 관리할 것인가에 중점을 두는 업무를 지칭한다. 새로운 고객을 해당 기업의 신규 고객으로 만들고, 기존 고객을 잘 관리하여 유지하는 업무이며 이를 통해서 매출을 발생시키고 수익을 창출하여 궁극적으로 기업의 존속을 가능하게 한다.

12 자신의 실속을 챙기는 데 관심을 두고 상품이나 서비스 등은 구매하지 않는 소비자를 가리키는 말을 쓰시오.

정답 체리피커 or cherry picker

13 코틀러(Kotler)의 고객 세분화 기준 4가지를 쓰시오.

정답 지리적 기준, 인구통계적 기준, 심리도식적 기준, 행동적 기준

14 파레토 법칙을 설명하시오.

정답 우량 고객은 기업에 많은 수익을 가져다주는 고객으로, 극히 일부에 지나지 않는다. 일반적인 기업에서는 전체 수익 중 80%를 단 20% 의 고객이 제공하는 것으로 나타나는데 이를 지칭한다.

15 결측값의 발생이 다른 변수에 따라 조건부로 발생하는 경우를 나타내는 말을 쓰시오.

정답 무작위 결측

16 이상값의 처리 방법 3가지를 쓰시오.

정답 삭제, 대체, 변환

고객지원과 고객관리 실행

텔레마케팅을 운영하는 회사를 포함하여 모든 기업의 매출은 고객으로부터 파생됩니다. 따라서 고객의 니즈를 명확히 하고 요구사항이 무엇인지를 아는 것이 가장 선행되어야 합니다. 또한, 한번 구매로 끝나는 것이 아니라 지속적으로 자사의 동반자 자리를 유지시키기 위해서는 고객관리 또한 필수입니다.

1 고객 요구사항 파악 ★★

1 요구사항 파악

① 의의
  ㉠ 고객 요구사항이란 회사의 제품을 구입 또는 서비스를 이용한 고객이 그 제품 또는 서비스의 품질 이상에 대하여 수리·교체·보상을 요구하는 행위를 말한다.
  ㉡ 고객이 요구하는 사항을 접수, 확인, 설명, 판정, 수리, 교체, 보상 등의 실시 및 고객에 대한 사전/사후 관리 등의 서비스 사항을 파악하고 분석함으로써 고객의 요구사항을 충족하기 위한 기술적 서비스, 응대별 서비스, 경로별 서비스 등 다양한 고객서비스 사항을 도출할 수 있다.

② 고객 요구의 변화
  ㉠ 의식의 고급화 : 소비자의 선택 폭이 확대되고 양적·질적으로 풍부해진 생활 환경에 따라 고급 서비스를 요구하게 된다. 고객들은 점점 인적 서비스의 질을 중요히 여기며 자신의 가치에 합당한 서비스를 요구하고 있다.
  ㉡ 의식의 복잡화 : 고객의 유형이 다양해짐에 따라 불만 발생빈도 및 불만 형태도 다양해지고 복잡하게 변하고 있다.
  ㉢ 의식의 존중화 : 고객들은 존중과 인정에 대한 욕구가 많아지면서 누구나 자신을 최고로 우대해 주기를 원한다.
  ㉣ 의식의 대등화 : 고객은 기업 또는 서비스 직원과 상호 대등한 관계를 형성하려는 의식으로 이를 관리하지 못할 경우 갈등이 발생할 수 있다.
  ㉤ 의식의 개인화 : 타인과 다르게 본인을 특별한 고객으로 인정해 주고 대우해 주기를 원하며 개별적 서비스를 제공받고자 한다.

③ 고객의 기본 심리
  ㉠ 환영 기대심리 : 고객은 자신을 환영해 주고 반가워해 주었으면 하고 바라고 있다.
  ㉡ 독점 심리 : 고객은 모든 서비스에 대하여 독점하고 싶은 심리가 있다. 고객의 독점 심리를 만족시키다 보면 다른 고객의 불만을 야기할 수 있으므로 일정한 기준과 공정함을 갖추고 있어야 한다.
  ㉢ 우월 심리 : 고객은 서비스 직원보다 우월하다는 심리를 갖고 있다. 고객의 자존심을 인정하는 겸손한 자세가 필요하다.
  ㉣ 모방 심리 : 고객은 다른 고객을 닮고 싶은 심리를 가지고 있다.

　ⓜ 보상 심리 : 고객은 비용을 들인 만큼 서비스를 기대하며 다른 고객과 비교해 손해를 보고 싶지 않은 심리를 갖고 있다.

　ⓑ 자기 본위적 심리 : 고객은 각자 자신의 가치 기준을 가지고, 항상 자기 위주로 모든 상황을 판단하는 심리를 가지고 있다.

　ⓢ 존중기대 심리 : 고객은 자신을 중요한 사람으로 인식하고, 기억해 주기를 바란다.

2 요구사항 분류 ★

(1) 고객 요구사항 접수 경로 및 처리

① 온라인을 통한 고객 요구사항 접수

　㉠ 고객서비스 신청접수는 주로 회사 홈페이지를 통해 접수하게 되므로, 먼저 회사 홈페이지의 구성과 메뉴들의 위치를 파악해야 한다.

　㉡ 홈페이지 메뉴의 활용 방법을 숙지하여야 온라인을 통해 접수되는 고객의 요구사항들을 신속하게 파악하고 처리할 수 있다.

② 전화를 통한 고객 요구사항 접수

　㉠ 일반적으로 온라인 접수보다는 전화를 통한 접수가 많이 이루어진다.

　㉡ 전화를 이용한 고객 요구사항에 대한 접수방법과 절차를 이해하고, 고객과 대화할 때 응대 예절 및 유의사항과 답변의 선별 방법 등을 잘 숙지해야 한다.

③ 고객 요구사항 처리

　㉠ 고객의 요구사항을 철저히 관리하지 못하거나 고객이 필요로 하는 사항을 정확하게 파악하지 못할 경우, 또는 파악된 고객의 요구사항을 제대로 피드백하지 못하는 기업의 서비스 프로세스는 큰 타격을 받게 된다.

　㉡ 고객이 필요로 하는 서비스 사항을 파악하고 분석하여 고객의 요구사항을 충족하기 위한 기술적 서비스, 응대별 서비스, 경로별 서비스 등 다양한 고객서비스 사항을 도출해야 한다.

(2) 고객 요구사항에 대한 접근

① 의의

　㉠ 고객의 요구사항을 분석하는 것은 고객 만족을 실현하기 위한 기초 작업으로서 고객이 무엇을 필요로 하는지 근본적인 욕구를 살피는 것에서 시작한다.

　㉡ 기업은 고객의 요구사항을 분석하여 마케팅 활동을 수행해야 하는데, 이는 사람의 필요와 욕구를 구분하는 데서부터 시작한다.

　㉢ 욕구(Needs)란 있어야 할 것이 없어지거나 모자라는 상태로 본원적 마음에 해당한다. 예를 들면, 배가 고프다, 옷이 필요하다 등이다.

　㉣ 필요(Wants)는 욕구를 해소할 수 있는 제품이나 서비스에 대한 구체적인 바람으로 문화, 사회, 전통의 영향을 받는다. 예로써 배가 고픈 것을 충족시키기 위해 특정 음식을 먹고 싶다고 생각하는 것이다.

　㉤ 수요(Demands)는 구매력에 의해 뒷받침되는 욕구로 바꿔 말하면 욕구를 실현하기 위해 구매력이 뒷받침될 때 수요가 있게 된다.

② 고객니즈(Customer needs)의 이해

　㉠ 고객니즈에 의해 고객을 분석한다는 의미는 고객이 어떤 기준으로 회사와 상품을 선택했다는 것을 먼저 파악해야만 한다.

　㉡ 고객의 뒤에 숨겨져 있는 다양한 니즈를 파악할 수 있다면, 기업은 이 고객에게 다른 제품과 서비스를 추가로 판매할 수 있을 것이고, 이를 통해 고객과 수익성이 더 높은 장기적인 관계가 수립될 수 있다.

　㉢ 마케팅의 아버지라 불리는 필립 코틀러(Philip Kotler) 교수는 니즈의 개념을 5가지로 계층화해서 설명하고 있다.

③ 코틀러의 니즈 분류 **기출**

명언된 니즈	고객이 분명하게 밝힌 니즈 → 예 저렴한 자동차를 원한다.
본심의 니즈	고객이 실제로 원하는 것 → 예 유지비용이 저렴한 자동차를 원한다.
명언되지 않은 니즈	고객이 기대하는 니즈 → 예 판매자의 친절한 서비스를 원한다.
기쁨의 니즈	고객이 원하는 서프라이즈 → 예 판매자가 사은품을 주기를 원한다.
감춰진 니즈	고객이 기대하는 주위의 반응 → 예 현명한 선택을 한 것으로 보이기를 원한다.

(3) 고객 요구사항 상담 지식

① 판매된 제품의 목록, 기능, 성능, 특성, 사용 방법 등을 미리 숙지하여 고객서비스 지원 시 단순한 오동작과 같은 안내는 신속하고 정확하게 바로 대처할 수 있도록 준비한다.

② 제품에 대한 수리품목, 수리 비용 및 수리 기간을 올바로 안내할 수 있도록 관련 사항에 대해 미리 파악하고 숙지한다.

③ 업무 상황별 표준처리 방법에 대해 학습하여 업무를 효율적으로 수행할 수 있어야 한다.

④ 기존의 서비스 결과보고서를 살펴보고 주어진 사항별 처리 방법에 대해 학습하여 신속·정확하게 고객지원 업무를 수행한다.

⑤ 고객지원시스템 프로그램의 사용 매뉴얼을 확인하고 사용 방법을 습득하여 고객지원 접수시스템상에서의 상담 내용 조회 및 작성을 할 수 있어야 한다.

⑥ 사내에서 주로 사용하는 데이터관리프로그램을 이용하여 효율적인 데이터관리를 할 수 있도록 사용 방법을 습득한다.

⑦ 응대에 따라 기업의 이미지가 좌우되므로 좋은 응대를 위해서는 자세를 바르게 하고, 따뜻한 마음을 상대방에게 정중하게 전달하는 것이 중요하다.

2 고객 요구사항 이력 관리

1 고객 요구 분석 ★★

(1) 의의

① 고객의 요구사항은 매우 다양하고, 문제점을 해결했을 때 모든 고객이 똑같은 만족을 느끼는 것은 아니다.

② 고객 요구 분석이란 요구사항의 발견, 정제, 모델링, 명세화하는 과정으로 문제의 기술 및 작성을 보다 세분화하는 것으로 고객에게 무엇을 제공할 것인가를 정확히 판단하여 향후 개선 사항에 반영할 수 있다.

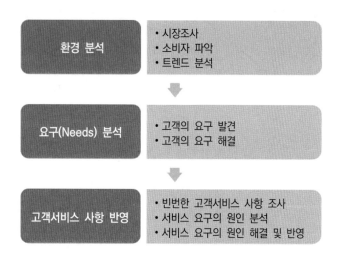

환경 분석	• 시장조사 • 소비자 파악 • 트렌드 분석
요구(Needs) 분석	• 고객의 요구 발견 • 고객의 요구 해결
고객서비스 사항 반영	• 빈번한 고객서비스 사항 조사 • 서비스 요구의 원인 분석 • 서비스 요구의 원인 해결 및 반영

(2) Kano 모델

① Kano 모델의 개념

㉠ Kano 모델은 핵심적으로 고려해야 할 고객 요구가 무엇인지를 파악하고 결정하는 데 도움을 준다.

㉡ Noriaki Kano 교수와 그의 동료들이 개발한 기법으로 어떤 제품 및 서비스 특성이 고객 요구사항과 관련이 있는지를 이해하기 위한 기법이다.

㉢ 고객의 만족·불만족이라는 주관적인 측면과 물리적 충족·불만족이라는 객관적인 측면을 함께 고려하여 고객의 요구사항을 분석할 수 있는 모델이다.

② Kano 모델의 목적

㉠ 반드시 해결하고 넘어가야 할 고객의 요구가 무엇인지를 파악한다.

㉡ 고객의 핵심 요구사항을 파악하여 상품개발 전략의 방향을 결정한다.

㉢ 고객의 요구사항이 바뀌는 경우 기업은 바뀌는 니즈에 대해 즉시 대처할 수 있도록 한다.

㉣ 고객이 인식하는 것과 자사가 기업이 제공하는 것과의 갭(Gap)을 인지하고 이를 줄이는 활동을 수행한다.

③ Kano의 품질요소 분류 [기출]

㉠ 오늘날 대부분의 소비자는 제품의 미비한 부분에 대해서는 불만을 품으면서도 충분한 경우에는 당연하다고 느낄 뿐 만족감을 느끼지 않는 경향이 있다.

ⓒ 이러한 상황을 체계적으로 설명하기 위하여 Kano 등은 품질의 이원적 인식 방법을 제시하였고 품질요소를 다섯 가지로 구분하였다.

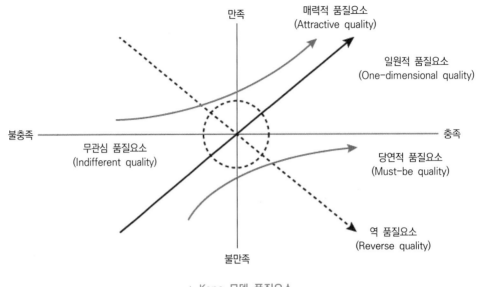

▲ Kano 모델 품질요소

ⓒ 품질요소의 분류

매력적 품질요소	• 충족되면 만족을 주지만 충족되지 않더라도 하는 수 없다고 받아들이는 품질요소 → 고객이 미처 기대하지 못했던 것을 충족시켜 주거나, 고객이 기대했던 것이라도 고객의 기대를 훨씬 초과하는 만족을 주는 품질요소로서 고객 감동의 원천 • 고객은 이러한 품질요소의 존재를 모르거나 기대하지 못했기 때문에, 충족이 되지 않더라도 불만을 느끼지 않음
일원적 품질요소	고객의 명백한 필요나 욕구(편리함, 효율성 경제성 등)와 직접적으로 연결되는 대부분의 고객 요구 사항으로 이를 많이 충족할수록 만족도는 비례하여 증가 → 시스템의 속도, 연비 등이 10% 향상되면 만족도도 10% 향상됨
당연적 품질요소	• 최소한 마땅히 있을 것으로 생각되는 기본적인 품질요소 → 충족이 되면 당연한 것으로 생각되기 때문에 별다른 만족감을 주지 못함 • 충족이 되지 않으면 불만을 일으키는 품질요소이므로 당연적 품질요소는 불만 예방 요인이라고 볼 수 있음
무관심 품질요소	충족되든 충족되지 않든 만족도 불만도 일으키지 않는 품질요소 → TV에 장착된 여러 기능적 부품들
역(逆) 품질요소	• 충족되면 불만을 일으키고, 충족이 되지 않으면 만족을 일으키는 품질요소 • 서비스나 제품의 물리적 요건이 충족되었는데도 불만을 하거나 충족되지 않았는데도 만족을 일으키는 품질요소 → 스마트폰을 사용하는 고객 대다수는 다양한 기능과 성능을 선호하지만, 누군가는 부가 기능이 많으면 복잡하다고 불만을 품게 됨

(3) 고객 요구사항 이력 관리

① 고객의 정보를 분석하고 그 데이터를 축적하여 소비패턴 및 성향 등을 분석함으로써 추출된 자료를 가지고 목표 대상 고객의 선정 이후에 수행하여야 할 업무 중 하나가 고객 요구사항별 이력 관리다.

② **고객 응대의 적합성 평가**

    ㉠ 고객 응대 매뉴얼 준수 여부, 고객의 요구사항에 대한 공감적 태도(예 고객 응대 태도, 고객의 불편사항에 대한 적극적 대응, 처리 결과에 대한 고객 만족도 등)를 평가한다.

    ㉡ 문제 발생 시에 매뉴얼 수정 또는 담당자 재교육을 수행할 수 있어야 한다.

③ **고객의 위험 감지 신호 확인** : 불평·불만의 발생빈도 및 유형에 따라 정기적으로 발생 가능한 불만요소를 사전에 대응할 수 있도록 유사 상황 발생 시 위험 요소로 파악하여 대응하는 사전적 조치를 취할 수 있어야 한다.

④ **고객데이터의 갱신** : 고객 요구와 그에 대한 응대 결과에 따라 데이터베이스화하여 관리하면 버전별 관리를 통해 기존 데이터도 함께 관리할 수 있어야 한다.

2 고객 만족도 조사 ★★★

① **고객 만족의 의의**

    ㉠ 고객 만족(CS : Customer Satisfaction)은 고객의 재구매와 상표충성도, 구전 활동, 불평 행동 등과 같은 소비자행동에 영향을 줄 뿐만 아니라 기업의 장기적인 존속과 수익 창출을 위한 필연적 조건이 된다.

    ㉡ 고객은 제품이나 서비스를 구매 시 가격, 품질, 성능, 디자인, 서비스 등의 평가 기준을 두고 구매하며, 구매 후 평가 과정을 통해 만족 또는 불만족하게 된다.

    ㉢ 고객 만족은 제품이나 서비스에 대하여 고객이 구매 후 지각하는 성과가 구매 전 기대와 비교하여 느끼는 상태를 의미한다.

    ㉣ 기대-성과의 일치/불일치 모형은 고객의 구매 후 평가 과정을 가장 설득력 있게 설명해 준다.

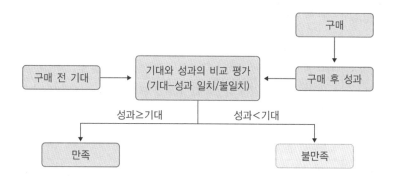

② 고객 만족의 요소

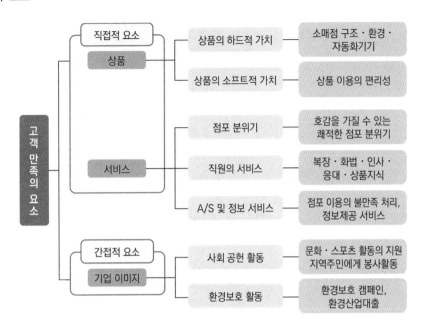

③ 고객 만족 경영(CSM : Customer Satisfaction Management)

　㉠ 고객 만족 경영이란 고객지향적 사고가 기업경영의 모든 측면에 반영되어 고객의 입장에서 고객 만족의 향상을 위해 지속적으로 노력하는 경영을 의미한다.

　㉡ 고객 만족 경영의 배경

글로벌 경쟁의 격화	글로벌 경쟁 시대의 도래에 따라 소비자들은 제품의 선택 범위가 보다 넓어졌음 → 고객의 요구를 외면한 기업은 경쟁에서 도태
시장의 성숙화와 제품차별화의 한계	대부분의 시장이 성숙기에 접어들어 제품차별화, 다품종 소량생산 등의 활로를 모색했으나 한계 → 우수한 품질과 서비스로 제품의 부가가치를 향상시켜 고객 만족을 높이는 경영 도입
시장 내 파워의 이동	산업이 발달하고 경쟁이 격화됨에 따라 생산자 또는 기업 중심의 시장에서 소비자가 주도하는 소비자 중심의 시장 상황으로 변화
종업원의 의식과 노동환경의 변화	회사 내에 노사 간의 신뢰 관계와 민주적 가치관 정착, 종업원 만족이 고객 만족의 전제가 됨에 따라 종업원에 대한 동기유발과 보상, 교육훈련, 종업원 임파워먼트 등이 중시
소비자 욕구와 가치의 변화	소비자의 욕구는 점점 다양해지고 빠르게 변하며 가치 기준에 있어서 시간가치와 서비스를 중요 시하며 개별화된 기호를 갖게 됨
소비행동의 변화	소득이 향상되고 생활의 여유가 생김에 따라 생존을 위한 소비보다, 즐기며 개성을 나타내는 소 비패턴을 보임
소비자 주권의식의 확산	뉴미디어가 등장하고 정보화 사회가 도래함에 따라 소비자 스스로 정보를 창조하고 처리하는 능 동적·주체적 존재로 변화
기술혁신	정보 통신 분야의 기술 발달 → 고객정보의 수집과 처리능력을 높여주고 고객의 욕구와 참신한 아이디어를 제공함으로써 고객 만족 도모

　㉢ 고객지향적 사고란 표적고객의 필요와 욕구를 찾아 이를 충족시켜 줄 수 있는 제품과 서비스를 제공함으로써 고객 만족을 극대화하는 것이다.

② 이러한 고객지향적 사고를 통해 기업의 장기적 생존과 성장을 도모하는 고객 중심의 경영이념이 고객 만족 경영이다.

⑩ 고객 만족 경영의 효과

재구매 행동과 상표 충성도	• 제품구매를 통해 만족한 고객은 재구매를 하게 되고, 특정 상표에 대하여 반복 구매가 이루어짐에 따라 상표 충성도(brand loyalty)를 보이게 됨 • 대부분의 시장에서는 신규 고객을 확보하는 것보다 기존 고객의 유지·강화를 통해 재구매와 반복 구매를 유도하는 것이 훨씬 경제적이고 기업에 이익이 됨 → 한번 맺어진 고객 관계가 평생 고객 관계로 이어질 수 있고, 상표 충성도를 확보함으로써 고객을 재창출할 수 있게 해주기 때문
비용절감	• 기업이 신규 고객보다 재구매나 반복 구매 고객을 확보하는 데 노력을 집중하는 이유는 비용 절감 효과가 있기 때문 • 신규 고객을 창출하는 데 소요되는 비용은 기존 고객을 유지하는 데 드는 비용의 수배에 달하며, 기업 간 경쟁이 치열할수록 신규 고객 확보가 어려워짐
구전효과	• 제품구매에서 만족한 고객은 친구나 이웃, 친지, 동료 등 주변 사람들에게 제품을 선전하고, 그 제품의 구입을 권유함으로써 구전(word of mouth)을 통해 광고효과를 발휘 • 한 사람의 만족한 고객은 구전을 통해 여러 명의 새로운 고객을 창출할 수 있게 해줌 → 기업은 별도의 촉진 비용을 투입하지 않고도 큰 성과를 낼 수 있게 됨

④ 고객 만족도 조사의 실시 기출

㉠ 조사의 3원칙

ⓐ 계속성 : 고객의 니즈는 주변 환경에 따라 계속 변하고 제품 품질의 향상이나 서비스의 향상에 따라 달라진다. 고객 만족도 조사는 1회성이 아닌 지속적, 주기적으로 시행되어 고객 만족도를 과거, 현재, 미래와 비교할 수 있어야 한다.

ⓑ 정량성 : 항목 간 수치 비교가 가능해야 한다. 고객의 의견을 항목화시키고 수량적으로 데이터로 스코어화 하는 것이 필요하다.

ⓒ 정확성 : 정확한 통계분석과 해석이 수반되어야 한다.

㉡ 고객 만족도 조사의 유형

ⓐ 고객 만족도 점수 조사 : 제품 및 서비스에 대한 사용자의 만족도 수준을 파악하는 방법이다. 주로 '구매한 제품에 만족하십니까?' 또는 '이 페이지에 만족하십니까?' 등 간단한 질문을 통해 답변을 받는다.

ⓑ 고객 이탈 설문 조사 : 고객이 제품 및 서비스 구매를 취소할 때나, 제품을 환불할 때 실시하는 설문 조사다. 떠나는 고객으로부터도 경쟁사와의 가격 정책 비교, 광고 및 마케팅 비교, 제품 및 서비스 기능 차이 등에 관한 정보를 얻을 수 있다.

ⓒ 고객 노력 설문 조사 : 고객이 조직의 고객지원 프로세스를 통해 문제를 해결하거나, 처음부터 제품 및 서비스를 사용하면서 얼마만큼의 노력을 들였는지를 복수의 척도로 측정하는 조사다.

ⓓ 고객 전환 시점 설문 조사 : 어떤 부분이 좋아서 우리 자사 제품 및 서비스를 선택했는지 알아보는 조사다. 후속 질문으로 고객이 되지 않을 뻔한 이유를 조사하여 서비스 개선 아이디어를 얻을 수도 있다.

ⓔ 순 추천 지수 조사 : 고객 충성도 조사이자 만족도 조사로, 특정 제품, 서비스, 조직을 동료나 지인, 친구에게 추천할 가능성을 알아보는 조사다.

⑤ 국가고객 만족도 지수(NCSI : National Customer Satisfaction Index)

　ⓐ NCSI는 기업, 산업, 국가의 품질경쟁력 향상과 국민의 삶의 질 향상을 목적으로 한국생산성본부가 미국 미시간대학과 함께 개발한 고객 만족 측정 지표다.

　ⓑ NCSI는 공익적 목적으로 기업 경쟁력 제고를 위하여 직접 제품과 서비스를 경험한 고객을 대상으로 조사되고 있다.

　ⓒ 1인 1업종 설문으로 직접 대면조사를 하고 있으며, NCSI의 조사 규모는 단일 대면조사로서는 세계 최대 규모다.

　ⓓ 1998년 NCSI 도입 이후, 기업들의 다각적인 노력을 통해 고객 만족도 향상이 이루어지고 있으며 국가 전반의 품질경쟁력 향상에 크게 기여하고 있다.

　ⓔ NCSI 모델은 총 6가지의 잠재 변수로 구성되어 있는데 선행 변수와 성과 변수로 구분된다.

선행 변수	성과 변수
고객기대수준, 고객인지품질, 고객인지가치 → 고객 만족도에 영향을 미치는 선행 변수	고객불평률, 고객 충성도 → 고객 만족 수준에 의해 결정되는 성과 변수

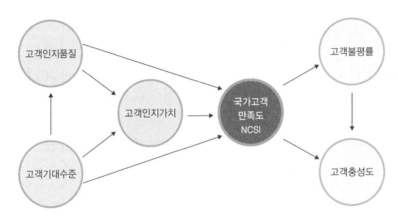

1　고객 응대 기술 ★★★

(1) 고객 응대의 중요성

① 고객 응대의 목적 [기출]

　ⓐ 정중하고 바른 매너와 자세, 친절한 말씨와 세련된 화술로 고객을 응대하여 고객의 문제에 대한 해결책을 제시한다.

ⓛ 고객 응대를 통해 불평·불만 고객을 우호적인 고객으로 전환할 수 있으며 고객 응대의 최종 목적이라고도 할 수 있다.

② 고객 응대의 기본 원칙

　ⓐ 1원칙 : 고객의 자존심을 중시한다.

　ⓑ 2원칙 : 고객의 의견을 공감적으로 경청하고 적극적으로 신속하게 응대한다.

　ⓒ 3원칙 : 고객을 의사결정에 참여시켜 합의 및 동의를 이끌어 낸다.

③ 고객 응대의 기본 프로세스

　ⓐ 접근(Approach) : 고객이 호감을 느낄 수 있는 좋은 이미지를 갖도록 맞이한다.

　ⓑ 요구(Needs) : 고객이 궁극적으로 얻고자 하는 것에 대한 의도를 파악하고 확인한다.

　ⓒ 해결책(Solution) : 고객의 불평·불만 요소를 제거할 수 있는 해결책을 제시한다.

　ⓓ 고객 만족도(Customer Satisfaction) : 고객이 원하는 대로 그 결과물이 도출되었는지를 상호확인하고 만족 여부를 문의한다.

(2) 고객 응대 매뉴얼

① 개념 : 고객 응대를 효율적으로 관리하고 신속하게 처리할 수 있도록 예상 및 실제로 발생하는 각각의 상황에 대해 내부적으로 세부 규정을 만들어 놓은 일종의 지침서다.

② 서비스 매뉴얼

　ⓐ 서비스는 고객을 상대로 제공되는 행위로 고객의 편리함과 만족도를 높이기 위한 고객 응대 업무라고 할 수 있다.

　ⓑ 소비자에게 서비스가 제공됨을 전제로 하여 업무가 완료된다. 서비스 매뉴얼은 서비스 직종에서 고객 응대에 대한 안내 사항을 작성한 것이다.

③ 사용자 매뉴얼 : 각종 상품을 고객이 구매 시에 제품과 함께 동봉되는 그 사용법 및 제품 사양, 사용상 유의점, 사용 시 오류에 대한 책임한도 소재, 제조사 및 판매자의 정보, A/S 센터 정보, 보증 기간 등을 명시하여 놓은 것이다.

④ 고객 불만 및 대응관리 매뉴얼 : 고객을 지속적으로 유지하고 충성 고객으로 전환하는 데 있어서 반드시 필요한 매뉴얼로 상황별, 절차별로 지침을 담고 있다.

(3) 고객 유형별 응대 [기출]

① 성격이 급한 고객은 신속하게 응대한다.

특징	응대 요령
• 기다리게 하거나 자신이 무시당하고 있다고 생각하면 금방 화를 낸다. • 요구사항에 대해 지시하고 재촉이 심하다. • 이것저것 한꺼번에 요구한다.	• 동작을 빨리하고, 빨리 처리하여 드리겠다는 표현을 한다. • 원리 원칙만을 내세우지 말고, 언짢은 내색을 하지 않는다. • 처리가 늦어질 경우, 그 이유를 충분히 설명하고 양해를 구한다.

② 의심이 많은 고객은 확신 있게 설명한다.

특징	응대 요령
• 의심을 먼저 하고 납득하기 전까지는 행동으로 옮기려 하지 않는다. • 질문을 되풀이하며 반복적으로 확인하려 한다. • 지나치게 자세한 설명이나 친절도 때로는 의심한다.	• 관련 규정 등 원칙과 근거를 제시하여 설명한다. • 자신 있고 확신 있는 어조로 설명한다. • 고객의 의견을 들어주고 불만에 대해 상세히 설명하여 납득시키면서 응대한다.

③ 흥분하는 고객은 평온하게 대응한다.

특징	응대 요령
• 사소한 것에도 곧잘 흥분하고 화를 내며, 감정의 기복이 심하다. • 사소한 일에도 민감한 반응을 보인다.	• 말씨나 태도에 주의한다. • 감정을 자극하지 않도록 한다. • 간단하고 명료한 답변으로 불필요한 대화를 줄이고 신속히 조치한다.

④ 말이 없고 온순한 고객은 온화하게 대한다.

특징	응대 요령
• 겸손하게 표현한다. • 속마음을 감춘다는 느낌이 든다. • 겉으로는 저자세이지만, 속으로는 상대방을 관찰할 수도 있다. • 자의적으로 해석하여 오해할 수 있다.	• 말이 없는 것을 흡족해한다고 판단하게 해서는 안 된다. • 예의 바르게 행동하여 고객이 마음 놓고 상담할 수 있도록 한다. • 가급적 단답형 질문을 사용하고, 방문 목적을 이야기하도록 유도한다.

⑤ 거만한 고객은 정중하게 대한다.

특징	응대 요령
• 직원의 상담에 부정적으로 반응한다. • 설명을 잘 듣지 않으려 한다. • 담당자보다 책임자에게 접근하려고 한다.	• 고객의 특이 사항이나 장점을 칭찬한다. • 고객의 의견을 수용하고 기분 좋게 응대한다. • 고객의 의견에 동의한다.

(4) 전화 응대 기출

① 전화 응대의 중요성

㉠ 전화는 일상생활의 일부분이자 업무의 연장이며 인간관계에서 친분을 돈독히 하는 수단이다.

㉡ 전화를 통해 남기는 첫인상은 사람을 직접 대면했을 때의 첫인상만큼 중요하다.

㉢ 전화는 상대방과 직접 대면하지 않고 목소리나 언어만으로 대화가 이루어지기 때문에 상대가 그 의미를 오해하거나 자칫하면 실수를 범할 수도 있다.

㉣ 전화는 정보화시대에 업무상 중요한 수단이고 회사의 이미지를 결정짓는 요소로써 올바르게 사용하며 친절하고 예의 바르게 응대할 수 있는 매너가 필요하다.

② 전화 응대 기술

신속 (3·3·3 기법)	• 전화벨이 울리면 세 번 이내에 받음 → 3회 이상 울렸을 때는 "늦게 받아 죄송합니다."라고 사과 말을 함 • 왼손은 수화기를 들고 오른손은 메모할 준비가 되어 있어야 함 • 인사말과 소속 부서, 성명을 명확히 밝힘 • 통화는 핵심 내용으로 3분 안에 마칠 수 있도록 하며 결과 안내나 기다리게 할 경우 예상 시간을 미리 알림 • 용건을 마친 후 끝인사를 한 후 통화 종료 시에는 고객이 전화를 끊은 뒤 3초 후에 수화기를 내려놓음
정확	• 고객의 용건을 정확히 파악 → 5W1H(What, When, Where, Who, Why, How) • 상대방의 전화번호, 소속, 성명, 직함 등을 정확히 확인 • 분명한 발음으로 고객이 정확히 알아들을 수 있도록 말함 • 통화 내용을 명료하게 메모, 정리, 복창하여 내용을 재확인 • 업무에 대한 정확한 전문지식을 갖고 응대
친절	• 직접 고객을 맞이하는 마음으로 전화 응대 • 상냥한 어투로 상대를 존중하며 열린 마음으로 응대 • 잘못 걸려 온 전화도 고객 응대 시와 같은 어조와 음성으로 받음

③ 전화 걸 때 포인트

㉠ 밝은 목소리로 인사하며 자신의 소속과 이름을 먼저 밝힌다.

㉡ 통화하고자 하는 사람의 이름과 소속을 말하되 다른 사람이 받았을 때는 정중하게 연결해 주기를 청한다.

㉢ 상대방을 확인한 후 용건에 대해 쉽고, 간결하고, 명확하게 전달한다.

㉣ 통화 도중 끊어졌을 때는 건 쪽에서 다시 걸도록 하되, 용건이 끝나면 끝인사를 하고 마무리한다.

㉤ 전화를 잘못 걸었을 때는 말없이 끊지 말고, "잘못 걸어 죄송합니다" 정도의 사과를 하고 끊는다.

④ 전화 받을 때 포인트

㉠ 전화벨이 울리면 세 번 이내에 받되, 3회 이상 울렸을 경우 정중히 사과의 말을 한다.

㉡ 메모할 준비를 하며, 인사말과 소속 부서, 성명을 명확히 밝힌다.

㉢ 끝인사를 꼭 하되, 추가 질문이 있는지 확인한다.

㉣ 담당자가 아닌 경우 용건을 메모한 후에 담당자에게 인계한다.

㉤ 전화 중에 다른 사람과 상의할 일이 생기면 양해를 구하고 상대방에게 대화가 들리지 않도록 송화구를 막는다.

㉥ 통화 종료 시에는 상대가 전화를 끊은 후 약 3초 후에 전화를 내려놓는다.

⑤ 상황별 전화 응대 기술

㉠ 전화를 연결할 경우(또는 전화 연결을 요청할 경우)

ⓐ 지명인을 확인하며 연결 전에 건 사람의 신원에 관해 확인한다.

　예 죄송하지만 누구시라고 전해 드릴까요?

ⓑ 통화를 연결하면서 혹시 끊어질 경우에 대비해 직통번호를 알려준다.

ⓒ 연결할 때는 연결음이 상대방에게 들리지 않도록 홀드 버튼을 사용한다.

ⓓ 전화를 바로 받기 어려운 경우에는 사유를 설명하며 양해를 구하고, 메모를 받아 전달한다.

㉡ 전화 받을 사람(지명인)이 부재중인 경우

ⓐ 부재중인 사유와 일정을 알려주고 용건을 정중히 확인한다. 단, 지명인이 개인적인 사정이 있는 경우에는 자세한 사유는 말하지 않는다.

ⓑ 대신 처리 가능한 용건일 경우 친절히 설명한다.

ⓒ 메모를 남길 경우 용건, 시간, 전화 건 사람, 연락처, 전화 받은 사람을 기재한다.

ⓓ 전화를 받은 자신의 소속과 이름을 알려주고 전화를 끊되, "나중에 다시 하세요"와 같은 표현은 삼간다.

ⓒ 전화가 잘 들리지 않는 경우

ⓐ 수화기를 입에서 멀리 두어 말하거나 목소리가 작게 들릴 때는 정중히 좀 더 큰 소리로 말해줄 것을 요청한다.

ⓑ 상대방의 말이 분명하게 들리지 않거나 전화 상태가 좋지 않으면 다시 걸도록 정중히 요청한다.

ⓒ 전화를 건 상대방이 전화번호를 알고 있는 고객이거나 상사일 경우는 전화를 받은 사람이 다시 전화한다.

ⓒ 전화가 잘못 걸린 경우 : 상대방이 무안하지 않도록 친절하게 응대한다.

예   "실례지만 몇 번으로 전화하셨습니까? 여기는 ○○○○입니다."

ⓒ 전화 도중 다른 전화가 걸려 온 경우

ⓐ 먼저 전화를 하고 있던 고객에게 양해를 구하고 걸려 온 전화를 받는다.

ⓑ 급한 용무가 아닌 경우, 먼저 걸려 온 전화를 받고 있음을 알리고, 먼저 응대 중인 전화를 끊은 후에 연락한다.

ⓑ 기침이나 재채기가 나오는 경우

ⓐ 수화구를 막고 들리지 않도록 한다.

ⓑ 고객에게 양해를 구하고 통화를 이어간다.

ⓢ 불만(항의) 전화를 받을 경우

ⓐ 고객의 불만 사항을 끝까지 경청한다.

ⓑ 고객의 불편한 감정에 공감하며 사과한다.

ⓒ 불만 사항을 조사하여 처리 사항에 대해 안내할 것을 말해 주고, 전화를 끊기 전 거듭 사과하며 인사한다.

ⓞ 회사의 위치를 묻는 경우

ⓐ 상대방의 현재 위치를 묻고 이용하고자 하는 교통편을 확인한다.

ⓑ 간단명료하게 중심이 되는 길이나 지하철 출구, 건물이나 빌딩 이름을 활용하여 안내한다.

ⓒ 필요시 약도를 팩스나 이메일, 핸드폰으로 전송하여 안내한다.

2 고객 유형별 상담 기술 ★★★ 기출

① 성공적 상담을 위한 5가지 설득 심리(브라이언 트레이시)

보답	고객에게 친절이나 호의를 베풀었다면 고객 역시 무언가 응분의 보답을 해야겠다고 느끼게 됨
약속과 일관성	작은 약속을 지키고 일관성 있는 태도를 유지하여 신뢰를 쌓아가는 것이 중요
사회적 입증	숫자나 통계, 경험자의 증언, 서류나 문서, 전문가의 의견 활용
호감	대화 초반에 우정 어린 결속을 끌어내어 친밀감을 형성하고 신뢰 확보
대조의 원칙	두 대안이 있을 때 보통은 뒤에 설명한 대안을 선택하는 성향이 있음

② 빈정거리는 고객
- ㉠ 특징
  - ⓐ 문제 자체에 집중하지 않고 특정한 문구나 단어를 가지고 항의하는 고객 유형이다.
  - ⓑ 강한 추궁이나 면박을 받으면 대답을 회피
- ㉡ 상담 기술
  - ⓐ 정중함을 잃지 않고 의연하게 대처한다.
  - ⓑ 대화의 초점을 주제 방향으로 유도하여 해결에 접근한다.
  - ⓒ 질문법을 활용하여 고객의 의도를 끌어낸다.
  - ⓓ 감정조절을 잘하여 고객의 의도에 휘말리지 않도록 유의한다.

③ 우유부단한 고객
- ㉠ 특징
  - ⓐ 본인이 바라는 내용을 정확히 표현하지 않는다.
  - ⓑ 자신을 위해 의사결정을 내려주기를 바란다.
- ㉡ 상담 기술
  - ⓐ 인내심을 가지고 천천히 응대한다.
  - ⓑ 고객의 의도를 표면화하기 위해 시기적절한 질문을 하여 고객이 자신의 생각을 솔직히 드러낼 수 있도록 도와주며, 주의 깊게 들어 의도를 파악한다.
  - ⓒ 보상기준과 이점을 성실하게 설명하고 신뢰를 느낄 수 있도록 설명한다.
  - ⓓ 몇 가지 선택사항을 전달하고 의사결정의 과정을 잘 안내한다.

④ 전문가적인 고객
- ㉠ 특징
  - ⓐ 자신이 가진 생각에 대한 고집을 꺾지 않는다.
  - ⓑ 일반 사람들과 달리 좀처럼 설득되지 않는 특성이 있다.
- ㉡ 상담 기술
  - ⓐ 고객의 말을 경청하고 상대의 의견을 존중한다.
  - ⓑ 상대를 높여주고 친밀감을 조성한다.
  - ⓒ 대화 중 자존심을 건드리는 언행에 주의한다.
  - ⓓ 상담원의 전문성을 너무 강조하지 않고 문제 해결에 초점을 맞춘다.
  - ⓔ 고객을 가르친다는 식의 상담을 해서는 안 된다.

⑤ 저돌적인 고객
- ㉠ 특징
  - ⓐ 본인의 생각만이 유일한 답이라고 믿고 계속 관철시키려 한다.
  - ⓑ 상대방의 말을 자르고 자신의 생각을 주장하며 분위기를 압도하려는 특성이 있다.
- ㉡ 상담 기술
  - ⓐ 침착함을 유지하고 자신감 있는 자세로 정중하게 응대한다.
  - ⓑ 부드러운 분위기를 유지하며 정성스럽게 응대한다.
  - ⓒ 상담 시 음성에 웃음이 섞이지 않도록 유의한다.

ⓓ 고객을 진정시키려 하기보다는 고객 스스로 감정조절을 할 수 있도록 유도한다.

ⓔ 고객이 말을 자르면 양보하고 충분히 말할 수 있도록 한다.

⑥ 지나치게 사교적인 고객

　㉠ 특징

　　ⓐ 사교적이며 협조적인 고객이다.

　　ⓑ 자신이 원하지 않는 상황에도 약속하는 경우가 있다.

　㉡ 상담 기술

　　ⓐ 맞장구를 잘 치는 고객의 의도에 말려들 위험이 있으므로 말을 절제한다.

　　ⓑ 고객의 진의를 파악할 수 있도록 질문을 활용하여 다른 의도를 경계한다.

　　ⓒ 내용을 잘 이해하고 있는지를 확인하며 대화한다.

⑦ 같은 말을 장시간 되풀이하는 고객

　㉠ 특징 : 자아가 강하고 끈질긴 성격의 고객 유형이다.

　㉡ 상담 기술

　　ⓐ 고객의 말에 지나치게 동조하지 않는다.

　　ⓑ 고객의 말을 요약하고 확인하여 문제를 충분히 인지하였다는 것을 안내한다.

　　ⓒ 문제 해결에 확실한 결론을 내어 확신을 심어준다.

　　ⓓ 회피하려는 느낌을 주면 부담이 가중되므로 가능한 신속한 결단을 내린다.

⑧ 불평을 늘어놓는 고객

　㉠ 특징 : 사사건건 트집을 잡고 불평을 늘어놓는 것을 즐기는 고객이다.

　㉡ 상담 기술

　　ⓐ "옳습니다. 고객님 참 예리하시군요.", "저도 그렇게 생각합니다."라고 하며 설득하는 것이 좋다.

　　ⓑ 고객을 인정한 후 차근차근 설명하여 이해시킨다.

　　ⓒ 회피하거나 즉각적인 반론으로 고객을 자극하지 않는다.

⑨ 고객 만족을 위한 상담 화법 [기출]

쿠션 화법	단호, 단정적인 표현보다는 미안함의 마음을 먼저 표현하는 화법 예 "죄송합니다만", "실례합니다만", "번거로우시겠지만", "괜찮으시다면"
신뢰 화법	상대방에게 신뢰감을 줄 수 있도록 '다까체'(정중한 화법, 70%)와 '요죠체'(부드러운 화법, 30%)를 적절히 활용 예 ~입니다, ~입니까?(다까체), ~에요, ~죠?(요죠체)
레이어드 화법 (청유형 표현)	지시형, 명령형 표현보다는 의뢰형, 권유형 등의 질문 형식으로 전달하는 화법 예 "이쪽으로 이동해 주시겠습니까?", "조금만 기다려 주시겠습니까?"
아론슨 화법	• 미국의 심리학자 아론슨(Aronson)의 연구 　→ 사람들은 비난을 듣다 나중에 칭찬받게 됐을 경우 계속 칭찬을 들어온 것보다 더 큰 호감을 느낌 • 어떤 대화를 나눌 때 부정과 긍정의 내용을 말해야 할 경우 　→ 부정의 내용을 먼저 말하고 긍정의 내용을 나중에 말하는 편이 효과적 　　예 "가격이 비싸지만, 비싼 만큼 품질이 최고입니다."
부메랑 화법	고객이 특정 내용을 지적하면 오히려 서비스의 장점 또는 특징이라고 주장하는 화법 예 "복잡한 설계지만 그만큼 안전한 부품이 많이 들어갔다는 것이 장점입니다."

보상 화법	고객이 상품이나 서비스의 약점에 저항하면 강점으로 보완하여 강조하는 화법 예 "가격이 비싸다고 생각하시지만 그만큼 품질과 안전이 보장됩니다."
후광 화법	유명 인사나 긍정적 사례 자료를 제시하여 고객의 저항을 감소시키는 화법 예 "보신 제품은 미국의 최고 기업이 만든 기술과 동일한 기술력으로 제작되었습니다."
YA 화법 (Yes-And 화법)	고객이 상품이나 서비스에 부정적 의사 표현을 할 때 공감하고 이후에 바로 그 부분 때문에 자사 제품을 선택해야 한다고 주장 예 "바로 그런 이유로 이 제품을 권해 드리는 것입니다."
YB 화법 (Yes-But 화법)	상대방에게 반대의 의견을 전달해야 할 때, 간접적인 부정형 화법으로 상대방의 입장을 먼저 수용하고 긍정 → 자신의 의견과 생각을 표현 예 "예 맞습니다. 그러나 저의 생각은~"
맞장구 화법	상대방의 이야기에 관심이 있다는 것을 표현하기 위해 귀담아듣고 반응해 주는 화법 예 "그렇군요", "그래서 어떻게 되었나요?", "그런 일이 있었군요"

3 유관 기관 교섭 ★

(1) 유관 기관 교섭의 필요 배경

① 구매한 상품의 하자를 문제 삼아 기업이나 판매자를 상대로 과대한 피해 보상금을 요구하거나 거짓으로 피해를 본 것처럼 꾸며 보상을 요구하는 사람들을 블랙 컨슈머라고 한다.

② 대부분의 블랙 컨슈머는 소비자보호 기관에 이의를 신청하지 않고, 기업에 직접 문제를 제기하는데, 제품 교환보다는 과다한 금전적 보상을 요구하는 경우가 많다.

③ 일부는 사회적인 파장을 강조하며, 언론 또는 인터넷에 관련 사실을 유포하겠다고 협박하는 행태를 보이기도 한다.

④ 일회성의 행태를 보이지 않고 지속적으로 여러 곳에서 이러한 문제를 상습적으로 야기하는데 기업체나 유통 매장에서는 고객관리 시스템을 통해서 이러한 블랙 컨슈머를 관리하는 블랙리스트를 기록, 관리하고 있다.

⑤ 블랙 컨슈머에 적절히 대응하기 위해서는 한국소비자원과 같은 유관기관의 피해구제 절차를 활용해야 한다.

(2) 고객 분쟁 해결을 위한 교섭기관의 이해

① 고객(소비자)과의 피해구제 절차와 분쟁 조정이 요구되는 경우 분쟁 발생 시 통상적인 공공 창구로 국내 기업 간의 분쟁 시는 대한상사중재원, 해외 기업과의 분쟁 시는 국제 상사중재원을 통해서 분쟁 교섭 절차를 진행할 수가 있다.

② 기업과 판매자가 구매자, 즉 고객과의 분쟁을 처리하는 공공 창구로는 한국소비자원이나 공정거래위원회가 고시한 소비자분쟁해결기준 준칙에 준용하여 처리하는 것이 일반적이다.

③ 개별적 이슈로 인한 피해구제 절차와 분쟁 조정이 요구되는 경우에는 당해 관련 기관인 한국소비자원, 기업 소비자전문가협회, 소비자 문제를 연구하는 시민의 모임, 한국여성소비자연합, 한국소비자연맹, 녹색소비자 연대전국협의회, YMCA, YWCA 등 시민단체와의 교섭을 통해서 적절하게 처리하는 경우도 있다.

(3) 한국소비자원의 이해

① **소비자분쟁해결기준 고시** : 한국소비자원에서는 소비자분쟁해결기준 개요, 고시의 목적, 피해구제청구, 고시의 구성 내용 등의 정보를 공시하여 분쟁 조정 이해당사자들이 이를 근거로 기본적인 분쟁 조정의 가이드라인을 제시하고 있다.

② **피해구제**

  ㉠ 소비자가 사업자가 제공하는 물품 또는 용역을 사용하거나 이용하는 과정에서 발생하는 피해를 구제하기 위하여 사실조사, 전문가 자문 등을 거쳐 관련법률 및 규정에 따라 양 당사자에게 공정하고 객관적으로 합의를 권고하는 제도다.

  ㉡ 분쟁의 해결은 원칙적으로 민사소송을 통해 해결하여야 하나 소송은 비용, 기간, 절차 등의 번거로움이 발생할 수 있지만, 한국소비자원 피해구제는 법원 판결과 달리 강제력은 없지만 비용 없이 신속히 분쟁을 해결할 수 있다.

  ㉢ **피해구제 절차** 기출

소비자 상담	소비자피해 발생 시 소비자상담을 신청하면 대응 방법 안내 → 피해구제 신청 전 먼저 상담을 받아야 함
피해구제 신청	• 소비자 상담으로 문제가 해결되지 않으면 방문, 우편, 팩스, 인터넷을 통하여 피해구제를 신청 • 접수된 피해구제는 30일 이내에 처리하며 사안에 따라 90일까지 연장이 가능
사업자 통보	피해구제가 접수되면 해당 사업자에게 피해구제 접수 사실 통보
사실조사	소비자의 주장과 사업자의 해명을 토대로 '서류검토', '시험검사', '현장 조사', '전문가 자문' 등을 통해 사실조사를 실시
합의권고	• 사실조사를 바탕으로 관련 법률 및 규정에 따라 공정하고 객관적으로 양 당사자에게 합의를 권고 → 합의가 이루어지면 사건 종결 • 사실조사 결과 사업자에게 귀책 사유가 없는 것으로 판명된 때에는 합의 권고 없이 사건 종결
소비자분쟁 조정위원회 조정	원만한 합의가 이루어지지 않으면 소비자분쟁조정위원회에 조정신청

③ **분쟁 조정** 기출

  ㉠ 소비자 분쟁 조정은 소송을 대체할 수 있는 분쟁 해결 방법으로서, 소송에 비해 비용이 적게 들고 간편하다는 장점이 있다.

  ㉡ 소비자분쟁조정위원회는 양 당사자가 공동의 합의안을 이끌어 낼 수 있도록 공정하고 객관적인 조정 결정을 내린다.

  ㉢ 소비자분쟁조정위원회 개최 후, 분쟁 조정 결과에 대한 양 당사자의 수락으로 조정이 성립되면, 확정판결과 동일한 '재판상 화해 효력'이 발생하며, 소비자는 관할 법원에 강제집행을 신청할 수 있다.

ⓔ 분쟁 조정 절차

조정요청	피해구제에서 합의가 이루어지지 않으면 소비자분쟁조정위원회에 분쟁 조정을 신청
소비자분쟁 조정위원회 구성	조정위원회는 위원장 1명을 포함한 150명 이내의 위원으로 구성 → 위원장을 포함한 5명은 상임, 나머지는 비상임
사건검토	객관적이고 공정한 조정 결정을 위하여 필요한 경우, 사실조사, 시험검사, 전문위원회 자문 등을 추가 진행
분쟁조정회의 개최	상임위원을 포함하여 3~11명의 위원이 사건을 심의·의결
조정결정	위원장은 분쟁 조정을 마친 후 당사자에게 그 분쟁 조정의 내용을 통지하고 양 당사자는 그 통지를 받은 날부터 15일 이내에 분쟁 조정의 내용에 대한 수락 여부를 조정위원회에 서면으로 통보 → 15일 이내에 의사표시가 없는 때에는 조정이 성립되어 그 분쟁 조정의 내용은 재판상 화해와 동일한 효력 발생
종료	조정위원회는 조정신청을 받은 날부터 30일 이내에 분쟁 조정을 마쳐야 하나 정당한 사유로 인해 30일 이내에 그 분쟁 조정을 마칠 수 없는 때에는 그 기간을 연장할 수 있음

4 고객 관계 유지

1 고객관리 ★★★

(1) 고객관리 개요

① 의의

ㄱ 기업이 지속적인 사업 활동을 영위하기 위해서는 진정으로 고객을 만족시켜 주고 있는지, 고객을 지속해서 유지해 나갈 것인지, 고객을 잡기 위한 경쟁력은 갖추고 있는지를 연구하여야 하며 이를 사업 수행에 실천적으로 옮겨야 한다.

ㄴ 기업의 사활은 궁극적으로 고객관리에 달려 있다고 할 수 있다. 한 번 찾은 고객을 다시 방문하게 만드는 것, 나아가 장기 고객, 충성 고객 등의 유형으로 만드는 노하우가 기업 활동의 성공에 이르는 열쇠 중 하나이다.

ㄷ 꾸준한 고객관리를 통해 고정고객을 만드는 고객관리 능력이 있어야 활력 있는 기업을 만들 수 있는 것이다.

② 고객관리 방향 설정

ㄱ 고객 관계 관리 시스템을 활용한 고객 만족 관리

ㄴ 임직원 관리를 통한 고객 만족 관리

ㄷ 고객 불만 관리를 통한 고객 만족 관리 등 내외부적 관리 방안을 통해서 궁극적인 고객 관계 유지와 강화를 위한 활동

③ 고객관리 주기 기출

  ㉠ 개요

    ⓐ 고객관리의 궁극적인 목적은 고객의 핵심적인 욕구를 알아내고, 그 욕구를 채워주는 데 있다.

    ⓑ 결국 고객관리는 성공적인 창업과 운영을 위한 최우선 전략이며, 고객관리에 입각한 전략 수립은 성공 창업을 위한 필수조건이라고 할 수 있다.

    ⓒ 고객 라이프사이클을 기준으로 고객관리 단계를 살펴보면 고객 확보, 고객 유지, 평생 고객화의 단계로 구분할 수 있으며, 그 단계별 접근 전략도 달라진다.

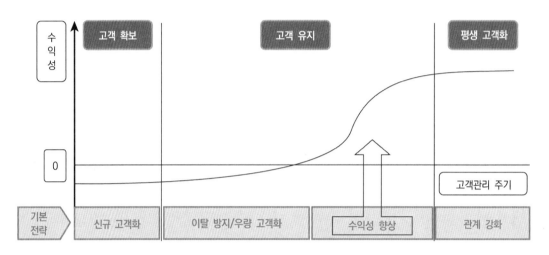

  ㉡ 고객 확보

    ⓐ 신규 고객을 확보하는 일은 시장점유율 및 고객 점유율을 확장해 나가기 위한 활동이다.

    ⓑ 창업 전 주기에서 이루어지나, 주로 창업 초기(개점 전~개점 1개월) 혹은 기존 활동 기업의 경우에는 신규 상품의 출시, 신규사업 초기에 많이 이루어진다.

  ㉢ 고객 유지 : 이 단계는 고객의 이탈을 방지하고, 고객과의 관계 강화, 다시 말해 '단골(고객)' '충성 고객'을 만드는 활동이다.

  ㉣ 평생 고객화 : 고객의 충성도와 신뢰를 바탕으로 평생 고객 또는 동반자 관계로 발전하는 단계이며, 고객 관계 관리의 궁극적인 목적이라고 할 수 있다.

④ 고객 유형별 대응 전략

고객 유형	대응 전략
예상 고객 (또는 잠재 고객)	신규 고객화 전략
거래고객 (신규 고객, 이탈 가능 고객)	신규 고객 : 관계 강화 전략 이탈 가능 고객 : 이탈 방지 및 관계 강화 전략
우대고객	우량화 유지 전략
재사용 고객	우량화 전략
이탈 고객	재유치 전략

고객 관계 관리를 3단계로 구분하여 순서대로 쓰시오.

[정답] 고객 확보 → 고객 유지 → 평생 고객화

㉠ 신규 고객화 전략

ⓐ 신규 고객 선정 기준

선천적 충성도	예측이 가능하고 충성도 유지가 가능한 고객 선정
수익성	수익성에 관한 기여도가 높을 것으로 예상되는 고객
적합성	제공하는 제품 및 서비스를 경쟁사보다 선호할 가능성이 큰 고객

ⓑ 신규 고객화 전략 방안 : 잠재 고객들에게 제품의 샘플 및 광고자료(전단), 직접 우편(DM), 할인쿠폰 등을 제공하거나, 기존 고객에게 사은품 또는 할인 혜택 등을 조건으로 구전을 부탁하는 방법 등 다양한 전략을 수행하는 것을 의미한다.

㉡ 우량화 유지 전략

거래고객 분석 기준	• 고객을 최대한 많이 확보한다. • 수익기여도 분석 RFM(Recency, Frequency, Monetary)을 활용 → RFM은 구매 가능성이 큰 고객을 찾아내는 데에는 편리한 기법이지만, 고객의 개별적인 수익기여도를 직접 파악하는 데에는 한계
고객평생가치 (LTV : Life Time Value)	• 개별 고객이 최초로 기업과의 거래를 시작한 시점부터 거래에 관한 모든 기록을 이용하는 기법 • 현재까지 누적된 수익가치뿐만 아니라 미래의 평생 가치에 관한 예측분까지 합산

㉢ 고객 유지 전략 방안

ⓐ 고객 불평 관리 체계의 구축 및 해결 방안 수립

ⓑ 이탈 가능 고객을 예측 : 고객의 인구통계학적 데이터 및 거래형태에 관한 데이터를 데이터마이닝 기법을 통해 분석하면, 고객의 이탈 가능성을 예측할 수 있다.

ⓒ 불량고객 분석 모형 개발

ⓓ 상품 및 서비스에 관한 고객지향화 전략 수립

ⓔ 고객에 관한 수익성 향상 전략

ⓕ 고객에 관한 보상 전략

⑤ 고객관리 활용의 기대효과

㉠ 우수 고객의 유지 : 고객의 필요를 좀 더 확실하고 정확하게 파악하고 단순히 고객의 선택에 끌려다니는 판매가 아니라 먼저 고객에게 제시하는 수준의 서비스에 이미 어느 정도 만족을 보이던 우수 고객이라면 당연히 '유지'될 수 있다.

㉡ 고객 이탈 방지 : 기업은 CRM을 통해서 고객의 불만 사항을 효과적으로 파악, 조치할 수 있는 능력을 갖추게 된다. 따라서 효과적인 이탈 방지가 가능해진다.

㉢ 잠재 고객의 실질 고객으로의 전환 : 효과적인 판촉이 가능해짐으로써 단순하게 잠재적인 구매 욕구만을 가진 고객을 실수요자로 전환할 수 있게 이끈다.

㉣ 고객 충성도 증진 : 평균적인 회사의 비즈니스 중 65%는 만족을 얻은 기존 고객을 통해서 이루어진다. 만족한 고객은 그 만족도에 비례하는 충성도를 보이며 그 충성도는 위에 언급한 효과를 보이게 된다.

ⓜ 신규 고객의 원활한 획득 : 만족한 고객은 그 경험을 새로운 5명의 고객에게 이야기하고, 그 이야기를 들은 고객은 그렇지 않은 고객에 비해 6배 정도 기업에 이익을 준다.

ⓐ 교차판매(Cross-selling) 가능

> **교차판매(Cross-selling)와 상향판매(Up-selling)** 기출
> ① 교차판매란 한 상품을 구입한 고객이 다른 상품을 추가로 구입하도록 유도하는 것을 목적으로 하는 판매 전략이다. 예를 들어 PC를 구입하는 경우에 프린터, 스피커 등 다른 상품까지 구입하도록 유도하는 것이다.
> ② 상향판매란 어떤 상품을 구입한 고객에게 보다 고급의 상품을 판매하는 전략을 의미한다. 예를 들어 판매자의 설득 등을 통해 고객이 선택한 PC보다 더 높은 사양의 PC를 구입하게 하는 것이다.

ⓑ 재구매(re-sell)의 증가 : 만족한 고객은 일반고객보다 50% 더 기업의 재화를 구입한다.
ⓒ 판매액 및 판매단가의 증대
ⓓ 틈새시장 개척 가능성 증가 : 고객의 욕구를 파악하는 과정에서 고객은 원하고 있으나 실제로는 시장이 형성되어 있지 않은 부분들을 쉽게 파악해 낼 수 있다.
ⓔ 가망 고객의 탐색용이
ⓕ 보다 향상된 영업망 형성 : 정보전달의 역할에 그치던 기존의 일부 접점들도 모두 훌륭한 대고객 세일즈의 수단이 된다.
ⓖ 판촉 효율 증대 : 고객의 필요가 제대로 파악됨으로써 필요 없는 부분들을 쉽게 도려낼 수 있다.
ⓗ 고객 가치 파악 및 품질의 개선 : 고객관리를 통하여 파악되는 고객의 불만 사항은 당연히 상품의 품질 향상으로 연결될 수 있다.
ⓘ 고객 만족의 증대

(2) 고객 관계 유지·강화 활동 기출

① 개요
㉠ 우량 고객 유지의 방법으로 고객 관계 관리 마케팅 활동을 수행한다. 이는 신규 고객의 획득보다는 기존 고객의 유지와 향상에 초점을 맞추는 사업 활동을 의미한다.
㉡ 관계 마케팅은 고객이 가치를 찾아 계속해서 제공자를 바꾸기보다는 한 조직과 지속해서 관계를 맺는 것을 선호한다는 것을 전제로 하고 있다.

② CRM 환경구현을 통한 고객 관계 유지 및 강화
㉠ 고객 창출 지원

고객정보 외부도입	캠페인·임직원 지인 및 유료 정보 육성관리 시스템
휘발성 정보 데이터화	일상적 업무 처리상 무시될 수 있는 고객정보(예 퇴사임직원 가족 등)

㉡ 고객 이탈 사전 예방

고객 응대 고도화	특히 콜센터의 경우 응대 정보 세분화 및 지능화
고객관리 신속화	고객 관련 응급정보 일일 전달 시스템 구축(텔러·영업사원)
서비스 차별화	고객별 실적관리 및 기여도 측정시스템 구축
고객반응 DB화	인바운드(콜센터·ARS) 반응 정보, 아웃바운드(텔러·영업사원) 접촉 정보

ⓒ 잠재수요 자동분석

거래고객 추가 매출	고객별 거래 내역·고객 반응에 의한 추가계약 틈새 분석
휴면 고객 거래 부활	과거 계약자 거래 속성분석에 재계약자화
고객 수요(니즈) 환기 정보산출	고액 수혜 가족 및 보장 불균형자 접촉 정보 수시 제공

ⓔ 고객관리 지능화

고객 위주의 데이터웨어하우스(D/W) 구축	고객 속성·고객 반응·접촉 내용·거래실적·기여도·계약변동
관리정보 표준화	영업 현장 노하우와 고객 D/W 접목에 의한 관리정보 표준화
고객관리 정보 최적화	등급에 따른 고객정보 분리를 통한 체계적인 관리

2 커뮤니케이션 전략 ★★

(1) 의의

① 커뮤니케이션의 개념

ⓐ 커뮤니케이션은 흔히 의사소통이라는 의미로 이용되고 있다. 영어의 "Communication"이란 말은 "공통" 또는 "공유"라는 뜻을 지닌 라틴어의 "Communis"라는 단어를 그 어원으로 하고 있다.

ⓑ 커뮤니케이션에 대한 정의는 학자마다 다른데, 이러한 정의들을 종합해 보면 커뮤니케이션이란 유기체(사람, 동물 등)들이 기호를 통하여 서로 메시지를 보내고 받아서 공통된 의미를 수립하고 나아가서는 서로의 행동에 영향을 미치는 다양한 과정 및 행동이라고 할 수 있다.

② 커뮤니케이션의 중요성

ⓐ SNS 등 다양한 커뮤니케이션 수단이 발달한 상황에서는 기업의 사소한 위기가 존폐를 좌우하기도 한다.

ⓑ 만약 위기에 처한 기업이 고객과 적절한 커뮤니케이션을 하지 않는다면, 고객들은 기업에 대한 신뢰를 잃어버리거나 제품이나 기업에 대해 부정적인 이미지를 갖게 된다.

ⓒ 이는 기업의 경영 실적으로 그대로 반영되어 기업 가치의 하락으로 이어진다. 그뿐만이 아니다. 자칫 고객과의 법적 소송으로 확대되기도 한다.

③ 커뮤니케이션 관리의 대두 배경

ⓐ 기업과 소비자 문제를 다루는 매체의 양적 증가와 소비자들의 권리의식 수준이 크게 향상되었다.

ⓑ 유튜브, SNS 등 고객의 활동으로 위기를 증폭시키는 매체가 엄청나게 폭증했다. 특히 인터넷 미디어의 정보는 시간적, 공간적 제약 없이 무한대로 확산할 수 있는 특징을 갖고 있다.

ⓒ 언론에 부정적으로 보도되면 기업들을 한순간에 쓰러뜨리거나 경영에 큰 타격을 줄 수 있다. 중소기업의 경우 도산으로까지 이어질 수 있다.

④ 커뮤니케이션의 기능 [기출]

인간관계	• 원만하고 친밀한 인간관계 형성 → 인사, 유머, 칭찬 등 • 상대방에게 관심을 표하는 말이나 행동은 친밀한 인간관계 형성에 기여
정보획득	커뮤니케이션을 통해 많은 정보를 얻을 수 있고 전달할 수도 있음
설득	커뮤니케이션을 통해 설득의 메시지를 전달할 수 있으며 원만한 사회생활에 중요한 역할을 함
의사결정	커뮤니케이션은 민주적 의사결정과 협상 및 조정 등과 관련됨

⑤ 효과적인 소통(커뮤니케이션) 방법

㉠ 커뮤니케이션 : 정보 - 의견 - 감정. 나와 상대방의 각기 다른 정보(information)와 의견(opinion)과 감정(sentiment)을 주고받는 것으로, 커뮤니케이션의 구성요소로는 송신자, 수신자, 메시지, 소음, 장애, 피드백이 있다.

㉡ 대화의 기본

ⓐ 들을 때는 주의를 집중해서 들어야 한다.

ⓑ 들을 때는 사실 그대로를 들어야 한다.

ⓒ 상대와 상황에 맞는 억양으로 말해야 한다.

ⓓ 정확성과 효율성을 모두 고려하여 빨리 많은 내용을 말하는 것보다 정확하게 의사를 전달하는 것이 우선이다.

㉢ 효과적인 커뮤니케이션의 방법

ⓐ 질문하여 정보를 얻는다.

ⓑ 마음을 열게 한다.

ⓒ 귀를 기울이게 한다.

ⓓ 질문에 답하면 스스로 설득이 된다.

(2) 고객 관계 단계별 커뮤니케이션 전략

① 기업과 고객과의 상관관계

㉠ 기업이 고객과의 관계를 영속적으로 유지하기 위해서는 그들과 대화해야 하고, 고객의 변화에 따라 기업도 변화해야 한다.

㉡ 기업이 고객 속성의 변화에 따라 적극적으로 따라가려 하고 맞추어 주려고 한다면, 고객을 유지하고 충성고객을 양성할 수 있으며, 이탈 고객을 방지할 수 있다. 또한 휴면 고객에서 다시 기존 고객으로 전환할 수 있다.

㉢ 고객과 역의 방향으로 혹은 고객의 속성 변화를 무시하고 기업 입장으로만 고집하게 된다면 고객을 잃게 되는 것이다.

㉣ 고객의 욕구와 사고의 변화는 고객과의 친밀한 관계 속에서 포착할 수 있으며 고객과 기업이 동반자로서의 역할을 수행하고 고객 친화적으로 같이 가고 있음을 보여주어야 한다.

② 고객 관계 관리의 궁극적인 목적

㉠ 개별 고객과의 관계를 통해 고객과 기업이 상호 가치를 공유하는 것이다. 이는 관계를 맺고 유지하기에 적합한 고객들을 파악, 획득 및 유지·강화하는 활동을 말한다.

ⓛ 고객 관계 관리의 목적을 도모하기 위해서는 기업 수익에 기여하는 거래 단계 등을 통해 적절한 전략을 수립하여야 한다.

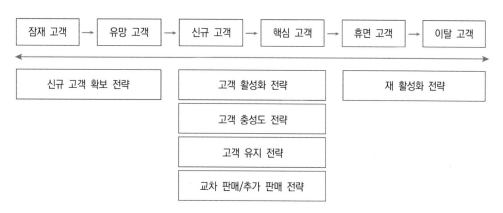

ⓒ 그림과 같이 고객의 생성에서부터 소멸까지 기업은 고객을 확보 및 유지하고 수익을 창출하기 위한 다양한 전략을 추구하고 개발한다.

ⓔ 이를 현장에서 적용하고, 그 결과물의 피드백을 통해서 다시 개선·보완점은 없는지, 전면 전략을 다시 취해야 하는지 아니면 그대로 유지하여도 문제가 되지 않을지 등에 관한 끊임없는 성찰과 고민이 진행되어야 한다.

③ 소통을 통한 고객 관계 관리의 유지 및 강화 전략

ⓐ 기업은 맨 처음 고객을 신규 고객으로 관계를 맺고 끊임없이 고객과의 관계를 유지하기 위해 노력하여야 한다.

ⓑ 계속 관계가 유지된 고객은 관계 강화 노력을 통하여 충성(핵심) 고객으로 만들려고 노력하여야 한다.

ⓒ 이를 통해서 기업은 본연의 목적인 기업의 지속할 수 있는 사업의 영위가 가능하며 그 구성원들도 경제적 가치를 같이 누릴 수 있는 것이다.

④ 고객 유형별 커뮤니케이션 수립 전략의 유형

ⓐ 고객관리 프로세스에 따라 커뮤니케이션 전략 수립

ⓐ 고객을 만들기 위한 커뮤니케이션 환경을 조성

ⓑ 고객으로 연결하기 위한 커뮤니케이션 전략을 수립

ⓒ 고객 고정화를 위한 커뮤니케이션 전략을 수립

ⓑ 신규 고객 대상 커뮤니케이션 전략 수립

ⓐ 잠재 고객의 데이터를 활용

ⓑ 먼저 접촉해 온 고객을 유치

ⓒ 충성 고객 대상 커뮤니케이션 전략 수립

ⓔ 수익성이 높은 고객 대상 커뮤니케이션 전략 수립

ⓜ 이탈 고객 대상 커뮤니케이션 전략을 수립

ⓝ 휴면 고객 대상 커뮤니케이션 전략을 수립

⑤ 고객 스토리 작성 활용 **기출**
　　㉠ 고객층을 설정하기 위해 시나리오 기법을 사용한다.
　　　　ⓐ 시나리오 기법은 자사의 제품을 목표 고객이 어떻게 사용하는지를 1일, 1주일, 1개월, 1년이라는 시간을 중심으로 상상해 보면 소비자가 자사의 제품에 어떤 매력을 느끼는지를 분석하는 방법이다.
　　　　ⓑ 목표 고객의 기상부터 취침까지의 스토리를 시나리오화해 나간다. 그 스토리 안에서 제품이 몇 번 등장하는지, 어떤 장면에서 등장하는지 확인해 나간다.
　　㉡ 사용자와 구매자의 차이를 염두에 둔다.
　　　　ⓐ 스토리 설정에 있어서 구매자와 사용자를 구분하는 것이 중요하다.
　　　　ⓑ 단적인 예로 아동용 상품을 들 수 있는데, 이 경우 사는 사람은 부모이지만 사용하는 사람은 아동이다.
　　㉢ 소통(커뮤니케이션) 채널 선택
　　　　ⓐ 다양한 커뮤니케이션 수단 중 홍보(PR), 고객과의 의사소통 목표를 가장 효과적으로 달성할 수 있게 하는 채널을 취사선택할 수 있어야 한다.
　　　　ⓑ 커뮤니케이션(소통) 채널의 분류는 단일 혹은 여러 가지로 이루어질 수 있으며, 측정할 수 있는 가장 보편적인 커뮤니케이션 채널은 인쇄 매체, 방송 매체, 인터넷 매체(뉴미디어) 등을 포함한다.

(3) 커뮤니케이션의 과정과 형태

① 커뮤니케이션 과정 **기출**
　　㉠ 커뮤니케이션은 전달자(발신자), 메시지, 수신자라는 세 가지 기본적인 요소로 이루어진다.
　　㉡ 커뮤니케이션 과정의 요소 사이에 부호화, 해독화, 피드백의 작업이 진행되고 성공적인 커뮤니케이션을 위하여 매체가 동원된다.

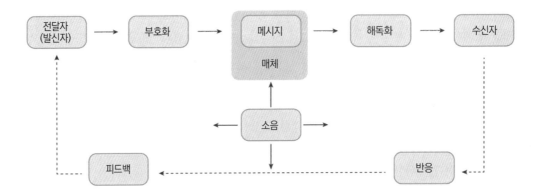

부호화	• 메시지의 원천인 전달자(발신자)가 수신자에게 어떤 주장이나 생각을 전달하기 위해 생각을 특정 단어로 전환하는 과정 • 부호화의 정확성은 전달자가 보유한 기술정도, 태도, 사회문화체계에 영향을 받음 • 정확한 내용 전달을 위해서 전달자는 쓰기 혹은 말하기에 능숙하도록 노력해야 함
메시지	전달하고자 하는 내용을 언어, 문자, 몸짓, 얼굴표정 등으로 나타낸 것
해독	• 전달된 메시지를 이해하기 위해 메시지의 의미를 해석하는 과정 • 해독은 수신자의 능력이나 태도, 지식, 사회문화체계에 영향받음 • 전달된 메시지를 정확히 이해하기 위해서 수신자는 읽기와 듣기에 능숙하도록 노력해야 함

채널	• 채널은 매체라고도 하며 메시지가 전달되는 수단을 의미 → 언어적인 것과 비언어적인 것을 포함 • 어떠한 채널이 이용될 것인지는 전달자가 결정 → 전달자는 각 상황에 가장 적합한 채널을 선택
피드백	• 커뮤니케이션은 전달자의 전달 의도에서 시작되는데, 전달자의 의도를 체크하는 과정이 피드백 과정임 • 피드백을 통해 커뮤니케이션이 성공적으로 이루어졌는지 여부를 확인할 수 있음
잡음(소음)	메시지를 이해하는 데 방해를 유발하는 요인 → 물리적 잡음(전파장애 등), 심리적 잡음(마음속의 고민 등), 의미적 잡음(메시지의 의미를 이해하지 못한 경우)

(4) 커뮤니케이션의 오류 및 장애 [기출]

① 장애 요인의 분류

송신자와 관련된 장애요인	커뮤니케이션의 목표 결여, 커뮤니케이션의 기술 부족, 신뢰도의 결핍, 대인 간의 감수성 부족
수신자와 관련된 장애요인	선입견
상황과 관련된 장애요인	예의상의 문제, 커뮤니케이션의 풍토, 시간의 압박
메시지 전달의 장애요인	정보의 과소 → 개인의 과중한 정보의 양은 수용과 처리 과정에서 질적으로나 관심 면에서 집중을 방해

② 준거틀의 차이 : 전달자와 수신자가 갖고 있는 기준의 차이에서 의사소통에 장애를 일으킨다.

③ 선택적 청취

　ㄱ 선택적 지각의 한 형태로 선택적 지각이란 자신에게 제공된 여러 자료와 정보 가운데에서 자신의 신념이나 이해체계에 부합되는 것을 더 크게 지각하려는 경향을 의미한다.

　ㄴ 자신의 신념과 모순되는 정보는 주의를 기울이지 않게 되며 이에 따라 의사소통에 장애를 일으킬 수 있다.

④ 정보원의 신뢰도

　ㄱ 전달자의 말이나 행동에 대해서 수신자가 갖고 있는 신뢰, 확신의 정도에 따라 커뮤니케이션의 결과가 달라진다.

　ㄴ 수신자가 전달자의 말이나 행동을 얼마나 믿느냐에 따라서 전달된 메시지에 대한 반응 양식이 달라질 수 있다.

⑤ 가치 판단 : 수신자들은 전체 메시지를 수신하기 이전에 미리 형성된 고정관념으로 메시지를 판단하는 경향이 있다.

⑥ 개인의 특성과 감정 상태

　ㄱ 개개인의 각기 다른 경험, 성격, 태도, 기대 등으로 인하여 각자의 고유한 방식으로 메시지를 받아들이게 되고, 이 과정에서 왜곡이 발생한다.

　ㄴ 감정 상태가 안정되지 못한 경우 커뮤니케이션에 장애가 발생한다.

⑦ 청취 습관 : 성공적 커뮤니케이션을 위해서는 주의집중, 해석, 기억을 필요로 하며 능동적 자세로 청취해야 한다.

⑧ 위신 관계 : 조직 내에서의 권력, 계급, 직급 등을 배경으로 한 위신 관계 역시 커뮤니케이션에 장애를 일으킬 수 있다.

⑨ 여과 : 전달된 정보가 한번 걸러지는 것을 의미하는데 정보의 여과가 일어나면 정확한 커뮤니케이션에 방해를 받게 된다.

⑩ 정보의 과중 : 지나치게 많은 정보도 커뮤니케이션에 장애를 일으킬 수 있는데 많은 정보가 제대로 해독되지 않은 채 배제되는 현상이 발생한다.

(5) 커뮤니케이션 이론

① 피그말리온 효과(Pygmalion effect)

　㉠ 누군가에 대한 믿음이나 기대 또는 예측이 타인에게 그대로 실현되는 경향으로 로젠탈 효과(Rosental effect)라고도 한다.

　㉡ 다른 사람으로부터 긍정적인 기대를 받게 되면 그 기대에 부응하기 위해서 더 노력하게 되며 실제로 긍정적인 결과가 나오는 효과다.

② 낙인 효과(Stigma effect)

　㉠ 타인으로부터 부정적인 낙인이나 인식을 받으면 의식적으로나 무의식적으로 실제 그렇게 행동하게 되는 효과다.

　㉡ 상대방에게 무시당하거나 치욕을 당하면 부정적인 영향을 받은 당사자는 실제로 부정적으로 변해갈 수 있다.

　㉢ 부정적인 평가는 편견을 만들게 되고 이미지와 인간관계에도 반영되어서 인상 형성에 영향을 준다.

③ 플라시보 효과(Placebo effect)

　㉠ 심리적으로 긍정적인 믿음이 신체를 자연으로 치유하는 역할을 한다는 것을 의미한다.

　㉡ 사실은 효과가 없는 약임에도 의사가 환자에게 병을 낫게 해줄 거라는 믿음을 주면 환자의 병이 호전되는 실험 결과가 있다.

④ 노시보 효과(Nocebo effect) : 플라시보 효과와 반대의 의미로 좋은 효능이 있는 약일지라도 환자가 부정적으로 생각하고 약의 효능을 믿지 못하면 실제로 상태가 개선되지 않는 현상이다.

⑤ 호손 효과(Hawthorne effect)

　㉠ 다른 사람들이 지켜보고 있다는 사실을 의식하면서 자신의 본성과 다르게 행동하는 것을 의미한다.

　㉡ 일종의 반응 현상으로 자기 행동이 누군가에게 관찰되고 있다고 인지하게 되면 행동을 조정하고 순화하는 것을 말한다.

　㉢ 호손 효과의 의미가 확장되어 어떤 새로운 것에 관심을 기울이거나 관심을 더 쏟는 것에 따라 개인의 행동과 능률에 변화가 일어나는 현상을 포함한다.

⑥ 바넘 효과(Barnum effect)

　㉠ 누구에게나 해당하는 일반적인 특성을 자신에게만 해당하는 특성으로 받아들이는 심리 상태로 포러(Forer) 효과라고도 한다.

　㉡ 19세기 말 미국의 사업가이자 쇼맨이었던 바넘의 이론을 따서 만들어진 효과로 혈액형 성격론이나 신년 운세, 별자리 운세 등이 그 예다.

⑦ 링겔만 효과(Ringelmann effect)

　㉠ 집단 속에 참여하는 사람의 수가 늘어날수록 성과에 대한 1인당 공헌도가 떨어지는 집단적 심리 현상을 말한다.

　㉡ 줄다리기 실험을 예로 들면 참여자가 많아질수록 참여자가 적을 때보다 개인이 힘을 덜 들이는 것을 생각해 볼 수 있다.

　㉢ 집단의 크기가 집단의 잠재력을 발휘하는 데 영향을 줄 수 있고 다수라는 익명성 뒤에 '나 하나쯤이야'라는 인식으로 도덕적 해이가 일어날 수 있다.

⑧ 잔물결 효과(Ripple effect)
  ㉠ 호수에 돌을 던졌을 때 돌이 떨어진 지점부터 동심원의 물결이 일기 시작하여 가장자리까지 파동이 이어진대서 붙여진 이름이다.
  ㉡ 하나의 사건이 연쇄적으로 영향을 미치는 것을 나타낸다. 조직 구성원 일부에게 처벌과 같은 부정적인 형태의 압력이 공개적으로 가해졌을 때 다른 구성원들에게도 부정적 영향력이 전달되는 것을 말한다.

⑨ 넛지 효과(Nudge effect)
  ㉠ 타인의 행동을 유도하는 부드러운 개입을 뜻하는 말이다. 팔을 잡아끄는 것처럼 강제와 지시에 의한 억압보다는 팔꿈치로 툭 치는 것과 같은 느낌으로 특정한 행동을 유도하는 것이 더 효과적이다.
  ㉡ 예로써 남자 화장실에서 '화장실을 깨끗하게 쓰시오'라는 문구보다는 파리 모양 스티커를 붙여 놓는 것이 더 효과적이라는 것이다.
  ㉢ 비용을 많이 들이지 않고도 사람들의 자유의지를 존중하면서 긍정적인 태도 변화를 이끌어 낼 수 있다.

⑩ 카멜레온 효과(Chameleon effect)
  ㉠ 사람은 자기 스스로의 말과 행동을 사랑하기 때문에 누군가 자신을 모방하면 긍정적인 효과가 나타나는 현상이다.
  ㉡ 서비스 현장에서 종업원이 자신의 주문을 다시 한번 확인하면 그 종업원을 더욱 신뢰하는 것이다. 즉, 카멜레온처럼 고객을 따라 할 때 고객의 반응이 훨씬 긍정적으로 된다는 것이다.

3 고객 관계 유지 활동 ★

① 고객 이탈 방지
  ㉠ 고객 이탈 방지를 위해서는 상실 고객 조사(Lost Customer Research) 활동을 수행해야 한다.
  ㉡ 자사의 서비스를 더 이상 구매하길 원치 않는 고객을 찾아 그들이 왜 떠났는지를 알아보는 것이다.

② 우량 고객 유지
  ㉠ 우량 고객을 유지하기 위해서는 관계 마케팅(Relationship Marketing) 활동을 수행해야 한다. 이는 신규 고객의 획득보다는 기존 고객의 유지와 향상에 초점을 맞추는 사업 활동을 의미한다.
  ㉡ 관계 마케팅은 고객이 가치를 찾아 계속해서 제공자를 바꾸기보다는 한 조직과 지속적으로 관계를 맺는 것을 선호한다는 것을 전제로 하고 있다.

③ 휴면 고객 활성화
  ㉠ 상실 고객 조사 활동의 결과물을 분석하여 다양한 고객 유인이벤트 방안을 마련하고 실시한다.
  ㉡ 모바일 상거래가 급성장함에 따라 온라인 유통업체들이 시장 선점을 위한 회원 관리에 적극 나서고 있다.
  ㉢ 오픈마켓 사업자들은 휴면 고객을 모바일에서 활성화하는 방안을 모색하고 있고 소셜커머스 업체들은 신규 회원 유치와 함께 고객 충성도를 높이는 방안을 수립하여 시행하고 있다.

④ 고객가치 평가
  ㉠ 대부분 기업은 고객의 가치를 평가하는 데 있어서 고객들이 발생시키는 매출액을 기준으로 고객을 평가한다. 그러나 매출액만으로는 고객의 잠재 미래가치는 평가할 수 없다.
  ㉡ 매출액에 의한 단순 고객가치 평가에 비해 고객 생애가치 평가는 향후 잔존 생애 기간을 고려할 수 있기 때문에 고객의 미래가치도 평가할 수 있다.

⑤ 고객가치 증진

    ㉠ 다양한 채널을 통해 고객과의 소통(커뮤니케이션)을 증진함으로써 고객가치가 향상할 수 있다.

    ㉡ 제품 및 서비스의 품질 및 안정성을 강화함으로써 사용하는 고객가치가 향상할 수 있다.

    ㉢ 고객 만족도 및 기대 수준을 다각도로 파악하고 신속, 정확, 차별화된 제품 및 서비스를 제공함으로써 고객가치가 향상할 수 있다.

    ㉣ 기업의 지속 가능한 성장을 위해서 궁극적으로 고객 기업정보와 개인정보 보호를 위해 정보 보안관리 체계를 정립함으로써 고객가치가 향상할 수 있다.

⑥ 이탈 고객 재확보 : 기업 간 경쟁 심화, 유통채널의 다변화, 고객의 니즈(수요)와 욕구의 다양화, 인터넷 및 모바일 통신 수단의 급속한 발달로 인한 외부 기업환경의 변화 등에 따라 기존 확보된 고객유지 및 관계 강화의 중요성이 증대하고 있다.

5   고객 관계 강화 ★★★

1   수익성 예측

(1) 의의

① 기업의 수익성을 예측하기 위해서는 고객 수익성과 고객 생애 단계를 결합해 현재 기업과 고객의 관계를 명확히 하는 것부터 시작될 수 있다.

② 고객 수익성은 고객이 한 조직에 기여하는 순화폐가치의 개념으로 측정에 초점을 맞춘 것이며, 고객생애가치, 고객가치평가, 고객 평생 가치평가 등의 개념과 관련이 있다.

③ 고객 수익성의 예측을 통해 효과적인 고객관리 전략을 실행할 수 있으며, 이것은 기업의 이윤 극대화와 직결된다.

④ 고객 수익성을 예측하기 위해 활용할 수 있는 대표적인 방법은 고객의 생애 가치 추정을 통해 예측할 수 있게 된다.

⑤ 기업의 수익성과 고객의 생애 단계를 결합하여 고객 관계 관리의 단계를 제시하면 거래 기간 및 수익성에 따라 관리전략을 달리하게 된다.

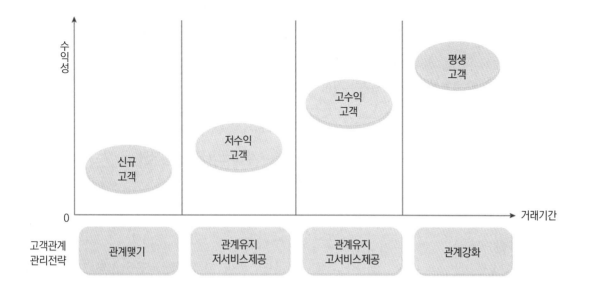

(2) 수익성 예측을 위한 고객 분석

① 고객 분석의 개요

　㉠ 고객 분석은 고객이 원하는 기준과 회사의 기준을 잘 조합하여 가치 있는 고객을 선별하고 그 시장을 선점하기 위한 전략 수립 활동이다.

　㉡ 즉 고객의 상품 선택 기준과 구매 행동을 평가하여 비슷한 가치 기준과 행동을 보이는 고객군을 선별하는 것이다.

　㉢ 회사가 잘하는 역량과 상대적 경쟁우위를 평가하여 가치가 높은 고객을 선별하고 그에 관한 이해를 바탕으로 목표 시장에서 경쟁우위를 선점하고자 하는 것을 의미한다.

② 심도 있는 고객 분석이 요구되는 경영 상황

　㉠ 성장하는 시장에서 우리 회사 시장점유율은 일정

　㉡ 수익성 면에서 경쟁업체에 열세

　㉢ 고객 만족도가 하락하고 있을 때

　㉣ 신규 채널이 과거의 배송 및 서비스 방식을 바꾸고 있을 때

　㉤ 특정 고객 그룹에 관한 우리 회사의 판매량이 급격히 변화했을 때

　㉥ 고객 니즈가 급격히 변화하거나 변화하리라 예측될 때

　㉦ 자사의 고객과 고객 접점(유통)에 관한 식견(insight)이 제한적이거나 편협할 때

　㉧ 신규 시장으로 진입하려고 하고 있으며 해당 영역에 리더인 경쟁업체가 있을 때

③ 고객가치분석의 필요성

    ⊙ 어떻게 우리 조직이 수익성 높은 고객 그룹들을 좀 더 잘 모실 수 있을까?

        ⓐ 어떤 고객이 가장 매력적인가?

        ⓑ 수익성 높은 고객들은 어떤 공통 특성이 있는가?

        ⓒ 요구되는 서비스를 만족시키기 위해서는 유통 및 고객 접점을 어떻게 구축해야 하는가?

    ⓒ 수익성이 적거나 없는 고객군들을 응대하는 비용을 어떻게 하면 최소화할 수 있을까?

        ⓐ 비수익 고객이 수익 고객으로 전환되기 위해서는 무엇이 필요한가? 얼마나 드나?

        ⓑ 현재 우리가 과도하게 서비스를 제공하는 고객군은 없는가?

        ⓒ 특정 고객군들을 좀 더 저비용 채널을 활용하여 응대할 수 있는가?

    ⓒ 어떻게 하면 고객 니즈에 경쟁사보다 빨리 더 잘 응대하는 조직을 만들 수 있는가?

④ 고객 프로파일(Profile)

    ⊙ 비즈니스 모델 캔버스의 목표 고객군에 대응되는 것으로 목표 고객의 할 일들을 통해 고객 관점에서 해소되어야 할 불편·불만들을 식별하고, 채워져야 할 이득 부분들을 탐색하기 위해서 사용되는 도구이다.

    ⓒ 이를 통해 고객 관점에서 제공되기를 희망하는 가치를 제공자 관점에서 파악할 수 있다.

    ⓒ 고객 프로파일의 방법론

Frameworks/Tools	설명/활용	Comments
고객 유형 분석	유사한 특징을 가진 고객을 그룹화하고 이에 의해 시장/상품을 그룹화 즉 고객이 누구인지, 우리 비용에 어떤 영향을 주는지, 무엇을 중시하는지, 어떤 채널을 활용했는지 등을 고려함	• 목표 시장 설정을 위한 논리적 근거 제공 • 고객 그룹의 크기와 구매력의 상세 양적 평가는 어려움 • 과거 히스토리와 현재에 관한 해석은 되지만 정적이며 동적인 미래 혹은 상황 예측 어려움
응대 비용	각 고객 그룹들의 응대 비용과 수익성을 각 매출, 비용 항목으로부터 계산	현재 가장 높은 수익 기여 고객이 누구인지 어떤 특성을 가지는지를 탐지함
성과 추이 분석	어떻게 고객들이 변화했는지에 주목, 즉 고객들의 판매, 수익성, 시장점유율, 소비 및 사용 패턴	• 빠르고 비싸지 않고 효과적인 방식으로 인사이트(이해, 기대, 통찰력) 도출 • 고객 요구와 환경 요소는 비교적 안정 되었다고 가정
고객가치 프레임워크 (framework)	• 자사의 고객 기반을 경제적 가치 기준에서 그 양과 변화를 측정 • 고객 분석, 행동 분석 그리고 채널 구조 분석 전반에 중요한 자료로 활용됨	• 자사 재무 성과에 영향을 주는 시장 요소들에 관한 이해를 심화시킴 • 전략적 목표와 과제 선정 및 평가에 중요한 틀을 제공함

(3) 고객 수익성 분석 및 예측

① 고객 수익성 분석의 정의

    ⊙ 고객 수익성

        ⓐ 개별 고객이 한 조직에 기여하는 순화폐가치를 말한다.

        ⓑ 고객 수익성과 관련된 용어 또한 다양하다.

        ⓒ 생애가치(일명, 수명주기가치), 고객 생애가치, 고객가치평가, 고객생애가치평가, 고객관계가치, 고객지분 등은 모두 고객 수익성과 관련된다.

ⓛ 고객 수익성 분석

    ⓐ 개별 고객 또는 한 집단 고객이 수익성 차원에서 어떻게 차이를 보이는가를 검토하는 것을 말한다.

    ⓑ 개별 고객으로부터 벌어들인 수익(고객 수익 : customer revenue)에서 고객에게 약속한 제품 또는 용역을 제공함에 든 원가(고객 원가 : customer costs)를 차감하여 구한 이익(고객 이익 : customer profit)이 고객 간에 어떠한 차이를 보이며 어떠한 고객의 이익이 최대인가 등을 파악하는 것을 말한다.

    ⓒ 고객 수익성이 측정(계산)에 초점을 맞춘 것이라면 고객 수익성 분석은 의사결정(고객 관계 관리 및 전략수정 등)에의 활용을 전제로 한다.

② 고객 수익성 분석의 핵심 요소 : 고객 수익성 분석을 올바로 이해하고 진정 기업에 기여하기 위해서 반드시 유념해야 할 세 가지 핵심 요소는 고객 수익성 개념과 측정, 전략 및 비즈니스 설계와의 연계, 실행 상의 이슈에의 대비 등이다.

③ 고객의 예측된 수익성

  ㉠ 예측된 수익성이란 고객의 미래 수익성을 예측하는 것이다.

  ㉡ 이에 관한 프로세스는 고객 유형 분석 → 개념적 모델 정립 → 표본 추출 → 변수의 조작적 정의 → 모형추정 및 조정 모형에 의한 마케팅 활동 전개 → 성과 분석 및 피드백 → 고객 리스트업 및 재배치 등의 단계를 거친다고 볼 수 있다.

(4) 고객 생애가치 추정 [기출]

① 개념

  ㉠ 고객 생애가치(LTV : Life Time Value)는 고객이 자신의 생애에 걸쳐 한 기업에 제공하는 이익을 현재가치로 환산한 금액을 지칭한다.

  ㉡ 생애가치란 특정 고객으로부터 창출될 이익에 대한 순 현재 가치 혹은 고객이 전 생애에 걸쳐 한 기업에 제공할 것으로 추정되는 재무적 공헌도의 합계로 정의할 수 있다.

  ㉢ 고객 생애가치는 고정된 수치가 아니며, 고객의 생애가치를 극대화하려는 다양한 기업의 노력 여하에 따라 기존 고객 및 잠재 고객을 통한 이익 극대화가 가능한 변화될 수 있는 개념으로 이해하여야 한다.

② 고객 생애가치의 활용

  ㉠ 기업은 고객 생애가치의 분석을 통해 기존 고객 중 누구에게 마케팅 활동을 집중해야 하는지, 고객유지를 위해 얼마큼의 비용을 지출해야 하는지를 파악할 수 있다.

  ㉡ 생애가치가 높은 잠재 고객을 획득하기 위해서 어느 정도의 촉진 비용을 지출해야 하는지 등의 매우 유용한 질문에 대한 답을 얻을 수 있다.

③ 고객 생애가치의 측정

  ㉠ 고객 생애가치를 활용하기 위해서는 고객의 잠재 가치를 예측하고 추정하는 것이 매우 불확실하고 제한적이기 때문에 상당한 어려움이 존재하게 된다.

  ㉡ 고객 생애가치를 측정하기 위해 다양한 분석 방법이 활용되고 있으나, 대표적으로 특정 고객으로부터 획득될 수 있는 가치의 총합을 측정하기 위해 해당 고객의 평균 구매액과 거래 기간을 통해 예상되는 수입을 추정할 수 있다.

> 고객 생애가치 = 평균 구매 금액 × 거래 기간

ⓒ 미래의 불확실성을 반영하여 잠재 가치를 추정하는 방법을 보완한 또 다른 방법은 기업과 고객의 관계를 통해서 형성된 순이익(수익 - 비용)과 할인율을 반영하는 것이다.

ⓔ 할인율이란 아직 구체화되지 않은 미래의 잠재적 수익에 대한 순 현재 가치를 추정하기 위해 도입된 개념으로 미래의 가치에 대한 현재 가치의 교환 비율을 의미한다.

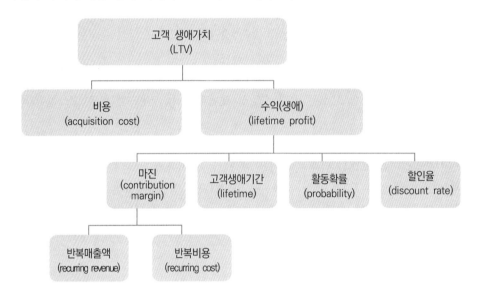

2 고객 이탈 방지 활동 ★★

(1) 고객 이탈의 개념

① 고객 이탈이란 제품 또는 서비스 사용 및 구매를 중단하는 것을 의미한다. 이때 특정 기간 동안 제품 또는 서비스 사용 및 구매를 중단한 고객의 비율을 고객 이탈률이라고 한다.

② 미국의 마케팅 연구소에 따르면 고객을 잃는 주요 이유를 6가지로 나타내고 있다.

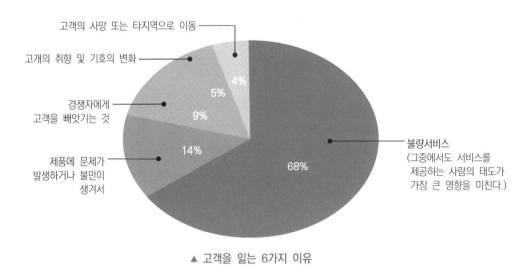

▲ 고객을 잃는 6가지 이유

③ 고객 이탈 관리란 판매대상물의 주체인 기업과 수요자인 고객 간 관계에서 고객이 이탈하기 전에 어떠한 행위 혹은 기업의 마케팅 및 고객지원 활동을 통해서 고객의 이탈을 방지하고 확보하려는 체계적인 과정을 의미한다.

(2) 전환비용

① 전환비용이란 고객이 구매 중인 상품이나 서비스의 재구매를 중단하고 다른 상품이나 서비스로 구매를 전환함으로써 발생하는 금전적, 비금전적 비용을 의미한다.

② 전환비용은 탐색비용, 거래비용, 학습비용, 위험비용으로 구분되며 전환비용이 낮을수록 고객 이탈이 쉬워진다.

탐색비용	새로운 상품 및 서비스를 제공할 기업을 탐색하는 데 들이는 비용 → 시간과 노력 등
거래비용	새로운 상품 및 서비스를 제공받기 위해 거래에 소모되는 비용 → 계약서 작성, 서류 작업 등
학습비용	새로운 상품 및 서비스를 사용하기 위해 학습에 소요되는 비용 → 설치 및 시운전, 작동법 학습, 실패 비용 등
위험비용	전환에 따른 위험부담으로 작용하는 비용 → 탐색에 실패하여 부적절한 제공자를 만나게 될 위험, 거래에 실패하여 계약을 못하게 되는 위험, 학습에 실패하여 성능을 발휘하게 되지 못할 위험 등

(3) 고객 이탈 관리

① 고객 이탈의 예측

㉠ 고객은 이탈하기 전에 기업의 채널(홈페이지, 이메일, 콜센터, 영업사원, CS팀 등) 등을 통해서 혹은 구매 활동의 빈도, 접촉 빈도 등을 통해서 다양한 이탈 가능성의 징후를 보여준다.

㉡ 다양한 경로로 수집된 고객의 다양한 정보를 통합해 이탈 예측 모형을 통해서 개별 고객별로 이탈 가능성을 수치화한다.

㉢ 이것은 단순한 시나리오 방법부터 데이터마이닝 기법을 이용한 다양한 방법이 적용될 수 있지만 중요한 것은 예측 정확도이다.

㉣ 정확하게 언제, 어떻게 이탈할 가능성이 있는 고객을 구분할 수 있다면 고객에 대한 이탈률을 줄이고 유지를 관리하는 것이 보다 효과적으로 관리할 수 있는 지표를 개발할 수 있다.

㉤ 우수·휴면·하락 고객 유형 및 원인별 분석을 통해 휴면·하락 징후 탐지(사전 예방) 및 대응 방안 차별화(사후 대응)의 고객 관계 개선 방안을 마련하고 수행해야 한다.

② 고객 이탈 분석

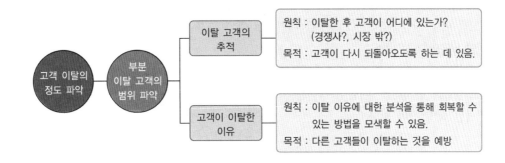

③ 고객 이탈 방지 프로세스

이탈 고객의 정의	• 누구를 이탈 고객으로 규정할 것인가? • 재무적 가치로 평가 + 고객의 구매 패턴까지 고려
이탈 고객의 파악	• 이탈 고객의 기준점을 파악 • 고객의 거래 패턴별 상대적 기준이 적용되어야 함.
이탈 원인의 파악	• 수익성 높은 이탈 고객들을 재탈환 • 잠재 이탈 고객들을 미연에 방지
이탈 모형의 개발 및 예측	• 고객 관련 데이터를 활용하여 이탈률을 산출 • 개별 수준에 따라 고객을 범주화
이탈 방지 활동 수행	• 범주화에 따른 맞춤형 프로그램의 실행 • 이탈 확률만으로 이탈 방지 활동을 수행하면 안 됨. • 고객의 니즈나 잠재 이탈 원인을 고려해야 함.

④ 고객 이탈 관리의 수행
  ㉠ 고객 이탈 관리는 판매대상물의 주체인 기업과 수요자인 고객 간 관계에서 고객이 이탈하기 전에 어떠한 행위 혹은 기업의 마케팅 및 고객지원 활동을 통해서 고객의 이탈을 방지하고 확보하려는 체계적인 과정이다.
  ㉡ 이탈 고객의 대상 범주
    ⓐ 일반적으로 완전 이탈 고객만을 이탈 고객이라고 생각하기 쉽지만, 고객이 어느 순간 모든 거래를 정리하고 떠나는 일은 흔치 않다.
    ⓑ 기업이 완전히 이탈한 고객만을 이탈 고객의 범주에 포함한다면 상당한 수의 이탈 고객을 놓치게 된다.
    ⓒ 부분 이탈 고객 중 어느 정도로 고객 점유율이 떨어진 고객을 이탈 고객에 포함할 것인가라는 문제가 발생하게 된다.
  ㉢ 이탈 고객의 사유 분석
    ⓐ 기업은 고객의 불만 사항을 미리 감지하여 고객의 이탈을 방지해야 한다. 고객이 이탈한 이유를 안다면 고객을 다시 돌아오게 할 대책을 마련할 수 있다.
    ⓑ 한 명의 고객이 이탈했다는 것은 곧 다른 고객들이 이탈할 가능성이 크다는 것을 의미하기 때문에 고객 이탈 원인을 알면 그 원인을 제거하여 다른 고객들이 이탈하는 것을 방지할 수도 있다.
⑤ 고객 이탈 비용의 측정 방법
  ㉠ 고객 한 명이 이탈할 때 발생하는 비용을 계산함으로써 기존 고객(고객 유지)의 가치를 알 수 있다. 기존 고객(고객 유지)의 가치를 측정하는 방법은 1년간의 고객 동요율, 고객 이탈률, 고객 생애가치 등을 측정하는 방법 등이 있다.

ⓛ 고객 동요율 : 고객 동요율은 1년 동안 떠나는 고객의 수를 신규 고객의 수로 나눈 것이다.

고객 동요율 = 이탈 고객의 수/신규 고객의 수

ⓒ 고객 이탈률 : 고객 이탈률은 기존 고객 중에서 1년 동안 떠나버린 고객의 비율이다.

고객 이탈률 = 이탈 고객의 수/기존 고객의 수

ⓔ 고객 생애가치 : 고객 생애가치는 한 고객이 특정 기업의 고객으로 존재하는 평균적인 고객 생애기간 동안 창출하는 총수익의 순 현재 가치이다.

고객 생애가치 = 1년의 수익/고객 생애기간(년)

⑥ 고객 이탈 방지 활동
  ㉠ 고객 이탈 방지는 해지 방어, 휴면 고객 활성화, 불량서비스 개선, 이탈 위험 고객 대상 캠페인 활동, 경쟁 이탈 고객 방어 등을 포함한다.
  ㉡ 방법론적으로 상실 고객 조사 활동을 수행한다. 자사의 서비스를 더는 구매하길 원치 않는 고객을 찾아 그들이 왜 떠났는지를 알아본다.
  ㉢ 상실 고객 조사의 일부는 임직원들의 출구 인터뷰와 유사한 면이 있는데 불만족을 가져온 특정한 사건이나 거래 중단의 원인을 알아낼 수 있는 질문을 던지는 방법으로 수행한다.
  ㉣ 고객 휴면·이탈 유형은 정기 고객 단절형, 단계적 감소형, 비정기형으로 구분할 수 있다.

⑦ 고객의 이탈 확률을 낮추기 위한 준비 활동
  ㉠ 인구통계학적 데이터나 구매 데이터에 따른 고객데이터를 가지고 고객이 이탈할 확률이 어느 정도인지를 예측하는 것이 가능하면 기업은 이탈 확률이 높은 고객을 구분할 수 있다.
  ㉡ 이를 토대로 로열티 프로그램을 시행하거나 관심을 가질 만한 제품이나 서비스를 제공하여 고객의 이탈 확률을 낮출 수 있다.
  ㉢ 고객 이탈률을 낮추기 위해 고객 유지율, 고객 이탈률, 고객 생애가치 변화, 고객 점유율 등을 기본적으로 측정하고 작은 변화라도 그 원인을 추적하는 노력을 기울여야 한다.

⑧ 이탈 고객 재확보
  ㉠ 기업 간 경쟁 심화, 유통채널의 다변화, 고객의 니즈(수요)와 욕구의 다양화, 인터넷 및 모바일 통신 수단의 급속한 발달로 인한 외부 기업환경의 변화 등에 따라 기존 확보된 고객 유지 및 관계 강화의 중요성이 나날이 증대하고 있다.
  ㉡ 고객 이탈 방지 및 복귀
    ⓐ 기업은 고객의 불만 사항을 미리 감지하여 고객의 이탈을 사전에 방비해야 한다. 고객이 기업을 이탈한 이유를 알 수 있다면 고객이 다시 돌아올 수 있는 대책을 마련할 수 있다.
    ⓑ 한 명의 고객이 이탈했다는 것은 곧 다른 고객들이 이탈할 가능성이 크다는 것을 의미하기 때문에 고객 이탈 원인을 파악하여 그 원인을 제거하면 다른 고객들이 이탈하는 것을 방지할 수도 있다.
    ⓒ 고객의 이탈 원인을 파악하는 데에는 많은 시간과 노력 및 경험이 필요하다.

　　　　ⓒ 이탈 고객 정보 활용

　　　　　ⓐ 이탈한 고객을 접촉하여 획득한 정보를 통해 어떤 특성을 가진 고객이 이탈 확률이 높은지를 발견할 수 있고, 기업 내에서 활동하는 사람이 접할 수 없었던 기업 활동을 바라보는 색다른 시각을 배울 수 있다.

　　　　　ⓑ 이탈 고객으로부터의 피드백은 더욱더 구체적이고 세부적인 정보인 경우가 많으므로 개선이 필요한 기업 프로세스를 파악할 수 있다.

　　　　　ⓒ 어떤 기업의 고객들이 구매가 뜸해지거나 몇몇 품목을 다시는 구매하지 않거나 하면 고객에게 전화를 걸어서 그 원인을 탐색하고, 이러한 결과를 가격 설정이나 재고량 결정, 카탈로그 제작 등에 활용할 수 있다.

　　　　　ⓓ 이탈 고객으로부터의 정보를 잘 활용하면 기업 활동의 잘못된 점을 파악할 수 있고, 발견된 문제점을 적절히 개선한다면 고객 이탈은 더는 기업에 위협이 아닌 더 견고한 고객 관계를 쌓아갈 기회가 될 수 있다.

　　　ⓔ 이탈 고객의 복귀

　　　　　ⓐ 이탈 고객을 추적하는 것은 무엇보다 이탈한 고객이 다시 돌아오게 하기 위해서이다.

　　　　　ⓑ 이탈 고객의 복귀는 기업이 제공하는 상품에 실망한 고객이 계속 남아 있도록 설득하거나 이탈이 확인되는 순간 다시 돌아오도록 하는 과정이다.

　　　　　ⓒ 일반적으로 고객 이탈 후 7일 안에 고객에게 접촉이 이루어질 때 고객이 복귀할 확률이 매우 높아지게 된다.

　　　　　ⓓ 성공적인 이탈 고객의 복귀 프로그램은 특정 제품에 관해 실망감을 느껴서 이탈 가능성을 보이고 있거나, 일부 제품에 관해 이탈이 진행되고 있는 부분 이탈 고객을 포함하여 완전히 떠난 고객들을 대상으로 폭넓게 진행할 필요가 있다.

(4) 서비스 회복

　① 개념

　　　㉠ 서비스 회복 또는 회복 서비스란 서비스 실패에 대한 반응으로서 고객의 불평 행동을 수정하거나 회복하기 위해 기업이 취하는 일련의 활동을 의미한다.

　　　㉡ 고객에게 서비스를 전달하는 과정에서 실수가 나타났을 경우, 문제를 해결하고 고객에게 즐거움을 줄 수 있는 서비스의 전달을 의미한다.

　　　㉢ 서비스 회복에 성공하면 고객의 만족을 증가시키고 고객과의 관계를 군건히 하며 고객의 전환 행동이나 이탈을 방지하게 된다.

　　　㉣ 훌륭한 서비스 회복은 실망하고 화난 고객 중 54%를 충실한 고객으로 변화시킬 수 있다는 통계가 있다.

　② 서비스 회복의 역설(Etzel & Silverman) : 처음 거래가 시작되었을 때 약속된 성과나 효용을 제공하는 것보다 서비스 실패를 회복시켜 주었을 때 고객이 더욱 호의적인 반응을 하게 되는 상황을 서비스 회복의 역설이라고 한다.

③ 서비스 실패에 대한 고객의 반응 유형

유형	내용
수동적 불평자	소극적으로 불평하는 사람 불평 결과가 투입하게 될 시간과 노력에 대해 보상을 해주지 못할 것으로 생각하는, 즉 불평의 효율성에 대해 의구심을 품음
표현 불평자	서비스 제공자에게 적극적으로 불평을 하는 사람 • 이들은 부정적 구전을 퍼뜨리거나, 또는 전환하거나 제3자에게 불평하려 하지는 않음 • 이들은 불평이 사회적 편익을 제공한다고 믿고 있어 불평을 표현하는 데 주저하지 않음
화내는 불평자	화내면서 불평하는 사람 • 이런 유형의 소비자들은 친구나 친척들에게 부정적 구전을 하고 다른 업체로 전환할 의도가 높음 → 서비스 제공자에게 불평하는 성향은 평균 수준임 • 서비스 제공자에게 불평하는 것이 사회적 편익을 제공할 수 있다고 믿는다 해도 서비스 제공자에게 화를 낼 것임
행동 불평자	행동으로 불평하는 사람 • 이러한 유형의 소비자들은 평균 이상의 불평 성향을 보유 • 서비스 제공자에게 불평하고, 다른 사람들에게도 말하며, 제3자에게도 불평을 함 • 극단적인 경우 테러리스트가 될 수도 있음

④ 서비스 회복의 단계(Schweikhart)

회복 전 단계	• 서비스 실패가 발생할 때 시작되어 서비스 제공자가 실패를 인지할 때까지의 기간 → 그 시간이 매우 짧을 수도 있고 장기간일 수도 있음 • 고객들은 이 기간 동안 서비스 회복에 대한 기대를 형성
회복 단계	• 서비스 제공자가 서비스 실패를 인지하는 시점에서 시작되어 고객에게 합당한 조치를 취해 주었을 때까지의 기간 • 고객의 불평에 반응하는 시점이 늦어질수록 고객의 충성도와 만족도는 감소
회복 후 단계	고객이 합당한 회복을 받은 후에 시작되며 회복의 성공 여부에 따라 필요하지 않을 수도 있고 필요할 수도 있음

⑤ 서비스 회복의 차원(내용 확인/결과적 차원 등)

㉠ **과정적 차원** : 서비스 회복에 대한 전체적인 초점을 직원의 태도나 문제 해결의 신속성과 같은 절차에 초점을 맞춘 것이다. 문제를 해결하면 진정한 고객 만족을 이룰 수 있다.

㉡ **결과적 차원** : 초기 서비스 문제를 수정하고 보상, 환불, 무료 쿠폰 등과 실질적인 보상에 초점을 맞춘 것으로 반응이 빠르게 나타나며 일시적으로 고객의 불평을 막을 수 있다.

⑥ 서비스 회복 전략

㉠ **실패 없는 서비스** : 무결점을 목표로 하는 총체적 품질관리(TQM : Total Quality Management) 도입이 유용하다.

> **TQM** 기출
> 종합적 품질경영이라고도 하며 제품이나 서비스의 품질뿐만 아니라 경영과 업무, 직장환경, 조직 구성원의 자질까지도 품질개념에 포함하여 관리할 것을 제안한다. 경영·기술 차원에서 실천되던 고객지향 품질관리 활동을 품질관리 책임자뿐 아니라 마케팅, 엔지니어링, 생산, 노사관계 등 기업의 모든 분야에 확대하여, 기업의 조직 및 구성원 모두가 품질관리의 실천자가 되어야 한다는 것을 전제한다.

ⓛ **불평을 격려하고 추적** : 만족도 조사, 상실 고객조사 등을 통해 문제를 진단한다. 이러한 자료가 누적되면 문제와 불평이 발생하기 전 예측하는 데 활용할 수 있다.

ⓒ **신속한 조치와 충분한 설명** : 고객과의 접점인 전화 또는 현장에서 고객 문제를 빠르게 해결한다. 고객이 의문이 있으면 충분한 설명을 통해 불만족을 감소시킨다.

ⓔ **공정한 고객 대우** : 고객에게 차별 없는 공정한 대우를 통해 불만족 요인을 제거한다.

ⓜ **고객 관계 구축** : 강력한 고객 관계의 구축은 서비스제공 실패에 대한 중요한 완충 장치를 제공한다.

ⓗ **학습 활용**

ⓐ 회복 체험으로부터의 학습 → 구조적 문제점 발견, 서비스 프로세스 수정의 계기로 활용한다.

ⓑ 상실 고객으로부터의 학습 → 기업을 떠난 고객에 대한 심층분석을 통해 수익성이 있는 고객들에게 초점을 맞춘다.

(5) 고객 전환 관리 활동 수행

① **고객 유지의 핵심 지표**

㉠ 고객 전환 관리 활동을 위해서는 당연히 고객 유지를 개선하여야 하고 이를 위해서는 먼저 현재 상황을 정확하게 측정할 수 있어야 한다.

㉡ 기존 고객을 얼마나 효과적으로 유지하고 있는지, 고객이 다른 옵션을 찾기 위해 얼마나 자주 이탈하는지 알아야 한다.

② **고객 전환 관리의 주요 지표**

㉠ **고객 유지율**

ⓐ 고객 유지율은 일정 기간 회사와 계속 거래하는 고객 수를 측정한 것이다.

ⓑ 일정 기간(예 3개월 업무 분기)을 설정하고 해당 기간 말까지 계속 거래 중인 고객 수를 해당 기간 시작 시점의 총사용자 수로 나누어 계산할 수 있다.

㉡ **고객 이탈률**

ⓐ 유지율과 반대로 고객 이탈률은 특정 기간 이탈한 고객의 비율을 나타낸다.

ⓑ 정해진 기간이 끝난 시점에 이탈한 총고객 수를 전체 고객 수로 나누어 계산한다.

㉢ **고객의 생애가치**

ⓐ 고객의 생애가치는 고객이 평생 제품과 서비스에 지출할 것으로 예상되는 총수익을 나타낸다.

ⓑ 구매 값에 연도별 고객의 구매 예상 횟수를 곱하고, 햇수로 측정한 고객 관계 지속 기간을 곱한 값의 평균을 구하면 된다.

㉣ **재구매 고객 비율**

ⓐ 고객이 두 번째 구매하거나 제품 또는 서비스를 다시 사용할 의향을 측정한 것이다.

ⓑ 재구매율은 두 번 이상 구매한 고객 수를 순 고객 수로 나누어 계산한다.

㉤ **행동(구매)빈도** 기출

ⓐ 고객이 정해진 기간 제품이나 서비스를 구매하기 위해 얼마나 자주 재방문하는지 보여준다.

ⓑ 수익의 상당 부분이 재구매 고객에게서 발생하기 때문에 행동(구매)빈도는 특히 중요한 지표이다.

ⓒ 특정 기간의 주문 건수를 순 고객 수로 나누어 행동(구매)빈도를 구한다.

ⓗ 평균 주문 값(AOV)

　　ⓐ 평균 주문 값은 각 주문 건의 평균값을 나타내는 지표이다.

　　ⓑ 연간 수익을 처리된 주문 건수로 나누어 계산하며, 각 주문에서 얼마나 많은 수익을 올렸는지 알 수 있다.

③ 고객 유지를 강화하는 전략

　ㄱ 고객과 상호작용하는 동안 이루어지는 거의 모든 조치가 전반적인 고객 유지에 영향을 미친다. 하지만 검증된 고객 유지 전략을 통해 유지율을 높일 수 있다.

　ㄴ 고객 유지 강화 전략 예시

전략 사례	
• 고객의 성공에 집중하기	• 고객 교육하기
• 탁월한 서비스와 지원 제공하기	• 충성도 프로그램 만들기
• 친근한 이메일 보내기	• 피드백 구하기
• 재구매 할인 또는 혜택 제공하기	• 로열티 프로그램 제공하기
• 고객 여정 매핑하기	• 이벤트 기반 마케팅 운영하기
• 좋은 첫인상 남기기	• 교차판매, 상향판매, 크로스판매 등의 전략 개발하기
• 가치 제안 검토하기	• 업셀링 제안하기
• 고객과의 마찰 감소하기	• A/B 테스트 실시하기
• 의사소통과 교류하기	• 고객 유지 팀 교육하기

(6) 고객 유지 · 강화 및 전환 관리 전략과 활동

① 고객 전환 관리는 수익기여도가 낮은 고객, 이탈 고객, 휴면 고객, 잠재 고객, 우수 고객 중 활동성이 줄어드는, 매출 발생이 줄어드는 유형 등을 관리하여 로열티 프로그램, 이벤트 기반 마케팅, 교차판매(크로스셀링), 상향판매(업셀링) 등의 전략을 추진하는 것을 포함한다.

② 로열티 프로그램 전략 수립하기

　ㄱ 누적 구매량에 따라 상응하는 보상을 차별적으로 제공함으로써 다른 상표로 전환비용을 증대시키고 로열티를 강화하고자 하는 전략으로, 반복적으로 구매하는 고객의 로열티를 증진시키기 위해서 여러 가지 인센티브를 제공하는 활동을 의미한다.

　ㄴ 기대효과

　　ⓐ 직접적인 재무 성과 : 고객 이탈의 방지, 고객 점유율의 증대, 추가 구매의 자극

　　ⓑ 간접적인 성과 : 고객에 관한 통찰력 확보

　　ⓒ 새로운 비즈니스 기회 : 부가적 수익 기반의 확보

　ㄷ 장점

　　ⓐ 안정적 고객 확보　　　　　　ⓑ 지속적 커뮤니케이션 채널의 역할

　　ⓒ 고객정보의 획득

　ㄹ 단점

　　ⓐ 변경이 어려움　　　　　　　ⓑ 모방이 용이

　　ⓒ 예상보다 투여 비용이 크게 발생　　ⓓ 해당하지 않는 소비자의 요구

ⓜ 프로그램 기획 시 고려 사항

　　ⓐ 참여의 용이성

　　ⓑ 가치 있는 보상

　　ⓒ 고객과 높은 관련성을 고려

③ 이벤트 기반 마케팅(Event-based marketing) 전략 수립하기

　㉠ 고객과 관련된 다양한 사건 혹은 정보의 변화에 따라 미리 설정된 마케팅 활동이 자동으로 실행될 수 있는 전략적 체계를 의미한다.

> **이벤트**
> 특정 채널(channel)을 통해 고객, 직원, 조직 등 이해당사자 간에 혹은 이해당사자로부터 발생하고, 조건에 따라 서로 다른 마케팅 활동을 유발할 수 있는 기업에 유의미한 사건을 의미한다.

　㉡ 이벤트의 분류

분류체계	이벤트 유형	이벤트의 의미
구성 형태에 의한 이벤트 분류	단순(simple) 이벤트	고객의 개별적인 심경 및 행동 변화를 독립적인 사건으로 인식하고자 하는 이벤트
	결합(complex) 이벤트	복수의 단순 이벤트들이 결합함으로써 보다 의미 있는 해석을 가능하게 하는 이벤트
	실시간(real-time) 이벤트	고객과의 접촉 과정에서 실시간으로 발생하는 이벤트
	복합(sophisticated) 이벤트	단순, 결합, 실시간 이벤트들이 복합적으로 결합하여 보다 중요한 의미를 내포하며, 전략적인 접근이 필요한 이벤트
발생 원천에 의한 이벤트 분류	프로파일(profile) 이벤트	고객 프로파일을 구성하는 모든 정보 항목에 관해 발생하는 이벤트
	행동패턴 (behavioral pattern) 이벤트	고객의 거래 상품이나 구매패턴 변화와 같이 고객의 행동에 관련된 이벤트
	거래 및 접촉 (customer contact) 이벤트	거래, 불만, 제안, 문의 등 고객과의 접촉 과정에서 발생하는 이벤트

　㉢ 이벤트 기반 마케팅 운영 프로세스

이벤트 체계 수립	유의미한 이벤트 추출 과정으로, 이벤트의 조작적 정의, 분류, 데이터 분석 및 실무자 인터뷰를 고려

⬇

가설적 이벤트 규칙 도출	개별이벤트에 상응하는 마케팅 활동을 가설적으로 도출하는 과정으로, 이벤트 특성, 고객 등급, CRM 프로세스 과정을 고려

⬇

이벤트 저장소 구축	이벤트들을 관리하기 위한 저장소를 마련하는 것을 고려

⬇

이벤트 규칙의 검증	개별이벤트의 유효성 판단 과정으로, 실질적인 이벤트들의 다양한 우선순위 평가 및 선별을 고려

⬇

CRM 전략과의 연계	CRM 프로세스 관점의 전략체계와 연결을 고려

④ 교차 판매(크로스셀링) 전략 수립하기 기출
  ㉠ 개요
    ⓐ 크로스셀링이란 고객이 어떤 제품을 구매하면, 그와 연관된 다른 카테고리의 상품을 잘 보이는 곳에 비치하거나 추천하면서 추가 구매를 유도할 수 있는 전략이다. 쉽게 말하면 '끼워팔기'라고 할 수 있는 전략이다.
    ⓑ 자사의 여러 가지 상품 라인의 판매를 통한 고객가치의 창출을 의미한다. 여러 상품라인을 가지고 있지 않더라도 제휴프로그램이나 협력관계를 통해 교차판매를 실현한다.
  ㉡ 효과
    ⓐ 판매와 생산의 증가
    ⓑ 규모의 경제와 범위의 경제 효과 동시 달성
    ⓒ 대량생산을 통한 생산 단가의 감소 효과
  ㉢ 성공 조건
    ⓐ 집중화되고 통합된 고객 데이터베이스의 구축 및 운용이 필요
    ⓑ 고객 접촉관리의 기회 포착
    ⓒ 효율성 극대화의 고객가치 창출
⑤ 상향판매(업셀링) 전략 수립하기 기출
  ㉠ 개요
    ⓐ 고객에게 기존 제품보다 가격이 더 높거나 업그레이드된 버전을 제공하는 업셀링은 일반적으로 많이 사용하는 마케팅전략이지만, 이를 성공적으로 구현하여 성과를 내려면 올바른 전술이 필요하다.
    ⓑ 업셀링은 새로운 고객을 유치하는 것이 아니라, 이미 제품이나 서비스를 구매한 사람들을 공략 대상으로 삼는 전략이다.
    ⓒ 판매에서 가장 어려운 고객을 끌어오고 설득하는 부분이 이미 이루어진 단계이며, 따라서 고객이 더 나은 구매로 나아갈 수 있도록 조금씩 밀어주기만 하면 마케팅 비용은 줄이고 고객 생애가치(LTV)는 높일 수 있다.
    ⓓ 업셀링은 신규 고객을 획득하는 것보다 비용이 적게 소요될 뿐만 아니라, 시장조사기관에 따르면 상품 추천이 전자상거래 사이트 매출의 10~30%를 담당한다고 한다.
    ⓔ 구매 건마다 일정 액수만 늘어난다 해도 이 금액 모두 이익에 합산된다. 제대로 구현되면 고객들도 좋은 구매를 했다고 느낄 수 있다.
  ㉡ 성공 조건 예시
    ⓐ 핸드폰 구매 시 고객이 최초에 사려고 했던 핸드폰보다 높은 사양의 핸드폰을 사도록 설득하고 추천하여 높은 수익을 올리는 전략이다.
    ⓑ 이러한 상향판매 전략이 성공하기 위해서는 직원의 차별화된 전문성이 필요하다.
    ⓒ 상향판매 전략을 사용하는 기업이 차별화된 전문성을 가지지 못한 직원이 회사의 단기 이익을 위해 고객을 매출 증대의 수단으로 이용하고 있다는 인상을 준다면 상향판매 전략은 고객을 쫓는 최악의 전략이 될 수 있다.

ⓒ 효과

    ⓐ 사업 범위를 넓히고 더 많은 상품과 서비스를 판매하는 교차판매 전략은 더는 경쟁우위를 만드는 차별화 전략이 아니다.

    ⓑ 차별화된 전문성을 가진 직원이 고객의 이익을 위해 진심을 다할 때, 해당 기업 및 브랜드 이외의 대안을 찾아 떠났던 고객들이 돌아올 것이다.

    ⓒ 차별화된 전문성을 가진 직원의 진심 어린 상향판매 전략이 고객의 신뢰를 얻고 충성도를 높일 수 있다. 차별화된 전문성을 가진 직원과 기업이 해당 업계의 지속 가능한 수익구조를 만들 수 있다.

ⓔ 업셀링(Up-selling) 전략 수립의 실제

    ⓐ 고객 여정을 맵핑(mapping)한다.

    ⓑ 콘텐츠를 사용하여 신뢰할 수 있는 관계를 구축한다.

    ⓒ 고객 니즈에 맞춰 업셀링 아이템을 개인화한다.

    ⓓ 구매 과정을 최대한 쉽게 구성한다.

    ⓔ 추천 가격대는 신중하게 결정한다.

    ⓕ 상품 비교 서비스를 제공한다.

    ⓖ 후기가 좋은 상품을 선택한다.

    ⓗ 추천 상품에 긴박감을 조성한다.

⑥ 휴면 고객의 관리 전환 활동

    ㉠ 휴면 고객의 부활

        ⓐ 휴면 고객의 부활이란 특정 제품이나 서비스에 관해 과거에는 이용했지만, 최근에는 이용하지 않는 소위 휴면 상태의 고객을 다시 고객으로 전환하는 전략이다.

        ⓑ 고객이 휴면 이유를 분석하고 이에 대처함으로써 다시 고객을 되찾는 것이다.

        ⓒ 고객 세분화 과정에서 이탈 고객과 휴면 고객을 분류하고 휴면 상태의 고객들을 다시 고객화시키기 위해 집중적으로 공략을 하는 것이다.

    ㉡ 휴면 고객 활성화 방법

        ⓐ 상실 고객 조사 활동의 결과물을 분석하여 다양한 '고객 유인' 이벤트 방안을 마련하고 시행한다.

        ⓑ 모바일 상거래가 급성장함에 따라 온라인 유통업체들이 시장 선점을 위한 회원 관리에 적극적으로 나서고 있다.

        ⓒ 오픈마켓 사업자들은 휴면 고객을 모바일에서 활성화하는 방안을 모색하고 있고 소셜커머스 업체들은 신규 회원 유치와 함께 고객 충성도를 높이는 방안을 수립하여 시행하고 있다.

01 고객 요구사항을 설명한 것으로 틀린 것은?

① 고객들은 점점 인적 서비스의 질을 중요히 여기며 자신의 가치에 합당한 서비스를 요구하고 있다.
② 본인을 타인과 동일한 고객으로 인정해 주고 대우해 주기를 원하며 타인과 동등한 서비스를 제공받고자 한다.
③ 고객의 유형이 다양해짐에 따라 불만 발생빈도 및 불만 형태도 다양해지고 복잡하게 변하고 있다.
④ 고객들은 존중과 인정에 대한 욕구가 많아지면서 누구나 자신을 최고로 우대해 주기를 원한다.

해설
타인과 다르게 본인을 특별한 고객으로 인정해 주고 대우해 주기를 원하며 개별적 서비스를 제공받고자 한다.

02 고객의 기본 심리 중 가장 옳지 않은 것은?

① 고객은 직원의 가치 기준을 존중하고 직원이 안내하는 바에 따라 상황을 판단하는 심리를 가지고 있다.
② 고객은 자신을 환영해 주고 반가워해 주었으면 하는 바람을 가지고 있다.
③ 고객은 모든 서비스에 대하여 독점하고 싶은 심리가 있다.
④ 고객은 비용을 들인 만큼 서비스를 기대하며 다른 고객과 비교해 손해를 보고 싶지 않은 심리를 갖고 있다.

해설
자기 본위적 심리에 따라 고객은 각자 자신의 가치 기준을 가지고, 항상 자기 위주로 모든 상황을 판단하는 심리를 가지고 있다.

03 고객 요구사항 접수 경로 및 처리에 대한 설명 중 틀린 것은?

① 고객서비스 신청접수는 주로 회사 홈페이지를 통해 접수하게 되므로, 먼저 회사 홈페이지의 구성과 메뉴들의 위치를 파악해야 한다.
② 고객은 온라인으로는 요구사항을 접수하지 않고 전화를 통한 접수가 많이 이루어진다.
③ 전화를 이용한 고객 요구사항에 대한 접수방법과 절차를 이해하고, 고객과 대화할 때 응대 예절 및 유의 사항과 답변의 선별 방법 등을 잘 숙지해야 한다.
④ 파악된 고객의 요구사항을 제대로 피드백하지 못하는 기업의 서비스 프로세스는 큰 타격을 받게 된다.

해설
고객 요구사항 접수 경로는 온라인을 통한 접수, 전화를 통한 접수가 일반적인데 보통은 온라인 접수보다는 전화를 통한 접수가 많이 이루어진다.

04 고객 요구사항에 대한 다음의 접근 방법 중 틀린 설명은?

① 기업은 고객의 요구사항을 분석하여 마케팅 활동을 수행해야 하는데, 이는 사람의 필요와 욕구를 구분하는 데서부터 시작한다.
② 고객니즈(Customer needs)에 의해 고객을 분석한다는 의미는 고객이 어떤 기준으로 회사와 상품을 선택했다는 것을 먼저 파악해야만 한다.
③ 수요(Demands)는 구매력에 의해 뒷받침되는 욕구로 바꿔 말하면 욕구를 실현하기 위해 구매력이 뒷받침될 때 수요가 있게 된다.
④ 필요(Wants)는 욕구를 해소할 수 있는 제품이나 서비스에 대한 구체적인 바람으로 문화의 영향을 받지 않는다.

해설
필요(Wants)는 문화, 사회, 전통의 영향을 받는다. 배가 고픈 것을 충족시키기 위해 특정 음식을 먹고 싶다고 생각하는 것이 그 예다.

정답 1 ② 2 ① 3 ② 4 ④

05 코틀러(Philip Kotler)의 고객 니즈 분류 중 고객이 기대하는 주위의 반응은?

① 명언된 니즈   ② 본심의 니즈
③ 기쁨의 니즈   ④ 감춰진 니즈

> **해설**
> ① 명언된 니즈는 고객이 분명하게 밝힌 니즈다.
> ② 본심의 니즈는 고객이 실제로 원하는 것이다.
> ③ 기쁨의 니즈는 고객이 원하는 서프라이즈와 관련된다.

06 고객 요구사항 상담과 관련하여 가장 옳지 않은 것은?

① 판매된 제품의 목록, 기능, 성능, 특성, 사용 방법 등을 미리 숙지하여 고객서비스 지원 시 단순한 오동작과 같은 안내는 신속하고 정확하게 바로 대처할 수 있도록 준비한다.
② 제품에 대한 수리품목, 수리 비용 및 수리 기간을 올바로 안내할 수 있도록 관련 사항에 대해 미리 파악하고 숙지한다.
③ 신속·정확하게 고객지원 업무를 수행하기 위해 새로운 지식을 습득해야 하며 기존의 서비스 결과보고서는 새로운 지식과 충돌할 수 있으므로 참고하지 않는다.
④ 업무 상황별 표준처리 방법에 대해 학습하여 업무를 효율적으로 수행할 수 있어야 한다.

> **해설**
> 기존의 서비스 결과보고서를 살펴보고 주어진 사항별 처리 방법에 대해 학습하여 신속·정확하게 고객지원 업무를 수행한다.

07 고객의 만족·불만족이라는 주관적인 측면과 물리적 충족·불만족이라는 객관적인 측면을 함께 고려하여 고객의 요구사항을 분석할 수 있는 모델은?

① Voc   ② Scm
③ Kano   ④ Erp

> **해설**
> Kano 모델은 핵심적으로 고려해야 할 고객 요구가 무엇인지를 파악하고 결정하는 데 도움을 준다. Noriaki Kano 교수와 그의 동료들이 개발한 기법으로 어떤 제품 및 서비스 특성이 고객 요구사항과 관련이 있는지를 이해하기 위한 기법이다. 고객의 만족·불만족이라는 주관적인 측면과 물리적 충족·불만족이라는 객관적인 측면을 함께 고려하여 고객의 요구사항을 분석할 수 있는 모델이다.

08 충족되면 만족을 주지만 충족되지 않더라도 하는 수 없다고 받아들이는 품질요소는?

① 매력적 품질요소   ② 일원적 품질요소
③ 당연적 품질요소   ④ 무관심 품질요소

> **해설**
> ② 일원적 품질요소는 고객의 명백한 필요나 욕구(편리함, 효율성 경제성 등)와 직접적으로 연결되는 대부분의 고객 요구사항으로 이를 많이 충족할수록 만족도는 비례하여 증가한다.
> ③ 당연적 품질요소는 최소한 마땅히 있을 것으로 생각되는 기본적인 품질요소다.
> ④ 무관심 품질요소는 충족되든 충족되지 않든 만족도 불만도 일으키지 않는 품질요소다.

09 고객 요구사항 이력 관리를 설명한 것으로 틀린 것은?

① 고객의 정보를 분석하고 그 데이터를 축적하여 소비패턴 및 성향 등을 분석하는 과정이다.
② 문제 발생 시에 매뉴얼 수정 또는 담당자 재교육을 수행할 수 있어야 한다.
③ 유사 상황 발생 시 위험요소로 파악하여 대응하는 사후적 조치를 취할 수 있어야 한다.
④ 고객 요구와 그에 대한 응대 결과에 따라 데이터베이스화하여 관리할 경우 버전별 관리를 통해 기존 데이터도 함께 관리할 수 있어야 한다.

> **해설**
> 불평·불만의 발생빈도 및 유형에 따라 정기적으로 발생 가능한 불만 요소를 사전에 대응할 수 있도록 유사 상황 발생 시 위험요소로 파악하여 대응하는 사전적 조치를 취할 수 있어야 한다.

정답 (5 ④   6 ③   7 ③   8 ①   9 ③)

10 고객 만족(CS)에 대한 설명으로 가장 옳지 않은 것은?

① 고객의 재구매와 상표충성도, 구전활동, 불평행동 등과 같은 소비자행동에 영향을 준다.

② 고객은 제품이나 서비스를 구매 시 가격, 품질, 성능, 디자인, 서비스 등의 평가기준을 두고 구매하며, 구매 후 평가과정을 통해 만족 또는 불만족하게 된다.

③ 고객 만족은 제품이나 서비스에 대하여 고객이 구매 후 지각하는 성과가 구매 전 기대와 비교하여 느끼는 상태를 의미한다.

④ 기업이미지는 고객 만족을 주는 가장 직접적인 요소로 기업의 장기적인 존속과 수익 창출을 위한 필연적 조건이 된다.

> **해설**
>
> 고객 만족의 3요소 중 상품과 서비스는 직접적 요소이고 기업 이미지는 간접적 요소로 사회 공헌 활동 등이 대표적이다.

11 고객 만족 경영에 대한 배경으로 틀린 것은?

① 글로벌 경쟁 시대의 도래에 따라 소비자들은 제품의 선택범위가 보다 넓어졌다.

② 대부분의 시장이 도입기에 접어들어 제품차별화, 다품종 소량생산 등의 활로를 모색했으나 한계에 부딪혔다.

③ 소비자의 욕구는 점점 다양해지고 빠르게 변하며 가치기준에 있어서 시간가치와 서비스를 중요시하며 개별화된 기호를 갖게 되었다.

④ 소득이 향상되고 생활의 여유가 생김에 따라 생존을 위한 소비보다 즐기며 개성을 나타내는 소비패턴을 보인다.

> **해설**
>
> 대부분의 시장이 성숙기에 접어들어 제품차별화, 다품종 소량 생산 등의 활로를 모색했으나 한계에 부딪혔다. 이에 우수한 품질과 서비스로 제품의 부가가치를 향상시켜 고객 만족을 높이는 경영 도입이 대두되었다.

12 고객 만족도 조사의 원칙 중 고객의 의견을 항목화시키고 수치 비교가 가능해야 하는 속성은?

① 계속성   ② 정량성

③ 현재지향성   ④ 정확성

> **해설**
>
> 고객 만족도 조사의 원칙은 계속성, 정량성, 정확성이다. 고객 만족도 조사는 1회성이 아닌 지속적, 주기적으로 시행되어 고객 만족도를 과거, 현재, 미래와 비교할 수 있어야 한다(계속성). 항목 간 수치 비교가 가능해야 한다. 고객의 의견을 항목화 시키고 수량적으로 데이터로 스코어화 시키는게 필요하다(정량성). 또한 정확한 통계분석과 해석이 수반되어야 한다(정확성).

13 고객 응대와 관련된 가장 옳지 않은 설명은?

① 정중하고 바른 매너와 자세, 친절한 말씨와 세련된 화술로 고객을 응대하여 고객의 문제에 대한 해결책을 제시한다.

② 고객 응대를 통해 불평·불만고객을 우호적인 고객으로 전환할 수 있으며 고객 응대의 최종 목적이라고도 할 수 있다.

③ 서비스는 고객을 상대로 제공되는 행위로 고객의 편리함과 만족도를 높이기 위한 고객 응대 업무라고 할 수 있다.

④ 고객의 의견을 공감적으로 경청하되 신속한 의사 결정을 위한 고객의 합의나 동의는 생략해도 된다.

> **해설**
>
> 고객의 의견을 공감적으로 경청하고 적극적으로 신속하게 응대한다. 또한, 고객을 의사결정에 참여시켜 합의 및 동의를 이끌어 낸다.

14 고객 유형별 응대 방법으로 부적절한 것은?

① 성격이 급한 고객은 확신 있게 설명하는 모습을 보인다.

② 흥분하는 고객은 평온하게 대응한다.

③ 말이 없고 온순한 고객은 온화하게 대한다.

④ 거만한 고객은 정중히 대한다.

> **해설**
>
> 성격이 급한 고객은 신속하게 대응해야 한다. 예컨대, 동작을 빨리하고 빨리 처리하겠다는 표현을 한다.

정답 10 ④ 11 ② 12 ② 13 ④ 14 ①

15 전화 응대 기술에 대한 설명으로 가장 옳지 않은 것은?

① 전화는 상대방과 직접 대면하지 않고 목소리나 언어만으로 대화가 이루어지기 때문에 상대가 그 의미를 오해하거나 자칫하면 실수를 범할 수도 있다.

② 전화벨이 울리면 3초 이내에 받고 용건을 마친 후에는 신속히 전화를 끊는다.

③ 전화는 정보화시대에 업무상 중요한 수단이고 회사의 이미지를 결정짓는 요소로서 올바르게 사용하며 친절하고 예의 바르게 응대할 수 있는 매너가 필요하다.

④ 분명한 발음으로 고객이 정확히 알아들을 수 있도록 말한다.

해설

3·3·3 기법에 따라 전화벨이 울리면 세 번 이내에 받고 통화는 핵심 내용으로 3분 안에 마칠 수 있도록 하며 고객이 전화를 끊은 뒤 3초 후에 수화기를 내려놓는다.

16 고객에 대한 전화 응대를 설명한 것으로 틀린 것은?

① 메모할 준비를 하며, 인사말과 소속 부서, 성명을 명확히 밝힌다.

② 전화 중에 다른 사람과 상의할 일이 생기면 양해를 구하고 상대방에게 대화가 들리지 않도록 송화구를 막는다.

③ 전화 받을 사람이 부재중인 경우 잠시 후에 다시 연락할 것을 요청한다.

④ 메모를 남길 경우 용건, 시간, 전화 건 사람, 연락처, 전화 받은 사람을 기재한다.

해설

전화 받을 사람(지명인)이 부재중인 경우 부재중인 사유와 일정을 알려주고 용건을 정중히 확인한다.

17 고객 유형별 상담 기술로 가장 부적절한 것은?

① 문제 자체에 집중하지 않고 특정한 문구나 단어를 가지고 항의하는 고객 유형은 정중함을 잃지 않고 의연하게 대처한다.

② 본인이 바라는 내용을 정확히 표현하지 않는 유형은 인내심을 가지고 천천히 응대한다.

③ 본인의 생각만이 유일한 답이라고 믿고 계속 관철시키려 하는 유형은 지속적으로 설득을 시도한다.

④ 자신이 가진 생각에 대한 고집을 꺾지 않는 유형은 상대를 높여주고 친밀감을 조성한다.

해설

본인의 생각만이 유일한 답이라고 믿고 계속 관철시키려 하는 유형은 저돌적인 고객으로 침착함을 유지하고 자신감 있는 자세로 정중하게 응대한다. 부드러운 분위기를 유지하며 정성스럽게 응대해야 한다.

18 고객 상담 화법 중 지시형, 명령형 표현보다 의뢰형, 권유형 질문을 활용하는 방법은?

① 레이어드 화법　　② 쿠션 화법

③ 신뢰 화법　　④ 아론슨 화법

해설

② 쿠션 화법은 단호, 단정적인 표현보다는 미안함의 마음을 먼저 표현하는 화법이다.

③ 신뢰 화법은 상대방에게 신뢰감을 줄 수 있도록 '다까체'(정중한 화법, 70%)와 '요조체'(부드러운 화법, 30%)를 적절히 활용하는 것이다.

④ 아론슨 화법은 어떤 대화를 나눌 때 부정과 긍정의 내용을 말해야 할 경우 부정의 내용을 먼저 말하고 긍정의 내용을 나중에 말하는 편이 효과적임을 보여준다.

정답　15 ②　16 ③　17 ③　18 ①

19 다음 중 부메랑 화법의 예로 적절한 것은?

① "예 맞습니다. 그러나 저의 생각은 서비스 면에서 충분히 가치가 있다고 생각합니다."
② "바로 그런 이유로 이 제품을 권해 드리는 것입니다."
③ "보신 제품은 미국의 최고 기업이 만든 기술과 동일한 기술력으로 제작되었습니다."
④ "복잡한 설계이지만 그만큼 안전한 부품이 많이 들어갔다는 것이 장점입니다."

해설

부메랑 화법은 고객이 특정 내용을 지적할 경우 오히려 서비스의 장점 또는 특징이라고 주장하는 화법이다.
① YB(Yes-But) 화법으로 상대방에게 반대의 의견을 전달해야 할 때, 간접적인 부정형 화법으로 상대방의 입장을 먼저 수용하고 긍정한 후 자신의 의견과 생각을 표현하는 화법이다.
② YA(Yes-And) 화법으로 고객이 상품이나 서비스에 부정적 의사 표현을 할 경우 공감을 하고 이후에 바로 그 부분 때문에 자사 제품을 선택해야 한다고 주장하는 것이다.
③ 후광 화법으로 유명 인사나 긍정적 사례 자료를 제시하여 고객의 저항을 감소시키는 화법이다.

20 유관기관 교섭의 필요 배경과 고객 분쟁 해결에 대해 설명한 것 중 적절하지 않은 것은?

① 구매한 상품의 하자를 문제 삼아 기업이나 판매자를 상대로 과대한 피해 보상금을 요구하거나 거짓으로 피해를 본 것처럼 꾸며 보상을 요구하는 사람들을 블랙 컨슈머라고 한다.
② 대부분의 블랙 컨슈머는 소비자보호 기관에 이의를 신청하고 기업에 직접 문제를 제기하지 않는데, 제품 교환보다는 과다한 금전적 보상을 요구하는 경우가 많다.
③ 기업체나 유통매장에서는 고객관리 시스템을 통해서 블랙 컨슈머를 관리하는 블랙리스트를 기록, 관리하고 있다.
④ 블랙 컨슈머에 적절히 대응하기 위해서는 한국소비자원과 같은 유관기관의 피해구제 절차를 활용해야 한다.

해설

대부분의 블랙 컨슈머는 소비자보호 기관에 이의를 신청하지 않고, 기업에 직접 문제를 제기하는데, 제품 교환보다는 과다한 금전적 보상을 요구하는 경우가 많다.

21 한국소비자원의 피해구제 절차를 바르게 제시한 것은?

① 소비자 상담 → 피해구제 신청 → 사업자 통보 → 사실 조사 → 합의 권고
② 사실 조사 → 합의 권고 → 피해구제 신청 → 사업자 통보 → 소비자 상담
③ 소비자 상담 → 피해구제 신청 → 사실 조사 → 합의 권고 → 사업자 통보
④ 피해구제 신청 → 사실 조사 → 합의 권고 → 사업자 통보 → 소비자 상담

해설

한국소비자원의 피해구제 절차는 소비자 상담 → 피해구제 신청 → 사업자 통보 → 사실 조사 → 합의 권고 순이다. 원만한 합의가 이루어지지 않은 경우 소비자분쟁조정위원회에 조정 신청을 할 수 있다.

22 소비자 분쟁 조정을 설명한 것으로 틀린 것은?

① 조정위원회는 상임위원을 포함하여 3~11명의 위원이 사건을 심의·의결한다.
② 조정위원회는 위원장 1명을 포함한 150명 이내의 위원으로 구성된다.
③ 조정위원회는 조정신청을 받은 날부터 30일 이내에 분쟁조정을 마쳐야 한다.
④ 당사자는 분쟁 조정 내용의 통지를 받은 날부터 30일 이내에 분쟁조정의 내용에 대한 수락 여부를 조정위원회에 서면으로 통보해야 한다.

해설

위원장은 분쟁조정을 마친 후 당사자에게 그 분쟁조정의 내용을 통지하고 양 당사자는 그 통지를 받은 날부터 15일 이내에 분쟁조정의 내용에 대한 수락 여부를 조정위원회에 서면으로 통보해야 한다.

정답 **19** ④ **20** ② **21** ① **22** ④

23 고객관리의 일반적 내용으로 가장 적절하지 않은 것은?

① 기업이 지속적인 사업 활동을 영위하기 위해서는 진정으로 고객을 만족시켜 주고 있는지, 고객을 지속해서 유지해 나가고 있는지를 연구해야 한다.

② 한 번 찾은 고객을 다시 방문하게 만드는 것, 나아가 장기 고객, 충성 고객 등의 유형으로 만드는 노하우가 기업 활동의 성공에 이르는 열쇠 중 하나이다.

③ 고객 라이프 사이클을 기준으로 고객관리 단계를 살펴보면 고객 확보, 고객 유지, 평생 고객화의 단계로 구분할 수 있으며, 그 단계별 접근 전략은 동일하다.

④ 꾸준한 고객관리를 통해 고정고객을 만드는 고객관리 능력이 있어야 활력 있는 기업을 만들 수 있다.

> **해설**
> 고객 라이프 사이클을 기준으로 고객관리 단계를 살펴보면 고객 확보, 고객 유지, 평생 고객화의 단계로 구분할 수 있으며, 그 단계별 접근 전략도 달라진다.

24 고객의 충성도와 신뢰를 바탕으로 동반자 관계로 발전하는 단계는?

① 평생 고객화　　② 고객 유지
③ 고객 확보　　　④ 신규 고객화

> **해설**
> 평생 고객화는 고객의 충성도와 신뢰를 바탕으로 평생 고객 또는 동반자 관계로 발전하는 단계이며, 고객 관계 관리의 궁극적인 목적이라고 할 수 있다.

25 신규 고객 선정 기준으로 가장 적절하지 않은 것은?

① 선천적 충성도　　② 수익성
③ 적합성　　　　　④ 고객 성격

> **해설**
> 신규 고객 선정 기준으로 선천적 충성도는 예측이 가능하고 충성도 유지가 가능한 고객을 선정하는 것이다. 수익성은 수익적인 측면에서 기여도가 높을 것으로 예상되는 고객을 선정하는 것이다. 적합성은 제공하는 제품 및 서비스를 경쟁사보다 선호할 가능성이 큰 고객을 선정하는 것이다.

26 고객관리 활용의 기대효과로 틀린 것은?

① 기업은 CRM을 통해서 고객의 불만 사항을 효과적으로 파악, 조치할 수 있는 능력을 갖추게 되며 효과적인 이탈 방지가 가능해진다.

② 만족한 고객은 만족 경험을 혼자서 공유하며 회사와의 유대를 공고히 한다.

③ 효과적인 판촉이 가능해지므로 단순하게 잠재적인 구매 욕구만을 가진 고객을 실수요자로 전환할 수 있게 이끈다.

④ 만족한 고객은 그 만족도에 비례하는 충성도를 보인다.

> **해설**
> 만족한 고객은 그 경험을 새로운 5명의 고객에게 이야기하고, 그 이야기를 들은 고객은 그렇지 않은 고객에 비해 6배 정도 기업에 이익을 준다.

27 한 상품을 구입한 고객이 다른 상품을 추가로 구입하도록 유도하는 것을 목적으로 하는 판매전략은?

① 교차판매
② 상향 판매
③ 재판매
④ 할인 판매

> **해설**
> 교차판매란 한 상품을 구입한 고객이 다른 상품을 추가로 구입하도록 유도하는 것을 목적으로 하는 판매전략이다. 예를 들어 PC를 구입하는 경우에 프린터, 스피커 등 다른 상품까지 구입하도록 유도하는 것이다.

정답 　23 ③　24 ①　25 ④　26 ②　27 ①

28 고객 관계 유지·강화 활동을 설명한 것으로 가장 옳지 않은 것은?

① 우량 고객 유지의 방법으로 고객 관계 관리 마케팅 활동을 수행한다.

② 관계 마케팅은 고객이 가치를 찾아 계속해서 제공자를 바꾸기보다는 한 조직과 지속해서 관계를 맺는 것을 선호한다는 것을 전제로 하고 있다.

③ 과거 계약자 거래속성 분석을 통해 휴면 고객 거래를 폐지할 수 있다.

④ 신속한 고객관리, 서비스 차별화, 고객반응 DB를 통해 고객 이탈을 사전에 예방할 수 있다.

해설

과거 계약자 거래속성 분석을 통해 휴면 고객 거래를 폐지하는 게 아니라 휴면 고객 거래를 부활시킬 수 있다.

29 기업의 커뮤니케이션 전략에 대한 설명으로 틀린 것은?

① SNS 등 다양한 커뮤니케이션 수단이 발달한 상황에서는 기업의 사소한 위기가 존폐를 좌우하기도 한다.

② 위기에 처한 기업이 고객과 적절한 커뮤니케이션을 하지 않는다면, 고객들은 기업에 대한 신뢰를 잃어버리거나 제품이나 기업에 대해 부정적인 이미지를 갖게 된다.

③ 언론에 부정적으로 보도될 경우 기업들을 한순간에 쓰러뜨리거나 경영에 큰 타격을 줄 수 있다. 중소기업의 경우 도산으로까지 이어질 수 있다.

④ 인터넷 미디어의 정보는 시간적, 공간적 제약으로 적절한 관리를 필요로 한다.

해설

유튜브, SNS 등 고객의 활동으로 위기를 증폭시키는 매체가 폭증했다. 특히 인터넷 미디어의 정보는 시간적, 공간적 제약 없이 무한대로 확산될 수 있는 특징을 갖고 있다.

30 효과적인 커뮤니케이션 방법으로 가장 적절하지 않은 것은?

① 기업이 고객과의 관계를 영속적으로 유지하기 위해서는 그들과 대화해야 하고, 고객의 변화에 따라 기업도 변화해야 한다.

② 고객의 욕구와 사고의 변화는 고객과의 친밀한 관계 속에서 포착할 수 있으며 고객과 기업이 동반자로서의 역할을 수행하고 고객 친화적으로 같이 가고 있음을 보여주어야 한다.

③ 고객의 생성에서부터 소멸까지 기업은 고객을 확보 및 유지하고 수익을 창출하기 위한 다양한 전략을 추구하고 개발한다.

④ 계속 관계가 유지된 고객은 기업의 특별한 노력 없이도 충성(핵심) 고객으로 전환이 가능하다.

해설

기업은 맨 처음 고객을 신규 고객으로 관계를 맺고 끊임없이 고객과의 관계를 유지하기 위해 노력하여야 한다. 계속 관계가 유지된 고객은 관계 강화 노력을 통하여 충성(핵심) 고객으로 만들려고 노력하여야 한다.

31 메시지를 이해하는 데 방해를 유발하는 요인을 나타내는 말은?

① 부호화

② 잡음

③ 피드백

④ 채널

해설

메시지를 이해하는 데 방해를 유발하는 요인을 잡음 또는 소음이라고 한다. 물리적 잡음(전파장애 등), 심리적 잡음(마음 속의 고민 등), 의미적 잡음(메시지의 의미를 이해하지 못한 경우) 등이 있다.

정답 **28** ③ **29** ④ **30** ④ **31** ②

32 다음의 커뮤니케이션의 장애 요인 중 성격이 다른 하나는?

① 커뮤니케이션의 목표 결여
② 커뮤니케이션의 기술 부족
③ 신뢰도의 결핍
④ 시간의 압박

해설

커뮤니케이션의 장애 요인은 송신자와 관련된 요인, 수신자와 관련된 요인, 상황과 관련된 요인, 메시지 전달의 요인으로 구분할 수 있다. ①, ②, ③은 송신자와 관련된 요인이고 ④는 상황과 관련된 장애요인이다.

33 전달자와 수신자가 갖고 있는 기준의 차이에서 의사소통에 장애를 일으키는 요인은?

① 준거틀의 차이　　② 선택적 청취
③ 정보원의 신뢰도　④ 가치 판단

해설

② 선택적 청취는 자신의 신념과 모순되는 정보는 주의를 기울이지 않게 되며 이에 따라 의사소통에 장애를 일으킬 수 있다.
③ 정보원의 신뢰도는 수신자가 전달자의 말이나 행동을 얼마나 믿느냐에 따라서 전달된 메시지에 대한 반응 양식이 달라질 수 있음을 나타낸다.
④ 가치 판단은 수신자들은 전체 메시지를 수신하기 이전에 미리 형성된 고정관념으로 메시지를 판단하는 경향을 나타낸다.

34 누군가에 대한 믿음이나 기대 또는 예측이 타인에게 그대로 실현되는 경향은?

① 피그말리온 효과　② 낙인 효과
③ 플라시보 효과　　④ 호손 효과

해설

② 낙인 효과는 타인으로부터 부정적인 낙인이나 인식을 받으면 의식적으로나 무의식적으로 실제 그렇게 행동하게 되는 효과다.
③ 플라시보 효과는 심리적으로 긍정적인 믿음이 신체를 자연으로 치유하는 역할을 한다는 것을 의미한다.
④ 호손 효과는 다른 사람들이 지켜보고 있다는 사실을 의식하면서 자신의 본성과 다르게 행동하는 것을 의미한다.

35 바넘 효과(Barnum effect)를 바르게 설명한 것은?

① 집단 속에 참여하는 사람의 수가 늘어날수록 성과에 대한 1인당 공헌도가 떨어지는 집단적 심리 현상을 말한다.
② 누구에게나 해당하는 일반적인 특성을 자신에게만 해당하는 특성으로 받아들이는 심리 상태다.
③ 하나의 사건이 연쇄적으로 영향을 미치는 것을 나타낸다.
④ 타인의 행동을 유도하는 부드러운 개입을 뜻하는 말이다.

해설

① 집단 속에 참여하는 사람의 수가 늘어날수록 성과에 대한 1인당 공헌도가 떨어지는 집단적 심리 현상은 링겔만 효과다.
③ 하나의 사건이 연쇄적으로 영향을 미치는 것을 나타내는 것은 잔물결 효과다.
④ 타인의 행동을 유도하는 부드러운 개입을 뜻하는 말은 넛지 효과다.

36 고객 관계 유지 및 강화 활동을 설명한 것으로 가장 옳지 않은 것은?

① 고객 이탈 방지를 위해서는 상실 고객 조사가 필요한데 자사의 서비스를 더 이상 구매하길 원치 않는 고객을 찾아 그들이 왜 떠났는지를 알아보는 것이다.
② 우량 고객을 유지하기 위해서는 관계 마케팅(Relationship Marketing) 활동을 수행해야 한다.
③ 소셜커머스 업체들은 신규 회원 유치와 함께 고객 충성도를 높이는 방안을 수립하여 시행하고 있다.
④ 대부분 기업은 고객의 가치를 매출액만으로 평가하는데 이를 통해 잠재 미래가치를 알 수 있다.

해설

대부분 기업은 고객의 가치를 평가하는 데 있어서 고객들이 발생시키는 매출액을 기준으로 고객을 평가한다. 그러나 매출액만으로는 고객의 잠재 미래가치는 평가할 수 없다. 매출액에 의한 단순 고객가치 평가에 비해 고객 생애가치 평가는 향후 잔존 생애 기간을 고려할 수 있기 때문에 고객의 미래가치도 평가할 수 있다.

정답　32 ④　33 ①　34 ①　35 ②　36 ④

37 고객 수익성 예측을 위한 분석으로 옳지 않은 것은?

① 고객 수익성의 예측을 통해 효과적인 고객관리 전략을 실행할 수 있으며, 이것은 기업의 이윤 극대화와 직결된다.

② 기업의 수익성과 고객의 생애 단계를 분리하여 고객 관계 관리의 단계를 제시하면 거래기간 및 수익성에 따라 관리 전략을 달리하게 된다.

③ 가치가 높은 고객을 선별하고 그에 관한 이해를 바탕으로 목표 시장에서 경쟁우위를 선점해야 한다.

④ 고객의 상품 선택 기준과 구매 행동을 평가하여 비슷한 가치 기준과 행동을 보이는 고객 군을 선별해야 한다.

> 해설
>
> 기업의 수익성을 예측하기 위해서는 고객 수익성과 고객 생애 단계를 분리하는 게 아니라 이를 결합해 현재 기업과 고객의 관계를 명확히 하는 것부터 시작될 수 있다.

38 고객 수익성 예측을 위한 활동을 설명한 것으로 틀린 것은?

① 고객 수익성 분석은 개별 고객 또는 한 집단 고객이 수익성 차원에서 어떻게 차이를 보이는가를 검토하는 것을 말한다.

② 고객 수익성 예측을 위해서는 고객 수익성 개념과 측정, 전략 및 비즈니스 설계와의 연계, 실행상의 이슈에의 대비가 중요하다.

③ 고객의 생애가치를 극대화하려는 기업의 노력 여하에 따라 이익은 고정된 수치로 나타난다.

④ 고객 수익성 분석은 고객 관계 관리 및 전략수정 등의 의사결정에 활용을 전제로 한다.

> 해설
>
> 고객 생애가치는 고정된 수치가 아니며, 고객의 생애가치를 극대화하려는 다양한 기업의 노력 여하에 따라 기존 고객 및 잠재 고객을 통한 이익 극대화가 가능한 변화될 수 있는 개념으로 이해하여야 한다.

39 아직 구체화되지 않은 미래의 잠재적 수익에 대한 순 현재 가치를 추정하기 위해 도입된 개념은?

① 고객 생애가치 ② 전환율
③ 순이익률 ④ 할인율

> 해설
>
> 할인율이란 아직 구체화되지 않은 미래의 잠재적 수익에 대한 순 현재 가치를 추정하기 위해 도입된 개념으로 미래의 가치에 대한 현재 가치의 교환 비율을 의미한다.

40 고객 이탈 방지 활동에 대한 접근으로 가장 옳지 않은 설명은?

① 고객 이탈이란 제품 또는 서비스 사용 및 구매를 중단하는 것을 의미한다.

② 고객은 이탈하기 전에 구매 활동의 빈도, 접촉빈도 등을 통해서 다양한 이탈 가능성의 징후를 보여준다.

③ 특정 기간 동안 제품 또는 서비스 사용 및 구매를 중단한 고객의 비율을 고객 이탈률이라고 한다.

④ 고객 이탈 관리는 기업의 마케팅 및 고객지원 활동을 통해서 고객의 이탈을 방지하고 확보하려는 일시적인 과정이다.

> 해설
>
> 고객 이탈 관리란 판매대상물의 주체인 기업과 수요자인 고객 간 관계에서 고객이 이탈하기 전에 어떠한 행위 혹은 기업의 마케팅 및 고객지원 활동을 통해서 고객의 이탈을 방지하고 확보하려는 체계적인 과정을 의미한다.

41 전환비용 중 탐색 비용에 대한 올바른 정의는?

① 새로운 상품 및 서비스를 제공할 기업을 탐색하는 데 들이는 비용

② 새로운 상품 및 서비스를 제공받기 위해 거래에 소모되는 비용

③ 새로운 상품 및 서비스를 사용하기 위해 학습에 소요되는 비용

④ 전환에 따른 위험부담으로 작용하는 비용

> 해설
>
> ② 새로운 상품 및 서비스를 제공받기 위해 거래에 소모되는 비용은 거래 비용이다.
> ③ 새로운 상품 및 서비스를 사용하기 위해 학습에 소요되는 비용은 학습 비용이다.
> ④ 전환에 따른 위험부담으로 작용하는 비용은 위험 비용이다.

정답 (37 ② 38 ③ 39 ④ 40 ④ 41 ①)

42 고객 이탈 방지 프로세스를 바르게 제시한 것은?

① 이탈 원인의 파악 → 이탈 고객의 파악 → 이탈 고객의 정의 → 이탈 방지 활동 수행 → 이탈 모형의 개발 및 예측

② 이탈 고객의 정의 → 이탈 고객의 파악 → 이탈 원인의 파악 → 이탈 모형의 개발 및 예측 → 이탈 방지 활동 수행

③ 이탈 모형의 개발 및 예측 → 이탈 방지 활동 수행 → 이탈 고객의 파악 → 이탈 원인의 파악 → 이탈 고객의 정의

④ 이탈 고객의 파악 → 이탈 원인의 파악 → 이탈 고객의 정의 → 이탈 모형의 개발 및 예측 → 이탈 방지 활동 수행

해설

고객 이탈 방지 프로세스 가운데 가장 먼저 해야 할 것은 이탈 고객의 정의이다. 누구를 이탈 고객으로 규정할 것인지 재무적 가치로 평가하고 고객의 구매 패턴까지 고려해야 한다.

43 고객 이탈 관리 활동을 설명한 것으로 틀린 것은?

① 고객이 이탈한 이유를 안다면 고객을 다시 돌아오게 할 대책을 마련할 수 있다.

② 한 명의 고객이 이탈했다는 것은 곧 다른 고객들이 이탈할 가능성이 크다는 것을 의미한다.

③ 고객 한 명이 이탈할 때 발생하는 비용을 계산함으로써 고객 유지의 가치를 알 수 있다.

④ 고객 이탈률은 전체 고객 중 1년 동안 떠나버린 신규 고객의 비율이다.

해설

고객 이탈률은 기존 고객 중에서 1년 동안 떠나버린 고객의 비율이다.

> 고객 이탈률 = 이탈 고객의 수/기존 고객의 수

44 고객 이탈 방지 활동을 설명한 것으로 가장 옳지 않은 것은?

① 고객 이탈 방지는 해지 방어, 휴면 고객 활성화, 불량서비스 개선, 이탈위험고객 대상 캠페인 활동, 경쟁 이탈 고객 방어 등을 포함한다.

② 이탈 고객의 복귀 프로그램은 이탈 가능성을 보이고 있는 고객을 대상으로 하며 완전히 떠난 고객들은 대상에서 제외한다.

③ 고객 이탈률을 낮추기 위해 고객 유지율, 고객 이탈률, 고객 생애가치 변화, 고객 점유율 등을 기본적으로 측정하고 작은 변화라도 그 원인을 추적하는 노력을 기울여야 한다.

④ 이탈 고객으로부터의 피드백은 더욱더 구체적이고 세부적인 정보인 경우가 많으므로 개선이 필요한 기업 프로세스를 파악할 수 있다.

해설

성공적인 이탈 고객의 복귀 프로그램은 특정 제품에 관해 실망감을 느껴서 이탈 가능성을 보이고 있거나, 일부 제품에 관해 이탈이 진행되고 있는 부분 이탈 고객을 포함하여 완전히 떠난 고객들을 대상으로 폭넓게 진행할 필요가 있다.

45 다음 현상을 나타내는 용어는?

> 처음 거래가 시작되었을 때 약속된 성과나 효용을 제공하는 것보다 서비스 실패를 회복시켜 주었을 때 고객이 더욱 호의적인 반응을 하게 되는 상황

① 서비스 복구
② 서비스 본질
③ 서비스 회복의 역설
④ 서비스 품질 관리

해설

서비스 회복 또는 회복 서비스란 서비스 실패에 대한 반응으로서 고객의 불평 행동을 수정하거나 회복하기 위해 기업이 취하는 일련의 활동을 의미한다. 처음 거래가 시작되었을 때 약속된 성과나 효용을 제공하는 것보다 서비스 실패를 회복시켜 주었을 때 고객이 더욱 호의적인 반응을 하게 되는 상황을 서비스 회복의 역설이라고 한다.

정답 42 ② 43 ④ 44 ② 45 ③

46 서비스 회복을 설명한 것으로 틀린 것은?

① 회복 전 단계는 서비스 실패가 발생할 때 시작되어 서비스 제공자가 실패를 인지할 때까지의 기간으로 그 시간이 매우 짧을 수도 있고 장기간일 수도 있다.

② 초기 서비스 문제를 수정하고 보상, 환불, 무료쿠폰 등과 실질적인 보상에 초점을 맞출 경우 반응이 빠르게 나타나며 장기간 고객의 불평을 막을 수 있다.

③ 강력한 고객 관계의 구축은 서비스 제공 실패에 대한 중요한 완충 장치를 제공한다.

④ 과정적 차원은 서비스 회복에 대한 전체적인 초점을 직원의 태도나 문제 해결의 신속성과 같은 절차에 초점을 맞춘 것이다.

해설

초기 서비스 문제를 수정하고 보상, 환불, 무료쿠폰 등과 실질적인 보상에 초점을 맞출 경우 반응이 빠르게 나타나며 장기간이 아니라 일시적으로 고객의 불평을 막을 수 있다.

47 다음 설명에 해당하는 관리기법은?

제품이나 서비스의 품질뿐만 아니라 경영과 업무, 직장환경, 조직 구성원의 자질까지도 품질개념에 포함하여 관리할 것을 제안한다.

① ERP
② JIT
③ MRP
④ TQM

해설

총체적 품질관리(TQM : Total Quality Management)는 종합적 품질경영이라고도 하며 제품이나 서비스의 품질뿐만 아니라 경영과 업무, 직장 환경, 조직 구성원의 자질까지도 품질개념에 포함하여 관리할 것을 제안한다. 경영·기술 차원에서 실천되던 고객지향 품질관리 활동을 품질관리 책임자 뿐 아니라 마케팅, 엔지니어링, 생산, 노사관계 등 기업의 모든 분야에 확대하여, 기업의 조직 및 구성원 모두가 품질관리의 실천자가 되어야 한다는 것을 전제한다.

48 고객 전환 관리의 지표에 대한 설명으로 틀린 것은?

① 재구매 고객 비율은 고객이 두 번째 구매하거나 제품 또는 서비스를 다시 사용할 의향을 측정한 것이다.

② 행동(구매)빈도는 고객이 정해진 기간 제품이나 서비스를 구매하기 위해 얼마나 자주 재방문하는지 보여준다.

③ 고객 전환 관리는 수익기여도가 높은 고객, 이탈 고객, 휴면 고객들을 관리하여 업셀링, 크로스셀링을 추진하고자 한다.

④ 평균 주문 값은 연간 수익을 처리된 주문 건수로 나누어 계산하며, 각 주문에서 얼마나 많은 수익을 올렸는지 알 수 있다.

해설

고객 전환 관리는 수익기여도가 낮은 고객, 이탈 고객, 휴면 고객, 잠재 고객, 우수 고객 중 활동성이 줄고 있거나 매출 발생이 줄어드는 유형 등을 관리하여 로열티 프로그램, 이벤트 기반 마케팅, 교차 판매, 상향판매(업셀링), 크로스셀링 등의 전략을 추진하는 것을 포함한다.

49 고객 로열티 프로그램에 대한 특징으로 틀린 것은?

① 안정적 고객 확보
② 고객 정보의 획득
③ 지속적 커뮤니케이션 채널의 역할
④ 모방의 어려움

해설

로열티 프로그램은 안정적 고객 확보, 지속적 커뮤니케이션 채널의 역할, 고객정보 획득의 장점이 있으나 한번 도입 시 변경이 어렵고 모방이 용이하며 예상보다 투여 비용이 크게 발생한다.

정답 46 ② 47 ④ 48 ③ 49 ④

50 교차 판매 전략에 대한 설명으로 틀린 것은?

① 기본 제품 외에 추가 구매를 유도할 수 있는 전략이다.

② 대량 생산을 통해 생산단가 증가를 수반한다.

③ 여러 상품 라인을 가지고 있지 않더라도 가능하다.

④ 판매와 생산의 증가를 실현할 수 있다.

해설

교차 판매(크로스셀링)는 대량생산을 통한 생산단가의 감소 효과를 수반한다. 또한, 규모의 경제와 범위의 경제 효과를 동시에 달성 가능하다.

51 상향 판매(업셀링) 전략에 대한 설명으로 틀린 것은?

① 신규 고객을 획득하는 것보다 비용이 적게 소요된다.

② 직원의 차별화된 전문성 없이도 성공할 수 있다.

③ 구매 건수가 늘어나도 고객들은 좋은 구매를 했다고 느낀다.

④ 사업 범위를 넓히고 더 많은 상품과 서비스를 판매할 수 있다.

해설

상향판매 전략을 사용하는 기업이 차별화된 전문성을 가지지 못한 직원이 회사의 단기 이익을 위해 고객을 매출 증대의 수단으로 이용하고 있다는 인상을 준다면 상향판매 전략은 고객을 쫓는 최악의 전략이 될 수 있다. 따라서 상향판매 전략이 성공하기 위해서는 직원의 차별화된 전문성이 필요하다.

정답 (50 ② 51 ②)

01 고객의 기본 심리 중 비용을 들인 만큼 서비스를 기대하며 다른 고객과 비교해 손해를 보고 싶지 않은 심리를 쓰시오.

정답 보상 심리

02 코틀러(Korler)가 제시한 고객의 니즈 5가지를 쓰시오.

정답 명언된 니즈, 본심의 니즈, 명언되지 않은 니즈, 기쁨의 니즈, 감춰진 니즈

03 Kano 모델의 품질요소 중 고객의 명백한 필요나 욕구와 직접적으로 연결되는 것으로 대부분의 고객 요구사항에 해당하는 품질요소를 쓰시오.

정답 일원적 품질요소

04 고객지향적 사고가 기업경영의 모든 측면에 반영된 경영을 뜻하는 말을 쓰시오.

정답 고객 만족 경영(CSM)

05 직원의 상담에 부정적으로 반응하고 설명을 잘 듣지 않으려는 거만한 고객에 대한 응대 요령을 3가지로 약술하시오.

정답 1) 고객의 특이 사항이나 장점을 칭찬한다.
2) 고객의 의견을 수용하고 기분 좋게 응대한다.
3) 고객의 의견에 동의한다.

06 3 · 3 · 3 전화 응대 기법을 설명하시오.

정답 전화벨이 울리면 세 번 이내에 받는다. 통화는 핵심 내용으로 3분 안에 마친다. 통화 종료 시에는 고객이 전화를 끊은 뒤 3초 후에 수화기를 내려놓는다.

07 같은 말을 장시간 되풀이하는 고객을 상담하는 요령을 3가지 약술하시오.

정답 1) 고객의 말에 지나치게 동조하지 않는다.
2) 고객의 말을 요약하고 확인하여 문제를 충분히 인지하였다는 것을 안내한다.
3) 문제 해결에 확실한 결론을 내어 확신을 심어준다.

08 아론슨 화법의 예를 쓰시오.

정답 이 상품은 가격은 비싸지만, 비싼 만큼 최고의 품질을 자랑합니다.

09 다음에 해당하는 말을 쓰시오.

> 구매한 상품의 하자를 문제 삼아 기업이나 판매자를 상대로 과대한 피해 보상금을 요구하거나 거짓으로 피해를 본 것처럼 꾸며 보상을 요구

정답 블랙 컨슈머

10 괄호 안에 들어갈 말을 차례대로 쓰시오.

> (   )란 한 상품을 구입한 고객이 다른 상품을 추가로 구입하도록 유도하는 것을 목적으로 하는 판매 전략이다. (   )란 어떤 상품을 구입한 고객에게 보다 고급의 상품을 판매하는 전략을 의미한다.

정답 교차판매, 상향판매

11 다음은 커뮤니케이션 과정을 나타낸다. 괄호 안에 들어갈 말을 쓰시오.

> 발신자 → (   ) → 메시지 → 해독화 → 수신자

정답 부호화

12 커뮤니케이션의 장애 요인 중 선택적 청취를 약술하시오.

정답 자신의 신념과 모순되는 정보는 주의를 기울이지 않게 되며 이에 따라 의사소통에 장애를 일으키는 경우다.

13 다음의 현상을 나타내는 용어를 쓰시오.

> 다른 사람으로부터 긍정적인 기대를 받게 되면 그 기대에 부응하기 위해서 더 노력하게 되며 실제로 긍정적인 결과가 나오는 효과다.

정답 피그말리온 효과

14 플라시보 효과(Placebo effect)를 설명하시오.

정답 심리적으로 긍정적인 믿음이 신체를 자연으로 치유하는 역할을 한다는 것을 의미한다. 사실은 효과가 없는 약임에도 의사가 환자에게 병을 낮게 해줄 거라는 믿음을 주면 환자의 병이 호전되는 실험 결과가 있다.

15 다음 설명에 해당하는 용어를 쓰시오.

> 아직 구체화되지 않은 미래의 잠재적 수익에 대한 순 현재 가치를 추정하기 위해 도입된 개념으로 미래의 가치에 대한 현재 가치의 교환 비율

정답 할인율

16 전환 비용의 구체적인 유형을 4가지 쓰시오.

정답 탐색 비용, 거래 비용, 학습 비용, 위험 비용

17 서비스 회복을 약술하시오.

정답 서비스 실패에 대한 반응으로서 고객의 불평 행동을 수정하거나 회복하기 위해 기업이 취하는 일련의 활동을 의미한다.

3장 고객 필요정보 제공

✅ 실기 출제영역

고객은 어떤 욕구나 갈망을 느끼며 그에 따라 기업 또는 담당자에게 요구사항을 밝히게 됩니다. 이는 어떻게 보면, 사람의 심리와도 일정부분 연관이 있는 것으로 이번 단원에서는 소비자 행동이 발생하는 과정을 살펴보고 그에 따라 고객에게 어떤 정보를 제공해 주어야 고객이 만족할 수 있는지를 살펴보겠습니다.

---

1 필요정보 산출

1 소비자 행동과 성향 분석 ★★

(1) 소비자 행동 개요

① **개념** : 소비자 행동이란 소비자가 제품, 서비스, 아이디어 등과 같은 다양한 소비와 관련하여 내리는 모든 의사결정의 집합을 의미한다.

② **소비자 행동의 특징**
- ㉠ 제품뿐만 아니라 서비스, 아이디어 등과 같은 다양한 제공물에 대해서 이루어진다.
- ㉡ 단순히 제공물을 구매하는 행위뿐만 아니라, 획득, 사용, 처분 여부와 그 이유, 시점, 장소, 방법, 양, 빈도, 기간 등 다양한 의사결정을 수반한다.
- ㉢ 획득과 소비, 처분이 일정 기간에 걸쳐 순차적으로 발생하여 동태적인 특징을 갖는다.
- ㉣ 하나 또는 다수의 다양한 역할을 담당하는 다수의 개인에 의해서도 이루어질 수 있다. 예를 들어 하나의 의사결정에 정보수집자, 영향력 행사자, 의사결정자, 구매자, 사용자는 다를 수 있다.

③ **소비자 의사결정 과정** 기출

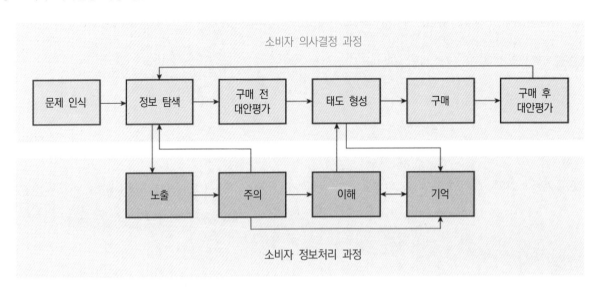

ⓐ **문제 인식** : 어떤 특정 시점에서 소비자가 자신의 문제를 인식하면서 제품 또는 서비스를 구매하고자 하는 의욕을 느끼는 단계이다.

ⓑ **정보 탐색** : 자신의 문제를 해결해 줄 제품 또는 서비스 구매에 필요한 정보를 수집하는 단계이다.

ⓒ **대안 평가** : 탐색한 정보 중 자신이 원하는 제품 또는 서비스의 가격, 품질, 상표, 디자인, 색상 등을 기준으로 대안을 평가하는 단계이다.

ⓓ **구매 결정(태도 형성)** : 대안 평가에 이어 구매를 결정하는 단계이다.

ⓔ **구매** : 구매 시기, 구매 장소, 지불 방법 등을 고려하여 제품 또는 서비스를 구매하는 단계이다. 인터넷 쇼핑몰에서 구매하는 경우 대금 결제 후 제품 배송이 이루어지므로 구매 단계에서 신중해야 한다.

ⓕ **구매 후 행동** : 구매 결과에 대해 만족하였는지를 평가하는 단계이다. 인터넷 쇼핑몰에서 구매한 경우 게시판에 만족, 불만족을 쓰게 되며 다른 고객들에게 중요한 정보를 제공하게 된다.

(2) 소비자 행동의 관점

① 효용 극대화 이론

ⓐ 경제학에서 발전된 개념으로 제품에 대한 소비자 수요를 분석하는 데 관심을 두었다.

ⓑ 소비자는 제품에 대한 완전한 정보를 수집하여 합리적인 의사결정이 가능하다고 가정한다.

ⓒ 소비자 행동론의 학문적 발달에 공헌하였으나, 소비자 행동의 분석・예측보다는 전반적 수요 예측이 더 적합하여 마케팅 의사결정에 적용하기는 무리다.

② 동기 조사

ⓐ 프로이트의 심리분석 이론에 바탕을 두고 있으며, 행동의 동기가 되는 심리적 요인을 해명하려는 시도였다.

ⓑ 프로이트의 원초아(id), 자아(ego), 초자아(super-ego)와 같은 개성 결정 변수들을 이용하였다.

ⓒ 제품의 상징적 의미가 구매에 있어서 중요한 요인임을 인식하고, 동기 조사 방법(FGI, 심층 면접)을 소비자 행동 연구에 도입하였다.

ⓓ 일반화 가능성이 낮고, 조사자의 주관적 판단에 따라 결과 해석이 달라질 수 있는 한계점이 존재한다.

③ 다원적 접근방법

ⓐ 심리학 토대에서 심리적 변수와 인구 통계적 변수에 의해 소비자 행동을 설명하려 하였다.

ⓑ 동료 집단의 영향, 가족의 영향, 조직 구매 등과 같은 사회학 토대에서 소비자 행동을 연구하였다.

④ 소비자 정보 처리 관점

ⓐ 소비자를 논리적이고 합리적인 의사결정자로 보며, 제품의 실용적 가치로 제품을 구매한다고 가정하였다.

ⓑ 소비자의 의사결정과정과 정보처리과정을 중심으로 관련된 요인들을 연구하였다.

⑤ 쾌락적/경험적 관점

ⓐ 소비자 구매 행동이 논리적/합리적 관점뿐만 아니라, 정서적 동기에 의해서도 이루어진다고 가정하였다.

ⓑ 제품의 상징적 가치 때문에도 구매가 이루어질 수 있으며, 제품의 실용적인 측면이 아닌 사용 경험으로부터의 쾌락적 느낌이나 자아 이미지를 강화해주는 정도와 같은 주관적인 측면에 의해 구매가 결정된다고 보았다.

(3) 소비자 행동의 영향요인 [기출]

① 동기

　㉠ 동기란 충족되지 않은 욕구로 발생하는 소비자의 내적 긴장을 줄이기 위한 일종의 추진력이다.

　㉡ 동기의 유형

기능적 동기	연비가 높은 자동차와 같이 기능이나 유용성에 의해 제품을 선택하고자 하는 것
심미적 동기	디자인이나 스타일과 같은 심미성에 의해 제품을 선택하고자 하는 것
사회적 동기	명품 등과 같이 사회적 상징성에 의해 제품을 선택하고자 하는 것
호기심 동기	제품에 대한 궁금증 또는 다양성 추구의 이유로 제품을 선택하고자 하는 것

　㉢ 동기가 일으키는 갈등의 유형

접근 – 접근 갈등	• 두 가지 이상의 대안이 모두 긍정적 결과를 가져다주지만 그중 하나만 선택해야 할 때 느끼는 갈등 • 대안들의 매력도 및 관심의 정도가 비슷할수록 갈등은 심화 • 짜장면과 짬뽕 중 선택해야 하는 경우 → 생산자나 판매자 입장에서는 짬짜면 같은 패키지 상품을 제시하여 갈등을 해소해 줄 수 있음
접근 – 회피 갈등	• 어떤 대안이 긍정적인 측면과 부정적인 측면을 모두 가지고 있을 경우 소비자가 겪게 되는 갈등 • 시원한 맥주를 먹고 싶지만, 다이어트 중인 경우 　→ 생산자나 판매자 입장에서는 저칼로리 맥주를 제시하여 갈등을 해소해 줄 수 있음
회피 – 회피 갈등	• 대안들이 모두 소비자의 기대 수준에서 미치지 못하는 경우 겪게 되는 갈등 • 스마트폰이 고장 난 경우 수리비를 지불하거나 고가를 주고 신형을 구입해야 하는 상황 　→ 판매자는 AS 보증, 무이자 할부 등의 프로모션을 통하여 갈등을 해소해 줄 수 있음

② 관여도 [기출]

　㉠ 관여도란 주어진 상황에서 어떤 개인이 특정 대상(제품이나 서비스)에 갖는 중요성·관련성 지각 정도 또는 관심도를 의미한다. 소비자의 관여도 또는 관여 수준은 상황적 요인, 개인적 요인, 제품 요인에 따라 달라질 수 있다.

　㉡ 상황적 요인

　　ⓐ 일반으로 소비자가 특정 상황에서 욕구 또는 위험을 크게 지각할수록 관여도는 높아진다.

　　ⓑ 상황적 요인의 구분

물리적 환경	소비자 행동에 영향을 미치는 모든 형태의 비인적 상황 변수들 → 매장 위치, 인테리어, 향기, 음악, 상품 진열 등
사회적 환경	소비자 행동에 영향을 미치는 인적 상황 변수들 → 타인과의 상호작용, 역할, 혼잡도 등
시간	시간과 관련된 상황 변수들 → 상담 소요 시간, 시점 등
과업 정의	해당 과업을 소비자가 어떻게 정의했는지 여부 → 예를 들어 제품의 구입 목적이 직접 사용하는 경우와 선물용일 때 관여도가 달라질 수 있음
선행 상태	소비자의 행동 발생 전 또는 발생 중에 소비자의 생리적, 인지적, 감정적 상태에 따라 달라질 수 있음

ⓒ 개인적 요인(지속적 요인)

    ⓐ 일반적으로 제품 또는 서비스에 대한 관여도는 개인의 중요한 가치나 자아와 관련되어 있을수록 높아진다.

    ⓑ 평소 특정 제품에 지속적으로 관심을 가지고 있는 경우를 지속적 관여도라고 하는데, 지속적 관여도가 높을수록, 또는 상표에 대한 충성도가 높을수록 상황적 요인의 영향력은 줄어들게 된다.

ⓔ 제품 요인

    ⓐ 일반적으로 소비자는 자신의 중요한 욕구나 가치를 충족시켜주는 제품 또는 즐거움·쾌락적 가치를 주는 제품에 관여도가 높아진다.

    ⓑ 해당 제품 또는 서비스와 관련하여 지각된 위험을 가질 때는 관여도가 높아지는데, 지각된 위험이란 해당 제품을 구매하고 사용함으로써 초래될 결과에 대하여 소비자가 갖는 불안감을 의미한다.

    ⓒ 지각된 위험의 유형

심리적 위험	선택한 제품 또는 서비스가 자신의 자아 이미지에 부정적인 영향을 미칠 것에 대한 염려 → 캠페인, 이미지 광고, PR 활동을 통하여 기업의 긍정적 이미지를 부각해야 함
신체적 위험	선택한 제품이나 서비스가 자신의 신체에 해를 입힐 것에 대한 염려 → 인증, 표준 규격 등을 준수했음을 강조해야 함
성능 위험	선택한 제품이나 서비스가 제 성능을 발휘하지 못할 것에 대한 염려 → 무료 샘플, 환불·교환·수리 등의 보증 제공
사회적 위험	준거집단 등의 타인으로부터 해당 선택에 대하여 부정적인 평가를 받을 것에 대한 염려 → 구전 마케팅, 광고 등이 효과적임
재무적 위험	가처분 소득에 비하여 제품 가격이 너무 높을 때 갖게 되는 염려 → 무이자 할부, 할인 행사 등이 효과적
시간 손실 위험	제품 구매가 잘못된 경우 이를 해결하는 데 필요한 시간 손실에 대한 염려 → 신속한 사후서비스, 문제 발생 시 신속한 교환 등을 약속

③ 라이프스타일

    ㉠ 라이프스타일이란 개인이 살아오면서 사회적 상호작용을 통해 형성한 독특한 삶의 양식으로, 개인의 욕구와 행동에 영향을 미친다.

    ㉡ 라이프스타일의 측정

        ⓐ AIO 분석 : 행위(Action), 관심(Interest), 의견(Opinion)을 중심으로 항목을 만들고 응답자들로부터 조사하는 방법이다.

Action	개인이 시간을 어떻게 소비하는가와 관련된 항목
Interest	개인이 주위 환경에서 중요하게 고려하는 것은 무엇인가와 관련된 항목
Opinion	개인이 자신과 주위 환경에 대해 가진 생각과 관련된 항목

        ⓑ 특정 제품과 관련하여 라이프스타일을 보다 구체적으로 측정하기 위해서는, 제품 특유의 측정 항목들을 개발하여 측정할 수 있다.

        ⓒ 소비자가 구매한 품목들을 분석하여 라이프스타일을 측정할 수도 있다. 예를 들어 마트에서 자연식품이나 건강식품들을 주로 구매하였다면 웰빙을 추구하는 소비자임을 짐작할 수 있다.

(1) 경영환경의 이해 [기출]

① STEEP 분석 : 기업의 경쟁력에 영향을 끼칠 수 있는 거시적 환경 요인에 대한 분석 방법으로는 STEEP 분석이 있다. STEEP은 사회(Social), 기술(Technological), 경제(Economic), 생태(Ecological), 정치(Political)적 관점에서 기업의 외부 환경을 분석하는 것이다.

Social(사회적/문화적) 요인	인구 통계, 평균 수명, 교육 수준, 사회 계층 간 임금 격차, 인구 구조, 노동에 대한 문화적 태도, 교육 수준, 라이프스타일, 소비자 생활 양식, 트렌드 등
Technological(기술적) 요인	신기술, 정보 기술, 기술 변화 속도, 제품 공정 혁신 속도, 신제품 혁신 정책적 지원, 기술 혁신 및 확산, 산업, 경제의 디지털화, 인터넷 기반 기술 등
Economic(경제적) 요인	GDP 성장률, 외환 보유고, 금리, 환율, 국제 수지, 금융, 재정 정책, 실업률, 임금 수준, 소비 성향, 산업 구조 변화, 원유가, 금융 시장 구조 등
Ecological(생태적) 요인	자연, 생물학적 환경, 공기 수질, 재활용 시설 규모, 에너지원, 공해 수준, 원자재 대체성, 환경 규제 수준 등
Political(정치적/법적) 요인	정당 정책, 개혁 정책, 정치적 의사결정에 대한 영향력, 권력 정책 결정 구조의 성격, 무역 장벽 및 자유화, 조세, 특허, 부패, 정치 리스크

② PEST 분석

정치적(Political) 요소	정부가 경제에 간섭하는 정도로, 구체적으로 세금, 노동법, 무역 제재, 환경법, 관세 등을 포함한 환경요소가 해당
경제적(Economic) 요소	경제성장률, 금리, 인플레이션 정도 등의 요소로 기업의 의사결정에 중요한 영향을 미침
사회적(Social) 요소	문화적 요소, 보건인지도, 인구성장률, 연령대 분포, 안전 관련 요소 등이 포함
기술적(Technological) 요소	R&D 활동, 자동화, 기술 혁신 등을 포함한 요소

(2) 산업환경의 분석 : 5-Forces 분석

① 의의

㉠ 산업환경은 기업에 영향을 미칠 수 있는 산업 내에 있는 여러 요소를 말한다.

㉡ 마이클 포터(Michael E. Porter)에 따르면 기업환경에는 다섯 가지 변수가 있다. 5가지 요소가 상호작용을 하며 산업의 경쟁 수준을 결정하고 나아가 산업의 매력도를 결정한다고 본다.

② 5-Forces와 산업의 매력도 [기출]

잠재적 진입자의 위협	잠재적 진입자가 해당 산업에 들어올 수 있다는 이 산업은 매력이 없음
공급자의 교섭력	공급자들이 많은 힘을 행사하고 교섭력과 협상력이 높다면 해당 산업은 매력이 없음 → 공급자들이 힘을 갖고 가격을 인상하거나 품질을 떨어뜨릴 수 있음
구매자의 교섭력	구매자들의 힘이 많을수록 산업은 매력이 없음 → 힘이 있는 구매자들이 가격 인하를 요구하거나 품질을 인상해달라고 요구할 수 있음
대체재의 위협	대체재의 종류와 수가 많을수록 해당 산업의 서비스를 대체할 수 있다는 것이므로 매력이 없는 산업임
기존 기업 간의 경쟁	치열하고 과도한 경쟁이 있다면 매력이 없는 산업임 → 경쟁이 포화될 경우 가격경쟁으로 이어지게 됨

③ 결론

　㉠ 5-Forces 분석의 최종 이미지로서 산업의 매력도에 대한 결과를 도출할 수 있다.

　㉡ 진입장벽이 낮고, 공급자와 구매자, 대체재의 힘이 강하며, 산업 내의 기업끼리 많은 경쟁을 하고 있는 산업이라면 산업의 매력도는 낮은 것이다. 반대의 경우는 매력도가 높은 산업임을 나타낸다.

(3) 자사와 경쟁사 분석 과정

① 경쟁사 상품들과 자사 상품의 비교 분석 방법

　㉠ 다양한 유형의 고객들에게 적합한 상품에 대한 자료를 수집하는 방법으로는 기업의 외부 환경 요인 중의 하나인 경쟁사 상품들과 자사의 상품을 비교하여 상품의 특장점을 파악하는 방법이 있다.

　㉡ 경쟁사 제품들과 비교를 할 때는 대표적인 기준이 동일한 제품을 선정해서 비교해야 한다.

> [사례 예시]
>
> – 컴퓨터 모니터를 비교할 경우, 모니터 화면 크기가 동일한 제품들을 선정해서 비교해야 각 제품의 장단점을 파악할 수 있다. 만약 화면 크기가 서로 다른 제품을 비교했을 때는 정확한 비교를 할 수 없다. 그 이유는 화면 크기에 따라 가격 차이가 많이 나기 때문이다.

　㉢ 객관적인 기준과 주관적인 기준으로 구분하여 비교한다. 주관적인 비교는 사용자의 후기, 전문가의 리뷰 등을 검토하여 공통적인 의견을 취합하여 정리함으로써 판단의 오류를 최소화하도록 한다.

구분	내용
객관적인 기준	제품 규격, 성능, 기능, 가격
주관적인 기준	디자인, 편의성, 효용성

　㉣ 경쟁사 상품들과 비교하는 항목을 선정할 때에는 고객이 구매를 결정하는 데 영향을 미칠 수 있는 항목을 반드시 넣어서 비교해야 한다.

> [사례 예시]
>
> – 휴대폰의 경우 가격, 디자인, 기능 등이 소비자가 구매를 결정하는 일반적인 요소이다.
> – 이 외에도 휴대폰의 두뇌 역할을 하는 메인칩을 어느 제조사의 것을 사용했는가도 중요한 구매 결정 요인이 되기도 한다.

② SWOT 분석　기출

　㉠ SWOT 분석은 외부환경을 통해 여러 기회와 위협을 찾고, 내부환경 분석을 통해 여러 강점과 약점을 찾아 네 가지 요소들을 믹스 매칭 시켜주는 것이다.

　㉡ 강점(Strength), 약점(Weakness), 기회(Opportunity), 위기(Threat)의 앞 글자를 따서 SWOT 분석이라고 부른다.

강점(Strength)	경쟁 제품 및 서비스와 비교했을 때 자사 제품의 강점은 무엇인가?
약점(Weakness)	경쟁 제품 및 서비스와 비교했을 때 자사 제품의 약점은 무엇인가?
기회(Opportunity)	제품 및 서비스를 판매하는 데 있어서 기회가 되는 요소는 무엇인가?
위기(Threat)	제품 및 서비스를 판매하는 데 있어서 위협이 되는 요소는 무엇인가?

ⓒ 전략수립

<table>
<tr><th></th><th colspan="2">내부 전략적 요소</th></tr>
<tr><th></th><th>S
(Strength : 강점요인)</th><th>W
(Weakness : 약점요인)</th></tr>
<tr><td rowspan="2">외부 전략적 요소

O
(Opportunity :
기회요인)</td><td>SO 전략(Maxi-Max)
• 내부 강점을 기회에 활용하는
전략
• 확대전략</td><td>WO 전략(Mini-Max)
• 기회를 활용해 약점을 극복하는
전략
• 우회전략, 전략적 제휴</td></tr>
<tr><td>ST 전략(Maxi-Min)
• 내부강점으로 위험을 극복하는
전략
• 안정적 성장전략, 다각화 전략</td><td>WT 전략(Mini-Min)
• 약점과 위험을 동시에 극복하는
전략
• 방어적 전략, 삭감전략, 청산,
합작투자</td></tr>
</table>

참고: O행은 "O (Opportunity : 기회요인)", T행은 "T (Threat : 위험요인)"

---

2 경로별 정보 제공

1 매체 유형 및 특성 ★

(1) 대중 매체의 이해

① 대중 매체는 불특정 다수인 소비자들에게 상품 또는 서비스에 대한 정보를 공개적으로 전달하는 것으로 신문, 잡지, 라디오, 텔레비전, 옥외광고, 인터넷, SNS, 모바일 광고 등이 있다.

② 인쇄 매체

　㉠ 상품의 정보를 인쇄하여 제공하는 매체로 신문, 잡지, 전단지, 팸플릿 등 여러 가지 형태로 제작된다.

　㉡ 정보를 상세하게 전달할 수 있으나 일방적이고 정보의 전달 속도가 다른 매체에 비해 느리다.

　㉢ 인터넷, 스마트폰, 태블릿 등이 등장하기 전에는 영향력이 높은 매체이었으나 현재는 그 영향력이 과거에 비해 많이 줄어든 상태이다.

③ 라디오

　㉠ 소리로 정보를 전달하는 수단으로 텔레비전보다 비용이 저렴하고 시각 장애인들에게 유용한 매체이다.

　㉡ 청각적인 표현만 가능하기 때문에 상품의 정보를 상세하게 전달하는 데 부족한 면이 있다.

④ TV

　㉠ 상품의 정보를 시각 및 청각적으로 제공할 뿐만 아니라 자막으로도 정보를 제공할 수 있어서 매우 효과적인 매체라고 할 수 있다.

　㉡ 상품 정보의 전달 시간이 짧고 비용이 많이 드는 단점이 있다.

⑤ 옥외광고

    ㉠ 옥상 및 야외 간판, 광고탑, 네온사인과 같이 야외에 설치된 간판을 의미한다.

    ㉡ 다른 매체들과 달리 고정된 위치에서 24시간 동안 지속적으로 대중에게 상품의 정보를 노출할 수 있는 매체이다.

    ㉢ 공간적, 법적 제한이 따르는 점을 고려해야 한다.

⑥ 인터넷 및 모바일

    ㉠ 인터넷, 모바일은 텔레비전과 같이 시청각적으로 상품의 정보를 전달할 수 있을 뿐만 아니라 일방적인 정보전달이 아닌 쌍방향으로 소통이 가능한 매체이다.

    ㉡ 매체 사용이나 접근이 어려운 대상에게는 정보전달이 어려운 한계가 있다.

(2) 디지털 광고의 유형

① 배너 광고(Banner)

    ㉠ 광고 형태가 현수막과 같이 직사각형 모양이어서 배너(Banner)라고 불린다.

    ㉡ 과거에는 단순 이미지로 제작되었으나 최근에는 동영상으로도 제작되기도 한다.

    ㉢ 크기의 제한 때문에 많은 정보를 보여줄 수 없는 단점이 있다.

② 리치미디어 광고

    ㉠ 고급 기술을 활용하여 배너 광고보다 더 풍부하게 만들었다고 해서 리치미디어라고 한다.

    ㉡ 리치미디어 광고에 마우스를 올려놓으면 이미지가 변하거나 동영상이 재생되어 배너광고보다 더 많은 정보를 생생하게 전달할 수 있다.

③ 검색 광고

    ㉠ 키워드 검색 광고라고도 하는데, 고객이 키워드로 검색하면 광고주의 웹사이트 링크가 눈에 잘 띄는 웹페이지 상단에 노출되게 하는 광고이다.

    ㉡ 고객이 키워드로 검색한다는 것은 해당 키워드에 관심이 있다는 것이므로 불특정 다수를 상대로 하는 광고보다 상대적으로 신규 고객을 유치할 수 있는 가능성이 높다.

④ 텍스트 광고

    ㉠ 짧은 단문으로 구성된 문구의 하이퍼링크를 이용한 광고 형태이다.

    ㉡ 이미지 또는 동영상을 활용한 광고는 고객들이 광고로 인식하지만, 텍스트 광고는 정보로 인식하는 경우가 많기 때문에 광고에 대한 저항감이 낮다.

⑤ 이메일 광고

    ㉠ 주로 자사의 회원들을 대상으로 보내는 이메일을 통한 광고 방법으로, 고객들을 연령별, 성별 등으로 세분화하여 광고 이메일을 보낼 수 있다.

    ㉡ 이메일을 통한 광고는 이메일 수신율, 클릭률 등을 분석할 수 있다.

⑥ SMS, MMS 광고

    ㉠ 휴대폰 SMS를 통해 짧은 문장의 문자를 보내는 모바일 광고이다. 스팸 광고로 인식되어 사전에 차단되는 확률이 높다.

    ㉡ MMS는 텍스트로만 구성된 SMS 광고와는 달리 이미지, 동영상이 가능하여 보다 더 상세한 정보를 전달할 수 있는 모바일 광고이다.

⑦ 소셜미디어 광고 : 페이스북, 트위터, 유튜브 등과 같은 SNS를 이용한 광고로 휴대폰, 태블릿 등 모바일 기기가 많이 보급되어 고객과 쌍방향 커뮤니케이션이 가능하고 파급효과가 크고 빠르다.

2 마케팅 커뮤니케이션 전략 ★★

(1) 마케팅의 개념 변화 기출

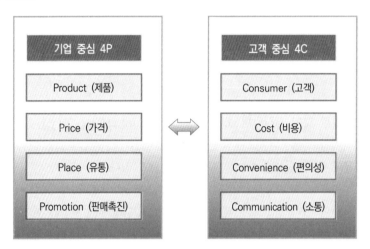

① 4P(Product, Price, Place, Promotion) – 기업 중심의 마케팅믹스
  ㉠ 제품(Product) : 기업이 고객들에게 판매하는 제품을 포함하여 서비스, 브랜드, 디자인 등을 포함할 수 있는 넓은 의미의 개념이다.
  ㉡ 가격(Price) : 제품 또는 서비스의 가격은 경제 상황, 경쟁 제품의 가치, 제품의 희소성 등 다양한 환경을 감안해서 결정된다.
  ㉢ 유통(Place) : 제품 또는 서비스가 기업으로부터 고객들에게 전달되는 경로를 의미한다. 기업들은 도매상, 소매상을 통해 제품이나 서비스를 고객들에게 판매할 수 있고 온라인 쇼핑몰을 통해 고객들에게 직접 판매할 수도 있다.
  ㉣ 판매촉진(Promotion) : 제품이나 서비스를 고객들에게 알리고 구매를 결정할 수 있도록 실시하는 광고, 이벤트 등의 판매촉진 활동을 의미한다.
② 4C(Consumer, Cost, Convenience, Communication) – 고객 중심의 마케팅믹스
  ㉠ 고객(Consumer)
    ⓐ 기업은 자신들이 만들어 낸 제품이 우수하다는 생각에 집착하여 실제로 고객이 원하는 제품이 무엇인지 모르는 경우가 있다.
    ⓑ 고객이 원하는 제품을 만드는 것이 아니라 기업이 만들 수 있는 제품을 고객에게 팔려고 하기 때문에 실패의 가능성이 더 높다.
    ⓒ 고객이 원하는 기능, 디자인, 성능 등을 최대한 정확히 파악하여 제품을 만들어야 성공 확률을 높일 수가 있다.

ⓛ 비용(Cost)

ⓐ 기업 입장에서의 가격은 제품 원가에 이익을 더한 개념이지만, 고객 입장에서 비용은 고객이 처한 상황을 고려하여 제품의 가치를 정한다.

ⓑ 고객은 단순히 제품의 가격이 싸다는 이유만으로 제품을 구매하지 않는다. 제품을 구매함으로써 얻을 수 있는 가치와 잃을 수 있는 가치를 고려하여 구매를 결정한다.

ⓒ 제품을 구매했을 때 주변인들로부터 받는 부러움을 즐기기 위해서 기꺼이 비싼 제품을 구매하기도 하고 하나의 제품을 구매했을 때 다른 제품을 포기해야 하는 기회 손실도 구매를 결정하는 요소가 되기도 한다.

ⓒ 편의성(Convenience)

ⓐ 고객이 제품을 구매하는 데 편의성을 제공하는 것을 의미한다.

ⓑ 과거에는 고객이 제품을 사기 위해서는 여러 매장을 직접 방문해서 물건을 고르고 구매하는 것이 일반적인 방법이었지만, 현재는 온라인 쇼핑몰을 통해 가격 비교가 훨씬 더 수월해졌고 직접 매장을 방문하지 않고 집에서도 제품을 구매할 수 있도록 편리해졌다.

ⓒ 소통(Communication)

ⓐ 기업 입장에서의 프로모션은 일방적으로 제품을 고객에게 홍보하는 성격이 강하지만 커뮤니케이션은 기업과 고객의 쌍방향 소통을 의미한다.

ⓑ 기업은 다양한 경로를 통해서 소비자에게 제품을 알리고 소비자는 제품에 대한 의견을 적극적으로 표현한다.

ⓒ 기업은 고객들과의 쌍방향 소통을 통해 고객이 진정 원하는 것을 파악하고 그것을 제품 개발에 적용할 수 있다.

(2) 통합 마케팅 커뮤니케이션(IMC : Integrated Marketing Communication)의 이해

① 개념

㉠ 광고, 판매촉진, PR 등의 다양한 마케팅 커뮤니케이션 도구들을 효과적으로 결합하여 고객들에게 상품 또는 기업의 일관된 이미지를 제공하는 고객과의 의사소통 방법이다.

㉡ 통합 마케팅 커뮤니케이션은 일관된 이미지를 고객에게 전달하기 위해 다양한 채널을 활용하고 생산자의 입장이 아니라 고객의 입장에서 출발하여 생산자 방향으로 마케팅 커뮤니케이션 전략을 구축한다.

② 통합 마케팅 커뮤니케이션의 특징 기출

㉠ 커뮤니케이션의 대상

ⓐ IMC는 상품을 구매하는 고객과의 커뮤니케이션뿐만 아니라 회사의 경영 활동에 영향을 미치는 관계자와의 커뮤니케이션 활동을 관리한다.

ⓑ 전문가들에게 상품을 사용하게 하여 일반 소비자들이 상품에 대한 높은 신뢰성 갖게 하거나 소비자들의 의견을 빈번하게 듣는 판매원들을 상품개발에 참여하게 하여 판매를 증가시킬 수 있다.

㉡ 커뮤니케이션을 위한 매체의 다양화

ⓐ 과거와 달리 TV, 라디오, 인쇄 책자의 광고 외에도 인터넷, 모바일, SNS 등과 같은 다양한 매체를 통해서 고객들과의 의사소통이 가능해졌다.

ⓑ 일방향적인 커뮤니케이션뿐만 아니라 양방향 커뮤니케이션이 가능해졌다.

ⓒ 광고 외에도 이메일, 홈페이지, 이벤트, 고객 서비스, 설문조사, 상품의 포장 등 다양한 방식으로 고객들과 접촉하여 고객관계를 강화하고 유지할 수가 있다.

ⓒ 커뮤니케이션 흐름의 변화
  ⓐ 과거에는 고객들의 구매 방식이나 생활 방식이 비교적 단순하고 일정하였기 때문에 상품의 정보나 가치 등이 기업으로부터 시작되는 경향이 많았다.
  ⓑ 디지털 기술, 인터넷의 발달로 생산자 외에도 소비자단체, 동호회, 블로그, SNS 등을 통해서도 고객들이 상품의 정보를 구할 수 있게 되고 고객들이 직접 상품에 대한 요구사항을 생산자에게 요청하기도 한다.
  ⓒ 커뮤니케이션은 기업의 일방적인 정보 제공보다는 고객들의 의견으로 출발하여 기업으로 흐르는 방향으로 전략을 구축해야 한다.

ⓔ 고객 데이터베이스 구축
  ⓐ 고객의 구매 방식과 생활 방식이 매우 다양해졌기 때문에 기업들은 상품 판매를 예측하기가 매우 어려워졌고 고객들을 세분화하여 효과적인 마케팅전략을 구축할 필요가 있다.
  ⓑ 고객의 구매 방식과 생활 방식을 기반으로 한 데이터베이스의 구축이 필요하고 이를 활용하여 세분화된 고객들을 대상으로 광고, 판촉 활동, 이벤트 등의 다양한 마케팅 커뮤니케이션을 수행할 수 있다.

(3) 통합 마케팅 커뮤니케이션의 발전단계

단계	설명
인식단계	마케팅 커뮤니케이션을 통합할 필요성을 인식하는 단계
이미지 통합 단계	메시지와 매체의 일관성을 확보하기 위한 의사결정이 포함
기능적 통합 단계	매출이나 시장점유율과 같은 마케팅 목표를 달성하는 방향으로 다양한 마케팅 커뮤니케이션 프로그램이 수립되는 과정이 포함
조정된 통합 단계	인적판매 기능이 마케팅 커뮤니케이션의 다른 요소(광고, PR, 판매촉진, 직접마케팅)와 직접 통합되는 단계
소비자 기반의 통합 단계	소비자의 욕구를 이해하고, 일정한 소비자를 표적으로 선정하여 표적 소비자들에게 제품을 효과적으로 포지셔닝하는 마케팅전략이 수립되는 단계
이해관계자 기반의 통합 단계	이해관계자의 범위에 표적 소비자 이외에 지역 사회나 정부기관 뿐만 아니라 기업의 종업원 원자재 공급업체, 유통업자 및 주주 등도 포함해야 함
관계 관리의 통합 단계	다양한 이해관계자와 효과적으로 커뮤니케이션하기 위해서 관계 관리에 관한 전략을 개발

(4) 통합 마케팅 커뮤니케이션 예산

① 개요

    ㉠ 기업은 기본적으로 이윤을 목적으로 하기 때문에 비용에 민감할 수밖에 없다.

    ㉡ 통합 마케팅 커뮤니케이션의 목적은 궁극적으로는 기업 이익을 증대시키는 데 있지만, 효과가 100% 확실하지 않은 상태에서 많은 비용을 사용할 수는 없기 때문에 적정한 예산을 책정하여 위험부담을 줄여야 한다.

② 예산 수립의 전략

    ㉠ 기업의 자금 상황을 고려하여 예산을 책정하는 방법이다. 매년 일정한 금액을 커뮤니케이션의 예산으로 책정하는 것이 아니라 기업의 자금 보유 상황을 고려하여 예산을 책정하는 경우이다.

    ㉡ 매출액 대비 예산을 책정한다. 전년도 매출액 대비 일정 비율을 커뮤니케이션 비용으로 책정하는 방법으로 비용이 제품 개당 판매 가격과 판매 이익에 얼마나 반영되는지 파악할 수가 있다.

    ㉢ 목표를 달성하는 데 소요되는 비용을 예산으로 책정한다. 기업이 목표를 설정하고 이러한 목표를 달성하기 위하여 수행해야 할 커뮤니케이션 방법을 결정하고 이를 수행하는 데 소요되는 비용을 결정함으로써 기업의 커뮤니케이션 예산을 책정하는 것이다.

01 소비자 행동의 특징으로 틀린 것은?

① 제품뿐만 아니라 서비스, 아이디어 등과 같은 다양한 제공물에 대해서 이루어진다.

② 획득과 소비, 처분이 일정 기간에 걸쳐 순차적으로 발생하여 동태적인 특징을 갖는다.

③ 효용 극대화 이론에서 소비자는 제품에 대한 불완전한 정보를 바탕으로 의사결정을 한다고 가정한다.

④ 정보 탐색은 자신의 문제를 해결해 줄 제품 또는 서비스 구매에 필요한 정보를 수집하는 단계이다.

해설

효용 극대화 이론은 경제학에서 발전된 개념으로 제품에 대한 소비자 수요를 분석하는 데 관심을 두었다. 소비자는 제품에 대한 완전한 정보를 수집하여 합리적인 의사결정이 가능하다고 가정한다.

02 제품에 대한 궁금증 또는 다양성 추구의 이유로 제품을 선택하고자 하는 동기는?

① 기능적 동기 　　② 심미적 동기

③ 사회적 동기 　　④ 호기심 동기

해설

① 기능적 동기는 연비가 높은 자동차와 같이 기능이나 유용성에 의해 제품을 선택하고자 하는 동기이다.

② 심미적 동기는 디자인이나 스타일과 같은 심미성에 의해 제품을 선택하고자 하는 동기이다.

③ 사회적 동기는 명품 등과 같이 사회적 상징성에 의해 제품을 선택하고자 하는 동기이다.

03 동기가 일으키는 갈등의 유형 중 대안들의 매력도 및 관심의 정도가 비슷할수록 갈등은 심화되는 것은?

① 접근 – 접근 갈등 　② 접근 – 회피 갈등

③ 회피 – 회피 갈등 　④ 모든 갈등

해설

접근 – 접근 갈등은 두 가지 이상의 대안이 모두 긍정적 결과를 가져다주지만, 그중 하나만 선택해야 할 때 느끼는 갈등이다. 대안들의 매력도 및 관심의 정도가 비슷할수록 갈등은 심화된다.

04 다음 설명에 해당하는 용어는?

> 주어진 상황 하에서 어떤 개인이 특정 대상(제품이나 서비스)에 갖는 중요성·관련성 지각 정도 또는 관심도를 의미한다.

① 관여도 　　　　② 호기심

③ 동기부여 　　　④ 욕구

해설

관여도란 주어진 상황 하에서 어떤 개인이 특정 대상(제품이나 서비스)에 갖는 중요성·관련성 지각 정도 또는 관심도를 의미한다. 소비자의 관여도 또는 관여 수준은 상황적 요인, 개인적 요인, 제품 요인에 따라 달라질 수 있다.

05 소비자의 관여도를 설명한 것으로 틀린 것은?

① 소비자가 특정 상황에서 욕구 또는 위험을 크게 지각할수록 관여도는 낮아진다.

② 소비자는 자신의 중요한 욕구나 가치를 충족시켜 주는 제품 또는 즐거움·쾌락적 가치를 주는 제품에 관여도가 높아진다.

③ 관여도를 결정하는 상황적 요인으로는 물리적 환경, 사회적 환경, 시간이 대표적이다.

④ 상표에 대한 충성도가 높을수록 상황적 요인의 영향력은 줄어든다.

해설

일반으로 소비자가 특정 상황에서 욕구 또는 위험을 크게 지각할수록 관여도는 높아진다.

정답 　01 ③　02 ④　03 ①　04 ①　05 ①

06 지각된 위험의 유형 중 타인으로부터 해당 선택에 대하여 부정적인 평가를 받을 것에 대한 염려는?

① 사회적 위험　　② 신체적 위험
③ 재무적 위험　　④ 시간 손실 위험

해설

② 신체적 위험은 선택한 제품이나 서비스가 자신의 신체에 해를 입힐 것에 대한 염려다.
③ 재무적 위험은 가처분 소득에 비하여 제품 가격이 너무 높을 때 갖게 되는 염려다.
④ 시간 손실 위험은 제품 구매가 잘못된 경우 이를 해결하기 위해 필요한 시간손실에 대한 염려다.

07 STEEP 분석을 나타낸 것으로 틀린 것은?

① S : 사회　　② T : 기술
③ E : 경제, 생태　　④ P : 치안

해설

기업의 경쟁력에 영향을 끼칠 수 있는 거시적 환경 요인에 대한 분석 방법으로는 STEEP 분석이 있다. STEEP은 사회(social), 기술(technological), 경제(economic), 생태(ecological), 정치(political)적 관점에서 기업의 외부 환경을 분석하는 것이다.

08 5-Forces 분석에서 산업의 매력도를 결정하는 요소와 무관한 것은?

① 잠재적 진입자의 위협
② 소비자의 교섭력
③ 기존 기업 간의 경쟁
④ 대체재의 위협

해설

5-Forces 분석에서 산업의 매력도를 결정하는 요소는 잠재적 진입자의 위협, 공급자의 교섭력, 구매자의 교섭력, 대체재의 위협, 기존 기업 간의 경쟁이다.

09 경쟁사 상품과 자사 상품의 비교 분석 방법으로 옳지 않은 것은?

① 고객이 구매를 결정하는 데 영향을 미칠 수 있는 항목을 반드시 넣어서 비교해야 한다.
② 제품 규격, 성능, 기능, 가격을 비교한다.
③ 디자인, 편의성, 효용성은 제품 비교 기준 중 객관적인 기준에 해당한다.
④ 자사와 경쟁사 상품을 비교할 때는 동일한 제품을 선정해야 한다.

해설

디자인, 편의성, 효용성은 주관적인 기준으로 사용자의 후기, 전문가의 리뷰 등을 검토하여 공통적인 의견을 취합하여 정리함으로써 판단의 오류를 최소화해야 한다.

10 대중매체의 특징을 설명한 것으로 가장 부적절한 것은?

① 불특정 다수인 소비자들에게 상품 또는 서비스에 대한 정보를 공개적으로 전달한다.
② 인쇄 매체는 정보를 상세하게 전달할 수 있으나 일방적이고 정보의 전달 속도가 다른 매체에 비해 느리다.
③ 라디오는 청각적인 표현만 가능하기 때문에 상품의 정보를 상세하게 전달하는 데 부족한 면이 있다.
④ 인터넷 및 모바일은 매체 사용이나 접근이 어려운 대상에게도 정보 전달이 가능한 이점이 있다.

해설

인터넷, 모바일은 텔레비전과 같이 시청각적으로 상품의 정보를 전달할 수 있을 뿐만 아니라 일방적인 정보 전달이 아닌 쌍방향으로 소통이 가능한 매체이다. 매체 사용이나 접근이 어려운 대상에게는 정보 전달이 어려운 한계가 있다.

정답　06 ①　07 ④　08 ②　09 ③　10 ④

11 다음 설명에 해당하는 매체는?

> 광고에 마우스를 올려놓으면 이미지가 변하거나 동영상이 재생되어 많은 정보를 생생하게 전달할 수 있다.

① 리치미디어 광고
② 옥외 광고
③ 검색 광고
④ 이메일 광고

해설
② 옥외 광고는 옥상 및 야외 간판, 광고탑, 네온사인과 같이 야외에 설치된 간판을 통한 광고다.
③ 검색 광고는 고객이 키워드로 검색할 경우 광고주의 웹사이트 링크가 눈에 잘 띄는 웹페이지 상단에 노출되게 하는 광고다.
④ 이메일 광고는 주로 자사의 회원들을 대상으로 보내는 이메일을 통한 광고 방법으로, 고객들을 연령별, 성별 등으로 세분화하여 광고 이메일을 보낸다.

12 마케팅 믹스 4P에 대한 설명으로 틀린 것은?

① Product – 기업이 고객들에게 판매하는 제품을 포함하여 서비스, 브랜드, 디자인 등을 포함할 수 있는 넓은 의미의 개념이다.
② Price – 경제 상황, 경쟁 제품의 가치, 제품의 희소성 등 다양한 환경을 감안해서 결정된다.
③ Place – 제품 또는 서비스가 기업으로부터 고객들에게 전달되는 경로를 의미한다.
④ Promotion – 다양한 경로를 통해서 소비자에게 제품을 알리고 소비자는 제품에 대한 의견을 적극적으로 표현한다.

해설
Promotion은 제품이나 서비스를 고객들에게 알리고 구매를 결정할 수 있도록 실시하는 광고, 이벤트 등의 판매촉진 활동을 의미한다.

13 고객 중심의 마케팅믹스인 4C와 무관한 것은?

① Consumer
② Clear
③ Convenience
④ Communication

해설
고객 중심의 마케팅믹스인 4C는 고객(Consumer), 비용(Cost), 편의성(Convenience), 소통(Communication)이다.

14 IMC를 설명한 것으로 틀린 것은?

① 광고, 판매 촉진, PR 등의 다양한 마케팅 커뮤니케이션 도구들을 효과적으로 결합하여 고객들에게 상품 또는 기업의 일관된 이미지를 제공하는 고객과의 의사소통 방법이다.
② 일관된 이미지를 고객에게 전달하기 위해 다양한 채널을 활용하고 생산자의 입장에서 출발하여 마케팅 커뮤니케이션 전략을 구축한다.
③ TV, 라디오, 인쇄 책자의 광고 외에도 인터넷, 모바일, SNS 등과 같은 다양한 매체를 통해서 고객들과의 의사소통이 가능해졌다.
④ 고객의 구매 방식과 생활 방식이 매우 다양해졌기 때문에 고객들을 세분화하여 효과적인 마케팅전략을 구축할 필요가 있다.

해설
통합 마케팅 커뮤니케이션(IMC : Integrated Marketing Communication)은 일관된 이미지를 고객에게 전달하기 위해 다양한 채널을 활용하고 생산자의 입장이 아니라 고객의 입장에서 출발하여 생산자 방향으로 마케팅 커뮤니케이션 전략을 구축한다.

정답 11 ① 12 ④ 13 ② 14 ②

15 IMC의 발전 단계 중 메시지와 매체의 일관성을 확보하는 단계는?

① 이미지 통합 단계
② 인식 단계
③ 조정된 통합 단계
④ 소비자 기반의 통합 단계

해설

② 인식 단계는 마케팅 커뮤니케이션을 통합할 필요성을 인식하는 단계다.
③ 조정된 통합 단계는 인적판매 기능이 마케팅 커뮤니케이션의 다른 요소(광고, PR, 판매촉진, 직접마케팅)와 직접 통합되는 단계다.
④ 소비자 기반의 통합 단계는 소비자의 욕구를 이해하고, 일정한 소비자를 표적으로 선정하여 표적 소비자들에게 제품을 효과적으로 포지셔닝하는 마케팅전략이 수립되는 단계다.

16 통합 마케팅 커뮤니케이션 예산에 대한 설명으로 옳지 않은 것은?

① 기업은 기본적으로 이윤을 목적으로 하기 때문에 비용에 민감할 수밖에 없다.
② 통합 마케팅 커뮤니케이션의 목적은 궁극적으로는 기업 이익을 증대시키는 데 있다.
③ 기업의 자금 상황을 고려하여 예산을 책정해야 한다.
④ 효과가 확실하지 않을 경우에는 유사시를 대비하여 많은 비용을 예산으로 책정해야 한다.

해설

통합 마케팅 커뮤니케이션의 목적은 궁극적으로는 기업 이익을 증대시키는 데 있지만, 효과가 100% 확실하지 않은 상태에서 많은 비용을 사용할 수는 없기 때문에 적정한 예산을 책정하여 위험 부담을 줄여야 한다.

정답 15 ① 16 ④

3장 실전 예상문제 2차 실기

01 소비자 의사결정의 과정 중 인터넷 쇼핑몰에서 상품을 구매한 경우 게시판에 만족, 불만족을 쓰는 단계를 쓰시오.

정답 구매 후 행동

02 소비자 행동에 영향을 주는 동기 유형 4가지를 쓰시오.

정답 기능적 동기, 심미적 동기, 사회적 동기, 호기심 동기

03 관여도를 설명하시오.

정답 주어진 상황 하에서 어떤 개인이 제품이나 서비스에 갖는 중요성이나 관련성에 대한 지각 정도 또는 관심도를 의미한다.

04 소비자의 지각된 위험 중 제품 구매가 잘못된 경우 이를 해결하기 위해 필요한 시간에 대한 염려를 쓰시오.

정답 시간 손실 위험

05 라이프스타일의 측정을 위한 AIO 분석을 쓰시오.

정답 행위(Action), 관심(Interest), 의견(Opinion)을 중심으로 응답자들로부터 라이프스타일을 조사하는 방법이다.

06 SWOT 분석의 네 가지 분석 요소를 쓰시오.

정답 강점(Strength), 약점(Weakness), 기회(Opportunity), 위기(Threat)

07 기업 중심 마케팅 4P와 비교한 고객 중심 마케팅 4C를 쓰시오.

정답 고객(Customer), 비용(Cost), 편의성(Convenience), 소통(Communication)

08 다음 설명에 해당하는 용어를 쓰시오.

> 광고, 판매 촉진, PR 등의 다양한 마케팅 커뮤니케이션 도구들을 효과적으로 결합하여 고객들에게 상품 또는 기업의 일관된 이미지를 제공하는 고객과의 의사소통 방법

정답 IMC(통합 마케팅 커뮤니케이션)

4장 통신판매 고객 관계 관리

✅ 실기 출제영역

이번 단원에서 가장 중요한 것은 VOC입니다. 이는 유독 통신판매에서만 적용되는 것이 아니며 고객을 응대하는 모든 현장에 적용되는 내용이기도 합니다. 고객의 불만이 발생할 경우 전화나 메일 등을 통해 전달되며 이를 그냥 묵인해서는 안 됩니다. 고객의 소리, 다시 말해 VOC는 불만 고객을 대상으로 다시 고객으로 전환시킬 수 있는 기회이자 회사의 문제점을 파악하여 서비스 개선을 도모할 수 있는 기회이기도 합니다.

1 │ VOC 관리

1 VOC 수집 ★★★

(1) VOC의 이해

① 개요 기출
- ㉠ VOC(Voice of Customer)는 고객의 소리를 의미하는 것이며 고객의 소리함, 전화, 인터넷, e-mail, 팩스, SMS 등 고객의 소리가 접수될 수 있는 다양한 비대면 채널을 통해 고객이 기업에 제시하는 문의, A/S 요청, 상담, 불만 그리고 칭찬과 제안 등을 의미한다.
- ㉡ VOC 관리는 자발적인 고객의 의견을 체계적으로 수집, 저장, 분석하여 축적된 VOC 정보를 고객의 제품 또는 서비스에 대한 만족 여부, 고객의 니즈 파악, 신제품 및 서비스 개발 등 기업의 업무 개선에 활용할 수 있는 경영체계를 말한다.

② CRM과의 관계
- ㉠ VOC 관리시스템은 전사적인 고객 관계 관리(CRM)를 추진하는 활동을 지원한다.
- ㉡ VOC 관리시스템은 고객의 소리를 듣고 이를 다시 기업의 서비스 품질관리 개선 활동에 활용할 수 있게 하는 고객 관계 관리(CRM)의 일부이다.
- ㉢ 신규고객 확보, 기존 고객의 유지 및 활성화, 우수사례 선정 등 기업의 다양한 내부 업무지원 시스템들과 연계하여 전사적으로 고객 중심의 경영을 지원한다.

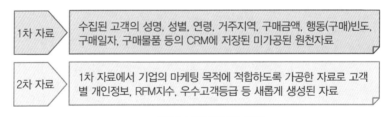

▲ CRM 내의 자료의 구성

- ㉣ 고객 관계 관리(CRM)는 크게 고객과의 관계에 따른 활용과 업무 영역의 활용으로 구분되며, 고객과의 관계에 따른 활용은 잠재 고객 발굴, 고객 충성도 제고, 수익성 증대, 고객의 이탈 방지 및 이탈고객 복귀로 구분된다.

ⓜ 업무 영역의 활용은 마케팅, 영업, 고객서비스로 구분된다. 고객의 소리(VOC) 청취 및 고객 불만 처리 등은 고객서비스 영역에 해당한다.

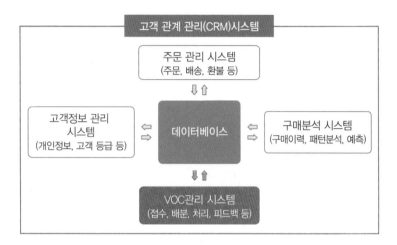

▶ 고객 관계 관리의 활용

구분	내용
고객과의 관계에 따른 활용	• **잠재 고객 발굴** : 기존 고객 데이터를 분석하여 기업에 이익을 가져다줄 수 있는 관계를 유지할 수 있는 패턴과 접촉 채널을 통해서 접근 • **고객의 충성도 제고** : 지속적인 고객 만족 프로그램을 통해서 고객의 관여와 충성도를 제고 • **수익성 증대** : 기존 고객 데이터를 중심으로 구매패턴과 구매시점을 분석하여 크로스셀링(Cross selling)과 업셀링(Up-selling)을 통한 수익성을 증대 • **고객의 이탈 방지 및 이탈고객 복귀** : 고객의 이탈을 방지하거나 이탈된 고객을 복귀시킴으로써 비용의 손실을 감소
업무영역의 활용	• **마케팅 영역** : 고객 가치의 분석 및 평가를 통해 고객을 세분화하고 타깃 마케팅을 추구하며, 일대일 마케팅을 수행 • **영업 영역** : 고객 접점에서 제품 또는 서비스에 대한 다양한 정보를 제공할 수 있도록 하거나 기존 고객의 데이터를 분석하여 적절한 업셀링(Up-selling)과 크로스셀링(Cross selling)을 유도 • **고객서비스** : 고객의 구매정보 등을 통해서 고객의 불만을 처리하고, 고객의 소리(VOC)를 청취하며, 일대일 커뮤니케이션을 수행

③ VOC의 중요성

㉠ 기업이 고객이탈을 막고 고객유지를 통해 고객 만족 경영을 실천하기 위해서는 고객의 소리에 귀를 기울여야 한다.

㉡ 고객은 기업에 끊임없는 아이디어를 제공해 주는 원천이 되므로 기업은 고객의 소리를 적극적으로 찾아 듣고자 하는 노력을 기울여야 한다.

㉢ 고객의 소리를 데이터베이스화하여 개별적이고 세심한 관리에 활용하여야 한다. 특히 고객의 불평을 들어주는 일에 많은 신경을 써야 한다.

㉣ 고객의 불만을 들어주는 것 자체가 중요한 고객 서비스가 되고 고객 불만을 해소해 줄 수 있는 기회가 된다.

(2) VOC 관리시스템

① VOC의 종류

문제 해결형 VOC	고객이 제기하는 불만·클레임, 교환 및 환불, 서비스 요구, 단순 문의 등에 대해서 문제를 해결
제안형 VOC	직원 칭찬, 서비스 만족 등의 고객 만족도, 제안 및 의견 제시 등 장기적으로 브랜드 인지도 향상, 상품 개발 및 서비스 개선에 적용

② VOC 관리시스템

    ㉠ VOC 관리시스템은 고객의 소리를 적극적으로 수집하기 위해 고객센터, 고객상담실, 영업지점, 홈페이지, 게시판, e-mail 등과 같은 다양한 고객 접점 채널을 지원한다.

    ㉡ 수집된 VOC는 유형별로 분류되어 문제 발생 부서 혹은 해결 부서로 배분되고, 부서로 접수된 VOC에 대해 내용을 확인 및 분석하고 해결한다.

    ㉢ 처리된 VOC는 해피콜을 통해 그 결과를 고객에게 외부 피드백하고, 기업 내부적으로는 연구, 마케팅, 영업, 생산 등 고객서비스 품질관리 개선을 위해 내부 피드백한다.

> **해피콜** `기출`
> ① 특별한 목적이나 권유 없이 인사차 하는 방문이나 고객서비스의 증진 등을 통해 판매 활동을 활성화하는 간접 마케팅 방식이다.
> ② 고객과의 원활한 인간관계를 지속적으로 유지함으로써 고객관리가 수월해지고, 횟수를 거듭하면서 직접 판매와도 연결시킬 수 있다는 장점 때문에 처음에는 보험업과 같은 서비스 분야에서 많이 이용하였다.
> ③ 차츰 고객에 대한 서비스에 관심이 높아지고, 고객들의 서비스 요구 역시 높아지면서 이제는 대부분의 판매 활동에서 해피콜 서비스를 하지 않으면 판매가 되지 않을 정도로 일반화되었다. 즉, 고객을 즐겁게 하거나 감동을 줌으로써 판매 활동을 증진하는 모든 종류의 대 고객서비스를 가리키는 용어로 정착되었다.
> ④ 보험금 지급 및 보험료 납입·대출 서비스, 컴퓨터 애프터서비스, 사은품 운송, 우수 제안 고객에 대한 무료 오일 교환권 제공, 물품 발송 후 전화나 메일로 확인하는 절차, 케이크나 꽃 배달 서비스, 각종 기념일이나 생일에 선물과 함께 노래를 불러주는 대행 서비스, 등기부 등본이나 주민등록 등본 발급 대행 서비스 등이 모두 해피콜에 속한다.

    ㉣ 이러한 과정을 통해 접수된 VOC에 대해 전사적으로 대응함으로써 효과적인 VOC 처리와 함께 고객 만족도를 높이는 동시에 동일한 불만을 사전에 예방하며 더 나아가 이를 코드화하고 체계적으로 관리하여 업무 개선 효과를 얻을 수 있다.

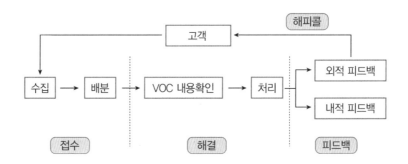

(3) VOC 수집

구분	VOC 채널	특징
자연발생적 VOC	• 고객센터 • 인터넷 상담센터 • 대외민원기관 : 소비자보호기관 등 • 인터넷 포털 사이트 등	• 기업활동과정에서 자연적으로 발생 • 불만고객 중심의 부정적 VOC 비중 높음 • 통계적 대표성이 없음 • 사전 통제가 어려움
의도적으로 수집된 VOC	• 시장조사 (FGI, 개별 인터뷰, 관찰조사)	• 특정 마케팅 이슈나 문제 해결에 필요한 고객 목소리 수집 • 사전통제에 의한 조사기획으로 전략적 활용도 높음

[대표적인 VOC 유형]

구분	내용
문의	단순한 질의, 자료 요청, 서비스 요청
건의	제안, 개선 요구, 시설 보수 등
신고	제보 및 시설물 고장 신고
칭찬	직원, 부서, 기관/기업 칭찬
불만	각종 불편 사항, 직원 불친절, 기타 이용 중 불편한 사항
기타	상기의 유형에 포함되지 않는 사항

2 VOC 처리 ★★★

(1) VOC 처리 결과 피드백하기

① 개요

㉠ 다양한 고객 접점 채널을 통해 수집된 고객의 소리(VOC)는 유형별로 분류되어 문제 발생 부서 혹은 해결 부서로 배분된다.

㉡ 부서로 접수된 VOC에 대해 내용을 확인 및 분석하고 해결한다.

㉢ 처리된 VOC의 결과는 해피콜(Happycall)을 통해 고객에게 외부 피드백되어 고객의 만족도를 높일 뿐만 아니라 연구, 마케팅, 영업, 생산 등 기업 내부의 업무 개선 활동 및 아이디어 도출에 활용될 수 있도록 내부 피드백한다.

② 외부 피드백(해피콜하기) 기출

㉠ 콜센터에서 VOC 처리 결과를 외부 고객에게 전화, e-mail, SMS 등 비대면 채널로 피드백한다.

㉡ 고객의 불만 사항을 효과적으로 회신하고, 고객으로 하여금 존중받고 있음을 느끼게 하여 고객의 충성도를 제고할 수 있다.

㉢ 나아가 기업에 대한 불만 확산을 차단하고 기업의 이미지를 개선할 수 있다.

③ 내부 피드백(VOC 활용하기)

 ㉠ VOC는 고객이 자발적으로 의사를 표현한 것이므로 가장 효과적인 시장조사의 수단이 될 수 있다.

 ㉡ VOC 처리를 통하여 제품 및 서비스의 주요 포인트를 파악하고 제품 및 서비스의 질을 개선하거나 신제품이나 새로운 서비스 개발의 아이디어 등으로 활용할 수 있다.

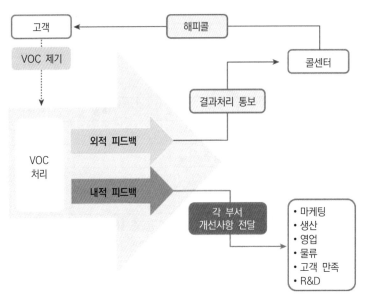

▲ VOC 처리 결과에 대한 피드백 프로세스

(2) 외부 피드백(해피콜)의 이해 [기출]

① 의의

 ㉠ 해피콜은 아웃바운드 텔레마케팅 업무로, 해당 부서에서 제공한 VOC 처리 결과에 대한 만족 및 불만사항 등을 전화로 직접 수집하거나 감사의 전화 등을 실시하는 것이다.

 ㉡ 해피콜을 통해 고객의 불편이나 서비스 개선 사항 등을 발굴하여 개선할 수 있다.

② 해피콜의 유형

 ㉠ 접수된 VOC의 처리가 오랜 기일이 소요되어 고객 불만이 장기간 해결되지 않은 경우 중간 처리 과정으로 해피콜을 실시한다.

 ㉡ 고객이 신청한 VOC에 대한 처리 결과에 대한 만족 및 불만사항 등을 최종적으로 확인하는 과정으로 해피콜을 실시한다.

③ 해피콜의 단계

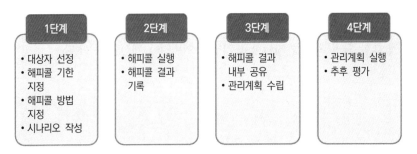

④ 해피콜 질문 내용
　㉠ VOC 처리 중 해피콜
　　ⓐ 고객이 신청한 VOC 처리가 처리 기한을 초과할 것으로 예상되는 경우 처리 기한 이내에 중간 결과를 고객에게 해피콜 한다.
　　ⓑ VOC 처리 중 해피콜 진행 시에는 진행과정, 처리상의 애로사항, 향후 추가 소요기일 등을 안내한다.
　㉡ VOC 처리 결과 통보 후 해피콜
　　ⓐ 고객이 신청한 VOC 처리 결과를 회신 완료 후 정해진 기한 내(예 5일 이내)에 고객을 대상으로 해피콜 한다.
　　ⓑ 결과 통보 후 해피콜 진행 때에는 처리과정의 친절도 및 신속성, 처리결과에 대한 만족도, 불만 및 개선사항 등을 확인한다.
　　ⓒ 불만족 사항 중 개선 참고사항은 즉시 수용한다. 이해나 설득이 필요한 부분에 대해서는 설명하여 고객의 불만을 최소화한다.
　　ⓓ 고객의 제도개선 요구 및 건의사항은 긍정적인 자세로 청취한다.

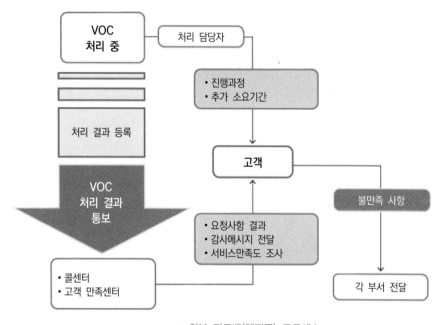

▲ 외부 피드백(해피콜) 프로세스

(3) 내부 피드백의 이해(VOC 활용하기)

① 의의 및 활용
　㉠ 콜센터, 고객센터 등을 통하여 수집된 고객의 소리(VOC) 데이터는 주기적인 분석을 통해 고객 만족도를 제고하기 위한 개선 전략을 수립하는 데 활용된다.
　㉡ 수립된 개선 전략은 영업, 마케팅, 생산 등 관련 부서에 전달되어 실행된다.

ⓒ 처리된 VOC 결과의 활용

ⓐ 효율적인 시장 조사 수단으로 이용한다.

ⓑ 제품 및 서비스의 주요 세일즈 포인트를 파악한다.

ⓒ 신제품 및 서비스 개발 아이디어로 활용한다.

ⓓ 기존 제품 및 서비스를 개선한다.

ⓔ 리스크를 사전에 예방한다.

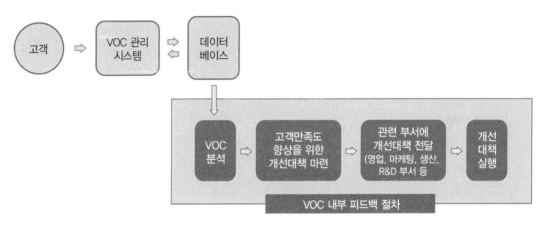

▲ 내부 피드백(VOC 활용) 프로세스

(4) VOC 처리 결과 외부 피드백의 실제

① VOC 처리 결과의 고객에 대한 피드백

ⓐ 해피콜을 실시할 경우 VOC 처리 결과를 회신 완료 후 정해진 기한 내(예 1주일)에 고객 응대 매뉴얼에 따라 실시한다.

ⓑ 고객 불만에 대해 공감하고 대안을 제시한다.

ⓒ 고객의 불만 해소 피드백 절차

ⓐ 고객의 불만 해소는 VOC 처리 업무 중에서도 빈도가 높은 업무이며 업무량에서도 높은 비중을 차지한다.

ⓑ 피드백 담당자는 VOC 건별 처리기한이 준수될 수 있도록 VOC 관리시스템을 통하여 일정을 관리한다.

▲ 불만고객 피드백 절차

② 비대면 상황에서 VOC 결과의 효과적인 피드백

ⓐ 통신판매의 VOC 처리 업무는 고객의 반응을 즉각적으로 파악하고 대처하기가 곤란한 경우가 다수다.

ⓑ 고객 응대 매뉴얼 또는 VOC 처리 지침서 상의 고객 피드백 관련 방법 및 절차를 숙지하고 활용한다.

③ 고객의 존중감 고취 기출

　㉠ VOC를 접수하는 고객의 대부분은 본인의 의사를 적극적으로 표명하는 성격의 보유자가 대부분이다.

　㉡ 이러한 고객의 특성을 고려하여 VOC를 충실하게 처리하고 피드백을 통하여 고객은 기업으로부터 존중 받고 있음을 느낄 수 있다.

　㉢ 피드백을 하는 경우에 고객의 VOC가 어떻게 접수되어 해결되었는지를 구체적으로 설명하는 것이 효과 적이며, VOC 관리시스템에 입력된 처리 결과를 고객에게 전달할 수 있어야 한다.

④ 충성고객 육성

　㉠ 고객의 충성도를 제고함으로써 고객을 포함한 주변 인물들의 기업 호감도가 좋아지는 효과를 얻을 수 있다.

　㉡ 고객으로 하여금 긍정적인 VOC 또는 제안, 아이디어를 얻을 수 있게 된다.

　㉢ 고객 관계 관리(CRM)를 통해 해당 고객을 충성고객으로 관리할 수 있어야 한다.

⑤ 기업의 이미지 개선

　㉠ 외부 피드백을 통하여 기업 이미지의 부정적인 면을 개선하고 긍정적인 면을 강화할 수 있다.

　㉡ 기업 이미지 개선의 효과를 알고 피드백에서 그 효과를 낼 수 있는 방법을 알아야 한다.

(5) VOC 처리 결과 내부 피드백의 실제

① VOC 처리 결과를 해당 부서에 통보한다.

② 해당 부서에서는 VOC 처리 결과를 활용한다.

　㉠ 효율적인 시장 조사 수단으로 이용한다.

　㉡ 제품 및 서비스의 주요 세일즈 포인트를 파악한다.

③ VOC 처리 과정에서 요소별 빈도를 파악하여 고객의 공통 선호 요소를 파악한다.

④ VOC 처리 시에 해당 사항에 대하여 식별하고 해당 업무의 부서에 피드백한다.

⑤ 신제품 및 서비스 개발 아이디어로 활용한다.

⑥ 기존 제품 및 서비스를 개선한다.

⑦ VOC 처리 결과를 바탕으로 리스크를 사전에 예방한다.

3 VOC 분석 ★

(1) VOC 측정 지표

① 가입 해지율 기출

　㉠ 가입 해지 지표는 사용자가 상품 또는 서비스를 취소, 다운그레이드, 반품하는 경우 해당 과정에서 측정 한다.

　㉡ 통상 자사 제품 또는 서비스를 왜 취소했는지 형태의 객관식 설문으로 질문한다.

　㉢ 떠나는 고객으로부터 가격 정책 비교 또는 광고, 마케팅 비교 등에 관한 정보를 얻을 수 있다.

② 순추천지수(NPS : Net Promoter Score) : 0~10점 척도의 고객 충성도 및 만족도를 나타낸다. NPS 조사 결과를 통해 특정 제품, 서비스를 동료나 지인, 친구에게 추천할 가능성을 알아볼 수 있다.

③ 고객 만족도 점수(CSAT : Customer Satisfaction Score) 기출

　　㉠ '구매한 제품에 만족하십니까?' 또는 '이 페이지에 만족하십니까?' 등 간단한 질문을 던지고 '예/아니오' 등 두 개의 선택지를 제시하는 형태다.

　　㉡ CSAT는 이렇듯 간단한 질문과 답변을 통해 문제를 빠르게 파악해서 신속하게 해결하는 데 유용하게 사용될 수 있는 지표다.

(2) VOC 분석의 관점

① 2000년대 CRM 시스템을 포함하는 대규모 콜센터 인프라의 구축으로 인하여 대용량의 고객 상담 메모가 시스템상에 지속적으로 축적되어 왔다.

② 디지털 환경의 보편화 및 인터넷 환경 등이 활성화되며 소비자의 적극적인 의사 표현이 이루어지고 있다.

③ 다양한 고객의 필요 및 문제를 명확히 파악하고 이를 제품/서비스에 반영하는 것은 갈수록 치열해지는 기업 경쟁 환경에서 기업의 생존과 직접적인 연관성을 가지게 된다.

④ VOC를 분석하는 것은 고객, 직원, 회사 모두에게 긍정적 결과를 제공한다.

고객	• 서비스 개선에 의한 고객 만족도 향상
담당(직원)	• 다양한 고객 채널에 대한 효과적인 대응 필요 • 고객의 정확한 요구사항 파악 및 빠른 대응 체계 마련
직업(관리자/경영자)	• 효과적 고객 서비스 체계 마련, 경영 효율 확보 • 제품/서비스의 고객 맞춤형 대응에 의한 매출 확대

(3) VOC를 근거로 한 서비스 개선방법

① 일반 서비스

　　㉠ 웹과 모바일 환경에서 고객의 소리를 수집하는 보편적인 방법으로 사이트 내 고객센터를 운영하는 것이 보통이다.

　　㉡ 문의, 신고, 제안하기, 자주 묻는 질문, 공지사항 게시판을 구성하여 고객의 소리가 접수되면 이메일/SMS 등을 통해 진행 상황을 안내한다.

② 쇼핑 서비스

　　㉠ 상품 거래가 빈번히 발생하는 특성상 타 서비스에 비해 고객센터의 유입 비중이 높다.

　　㉡ 대부분의 쇼핑 서비스는 GNB(Global Navigation Bar)에 고객센터 메뉴를 위치시켜 접근성을 높이고 있다.

　　㉢ 판매 절차에 따라 문의 내용이 다양하기 때문에 빠르고 정확한 답변을 받기 위해 문의 유형을 분류해 전담 직원에게 바로 연결되도록 설계한다.

③ 서비스 피드백(스타트업)

　　㉠ 스타트업 서비스에 적합한 VOC 방법은 사이트 전면에 피드백 버튼을 삽입하는 방식이 적합하다.

　　㉡ 고객 참여를 비약적으로 높일 수 있기 때문에 서비스의 버그 및 오류를 빠르게 발견할 수 있으며 이를 통해 고객의 니즈를 반영한 서비스 구현이 가능하다.

　　㉢ 고객 문의에 대해서는 즉각 피드백을 하고, 오류는 빠르게 해결하며, 친절하고 진정성 있게 소통하는 인상을 줄 수 있다.

④ 시스템 오류 수집

    ㉠ IT 서비스는 다양한 환경에서 구동되기 때문에 수많은 테스트를 진행했다 하더라도 제작자가 발견하지 못한 오류가 발견되기도 한다.

    ㉡ 고객이 오류 상황에 메시지를 남길 수 있도록 친절한 안내 멘트와 함께 입력 박스를 제공하는 형태다.

    ㉢ 고객이 고객센터를 찾아가는 수고를 덜어주고 오류 발생 시점에 참여할 수 있기에 시스템 오류를 빠르고 정확하게 수집 가능하다.

⑤ 틀린 정보를 신고받는 방법

    ㉠ 온라인에 쉽게 찾아볼 수 있는 서비스 요금, 매장 위치, 여행지 위치, 연예인 프로필 등의 정보는 시간이 경과함에 따라 지속 변경된다.

    ㉡ 많은 정보를 소수의 운영자로 관리하는 것이 불가능하므로 고객 참여를 통해 틀린 정보를 신고받는 것이 유용하다.

    ㉢ 기업은 고객의 신고 내용을 토대로 정확성 유무를 체크해 업데이트하면 되므로 고객 참여를 통해 최신 정보를 관리할 수 있게 된다.

2 우수고객관리

1 고객 가치의 개념 ★★★

(1) 우수고객관리의 필요성 [기출]

① '20% 고객이 매출 80%를 차지한다.'라는 파레토 법칙이 알려지면서 우수고객관리의 필요성이 강조되고 있다.

② 고객을 효율적으로 관리하기 위해서 불특정 다수의 잠재 고객을 신규고객으로, 신규고객을 일반고객으로, 일반고객을 다시 단골고객으로 전사적 관리가 용이한 고객 관계 관리(CRM)가 1990년대 후반부터 활성화되었다.

③ 신규고객을 획득하는 데 드는 비용은 기존 고객을 유지하는 데 드는 비용에 비해 무려 3~5배가 더 소요된다.

④ 단골고객은 매출의 많은 부분을 차지하는 중요한 변수가 되며, 관계가 오래 지속된 고객은 기업에 대한 친근감과 만족도가 높아 관계가 상대적으로 약한 신규고객보다 재방문할 가능성이 높다.

⑤ 단골고객은 입소문을 낸다. 따라서 고객의 데이터베이스를 구축하여 1:1 마케팅으로 집중 관리할 필요가 있다.

⑥ 우수고객관리는 매출 증대, 반복 구매율 증가라는 경제적 효과뿐만 아니라 구전효과로 고객 만족도를 창출하고 충성고객 유치 등의 부가적인 기대효과를 얻을 수 있다.

> **고객관리의 필요성과 관련된 연구내용**
>
> ❶ 불만 고객의 4%만이 불만을 직접적으로 표현하고 75~90%의 불만 고객은 재방문을 하지 않는다.
> ❷ 불만 고객은 9명 이상의 친구에게 그 경험을 이야기하지만, 만족 고객은 5명의 잠재 고객에게 이야기한다.
> ❸ 고객의 클레임을 신속하게 대처하면 고객의 70%가 거래를 계속한다.
> ❹ 기존 고객을 유지하는 비용은 신규고객을 유지하는 비용의 1/6에 지나지 않는다.
> ❺ 기업은 연간 5%의 고객유지율을 증가시킴으로써 수익을 무려 85%나 증가시킬 수 있다.
> ❻ 평균적인 기업의 비즈니스 가운데 65%는 만족을 느낀 기존 고객을 통하여 이루어진다.
> ❼ 만족 고객은 기꺼이 더 많은 비용을 지불하려고 한다.
> ❽ 단골 고객은 총 고객의 15~20% 정도이며 기업 이익의 70~80%가 단골고객으로부터 나온다.

(2) 고객 가치의 이해

① 고객 가치의 개념과 의미

　㉠ 고객 가치는 고객이 기꺼이 지불하려는 의지이며, 상품이나 서비스가 욕구나 필요를 충족하는 것을 고객이 지각한 정도이다.

　㉡ 고객 가치는 고객이 상품이나 서비스로부터 받는 편익(benefits)과 상품이나 서비스를 얻는 것과 관련된 비용(costs)의 차이를 경쟁자의 제공물과 비교·평가한 것이다.

　㉢ 지각된 편익은 기업으로서는 가치제안으로 상품의 편익, 품질, 서비스, 경험과 가격으로 구성된다.

　㉣ 지각된 비용은 고객이 돈, 시간, 에너지와 심리비용을 포함한 제품을 평가, 획득, 사용과 처분할 때 또는 서비스를 사용할 때 발생한 비용이다.

　㉤ 고객 가치는 개인들이 어떤 상품이나 서비스의 지각된 편익을 평가하고, 그 사람 다음 지각된 비용과 비교하는 것이다. 고객이 편익이 비용보다 크다고 느끼면 제품이나 서비스는 매력적이다.

② 고객이 느끼는 편익의 구성

서비스 가치	소비자가 서비스에 부여하는 가치 → 보증, 광범위한 유통망, 소매점과 서비스 센터 등
인적 가치	소비자가 서비스를 제공하는 사람에게 부여하는 가치 → 종업원의 지식과 친절 등
이미지 가치	소비자가 서비스나 공급자의 이미지에 부여하는 가치 → 품질과 연상되는 이미지 등

③ 고객 가치의 유형

　㉠ 쉐스(Sheth) 등은 가치의 유형으로 기능적 가치, 사회적 가치, 정서적 가치, 지적 가치, 상황적 가치를 제시하였다.

　㉡ 5가지 가치 유형 [기출]

기능적 가치	상품이나 서비스의 실용적인 목적을 수행하는 능력 → 성능, 특징, 구체적 결과 등
사회적 가치	이미지나 상징을 사용함으로써 다른 집단과 맺는 추상적 관계 → 엘리트 구성원이라는 느낌, 특별한 손님이라는 자부심 등
정서적 가치	정서나 감정적 반응을 야기하는 가치 → 보험회사의 안전, 놀이기구의 흥분 등
지적 가치	상품이나 서비스에 대한 신기함이나 더 많이 알고 싶어 하는 호기심, 희망을 유발하는 가치 → 교육용 소프트웨어, 로봇을 활용한 마케팅 등
상황적 가치	특별한 맥락이나 사회문화적 환경에서 비롯된 가치 → 휴일을 활용한 할인행사 등

2 RFM 분석 ★★★

(1) 의의

① 경쟁이 치열해지고 산업이 고도화될수록 신규 고객을 창출하는 것은 매우 제한적이고 비용이 지속적으로 증가하는 현상을 동반하게 된다.

② 고객 충성도를 제고하고 고객 관계 관리를 강화하기 위해 세분화된 집단별로 각기 다른 맞춤화 전략 실행이 요구된다.

③ 세분화된 그룹별로 차별적인 고객관리 전략을 수행하기 위해서는 고객 정보 분석 시 보다 풍부한 정보를 통해 고객가치를 파악하는 작업이 요구된다. 따라서 자연스럽게 기존 고객을 유지하거나 충성 고객으로 전환하는 것에 대한 가치가 증대된다.

④ 고객 충성도를 극대화하기 위해서 충성도가 높은 고객군을 발굴하여 차별화된 고객 유지 전략을 활용하는 필요성이 증가할 때 대표적으로 활용될 수 있는 고객 정보 분석 방법은 RFM 방법이다.

(2) RFM 분석의 이해

① **RFM 개념** 기출 : RFM은 최근성(Recency), 행동(구매)빈도(Frequency), 구매금액(Monetary)의 세 가지 기준을 이용해 고객이 얼마나 최근, 얼마나 자주, 얼마나 많은 구매를 했는가를 분석하는 고객 구매 행동과 관련된 분석 방법이다.

② **RFM 산출**

최근성 (Recency)	고객이 얼마나 최근에 자사의 제품 또는 서비스를 구매했는지를 분석 → 분석 시점에서 볼 때 최근 구매 시점에 가까울수록 우량 고객임
행동(구매)빈도 (Frequency)	• 정해진 기간 동안에 특정 제품을 얼마나 자주 구매했는지의 정도로 측정 → 구매 횟수가 많을수록 우량 고객임 • 행동(구매)빈도를 통해 고객의 친밀도를 짐작할 수 있으며, F값이 낮은 고객이 많으면 고객에게 현재 만족감을 주고 있지 않을 가능성이 많음 • F값이 낮은 고객이 적으면 신규진입고객이 적다는 의미로 신규 고객을 획득하기 위한 다양한 전략 실행이 요구됨 • F값이 높은 고객이 많다는 것은 현재 단골고객을 확보하고 있다는 의미로 해석할 수 있음
구매금액 (Monetary)	• 일정 기간 동안에 고객이 구매한 총 구매액의 가치를 통해 추정 → 구매금액이 높을수록 높은 점수를 부여 • M값이 높다는 것은 일반적으로 고객의 구매력이 있다는 판단기준으로 활용될 수 있음

(3) RFM 분석의 실제 기출

① RFM 분석을 위한 고객의 데이터를 수집하고 정리

㉠ 고객의 최근성을 파악한다. A 고객의 최근 구매일은 지금으로부터 3일 전이고 B 고객은 2일 전이다. 따라서, '최근성' 관점에서는 B 고객이 더 가치가 있게 된다.

㉡ 고객의 행동(구매)빈도를 파악한다. A 고객은 정해진 기간 3번 구매를, B 고객은 1번 구매를 했다. 따라서, '행동(구매)빈도' 관점에서는 A 고객이 더 가치가 있게 된다.

㉢ 고객의 구매금액을 파악한다. A 고객의 구매금액이 B 고객보다 크다. 따라서, '구매금액' 관점에서는 A 고객이 더 가치가 있게 된다.

② RFM 분석 방법을 실행한다.
    ㉠ 특정 행동을 '구매'로 한정하여 위의 3가지 인자는 수집된 데이터를 근거로 하여 모두 수치로 표현한다.
    ㉡ '마지막 구매 날짜로부터 얼마만큼의 시간이 지났는가?'로 최근성, 행동(구매)빈도는 특정 기간에 몇 번 구매했는지, 구매금액은 특정 기간의 구매금액으로 표현한다.
    ㉢ 이를 바탕으로 모든 고객에 관하여 최근성, 행동(구매)빈도, 구매금액을 수치화한다.
    ㉣ 모든 고객에 관해서 수치화했다면 최근성, 행동(구매)빈도, 구매금액별로 가치가 높은 순으로 정렬한다.

원(raw) 데이터

고객	최근성	행동(구매)빈도	구매금액
A	3일	13회	100만 원
B	1일	7회	200만 원
C	2일	6회	300만 원

정렬

최근성

고객	최근성
B	1일
C	2일
A	3일

행동(구매)빈도

고객	행동(구매)빈도
A	13회
B	7회
C	6회

구매금액

고객	구매금액
C	300만 원
B	200만 원
A	100만 원

    ㉤ 등급 책정
        ⓐ 최근성, 행동(구매)빈도, 구매금액별로 구간을 정하고 각 고객이 어느 구간에 들어가는지 확인하여 등급을 매긴다.
        ⓑ 구간을 나누는 방법은 분위 수를 이용하는 방법, 최솟값, 최댓값을 이용한 방법이 있다.
        ⓒ 고객 A의 최근성은 3일이고 2등급 구간에 들어간다면 최근성 요인 기준으로 '2등급'이 된다.
        ⓓ 행동(구매)빈도와 구매금액 등급도 위와 같은 과정으로 처리하여 매긴다. 이것이 RFM 분석 방법이다.
③ RFM 분석 결과에 따른 고객 분류
    ㉠ RFM 분석 결과를 토대로 고객을 분류하고 관리한다. RFM 분석 결과를 통해서 얻은 최근성, 행동(구매)빈도, 구매금액 등급을 이용하여 고객을 분류하게 된다. 이를 통해 마케터들은 고객의 유형을 파악하게 된다.
    ㉡ 최근성, 행동(구매)빈도, 구매금액 모두 등급이 높은 고객은 회사로서는 가장 놓치면 안 되는 핵심 고객으로 고객관리란에 처리한다.
    ㉢ 최근성, 행동(구매)빈도는 높지만, 구매금액이 낮은 고객은 가장 최근에도 왔고 평소에도 자주 방문했지만, 실제 구매로는 이어지지 않는 고객으로서 상품에 관심은 많지만, 구매를 망설이는 고객으로 고객관리란에 처리한다.
    ㉣ 최근성과 구매금액은 높지만 행동(구매)빈도가 낮은 경우는 신규 고객으로 처리한다.

⑩ 행동(구매)빈도와 구매금액은 높지만 최근성이 떨어지는 경우는 예전에는 주 고객이었다가 어떠한 이유로 지금은 이탈한 고객으로 판단하여 고객관리란에 처리한다.

⑭ 고객의 유형이 결정되면 마케팅 관련 담당자는 그 유형에 맞는 전략을 수립한다.

④ **고객의 가치를 나타내는 지표로 활용**

㉠ RFM 분석 결과는 적절한 가중치를 통하여 고객을 평가하는 지표로 활용한다.

> 고객 지표 = a × 최근성 등급 + b × 행동(구매)빈도 등급 + c × 구매금액 등급

㉡ 고객 지표를 계산하면 이를 가지고 고객의 등급을 매기고 관리한다. 최근성, 행동(구매)빈도, 구매금액을 개별로 보는 것이 아니고 세 가지 모두를 고려하여 등급을 매긴다.

㉢ 모든 고객에게 등급을 부여하고 각각의 등급별로 매출 기여도를 계산한다.

㉣ 마케터는 이를 분석하여 고객 등급별로 마케팅전략을 수립한다.

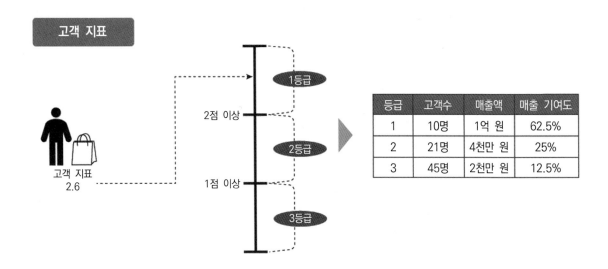

등급	고객수	매출액	매출 기여도
1	10명	1억 원	62.5%
2	21명	4천만 원	25%
3	45명	2천만 원	12.5%

⑤ **RFM의 활용**

㉠ RFM 모형은 유통 시장에서 POS(Point Of Sale) 시스템의 보급을 통해 고객들의 구매 정보를 손쉽게 획득하게 되면서 보편화된 고객 정보 분석 방법이다.

㉡ 수집된 고객정보를 활용하여 세 가지 기준을 각기 적용하여 충성도가 높은 고객의 우량 고객 행동을 선별해 낼 수 있다는 점에서 활용도가 매우 높은 고객 정보 분석 방법이다.

㉢ RFM 방식은 계량화가 용이하고, 고객의 가치가 금전적 가치를 포함하여 행동(구매)빈도와 최근성이라는 고객 구매 행동 지표도 포함하고 있다.

㉣ RFM 방식은 충성도가 높은 우량 고객을 세분화시키고, 고객 특성별로 각기 다른 고객관리 차별화 전략을 실행하는 것을 가능하게 하는 고객 정보 분석 방법이다.

ⓜ RFM의 활용 방안

캠페인 대상 선정	이메일, 카탈로그, DM 등을 활용하여 캠페인을 할 때 구매 가능성이 높을 것으로 예상되는 고객집단을 선정
차별화 마케팅	RFM 지수를 분석하는 과정에서 다양한 세분시장 도출 → 각각의 세분시장은 서로 다른 특성을 지니기 때문에 그 특성에 맞는 마케팅전략을 수립하고 실행
고객의 가치평가	RFM 지수를 산출하고 이를 기본으로 고객가치를 측정

3 고객 충성도 강화 ★

(1) 고객 충성도의 개념

① 고객 충성도(Customer Royalty)는 특정 기업이나 제품에 대한 애착 또는 애호도로 정의할 수 있다.

② 고객 충성도는 기업의 우월한 가치전달로 고객이 장기간에 걸쳐 그 기업의 제품이나 서비스를 구매하고, 타인에게 추천하기도 하고, 혹은 프리미엄 가격을 지불하는 행태로 나타난다.

③ 충성 고객의 특징 기출

ⓖ 지속적인 반복 구매 행동을 보이며 이탈 또는 경쟁기업으로의 전환 행동을 하지 않는다.

ⓛ 지인들을 대상으로 구전 활동을 통해 추천하는 행동을 보인다.

ⓒ 현재 사용하는 상품이나 서비스 이외에도 해당 기업의 다른 제품 영역에도 관심을 보이고 접근한다.

ⓔ 해당 기업의 상품과 서비스를 넘어 기업의 전반적인 활동에 관심을 갖는다.

ⓜ 소비자가 일단 어떤 상품 또는 서비스를 구입하여 이용하기 시작하면, 다른 유사한 상품이나 서비스로의 수요 이전이 어렵게 되는데 이를 자물쇠 효과(Lock-in Effect)라고 한다.

자물쇠 효과의 발생원인	주요 내용
높은 전환 비용	전환비용이 높을수록 고객의 고착화는 높아짐
계약 조건	거래계약상에 전환을 제한 → 위약에 대한 부담으로 자물쇠 효과가 나타남
긍정적 네트워크 효과	사용자가 많을수록 만족감 증가 → 자물쇠 효과 강화

(2) 고객 충성도의 측정

① 향후 미래에 해당 제품이나 서비스를 재구매하려는 의향을 통해 측정된다. 실제 조사 시에는 이러한 재구매 의향에 대한 답이 과장되는 경향도 있지만 통상 상당한 신뢰성을 갖는 질문 형태이다.

② 실제 구매 행태에 관한 측정치를 이용하는 방법으로 최근성, 빈도, 구매량, 유지율, 구매 기간 등을 통해 파악하는 방법이다. 주로 최근성, 행동(구매)빈도, 구매량을 많이 이용한다.

③ 특정한 제품이나 브랜드를 타인에게 추천할 의향이 있는지, 혹은 긍정적인 구전을 하고 있는지의 여부를 통해서 측정할 수 있다. 고객 충성도와 고객 유지 비용을 기준으로 하여 활용할 수 있는 고객 분석의 예를 다음과 같이 제시할 수 있다.

④ 고객 충성도를 기준으로 고객 유지 비용을 활용하여 고객 분석을 수행했을 경우, 크게 4집단으로 고객을 구분할 수 있다. 기출

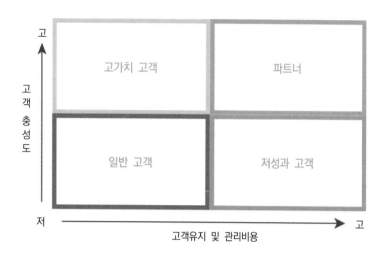

ⓐ 일반 고객은 판매 기업에 대해 충성도는 낮지만, 요구사항은 적은 특징을 보인다.

ⓑ 저성과 고객은 판매 기업에 대한 충성도는 낮고 요구사항이 많아 관리 비용이 많이 들게 된다.

ⓒ 파트너 고객은 충성도는 높지만, 요구사항도 많은 고객이다.

ⓓ 고가치 고객은 충성도는 높지만, 요구사항은 적은 고객으로 기업은 가치 있는 고객과 파트너 고객 집단에 많은 자원과 노력을 투입하는 방향으로 고객 관계 관리의 전략 방향을 계획하고 수정할 수 있다.

(3) 고객 충성도 강화

① 고객 충성도 프로그램(Customer Loyalty Programs)

ⓐ 고객 충성도 프로그램은 고객 유지율을 높이는 비교적 쉬운 방법으로 포인트 시스템이나 VIP 보상 프로그램 등을 통해 구매 시 추가적인 가치를 부여하는 방법이다.

ⓑ 포인트가 쌓인 고객은 다음 구매에서 경쟁 업체를 선택하기 어려운 점을 이용한 방법으로 이를 통해 고객 충성도 이상의 효과를 누릴 수 있다.

ⓒ 리뷰 작성, 친구에게 추천하기, 소셜네트워크 공유 등 수익성 있는 행동을 수행한 고객에게 보상을 주는 방법은 고객 활성화와 비즈니스 성장을 돕는다.

② 맞춤형과 개인화(Personalization)

ⓐ 개인화 서비스로 브랜드와 관련성이 높으며 맞춤화된 경험을 제공할 수 있다. 이 과정 속에서 고객 유지율은 자연스럽게 상승한다.

ⓑ 개인화를 위해서는 고객 데이터를 모아야 하고 고객 데이터를 활용하여 추천과 개인의 니즈에 맞춘 프로모션을 제공하는 방법 등을 수행한다.

ⓒ 개인화를 사용하여 고객 유지율을 높이는 가장 일반적인 방법은 이메일이다. 리드가 발생하거나 고객이 콘텐츠에 북마크를 하면, 브랜드에 충성할 가능성이 커진다.

③ 고객 관계 관리(CRM : Customer Relationship Management)

   ⊙ CRM은 고객의 전체 여정 추적과 만족도 향상에 사용되는 도구다. 전체 고객 유지 전략을 제공하기 위해 다른 수단들과 함께 사용된다.

   ⓛ CRM에는 많은 운영상의 이점이 있으며 고객 유지에 도움이 된다. 모든 고객의 정보와 상호 작용을 한 곳에 저장하면 일관성 있고 긍정적인 고객 경험을 제공하기가 쉬워진다.

> **2차 실기 기출 포인트**
>
> **고객 관계 관리(CRM)의 이점을 3가지만 쓰시오.**
>
> 정답 ① 고객과의 충성도를 강화할 수 있다.
> ② 고객 불만을 해결함으로써 고객 유지율을 개선한다.
> ③ 제품과 서비스에 만족하면 고객이 다른 사람에게 브랜드를 추천할 가능성이 커진다.

01 VOC에 대한 설명으로 가장 옳지 않은 것은?

① 다양한 비대면 채널을 통해 고객이 기업에 제시하는 문의, A/S 요청, 상담, 불만으로 칭찬과 제안은 제외한다.

② 서비스에 대한 만족 여부, 고객의 니즈 파악, 신제품 및 서비스 개발 등 기업의 업무 개선에 활용할 수 있는 경영체계다.

③ VOC 관리시스템은 전사적인 고객 관계 관리(CRM)를 추진하는 활동을 지원한다.

④ 기업의 다양한 내부 업무지원 시스템들과 연계하여 전사적으로 고객 중심의 경영을 지원한다.

해설

VOC(Voice Of Customer)는 고객의 소리를 의미하는 것이며 고객의 소리함, 전화, 인터넷, e-mail, 팩스, SMS 등 고객의 소리가 접수될 수 있는 다양한 비대면 채널을 통해 고객이 기업에 제시하는 문의, A/S 요청, 상담, 불만 그리고 칭찬과 제안 등을 의미한다.

02 VOC의 활용에 대한 설명으로 가장 옳지 않은 것은?

① 기존 고객 데이터를 분석하여 기업에 이익을 가져다줄 수 있는 관계를 유지할 수 있는 패턴 발견과 접촉 채널을 통해서 접근할 수 있다.

② 지속적인 고객 만족 프로그램을 통해서 고객의 관여와 충성도를 제고할 수 있다.

③ 고객 가치의 분석 및 평가를 통해 고객을 세분화하고 무차별 마케팅을 추구하며, 매스 마케팅을 수행한다.

④ 기존 고객 데이터를 중심으로 구매패턴과 구매시점을 분석하여 크로스셀링(Cross selling)과 업셀링(Up-selling)을 통한 수익성을 증대시킨다.

해설

고객 가치의 분석 및 평가를 통해 고객을 세분화하고 타킷 마케팅을 추구하며, 일대일 마케팅을 수행한다.

03 해피콜에 대한 설명으로 틀린 것은?

① 고객과의 원활한 인간관계를 지속적으로 유지함으로써 고객관리가 수월해진다.

② 횟수를 거듭하면서 직접 판매와도 연결시킬 수 있다.

③ 고객의 불편한 감정을 수반하면서도 판매 활동을 증진시킨다.

④ 물품 발송 후 전화나 메일로 확인하는 절차가 대표적이다.

해설

해피콜 서비스는 고객을 즐겁게 하거나 감동시킴으로써 판매 활동을 증진시키는 모든 종류의 대고객 서비스를 가리킨다.

04 다음 중 VOC 수집 채널의 성격이 다른 하나는?

① 시장 조사
② 고객 센터
③ 인터넷 상담센터
④ 인터넷 포털 사이트

해설

VOC 수집 채널은 크게 자연발생적인 것과 의도적으로 수집된 것으로 구분할 수 있다. 자연발생적 VOC는 고객센터, 인터넷 상담센터, 대외민원기관, 인터넷 포털 사이트 등이고 의도적으로 수집된 VOC는 시장 조사가 대표적이다.

정답 01 ① 02 ③ 03 ③ 04 ①

05 VOC 처리 결과 피드백에 대한 설명으로 부적절한 것은?

① 다양한 고객 접점 채널을 통해 수집된 고객의 소리(VOC)는 유형별로 분류되어 문제 발생 부서 혹은 해결 부서로 배분된다.

② 처리된 VOC의 결과는 해피콜(Happycall)을 통해 고객에게 외부 피드백 되어 고객의 만족도를 높이는 데 활용된다.

③ 고객의 불만 사항을 효과적으로 회신하고, 고객으로 하여금 존중받고 있음을 느끼게 하여 고객의 충성도를 제고할 수 있다.

④ VOC는 고객이 자발적으로 의사를 표현한 것이므로 시장조사의 수단으로 활용할 수 없다.

해설

VOC는 고객이 자발적으로 의사를 표현한 것이므로 가장 효과적인 시장조사의 수단이 될 수 있다. VOC 처리를 통하여 제품 및 서비스의 주요 포인트를 파악하고 제품 및 서비스의 질을 개선하거나 신제품이나 새로운 서비스 개발의 아이디어 등으로 활용할 수 있다.

06 해피콜에 대한 설명으로 가장 옳지 않은 것은?

① VOC 처리 결과에 대한 만족 및 불만 사항 등을 전화로 직접 수집하거나 감사의 전화 등을 실시하는 것이다.

② 해피콜은 아웃바운드 보다는 인바운드 텔레마케팅 업무에 가깝다.

③ 해피콜을 통해 고객의 불편이나 서비스 개선 사항 등을 발굴하여 개선할 수 있다.

④ 고객이 신청한 VOC에 대한 처리 결과에 대한 만족 및 불만사항 등을 최종적으로 확인하는 과정으로 해피콜을 실시한다.

해설

해피콜은 아웃바운드 텔레마케팅 업무로, 해당 부서에서 제공한 VOC 처리 결과에 대한 만족 및 불만 사항 등을 전화로 직접 수집하거나 감사의 전화 등을 실시하는 것이다.

07 해피콜 시의 질문 내용으로 가장 옳지 않은 것은?

① 고객이 신청한 VOC 처리가 처리기한을 초과하는 경우에는 처리기한이 지난 후에 최종 결과를 고객에게 해피콜 한다.

② VOC 처리 중 해피콜 진행시에는 진행과정, 처리상의 애로사항, 향후 추가 소요기일 등을 안내한다.

③ 고객이 신청한 VOC 처리 결과를 회신 완료 후 정해진 기한 내에 고객을 대상으로 해피콜 한다.

④ 해피콜 진행시에는 처리과정의 친절도 및 신속성, 처리결과에 대한 만족도, 불만 및 개선사항 등을 확인한다.

해설

고객이 신청한 VOC 처리가 처리기한을 초과할 것으로 예상되는 경우 처리기한 이내에 중간 결과를 고객에게 해피콜 한다.

08 VOC 피드백에 대한 활용으로 틀린 것은?

① 콜센터, 고객센터 등을 통하여 수집된 VOC 데이터는 주기적인 분석을 통해 고객 만족도를 제고하기 위한 개선전략을 수립하는 데 활용된다.

② 수립된 개선전략은 영업, 마케팅, 생산 등 관련 부서에 전달되어 실행된다.

③ 기존 제품 및 서비스를 개선하는 데는 활용되나 신제품 및 서비스 개발 아이디어로 활용하지 않는다.

④ VOC 처리 결과를 바탕으로 제품 및 서비스의 주요 세일즈 포인트를 파악한다.

해설

VOC 처리 결과는 신제품 및 서비스 개발 아이디어로 활용되며 기존 제품 및 서비스를 개선하는 데도 활용한다.

정답 (**05** ④ **06** ② **07** ① **08** ③)

09 비대면 상황에서 VOC 결과의 효과적인 피드백으로 틀린 것은?

① 고객 응대 매뉴얼 또는 VOC 처리 지침서 상의 고객 피드백 관련 방법 및 절차를 숙지하고 활용한다.

② VOC를 접수하는 고객의 대부분은 본인의 의사를 적극적으로 표명하지 않는 내성적 성격의 보유자가 대부분이다.

③ 피드백을 하는 경우에 고객의 VOC가 어떻게 접수되어 해결되었는지를 구체적으로 설명하는 것이 효과적이다.

④ 고객의 충성도를 제고함으로써 고객을 포함한 주변 인물들의 기업 호감도가 좋아지는 효과를 얻을 수 있다.

> **해설**
> VOC를 접수하는 고객의 대부분은 본인의 의사를 적극적으로 표명하는 성격의 보유자가 대부분이다. 이러한 고객의 특성을 고려하여 VOC를 충실하게 처리하고 피드백을 통하여 고객은 기업으로부터 존중받고 있음을 느낄 수 있다.

10 VOC 처리 결과의 내부 피드백 활용에 대한 설명으로 가장 옳지 않은 것은?

① VOC 처리 시에 해당 사항에 대하여 식별하고 해당 업무의 부서에 피드백한다.

② 효율적인 시장 조사 수단으로 이용한다.

③ VOC 처리 과정에서 요소별 빈도를 파악하여 고객의 공통 선호 요소를 파악한다.

④ VOC 처리 결과를 바탕으로 리스크를 사후적으로 관리한다.

> **해설**
> VOC 처리 결과를 바탕으로 리스크를 사전에 예방한다.

11 VOC 측정 지표에 대한 설명으로 옳은 것은?

① 가입 해지 지표는 사용자가 상품 또는 서비스를 취소, 다운그레이드, 반품하는 경우 해당 과정에서 측정한다.

② NPS는 간단한 질문과 답변을 통해 문제를 빠르게 파악해서 신속하게 해결하는 데 유용하게 사용될 수 있다.

③ CSAT 조사 결과를 통해 특정 제품, 서비스를 동료나 지인, 친구에게 추천할 가능성을 알아볼 수 있다.

④ 떠나는 고객에게는 가격 정책 비교 또는 광고, 마케팅 비교 등에 관한 정보를 얻을 수 없다.

> **해설**
> ② CSAT는 간단한 질문과 답변을 통해 문제를 빠르게 파악해서 신속하게 해결하는 데 유용하게 사용될 수 있다.
> ③ NPS조사 결과를 통해 특정 제품, 서비스를 동료나 지인, 친구에게 추천할 가능성을 알아볼 수 있다.
> ④ 떠나는 고객으로부터도 가격 정책 비교 또는 광고, 마케팅 비교 등에 관한 정보를 얻을 수 있다.

12 VOC 분석의 관점으로 틀린 것은?

① 대규모 콜센터 인프라의 구축으로 인하여 대용량의 고객 상담 메모가 시스템상에 지속적으로 축적되어 왔다.

② 디지털 환경의 보편화 및 인터넷 환경 등이 활성화되며 소비자의 적극적인 의사 표현이 이루어지고 있다.

③ 갈수록 치열해지는 기업 경쟁 환경에서 기업의 생존과 직접적 관계를 가지고 된다.

④ VOC를 분석하는 것은 고객보다는 직원, 회사에 긍정적 결과를 제공한다.

> **해설**
> VOC를 분석하는 것은 고객, 직원, 회사 모두에게 긍정적 결과를 제공한다. 고객에게는 서비스 개선에 의한 만족도를 향상시킬 수 있는 요인이다. 담당 직원에는 고객의 정확한 요구사항 파악 및 빠른 대응 체계 마련을 가능케 한다. 회사 입장에서는 제품/서비스의 고객 맞춤형 대응에 의한 매출 확대 기회가 된다.

정답 (**09** ② **10** ④ **11** ① **12** ④)

13 VOC를 근거로 한 서비스 개선방법으로 틀린 것은?

① 고객의 소리가 접수되면 이메일/SMS 등을 통해 진행 상황을 안내한다.
② 대부분의 쇼핑 서비스는 GNB에 고객센터 메뉴를 위치시켜 접근성을 높이고 있다.
③ 틀린 정보를 신고받는 방법의 경우 많은 정보를 소수의 운영자로 관리하는 것이 가능하다는 이점이 있다.
④ 스타트업 서비스에 적합한 VOC 방법은 사이트 전면에 피드백 버튼을 삽입하는 방식이 적합하다.

해설

틀린 정보를 신고받는 방법의 경우 많은 정보를 소수의 운영자로 관리하는 것이 불가능하므로 고객 참여를 통해 신고받는 것이 유용하다.

14 우수 고객관리를 설명한 것으로 가장 적절하지 않은 것은?

① 고객 관계 관리(CRM)가 1990년대 후반부터 활성화되었다.
② 단골고객은 매출의 많은 부분을 차지하는 중요한 변수다.
③ 우수 고객은 신규 고객보다 재방문할 가능성이 높다.
④ 신규 고객 데이터베이스를 구축하여 1:1 마케팅으로 집중 관리해야 한다.

해설

단골고객은 입소문을 낸다. 따라서 고객의 데이터베이스를 구축하여 1:1 마케팅으로 집중 관리할 필요가 있다.

15 고객가치에 대한 설명으로 틀린 것은?

① 고객이 특정 상품이나 서비스에 기꺼이 지불하려는 의지이다.
② 상품이나 서비스가 욕구나 필요를 충족하는 것을 고객이 지각한 정도다.
③ 경쟁자의 제공물과 상관없이 고객이 편익과 비용을 평가한 것의 차이다.
④ 고객이 편익이 비용보다 크다고 느끼면 제품이나 서비스는 매력적이다.

해설

고객 가치는 고객이 상품이나 서비스로부터 받는 편익(benefits)과 상품이나 서비스를 얻는 것과 관련된 비용(costs)의 차이를 경쟁자의 제공물과 비교·평가한 것이다.

16 소비자가 서비스를 제공하는 사람에게 부여하는 가치는?

① 인적 가치
② 서비스 가치
③ 이미지 가치
④ 기업 가치

해설

고객이 느끼는 편익은 서비스 가치, 인적 가치, 이미지 가치로 구분할 수 있다. 소비자가 서비스를 제공하는 사람에게 부여하는 가치는 인적 가치. 서비스 가치는 소비자가 서비스에 부여하는 가치로 보증, 광범위한 유통망 등이다. 이미지 가치는 소비자가 공급자나 서비스의 이미지에 부여하는 가치로 품질과 관련하여 연상되는 가치다.

17 상품이나 서비스에 대한 신기함이나 더 많이 알고 싶어 하는 호기심과 관련된 가치는?

① 기능적 가치
② 사회적 가치
③ 상황적 가치
④ 지적 가치

해설

① 기능적 가치는 상품이나 서비스의 실용적인 목적을 수행하는 능력과 관련된다.
② 사회적 가치는 이미지나 상징을 사용함으로써 다른 집단과 맺는 추상적 관계와 관련된다.
③ 상황적 가치는 특별한 맥락이나 사회문화적 환경에서 비롯된 가치다.

18 RFM 분석에 대한 설명으로 틀린 것은?

① 분석 시점에서 볼 때 최근 구매 시점에 가까울수록 우량 고객이다.
② 구매 횟수가 많을수록 우량 고객이다.
③ F값을 통해 고객의 친밀도는 알 수 없다.
④ M값이 높다는 것은 고객의 구매력이 있다는 판단기준으로 활용될 수 있다.

해설

행동(구매)빈도를 통해 고객의 친밀도를 짐작할 수 있으며, F값이 낮은 고객이 많으면 고객에게 현재 만족감을 주고 있지 않을 가능성이 많다.

정답 13 ③ 14 ④ 15 ③ 16 ① 17 ④ 18 ③

19 RFM 분석 결과에 따른 고객 분류로 틀린 것은?

① 최근성, 행동(구매)빈도, 구매금액 모두 등급이 높은 고객은 회사로서는 가장 놓치면 안 되는 핵심 고객이다.

② 최근성, 행동(구매)빈도는 높지만, 구매금액이 낮은 고객은 실제 구매를 많이 한 고객이다.

③ 최근성과 구매금액은 높지만 행동(구매)빈도가 낮은 경우는 신규 고객으로 처리한다.

④ 고객의 유형이 결정되면 마케팅 관련 담당자는 그 유형에 맞는 전략을 수립한다.

> 해설
> 최근성, 행동(구매)빈도는 높지만, 구매금액이 낮은 고객은 가장 최근에도 왔고 평소에도 자주 방문했지만, 실제 구매로는 이어지지 않는 고객으로서, 상품에 관심은 많지만 구매를 망설이는 고객으로 고객관리란에 처리한다.

20 RFM 분석의 활용으로 가장 옳지 않은 것은?

① 고객 특성별로 일괄적이고 균일한 전략을 실행할 수 있다.

② 충성도가 높은 고객의 우량 고객 행동을 선별해 낼 수 있다.

③ 고객의 가치가 금전적 가치를 포함하여 계량화가 용이하다.

④ 지수를 산출하고 고객의 가치를 측정할 수 있다.

> 해설
> RFM 방식은 충성도가 높은 우량 고객을 세분화시키고, 고객 특성별로 각기 다른 고객관리 차별화 전략을 실행하는 것을 가능하게 하는 고객 정보 분석 방법이다.

21 고객 충성도와 관련된 설명으로 틀린 것은?

① 특정 기업이나 제품에 대한 애착 또는 애호도로 정의할 수 있다.

② 고객이 장기간에 걸쳐 그 기업의 제품이나 서비스를 구매하는 형태로 나타난다.

③ 지속적인 반복 구매 행동을 보이며 이탈 또는 경쟁기업으로의 전환 행동을 쉽게 하지 않는다.

④ 현재 사용하는 상품이나 서비스에 집중하며 해당 기업의 다른 제품 영역에는 큰 관심을 보이지 않는다.

> 해설
> 충성 고객은 현재 사용하는 상품이나 서비스 이외에도 해당 기업의 다른 제품 영역에도 관심을 보이고 접근한다. 또한 지인들을 대상으로 구전 활동을 통해 추천하는 행동을 보인다.

22 다음 중 고객 충성도는 높고 고객유지 및 관리비용은 낮은 유형은?

① 고가치 고객　　② 파트너

③ 일반 고객　　④ 저성과 고객

> 해설
> 고가치 고객은 충성도는 높지만 요구사항은 적은 고객이다. 기업은 이들에게 더 많은 자원과 노력을 투입하는 방향으로 고객 관계 관리의 전략 방향을 계획하고 수정할 수 있다.

23 고객 충성도 강화 프로그램을 설명한 것으로 틀린 것은?

① 고객 유지율을 높이는 비교적 쉬운 방법으로 포인트 시스템이나 VIP 보상 프로그램 등을 통해 구매 시 추가적인 가치를 부여하는 방법이다.

② 포인트가 쌓인 고객은 다음 구매에서 경쟁 업체를 선택하기 어려운 점을 이용한 방법으로 이를 통해 고객 충성도 이상의 효과를 누릴 수 있다.

③ 개인화를 위해서는 고객 데이터 없이도 추천과 개인의 니즈에 맞춘 프로모션을 제공하는 방법이 가능하다.

④ 리뷰 작성, 친구에게 추천하기, 소셜네트워크 공유 등 수익성 있는 행동을 수행한 고객에게 보상을 주는 방법은 고객 활성화와 비즈니스 성장을 돕는다.

> 해설
> 개인화를 위해서는 고객 데이터를 모아야 하고 고객 데이터를 활용하여 추천과 개인의 니즈에 맞춘 프로모션을 제공하는 방법 등을 수행한다.

정답　19 ②　20 ①　21 ④　22 ①　23 ③

01 VOC를 약술하시오.

정답 전화, 인터넷 등 고객의 소리가 접수될 수 있는 다양한 비대면 채널을 통해 고객이 기업에 제시하는 문의, A/S 요청, 상담, 불만 그리고 칭찬과 제안 등을 의미한다.

02 고객이 제기하는 불만·클레임, 교환 및 환불, 서비스요구, 단순문의 등에 대해서 문제를 해결하는 데 활용하는 VOC를 쓰시오.

정답 문제 해결형 VOC

03 특별한 목적이나 권유 없이 인사차 하는 방문이나 고객서비스의 증진 등을 통해 판매 활동을 활성화하는 간접 마케팅 방식을 쓰시오.

정답 해피콜

04 사용자가 상품 또는 서비스를 취소, 다운그레이드, 반품하는 경우 해당 과정에서 측정하는 VOC 지표를 쓰시오.

정답 가입 해지율

05 고객이 기꺼이 지불하려는 의지이며, 상품이나 서비스가 욕구나 필요를 충족하는 것을 고객이 지각한 정도를 나타내는 말을 쓰시오.

정답 고객 가치

06 쉐스(Sheth)가 제시한 5가지 고객 가치 유형을 쓰시오.

정답 기능적 가치, 사회적 가치, 정서적 가치, 지적 가치, 상황적 가치

07 RFM을 각각 쓰시오.

정답 최근성(Recency), 행동(구매)빈도(Frequency), 구매금액(Monetary)

08 다음 설명에 해당하는 용어를 쓰시오.

> 고객 유지율을 높이는 비교적 쉬운 방법으로 포인트 시스템이나 VIP 보상 프로그램 등을 통해 구매 시 추가적인 가치를 부여하는 방법이다.

정답 고객 충성도 프로그램

5장 통신판매 고객 상담

✓ 실기 출제영역

현장에서 일하는 입장에서 고객은 하루 종일 대응해야 하는 대상입니다. 전화로 요구사항을 이야기하고 불만사항을 표출하는 고객을 대상으로 공감하고 응대하며 다시 한번 고객을 만족시킬 수 있는 기회를 노려보는 것은 통신판매 고객 상담의 핵심입니다.

1 고객 접점 응대 유형 파악

1 고객 만족 개념 ★★

(1) 의의

① 고객 만족은 어떤 제품 혹은 서비스에 대하여 고객이 느끼는 만족을 의미하며, 동일한 제품 혹은 서비스가 제공된다고 하여도 각각의 고객에 따라서 만족은 달라진다.

② 고객에게 최대의 만족을 주는 것에서 기업의 존재 의의를 찾고 이를 통해 고객들이 계속해서 기업의 제품이나 서비스를 이용하여 이윤을 증대시키는 경영 기법을 고객 만족 경영이라고 한다.

(2) 고객 만족의 과제 기출

① **최고경영자의 강력한 추진 의지**
  ㉠ 시장점유율 확대나 원가절감이라는 근시안적 경영목표 추구에서 벗어나 고객 만족을 궁극적 경영목표로 삼아야 함
  ㉡ 최고경영자는 고객 만족을 달성하기 위한 강력한 의지를 기업 내부의 조직 구성원들에게 전파해야 함

② **전 구성원의 참여** : 최고경영자의 강력한 추진 의지와 함께 전 조직 구성원의 적극적인 참여가 있어야 함
  → 고객 만족 성과를 명확히 측정하고, 이를 토대로 철저히 보상하는 평가시스템의 운영이 필요

③ **기업 문화 구축**
  ㉠ 최고경영자로부터 하부 직원에게 이르기까지 기업 내부의 모든 구성원이 고객 만족을 최우선 목표로 두는 고객 만족 경영 문화가 정착되어야 함
  ㉡ 고객 만족지향적 문화를 구축하기 위해서는 최고경영층의 지원, 최일선의 현장 종업원의 견해를 청취할 수 있는 의사소통 체계 구축, 현장 종업원에 대한 재량권 부여가 충족되어야 함

④ **내부고객 만족** : 고객 만족 경영을 기업 내부에 성공적으로 정착시키려면 사내 종업원들인 내부고객을 만족시켜야 함

⑤ **고객정보 관리체계 구축**
  ㉠ 고객 만족도 측정이 고객의 입장에서 객관적으로 이루어져야 함
  ㉡ 고객 만족의 지수화를 통한 지속적 개선활동이 목표설정과 성과 측정이 가능하도록 고객정보관리체제를 구축해야 함

⑥ 역피라미드형 조직구조 확립
  ⊙ 기존의 최고경영자가 최상단에 있는 피라미드형 조직구조와 반대로 고객이 조직의 맨 위에 있는 형태
    → 관리자와 최고경영자는 조직의 하단에서 고객과 일선 종업원을 지원

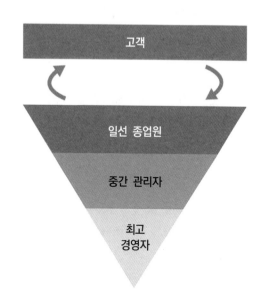

  ⓛ 고객을 접촉하는 일선 종업원에게 가능한 많은 임파워먼트를 해야 하고, 고객의 요구나 불만요인을 즉각
    적으로 의사결정에 반영할 수 있는 커뮤니케이션 통로가 필요

(3) 고객 만족의 실천 전략

① 고객의 소리에 귀를 기울여라
  ⊙ 고객은 기업에 끊임없는 아이디어를 제공해 주는 원천이므로 고객의 소중한 소리를 데이터베이스화하여
    개별적이고 세심한 관리에 활용해야 한다.
  ⓛ 기업은 특히 고객의 불평을 들어주는 일에 많은 신경을 써야 한다. 고객의 불만을 들어주는 것 자체가
    중요한 고객 서비스가 되며 고객 불만을 해소할 수 있는 계기가 되기 때문이다.

② 고객 불평 악순환의 고리를 끊어라
  ⊙ 고객 불평을 성가시고 귀찮은 것이 아니라 문제를 해결하고 해당 고객층을 충성고객으로 만들 수 있는
    절호의 기회로 삼아야 한다.
  ⓛ 고객 불평이 많이 발생하는 부서일수록 시스템을 개선해 주고 더 많은 지원과 교육을 통해 관심을 두어
    야 한다.

③ 독특한 서비스를 창출하라
  ⊙ 가격경쟁과 같은 모방이 용이한 수단 외에 독특한 서비스를 제공함으로써 충성 고객을 확보하고 고객 가
    치를 연장시킬 수 있어야 한다.
  ⓛ 충성 고객은 영업사원이 아무리 노력해도 달성할 수 없는 효과를 구전을 통해 가져온다.

④ 서비스 회복에 투자하라 : 어떤 기업이든 완벽한 기업은 없으며 실수가 있기 마련이다. 따라서 기업의 실수
  를 만회하고 상처받은 고객의 마음을 회복시키는 서비스 회복의 중요성이 대두되는 것이다.

⑤ 판매 후 고객관리를 강조하라

　　㉠ 일반적으로 신규 고객을 확보하는 것보다 기존 고객의 유지·강화를 위해 노력하는 것이 훨씬 경제적이고 기업의 이익에 도움이 된다.

　　㉡ 제품을 구입해 준 고객의 인적사항을 확인해 두고, 전화나, 이메일, SMS 등으로 판매 후 관리를 하는 것이 중요하다.

　　㉢ 한번 거래한 고객과의 신뢰를 확립하면 고객의 이탈을 방지하여 고정고객이 될 확률이 높아진다.

⑥ 우량고객을 집중 관리하라

　　㉠ 마케팅에는 20대 80의 법칙이 있다. 기업 매출액의 80%는 20%의 우량고객 또는 대량사용자가 차지하고 나머지 매출액의 20%는 소량사용자가 차지한다는 법칙이다.

　　㉡ 제한된 자원을 가지고 있는 기업으로서는 우량고객을 대상으로 고객 만족경영 활동에 집중하는 것이 중요하다.

⑦ 데이터베이스 마케팅을 적극 활용하라

　　㉠ 기업의 제품이나 서비스를 구매한 고객들의 자료를 데이터베이스화한다. 이 자료를 활용하여 개별고객의 욕구와 구매 취향을 파악하고, 그들에게 맞춤 정보와 다양한 서비스 기회를 제공한다.

　　㉡ 고객 데이터베이스를 활용한 마케팅을 데이터베이스 마케팅이라 칭하며, 이는 고객과의 강력한 관계를 구축하고 유지하기 위한 핵심 전략이며, 고객 만족 경영과 관계 마케팅을 실천하는 주요 방안이 된다.

2 고객 접점 개념 ★★★

(1) 의의

① 접점의 개념 [기출]

　　㉠ 접점(서비스 인카운터 : Service Encounter)이란 서비스 전달 과정에서 고객과 서비스 제공자 간의 상호작용 또는 고객이 특정 서비스와 직접 상호작용하는 기간을 의미한다.

　　㉡ 접점은 개인 간의 상호작용에 한정하지 않고 물리적 시설과 기타 유형적 요소와의 상호작용까지 포함하는 포괄적인 개념이다.

② 접점의 유형

면대면 접점 (face-to-face encounter)	• 고객과 종업원 간에 직접적인 접촉을 통해 상호작용이 이루어지는 접점 • 고객은 서비스 현장에 출석하며 서비스의 물리적 환경에 직접 노출 　예 카운슬링, 의료, 교육, 컨설팅 등
원격 접점 (remote encounter)	기업이 고객들과 직접 접촉하지 않고 기계장치나 시스템에 의해 원격으로 이루어지는 접점 → 서비스의 유형적 증거와 기술적 과정 및 시스템 품질이 서비스의 품질을 평가하는 데 중요한 역할 담당 　예 이동통신서비스, 우편서비스, 택배서비스, 현금자동인출기 등
전화 접점 (phone encounter)	기업과 고객 간에 전화를 통해 이루어지는 접점 → 전화를 받는 종업원의 음성과 서비스 지식, 고객에 대한 사려심이 중요 　예 전화주문 서비스, 회사의 콜센터 등

고객 접점은 개인 간의 상호작용에 한정하지 않고 물리적 시설과 기타 유형적 요소와의 상호작용까지 포함하는 포괄적인 개념이다. 전화 접점의 개념과 예를 각각 쓰시오.

[정답] ① 개념 : 기업과 고객 간에 전화를 통해 이루어지는 접점
② 예 : 전화를 받는 종업원은 서비스 지식을 바탕으로 친절한 음성으로 응대한다.

(2) 고객 여정의 이해

① 고객 여정의 개념

㉠ 고객 여정은 발견에서 구매 및 그 이후까지의 쇼핑 프로세스로 고객은 저마다 다른 여정을 거친다.

㉡ 재방문 고객은 브랜드의 웹사이트로 바로 이동하지만, 잠재 고객은 소셜미디어에서 광고를 보고 흥미가 생긴 후 브랜드의 웹사이트로 이동한다.

㉢ 선형적이지 않은 고객 여정도 있는데 여정의 단계를 되돌아가거나, 다른 접점까지 지그재그로 이동하거나, 여정 끝으로 직행하기도 한다.

② 고객 여정 지도의 개념

㉠ 고객 여정 지도는 고객 여정을 시각화한 것으로 5A인 인식(Aware), 호소(Appeal), 요구(Ask), 행동(Act) 및 지지(Advocate)를 다룬다.

㉡ 인식 : 고객 여정은 인식, 즉 신규 고객이 브랜드를 발견하는 순간부터 시작된다. 이때 브랜드는 상품의 매력을 호소하거나 홍보할 수 있다.

㉢ 호소 및 요구 : 고객이 브랜드를 탐색하고 자신의 필요에 맞는 솔루션을 구매하는 단계인 요구와 밀접한 관련이 있다. 이 단계에서 고객은 실제 매장에서 쇼핑하거나, 리뷰를 읽거나, 크라우드 소싱을 통해 추천을 받기도 한다.

㉣ 행동 : 실제로 구매가 이루어지는 단계이다.

㉤ 지지 : 고객에게 감사 이메일을 보내거나, 피드백을 남기도록 요청하거나, 리뷰 및 평가 기회를 제공하는 등의 방법으로 구매자에 대한 후속 조치를 취하는 것을 말한다.

③ 고객 여정 지도 작성 시 고려사항

㉠ 브랜드에는 저마다 고유한 맞춤형 여정 지도가 있으며 모든 브랜드에 적용되는 만능 지도란 없다.

㉡ 지도를 만들려면 먼저 고객이 브랜드를 어떻게 처음 접하는지를 생각해 봐야 한다.

㉢ 그런 다음 고객이 브랜드의 웹사이트, 광고, 고객 서비스 또는 소셜미디어를 이용해 할 수 있는 모든 상호 작용을 고려하여 쇼핑 및 구매 프로세스를 진행해야 한다.

㉣ 다양한 유형의 여정 지도로 현재 또는 미래 고객의 궤적을 따라갈 수 있다.

④ 고객 여정 지도 작성이 중요한 이유

㉠ 고객 여정 지도 작성을 고려하는 주된 이유는 고객 중심 마케팅 계획의 개선이다.

㉡ 초기 탐색과 구매 후 리뷰를 비롯한 쇼핑 여정의 모든 지점에서 고객의 요구를 충족하는 것이 여정 지도 작성의 목표다.

ⓒ 지도를 작성하면 고객의 불만이나 고착 지점을 정확하게 찾아내어, 쇼핑 프로세스의 어떤 부분이 작동하지 않거나 고객에게 혼란을 주는지 파악하는 데 도움이 될 수 있다.

ⓔ 지도 작성은 브랜드가 잠재 고객을 이해하고 자신이 원하는 잠재 고객과 일치하는지 확인하는 데도 도움이 된다.

ⓜ 현재 및 미래 고객의 여정 지도를 작성하면 쇼핑 경험을 포괄적으로 확인하고 잠재 고객의 요구를 예측하는 데 도움이 될 수 있다.

ⓗ 선제적 계획을 수립함으로써 신규 고객에게 다가가고, 기존 고객에게 만족을 선사하는 모범 사례를 정할 수 있다.

ⓢ 이를 통해 고객 참여도 및 유지율 증가뿐만 아니라 개인화 기회도 얻을 수 있다.

ⓞ 고객 경험을 개선하는 데 필요한 것을 제공하고 고객이 원하는 상품을 공급하려면 고객을 잘 파악해야 함을 시사한다.

⑤ 고객 여정 지도 작성 방법
　㉠ 1단계 : 고객의 접점 정의
　　ⓐ 고객 여정 지도의 접점은 고객이 브랜드와 상호 작용하는 모든 사례를 말한다.
　　ⓑ 고객이 광고를 보는 순간도 접점이고, 브랜드 웹사이트를 방문하는 순간도 접점 중 하나다.
　　ⓒ 접점은 인지에서 구매를 거쳐 후속 조치에 이르는 경로를 아우르는 고객 여정 지도 그림에 표시하는 지점이다.

　㉡ 2단계 : 고객의 구매자 페르소나 구축
　　ⓐ 고객 여정 지도를 쉽게 시각화하는 데 도움이 되도록, 잠재 고객 페르소나 또는 상품을 쇼핑하는 가상의 캐릭터를 상상해 보는 단계다.
　　ⓑ 브랜드 잠재 고객의 페르소나와 인구통계를 숙지하면 기존 잠재 고객을 목표와 비교할 수 있다.
　　ⓒ 개선 또는 확장 여지가 있는 부분과 브랜드 채택을 고려할 고객 유형을 고민해야 한다.

　㉢ 3단계 : 목표설정
　　ⓐ 고객 여정 지도의 각 고객 접점에는 목표가 있어야 한다. 예를 들면 브랜드 인지도 개선, 매출 증대 또는 고객 기반의 재방문 장려가 가장 중요한 목표라 할 수 있다.
　　ⓑ 목표 달성에 있어서 가장 중요한 접점에 대해 생각해 보고 이러한 접점에 집중해야 한다.
　　ⓒ 회사의 이해 관계자를 고려하고 많은 사람과 지도를 공유하여 모든 팀이 동일한 지점에 있는지 확인해야 한다.

　㉣ 4단계 : 사용자 연구 및 설문조사 수행
　　ⓐ 고객과 대화하여 고객 여정 지도가 정확한지 확인하는 단계다. 고객 여정 지도의 모든 단계는 사용자 친화적이고 스트레스 요인을 최소화해야 한다.
　　ⓑ 사용자 연구 또는 설문조사를 수행하면 브랜드는 고객이 어떻게 상품을 발견하고, 브랜드와 얼마나 자주 상호 작용하고, 일상생활 중 어디에서 브랜드를 확인하는지 등을 확인할 수 있다.
　　ⓒ 고객이 직접 말하는 의견과 답변을 확인하면 많은 정보를 얻을 수 있다.
　　ⓓ 브랜드의 고객 지원팀에 문의하여 어떤 불만을 듣고 있는지, 해결해야 하는 반복되는 불만 사항이나 부정적인 의견 관련 주제가 있는지 알아봐야 한다.
　　ⓔ 고객이 거치는 단계에 대한 기존 불만을 파악하고 그에 따라 필요시 지도를 조정해야 한다.

ⓜ 5단계 : 고객 여정 지도 분석

  ⓐ 먼저 반복 구매, 판매, 이탈률 같은 성공 관련 지표를 결정해야 한다.

  ⓑ 고객 수 증가나 기존 사용자의 만족도를 위한 최적화가 목표라면 가장 관심이 가는 메트릭(측정 지표나 기준)을 결정하고 결과를 분석하면 고객 여정 지도를 조정하여 개선할 수 있다.

ⓗ 6단계 : 업데이트 추가

  ⓐ 고객 여정 지도 분석이 끝나면 고객의 불만 사항을 더 잘 파악하고 비즈니스 계획을 조정하며 고객 경험을 개선할 수 있다.

  ⓑ 비즈니스가 성장하고 변화하면 고객 여정 지도도 발전하게 된다.

  ⓒ 지금은 유용한 지도도 시간이 지날수록 관련성을 유지하지는 못하므로, 필요하다면 지도를 업데이트해야 한다.

(3) 고객 접점의 단계 [기출]

① 의의

 ㉠ 고객 접점은 회사 브랜드가 처음부터 끝까지 고객과의 만남이 이루어지는 접촉점을 의미한다. 예를 들어, 고객들은 비즈니스를 온라인 또는 광고를 통해 발견하고, 평점과 후기를 접하게 되며, 웹사이트를 방문하고, 매장에서 쇼핑하거나 고객 서비스에 연락을 취할 수 있다.

 ㉡ 고객 접점을 한마디로 정의하면, 잠재 고객이나 고객이 무언가를 구매하기 전, 구매하는 중, 구매한 후에 브랜드를 접하는 모든 순간을 뜻한다고 볼 수 있다.

 ㉢ 고객 여정 지도를 만드는 첫 단계는 바로 이러한 접점을 파악하고 모든 접점마다 고객들이 만족할 수 있도록 하는 것이다.

② 사전 접점

 ㉠ 제품 또는 서비스를 구매하기 이전의 관심 단계에서의 접점이다. 음식점을 가는 경우 검색엔진을 통한 '맛집 검색'을 하게 되는데 이때 접하는 정보가 사전 접점이다.

 ㉡ 기업 입장에서는 네트워크상 정보 접근이 용이해야 하며 평판 관리를 반드시 해야 한다.

③ 첫 번째 접점

 ㉠ 소비자가 제품 또는 서비스에 관심을 갖고 구매를 하는 과정에서 첫 접촉(매장에 방문 등)에서의 접점이다.

 ㉡ 이 단계에서 무엇보다도 중요한 것은 고객에게 좋은 첫인상을 주는 것과 탁월한 서비스를 제공하여 고객을 만족시키는 것이다.

④ 핵심 접점

 ㉠ 실제 소비의 단계로 고객과의 관계에서 그들의 니즈를 파악하여 그에 맞는 제품 및 서비스를 제공한다.

 ㉡ 직원들은 친절하며 예의가 있어야 한다.

⑤ 마무리 접점 : 거래가 마무리되고 인사를 하는 단계이다. 감사의 인사를 하거나 즐거웠음을 이야기하거나 다음에 다시 보자는 식의 이야기를 하는 것이 일반적이다.

⑥ 사후 접점

 ㉠ 자사 제품 또는 서비스에 관한 고객 경험이 완료된 이후이다. 일반적으로 기업들은 CRM을 통해 오로지 상품 판매를 위한 마케팅 활동에 전념하는 경우들이 있다.

 ㉡ 고객들은 전화나 문자 메시지가 오는 것조차 싫어하는 상황일 수 있다.

ⓒ 지속적인 연결을 유지하려 시도하거나 가치를 제공하려 노력하는 편이 기업 브랜드 차원이든 마케팅 차원이든 더 유리할 수 있다.

(4) 접점에서의 삼각구조

① 영향력 관계 : 접점에서의 3자 간의 관계를 나타냄과 동시에 갈등의 원인을 제시해 준다.

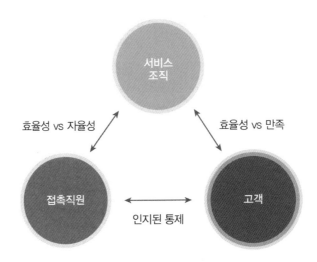

② 3자 간의 영향력 관계

접촉직원 vs 서비스 조직	• 기업은 마진과 경쟁력 제고를 위해 가능한 효율적으로 서비스를 전달하는 데 관심을 가짐 → 서비스 전달을 통제하고자 함 • 접촉직원의 자율권과 재량권을 제한하려 접촉직원에게 규칙과 절차를 부과
서비스 조직 vs 고객	• 기업은 효율성을 제고하기 위해 고객에게 제공되는 서비스의 범위를 제한하려는 의도를 가짐 • 고객화가 부족하게 되는 결과로 나타나고 고객을 만족시키기가 어렵게 됨
접촉직원 vs 고객	• 접촉직원과 고객 간의 상호작용은 양자 사이에 인지된 통제요소를 갖고 있음 • 접촉직원은 그들의 업무를 관리하기 쉽고 스트레스를 덜 받도록 고객 행동을 통제하기를 원함 • 고객은 서비스 접점에서 최대한의 혜택을 이끌어 내기 위해 서비스 접점에 대한 통제권을 획득하려고 함

③ 시사점

ⓐ 상호 호혜적인 서비스 접점을 창출하기 위해 함께 노력하면 많은 것을 획득할 수 있다.

ⓑ 자신의 역할만을 고집할 때, 즉 한 참가자가 상호작용을 지배할 때, 진실의 순간이 역기능적으로 작용할 수 있다.

(5) MOT(Moment Of Truth)의 이해 [기출]

① MOT의 어원과 등장 배경

ⓐ MOT라는 용어는 스페인의 투우 용어로 투우사가 소에게 관심을 집중하여 일대일로 대결하여 온 힘을 다해 승부를 거는 결정적 최후의 순간을 일컫는 뜻이다.

ⓑ 이러한 MOT가 서비스 운영의 주요 이슈로 떠오른 것은 1980년대 초 스칸디나비아 항공사(SAS)의 CEO인 얀 칼슨(Jan Carlzon)이 제안한 데서 비롯된다.

   ⓒ 칼슨은 『고객을 순간에 만족시켜라 : MOT』라는 책에서 고객과 접점 종업원의 상호작용으로서의 진실의 순간(MOT)을 잘 관리해야 한다고 주장하였다.

② MOT의 개념

   ㉠ MOT란 고객이 서비스 기업의 종업원이나 특정 자원과 접촉하는 순간을 말하며, '진실의 순간' 또는 '결정적 순간'이라고 표현한다.

   ㉡ 고객과 대면하는 순간순간이 고객의 서비스 품질 지각과 회사의 이미지 형성에 결정적 영향을 미친다는 뜻이다.

③ MOT의 중요성

   ㉠ 고객은 자신이 대면하는 접점 종업원의 역량과 서비스 행위를 보고 회사를 평가한다.

   ㉡ 고객의 입장에서 접점 종업원은 곧 회사이며, 회사를 대표하는 것이다.

   ㉢ 짧은 순간이지만 서비스 접점(service encounter)에서 진실의 순간을 관리하는 것은 매우 중요하다.

   ㉣ 서비스 제공자가 서비스를 제공하는 매 순간은 고객이 지각하는 서비스 품질과 기업 이미지, 고객 만족, 고객 충성도를 형성하는 중요한 영향을 미친다.

④ MOT의 3요소

하드웨어(Hardware)	고객이 경험하는 물리적 경험 요소
소프트웨어(Software)	고객이 경험하는 서비스 운영시스템과 서비스 직원의 업무 처리 절차
휴먼웨어(Humanware)	서비스 제공자의 태도 등

⑤ MOT의 법칙

곱셈의 법칙	서비스 전체의 만족도는 MOT 만족도 각각의 합이 아닌 곱에 의해 결정 → 여러 번의 MOT 중 어느 하나의 MOT에서 실패하게 되면 고객은 서비스 전체를 나쁘게 평가하고 한순간에 고객을 잃을 수 있음
깨진 유리창의 법칙	서비스 접점에서 사소한 실수를 방치할 경우 큰 실패로 이어져 고객의 만족도를 떨어뜨리게 됨
100-1=0의 법칙	100가지 서비스 접점 중 어느 한 접점에서 느끼는 불만족이 그 서비스 전체에 영향을 미칠 수 있음 → 깨진 유리창의 법칙을 설명해 주는 수학식
통나무 물통의 법칙	여러 조각으로 구성된 나무로 된 통나무 물통에서 한 부분이 깨질 경우 물을 가득 채울 수 없으며 심지어 물이 다 빠져나갈 수도 있음 → 서비스에 있어서 한 접점에서 누수가 발생하면 고객은 전체 서비스의 질이 낮다고 평가할 수 있음

3 비대면 커뮤니케이션 개념 ★

(1) 개요

① 비대면 커뮤니케이션의 정의

   ㉠ 네트워크로 연결된 컴퓨터 시스템을 이용하여 물리적인 직접 접촉 없이 정보와 의견을 생산 및 교환하는 것을 의미한다.

   ㉡ 컴퓨터 또는 스마트폰과 같은 전자적 매체를 통해 이루어지는 모든 커뮤니케이션 형태를 의미한다.

② 비대면 커뮤니케이션의 대두 배경
  ㉠ 인터넷을 중심으로 컴퓨터 네트워크가 발달함에 따라 사이버 공간이 확대되었고 전자우편이 보편화되면서 영향력이 증대되고 있다.
  ㉡ 스마트폰 사용이 확대되면서 비대면으로 커뮤니케이션이 가능해졌고 대면 없이도 고객 상담이나 응대가 가능해졌다.
  ㉢ 앱 서비스의 확대로 메신저 앱을 통해 충분한 의사소통이 가능해졌다.

(2) 비대면 커뮤니케이션의 양상
① 언택트(Untact)
  ㉠ 언택트는 비접촉 또는 비대면이라는 뜻을 나타낸다. 예를 들면, 계산대에서 30cm 떨어지기, 택배 용품 문 앞에 놓고 가기 등의 비대면 서비스에 적용된다.
  ㉡ 언택트는 대면 없이 구매와 소비가 이루어지는 모습을 나타낸다고 볼 수 있다.
② 온택트(Ontact)
  ㉠ 사회적 동물인 인간은 혼자 살 수가 없으므로, 소셜(SNS)네트워크나 온라인 커뮤니티의 활성화에 관심이 집중되면서 화상 통화, 화상 회의, 온라인 공연 등으로 소통의 영역이 확장되고 있다.
  ㉡ 온택트란 언택트에 온라인 연결(On)이 반영된 것으로 대면을 최소화하며 온라인을 통해 소통하는 것을 의미한다.
③ 화상 회의(교육)
  ㉠ 많은 교육 기관에서 대면 수업 대신 온라인 수업을 하고 있고, 기업은 한자리에 모이는 것으로 최대한 피하고 화상회의로 의견을 주고받고 있다.
  ㉡ 이러한 흐름에 맞물려 화상 회의를 편리하게 진행하도록 돕는 애플리케이션 또한 급 성장세를 보이고 있다.
④ 온라인 콘텐츠 : 유튜브, 인스타그램 등을 활용한 개성 있는 마케팅이 증가하고 있다. 제품 및 서비스에 재미 요소를 결합하여 콘텐츠를 생산함으로써 소비자들과의 거리를 좁혀가고 있다.
⑤ 라이브 커머스
  ㉠ 채팅으로 소비자와 소통하면서 상품을 소개 및 판매하는 형태를 의미한다.
  ㉡ 라이브 커머스의 가장 큰 특징은 상호 소통으로 생방송이 진행되는 동안 이용자들은 진행자 혹은 다른 구매자와 실시간 소통을 할 수 있다.

(3) 비대면 커뮤니케이션 예절
① 스마이즈(Smize)
  ㉠ 스마일(smile)과 응시를 뜻하는 게이즈(gaze)를 합성한 신조어로 눈웃음을 의미한다.
  ㉡ 화상 상담 및 마스크를 쓴 상태에서 상대에게 긍정적인 표정을 전달하기가 어려운 상황에서 눈으로 감정을 표현하는 스마이즈가 각광받고 있다.
② 시간 약속 지키기
  ㉠ 비대면 시대에도 시간 약속을 지키는 것은 기본적인 예절 중 하나다.
  ㉡ 화상 회의 및 화상 상담이 늘어나는 시대에서 늦게 입장하거나 정각에 참석하는 경우가 다반사다.

ⓒ 시작 전 미리 참석하여 카메라 위치나 통신장애 등 기계적 오류가 있는지 확인하고 참석자들에게 가벼운 인사를 건네는 것이 좋다.

③ 이메일 예절

　ⓐ 이메일에서는 제목에 목적이 명확하게 명시될 수 있게 작성하며, 본문 내용에는 간단한 인사와 본인 신분을 적고 자세한 내용 설명, 끝인사 순으로 나열한다.

　ⓑ 과한 줄임말 및 이모티콘을 쓰는 것은 지양하며 문장은 완결성과 격식을 갖추어 작성한다.

④ 메신저 사용

　ⓐ 비대면 메신저 시대가 되면서 글과 문자가 소통에서 중요한 역할을 하고 있다. 그러나 감정표현이 어려운 글과 문자는 읽는 이에게 오해를 불러일으킬 소지가 크다.

　ⓑ 같은 단어, 말이라도 표정과 음성이 빠져 있기에 상대방의 상황에 따라 다르게 해석될 수 있으므로 메시지를 보내기 전 오해 소지가 되는 단어 및 문장이 있는지 확인 후에 보낸다.

4 통신판매 접점 채널에 대한 지식 ★

(1) 의의

① 통신판매는 고객이 점포 방문이 아닌 온라인 상에서 상품 및 서비스를 구매하는 형태로 거래가 이루어지며 인터넷이 보편화된 이후 초고속 성장을 하고 있다.

② 통신판매 시장에서는 가상의 공간에서 개인이나 조직이 쌍방향 커뮤니케이션을 바탕으로 거래 활동이 이루어진다.

③ 통신판매 시장에서 고객은 같은 제품이나 서비스를 제공하더라고 원하는 바가 서로 상이한 개별성(unique)을 보인다.

④ 고객의 욕구가 정체되어 있지 않고 동일한 욕구라도 시간이 지남에 따라 변화하는 진화성(evolution)을 나타낸다. 또한 고객은 정확하고(precisely)인 즉각적인(immediately) 응대를 요구한다.

(2) 4A 전략

① 방법 전략(AnyWay)

　ⓐ 자사의 웹사이트를 사용자들이 찾아오게 만들고 찾아온 고객들을 관리, 유지해야 한다.

　ⓑ 고객 유치를 위해 검색엔진 등록, 이메일 발송, 배너광고, 매스컴 보도 등을 활용한다.

② 제품 전략(AnyProduct)

　ⓐ 온라인 상에서 판매하기 적합한 제품을 개발하고 이를 판매하기 위한 마케팅전략을 수립한다.

　ⓑ 패션, 금융, 여행, 공연 등 대다수의 상품이 통신판매 대상이 되고 있다.

③ 시간 전략(AnyTime)

　ⓐ 현대인은 빠른 시간 안에 많은 정보를 얻으려는 특성을 강하게 나타낸다.

　ⓑ 웹사이트를 구축하고 고객의 질문과 요구에 신속하게 대처하며 데이터베이스 마케팅을 활성화하여 고객 관계 마케팅을 적시에 시행한다.

④ 장소 전략(AnyWhere)

　ⓐ 24시간 개방된 인터넷의 특징을 이용하여 제품과 서비스를 판매한다.

ⓛ 특정한 지역적 한계를 벗어나 전 세계를 상대로 제품을 판매하고 서비스를 제공할 수 있다.

(3) 6C 전략

① **콘텐츠(Contents)** : 온라인 상에서 전달하고자 하는 정보 및 내용을 기술적 요소와 결합한 것으로서 모든 멀티미디어적인 형태가 콘텐츠가 될 수 있다.

② **커뮤니티(Community)** : 인간은 대부분 소속감과 유대감을 느끼고 싶어 하며 고객은 최종적으로 해당 웹사이트에 접속만 하는 것이 아니라 구성원으로 느끼게 만들어야 한다. 이를 위해 고객과의 관계 형성 및 강화에 많은 노력을 기울여야 한다.

③ **커머스(Commerce)** : 상품 판매, 정보 및 서비스 제공, 회비, 광고료, 각종 협찬 등의 수익원을 다각화시켜야 한다.

④ **커넥션(Connection)** : 창조적인 파트너와의 협력관계를 구축하여 제휴 및 공동의 마케팅 추진을 도모해야 한다.

⑤ **커뮤니케이션(Communication)** : 고객과의 쌍방향 상호작용이 가능하므로 고객과의 의사소통이 많아야 한다.

⑥ **커스터마이징(Customizing)** : 고객 DB를 축적하고 분석하여 특성을 파악하고 개인에게 특화된 상품 및 서비스 정보를 제공함으로써 단골고객을 형성해야 한다.

(4) 통신판매 마케팅 특징 [기출]

① 고객과 긴밀한 일대일 관계를 형성할 수 있으며 시간적, 공간적 제약이 해소되어 마케팅 기회를 넓힐 수 있다.

② 표적 집단에의 접근이 용이하며, 콘텐츠를 다양화함으로써 소비자군을 세분화하여 소구할 수 있다.

③ TV, 라디오, 신문 등의 전통적 매체보다 광고비가 저렴하며 오랜 시간 광고를 할 수 있다.

④ 채팅, e-mail 등을 통해 빠른 의사소통이 가능하며 쌍방향 커뮤니케이션이 가능하다.

⑤ 광고의 효과 측정이 가능하다. 이용자가 업체의 사이트에 접속했을 때 로그 파일 등에 사용자의 행동 기록이 남기 때문에 접속률, 체류 시간 등을 파악할 수 있다.

⑥ 구매 기록이 DB에 남기 때문에 데이터베이스 마케팅을 수행할 수 있다.

(5) 통신판매 접점 관리

① 인터넷에서 고객관리의 기본은 모든 것을 고객 중심으로 설계해야 한다는 것이다. 최적의 고객관리를 위해서는 제품의 판매과정을 자동화하고, 인터넷뿐만 아니라 현실 세계에서도 고객을 지원할 수 있도록 다양한 고객 서비스 채널을 만들어 놓아야 한다.

② 고객을 위해 최상의 시스템을 제공하고, 고객의 의견에 항상 피드백을 제공하며 동시에 조직 전체를 고객 중심으로 바꿔야 한다.

③ 고객은 직접 보거나 사용해 보지 않고 화면에 나타난 상품의 소개로 구매의사 결정을 내려야 하기 때문에 보다 신중한 결정을 하게 된다. 따라서 고객에게 신뢰를 줄 수 있는 기업만이 성공할 수 있게 된다.

④ 잠재 고객의 실제 반응 조사인 웹페이지 방문 경로, 검색 내용 및 고객 의견 분석이 필요하며, 고객과 상호작용이 가능하도록 해야 한다.

⑤ 고객의 의견을 표시할 수 있도록 전자우편이나 전화번호 등을 표시하고 불만 사항 접수나 해결 창구에 대한 안내가 되어야 한다.

(6) 통신판매 접점에서의 실천 전략

① **고객에게 최적 경험 제공** : 고객과의 지속적인 상호작용을 통해 고객에게 즐거움을 경험하도록 해야 하며 이를 통해 고객과 지속적인 관계를 형성하고 유지, 관리해 나가야 한다.

② **고객 맞춤형 프로모션** : 고객은 유용한 정보, 필요한 프로모션 등을 제공해 줄 때 반응을 보이게 된다. 통신판매가 효과를 거두기 위해서는 정확한 타깃 설정과 타깃의 수요와 요구를 파악하여 이에 적합한 고객맞춤형 프로모션이 진행되어야 한다.

③ **고객 관계 관리(CRM : Customer Relationship Management)** 기출 : 경쟁이 심하고 제품과 서비스의 차별화가 어려운 기업일수록 CRM의 필요성은 높아진다. 채팅, 전화, 이메일 등 모든 커뮤니케이션 도구가 CRM 프로그램과 연동될 수 있으며 자사의 규모 및 회원 수, 서비스 품목, 고객 특성 등을 분석하여 최적의 연결도구를 설정해야 한다.

④ **지속적 고객 프로모션** : 일회성의 프로모션보다는 고객과의 접촉과 커뮤니케이션을 통해 사이트의 방문율을 높이고 기업의 제품과 서비스에 대한 호의도를 제고하며 고객과 기업과의 관계를 유지시켜 매출 신장에 기여하는 지속적인 고객 프로모션을 진행해야 한다.

2 　고객 니즈 파악

1 　라포 ★★★

(1) 라포 형성의 중요성 기출

① 의의

　㉠ 목표 고객과 실질적인 관계를 맺는 첫 단계로 라포(Rapport) 형성이 가장 중요하다.

　㉡ 라포란 '신뢰 관계', '친밀한 관계'란 뜻으로 라포를 형성하기 위해서는 멘트를 준비하여 고객의 마음을 열어야 한다.

② 라포 형성의 효과(Linda Tickle Degnen & Robert Rosenthal)

　㉠ **상호주의(Mutual attentiveness)** : 서로가 말하고 있는 것에 대해 집중하고 관심을 가지게 된다.

　㉡ **긍정주의(Positivity)** : 상호 간에 매우 친절하고 행복해하며, 서로에 대해 걱정과 관심을 보여주게 된다.

　㉢ **조화(Coordination)** : 상대방과 무언가 공통된 이해를 공유할 수 있도록 서로 "동기화"되어 있다고 느끼게 된다. 상호 간에 에너지 레벨, 목소리 톤 및 신체 언어 또한 유사해진다.

(2) 라포 형성에 영향을 주는 요인

외모적 요인	고객과 대면 상담을 하게 되는 경우 첫인상은 매우 중요하며, 외모는 사람들과 연결되고, 초기 장벽을 허무는 데 도움
커뮤니케이션 스킬	대화 중 미소, 경청, 상대방 이름이나 직책에 대한 기억, 아이콘택트 등
공통적 관심사	공통점을 확인하는 것은 상대방과 교감을 형성하는 데 큰 도움 → 상대방이 자신에게 보이는 공통된 관심도가 높을수록, 스스로를 오픈할 가능성이 높아짐(예 대학, 취미, 거주지역 등)
경험 공유	상대방과 자연스럽게 상호 작용할 수 있는 가장 좋은 방법으로 새로운 경험을 공유할 수 있는 기회를 도모
감정의 공감 및 이해	특정 사안에 대해 상대방의 관점에서 공감하고 이해 기출
미러링 및 매칭 관계 형성 기술	내가 소통하는 모습을 살펴보고(스스로 점검), 자신의 메시지, 목소리, 태도 등 전반적인 사항들을 리뷰 해 봄이 매우 중요

2 경청기법 ★★★

(1) 개요

① 경청의 개념
  ㉠ 경청의 사전적 개념은 마음을 기울여 듣는다는 뜻이다.
  ㉡ 경청은 상대방의 이야기를 귀 기울여 듣고 이해하려고 노력하고, 상대가 표면적으로 말하는 것 이상으로 전달하고자 하는 진짜 의미를 깊이 듣고, 상대방이 전달하는 언어적 메시지뿐만 아니라 비언어적 메시지까지 주의 깊게 듣는 것을 내포하고 있다.
  ㉢ 고객의 말소리를 통해 전달되는 언어적 메시지뿐만 아니라 표정, 정서, 숨은 의도, 내면의 욕구 등과 같은 비언어적 메시지도 들어야 진정한 경청이다.

② 주의집중
  ㉠ 주의집중이란 경청을 위한 준비를 하는 것, 즉 고객과 온전히 함께하는 것을 의미한다.
  ㉡ 주의집중을 통해 상담자는 신체적, 심리적으로 고객과 함께하여 경청에 대한 준비를 할 수 있게 된다.

③ 경청을 방해하는 경우
  ㉠ 대충 짐작한다.
  ㉡ 끊임없이 비교한다.
  ㉢ 고객의 말이 끝나기 전에 미리 대답을 준비한다.
  ㉣ 충분히 듣지 않은 상태에서 조언한다.
  ㉤ 상대방의 말을 반박하고 논쟁하기 위해서 듣는다.

ⓑ 상대방의 말을 나 자신의 경험에 맞춘다.

ⓢ 마음에 들지 않을 경우 슬쩍 넘어가며 대화의 본질을 회피한다.

④ 경청의 5단계(스티븐 코비) : 무시하기 → 듣는 척하기 → 선택적 듣기 → 귀 기울여 듣기 → 공감적 경청

(2) 경청의 유형

① 소극적 경청

  ㉠ 수동적으로 들어주는 경청 유형으로 상대방의 이야기에 질문하거나 반박하는 것과 같은 외현적 표현을 하지 않는다.

  ㉡ 침묵과 유사하며 아무런 말도 하지 않고 수용한다는 것을 뜻한다.

  ㉢ 상대방으로 하여금 더 많은 이야기를 털어놓도록 격려해 주는 효과적인 비언어적 방법이며, 내가 침묵하면서 상대방의 이야기를 수용, 경청하면서 공감을 전달할 수 있다.

  ㉣ 수동적으로 경청을 하면 말하는 사람이 주제에 집중 못 하고 "어디까지 이야기했지?"라고 이야기의 중점을 못 맞출 수 있으므로 상대방의 흐름이 끊기지 않도록 적절한 응대를 해야 한다.

② 적극적(반영적) 경청 [기출]

  ㉠ 개념

    ⓐ 고객의 이야기에 집중하고 있다는 것을 상대방이 지각할 수 있도록 외현적 표현을 하면서 듣는 방법이다.

    ⓑ 대화 중의 불확실하거나 이해되지 않는 부분에 질문과 공감의 표시를 할 수 있다. 대면 상담의 경우 고개를 끄덕이거나 눈을 응시하거나 하는 행동도 포함된다.

  ㉡ 적극적 경청의 방법

반영	• 의사소통 과정에서 상대방이 전달하고자 하는 내용을 자신이 이해하고 있다고 나타내는 것 • 상대방으로 하여금 전달하고자 한 내용이 관심을 받고 있으며 이해받고 있다는 느낌이 생기게 하여 대화 과정에 참여하는 정도가 높아짐
공감	• 상대방이 전달한 내용에 대한 표면적인 이해의 수준을 넘어 그의 주관적인 정서 상태를 이해하는 것 • 상대방의 입장에서 이해하고 상대방의 입장에 감정이입 하는 자세가 필요

  ㉢ 적극적 경청의 효과

    ⓐ 이야기 듣는 사람의 흥분과 감정을 잘 처리하고 진정시킬 수 있다.

    ⓑ 듣는 사람의 문제를 스스로 해결하도록 도와주며 말하는 상호 간에 주의력을 높여 준다.

2차 실기 기출 포인트

상대방이 전달한 내용에 대한 표면적인 이해의 수준을 넘어 그의 주관적인 정서 상태를 이해하는 것을 쓰시오.

[정답] 공감 또는 공감적 경청

    ⓒ 듣는 이와 말하는 이의 관계가 친밀해지고 돈독해지는 계기가 된다.

(3) 경청기법

① FAMILY 기법

F	Friendly → 친근함을 갖는다.
A	Attentive → 주의를 집중한다.
M	Me too → 맞장구를 친다.
I	Interestingly → 흥미를 갖는다.
L	Look → 바라본다.
Y	You are centered → 상대의 입장에 선다.

② MBA 기법

㉠ M(Mirror-Pacing)

ⓐ 미러-페이싱은 상대방의 몸짓이나 표정 등에 반응하는 '비언어적 경청'이다.

ⓑ 미국의 심리학자 메라비언은 한 사람이 대화 시 상대방으로부터 받는 이미지 곧 대화의 전달력은 시각(얼굴 표정, 몸짓 등), 청각(억양, 톤), 언어(내용)의 비중이 대략 55 : 38 : 7이라는 법칙을 제시했다.

미러링 (Mirroring, 신체 및 동작 거울 반사하기)	• 대화의 시작 단계에서 신체적으로 상대방을 환영하고 존중하는 태도를 표현하는 기법 → 상대방의 호흡, 몸의 자세와 동작을 거울처럼 되비추듯 내 몸을 사용 • 상대방은 무의식적으로 안정감과 친밀감을 느껴 편하게 자신의 말을 해나갈 수 있게 됨
페이싱 (Pacing, 음성 및 신념 보조 맞추기)	• 상대방의 음성과 신념을 미러링해 주는 것 → 상대방이 본인도 모르게 존중받는 느낌이 들도록 그의 음성과 신념의 측면들을 그대로 거울처럼 반사해 줌 • 음성 보조 맞추기는 화자의 음성과 어조, 특히 말의 속도, 목소리의 크기와 굵기, 높낮이 (톤) 등에 청자가 맞추는 것 • 화자가 빠르게 말하면 청자도 그에 맞추어 적절히 속도를 내고 우울한 어조라면 이쪽에서 는 차분한 어조로 보조를 맞춤

㉡ B(Backtracking)

ⓐ 백트래킹은 화자가 하는 말이나 이야기를 청자가 되돌려 주는 '언어적 미러링'이다.

ⓑ 백트래킹에는 상대방의 말을 그대로 따라 하기(반복), 핵심 내용을 요약하거나 불분명한 부분을 질문하여 명료화하기(요약/명료화), 상대방이 말한 내용을 청자의 표현으로 바꾸어 확인받기(환언)의 세가지가 있다.

ⓒ 백트래킹은 화자가 말하는 내용과 의도를 정확하고 명백하게 교류하기 위한 방법이다.

㉢ A(Active Listening)

ⓐ 적극적 경청은 말하는 객관적 사실과 그의 주관적 의견, 언어나 신체적 표현에 내포된 감정, 그리고 욕구까지 속마음 전체를 알아듣고 이해하는 것이다.

ⓑ 이때 욕구와 의도가 무엇이었는지 추정하여 말함으로써 반영할 수 있고, 질문을 통해 반영할 수 있다.

③ 공감 **기출**

㉠ 공감은 자신의 마음을 비우고 상대의 마음을 있는 그대로 명료하게 이해하기 위해 상대의 이야기에 집중한다는 것이며, 내가 이해한 상대의 마음을 그대로 표현하여 확인하는 것이다.

㉡ 상대방이 처한 상황이나 환경을 있는 그대로 바라보며, 상대방의 이야기에 주의를 기울여 집중하여 들으며, 상대방에게 들은 내용을 반복 확인함으로써 상대방이 지금 느끼고 있는 감정을 이해하고 상대도 내가 확인하는 이야기를 들음으로써 이해받고 있다고 느끼는 것이 진정한 공감이다.

㉢ 공감을 방해하는 요인

ⓐ 비교하기 : 상대보다 우월한 대상과의 비교를 통해 상대를 인정해 주지 않는다는 기분을 들게 하는 것으로 대화의 단절을 초래한다.

ⓑ 해석하기 : 원래 그런 것으로 해석, 상황이나 집단의 압력을 해석, 권위자의 지시로 해석, 규정 등으로 해석하는 것으로 상대는 핑계로 인식하게 되어 대화의 단절을 초래한다.

ⓒ 당연시하기 : 당연시하는 것이 많아지면 상대와의 관계를 통해 얻어지는 기쁨들이 사라지며 대화의 단절을 초래한다.

ⓓ 강요하기 : 상대방이 부담스러워하는 상황에도 특정한 요청을 거절할 수 없도록 한다면 대화의 단절을 초래한다.

(4) 경청의 효과

① 상대방의 말을 잘 경청하면 원하는 생각을 파악할 수 있게 된다.

② 상대방으로 하여금 흥을 돋구어 미처 발견하지 못했던 진솔한 것을 찾을 수 있고 상대방에게 호감을 줄 수도 있다.

③ 상대방과의 친밀한 관계를 형성함으로써 마음을 열어 깊이 있는 대화가 가능해진다.

3 매슬로의 욕구이론 ★★ **기출**

(1) 개요

① 미국의 심리학자인 에이브라함 매슬로(Abraham Maslow)는 인간에게는 자유 의지가 있으며 무의식적인 동기와 환경적 자극에 의해 움직여지는 존재가 아니라는 생각을 발전시켰다.

② 매슬로는 인간에게 동기를 부여할 수 있는 욕구가 계층을 형성하고 있는 것으로 파악하였다.

③ 욕구 단계설은 1943년에 처음 내놓은 것으로, 사람에게 동기를 부여하려면 단계별로 상승하는 인간의 욕구를 제대로 이해해야 한다는 주장이다.

④ 인간의 욕구는 낮은 단계의 욕구로부터 시작하여 그것이 충족됨에 따라서 차츰 상위 단계로 올라간다.

⑤ 이러한 매슬로의 이론은 브랜다이스 대학에 재직할 당시에 집필한 『인간의 동기와 성격(Motivation and Personality)』이라는 책에서 소개되었다.

(2) 욕구 단계이론의 가정

① 만족된 욕구는 더 이상 동기부여 요인이 아니다.

② 인간의 욕구체계는 매우 복잡하다.

③ 상위수준의 욕구가 한 개인의 행동에 영향을 미치기 위해서는 하위수준의 욕구가 우선적으로 충족되어져야 한다.

④ 하위수준보다는 상위수준의 욕구에 더 많은 충족방법이 있다.

(3) 욕구 단계이론의 개념

① 생리적 욕구

㉠ 욕구 단계설의 첫 단계는 인간에게 있어 가장 기본이라 할 수 있는 생리적 욕구다. 즉, 따뜻함이나 거주지, 먹을 것을 얻고자 하는 욕구이다.

㉡ 인간은 빵만으로 사는 것은 아니지만 굶주리고 있는 사람에게 있어서는 빵 한 조각이 전부인 것이다.

㉢ 춥고 배고픈 문제가 해결되지 않는 한 다른 욕구는 모습을 나타내지 않는다.

② 안전 욕구

㉠ 생리적 욕구가 어느 정도 충족되면 안전의 욕구가 나타난다. 이 욕구는 근본적으로 신체적 및 감정적인 위험으로부터 보호되고 안전해지기를 바라는 욕구다.

㉡ 사람들은 개인 생활이나 조직 내에서 불확실성을 줄이고 익숙한 것을 선호하는 경향을 보이는데 이는 물리적 안전뿐 아니라, 고용안정 등 경제적, 사회적 안전 상태도 포함한다.

③ 소속감과 애정 욕구

㉠ 생리적 욕구와 안전 욕구가 어느 정도 충족되면 소속감이나 애정 욕구가 지배적인 것으로 나타나게 된다.

㉡ 인간은 사회적인 존재이므로 어디에 소속되거나 자신이 다른 집단에 의해서 받아들여지기를 원하고 동료와 친교를 나누고 싶어 하고 이성 간의 교제나 결혼을 갈구하게 된다.

④ 존경 욕구

㉠ 인간은 어디에 속하려는 그의 욕구가 어느 정도 만족 되기 시작하면 어느 집단의 단순한 구성원 이상이 되기를 원한다.

㉡ 이는 내적으로 자존, 자율을 성취하려는 욕구(내적 존경 욕구) 및 외적으로 타인으로부터 주의를 받고, 인정을 받으며, 집단 내에서 어떤 지위를 확보하려는 욕구(외적 존경 욕구)이다.

⑤ 자아실현 욕구

㉠ 존경의 욕구가 어느 정도 충족되기 시작하면 "나의 능력을 발휘하고 싶다", "자기 계발을 계속하고 싶다"라는 자아실현 욕구가 강력하게 나타난다.

㉡ 이는 자신이 이룰 수 있는 것 혹은 될 수 있는 것을 성취하려는 욕구이다. 즉, 계속적인 자기발전을 통하여 성장하고, 자신의 잠재력을 극대화하여 자아를 완성하려는 욕구다.

(4) 욕구 단계이론의 구성

① 저위 욕구와 고위 욕구

㉠ 생리적 욕구와 안전 욕구를 포함하는 저위 욕구는 주로 외부요인(임금, 고용기간) 등에 의해서 충족된다.

㉡ 소속감과 사랑의 욕구, 존경의 욕구, 자아실현의 욕구인 고위 욕구는 자신의 내부요인에 의해 충족되는 차이가 있다.

② 성장 욕구와 결핍 욕구

㉠ 자아실현 욕구를 제외한 다른 네 가지 욕구는 무엇인가 부족하기 때문에 느끼는 결핍 욕구에 해당한다.

㉡ 자아실현 욕구는 결핍이 아니라 더욱 성장하려는 욕구이기에 성장 욕구로 불리운다.

(5) 자아실현인의 특징

① 의의

　㉠ 매슬로에 따르면 자아실현의 욕구란, 인간이 가지는 가장 최상위의 욕망으로 자기 개발과 목표 성취를 위해 끝없이 노력하는 자세라고 정의할 수 있다.

　㉡ 매슬로는 자아실현의 욕구는 다른 단계의 욕구와 달리 일정한 한계점이 없다는 점을 강조했다.

　㉢ 생물학적 욕구에는 한계점이 있어서 일정 수준 이상 충족되면 자동으로 사라진다.

② 자아실현인의 특징 요약

　㉠ 현실 중심적이다. → 거짓, 부정직함, 가짜, 사기, 허위를 진실로부터 구별하는 능력이 있다.

　㉡ 문제 해결 능력이 강하다. → 어려움에 괴로워하거나 도망가려고 하지 않는다. 어려움과 역경을 문제 해결을 위한 기회로 삼는다.

　㉢ 수단과 목적을 차별하지 않는다. → 목적으로 수단을 정당화하지 않는다. 또한 수단이 목적 자체가 될 수도 있다고 생각한다. 즉, 과정이 결과보다 더 중요할 수 있다고 생각하는 자세를 갖는다.

　㉣ 사생활을 즐긴다. → 남들과 함께하는 시간보다는 혼자 있는 시간에 종종 더 편안함을 느낀다.

　㉤ 환경과 문화에 영향을 받지 않는다. → 주위 환경에 의해 쉽게 바뀌지 않는다. 자신의 경험과 판단에 더 의존한다.

　㉥ 사회적인 압력에 굴하지 않는다. → 항상 사회에 순응하며 살지는 않는다.

　㉦ 민주적인 가치를 존중한다. → 인종, 문화, 개인의 다양성에 열린 자세를 취한다.

　㉧ 인간적이다. → 사회적 관심, 동정심, 인간미를 지니고 있다.

　㉨ 인간관계를 깊이 한다. → 수많은 사람과 피상적인 관계를 맺는 것보다는, 가족이나 소수의 친구와 깊은 관계를 유지한다.

　㉩ 공격적이지 않은 유머를 즐긴다. → 남을 비웃거나 모욕하는 유머는 삼간다.

　㉪ 자신과 남을 있는 그대로 받아들인다. → 남들이 자신을 바라보는 시선이나 태도에 연연해하지 않고 자신을 있는 그대로 바라본다. 남을 가르치거나 바꾸려 하지 않고, 자신에게 해가 되지 않는 한, 있는 그대로 내버려 둔다.

　㉫ 자연스러움과 간결함을 좋아한다. → 인공적으로 꾸미는 것보다는 있는 그대로, 자연스럽게 표현하는 것을 더 좋아한다.

　㉬ 풍부한 감성 → 주위의 사물을, 평범한 것일지라도, 놀라움으로 바라볼 수 있다.

　㉭ 창의적이다. → 창의적이고 독창적이며 발명가적 기질이 있다.

4　질문기법 ★★

(1) 질문의 유형　기출

① 개방형 질문 : 응답자가 자유롭게 응답할 수 있도록 하는 질문 형태로 고객의 감정 혹은 사고까지도 말할 수 있게 유도할 수 있다. 예 "저희 제품을 사용하신 느낌이 어떠셨나요?"

② 폐쇄형 질문

    ㉠ 준비된 선택지나 항목 중에서 답을 선택하도록 하는 질문 형태이다.

    ㉡ 신속한 답변을 얻을 수 있지만, 질문의 범위가 좁고 한정적인 답변만 얻을 수 있다.

        예 "저희 제품 사용에 만족하셨나요?"

            "서비스 품질을 우수, 보통, 미흡으로 분류한다면 어디에 해당한다고 생각하십니까?"

③ 양자택일형 질문

    ㉠ 결론을 내리지 못하는 상황에 답변을 유도할 수 있는 질문이다.

    ㉡ 선택할 수 있는 두 개의 항목을 제시하여 답변자의 빠른 결론을 유도할 수 있다.

    ㉢ 중간 정도의 요구사항이 있는 고객의 의견을 제대로 반영할 수 없다.

        예 "품질과 가격 중 어떤 점을 더 중점적으로 보시나요?"

> **2차 실기 기출 포인트**
>
> **개방형 질문의 예와 장점을 각각 한 가지씩 쓰시오.**
>
> 정답 ① 예 : 저희 제품을 사용하신 느낌이 어떠셨나요?
>
>   ② 장점 : 응답자가 자유롭게 응답할 수 있도록 함으로써 고객의 감정 혹은 사고까지도 파악할 수 있다.

(2) 질문의 분류

① 사실 질문

    ㉠ 응답자의 학력 및 경력, 사회적 배경, 생활 및 가정환경 등과 같은 객관적인 사실들에 관한 지식이나 정보를 얻어낼 수 있도록 고안된 질문이다.

    ㉡ 사실 질문에 의해 얻어지는 정보는 응답자의 견해나 태도에 대한 차이를 설명하는 데 도움이 되는 중요한 자료가 될 수 있다.

    ㉢ 사실 질문에 사용되는 개념들은 사전에 명확히 정의되어 있어야 한다.

② 견해 또는 태도 질문

    ㉠ 태도는 특정한 주제에 대한 응답자의 입장과 생각 등이고 견해는 이러한 태도에 대한 언어적 표현이라고 할 수 있다.

    ㉡ 태도는 내용이나 방향, 강도에 따라 각각 다르게 표현될 수 있다. 견해와 태도에 관한 질문의 구성은 사실에 관한 질문의 구성보다 더 어려우며, 응답자는 동일한 주제에 대해서도 다양한 태도를 나타낼 수 있다.

(3) 공감형 질문의 전략(프랭크 세스노 : Frank Sesno)

① 상대의 입장이 되라. → 공감하려면 타인의 관점을 취해야 한다.

② 여유를 주라. → 먼저 폭넓은 질문을 던져 상대가 편하고 익숙한 토대 위에서 이야기를 시작하게 한다.

③ 말 이상의 것을 들어라. → 신호, 어조, 분위기, 몸짓, 표정, 눈 맞춤, 스트레스 상태를 포착해야 한다. 말을 멈추거나 머뭇거리는 것도 의미가 있다.

④ 친밀한 거리를 형성하라. → 온정과 관심을 표한다. 그러면서도 객관적 질문이나 조언을 할 만큼 적당한 거리를 유지한다.

(4) 질문의 효과(도로시 리즈 : Dorothy Leeds)

답이 나온다	개방형, 폐쇄형, 양자택일형 질문 등 다양한 질문을 통해 상대방으로부터 답을 들을 수 있음
생각을 자극한다	질문은 생각을 결정하고, 생각은 마음가짐을 결정하고, 마음가짐은 행동을 결정 → 긍정적 질문을 통해 긍정적 대답을 유도
정보를 얻는다	질문을 통해 상대방의 동기와 감정을 파악할 수 있음
통제가 된다	질문을 기다리지 말고 묻고 싶은 것을 질문함으로써 상대방의 니즈를 파악
마음을 열게 한다	질문을 통해 교감을 형성할 수 있음
귀를 기울이게 한다	질문을 통해 귀를 기울임으로써 상대방에게 관심을 표명할 수 있고 실수를 줄일 수 있음
설득이 된다	질문을 통해 상대방이 질문자의 생각과 같은 방향이 되도록 만들 수 있음

3 고객 응대

1 설득 화법 ★

(1) 설득의 의의

① 설득의 개념
  ㉠ 설득이란 사전적으로는 상대편이 말하는 사람의 의견을 따르도록 여러 가지로 깨우쳐 말한다는 뜻을 갖고 있다.
  ㉡ 설득은 설득자가 원하는 방향으로 다른 사람이 행동하게 하는 힘을 지닌 커뮤니케이션이다.
  ㉢ 설득은 또한 듣는 이가 나의 의견에 공감하도록 이유를 붙여 말하는 것으로 듣는 이가 나의 입장이 되게 만드는 과정이기도 하다.

② 설득의 원칙
  ㉠ 『설득의 심리학』을 저술한 로버트 치알디니(Robert Cialdini) 교수는 설득에 관한 6가지 원칙을 제시하고 있다.
  ㉡ 설득의 6가지 심리학적 원칙

상호성의 원칙	사람들은 타인에게서 호의를 받으면 이를 갚아야 한다는 의식을 갖고 있음
일관성의 원칙	어떤 선택을 하게 되면 그 선택이 후에 비합리적이더라도 끝까지 밀고 가려는 경향이 있음
사회적 증거 원칙	베르테르 효과라고도 하며 다수가 하는 행동을 따라 하는 경향이 있음
호감의 원칙	칭찬을 통해 호감을 올릴 수 있음
권위의 원칙	전문가의 의견이나 공신력 있는 자료가 신뢰받음
희귀성의 원칙	사람들은 쉽게 보유할 수 없는 것에 더 큰 가치를 느낌

(2) 사람을 설득하는 화법

① FABE 화법

㉠ 고객 설득을 위한 화법 중 하나로 서비스나 상품에 대한 설명을 특징(Feature), 이익(Advantage), 혜택(Benefit), 증거(Evidence)를 활용한 전략적 설명이다.

㉡ FABE 화법을 통해 서비스나 상품에 관심을 일으키고 이익을 통해 고객의 만족을 인식시킨다. 그 이익을 통해 얻게 되는 혜택을 제공하고 이를 증명함으로써 혜택에 대한 확신을 주는 흐름이다.

㉢ FABE 화법의 내용

F	Feature → 상품이나 서비스의 독특한 특징들을 언급
A	Advantage → 특징들이 반영되어 발생하는 실질적인 이득을 설명
B	Benefit → 이익이 고객에게 반영되는 경우 발생할 상황을 공감
E	Evidence → 증거자료를 제시, 증거는 객관적일수록 좋음

② 공감대 발견 : 생활 태도, 습관, 외적인 조건, 태도, 경험 등의 공통점을 발견하게 되면 편안함을 느끼게 되고 대화의 실마리를 찾을 수 있다.

③ 칭찬 : 좋은 인간관계를 위해서는 상대를 인정해 주고 신뢰할 수 있는 믿음에서 출발한다. 상대의 장점을 잘 찾아내어 인정해 주고 적절한 칭찬을 해야 한다. 칭찬은 상대를 즐겁게 해주고 호감도 줄 수 있다. 칭찬은 마음의 벽을 풀고 호의적인 관계로 발전할 수 있다.

④ YES/BUT 화법 : 상대방의 의견이 정반대의 경우라도 상대의 의견을 긍정하고 난 후에 자신의 반대되는 의견을 제시하는 방법이다.

⑤ 상대가 말하도록 하기 : 대화를 할 때는 상대에게 말하게 해야 만이 상대의 진정한 생각을 알 수 있다. 이를 위해 답하기 쉬운 질문을 적절히 하며 상대가 즐겁게 대답할 수 있고 자랑할 수 있는 질문을 한다.

⑥ 구체적인 이익 제시 : 인간은 현실적이기에 자신의 이익이나 욕구에 가장 큰 관심을 갖고 있다. 감정적인 이익, 정신적인 이익, 경제적인 이익이든 그것으로 얻을 수 있는 이익을 구체적으로 제시할 때 자신에게 분명한 이익이 있다고 생각하면 설득이 가능하다.

⑦ 양자택일 유도 : 고객이나 상대방의 마음에 확신을 주어 자신의 의사를 결정, 선택, 동조를 구할 수 있는 양자택일법을 활용한다면 상대방의 부담감을 덜 수 있을 뿐만 아니라 희망하는 바를 선택할 수 있게 된다.

2 국어 표준화법 ★

(1) 개요

① 표준화법이란 국립국어원이 1992년에 만든 국어 규범으로 인사말, 경어, 지칭어 등의 올바른 쓰임새를 알려 주고 잘못 쓰는 언어를 바로 잡아 주는 권고의 의미를 담은 언어 규범이다.

② 국립국어원은 2012년 표준화법을 개정하여 표준 언어 예절을 발간하였다.

(2) 경어법

① 존경의 표현(-시- 표현)

ㄱ. 높여야 할 대상의 신체 부분, 성품, 심리, 소유물과 같이 주어와 밀접한 관계를 맺고 있는 대상을 통하여 주어를 간접적으로 높이는 간접 존대에는 '눈이 크시다', '걱정이 많으시다', '선생님, 넥타이가 멋있으시네요'처럼 -시-를 동반한다.

ㄴ. 그러나 '주문하신 커피 나오셨습니다', '문의하신 상품은 없으십니다', '포장이세요?', '품절이십니다' 등 사이즈, 포장, 품절은 청자의 소유물 혹은 밀접한 관계를 맺고 있는 대상이 아니므로 '사이즈가 없습니다', '포장해 드릴까요?', '품절입니다'가 바른 표현이다.

② 공손의 표현

ㄱ. 공식적인 상황이거나 덜 친밀한 관계에서는 직급에 관계없이 '거래처에 전화하셨습니까?', '거래처에 전화하십시오', '거래처에 전화하시지요'처럼 '하십시오체'로 말하는 것이 바람직하다.

ㄴ. 그러나 친소 관계와 상황에 따라 '거래처에 전화하셨어요?', '거래처에 전화했어요?', '거래처에 전화하세요'처럼 적절히 높여서 쓸 수도 있다.

ㄷ. 아무리 듣는 사람이 아랫사람이라 해도 '거래처에 전화했니?', '거래처에 전화해라'와 같은 '해라체'는 쓰지 않고 가급적이면 상대방을 존중하는 뜻에서 높여 말하는 것이 좋다.

③ 겸양의 표현

ㄱ. 고객을 대할 때와 자기와 관계된 부분을 낮추어 '저희 가게', '저희 회사' 등과 같이 우리 대신에 저희를 쓰는 것이 바람직하다.

ㄴ. 나라에 대해서는 '저희 나라'로 써서는 안 되고 항상 '우리나라'로 써야 한다. 왜냐하면 말하는 사람, 듣는 사람 모두 같은 나라 사람이기 때문에 '저희 나라'라고 할 필요가 없는 것이다.

(3) 전화 예절

① 전화를 받을 때

ㄱ. 수화기를 들 때

ⓐ 전화기의 벨이 울리면 전화를 받는 쪽이 먼저 말을 해야 한다.

ⓑ '네, ○○○○[회사명/부서/받는 사람]입니다'라고 말하는 것이 표준이다.

ⓒ 고객에게 보다 친절한 느낌을 주기 위해서 '감사합니다(고맙습니다), ○○○○[회사명/부서/받는 사람]입니다'를 쓸 수 있다.

ⓓ 전화를 받은 뒤 곧바로 회사/부서/받는 사람 이름을 밝히는 것은 너무 갑작스럽거나 부드럽지 않은 느낌이 들 수 있다.

ㄴ. 전화를 바꾸어 줄 때

ⓐ 전화를 바꾸어 줄 때는 '잠시/잠깐/조금 기다려 주십시오. 바꾸어 드리겠습니다'와 혹은 이들 앞에 '네'를 넣어 '네, 잠시/잠깐/조금 기다려 주십시오. 바꾸어 드리겠습니다'로 쓰는 것이 좋다.

ⓑ 만약 전화를 건 사람이 누구인지를 밝히지 않았을 때는 '누구시라고 전해 드릴까요?', '누구시라고 말씀 드릴까요?'라고 할 수 있다.

© 상대방이 찾는 사람이 없을 때

    ⓐ 상대방이 찾는 사람이 없을 때도 소홀하게 전화를 받아서는 안 된다. '지금 안 계십니다. 뭐라고 전해 드릴까요?'라고 정중하고 친절하게 응대해야 한다.

    ⓑ 상황에 따라 '지금 자리에 안 계십니다. ○분 후에 다시 걸어 주시기 바랍니다' 등과 같이 변화를 줄 수 있는 간결하고 친절한 말씨를 쓰는 것이 좋다.

② 잘못 걸려 온 전화일 때

    ⓐ 전화가 잘못 걸려 오면 무의식적으로 불친절해지는 경우가 많다. 이 경우 '아닌데요, 전화 잘 못 걸렸습니다', '아닙니다, 전화 잘못 걸렸습니다'라고 말하는 것이 좋다.

    ⓑ '전화 잘못 거셨습니다', '잘못 거셨습니다'라고 하는 말은 전화도 제대로 못 거느냐는 느낌이 들어 전화 건 사람의 자존심을 건드릴 수 있기 때문에 적절하지 않다.

② 전화를 걸 때

  ㉠ 상대방이 응답을 하면

    ⓐ 전화를 건 사람은 '안녕하십니까? 저는(여기는) ○○○입니다. [찾는 사람] 좀 바꾸어 주시겠습니까?'라고 말하는 것이 좋다.

    ⓑ 교환 부서를 거칠 경우는 '안녕하십니까? ○○[부서명] 좀 부탁합니다'와 같이 정중하고 친절하게 말한다.

  ㉡ 통화하고 싶은 사람이 없을 때

    ⓐ 통화하고 싶은 사람이 없을 때는 '죄송합니다만, ○○한테서 전화 왔었다고 전해 주시겠습니까?'라는 말을 쓴다.

    ⓑ '전해 주시겠습니까?'를 '전해 주시면 고맙겠습니다' 등으로 바꾸어 쓸 수 있지만, '전해 주십시오' 등과 같은 명령형은 피하는 것이 바람직하다.

  ㉢ 전화가 잘못 걸렸을 때 : 전화가 잘못 걸렸을 때는 '죄송합니다. 전화가 잘못 걸렸습니다' 또는 '미안합니다. 전화가 잘못 걸렸습니다'라고 예를 갖추어 정중히 말하는 것이 바람직한 표현이다.

③ 전화를 끊을 때

  ㉠ 대화를 마치고 전화를 끊을 때는 '안녕히 계십시오', '고맙습니다', '이만/그만 끊겠습니다. 안녕히 계십시오'하고 인사를 하고 끊는다.

  ㉡ '들어가세요'라는 말도 많이 하지만, 이는 명령형이고, 일부 지역에서만 쓰는 말이기 때문에 피하는 것이 좋다.

  ㉢ 만약 통화하고 싶은 사람이 없어 전화를 끊어야 할 때도 자신을 밝히고 끊어야 하며, 고객보다 전화를 먼저 끊는 것은 바람직하지 않다.

(4) 전자 우편 형식

서두		상대나 상황에 따라 다양하게 쓴다.
인사		
본문		
끝인사		
보내는 사람 이름	높이는 대상에게	○○○ 올림, ○○○ 드림
	그 밖의 사람에게	○○○ 씀, ○○○가/이가 ○○○, ○○[이름]

3 스트레스 개념 ★★

(1) 개요

① 개념

㉠ 스트레스는 '팽팽하게 조인다'는 뜻을 가진 라틴어의 '스트링게르(stringer)'라는 단어에서 유래하여 14세기에 이르러 스트레스라는 용어로 정착되었는데 당시에는 고뇌, 억압, 역경 등의 의미로 사용되었다.

㉡ 일반적으로 스트레스란 개인의 능력을 초과하는 요구가 있거나 개인의 요구를 충족시켜 주지 못하는 환경과의 불균형 상태에 대한 적응적 반응으로 정의할 수 있다.

② 스트레스의 특징

㉠ 스트레스는 건설적 또는 파괴적, 순기능 또는 역기능적, 그리고 긍정적 또는 부정적 영향을 미치는 등 양면성을 지니고 있다.

㉡ 스트레스는 지각 또는 경험을 통하여 일어난다. 지각된 스트레스를 실제적 스트레스, 그렇지 않은 스트레스를 잠재적 스트레스라고 한다.

㉢ 스트레스는 단순한 자극이나 반응이라기보다는 자극과 개인의 반응 간 상호작용의 결과이다.

㉣ 스트레스는 부적합 또는 불균형의 상태에서 일어나므로 균형을 위한 적응적 반응이 필요하다.

㉤ 스트레스 수준이 지나치게 낮거나 지나치게 높으면, 건강이나 작업에 부정적인 영향을 끼치게 되어 역기능적 스트레스로 작용할 가능성이 높다.

㉥ 스트레스 수준이 어느 정도 적정수준을 유지하면 건강이나 작업에 긍정적 영향을 주어 순기능적 스트레스로 작용할 가능성이 높다.

③ 스트레스의 기능

좋은 스트레스 (eustress)	마음의 기쁨 또는 즐거움으로 인해 받는 긍정적인 유익 스트레스로서 이러한 스트레스는 건강에도 좋음 → 열심과 감사, 평안, 즐거움, 사랑을 유발
나쁜 스트레스 (distress)	좋지 않은 일로 인해 생기는 부정적인 유해 스트레스로서 이러한 스트레스는 건강에 해를 유발 → 불안, 우울, 원한, 좌절 등과 함께 병을 유발
최적 스트레스	어느 정도의 적정수준을 유지하면, 건강이나 작업에 긍정적 영향을 주어 순기능 스트레스로 작용

(2) 스트레스의 요인

① 외적 요인

물리적 환경	소음, 빛, 열, 더위, 닫힌 공간, 편리함의 감소 등
사회적 환경	규칙, 규정, 형식적 절차, 마감 시간과 같은 조직의 환경, 타인의 무례함, 명령, 공격적 태도, 괴롭힘 등
개인적 사건	생로병사, 경제적 변화, 실직이나 사업실패, 승진, 결혼, 이혼, 사별, 출퇴근, 기계 고장 등

② 내적 요인

생활 습관	카페인 섭취, 흡연, 수면부족, 과도한 스케줄 등
왜곡된 인지	비관적 생각, 자기 비난, 자기 부정, 비현실적 기대, 사적 감정 개입, 극단적 사고, 과장, 경직된 사고, 완벽주의, 일 중독 등

(3) 스트레스 이론

① 의학적 연구
- ㉠ 20세기에 들어서면서 스트레스의 개념이 의학계에 소개되었고, 이를 기점으로 하여 스트레스에 대한 반응양상을 조직적으로 연구하기 시작하였다.
- ㉡ 1920년대 중반 스트레스의 아버지라 불리는 셀리에(H. Selye)가 일반적 적응증후군(GAS : General Adaptation Syndrome)이라는 개념을 발표하면서, 스트레스가 신체 부위에 부정적 영향을 준다는 연구 결과를 발표하였다.

② 일반 적응 증후군 기출
- ㉠ 셀리에(Hans Selye)는 수많은 스트레스원에 의해 야기되는 일반적인 신체적 적응 반응으로 정의하였다.
- ㉡ 매우 다양하고 서로 다른 상황들이 스트레스 반응을 일으킬 수 있지만, 그 반응은 항상 동일한 과정을 거쳐간다고 보았으며 그 자극의 종류에 관계없이 스트레스 반응은 비특정적으로 발생한다고 주장하였다.
- ㉢ 이러한 일반적 반응을 일반 적응 증후군(General Adaptation Syndrom, GAS)이라고 한다.

③ 스트레스의 3단계
- ㉠ 1단계 : 경고반응단계
  - ⓐ 신체 내에서는 교감신경계가 활성화되어 스트레스에 반응한다.
  - ⓑ 이때 몸은 일시적으로 두통 증상이 나타나며, 피곤해지고, 식욕이 떨어지며, 위통 등등이 발생할 수 있다.
  - ⓒ 신체 내에서 회복 능력을 지니고 있는 상태이다.
- ㉡ 2단계 : 저항단계
  - ⓐ 신체는 스트레스에 대해 저항하고 원상태(균형)로 돌리려고 한다.
  - ⓑ 체내에서는 호르몬의 분비가 왕성해지고, 신체적으로는 소진될 가능성이 있으며, 겉으로는 정상이지만 생리적으로 불균형을 이루어 가려고 진행을 하고 있는 상태이다.
  - ⓒ 심리적, 생리적으로 저항이 이루어지지 않으면 불안을 유발시킬 수 있다.
- ㉢ 3단계 : 소진단계
  - ⓐ 신체적, 심리적으로 저항이 약화되어 심신의 균형을 잃게 되는 상태이다.
  - ⓑ 신체적으로 활동이 둔화되어 질병으로도 확산 가능성이 있다.

4 스트레스 관리 방법 ★

(1) 스트레스가 미치는 결과

① 정신건강에 미치는 영향

　㉠ 스트레스를 받으면 초기에는 그로 인한 불안 증상(초조, 걱정, 근심 등)이 발생하고 점차 우울 증상이 나타난다. 대부분의 경우 불안이나 우울 증상은 일시적이고 스트레스가 지나가면 사라진다.

　㉡ 스트레스 요인이 너무 과도하거나 오래 지속되는 경우, 개인이 스트레스 상황을 이겨낼 힘이 약화되어 있는 경우에는 각종 정신질환으로 발전할 수 있다.

② 신체질환에 미치는 영향

　㉠ 신체질환의 경우도 스트레스와 밀접한 연관이 있다.

　㉡ 스트레스에 취약한 우리 몸의 기관인 근골격계(긴장성 두통 등), 위장관계(과민성 대장증후군), 심혈관계(고혈압) 등이 영향을 더 많이 받는 것으로 알려져 있다.

③ 면역기능에 미치는 영향

　㉠ 장기간 스트레스를 받으면 면역기능이 떨어져 질병에 걸리기 쉬운 상태가 된다.

　㉡ 다양한 신체장애의 발병과 악화는 물론이고 암과 같은 심각한 질환도 영향을 많이 주는 것으로 알려져 있다.

(2) 스트레스 관리

① 규칙적인 생활 습관

　㉠ 평소 규칙적인 생활 습관을 가지는 것이 스트레스 관리에 가장 중요하다.

　㉡ 충분한 수면을 취해야 하는데, 일반적으로 6~8시간 정도가 적당한 것으로 알려져 있다.

　㉢ 규칙적인 운동은 스트레스 해소에 도움이 되며 걷기가 좋은 운동으로 평가되고 있다.

② 적극적/문제해결형 대응

　㉠ 스트레스를 잘 관리하거나 적절하게 이용하려면 그 실체를 정확히 알아야 한다.

　㉡ 스트레스로 인해 현재 상황이 불편하다는 것을 인정하는 것이 출발점이다.

　㉢ 면밀히 따져 스트레스를 적극적으로 해소하는 것이 가능하지 않다면 두 번째 단계인 스트레스의 수용이 필요하다.

　㉣ 스트레스를 수용한다는 것이 '재수 없는 일이 하필이면 나한테 일어났다'라는 운명론적 태도와는 달라 단순한 포기를 의미하는 것은 아니다.

　㉤ 이렇게 자신에게 가해진 스트레스를 받아들이기로 마음먹었다면 마지막 단계인 적극적/문제해결형으로 대응하는 것이 중요하다.

　㉥ 문제를 해결하기 위해 자신의 능력을 확인하고 최선의 대처를 능동적으로 하는 것이 적극적 대응의 핵심이다.

　㉦ 이와 반대로 스트레스를 회피하거나 무기력하게 받아들이는 것은 감정해결형의 전형이라고 할 수 있다.

　㉧ 감정해결형은 일시적으로는 도움이 되지만, 수렁에 빠진 사람이 허우적거리면 더 깊이 빠져드는 것과 같이 장기적으로는 문제가 더욱 꼬이고 스트레스 반응이 더욱 커지게 된다.

③ 이완 요법
  ㉠ 이완을 잘 시키기 위한 조건은 조용하고 간섭받지 않는 곳에서 편안한 자세, 근육을 이완하고, 깊고 천천히 숨을 쉬는 복식 호흡을 하거나 명상을 하는 것이다.
  ㉡ 복식 호흡
     ⓐ 숨을 깊이 들이마시고 천천히 내쉬는 복식 호흡을 하면 들이마셨던 공기는 폐 깊숙이 들어가 충분한 산소를 공급하고 배출된다.
     ⓑ 호흡계는 충분한 산소를 받아들여 에너지를 생산하고 노폐물을 배출시켜 우리 몸의 대사가 잘 이루어지도록 도와준다.
     ⓒ 자신의 호흡을 살펴보고, 천천히 깊숙이 호흡하는 훈련을 하면 마음과 몸이 이완되고 안정을 찾는 데 도움이 된다.
  ㉢ 근육이완법 : 몸의 각 부위에서 긴장과 이완을 연습한다. 근육의 힘을 완전히 빼고 이완을 하다 보면 편안함을 찾을 수 있게 된다.
④ 바이오 피드백
  ㉠ 바이오 피드백은 정신 – 생리적 반응을 기구를 이용하여 눈으로 확인하면서 능동적인 조절을 할 수 있도록 지속적으로 훈련하는 방법이다.
  ㉡ 정신과 생리적 반응은 근육의 긴장도, 피부 온도, 뇌파, 피부 저항도, 혈압, 심박동 수 등이며 자신이 이완될 때 이들의 지표가 어떻게 변하는지 인식한다.
  ㉢ 이러한 이완상태를 유지할 수 있도록 훈련함으로써 스스로 이완상태로 들어갈 수 있도록 하는 치료법이다.
⑤ 명상 : 명상은 스트레스 요인(감각, 심상, 행위)에 주의를 집중하는 집중 명상과 마음에서 일어나고 사라지는 모든 변화를 관찰하는 마음 챙김 명상으로 구별할 수 있다.
⑥ 시간 관리
  ㉠ "가장 중요한 것이 무엇인가?"라는 질문을 통해 우선순위를 매기는 것이 첫 번째 단계다.
  ㉡ 이후 일을 시행하면서 효율성을 증대시키고 자투리 시간을 활용하는 등의 방법을 같이 사용하면 도움이 된다.
  ㉢ 시간 관리의 일반적인 단계

가치 평가하기	건강, 행복, 가족, 여가, 경력, 돈 등에서 우선순위를 정함
목표 세우기	우선순위를 정한 가치에 부합하는 구체적이고 현실적인 목표를 설정
활동계획 정하기	목표를 이루기 위한 단계적인 작업 수행 계획을 세우고 그 계획에 따른 진행 상황을 확인
시간 투입량 결정하기	작업 수행에 소요되는 시간 목록을 작성
일의 지연/지체 막기	작업 수행을 방해하는 요소와 자신의 가치에 부합되지 않는 활동을 찾아 수정
체계적인 시간 운용하기	작업 중 반드시 해야 하는 것, 하면 좋은 것, 하지 않아도 되는 것에 대한 목록을 만들고 시행

5 감정노동자 보호법 ★

(1) 의의

① 산업구조의 변화로 서비스업의 비중이 증가 추세에 있으며, 이에 따라 고객과 직접 대면하는 서비스업 종사자 또한 지속적으로 증가하고 있다.

② 이와 같이 고객을 직접 대면하거나 일대일로 대화하면서 고객에게 편안함과 만족감을 주어 소비활동을 돕는 업무를 감정노동(Emotional Labor)이라고 한다.

③ 서비스업종 근로자들의 감정노동으로 인한 피해 사례가 인터넷 또는 소셜네트워크서비스(SNS) 등을 통해 빠르게 확산하면서 사회적 쟁점이 되고 있다.

④ 이러한 대중의 관심에 힘입어 감정노동 종사자 보호를 위한 각종 법안 수립에 대한 시도가 이루어지고 있다.

⑤ 고객의 부당한 항의와 회사의 일방적인 사과 요구로 우울증이 발생한 감정노동 종사자에 대하여, 회사가 근로자를 보호하고 배려해야 하는 의무를 소홀히 한 것으로 판단하여 회사에 근로자의 정신적 피해를 보상하라는 법원의 판결이 있다.

(2) 감정노동 종사자의 특성 [기출]

① 감정노동 종사자 중 50% 가까이가 30인 미만의 소규모 사업장에 종사하고 있고, 소규모 사업장에 근무하는 감정노동 종사자의 비율은 증가추세다.

② 감정노동 종사자 중 여성 근로자의 비율은 전체 근로자 중 여성 근로자의 비율에 비해 높은 편이다.

③ 감정노동 종사자의 평균 연령은 전체 근로자의 평균 연령에 비해 높은 편이다.

④ 감정노동 종사자의 월평균 급여 총액은 전체 근로자의 월평균 급여 총액에 비해 낮은 편이다.

⑤ 감정노동 종사자의 평균 근속년수는 전체 근로자의 평균 근속년수에 비해 낮은 편이다.

(3) 감정노동의 결과

① 두 가지 관점

㉠ 안면 환류설 : 표현되는 감정과 느끼는 감정은 조화를 이루려는 특성을 가지므로, 감정노동은 근로자가 긍정적 느낌을 가지는 데 도움이 된다는 관점이다.

㉡ 소외가설 : 감정노동은 근로자의 실제 감정과는 다른 감정을 표현하는 것이므로 감정적 부조화가 생겨 직업에 대한 불만족을 가지게 된다는 관점이다.

㉢ 우리나라의 경우, 감정 노동의 긍정적 효과는 일시적이며 부정적 측면이 더 많다는 의견이 대부분이다.

② 감정노동의 영향

직무관련	직무만족도 저하, 조직몰입도 저하, 이직의 증가
정신건강	우울, 자살충동, 외상후 스트레스 장애
해소행위	흡연, 음주
신체건강	심혈관질환, 암, 근골격계질환

(4) 감정노동자 보호법 [기출]

① 개요

㉠ 고객 응대 과정에서 일어날 수 있는 폭언이나 폭행 등으로부터 감정노동자를 보호하기 위한 목적으로 제정된 산업안전보건법 개정안으로 2018년 10월 18일부터 시행됐다.

㉡ 감정노동자 보호법은 고객 응대 근로자가 고객의 폭언 등 괴롭힘으로 인해 얻게 될 수 있는 건강장해에 대한 사업주의 예방조치를 핵심으로 한다.

㉢ 이에 따라 사업주는 폭언 등을 하지 않도록 요청하는 문구 게시 또는 음성을 안내하고, 고객과의 문제 상황 발생 시 대처방법 등을 포함하는 고객응대업무 매뉴얼을 마련한다.

② 업무의 일시적 중단 또는 전환, 휴게 시간의 연장, 폭언 등으로 인한 건강장해 관련 치료 및 상담 지원, 고객 응대 근로자 등이 폭언 등을 원인으로 고소·고발 또는 손해배상 청구 등을 하는 데 필요한 증거물, 증거서류 제출과 같은 지원을 해야 한다.

⑩ 고객응대 근로자는 고객의 폭언 등으로 인하여 건강장해가 발생하거나 발생할 현저한 우려가 있는 경우, 사업주에게 업무의 일시 중단이나 전환을 요구할 수 있다. 만약 사용자가 고객응대 근로자의 요구를 이유로 해고, 그 밖의 불리한 처우를 하면 1년 이하의 징역 또는 1,000만 원 이하의 벌금에 처해질 수 있다.

② 법령 규정

㉠ 산업안전보건법 제41조(고객의 폭언 등으로 인한 건강장해 예방조치 등)

ⓐ 사업주는 주로 고객을 직접 대면하거나 「정보통신망 이용촉진 및 정보보호 등에 관한 법률」 제2조 제1항 제1호에 따른 정보통신망을 통하여 상대하면서 상품을 판매하거나 서비스를 제공하는 업무에 종사하는 고객응대근로자에 대하여 고객의 폭언, 폭행, 그 밖에 적정 범위를 벗어난 신체적·정신적 고통을 유발하는 행위(이하 이 조에서 "폭언 등"이라 한다)로 인한 건강장해를 예방하기 위하여 고용노동부령으로 정하는 바에 따라 필요한 조치를 하여야 한다.

ⓑ 사업주는 업무와 관련하여 고객 등 제3자의 폭언 등으로 근로자에게 건강장해가 발생하거나 발생할 현저한 우려가 있는 경우에는 업무의 일시적 중단 또는 전환 등 대통령령으로 정하는 필요한 조치를 하여야 한다.

ⓒ 근로자는 사업주에게 제2항에 따른 조치를 요구할 수 있고, 사업주는 근로자의 요구를 이유로 해고 또는 그 밖의 불리한 처우를 해서는 아니 된다.

㉡ 산업안전보건법 시행규칙 제41조(고객의 폭언 등으로 인한 건강장해 예방조치 등) : 사업주는 법 제41조 제1항에 따라 건강장해를 예방하기 위하여 다음 각 호의 조치를 해야 한다.

ⓐ 법 제41조 제1항에 따른 폭언 등을 하지 않도록 요청하는 문구 게시 또는 음성 안내

ⓑ 고객과의 문제 상황 발생 시 대처방법 등을 포함하는 고객응대업무 매뉴얼 마련

ⓒ 제2호에 따른 고객응대업무 매뉴얼의 내용 및 건강장해 예방 관련 교육 실시

ⓓ 그 밖에 법 제41조 제1항에 따른 고객응대근로자의 건강장해 예방을 위하여 필요한 조치

㉢ 산업안전보건법 시행령 제41조(고객의 폭언 등으로 인한 건강장해 예방조치) : 법 제41조 제2항에서 "업무의 일시적 중단 또는 전환 등 대통령령으로 정하는 필요한 조치"란 다음 각 호의 조치 중 필요한 조치를 말한다.

ⓐ 업무의 일시적 중단 또는 전환

ⓑ 「근로기준법」 제54조 제1항에 따른 휴게시간의 연장

ⓒ 법 제41조 제1항에 따른 폭언 등으로 인한 건강장해 관련 치료 및 상담 지원

ⓓ 관할 수사기관 또는 법원에 증거물·증거서류를 제출하는 등 법 제41조 제1항에 따른 고객응대근로자 등이 같은 항에 따른 폭언 등으로 인하여 고소, 고발 또는 손해배상 청구 등을 하는 데 필요한 지원

01 고객 만족에 대한 설명으로 옳은 것은?

① 동일한 제품 혹은 서비스가 제공되면 각각의 고객의 만족은 모두 동일하다.
② 최고경영자의 강력한 추진 의지만 있으면 전 구성원의 참여 없이도 고객 만족을 달성할 수 있다.
③ 고객 만족을 실현하기 위해서는 최일선의 현장 종업원의 재량권을 없애야 한다.
④ 고객 만족 경영을 기업 내부에 성공적으로 정착시키려면 사내 종업원들인 내부고객을 만족시켜야 한다.

해설

① 고객 만족은 어떤 제품 혹은 서비스에 대하여 고객이 느끼는 만족을 의미하며, 동일한 제품 혹은 서비스가 제공된다 하여도 각각의 고객에 따라서 만족은 달라진다.
② 고객 만족을 달성하기 위해서는 최고경영자의 강력한 추진 의지와 함께 전 구성원의 참여가 있어야 한다.
③ 고객 만족을 실현하기 위해서는 최일선의 현장 종업원의 재량권을 부여해야 한다.

02 관리자와 최고경영자는 조직의 하단에서 고객과 일선 종업원을 지원하는 조직구조는?

① 피라미드형
② 역피라미드형
③ 다이아몬드형
④ 모래시계형

해설

역피라미드형 조직구조는 기존의 최고경영자가 최상단에 있는 피라미드형 조직구조와 반대로 고객이 조직이 맨 위에 있는 조직구조다. 관리자와 최고경영자는 조직의 하단에서 고객과 일선종업원을 지원하는 형태다.

03 고객 만족의 실천 전략으로 틀린 것은?

① 고객의 소중한 소리를 데이터베이스화하여 개별적이고 세심한 관리에 활용해야 한다.
② 고객의 불평을 들어주는 일에 많은 신경을 써야 한다.
③ 고객 불평이 많이 발생하는 부서는 인사고과에서 일관되게 불이익을 부여한다.
④ 상처받은 고객의 마음을 회복시키는 서비스 회복을 도입한다.

해설

고객 불평이 많이 발생하는 부서일수록 시스템을 개선해 주고 더 많은 지원과 교육을 통해 관심을 가져 주어야 한다.

04 기업의 제품이나 서비스를 구매한 고객들의 자료를 바탕으로 한 고객 중심 마케팅은?

① 데이터베이스 마케팅 ② 대량 마케팅
③ 노이즈 마케팅　　　 ④ 서비스 회복

해설

기업의 제품이나 서비스를 구매한 고객들의 자료를 바탕으로 한 고객 중심 마케팅을 데이터베이스 마케팅이라고 한다. 대고객관계를 유지, 강화시켜 나가는 활동은 고객 만족 경영과 관계 마케팅을 실천하는 주요 방안이 된다.

05 괄호 안에 들어갈 알맞은 말은?

서비스 전달과정에 고객과 서비스 제공자 간 상호작용하는 기간을 (　　　　)이라고 한다.

① 유통　　　　　　 ② 접점
③ 점포　　　　　　 ④ 구매

해설

접점(서비스 인카운터, service encounter)이란 서비스 전달과정에서 고객과 서비스 제공자 간의 상호작용 또는 고객이 특정 서비스와 직접 상호작용하는 기간을 의미한다. 개인 간의 상호작용에 한정하지 않고 물리적 시설과 기타 유형적 요소와의 상호작용까지 포함하는 포괄적인 개념이다.

정답 01 ④ 02 ② 03 ③ 04 ① 05 ②

06 다음 중 접점의 성격이 다른 하나는?

① 카운슬링
② 교육
③ 의료
④ 콜센터

해설

접점은 면대면 접점, 원격 접점, 전화 접점으로 구분할 수 있다. ①, ②, ③은 면대면 접점이고 ④는 전화 접점이다.

07 고객 여정에 대한 설명으로 틀린 것은?

① 고객은 제품 및 서비스의 발견에서 구매까지 저마다 다른 여정을 거친다.
② 여정의 단계를 되돌아가거나, 여정 끝으로 직행하는 경우도 있다.
③ 재방문 고객은 광고를 보고 흥미가 생긴 후 브랜드 웹사이트를 방문한다.
④ 고객 여정은 신규 고객이 브랜드를 발견하는 순간부터 시작된다.

해설

재방문 고객은 브랜드의 웹사이트로 바로 이동하지만, 잠재고객은 소셜미디어에서 광고를 보고 흥미가 생긴 후 브랜드의 웹사이트로 이동한다.

08 고객 여정 지도의 요소로 관련이 없는 것은?

① 인식
② 호소
③ 요구
④ 평가

해설

고객 여정 지도는 고객 여정을 시각화 한 것으로 다섯 가지 'A'인 인식(aware), 호소(appeal), 요구(ask), 행동(act) 및 지지(advocate)를 다룬다.

09 고객 여정 지도 작성 시 고려 사항으로 옳은 것은?

① 브랜드에는 저마다 고유한 맞춤형 여정 지도가 있으며 모든 브랜드에 적용되는 만능 지도 또한 존재한다.
② 여정 지도는 현재의 정보만 제공하며 미래 고객의 궤적을 따라갈 수는 없다.
③ 쇼핑 프로세스의 어떤 부분이 작동하지 않거나 고객에게 혼란을 주는지 파악할 수 있다.
④ 고객 여정 지도 작성을 고려하는 주된 이유는 직원의 업무 편의가 개선되기 때문이다.

해설

① 브랜드에는 저마다 고유한 맞춤형 여정 지도가 있으며 모든 브랜드에 적용되는 만능 지도란 없다.
② 다양한 유형의 여정 지도로 현재 또는 미래 고객의 궤적을 따라갈 수 있다.
④ 고객 여정 지도 작성을 고려하는 주된 이유는 고객 중심 마케팅 계획의 개선이다.

10 고객 여정 지도 작성 단계 중 상품을 쇼핑하는 가상의 캐릭터를 상상해 보는 단계는?

① 고객의 접점 정의
② 고객의 구매자 페르소나 구축
③ 목표 설정
④ 사용자 연구 및 설문조사 수행

해설

고객의 구매자 페르소나 구축 단계는 고객 여정 지도를 쉽게 시각화하는 데 도움이 되도록, 상품을 쇼핑하는 가상의 캐릭터를 상상해 보는 단계다. 브랜드 잠재 고객의 페르소나와 인구 통계를 숙지하면 기존 잠재 고객을 목표와 비교할 수 있다. 개선 또는 확장 여지가 있는 부분과 브랜드 채택을 고려할 고객 유형을 고민해야 한다.

11 접점을 세분화할 때 실제 소비의 단계가 이루어지는 접점은?

① 핵심 접점
② 사전 접점
③ 마무리 접점
④ 구매 후 접점

해설

핵심 접점은 실제 소비가 이루어지는 단계로 고객과의 관계에서 그들의 니즈를 파악하여 그에 맞는 제품 및 서비스를 제공한다.

정답 06 ④ 07 ③ 08 ④ 09 ③ 10 ② 11 ①

12 MOT에 대한 설명으로 틀린 것은?

① 1980년대 초 스칸디나비아 항공사(SAS)의 CEO인 얀 칼슨(Jan Carlzon)이 제안한 데서 비롯된다.

② 고객이 서비스 기업의 종업원이나 특정 자원과 접촉하는 순간을 말하며, '진실의 순간' 또는 '결정적 순간'이라고 표현한다.

③ 고객과 대면하는 순간순간이 고객의 서비스 품질 지각과 회사의 이미지 형성에 결정적 영향을 미친다는 뜻이다.

④ 고객은 자신이 대면하는 접점 종업원의 역량과 서비스 행위를 보고 직원 개인을 평가한다.

> **해설**
> 고객은 자신이 대면하는 접점 종업원의 역량과 서비스 행위를 보고 회사를 평가한다. 고객의 입장에서 접점 종업원은 곧 회사이며, 회사를 대표하는 것이다.

13 MOT의 3요소와 무관한 것은

① 휴먼웨어　　② 하드웨어
③ 소프트웨어　　④ 브랜드웨어

> **해설**
> MOT의 3요소는 하드웨어(고객이 경험하는 물리적 경험 요소), 소프트웨어(고객이 경험하는 서비스 운영시스템과 서비스 직원의 업무 처리 절차), 휴먼웨어(서비스 제공자의 태도)이다.

14 서비스 접점에서 사소한 실수를 방치할 경우 큰 실패로 이어진다는 MOT의 법칙은?

① 깨진 유리창의 법칙
② 곱셈의 법칙
③ 100-1=0의 법칙
④ 통나무 물통의 법칙

> **해설**
> ② 곱셈의 법칙은 서비스 전체의 만족도는 MOT 만족도 각각의 합이 아닌 곱에 의해 결정된다는 원칙이다. 여러 번의 MOT 중 어느 하나의 MOT에서 실패하게 되면 고객은 서비스 전체를 나쁘게 평가하고 한 순간에 고객을 잃을 수 있음을 나타낸다.
> ③ 100-1=0의 법칙은 100가지 서비스 접점 중 어느 한 접점에서 느끼는 불만족이 그 서비스 전체에 영향을 미칠 수 있다는 것이다.
> ④ 통나무 물통의 법칙은 여러 조각으로 구성된 나무로 된 통나무 물통에서 한 부분이 깨질 경우 물을 가득 채울 수 없으며 심지어 물이 다 빠져나갈 수도 있다는 것이다. 서비스에 있어서 한 접점에서 누수가 발생하면 고객은 전체 서비스의 질이 낮다고 평가할 수 있다.

15 비대면 커뮤니케이션에 대한 설명으로 틀린 것은?

① 네트워크로 연결된 컴퓨터 시스템을 이용하여 물리적인 직접 접촉 없이 정보와 의견을 생산 및 교환하는 것을 의미한다.

② 스마트폰 사용이 확대되면서 비대면으로 커뮤니케이션이 가능해졌고 대면 없이도 고객 상담이나 응대가 가능해졌다.

③ 온라인 커뮤니티의 활성화에 관심이 집중되면서 화상 통화, 화상 회의, 온라인 공연 등으로 소통의 영역이 확장되고 있다.

④ 온택트란 언택트에 온라인 연결(On)이 반영된 것으로 대면을 최대화하고 온라인을 통해 소통을 접목한 것을 말한다.

> **해설**
> 온택트란 언택트에 온라인 연결(On)이 반영된 것으로 대면을 최소화하며 온라인을 통해 소통하는 것을 의미한다.

16 채팅으로 소비자와 소통하면서 상품을 소개 및 판매하는 형태를 지칭하는 말은?

① 라이브 커머스　　② 인적 판매
③ 구전 판매　　④ 블로그 마케팅

> **해설**
> 라이브 커머스는 채팅으로 소비자와 소통하면서 상품을 소개 및 판매하는 형태를 의미한다. 라이브 커머스의 가장 큰 특징은 상호 소통으로 생방송이 진행되는 동안 이용자들은 진행자 혹은 다른 구매자와 실시간 소통을 할 수 있다.

정답 12 ④　13 ④　14 ①　15 ④　16 ①

17 비대면 커뮤니케이션 예절에 대한 설명으로 가장 옳지 않은 것은?

① 눈으로 감정을 표현하는 스마이즈는 예의에 어긋나는 것으로 인식되고 있다.
② 비대면 시대에도 시간 약속을 지키는 것은 기본적인 예절 중 하나다.
③ 이메일을 보낼 때에는 제목에 목적이 명확하게 명시될 수 있게 작성한다.
④ 메시지를 보내기 전 오해 소지가 되는 단어 및 문장이 있는지 확인 후에 보낸다.

> **해설**
> 스마이즈(Smize)란 스마일(smile)과 응시를 뜻하는 게이즈(gaze)를 합성한 신조어로 눈웃음을 의미한다. 화상 상담 및 마스크를 쓴 상태에서 상대에게 긍정적인 표정을 전달하기가 어려운 상황에서 눈으로 감정을 표현하는 스마이즈가 각광받고 있다.

18 통신판매를 설명한 것으로 적절하지 않은 것은?

① 고객이 점포 방문이 아닌 온라인상에서 상품 및 서비스를 구매하는 형태로 거래가 이루어진다.
② 통신판매 시장은 인터넷이 보편화된 이후 초고속 성장을 하고 있다.
③ 통신판매 시장에서 고객은 같은 제품이나 서비스를 제공할 때 원하는 바가 서로 같은 공통성을 보인다.
④ 통신판매를 이용하는 고객은 정확하고 즉각적인 응대를 요구한다.

> **해설**
> 통신판매 시장에서 고객은 같은 제품이나 서비스를 제공하더라도 원하는 바가 서로 상이한 개별성을 보인다.

19 통신 판매 접점 관리를 위한 4A 전략과 무관한 것은?

① 방법 전략 　　② 가격 전략
③ 시간 전략 　　④ 장소 전략

> **해설**
> 4A 전략은 방법 전략(AnyWay), 제품 전략(AnyProduct), 시간 전략(AnyTime), 장소 전략(AnyWhere)이다.

20 통신판매의 마케팅 특징에 대한 설명으로 틀린 것은?

① 고객과 긴밀한 일대일 관계를 형성할 수 있으며 시간적, 공간적 제약이 해소되어 마케팅 기회를 넓힐 수 있다.
② 표적 집단에의 접근이 용이한데, 콘텐츠를 다양화함으로써 소비자군을 세분화하여 소구할 수 있다.
③ TV, 라디오, 신문 등의 전통적 매체보다 광고비가 저렴하며 오랜 시간 광고를 할 수 있다.
④ 이용자가 업체의 사이트에 수시로 접속하므로 광고의 효과 측정이 어렵다.

> **해설**
> 광고의 효과 측정이 가능하다. 이용자가 업체의 사이트에 접속했을 때 로그 파일 등의 신상기록이 남기 때문에 접속률, 접속시간 대 등을 파악할 수 있다.

21 통신판매 접점 관리에 대한 설명으로 틀린 것은?

① 최적의 고객관리를 위해서는 제품의 판매과정을 자동화한다.
② 고객의 의견에 항상 피드백을 제공한다.
③ 고객은 화면에 나타난 상품 소개만으로 구매하므로 경솔한 결정을 한다.
④ 불만 사항 접수나 해결 창구에 대한 안내가 되어야 한다.

> **해설**
> 고객은 직접 보거나 사용해 보지 않고 화면에 나타난 상품의 소개로 구매의사 결정을 내려야 하기 때문에 보다 신중한 결정을 하게 된다. 따라서 고객에게 신뢰를 줄 수 있는 기업만이 성공할 수 있게 된다.

정답 　17 ①　18 ③　19 ②　20 ④　21 ③

22 통신판매 접점 관리 전략에 대한 설명으로 틀린 것은?

① 고객과의 지속적인 상호작용을 통해 고객에게 즐거움을 경험하도록 해야 한다.

② 타깃의 수요와 요구를 파악하여 이에 적합한 고객맞춤형 프로모션이 진행되어야 한다.

③ 자사의 규모 및 회원 수, 서비스 품목을 분석하여 최적의 CRM을 구현해야 한다.

④ 매출신장에 기여한다면 일시적인 고객 프로모션을 진행해야 한다.

해설

일시적인 프로모션보다는 고객과의 접촉과 커뮤니케이션을 통해 사이트의 방문율을 높이고 기업의 제품과 서비스에 대한 호의도를 제고하며 고객과 기업과의 관계를 유지시켜 매출신장에 기여하는 지속적인 프로모션을 진행해야 한다.

23 라포 형성에 대한 설명으로 가장 옳지 않은 것은?

① 라포란 '신뢰 관계', '친밀한 관계'란 뜻으로 라포를 형성하기 위해서는 멘트를 준비하여 고객의 마음을 열어야 한다.

② 목표 고객과 실질적인 관계를 맺는 첫 단계로 라포 형성이 가장 중요하다.

③ 서로가 말하고 있는 것에 대해 집중하고 관심을 가지게 된다.

④ 상대방과의 차이점을 인식함으로써 교감을 형성하는 데 큰 도움이 된다.

해설

공통점을 확인하는 것은 상대방과 교감을 형성하는 데 큰 도움이 된다. 상대방이 자신에게 보이는 공통된 관심도가 높을수록, 스스로를 오픈할 가능성이 높아진다(예 대학, 취미, 거주지역 등).

24 경청에 대한 설명으로 가장 옳지 않은 것은?

① 상대가 말하는 표면적 의미와 메시지에 주의를 집중하는 것이다.

② 상대방의 이야기를 귀 기울여 듣고 이해하려고 노력하려는 것이다.

③ 언어적 메시지뿐만 아니라 비언어적 메시지까지도 경청의 대상에 포함된다.

④ 주의집중이란 고객과 온전히 함께하는 것을 의미한다.

해설

경청은 상대방의 이야기를 귀 기울여 듣고 이해하려고 노력하고, 상대가 표면적으로 말하는 것 이상으로 전달하고자 하는 진짜 의미를 깊이 듣고, 상대방이 전달하는 언어적 메시지뿐만 아니라 비언어적 메시지까지 주의 깊게 듣는 것을 내포하고 있다.

25 경청의 방법 중 의사소통 과정에서 상대방이 전달하고자 하는 내용을 자신이 이해하고 있다고 나타내는 것은?

① 반영
② 공감
③ 소극적 경청
④ 수동적 경청

해설

반영은 의사소통 과정에서 상대방이 전달하고자 하는 내용을 자신이 이해하고 있다고 나타내는 것이다. 상대방으로 하여금 전달하고자 한 내용이 관심을 받고 있으며 이해받고 있다는 느낌이 생기게 하여 대화 과정에 참여하는 정도가 높아지게 된다.

정답 22 ④ 23 ④ 24 ① 25 ①

26 경청 기법 중 하나인 MBA 기법에서 B의 내용으로 옳은 것은?

① 화자가 말하는 내용과 의도를 정확하고 명백하게 교류하기 위한 방법이다.
② 상대방의 몸짓이나 표정 등에 반응하는 비언어적 경청이다.
③ 상대방의 호흡, 몸의 자세와 동작을 거울처럼 되비추듯 내 몸을 사용한다.
④ 말하는 객관적 사실과 속마음 전체를 알아듣고 이해하는 것이다.

> **해설**
> MBA 기법의 M(Mirror-Pacing)은 미러-페이싱으로 상대방의 몸짓이나 표정 등에 반응하는 비언어적 경청이다.
> B(Backtracking)는 백트래킹으로 화자가 하는 말이나 이야기를 청자가 되돌려 주는 언어적 미러링으로 화자가 말하는 내용과 의도를 정확하고 명백하게 교류하기 위한 방법이다.
> A(Active Listening)는 적극적 경청으로 말하는 객관적 사실과 그의 주관적 의견, 언어나 신체적 표현에 내포된 감정, 그리고 욕구까지 속마음 전체를 알아듣고 이해하는 것이다.

27 공감을 방해하는 요인이 아닌 것은?

① 타인과 비교
② 해석하기
③ 집중하기
④ 당연시하기

> **해설**
> 집중하는 것은 공감을 방해하는 요인이 아니라 공감을 위해 필요한 요인이다.

28 매슬로(Maslow)의 욕구 이론에 대한 설명으로 옳지 않은 것은?

① 인간에게는 자유 의지가 있으며 무의식적인 동기와 환경적 자극에 의해 움직여진다.
② 하위 수준의 욕구가 충족되지 않아도 상위 수준의 욕구가 개인의 행동에 영향을 미친다.
③ 인간의 욕구는 낮은 단계의 욕구로부터 시작하여 그것이 충족됨에 따라서 차츰 상위 단계로 올라간다.
④ 하위수준보다는 상위수준의 욕구에 더 많은 충족방법이 있다.

> **해설**
> 상위수준의 욕구가 한 개인의 행동에 영향을 미치기 위해서는 일단 하위수준의 욕구가 우선적으로 충족되어져야 한다.

29 매슬로(Maslow)가 제시한 자아실현인의 특징으로 틀린 것은?

① 현실 중심적이다.
② 공격적인 유머를 즐긴다.
③ 자신과 남을 있는 그대로 받아들인다.
④ 자연스러움과 간결함을 좋아한다.

> **해설**
> 자아실현인의 특징으로 공격적이지 않은 유머를 즐긴다. 즉, 남을 비웃거나 모욕하는 유머는 삼간다.

30 질문 기법 중 "저희 제품을 사용하신 느낌이 어떠셨나요?"와 같이 질문하는 것은?

① 개방형 질문
② 폐쇄형 질문
③ 유도 질문
④ 양자택일형 질문

> **해설**
> 개방형 질문은 응답자가 자유롭게 응답할 수 있도록 하는 질문 형태로 고객의 감정 혹은 사고까지도 말할 수 있게끔 유도할 수 있다. 예를 들면, "저희 제품을 사용하신 느낌이 어떠셨나요?"와 같이 질문하는 것이다.

31 『설득의 심리학』을 저술한 로버트 치알디니(Robert Cialdini)가 제시한 6가지 원칙에 해당하지 않는 것은?

① 상호성의 원칙
② 일관성의 원칙
③ 강요의 원칙
④ 호감의 원칙

> **해설**
> 설득의 6가지 심리학적 원칙은 상호성의 원칙, 일관성의 원칙, 사회적 증거의 원칙, 호감의 원칙, 권위의 원칙, 희귀성의 원칙이다.

정답 **26** ① **27** ③ **28** ② **29** ② **30** ① **31** ③

32 FABE 화법에서 상품이나 서비스의 실질적인 이득을 설명하는 것은?

① F
② A
③ B
④ E

해설

F	Feature → 상품이나 서비스의 독특한 특징들을 언급
A	Advantage → 특징들이 반영되어 발생하는 실질적인 이득을 설명
B	Benefit → 이익이 고객에게 반영되는 경우 발생할 상황을 공감
E	Evidence → 증거자료를 제시, 증거는 객관적일수록 좋음

33 상대방의 의견이 정반대의 경우라도 상대의 의견을 긍정하고 난 후에 자신의 반대되는 의견을 제시하는 방법은?

① 'YES/BUT' 화법
② 상대가 말하도록 하기
③ 구체적인 이익 제시
④ 양자택일 유도

해설

② 상대가 말하도록 하기 – 대화를 할 때는 상대가 말을 하게 해야 만이 상대의 진정한 생각을 알 수 있다. 이를 위해 답하기 쉬운 질문을 적절히 하며 상대가 즐겁게 대답할 수 있고, 자랑할 수 있는 질문을 한다.
③ 구체적인 이익 제시 – 인간은 현실적이기에 자신의 이익이나 욕구에 가장 큰 관심을 갖고 있다. 감정적인 이익, 정신적인 이익, 경제적인 이익이든 그것으로 얻을 수 있는 이익을 구체적으로 제시할 때 자신에게 분명한 이익이 있다고 생각하면 설득이 가능하다.
④ 양자택일 유도 – 고객이나 상대방의 마음에 확신을 주어 자신의 의사를 결정, 선택, 동조를 구할 수 있는 양자택일 법을 활용한다면 상대방의 부담감을 덜 수 있을 분만 아니라 희망하는 바를 선택할 수 있게 된다.

34 전화 예절에 대한 설명으로 틀린 것은?

① 전화기의 벨이 울리면 전화를 받는 쪽이 먼저 말을 해야 한다.
② 상대방이 찾는 사람이 없을 때도 소홀하게 전화를 받아서는 안 된다.
③ 통화하고 싶은 사람이 없을 때는 '죄송합니다만, ○○한테서 전화 왔었다고 전해 주시겠습니까?'라는 말을 쓴다.
④ 상대방이 통화하고 싶은 사람이 없어 전화를 끊어야 할 때는 먼저 전화를 끊는 것이 바람직하다.

해설

만약 통화하고 싶은 사람이 없어 전화를 끊어야 할 때도 자신을 밝히고 끊어야 하며, 고객보다 전화를 먼저 끊는 것은 바람직하지 않다.

35 스트레스에 대한 설명으로 가장 옳지 않은 것은?

① '팽팽하게 조인다'라는 뜻을 가진 라틴어의 '스트링게르(stringer)'라는 단어에서 유래했다.
② 스트레스 수준은 적정선이 없고 지나치게 낮거나 지나치게 높아야 긍정적인 영향을 끼친다.
③ 개인의 요구를 충족시켜 주지 못하는 환경과의 불균형 상태에 대한 적응적 반응이다.
④ 지각된 스트레스를 실제적 스트레스, 지각되지 않은 스트레스를 잠재적 스트레스라고 한다.

해설

스트레스 수준이 지나치게 낮거나 지나치게 높으면, 건강이나 작업에 부정적인 영향을 끼치게 되어 역기능적 스트레스로 작용할 가능성이 높다. 스트레스 수준이 어느 정도 적정수준을 유지하면 건강이나 작업에 긍정적 영향을 주어 순기능적 스트레스로 작용할 가능성이 높다.

36 스트레스 요인 중 성격이 다른 하나는?

① 물리적 환경
② 사회적 환경
③ 개인적 사건
④ 왜곡된 인지

해설

스트레스의 요인은 크게 외적 요인과 내적 요인으로 구분한다. ①, ②, ③은 외적 요인이고 ④는 내적 요인이다.

정답 **32** ② **33** ① **34** ④ **35** ② **36** ④

37 스트레스의 일반적응증후군 3단계를 바르게 제시한 것은?

① 소진 단계 → 저항 단계 → 경고반응 단계
② 저항 단계 → 소진 단계 → 경고반응 단계
③ 경고반응 단계 → 저항 단계 → 소진 단계
④ 경고반응 단계 → 소진 단계 → 저항 단계

> **해설**
> 스트레스의 일반적응증후군 3단계는 경고반응 단계 → 저항 단계 → 소진 단계다.

38 스트레스 관리에 대한 설명으로 가장 옳지 않은 것은?

① 평소 규칙적인 생활 습관을 가지는 것이 스트레스 관리에 가장 중요하다.
② 시간 관리에 엄격해질 경우 스트레스를 유발하므로 시간에 무뎌져야 한다.
③ 규칙적인 운동은 스트레스 해소에 도움이 되며 걷기가 좋은 운동으로 평가되고 있다.
④ 자신의 능력을 확인하고 최선의 대처를 능동적으로 하는 것이 적극적 대응의 핵심이다.

> **해설**
> 스트레스에 대처하기 위해서는 시간 관리가 필요하다. "가장 중요한 것이 무엇인가?"라는 질문을 통해 우선순위를 매기는 것이 첫 번째 단계다. 이후 일을 시행하면서 효율성을 증대시키고 자투리 시간을 활용하는 등의 방법을 같이 사용하면 도움이 된다.

39 감정노동자에 대한 이해로 가장 옳지 않은 것은?

① 산업구조의 변화로 제조업의 비중이 증가 추세에 있다.
② 고객을 직접 대면하거나 일대일로 대화하면서 고객에게 편안함과 만족감을 주어 소비활동을 돕는 일이 많아졌다.
③ 대중의 관심에 힘입어 감정노동 종사자 보호를 위한 각종 법안 수립에 대한 시도가 이루어지고 있다.
④ 근로자들의 감정노동으로 인한 피해 사례가 빠르게 확산되면서 사회적 쟁점이 되고 있다.

> **해설**
> 산업구조의 변화로 서비스업의 비중이 증가 추세에 있으며, 이에 따라 고객과 직접 대면하는 서비스업 종사자 또한 지속적으로 증가하고 있다.

40 감정노동 종사자의 특성으로 가장 옳지 않은 것은?

① 감정노동 종사자 중 50% 가까이가 30인 미만의 소규모 사업장에 종사하고 있다.
② 감정노동 종사자 중 여성 근로자의 비율은 전체 근로자 중 여성 근로자의 비율에 비해 높은 편이다.
③ 감정노동 종사자의 평균 연령은 전체 근로자의 평균 연령에 비해 낮은 편이다.
④ 감정노동 종사자의 월평균 급여 총액은 전체 근로자의 월평균 급여 총액에 비해 낮은 편이다.

> **해설**
> 감정노동 종사자의 평균 연령은 전체 근로자의 평균 연령에 비해 높은 편이다.

41 감정노동자 보호법에 대한 설명으로 틀린 것은?

① 고객 응대 과정에서 일어날 수 있는 폭언이나 폭행 등으로부터 감정노동자를 보호하기 위한 목적으로 제정된 산업안전보건법 개정안으로 2018년 10월 18일부터 시행됐다.
② 사용자가 고객응대 근로자의 요구를 이유로 해고, 그 밖의 불리한 처우를 하면 1년 이하의 징역 또는 100만 원 이하의 벌금에 처해질 수 있다.
③ 감정노동자 보호법은 고객 응대 근로자가 고객의 폭언 등 괴롭힘으로 인해 얻게 될 수 있는 건강장해에 대한 사업주의 예방조치를 핵심으로 한다.
④ 사업주는 폭언 등을 하지 않도록 요청하는 문구 게시 또는 음성을 안내하고, 고객과의 문제 상황 발생 시 대처방법 등을 포함하는 고객응대업무 매뉴얼을 마련한다.

> **해설**
> 고객응대 근로자는 고객의 폭언 등으로 인하여 건강장해가 발생하거나 발생할 현저한 우려가 있는 경우, 사업주에게 업무의 일시 중단이나 전환을 요구할 수 있다. 만약 사용자가 고객응대 근로자의 요구를 이유로 해고, 그 밖의 불리한 처우를 하면 1년 이하의 징역 또는 1,000만 원 이하의 벌금에 처해질 수 있다.

정답 **37** ③ **38** ② **39** ① **40** ③ **41** ②

5장 실전 예상문제 2차 실기

01 고객 접점을 설명하시오.

> **정답** 서비스 전달 과정에서 고객과 서비스 제공자 간의 상호작용 또는 고객이 특정 서비스와 직접 상호작용하는 기간을 의미한다.

02 고객의 제품 및 서비스에 대한 발견에서 구매까지의 쇼핑 프로세스를 나타내는 말을 쓰시오.

> **정답** 고객 여정

03 고객과의 접점 중 실제 소비의 단계로 고객과의 관계에서 니즈를 파악하여 그게 맞는 제품 및 서비스를 제공하는 단계를 쓰시오.

> **정답** 핵심 접점

04 다음 설명에 해당하는 용어를 쓰시오.

> 고객이 서비스 기업의 종업원이나 특정 자원과 접촉하는 순간을 말하며, '진실의 순간' 또는 '결정적 순간'이라고 표현한다.

> **정답** MOT(Moment of Truth)

05 고객 접점을 관리하는 원칙 중 곱셈의 법칙을 설명하시오.

> **정답** 서비스 전체의 만족도는 MOT 만족도 각각의 합이 아닌 곱에 의해 결정된다는 것으로 여러 번의 MOT 중 어느 하나의 MOT에서 실패하게 되면 고객은 서비스 전체를 나쁘게 평가하고 한순간에 고객을 잃을 수 있음을 나타낸다.

06 비접촉 또는 비대면이라는 뜻을 나타내는 것으로 대면 없이 구매와 소비가 이루어지는 뜻을 가진 말을 쓰시오.

정답 언택트

07 채팅으로 소비자와 소통하면서 상품을 소개 및 판매하는 형태를 나타내는 말을 쓰시오.

정답 라이브 커머스

08 통신 판매 접점 채널 관리를 위한 6C 전략 중 온라인상에서 전달하고자 하는 정보 및 내용을 기술적 요소와 결합시킨 것이 무엇인지 쓰시오.

정답 콘텐츠

09 고객과의 신뢰 관계, 친밀한 관계란 뜻으로 실질적 관계를 맺는 것을 뜻하는 용어를 쓰시오.

정답 라포(Rapport)

10 적극적 경청을 약술하시오.

정답 고객의 이야기에 집중하고 있다는 것을 상대방이 지각할 수 있도록 외현적 표현을 하면서 듣는 방법이다. 대화 중의 불확실하거나 이해되지 않는 부분에 질문과 공감의 표시를 한다.

11 매슬로 욕구이론의 5가지 욕구를 쓰시오.

정답 생리적 욕구, 안전 욕구, 소속감과 애정 욕구, 존경 욕구, 자아실현 욕구

12 주어진 선택지나 항목 중 하나 또는 지정된 응답 수만큼을 선택하게 하는 질문방식은 무엇인지 쓰시오.

정답 폐쇄형 질문

13 FABE 화법을 나누어서 설명하시오.

정답 F : 상품이나 서비스의 독특한 특징들을 언급한다.
A : 특징들이 반영되어 발생하는 실질적인 이득을 설명한다.
B : 이익이 고객에게 반영되는 경우 발생할 상황을 공감한다.
E : 증거자료를 제시하며 증거는 객관적일수록 좋다.

14 스트레스의 일반적응증후군(General Adaptation Syndrom, GAS) 3단계를 쓰시오.

정답 경고반응 단계, 저항 단계, 소진 단계

15 고객의 폭언 등으로 인한 건강장해 예방조치 등을 규정하고 있는 법률을 쓰시오.

정답 산업안전보건법

✔ 실기 출제영역

고객은 다양한 심리상태를 갖고 있으므로 언제, 어떤 상황에서 컴플레인이 생길지 알 수 없습니다. 이번 단원에서는 컴플레인에 대한 구체적인 개념과 상황별 대처법에 대해 학습합니다.

1 불만 사항 수집 및 분석

1 불만 사항 수집 ★★

(1) 컴플레인(Complain)의 의의

① 컴플레인의 개념

  ㉠ 컴플레인의 사전적 개념은 '투덜거리다', '불평하다', '호소하다'라는 뜻이다.

  ㉡ 고객이 상품을 구매하는 과정이나 구매한 상품에 관한 품질, 서비스, 불량 등을 이유로 불만족한 감정을 표출하는 것이다.

  ㉢ 컴플레인은 객관적인 품질의 문제이기도 하지만 주관적으로는 고객의 만족 여부, 심리적 기대 수준 충족 여부까지 함께 작용한다.

② 컴플레인의 시사점

  ㉠ 와튼 스쿨의 불만고객 연구결과에 따르면 불만 고객 중 단 6%만이 기업에 불만을 항의하고 31%가 주변 지인들에게 험담하며 63%의 고객이 침묵한다.

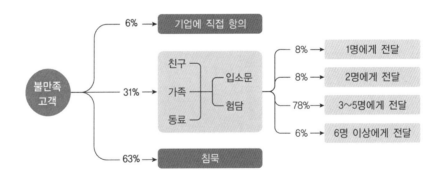

  ㉡ 서비스에 불만족한 고객은 조용히 떠나가거나, 자신의 불만스러운 감정을 주변에 전파하기 때문에 고객 불만은 순식간에 눈덩이처럼 불어나게 된다.

  ㉢ 충성 고객을 만드는 것도 중요하지만 고객의 불평, 불만을 철저히 관리하여 고객의 작은 불만이라도 소홀히 여기지 말고 우선적으로 해결해야 한다.

(2) 컴플레인의 이해

① 발생원인 [기출]

판매자 측 원인	• 판매담당자의 고객에 대한 인식 부족 • 무성의한 고객대응태도 • 제품지식의 결여 • 제품관리의 소홀 • 무리한 판매권유 • 단기간의 이해 집착 • 약속 불이행 • 보관물품의 소홀한 관리 • 일 처리의 미숙
고객 측 원인	고객의 잘못이나 고객의 착오 등에 의하여도 컴플레인 발생할 수 있음 → 판매자의 잘못이 없다고 하더라도 인내심을 갖고 겸손하고 정성스러운 설명으로 설득해야 함

② 컴플레인 수집 및 처리 절차

ㄱ 제1단계 : 고객의 불만이나 불평을 듣고, 고객의 불평 내용과 원인에 대한 정보를 수집한다.

ㄴ 제2단계 : 불만의 원인을 분석하며, 고객의 불평이나 불만에 대한 사실 확인과 원인을 확인한다.

ㄷ 제3단계 : 해결책을 검토하며, 문제해결을 위한 고객 요구사항 파악과 만족할 만한 해결 방안을 모색한다.

ㄹ 제4단계 : 만족스러운 해결 방안을 결정하고, 고객에게 해결책을 제안한다.

ㅁ 제5단계 : 처리결과를 검토한다.

(3) 고객 불만족의 접근

① 굿맨의 법칙

제1법칙	불만을 느끼는 고객 중 고충을 제기하고 그 해결에 만족한 고객의 당해 상품 및 서비스의 재구입 결정률은 불만이 있으면서 고충을 제기하지 않는 고객에 비해 매우 높음
제2법칙	고충 처리에 불만을 품은 고객의 비호의적인 소문은 만족한 고객의 호의적인 소문에 비해 두 배나 강한 영향력으로 판매를 방해
제3법칙	소비자 교육을 받은 고객은 기업에 대한 신뢰도가 높아져 호의적인 소문의 파급 효과가 기대될 뿐만 아니라 상품의 구입 의도가 높아져 시장 확대에 공헌

② 기대불일치이론

ㄱ 고객의 서비스에 대한 만족과 불만족은 성과와 기대와의 차이이다. 소비자들은 경험한 서비스 성과를 사전 기대와 비교하여 평가한다.

ⓒ 기대 불일치와 결과

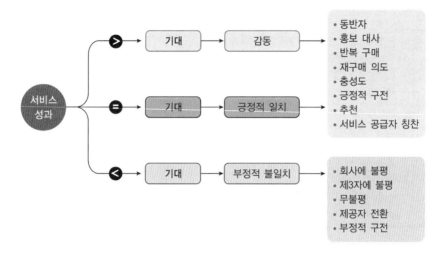

③ 컴플레인의 성격
ⓐ 고객이 불평할 때, 회사로부터 기대하는 것이 무엇인지를 아는 것이 중요하다. 고객들은 보상의 공정한 처리를 기대한다.

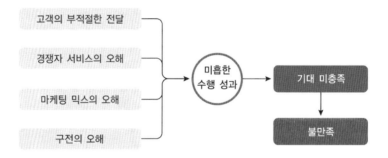

ⓑ 고객들이 겪은 동일한 희생에 대한 동일한 보상을 공정하게 처리되는 것을 원하며 이는 결과의 공정성, 절차의 공정성과 상호작용의 공정성으로 구분된다.

결과의 공정성	고객이 자신의 희생과 동등하게 느끼는 무료서비스, 할인이나 다른 조치에 의한 보상 예 손님이 도착한 후 오랫동안 준비가 되지 않은 객실을 기다렸다면, 호텔 종업원은 더 좋은 객실이나 할인을 제공해야 함
절차의 공정성	• 고객들의 불평을 솔직하고, 쉽고, 우호적으로 처리하는 것으로 복잡한 절차는 불평을 추가 • 종업원은 문제 상황을 융통성 있고, 자발적으로 수행함으로써 충분한 책임을 지고, 추가적인 보상을 제공
상호작용의 공정성	• 불평을 제기할 때 제공자가 어떻게 반응하는가에 관한 것으로 고객들은 이미 고통받은 것에 대해 좋은 방식으로 처리되기를 바람 • 종업원들은 불평을 처리하는 데 있어서 지식도 있고, 예의도 있어야 하며 신중해야 함

2 불만 사항 분석 ★★

① 상황별 컴플레인의 유형 기출

물리적 상황	외형, 인테리어, 매장의 위치 조건, 설비, 재질 등에 대한 컴플레인
시간적 상황	매장 운영시간, 고객 상담 시간, 지연 시간 등에 대한 컴플레인
인적 상황	종업원의 복장, 접객 태도, 상담 태도, 대화 정도에서의 컴플레인
절차적 상황	물건 구입 절차, 환불 절차, 가입 절차 등에 대한 컴플레인
감각적 상황	음악, 주변의 소음, 인테리어 색감, 지나친 방향제 사용 등에 대한 컴플레인
금전적 상황	결제조건, 멤버십 유무에 따른 금전적 부담, 우대사항 등에 대한 컴플레인

② 불만 표출 유형

수동형	분노, 실망과 불평의 부정적인 느낌을 갖고 있더라도, 불평할 가치가 없다고 생각 → 구전을 전파하지는 않지만 공급자를 전환
의견표명형	공급자에게 직접 불평하고 부정적 구전을 전파
분노형	부정적 구전을 더 적극적으로 전파하고 공급자를 전환
행동형	공급자를 설득하기 위해 완고한 자세를 취함 → 모든 사람에게 불평, 부정적 구전 전파, 공급자 전환, 관련 단체 가입 및 법적으로 고소를 검토

③ 고객 불평의 비용과 이익

ㄱ. 소비자들은 불평을 통해서 무엇인가 얻기를 기대한다. 상황을 수정할 가능성이 없다면, 불만족을 수용하기 위해 분노를 표현하는 경향이 있다.

ㄴ. 분노는 불충분한 서비스에 대한 정서적 반응으로 소비자들은 불평과 관련된 모든 비용과 혜택을 견주어 본다.

ㄷ. 소비자들이 비용보다 더 큰 이익으로 불평 제기를 인식한다면 불평을 하게 된다.

비용	불편	• 불평하기 위한 특별한 행동 • 전화나 서류 작성 • 불평 과정 중 서비스 포기
	불확실성	• 정확한 불평 절차 찾기의 어려움 • 해결 가능성 의문
	불쾌	• 무례한 대우 • 피곤한 논쟁
	정서	권리 주장 기회, 분노 표현 기회, 사과를 받을 기회
	기능	보상, 교환, 수리
이익	이타	• 다른 고객들의 불만족 경험 예방 • 불평의 미제기에 대한 죄책감
	관여도	회사의 제공물에 대한 개선 기회

2 불만 사항 해결

1 불만 사항 해결 방안 ★★

(1) 컴플레인 대응 개요

① 의의
- ㉠ 고객들에게 견해를 표현하도록 장려하는 것은 조직에 장기적으로 이익이 되므로 불평 처리 절차를 수립해야 한다.
- ㉡ 불평 처리시스템을 설계할 때는 쉬운 시스템 설계와 접근성을 고려해야 한다. 고객들이 불평 처리 절차를 쉽게 알고, 이용할 수 있어야 이점을 누릴 수 있다.
- ㉢ 컴플레인 대응의 이점
  - ⓐ 불만족한 고객과의 관계를 좋게 만들 수 있는 기회
  - ⓑ 부정적 구전을 피할 기회
  - ⓒ 회사가 현재 서비스를 개선한다는 이미지를 심어주는 기회
  - ⓓ 고객의 불신을 해소하여 자사의 판매 기회를 확대하는 기회
  - ⓔ 회사의 문제점을 발견하고 해결책을 찾을 수 있는 기회

② 컴플레인 대응 기본 원칙 [기출]
- ㉠ 고객의 말을 끝까지 잘 들어야 한다.
- ㉡ 선입견으로 고객을 판단하지 않도록 한다.
- ㉢ 실수에 대해서 변명하지 않는다.
- ㉣ 감정이입을 하지 않도록 한다.
- ㉤ 고객의 불만을 최우선적으로 처리한다.
- ㉥ 필요시 장소, 시간, 사람을 바꾸어 불만 고객을 응대한다.
- ㉦ 불만 처리를 하나의 기회라고 생각하며 자신의 권한 내에서 처리한다.
- ㉧ 감사의 인사를 한다.

> **2차 실기 기출 포인트**
>
> **컴플레인 대응의 이점을 3가지 쓰시오.**
>
> [정답] ① 불만족한 고객과의 관계를 좋게 만들 수 있는 기회다.
> ② 부정적 구전을 피할 수 있는 기회가 된다.
> ③ 회사가 현재 서비스를 개선하고 있다는 이미지를 심어주는 계기가 된다.

(2) 컴플레인의 해결

① 해결 주체

서비스 공급자	기업은 불평 처리에 실질적 책임이 있으므로 처리 기준을 도입하고, 해결 방법을 설정, 보상수준을 결정
소비자 감시단체	소비자들의 이익을 보호하거나 촉진하기 위해 설립된 조직에 소비자들은 불평을 제기할 수 있음
법적 조치	불평 고객이 최종적으로 선택하는 방법으로 법적 조치는 기업의 경영위험이 되고 서비스의 이미지에 심각한 타격을 주게 됨 → 문제의 행동 조치가 일어나기 전에 불평 고객에게 진실하고 신속하게 해결하는 것이 바람직

② 불만 고객 처리 단계

1단계	경청	• 고객의 항의에 경청하고 끝까지 들어야 함 • 선입관을 버리고 문제를 파악
2단계	감사와 공감 표시	• 일부러 시간을 내서 해결의 기회를 준 것에 감사 표시 • 고객의 항의에 공감을 표시
3단계	사과	• 고객의 이야기를 듣고 문제점에 대한 인정 • 잘못한 부분에 대해 정중히 사과
4단계	해결 약속	• 고객이 불만을 느낀 상황에 관심과 공감 표시 • 문제의 빠른 해결 약속
5단계	정보 파악	• 문제해결을 위해 꼭 필요한 질문으로 정보를 파악 • 해결 방법이 어려우면 고객에게 어떻게 해주면 좋을지 질문
6단계	신속 처리	잘못된 부분을 신속하게 시정
7단계	재사과	불만 처리 후 고객에게 처리결과에 만족하는지 확인 및 재사과
8단계	피드백 및 개선 방안 수립	고객 불만 사례를 회사 및 전 직원과 공유하여 동일한 문제가 발생하지 않도록 함

(3) 고객 유형별 응대 방법

① 대표적 유형

'빨리빨리 형'	빠른 응대를 선호하는 타입 → 군더더기 없는 신속한 응대와 시원시원한 목소리로 즉각적인 행동 변화를 보여주어야 함
'자기자랑 수다 형'	자신의 이야기를 들어주기를 원하는 유형 → 맞장구를 쳐주고, 칭찬하여 자존심을 높여주는 것이 효과적
'느림보 형'	반응이 느린 유형 → 너무 발랄하게 응대하기보다는 충분히 설명해 주고 동기부여를 해주는 것이 효과적
'비교분석 꼼꼼 형'	논리적이고 수치적인 면을 분석하여 설명해 주면 좋아하는 타입 → 지나친 설득은 반감을 살 수 있으므로 주의

② 기타 유형 [기출]

전문가처럼 보이고 싶어 하는 고객	• 자신을 과시하고 자신이 가지고 있는 확신에 대한 고집을 꺾지 않으려는 유형 • 고객의 말을 잘 들으며 상대의 능력에 대한 칭찬과 감탄의 말로 응대 → 친밀감을 조성, 대화 중 반론을 하거나 자존심을 건드리는 행위를 하지 않도록 주의
결단력 없고 우유부단한 고객	• 요점을 명확하게 말하지 않으며 타인이 의사결정을 내려주기를 기다리는 경향 있음 • 고객이 결정을 내리지 못하는 갈등 요소가 무엇인지를 표면화시키기 위해 적절히 질문 → 사후 조치와 보상 내용을 성실히 설명하여 신뢰감을 형성
빈정거리고 불만으로 가득 찬 고객	• 무엇이든 반대하며 열등감이나 허영심이 강한 유형 • 대화의 초점을 주제 방향으로 유도하여 해결에 접근할 수 있도록 고객을 존중하며 응대 → 빈정거림은 적당히 인정함으로써 타협의 자세 유도
쉽게 흥분하며 저돌적인 고객	• 자신이 생각한 방법만이 유일하고 타인의 제안을 받아들이지 않으려는 유형 • 부드러운 분위기를 유지 → 고객이 스스로 감정을 조절할 수 있도록 유도
무리한 요구를 서슴없이 하는 고객	• 원칙에 어긋난 일을 부탁하거나 무리한 요구를 하는 유형 • 고객의 입장을 충분히 이해하고 있음을 주지 → 고객의 요구가 무리함을 납득할 수 있도록 차근 차근 설명

불평이 많은 고객	• 트집을 잡고 불평하는 유형 • 공감과 재치로 응대 → "옳습니다. 고객님은 확실히 예리하시군요", "저도 그렇게 생각은 하고 있습니다." 등
의심이 많은 고객	• 여러 가지를 캐묻고 갸우뚱하는 유형 • 분명한 근거를 제시하여 고객 스스로 확신을 갖도록 유도
소리 지르는 고객	• 큰 목소리로 소리 지르며 경우에 따라 욕설을 하는 유형 • 목소리를 낮춰서 말할 것을 차분히 유도 → 상대방으로 하여금 목소리가 지나치게 크다는 사실을 인지시키고 분위기를 전환
말꼬투리를 잡는 고객	• 말꼬투리를 잡아 그것을 빌미로 대화를 리드하려는 유형 • 정확하고 자세한 사실만을 안내 → "죄송합니다만 잠시만 기다려 주십시오. 확실히 알아본 후 안내 드리겠습니다." 등

(4) 불만 고객 응대 기법

① MTP 기법 기출

　㉠ 원칙적으로 문제는 당사자가 해결해야 하지만 많은 고객은 책임자와 문제해결을 하기 원한다. 이때 사람(Man), 시간(Time), 장소(Place)를 바꾸어 컴플레인을 처리한다.

　㉡ MTP 실행

M	• 응대하는 사람을 담당 직원에서 그 위에 책임자로 바꿔 분위기를 환기 • 스스로의 표정, 자세, 시선 등을 바꾸려는 노력도 필요
T	• 고객이 진정할 때까지 기다림 → 중간에 반박하거나 끼어들지 않고 기다리는 것이 중요 • 즉각적인 해결 방안을 제시하기보다는 이성적으로 생각할 수 있는 시간이 필요
P	• 장소를 변경 → 매장에서 사무실로, 사람이 많은 장소에서 조용한 장소로 이동 • 조용한 장소에서 차분한 분위기를 유지함

② HEAT 기법

H(hear them out)	고객의 불만 사항을 끝까지 경청
E(empathize)	고객의 불만에 대한 선입견을 버리고 충분히 듣고 공감해 주며 중요한 사항은 메모
A(apologize)	정중히 사과
T(take responsibility)	문제 해결책을 검토

③ 불만 처리의 123 화법

　㉠ 1분 이내로 하고자 하는 말을 끝낸다.

　㉡ 2분 이상 상대방이 하는 이야기를 들어준다.

　㉢ 3분 이상 상대방의 말에 공감하고 맞장구를 친다.

④ 트레일러 콜(Trailer Calls) 기출

　㉠ 정기적 또는 지속적으로 고객과 전화나 대면으로 접촉하여 만족도 또는 컴플레인 등을 간단하게 서베이 한다.

　㉡ 이를 통해 얻은 자료로 데이터베이스를 구축한 후, 피드백 과정을 통해 서비스를 보완하여 더 나은 서비스를 제공함으로써 고객을 유지해 가는 마케팅전략이다.

불만 고객 응대 시 문제는 당사자가 해결해야 하지만 많은 고객은 책임자와 문제해결을 하기 원한다. 이때 사람, 시간, 장소를 바꾸어 컴플레인을 처리하는 기법을 쓰시오.

정답 MTP 기법

(5) 서비스 회복의 이해

① 서비스 회복의 개념

　㉠ 서비스 회복(Service Recovery)이란 서비스 실패에 대한 반응으로서 서비스 제공자가 고객의 신뢰를 회복하기 위하여 취하는 일련의 활동을 말한다.

　㉡ 서비스 회복은 서비스 제공자가 서비스 실패로 약속한 서비스를 제공하지 못해 발생하는 고객의 손실을 회복 또는 완화하는 서비스 제공자의 행위이다.

② 서비스 회복의 효과

　㉠ 서비스 실패를 경험한 고객은 서비스 제공자에 대하여 불평 행동을 하게 되며 서비스 제공자가 우호적으로 대응할 경우 고객은 만족하게 된다.

　㉡ 서비스 제공자의 긍정적 대응과 적절한 불평 처리는 불만족 고객을 만족 고객으로 전환할 수 있을 뿐만 아니라 기업에 대한 신뢰와 몰입에 긍정적인 영향을 미친다.

　㉢ 효과적인 서비스 회복 노력은 고객 유지에 긍정적 영향을 주어 강력한 고객 충성도를 이끌어 낼 수 있다.

③ 서비스 회복의 중요성

　㉠ 서비스 회복은 서비스 품질과 고객 만족, 고객 충성도에 중요한 결정요인이 되며, 기업의 장기적 수익에 직접적인 영향을 미친다.

　㉡ 효과적인 서비스 회복은 서비스 품질에 대한 고객의 지각을 향상시키며, 고객 만족을 강화시켜 고객과의 우호적 관계를 구축하여 고객 이탈을 방지한다.

④ 서비스 회복 프로세스

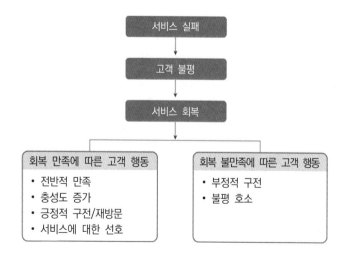

2 소비자 관련법 ★

(1) 소비자기본법

① 소비자의 권익 증진을 위한 법률로 1980년에 제정됐다. 소비자 기본법에는 소비자의 권리와 책무, 그리고 국가, 지방자치단체, 사업자의 책무를 정의하고 있다.

② 소비자의 8대 권리 **기출**

ㄱ. 물품 또는 용역(이하 '물품 등'이라 한다)으로 인한 생명·신체 또는 재산에 대한 위해로부터 보호받을 권리

ㄴ. 물품 등을 선택함에 있어서 필요한 지식 및 정보를 제공받을 권리

ㄷ. 물품 등을 사용함에 있어서 거래상대방·구입장소·가격 및 거래조건 등을 자유로이 선택할 권리

ㄹ. 소비생활에 영향을 주는 국가 및 지방자치단체의 정책과 사업자의 사업활동 등에 대하여 의견을 반영시킬 권리

ㅁ. 물품 등의 사용으로 인하여 입은 피해에 대하여 신속·공정한 절차에 따라 적절한 보상을 받을 권리

ㅂ. 합리적인 소비생활을 위하여 필요한 교육을 받을 권리

ㅅ. 소비자 스스로의 권익을 증진하기 위하여 단체를 조직하고 이를 통하여 활동할 수 있는 권리

ㅇ. 안전하고 쾌적한 소비생활 환경에서 소비할 권리

③ 소비자기본법은 한국소비자원을 설립하는 근거가 됐다. 국가는 물품의 규격과 품질 및 안전성에 대해 시험, 검사를 한국소비자원에 의뢰하며, 사업자는 소비자의 보호를 위해 국가 및 한국소비자원의 조사 및 위해방지조치에 적극 협력해야 한다.

④ 사업자는 물품으로 인해 소비자에게 위해가 발생하지 않도록 조치해야 하며, 소비자의 합리적 선택이나 이익을 침해할 우려가 있는 거래조건을 사용해서는 안 된다.

(2) 약관의 규제에 관한 법률

① 사업자가 그 거래상의 지위를 남용하여 불공정한 내용의 약관을 작성·통용하는 것을 방지하고 불공정약관을 규제하여 건전한 거래 질서를 확립함으로써 소비자를 보호하고 국민 생활의 균형이 있는 향상을 도모하기 위해 제정한 법이다.

② 사업자는 계약을 체결할 때 고객에게 약관의 내용을 계약의 종류에 따라 일반적으로 예상되는 방법으로 명시하고, 중요한 내용을 고객이 이해할 수 있도록 설명해야 한다. 이를 위반한 때에는 해당 약관을 계약의 내용으로 주장할 수 없다.

③ 사업자와 고객이 약관의 내용과 다르게 합의한 때에는 합의사항이 약관에 우선한다. 약관의 뜻이 명백하지 않은 경우에는 고객에게 유리하게 해석되어야 한다.

④ 신의성실의 원리에 반하여 공정을 잃은 약관조항은 무효이다. 고객에게 부당하게 불리한 조항이나 고객이 계약의 거래형태 등에 비추어 예상하기 어려운 조항, 고객의 본질적 권리를 제한하는 조항은 불공정한 것으로 추정한다.

⑤ 사업자의 고의나 중과실로 인한 법률상 책임을 배제하는 조항, 고객에게 부당하게 과중한 지연손해금 등의 손해배상 의무를 부담시키는 조항, 고객의 해제권 또는 해지권을 배제하거나 제한하는 조항 등은 무효이다.

⑥ 사업자가 일방적으로 급부의 내용을 결정하거나 이행 중지 또는 제3자에게 대행할 수 있게 하는 조항, 고객의 항변권과 상계권 등의 권리를 부당하게 배제 또는 제한하는 조항, 고객에게 소의 제기를 금지하거나 입증책임을 부담시키는 조항 등도 무효이다.

⑦ 공정거래위원회는 시장지배적 사업자가 불공정약관조항을 사용하는 경우 등에 대해 해당 조항의 삭제·수정 등 시정조치를 권고할 수 있고 이에 불응하면 처벌한다.

⑧ 사업자 및 사업자단체는 일정한 거래 분야에서 표준약관을 마련하여 공정거래위원회에 심사를 청구할 수 있다.

⑨ 소비자단체나 한국소비자보호원은 소비자 피해가 자주 일어나는 거래 분야의 표준약관을 마련할 것을 공정거래위원회에 요청할 수 있다.

(3) 할부거래에 관한 법률

① 할부계약에 의한 거래를 공정하게 함으로써 소비자 등의 이익을 보호하고 국민경제의 건전한 발전에 이바지함을 목적으로 한다.

② 계약의 명칭·형식 여하를 불구하고 동산 또는 용역에 관한 매수인이 목적물의 대금을 2월 이상의 기간에 걸쳐 3회 이상 분할하여 지급하고, 목적물 대금의 완납 전에 목적물의 인도 등을 받기로 하는 계약에 적용한다.

③ 매도인은 할부계약을 체결하기 전에 매수인에게 할부계약의 내용을 표시하고 고지하여야 한다. 할부계약은 일정한 사항을 기재한 서면으로 체결하여야 한다. 할부계약이 불확실한 경우에 그 계약 내용은 매수인에게 불리하게 해석되어서는 안 된다.

④ 매수인은 7일 이내에 서면으로 청약을 철회할 수 있다. 청약의 철회는 서면을 발송한 날에 효력이 발생한 것으로 본다.

⑤ 매수인이 청약을 철회한 경우에는 매수인은 인도받은 목적물을 반환하고 매도인은 지급받은 할부금을 반환하여야 한다. 목적물의 반환에 필요한 비용은 매도인이 부담하며, 매도인은 매수인에게 위약금 또는 손해배상을 청구할 수 없다.

⑥ 매도인은 매수인이 할부금 지급 의무를 이행하지 않은 경우에는 14일 이상의 기간을 정하여 이행을 서면으로 최고하고 할부계약을 해제할 수 있다.

(4) 방문판매 등에 관한 법률

① 방문판매, 전화권유판매, 다단계판매, 계속거래 및 사업권유거래 등에 의한 재화 또는 용역의 공정한 거래에 관한 사항을 규정함으로써 소비자의 권익을 보호하고 시장의 신뢰도 제고를 통해 국민경제의 건전한 발전에 이바지함을 목적으로 하는 법이다.

② 방문판매업 및 전화권유판매업

　㉠ 방문판매업자 또는 전화권유판매업자는 공정거래위원회 또는 시장·군수·구청장에게 신고해야 한다.

　㉡ 방문판매자 등은 계약을 체결하기 전에 소비자가 계약 내용을 이해할 수 있도록 청약 철회 등에 관한 내용을 설명하고 이를 기재한 계약서를 교부해야 한다.

　㉢ 미성년자와 체결하고자 하는 경우에는 법정대리인의 동의를 얻어야 한다. 계약을 체결한 소비자는 일정한 기간(계약서를 교부받은 날로부터 14일 등) 안에 청약을 철회할 수 있다.

　㉣ 서면에 의한 청약 철회는 발송한 날에 효력이 발생한다. 방문판매자가 반환 비용을 부담하며, 소비자에게 위약금 또는 손해배상을 청구할 수 없다.

③ 다단계판매업

　㉠ 다단계판매업자는 공정거래위원회나 특별시장·광역시장 또는 도지사에게 등록해야 한다.

    ⓛ 다단계판매원은 다단계판매업자에게 등록해야 한다. 공무원·법인·다단계판매업자의 지배주주 또는 임직원 등은 다단계판매원으로 등록할 수 없다.

    ⓒ 계약체결 이전의 정보제공 및 계약서 교부 의무, 청약 철회의 경우에 방문판매업자 또는 전화권유판매업자에 관한 규정을 준용한다.

    ⓔ 다단계판매원은 언제든지 다단계판매업자에게 탈퇴 의사를 표시하고 탈퇴할 수 있다. 다단계판매업자는 탈퇴에 조건을 부과해서는 안 된다.

    ⓜ 다단계판매업자는 소비자의 피해를 보상하기 위한 보험계약 등을 체결해야 한다.

④ **계속거래 및 사업권유거래**

    ㉠ 계속거래(일정 기간 이상 계속하여 재화 등을 공급하는 계약으로 중도해지할 경우 대금 환급의 제한 또는 위약금 약정이 있는 거래 → 학습지, 결혼정보회사 등) 또는 사업권유거래(사업자가 소득 기회를 알선·제공하는 방법으로 거래상대방을 유인해 재화 등을 구입하게 하는 거래 → 부업의 알선, 자판기 사업 등) 업자도 계약체결 이전에 정보를 제공하고 이를 기재한 계약서를 교부할 의무가 있다.

    ㉡ 계속거래업자 등과 계약을 체결한 소비자는 다른 법률에 별도의 규정이 없는 한 계약 기간 중이라도 언제든지 해지할 수 있다.

(5) 전자상거래 소비자 보호에 관한 법률

① 전자상거래 및 통신판매 등에 의한 재화 또는 용역의 공정거래에 관한 사항을 규정함으로써 소비자의 권익을 보호하고 시장의 신뢰도 제고를 통해 국민경제의 건전한 발전에 이바지하기 위해 제정한 법이다.

② 통신판매업자와 구매계약을 체결한 소비자는 계약 내용에 관한 서면의 교부일(재화 등의 공급이 서면 교부일보다 늦은 경우에는 그 공급일)로부터 7일 안에 청약을 철회할 수 있다.

③ 재화 등의 내용이 표시·광고 내용과 다르거나 계약 내용과 다르게 이행된 경우에는 해당 재화 등을 공급받은 날부터 3개월 이내, 그 사실을 안 날 또는 알 수 있었던 날부터 30일 이내에 청약 철회 등을 할 수 있다.

④ 통신판매업자는 휴업 또는 영업정지 기간에도 청약 철회 관련 업무를 계속 해야 한다.

⑤ 공정거래위원회는 전자상거래나 통신판매에서 소비자 보호를 위해 관련 사업자에게 소비자 피해보상 보험계약을 체결하도록 권장할 수 있다. 또 사업자가 이 법의 규정을 위반하거나 의무를 이행하지 않은 경우 시정조치를 명할 수 있다.

⑥ 시정조치 명령을 이행하지 않는 경우에는 1년 이내의 영업정지 또는 위반행위와 관련한 매출액을 초과하지 않는 범위에서 과징금을 부과할 수 있다.

01 컴플레인에 대한 설명으로 옳은 것은?

① 고객이 구매한 상품에서만 발생하며 구매하는 과정에서는 발생하지 않는다.

② 객관적인 품질의 문제에서만 컴플레인이 발생한다.

③ 고객의 작은 불만에 신경쓰기 보다는 충성 고객을 만드는 데 역량을 집중해야 한다.

④ 대다수의 고객은 불만이 있어서 침묵하거나 지인들에게 험담한다.

> **해설**
> ① 컴플레인은 고객이 상품을 구매하는 과정이나 구매한 상품에 관한 품질, 서비스, 불량 등을 이유로 불만족한 감정을 표출하는 것이다.
> ② 컴플레인은 객관적인 품질의 문제이기도 하지만 주관적으로는 고객의 만족 여부, 심리적 기대 수준 충족 여부까지 함께 작용한다.
> ③ 충성 고객을 만드는 것도 중요하지만 고객의 불평, 불만을 철저히 관리하여 고객의 작은 불만이라도 소홀히 여기지 말고 우선적으로 해결해야 한다.

02 다음의 컴플레인 발생원인 중 성격이 다른 하나는?

① 고객의 착오

② 판매담당자의 인식 부족

③ 제품관리 소홀

④ 무리한 판매 권유

> **해설**
> 컴플레인은 판매자 측 원인뿐만 아니라 고객 측 원인이 되어서도 발생한다. ①은 고객 측 원인이고 ②, ③, ④는 판매자 측 원인이다.

03 컴플레인 수집 및 처리 절차에 대한 설명으로 가장 옳지 않은 것은?

① 고객의 불만이나 불평을 듣고, 고객의 불평 내용과 원인에 대한 정보를 수집한다.

② 불만의 원인을 분석하며, 고객의 불평이나 불만에 대한 사실 확인과 원인을 확인한다.

③ 해결책을 검토하며, 문제해결을 위한 고객요구사항 파악과 만족할 만한 해결 방안을 모색한다.

④ 만족스러운 해결 방안이 없더라도 고객에게 결정사항을 제안하며 처리결과를 검토한다.

> **해설**
> 만족스러운 해결방안을 결정하고, 고객에게 해결책을 제안한 후 처리결과를 검토한다.

04 고객 불만족에 관한 굿맨의 법칙 중 서비스 재구입의 결정률의 법칙은?

① 제1법칙

② 제2법칙

③ 제3법칙

④ 제4법칙

> **해설**
> 굿맨의 법칙 중 제1법칙은 서비스의 재구입 결정률, 제2법칙은 소문에 의한 방해, 제3법칙은 소비자 교육을 받은 고객의 파급력을 언급하고 있다.

05 기대불일치 이론에 따른 서비스 성과 중 성격이 다른 하나는?

① 반복 구매

② 추천

③ 제공자 전환

④ 서비스 공급자 칭찬

> **해설**
> 기대불일치 이론에 따른 서비스 성과는 고객이 감동하거나 긍정적 일치를 보일 때와 부정적 불일치를 보일 때로 구분된다. 반복 구매, 추천, 서비스 공급자 칭찬은 긍정적 일치의 결과이고 제공자 전환은 부정적 불일치의 결과다.

정답 01 ④ 02 ① 03 ④ 04 ① 05 ③

06 고객이 인식하는 공정성 중 고객의 불평을 쉽고, 솔직하게 처리하는 것과 관련되는 것은?

① 결과의 공정성　② 절차의 공정성
③ 상호작용의 공정성　④ 절대적 공정성

해설

절차의 공정성은 고객들의 불평을 솔직하고, 쉽고, 우호적으로 처리하는 것으로 복잡한 절차는 불평을 추가시키는 요인이 된다. 종업원은 문제 상황을 융통성 있고, 자발적으로 수행함으로써 충분한 책임을 지고, 추가적인 보상을 보이는 것이 도움이 된다.

07 고객 컴플레인의 상황별 유형이 잘못 제시된 것은?

① 물리적 상황 – 외형, 인테리어, 매장의 위치 조건, 설비, 재질 등에 대한 컴플레인
② 시간적 상황 – 매장 운영시간, 고객 상담 시간, 지연 시간 등에 대한 컴플레인
③ 인적 상황 – 음악, 주변의 소음, 인테리어 색감, 지나친 방향제 사용 등에 대한 컴플레인
④ 절차적 상황 – 물건 구입 절차, 환불 절차, 가입 절차 등에 대한 컴플레인

해설

인적 상황은 종업원의 복장, 접객 태도, 상담 태도, 대화 정도에서의 컴플레인이다. 음악, 주변의 소음, 인테리어 색감 등은 감각적 상황이다.

08 불만을 표출하는 고객 중 공급자에게 직접 불평하고 부정적 구전을 전파하는 유형은?

① 의견표명형
② 수동형
③ 분노형
④ 행동형

해설

② 수동형은 분노, 실망과 불평의 부정적인 느낌을 갖고 있더라도, 불평할 가치가 없다고 생각하고 구전을 전파하지는 않지만 공급자를 전환한다.
③ 분노형은 부정적 구전을 더 적극적으로 전파하고 공급자를 전환한다.
④ 행동형은 공급자를 설득하기 위해 완고한 자세를 취한다. 모든 사람에게 불평, 부정적 구전 전파, 공급자 전환, 관련 단체 가입 및 법적으로 고소를 검토한다.

09 컴플레인에 대한 대응으로 가장 옳지 않은 것은?

① 고객들에게 가급적 견해를 표현하지 않도록 장려하는 것은 조직에 장기적으로 이익이 된다.
② 불평처리시스템을 설계할 때는 쉬운 시스템 설계와 접근성을 고려해야 한다.
③ 컴플레인 대응은 회사가 현재 서비스를 개선한다는 이미지를 심어주는 기회다.
④ 불만족한 고객과의 관계를 좋게 만들 수 있는 기회로 활용해야 한다.

해설

고객들에게 견해를 표현하도록 장려하는 것은 조직에 장기적으로 이익이 되므로 불평처리절차를 수립해야 한다.

10 컴플레인 대응 기본 원칙으로 옳은 것은?

① 고객의 말을 끊고 정확한 처리 절차를 안내한다.
② 회사 측 실수는 적극적으로 변명한다.
③ 선입견으로 고객을 판단하지 않도록 한다.
④ 감사 인사를 생략한다.

해설

① 고객의 말을 끝까지 잘 들어야 한다.
② 실수에 대해서 변명하지 않는다.
④ 감사의 인사를 한다.

11 불만 고객 처리 단계 중 고객에게 어떻게 해결해 주면 좋을지를 질문하는 단계는?

① 감사와 공감 표시   ② 정보 파악
③ 사과   ④ 해결 약속

> **해설**
> ① 감사와 공감 표시는 일부러 시간을 내서 해결의 기회를 준 것에 감사 표시를 하고 고객의 항의에 공감을 표시하는 것을 말한다.
> ③ 사과는 고객의 이야기를 듣고 문제점에 대해 인정하며 잘못한 부분에 대해 정중히 사과하는 것이다.
> ④ 해결 약속은 문제의 빠른 해결을 약속하는 단계다.

12 군더더기 없는 신속한 응대와 시원시원한 목소리로 즉각적인 행동 변화를 보여주어야 하는 고객 컴플레인 유형은?

① 빨리빨리 형   ② 자기자랑 수다 형
③ 느림보 형   ④ 비교분서 꼼꼼 형

> **해설**
> 빨리빨리 형은 빠른 응대를 선호하는 타입으로 군더더기 없는 신속한 응대와 시원시원한 목소리로 즉각적인 행동변화를 보여주어야 한다.

13 결단력 없고 우유부단한 고객의 특징으로 옳은 것은?

① 자신을 과시하고 자신이 가지고 있는 확신에 대한 고집을 꺾지 않으려는 유형이다.
② 무엇이든 반대하며 열등감이나 허영심이 강한 유형이다.
③ 요점을 명확하게 말하지 않으며 타인이 의사결정을 내려주기를 기다리는 경향이 있다.
④ 자신이 생각한 방법만이 유일하고 타인의 제안을 받아들이지 않으려는 유형이다.

> **해설**
> ① 자신을 과시하고 자신이 가지고 있는 확신에 대한 고집을 꺾지 않으려는 유형은 전문가처럼 보이고 싶어 하는 고객이다.
> ② 무엇이든 반대하며 열등감이나 허영심이 강한 유형은 빈정거리고 불만으로 가득찬 고객이다.
> ④ 자신이 생각한 방법만이 유일하고 타인의 제안을 받아들이지 않으려는 유형은 쉽게 흥분하며 저돌적인 고객이다.

14 불만 고객 응대 기법 중 사람, 시간, 장소를 바꾸어 컴플레인을 처리하는 것은?

① MTP 기법   ② HEAT 기법
③ 123 화법   ④ 333 기법

> **해설**
> 컴플레인 발생 시 원칙적으로 문제는 당사자가 해결해야 하지만 많은 고객은 책임자와 문제해결을 하기 원한다. 이때 사람(Man), 시간(Time), 장소(Place)를 바꾸어 컴플레인을 처리하는데 이를 MTP 기법이라고 한다.

15 다음 설명에 해당하는 것은?

> 서비스 실패에 대한 반응으로서 서비스 제공자가 고객의 신뢰를 회복하기 위하여 취하는 일련의 활동이다.

① 서비스 전환   ② 서비스 추적
③ 서비스 회복   ④ 서비스 추가

> **해설**
> 서비스 회복(service recovery)이란 서비스 실패에 대한 반응으로서 서비스 제공자가 고객의 신뢰를 회복하기 위하여 취하는 일련의 활동을 말한다. 서비스 회복은 서비스 제공자가 서비스 실패로 약속한 서비스를 제공하지 못해 발생하는 고객의 손실을 회복 또는 완화하는 서비스 제공자의 행위이다.

16 서비스 회복의 효과를 설명한 것으로 틀린 것은?

① 서비스 제공자가 우호적으로 대응할 경우 고객은 만족하게 된다.
② 기업에 대한 신뢰와 몰입에 긍정적인 영향을 미친다.
③ 고객 유지에 긍정적 영향을 주어 강력한 고객 충성도를 이끌어 낼 수 있다.
④ 기업의 일시적 수익에 직접적인 영향을 미친다.

> **해설**
> 서비스 회복은 서비스 품질과 고객 만족, 고객 충성도에 중요한 결정요인이 되며, 기업의 장기적 수익에 직접적인 영향을 미친다.

정답 11 ② 12 ① 13 ③ 14 ① 15 ③ 16 ④

17 서비스 회복의 만족에 따른 고객 행동으로 틀린 것은?

① 충성도 증가
② 재방문
③ 서비스 선호
④ 불평 호소

해설

불평 호소, 부정적 구전은 서비스 회복 불만족에 따른 고객 행동이다.

18 소비자기본법에 규정된 소비자의 권리와 무관한 것은?

① 물품 또는 용역(이하 "물품 등"이라 한다)으로 인한 생명·신체 또는 재산에 대한 위해로부터 보호받을 권리
② 물품 등을 선택함에 있어서 필요한 지식 및 정보를 제공받을 권리
③ 합리적인 소비생활을 위하여 필요한 물품 등을 제공 받을 권리
④ 안전하고 쾌적한 소비생활 환경에서 소비할 권리

해설

소비자기본법에는 소비자의 권리로 합리적인 소비생활을 위하여 필요한 교육을 받을 권리를 규정하고 있다.

정답 **17** ④ **18** ③

01 고객 컴플레인을 약술하시오.

정답 고객이 상품을 구매하는 과정이나 구매한 상품에 관한 품질, 서비스, 불량 등을 이유로 불만족한 감정을 표출하는 것이다.

02 불만 고객 응대 기법 중 하나인 MTP를 쓰시오.

정답 사람(Man), 시간(Time), 장소(Place)를 바꾸어 컴플레인을 처리한다.

03 다음 빈칸을 채워서 쓰시오.

H	고객의 불만 사항을 끝까지 경청한다.
E	고객의 불만에 대한 선입견을 버리고 충분히 듣고 공감해 주며 중요한 사항은 메모한다.
A	( )
T	문제 해결책을 검토한다.

정답 정중히 사과한다.

04 다음 설명에 해당하는 용어를 쓰시오.

정기적 또는 지속적으로 고객과 전화나 대면으로 접촉하여 만족도 또는 컴플레인 등을 간단하게 서베이 한다. 이를 통해 얻은 자료로 데이터베이스를 구축한 후, 피드백 과정을 통해 서비스를 보완하여 더 나은 서비스를 제공함으로써 고객을 유지해 가는 마케팅전략이다.

정답 트레일러 콜

05 서비스 회복을 설명하시오.

정답 서비스 실패에 대한 반응으로서 서비스 제공자가 고객의 신뢰를 회복하기 위하여 취하는 일련의 활동을 말한다. 서비스 제공자가 서비스 실패로 약속한 서비스를 제공하지 못해 발생하는 고객의 손실을 회복 또는 완화하는 서비스 제공자의 행위이다.

06 다음 설명에 해당하는 법률의 명칭을 쓰시오.

> 사업자가 그 거래상의 지위를 남용하여 불공정한 내용의 약관을 작성·통용하는 것을 방지하고 불공정약관을 규제하여 건전한 거래 질서를 확립함으로써 소비자를 보호하고 국민 생활의 균형이 있는 향상을 도모하기 위해 제정한 법이다.

정답 약관의 규제에 관한 법률

1장 통계조사 계획

텔레마케터로서의 가장 본질적인 업무는 전화응대가 되겠지만 전화로 하는 영업담당자의 입장에서 자사가 판매하는 상품이나 서비스가 속한 시장 환경을 아는 것 또한 업무 영역의 범위라 할 수 있습니다. 그 과정을 구체화하는 첫 번째 단계로 통계조사에 대한 기초 개념을 이해하는 것입니다.

1 통계조사 목적 수립

1 고객 요구 분석 ★★★

(1) 기업의 마케팅 활동

① 통계조사 목적에 부합하는 정확한 조사를 수행하기 위해서는 고객 요구사항 분석을 통해 조사 내용, 방법, 범위를 결정하고 세부 실행계획을 수립할 수 있어야 하는데 그에 앞서 마케팅 활동에 대한 이해가 선행되어야 한다.

② 마케팅이란 고객의 욕구를 파악하여, 이에 맞는 제품을 개발하여 제공함으로써 기업의 목표를 달성하려는 다양한 활동을 의미한다.

③ 이를 위해 고객이 요구하는 바가 무엇인지를 정확히 파악하여야 하며, 이를 바탕으로 경쟁기업보다 우수한 제품이나 서비스를 만들어 고객들에게 제공하여야 한다.

④ 마케팅 환경이 급변하면서 경쟁이 치열해지고 수익성이 떨어지면서 마케팅 담당자의 주관적 판단만으로는 기업이 당면한 문제를 제대로 해결하는 데 많은 어려움을 겪게 되었다.

⑤ 마케팅 담당자는 성공적인 의사결정과 마케팅 활동을 위해 마케팅 조사를 통해 소비자의 욕구, 경쟁사의 신제품 도입이나 마케팅전략의 변화 등에 대한 객관적인 시장정보를 수집하고 이에 입각한 합리적 의사결정을 필요로 하게 되었다.

(2) 마케팅 프로세스의 이해

① 환경 분석

   ㉠ 거시적 환경 분석

      ⓐ 경제적 환경 변화나 소비자들의 인구 통계적 또는 사회문화적 변화, 법과 제도적 변화와 같이 산업 밖에서 벌어지는 변화가 기업에 미치는 영향을 체계적으로 분석한다.

      ⓑ 전 세계적인 경기침체나 원자재 가격의 변화, FTA와 같은 국가 간 조약 체결과 같은 변화가 기업의 마케팅 활동에 미치는 영향을 파악해 대응하여야 한다.

      ⓒ 국내 시장에서 4050 소비자의 비중이 1020 소비자보다 높아지고 싱글 가구의 비중이 증가하면서 이에 맞는 신제품 출시가 마케팅 담당자들의 주요 관심사가 되고 있다.

ⓛ 산업 환경 분석

    ⓐ 기업이 속한 산업의 시장 규모나 성장률, 산업 내 경쟁 여건을 감안하여 산업의 중장기적 매력도의 변화를 파악하여야 한다.

    ⓑ 자사의 주요 경쟁사를 선정하고 이들과 대비한 자사의 강점과 약점을 비교분석하고 경쟁력 확보를 위한 대응책을 마련하여야 한다.

ⓒ 소비자 환경 분석

    ⓐ 소비자들의 제품 구매와 사용에 대한 특성을 대상으로 분석이 이루어진다.

    ⓑ 마케팅 조사의 중심이 되는 소비자분석은 소비자들이 제품을 구매하는 과정과 제품을 사용하는 과정을 집중적으로 분석하여 문제점과 기회를 파악하고 새로운 대안을 제시하는 부분이다.

    ⓒ 상황분석을 통해 수집된 자료는 기업전략, 마케팅전략, 그리고 마케팅믹스전략에 이르는 마케팅전략 수립에 유용하게 활용된다.

② 마케팅전략 수립 기출

    ㉠ 기업을 둘러싼 환경에 대한 분석이 이루어지면 마케팅 담당자는 마케팅전략을 수립하게 된다. 마케팅전략의 핵심은 자사가 대상으로 하는 목표시장을 어떻게 선정할 것인지를 결정하는 것이다.

    ㉡ 소비자조사 자료를 근거로 성별, 연령별, 지역별, 국가별, 또는 구매행동(예를 들면, 다량구매자, 소량구매자, 비구매자와 같이 구매량을 기준으로)에 따라 시장을 세분화한다.

    ㉢ 자사의 역량(제품, 지명도, 유통망, 광고 등)을 감안하여 적절한 세분시장을 목표시장으로 선정하고 이에 집중하게 된다.

    ㉣ 목표시장에 우리 상표 또는 제품을 어떻게 경쟁제품보다 우수하다고 설득할 것인지를 결정하는 포지셔닝의 대안을 모색하게 되는데 이를 포지셔닝전략이라 부르기도 한다.

    ㉤ 품질이 우수하다거나, 가격이 저렴하다거나, 서비스가 좋다는 등의 소구점을 정해 적절한 매체를 정해 고객들에게 이를 전달하는 것을 의미한다.

    ㉥ 마케팅전략의 핵심은 시장을 세분화하고(Segmentation), 목표시장을 선정하고(Targeting), 고객들에게 포지셔닝하는(Positioning) 3단계로 구분되며, 이를 각 전략의 영문 앞 글자를 따 STP 전략이라 부른다.

    ㉦ 마케팅믹스전략 수립 기출

        ⓐ 이상의 과정을 거쳐 마케팅전략의 기본 방향이 결정되면 다음으로 마케팅활동의 구체적인 방향과 실행계획을 정하는 마케팅믹스전략 또는 4P 믹스전략을 수립·집행하게 된다.

        ⓑ 4P란 마케팅 활동의 핵심이 되는 제품(Product), 가격(Price), 촉진(Promotion), 유통(Place)의 앞 자인 4개의 P를 의미한다.

        ⓒ 기업이 소비자를 대상으로 마케팅 활동을 하기 위해서는 먼저 소비자들이 제품으로부터 원하는 요구를 확인하고 이를 반영한 제품을 개발하고, 경쟁자 대비 비교우위를 갖는 적정한 가격을 정해야 한다.

        ⓓ 다음으로 이들 제품을 소비자들이 주로 이용하는 유통점을 통해 판매하여야 하고, 고객들에게 자사 제품이 매장이 있고 경쟁제품 대비 어떤 점이 좋은지를 광고나 판촉을 통해 알리는 과정이 이루어져야 한다.

(3) 고객 요구 분석 절차

① 고객 요구사항이란 회사의 제품을 구입 또는 서비스를 이용한 고객이 그 제품 또는 서비스의 품질 이상에 대하여 수리·교체·보상을 요구하는 행위를 말한다.

② 고객이 요구하는 사항을 접수, 확인, 설명, 판정, 수리, 교체, 보상 등의 실시 및 고객에 대한 사전/사후 관리 등의 서비스 사항을 파악하고 분석함으로써 다양한 고객서비스사항을 도출할 수 있다.

③ 고객 요구 분석이란 요구사항의 발견, 정제, 모델링, 명세화 하는 과정으로 문제의 기술 및 작성을 보다 세분화하여 고객에게 무엇을 제공할 것인가를 정확히 판단하는 과정이다.

④ 고객 요구 분석 흐름도

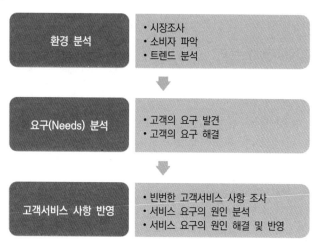

(4) 마케팅 조사의 의미와 역할

① 마케팅 조사의 의미

㉠ 기업의 마케팅 담당자는 목표시장을 선정하는 마케팅전략과 제품, 가격, 촉진, 유통 등의 분야에서 지속적으로 필요한 의사결정을 하게 된다.

㉡ 이 과정에서 잘못된 의사결정은 매출과 이익 하락만이 아니라, 고객이나 유통점들과의 신뢰도를 떨어트려 장기적인 기업 활동에 부정적 영향을 미치게 된다.

㉢ 마케팅 조사는 마케팅 담당자들이 의사결정을 하는 과정에 필요한 자료와 정보를 제공함으로써 의사결정의 성공 확률을 높여준다.

㉣ 마케팅 조사의 의미에 대하여 미국마케팅학회(American Marketing Association)는 마케팅에 필요한 정보가 무엇인지를 규명하고, 규명된 정보를 수집하는 방법을 설계하고, 자료의 수집 과정을 통제하며, 수집된 자료를 분석하여 그 결과를 기업의 마케팅전략 수립에 반영하는 과정이라고 정의하고 있다.

㉤ 시장조사를 통하여 수집되는 정보는 객관적이어야 하며, 최근의 시장 상황을 반영하여야 하며, 또 현재 담당자가 처한 문제를 해결하는 데 필요한 내용이어야 한다.

② 마케팅 조사의 필요성

    ㉠ 고객 욕구를 파악하고 경쟁우위를 확보하기 위해 마케팅 담당자는 의사결정과정에서 필요한 자료들을 체계적으로 수집·분석해야 한다.

    ㉡ 이러한 자료와 이를 의사결정에 도움이 되게 가공한 정보에 근거한 의사결정을 통하여 체계적인 마케팅 활동을 수행할 수 있고 지속적 경쟁우위를 확보하게 된다.

    ㉢ 최근 시장이 개방되고 기업의 활동영역이 세계화되면서 기업들은 마케팅 조사의 중요성을 보다 절감하고 있다.

    ㉣ 국내 기업들이 해외사장에서 오랫동안 사업을 영위한 해외 기업들과 경쟁하기 위해서 특정 국가나 지역 소비자들의 욕구를 파악하는 일이 무엇보다 중요하기 때문이다.

(5) 마케팅 의사결정 문제와 마케팅 조사 문제

① 개요

    ㉠ 마케팅 의사결정 문제

        ⓐ 마케팅 담당자가 해결해야 하는 의사결정 문제란 마케팅관리자가 마케팅전략을 제대로 수립하고 집행하는 데 필요한 과업을 의미한다. 예를 들면 매출을 증대시키기 위해 어떤 영역에서 어떠한 마케팅 노력이 필요한가를 정하는 것이다.

        ⓑ 신제품을 개발할지, 목표시장을 변경할지, 인터넷 광고비를 증가시킬 것인지와 같이 마케팅전략이나 4P 믹스 전략의 세부적인 내용 중 필요한 내용을 정하고 어떤 대안들이 가능한지를 생각하는 내용이다.

    ㉡ 마케팅 조사 문제

        ⓐ 마케팅 의사결정에 필요한 자료와 정보가 무엇이며 이를 어떻게 수집할지를 고민한다.

        ⓑ 매출 증대를 위한 대안으로 신제품을 개발하기로 한다면 소비자를 대상으로 한 설문조사를 통해 소비자들의 제품 구매 행태나 자사 제품에 대한 불만족 요소와 고객들의 잠재된 욕구를 찾아 신제품으로 구현하기 위한 정보를 찾도록 하여야 한다.

        ⓒ 의사결정 문제는 성공적인 신제품 개발이 되며 마케팅 조사 문제는 소비자들의 제품 구매 행태 파악, 제품 사용 과정에서의 문제점 파악과 충족되지 않은 욕구 파악으로 정리할 수 있다.

② 마케팅 조사 문제의 도출 시 고려사랑

    ㉠ 마케팅 담당자는 현재 마케팅 부서가 당면한 문제점과 원인이 무엇인지를 파악하고 이를 해결하기 위한 구체적인 조사 문제를 정립하여야 한다.

    ㉡ 기업 내 마케팅 조사 담당자나 영업, 생산, R&D 등의 인력들과 논의가 긴밀하게 이루어져야 하며, 소비자들과 의사소통을 하면서 수시로 필요한 정보를 수집하여야 한다.

    ㉢ 현재 기업이 당면한 마케팅 문제를 해결하기 위해 마케팅 담당자는 적절한 마케팅 조사 문제를 도출하여야 하며 이를 위해 마케팅활동에 영향을 미치는 다양한 환경변수들에 대한 이해와 관심을 필요로 한다.

(6) 마케팅 조사 목적의 정립

① 마케팅 조사의 목적은 기업이 당면한 마케팅 의사결정 문제를 해결하기 위한 자료와 정보를 수집하여 전략적 대안을 제시하는 것이다.

② 마케팅 조사의 성공적 수행을 위해 현재 기업이 고려하는 마케팅 의사결정 문제를 명확히 정의하고, 이에 대한 해결책으로 고려할 수 있는 가설적인 전략 대안을 구상하여야 한다.

③ 각 전략 대안별로 방향이 맞는지를 확인하고, 대안별로 구체적인 실행계획을 도출하기 위해 어떤 자료가 필요한지를 마케팅 조사 문제로 정리하는 과정이다.

2 조사 내용 결정 ★

1 조사 내용 도출

(1) 목적별 마케팅 조사 유형

① 경제적, 법률적, 인구통계적 환경 변화와 대안 마련을 위한 조사
② 소비자의 제품 구매 행태와 사용 행태에 대한 조사
③ 시장 세분화와 목표시장 선정을 위한 조사
④ 브랜드의 주요 지표들에 대한 조사
⑤ 신제품 개발에 필요한 소비자들의 요구 파악
⑥ 경쟁제품에 대한 속성별 비교 평가와 경쟁자의 전략 분석
⑦ 마케팅커뮤니케이션의 효과 측정과 향후 대안 도출을 위한 조사
⑧ 가격에 대한 의사결정을 위한 조사
⑨ 유통점에서 자사 상표의 마케팅 활동을 보기 위한 조사
⑩ 고객 접점에서 소비자들에 대한 서비스 평가와 개선을 위한 조사

(2) 목적별로 수집되는 조사 내용

① 마케팅 조사에서 가장 많이 수행되는 조사유형은 소비자의 구매 및 사용 행태를 조사하기 위한 것이며 이를 위해 세부적인 조사 내용을 도출할 수 있다.

제품 구매 단계별 소비자의 행태를 분석하기 위한 조사내용	제품 사용 행태에 대한 조사내용
• 제품과 관련된 정보를 습득하는 원천(TV · 신문 · 인터넷 등 대중매체, 구전, 기업 홈페이지, 매장 등) • 제품 구매 시 고려하는 사항(유명 브랜드, 주요 속성별 평가, 가격 등) • 구매 시 고려하는 상표군(환기 상표군) • 주 구매 상표와 상표 선택 이유	• 제품 행동(구매)빈도 및 구매량 • 구매 장소(소매점) • 제품 이용 상황(TPO 분석 : Time, Place, Occasion) • 제품을 이용하는 시점, 장소, 상황에 대한 조사 • 제품 이용 빈도 및 용도 • 제품 사용 과정에서의 문제점, 개선 요구사항 • 제품 사용 후 (불)만족도

② 이외에도 소비자의 특성을 파악하기 위한 성별, 연령, 결혼 여부, 소득과 용돈, 직업, 가족 수, 거주지역과 형태와 같은 인구통계적 자료가 함께 수집된다.
③ 조사 내용에 따른 자료와 인구통계적 자료를 교차하여 분석을 실시하면 시장 세분화와 목표시장 선정이 이루어지며, 포지셔닝 방향을 결정하는 과정에도 이 자료들이 활용된다.

제2과목 시장환경조사

(3) 브랜드 관리를 위한 주요 지표들에 대한 조사 내용 기출

① 브랜드 인지도

최초 상기 인지도	가장 먼저 생각나는 상표 → 예 핸드폰 하면 가장 먼저 떠오르는 브랜드는? 삼성, 애플
비 보조 인지도	그 외에 기억(recall)하는 상표 → 예 핸드폰 중 삼성, 애플 외에 떠오르는 브랜드는? 샤오미
보조 인지도	브랜드를 보여주고 고객이 인식(recognition)하는지를 확인

② 어떤 브랜드하면 연상(association)되는 내용

③ 최근 구매 브랜드

④ 향후 구매 예정 브랜드

(4) 마케팅커뮤니케이션의 효과분석을 위한 조사(Media 조사) 내용

① TV, 인터넷, 신문, 잡지 등 대중매체에서 자사 및 경쟁사 제품 광고 접촉 여부 광고 메시지에 대한 명확한 이해의 정도(제품 특성 표현의 적합성, 메시지의 내용 전달력, 광고에 대한 주목도와 독창성 등)

② 광고 내용이 제품 선호도, 구매 의도 및 제품 구매 행동에 미치는 영향

(5) 신제품 개발을 위한 조사 내용

① 신기술 개발 추이

② 경쟁기업들의 신제품 특성

③ 소비자들이 현재 제품에서 충족되지 못한 요구사항

④ 각 제품의 속성별 고객들이 원하는 수준

⑤ 신제품의 적정 가격대

⑥ 신제품에 대한 고객들의 예상 반응

(6) 거시적 환경에 대한 대응책 마련을 위한 조사

① 기업들은 중장기적으로 변화하는 거시적 환경 변화와 이에 대한 대응책 마련을 위해 지속적으로 자료를 수집·분석하기 위한 마케팅 조사를 진행한다.

② 예를 들어 경제적 환경 변화가 소비자의 구매에 미치는 영향 등의 거시적 환경 변화가 기업 활동에 어떤 영향을 미치는지를 지속적으로 조사하고 있다.

③ 이러한 조사는 소비자들에 대한 일반적인 마케팅 조사가 아니라 통계청, 경제연구소나 정부기관으로부터 나오는 2차 자료나 전문가들과의 면접형 조사를 통해 수행된다.

2 측정 방법 결정 ★★★

(1) 측정의 개념

① 측정(measurement)이란 각 조사단위의 어떤 특징을 일정한 기준에 따라 관측하여 수치를 부여하는 작업이다.

② 조사에서 다루는 여러 개념은 측정 과정의 어려움 정도에 따라 차이가 있다. 사람의 키나 체중 같은 명확한 대상은 측정된 결과에 논란의 여지가 적다.

③ 태도, 가치관, 만족도, 감정 등의 개념을 측정하기는 어렵다. 이러한 개념들은 직접적으로 관측될 수 없을 뿐만 아니라 다차원적인 성격을 띠고 있다.

(2) 측정의 과정

① 조작적 정의

㉠ 추상적 개념들과 관련된 조사를 진행하기 위해서는 이를 구체적이고 측정 가능한 형태로 나타내야 한다.

㉡ 이렇게 추상적 개념을 경험적이고 측정할 수 있는 형태로 정의하는 것을 조작적 정의라고 한다.

㉢ 통계조사에서 대부분의 개념은 직접 측정할 수 없어서 도구(instrument)를 사용하여 수치로 나타낸다. 뜨거운 정도에 대해 알고 싶을 때 직접 열의 정도를 측정하는 것이 아니라 온도계가 도구로 쓰이는 것과 같은 원리다.

② 개념 측정의 과정

㉠ 연구될 개념을 정의함으로써 문제를 명확하게 한다.

㉡ 각 개념과 관련된 변수들을 찾는다.

㉢ 각 변수에 대해서 측정 도구를 선택하거나 개발된 것이 없다면 새롭게 고안한다.

㉣ 각 변수의 측정에 대한 단위를 정한다.

- 개념 정의 : 신생아의 성장
- 변수 선택 : 키, 몸무게, 가슴둘레 등
- 측정 도구 : 자, 체중계(저울) 등
- 측정 단위 : 센티미터, 킬로미터

(3) 타당도 [기출]

① 의의

㉠ 통계조사에서 사람들의 태도, 지적 능력, 심리상태, 학업성취도, 스트레스 정도, 불안감 등을 직접 측정하는 것은 힘들거나 불가능한 경우도 있다.

㉡ 이러한 개념은 설문지나 검사지 등을 이용하여 측정하며, 이 때문에 설문지나 검사지가 본래의 개념을 제대로 측정했는가를 검토해야 한다.

② 타당도의 개념

　㉠ 타당도(validity)란 사용된 조사도구(설문지, 시험지 등)가 조사에서 측정하고자 하는 것을 얼마나 충실하게 측정했는가의 문제로 조사도구의 적합성에 해당한다.

　㉡ 물론 타당도만을 가지고 조사에서 사용된 측정 방법을 평가하기에는 부족하며 조사의 신뢰도(reliability)도 함께 평가되어야 한다.

③ 표면 타당도(안면·액면 타당도)

　㉠ 주변 지인이나 가족과 같은 비전문가들이 조사항목을 간략하게 검토한 결과에 기초하여 타당도를 평가하는 것이다.

　㉡ 다른 방법과 비교할 때 가장 기초적이고 가장 주관적인 측정이기 때문에 대부분 조사자들은 타당도의 평가도구를 고려하지 않는다.

④ 내용 타당도

　㉠ 해당 분야의 전문가들이 설문지 등의 조사도구가 얼마나 적합한가를 검토하여 구한 주관적인 타당도다.

　㉡ 통계적인 방법에 의해 조사도구의 적합성을 수량화하는 것이 아니라 해당 분야의 전문가들이 조사도구의 적합성을 검토하여 얻은 전반적인 의견이다.

　㉢ 누가 평가하는가에 따라 설문지의 타당도가 달라질 수 있는 단점이 있기 때문에 설문지의 정확성에 대한 과학적인 검증은 될 수 없다.

⑤ 기준관련 타당도

　㉠ 어떤 개념에 대한 새로운 조사도구와 널리 통용되고 있는 기존의 조사도구를 비교하여 새로운 조사도구의 타당성 여부를 판단할 때 사용하며 동시 타당도와 예측 타당도로 구분된다.

　㉡ 동시 타당도

　　ⓐ 어떤 개념에 대한 새로운 측정 도구에 의한 결과와 현재 널리 통용되고 있는 기존의 측정도구에 의한 결과를 비교하여 새로운 측정 도구의 타당성 여부를 확인할 때 사용한다.

　　ⓑ 측정도구에 의한 결과와 같은 시점에서 기준이 되는 측정 도구를 이용한 결과의 상관계수를 이용해서 평가하는데 상관계수가 크게 나오면 동시 타당도가 높고, 반대로 상관계수가 값이 작으면 동시 타당도가 낮다.

　　ⓒ 동시 타당도는 기존에 널리 통용되고 있는 측정 도구가 있지만 사용하기 불편하거나 비용이 많이 드는 경우에 기존의 측정 도구를 개선할 목적으로 사용될 수 있다.

　　ⓓ 동시 타당도는 사용된 측정 도구의 타당성을 계량화하여 객관적인 정보를 제공할 수 있다는 장점이 있다.

　　ⓔ 동시 타당도를 이용하기 위해서는 기준이 되는 조사도구를 찾을 수 있어야 한다. 측정하고자 하는 개념이 추상적일수록 그것에 대한 기준이 될 수 있는 조사도구는 찾기 힘들다.

　㉢ 예측 타당도

　　ⓐ 어떤 특정 도구를 이용하여 측정한 결과가 미래의 사건이나 행위, 태도, 결과 등을 얼마나 잘 예측할 수 있는가를 통해서 타당성을 평가하는 방법이다.

　　ⓑ 동시 타당도와 마찬가지로 상관계수에 의해서 추정된다. 먼저 조사대상자에게 새로이 제작한 조사도구를 이용해서 조사를 실시한다.

　　ⓒ 일정 기간이 지난 후에 앞서 조사도구에서 측정하고자 했던 조사대상자의 행위나 업무 수행 결과를 측정한다.

ⓓ 앞서 조사도구를 이용해서 얻은 측정값과 이후의 행위 또는 결과에 대한 측정값 간에 상관계수를 구하여 추정한다.

⑥ 구성 타당도

    ㉠ 어떤 조사도구를 이용해서 수집한 자료를 분석하여 얻은 경험적 관계와 이론적 관계(또는 가설)가 어느 정도 일치하는가를 나타낸다.

    ㉡ 구성 타당도는 측정대상이 되는 추상적인 개념이나 이론이 설문지와 같은 검사도구에 의해 정확히 측정되었는가에 관한 것이다. 예를 들어, 지능을 측정하는 검사에서 지능이 창의력, 문제해결력, 판단력, 상황대처 능력으로 구성되어 있다면 문항들이 각 구성개념을 측정하기에 적절한지 검증하는 것이다.

    ㉢ 구성 타당도는 일반적으로 해당 검사의 점수와 다른 검사의 점수 간의 상관관계를 이용하여 수렴 타당도와 변별 타당도를 확인함으로써 검증된다.

    ㉣ 수렴 타당도는 동일한 개념을 측정하는 경우 서로 다른 측정 방법을 이용하더라도 측정값이 하나의 차원으로 수렴함을 의미하며, 변별 타당도는 서로 다른 개념을 측정하는 경우에 동일한 측정 방법을 이용하더라도 측정값 간에 변별이 있음을 의미한다.

    ㉤ 구성 타당도가 입증되기 위해서는 해당 검사가 동일한 구성개념을 측정하는 다른 검사와는 높은 상관을 보여야 하며(수렴 타당도), 다른 구성개념을 측정하는 검사와는 낮은 상관을 보여야 한다(변별 타당도).

(4) 신뢰도 [기출]

① 의의

    ㉠ 신뢰도는 실험, 검사, 조사 등 어떤 측정 절차에서나 적용되는 개념으로 같은 대상을 반복 측정하는 경우에 얼마나 일치하는(유사한) 값을 얻을 수 있는가를 나타낸다.

    ㉡ 일반적으로 어떤 현상에 대한 측정은 필연적으로 어느 정도의 우연 오차를 포함하기 마련이지만 잘 관리된 측정 방법이라면 반복해서 측정된 값들이 완벽하게 일치하지는 않아도 어느 정도는 일치하는 경향을 보이게 된다.

    ㉢ 반복된 측정에서 얻어진 결과들의 일치하는 정도가 높을 때 그 측정 방법은 신뢰도가 높다고 하고, 반대로 얻어진 결과들의 일치하는 정도가 낮을 때 신뢰도가 낮다고 한다.

    ㉣ 신뢰도는 하나의 질문 또는 여러 개의 질문으로 이루어진 설문지를 통해서 어떤 특성을 얼마나 안정적이고 일관성 있게 측정하는가를 나타내 주는 값이다. 신뢰도를 평가 또는 검증하는 방법으로는 재검사법, 복수양식법, 반분법, 내적 일관성법이 있다.

② 재검사법(검사-재검사법)

    ㉠ 가장 널리 사용되고 있는 신뢰도 평가 방법이다.

    ㉡ 특정 대상자에게 측정 도구를 사용하여 측정을 진행한 후 얼마간의 시간이 지난 후에 같은 사람을 대상으로 같은 내용을 측정한다.

    ㉢ 두 측정 간의 상관계수를 이용해서 조사도구의 신뢰도를 평가하는 방법이다. 매우 단순하여 구해진 신뢰도의 의미를 직관적으로 이해할 수 있다는 장점이 있다.

    ㉣ 두 시점에서 같은 사람을 대상으로 같은 조사를 해야 하기 때문에 실제로 수행하기 쉽지 않다.

③ 복수양식법(동형방법)

　　㉠ 두 개의 비슷한 측정 도구(설문지, 시험지)를 만들어 동시에 또는 일정한 시일이 지난 후에 동일한 대상에게 조사한다.

　　㉡ 두 조사에서 얻은 결과 사이에 상관계수를 계산하여 측정 도구의 신뢰도를 평가하는 방법이다.

　　㉢ 조사의 시간적 간격이나 응답자가 과거 조사의 응답을 기억함으로써 나타나는 문제점을 극복할 수 있다.

　　㉣ 그러나 두 개의 설문지나 시험지를 만들기 어렵고, 시험이나 조사를 두 번 시행함으로써 조사 환경이나 응답자의 동기 및 태도에 차이가 생기는 단점이 있다.

④ 반분법

　　㉠ 설문지 혹은 시험지의 문항들을 두 부분으로 나누어서 각각에서 얻은 조사 결과를 두 번의 조사나 검사에서 얻어진 것처럼 간주하여 그사이의 상관계수를 산출하여 신뢰도를 평가한다.

　　㉡ 검사－재검사법이나 동형방법은 신뢰도의 평가를 위해서 같은 사람을 대상으로 두 번의 조사나 검사를 하지만, 반분법은 한 번의 조사를 통해서도 신뢰도를 구할 수 있다.

　　㉢ 비교적 간단하게 신뢰도를 측정할 수 있으나, 반분된 두 개의 검사가 완전히 동등하도록 만드는 것이 쉽지 않다. 또한 어떻게 반분하느냐에 따라 신뢰도 계수가 다르게 나올 수 있다.

⑤ 내적 일관성법(내적 합치도법)

　　㉠ 같은 주제에 대한 서로 다른 여러 문항이 같은 주제를 얼마나 잘 측정하고 있는가를 나타내는 지표다.

　　㉡ 설문지의 문항들을 양분하거나 반복하여 조사하지 않고, 한 번의 조사나 시험으로 신뢰도 계수를 얻을 수 있다.

　　㉢ 내적 일관성법을 이용한 신뢰도 추정 방법 중에서 가장 널리 이용되고 있는 것은 크론바흐 알파(Cronbach's alpha)이다.

　　㉣ 크론바흐 알파는 어떤 개념이나 변수 혹은 속성의 서로 다른 측면들을 측정하는 서로 다른 문항들이 얼마나 잘 서로 보완하여 전체적으로 개념, 변수 또는 속성을 잘 측정하고 있는가를 나타내 준다.

(5) 신뢰도와 타당도의 관계

[저신뢰 저타당]

→ 흩어져서 분포/과녁의 중앙과 거리가 멀다.

[고신뢰 저타당]

→ 신뢰도가 높다고 해서 타당도가 높은 것은 아니다.

[고신뢰 고타당]

→ 타당도가 높으면 신뢰도도 높다.

3 조사방법 결정

1 조사방법론 ★★★

(1) 마케팅 조사방법의 구분

① 개요

㉠ 마케팅 조사는 마케팅 조사 문제의 유형에 따라 크게 정성 조사(또는 탐색적 조사)와 계량 조사로 나누어진다.

정성 조사	계량 조사
2차 자료조사	서베이
면접조사	패널조사
관찰조사	제품개발조사

㉡ 정성 조사는 조사의 초기에 본격적인 계량적 조사에 앞서 2차 자료 분석을 통하여 시장의 전반적 개황을 파악하거나, 면접이나 관찰을 통하여 제품 구매나 사용 상황에 대한 심층적 분석을 위해 사용되는 조사이다.

㉢ 정성 조사는 많은 응답자를 대상으로 하기보다 소수의 소비자나 관찰 대상을 선정하여 제한적인 조사가 이루어진다.

㉣ 계량적 조사는 대표성이 있는 많은 소비자를 대상으로 설문지와 같이 표준화된 측정 방법을 이용하여 계량적 자료를 수집하고, 이에 통계적인 분석을 통하여 상황을 파악하고 대안을 찾는 조사기법이다.

② 정성 조사 [기출]

㉠ 정성 조사의 이해

ⓐ 정성 조사(Qualitative Research)란 정형화된 설문지를 활용하여 내용과 형식이 미리 지정된 자료를 수집하는 계량적 조사와 달리 제품이 구매되거나 사용되는 현장을 중심으로 자유로운 분위기에서 다양한 방식으로 자료를 수집하는 조사를 의미한다.

ⓑ 제품에 대한 새로운 아이디어를 찾기 위해 오랜 대화를 하면서 소비자들의 잠재의식 속에 감춰진 욕구를 찾거나, 소비자들이 주방에서 어떻게 세탁기나 냉장고와 같은 가전제품을 이용하는지 확인하기 위해 비디오로 녹화한 후 그 내용을 분석하는 경우 적용되는 조사기법이다.

ⓒ 거시적 환경의 변화를 조사하는 경우 일반 소비자에 대한 설문조사로 제대로 된 자료를 얻기가 어려우므로 2차 자료나 전문가들과의 심층 면접을 통해 의미 있는 자료를 수집하는 방법이다.

ⓓ 최근 제품이나 광고 등에서 차별적인 아이디어를 찾기 위한 노력의 일환으로 다양한 형태의 정성 조사기법들이 마케팅 조사에서 활용되고 있다.

ⓔ 대표적인 정성 조사기법으로 2차 자료조사, 면접조사, 관찰조사가 이용된다.

㉡ 2차 자료조사 [기출]

ⓐ 2차 자료조사란 기존에 공개된 2차 자료를 이용하여 자료를 수집하는 조사방법으로 Desk Research 라 부르기도 한다. 여기서 2차 자료란 다른 기관이나 개인이 자신들의 특정한 목적을 위하여 수집한 후 공개하는 자료를 의미한다.

ⓑ 2차 자료와 1차 자료

2차 자료	1차 자료
통계청과 같은 국가기관이나 경제연구소, 민간단체, 또는 신문이나 인터넷을 통해 검색할 수 있는 자료들	기업에서 현안 문제를 해결하기 위해 직접 조사를 통해 수집한 자료로 대부분의 마케팅 조사 자료가 이에 해당

ⓒ 일반적으로 마케팅 문제가 발생할 경우 바로 서베이와 같은 본격적인 마케팅 조사를 실시하는 것이 아니라 가장 먼저 기업 내부나 외부에 있는 2차 자료들에 대한 분석을 실시하게 된다.

ⓓ 2차 자료조사는 짧은 시간에 적은 비용으로 수행될 수 있어 마케팅 문제해결을 위해 효과적으로 활용되고 있다.

ⓔ 현재 인터넷상에서 검색사이트들을 통해 다양한 기관들이 보유한 2차 자료에 대한 접근이 가능해지면서 마케팅 문제해결을 위해 2차 자료를 활용하는 빈도가 높아지고 있다.

ⓕ 계량 조사를 실시하는 경우에도 조사 시행 초기 단계에 2차 자료를 보조적으로 활용하여 계량 조사를 통해 확인할 가설적 전략 대안을 도출하는 과정에 2차 자료조사가 널리 활용된다.

ⓒ 면접조사 [기출]

ⓐ 면접조사(Interview Research)는 소비자나 소매점의 관리자, 산업 전문가와 만나 대화를 하면서 우리 기업의 마케팅문제를 해결하는 데 필요한 자료를 수집하는 조사 방법이다.

ⓑ 면접조사의 가장 일반적인 예로 제품개발 단계에서 잠재 고객들을 일정한 장소에 모이게 한 후 장시간의 면접을 통해 현재 제품 이용 실태나 불만점과 같은 내용을 심층적으로 논의하면서 아이디어를 찾는 FGI(Focus Group Interview : 표적집단면접) 조사 또는 FGD(Focus Group Discussion) 조사가 널리 활용되고 있다.

ⓒ FGI 조사 외에 마케팅 담당자가 유통 담당자, 연구소나 학교의 전문가를 직접 만나 대화를 하면서 현안 해결에 필요한 자료를 수집하는 조사도 많이 진행되고 있는데, 이러한 조사를 심층면접(In-depth Interview) 조사라 부른다.

ⓔ 관찰조사 [기출]

ⓐ 관찰조사(Observation Research)는 조사자가 육안으로 또는 녹화기기를 이용하여 소비자들의 제품 구매나 사용 과정을 관찰하고, 이 내용을 검토하면서 새로운 제품기회나 차별적 접근방식을 찾을 때 활용하는 조사기법이다.

ⓑ 소비자들이 잘 모르거나 소비자들의 기억에 의존하는 조사기법으로 잠재된 욕구를 찾기 어려운 상황이 발생하면서 소비자의 행동을 직접 관찰하면서 마케팅 대안을 찾는 관찰조사기법이 널리 활용하고 있다.

③ 계량 조사 [기출]

㉠ 계량 조사의 이해

ⓐ 계량 조사(Quantitative Research)란 많은 소비자를 대상으로 설문지와 같은 정형화된 측정 도구를 활용하여 정보보유자로부터 자료를 수집한 후 통계적 분석을 실시하여 자료를 분석하고 전략적 대안을 제시하는 조사기법이다.

ⓑ 정성 조사의 경우 계량적 조사에 앞서 아이디어를 찾고 전반적 상황을 파악하는 데 유용한 조사 방법이다. 그러나 면접이나 관찰조사의 경우 조사대상자의 규모가 작아 조사 결과를 일반화하는 데 한계점이 발생하기도 한다.

ⓒ 계량 조사의 경우 사전에 표본계획을 통해 대표성이 확보되는 많은 응답자를 대상으로 조사가 이루어지기 때문에 조사 결과를 바탕으로 전체 목표시장을 대상으로 전략적 대안을 수립하는 데 문제점이 없다.

ⓓ 계량 조사의 대표적인 방법으로 응답자들에게 설문지를 통해 조사를 실시하는 서베이가 있다.

ⓛ 서베이

ⓐ 서베이란 많은 응답자를 대상으로 표준화된 측정 수단인 설문지를 만들어 자료를 수집하고, 수집된 자료에 대하여 통계적 분석을 실시하여 전략적 대안을 찾아내는 조사기법이다.

ⓑ 서베이는 마케팅만이 아니라 선거조사나 사회여론조사 등 다양한 분야에서 널리 이용되는 조사방법이다.

ⓒ 서베이는 자료를 수집하는 방법에 따라 조사원들이 응답자를 직접 만나 대화를 하면서 자료를 수집하는 대인 면접조사와 인터넷조사, 그리고 전화조사로 구분된다.

특성	대인 면접조사	인터넷조사	전화조사
수집되는 자료의 양	많음(10페이지 이상)	중간	제한적(1-2페이지)
조사의 유연성	보통	높음	제한적
표본오류(응답률)	보통	보통	나쁨
비용	높음	보통	저렴
실사기간	느림	빠름	매우 빠름

(2) 마케팅 조사에서 서베이의 활용

① A&U(Aattitude & Usage) 조사

㉠ 기업들이 마케팅전략을 수립하기 위해 가장 많이 이용하는 조사로 U&A 조사라 부르기도 한다. A&U 조사에서는 소비자의 상표 선택 과정과 제품 사용 과정을 조사하여 분석함으로써 마케팅믹스전략의 문제점을 확인할 수 있다.

㉡ 상표들에 대한 인지도, 선호도, 구매의도와 같은 브랜드 지표를 파악하여 자사 상표의 시장 내 위상을 파악할 수 있다. 또 지표들 간의 관계를 분석해 마케팅전략의 문제점을 지적해 주기도 한다.

㉢ 자사 상표에 대한 구매 의도는 있으나 실제 구매로 연결되지 않는 것으로 나타나는 경우 4P 믹스 중 유통과 가격에 문제점이 있음을 시사해 준다.

㉣ 성별, 연령과 같은 인구통계적 변수에 따라 분석하여 목표시장별로 세부적인 문제점을 확인할 수 있다.

㉤ A&U 조사는 마케팅전략의 핵심인 목표시장 선정이나 4P 믹스전략의 문제점을 진단해 주어 마케팅전략 수립 과정에서 가장 빈번히 이용되고 있다.

② 미디어 조사(광고 효과 조사)

㉠ 기업에서 수행하는 마케팅 커뮤니케이션전략의 적절성을 평가하고 향후 전략 방향을 제시하기 위해 시행되는 마케팅 조사다.

㉡ 미디어 조사에서는 먼저 소비자들이 다양한 매체를 통해 집행된 광고나 이벤트 등의 커뮤니케이션 메시지를 얼마나 접했는지를 확인한다.

ⓒ 소비자들의 광고나 상표의 기억(recall)과 인식(recognition) 수준을 조사한다. 다음 이러한 대안에서 고객들에게 전달하려는 메시지가 제대로 전달되었는지, 최종적으로 구매 행동으로 이어졌는지를 확인한다.

ⓔ 이를 통해 광고 메시지 기획, 커뮤니케이션 예산 설정 및 매체 전략에 유의한 시사점을 제공하게 된다.

③ 신제품 개발 및 출시 후 Tracking 조사

ⓐ 신제품을 개발하는 과정에서 소비자들이 제품으로부터 원하는 요구사항을 파악하기 위해 수행하는 조사이다. 이를 통해 속성별 중요도, 속성별 최적 대안수준(예를 들면 휴대폰에서 카메라라는 속성의 화소수)에 대한 정보를 도출하게 된다.

ⓑ 시제품이 개발된 후에는 출시에 앞서 다시 서베이를 시행하며 이를 통해 예상 매출이나 점유율에 대한 예측치를 계산한다.

ⓒ 적정가격이나, 상표, 포장과 같은 세부적인 제품 속성들에 대한 반응을 파악하여 성공적인 제품 출시를 위한 정보를 제공하는 조사기법이다.

④ 고객 만족도 조사

ⓐ 고객 만족도 조사 또는 CS(Customer Satisfaction) 조사란 고객들과의 서비스 접점에서 제공하는 서비스의 수준이 어떤지를 고객이 느끼는 만족도를 통해 측정하는 조사이다.

ⓑ 이를 위해 고객이 서비스를 받는 동선을 파악하고 주요 접점별로 고객들이 받는 서비스 수준을 평가하여 서비스 개선에 활용하기 위한 조사이다.

(3) 패널 조사 기출

① 개념

ⓐ 패널(Panel) 조사란 서베이나 면접, 관찰조사가 특정 소비자들을 대상으로 일회성으로 조사가 진행되는 것과 달리 동일한 소비자집단을 사전에 조사패널로 구축하고 반복적으로 조사를 진행하는 것을 의미한다.

ⓑ 국내 조사회사 중 닐슨코리아사의 경우 전국에 소재한 수천 가구의 TV에 셋톱박스를 설치한 후 가구원들의 TV 시청행태를 지속적으로 조사하여 자료를 판매하고 있다.

② 장단점

ⓐ 패널 조사는 동일한 응답자들로부터 반복적으로 자료를 수집하기 때문에 주요 마케팅 지표, 예를 들면 상표 인지도나 점유율 등의 변화를 정확하게 추적할 수 있다는 장점을 갖는다.

ⓑ 패널을 구축하고 유지하기 위해 조사회사에서는 패널구성원들이 참여하고 조사에 응해주는 조건으로 다양한 보상을 제공하게 된다.

ⓒ 패널을 구축하고 지속적으로 유지하는 것에는 많은 비용과 노력이 따른다는 한계점을 갖는다.

(4) 제품 개발 과정에서 소비자 반응을 확인하는 조사 기출

① CLT(Central Location Test) 조사

ⓐ 신제품 개발 과정에서 소비자의 반응을 확인하는 조사이다.

ⓑ 조사 참여자들을 일정한 장소로 오게 한 후 제품을 먹어보거나 사용하면서 평가하고 문제점을 도출하는 조사로, 음료나 식품 같은 제품군에서 많이 활용되는 조사기법이다.

ⓒ 가장 선호도가 높은 시제품을 찾아내고 또 시제품의 문제점과 개선점을 찾아내는 조사 방법이다.

② HUT(Home Use Test) 조사

　㉠ 소비자가 제품 평가를 한 번에 바로 하기 어려운 경우에 일정 기간 집에서 제품을 실제로 사용한 후 평가를 통해 최적 제품을 찾는 조사기법이다. 화장품의 경우 한번 바른 후 바로 제품의 효과를 평가하기 어려워 집에서 몇 번 사용한 후 평가하도록 하여야 한다.

　㉡ 세탁세제의 경우 소비자마다 다른 주거환경에서 실제로 빨래를 한 후 평가해야 제대로 된 제품평가가 이루어지게 된다.

(5) 마케팅 조사방법 선정 시 고려사항

① 수집하는 자료의 성격

　㉠ 적절한 조사방법을 결정하기 위해 먼저 조사의 목적과 성격 그리고 수집해야 하는 자료가 어떤 내용인지를 검토해야 한다. 조사의 목적이 탐색적인 경우 정성 조사방법이 주로 활용된다. 전반적인 마케팅환경 변화나 거시적 환경의 변화를 검토하는 것이라면 2차 자료조사나 전문가들에 대한 심층 면접을 중심으로 조사가 이루어지게 된다. 시장점유율이나 시청률 자료가 필요하면 유통패널이나 시청률 패널을 통해 수집된 2차 자료를 구매하면 된다.

　㉡ 신제품 개발 과정에서 개발된 시제품에 대한 소비자 반응을 확인하고 싶다면 CLT나 HUT 조사를 시행하기도 한다.

② 조사예산과 조사에 소요되는 기간

　㉠ 마케팅 문제는 여러 영역에서 수시로 발생하게 된다. 예를 들어 영업 현장을 중심으로 지난달, 지난주, 어제의 영업 성과를 확인해야 하며, 경쟁자들의 신제품 출시, 가격조정, 판촉 변경, 새로운 광고 캠페인 시작 등과 같은 다양한 움직임에 대응하여 수시로 의사결정이 내려져야 한다.

　㉡ 지속적으로 신제품을 개발하고 기존 제품들에 대한 보완이 이루어져야 하며 새로운 광고나 판촉 방법에 대한 사전 준비와 사후 평가 작업도 진행된다.

　㉢ 기업에서 수시로 발생하는 마케팅 문제를 해결하기 위해 가장 많이 이용되는 마케팅 조사방법은 정성 조사 기법들이다. 문제가 발생한 경우 먼저 사내외에 있는 2차 자료를 검토하고, 마케팅 담당자가 직접 제품 구매나 사용이 이루어지는 현장을 돌아다니면서 현장 상황을 관찰하고 소비자나 전문가를 만나 대화를 하는 면접조사가 마케팅 조사의 중심을 이루게 된다.

③ 기업 내 마케팅 조사 역량

　㉠ 기업에서 마케팅 문제가 발생한 경우 회사에 마케팅 조사 전문가들이 있다면 이들을 중심으로 문제를 규명하고, 필요한 조사 방법을 선정하여 직접 조사를 진행하는 것이 최선일 것이다.

　㉡ 사내의 마케팅 조사 전문가는 설문지 작성, 표본계획, 실사 진행과 자료처리, 그리고 수집된 자료에 대해 통계분석과 대안 도출에 이르는 조사방법에 대한 전문지식을 갖고 있어야 한다.

　㉢ 사내에서 자체적으로 면접조사를 진행하는 경우라면 조사담당자는 심리학이나 소비자행동에 대한 기본 지식과 소비자의 잠재의식을 도출할 수 있는 면접기법과 조사 결과에 대한 분석기법에 대한 경험이 있어야 한다.

　㉣ 마케팅 조사 역량을 사내에 갖고 있는 경우는 현재까지 일부 대기업으로 한정된 상황이며, 마케팅 조사 전문가가 있어도 대부분의 중요한 조사는 외부의 전문적인 조사 회사들과 협조를 통하여 조사를 진행하고 있다.

1 조사 범위 결정 ★

(1) 마케팅 조사의 진행 과정

기업에서 마케팅문제가 발생한 경우 이를 해결하기 위한 마케팅 조사의 진행과정은 일반적으로 마케팅문제의 발생부터 결과해석 및 대안 도출의 단계에 이른다.

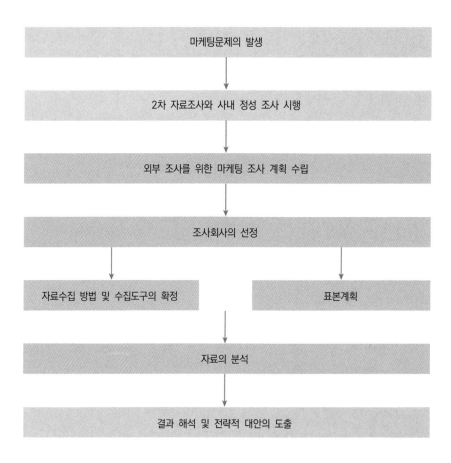

(2) 조사의 분석단위

① 분석단위란 수집하는 자료의 단위 혹은 기술하고자 하는 대상이나 사물로 개인, 집단, 조직, 제도, 지역사회, 국가 등이 될 수 있다.

② 분석단위의 요건

적합성	연구 목적에 적합해야 함
명료성	명확하고 객관적으로 정의
측정 가능성	측정 가능해야 함
비교 가능성	시간 및 장소 등의 비교가 가능해야 함

③ 분석단위의 오류 **기출**

㉠ 생태학적 오류 : 분석단위가 집단인 연구의 결과를 개인에게 적용함으로써 발생하는 오류

> 예 한 학급의 수학 점수가 전반적으로 낮을 때, 그 학급에 속한 학생 모두 수학 점수가 낮을 것이라 예상하는 오류

㉡ 개인주의적 오류(개체주의 오류) : 분석단위가 개인인 연구의 결과를 집단에 적용함으로써 발생하는 오류

> 예 타투를 한 사람은 모두 불량스러울 것이라고 생각하는 경우

㉢ 환원주의적 오류(축소주의 오류) : 인간의 사회적 행위를 이해하기 위한 변수의 종류를 한정시킴으로써 발생하는 오류

> 예 서비스 만족도 조사 시 만족도에 영향을 주는 요인이 여러 가지가 있을 수 있는데 사회학적 변수에만, 또는 경제학적 변수에 대해서만 고려하는 경우

(3) 마케팅 조사계획서 작성 시 고려사항

① 명확한 조사목적과 조사를 통해 수집해야 하는 자료

㉠ 마케팅 조사는 마케팅문제를 해결하기 위해 진행된다. 따라서 제대로 된 마케팅 조사를 위해서는 마케팅 문제와 조사목적을 명확히 규명하고, 어떤 자료들이 수집해야 하는지를 결정하여야 한다.

㉡ 먼저 조사의 배경으로 현재 우리 회사가 속한 산업의 전반적 변화와 경쟁자들의 동향을 검토하고 현안 문제점을 구체적으로 기술해야 한다.

㉢ 많은 경우에 마케팅문제가 여러 마케팅 변수들의 복합적 요인으로 발생하기 때문에 조사 시작단계에 문제가 명확히 파악되지 않는 경우가 발생한다.

㉣ 어떤 상표의 매출 하락이 새로운 경쟁제품으로 인한 것인지, 인지도가 떨어진 것인지, 매장에서 판촉 활동이 부족한 것인지, 아니면 이들 요인들이 복합적으로 발생한 것인지를 명확히 규명하기란 쉽지 않을 것이다.

㉤ 실제로 많은 조사에서 자료를 수집하여 분석하는 과정에서 문제가 밝혀지는 경우가 많으며, 이 경우 조사의 마지막 단계에서 마케팅문제를 재 규명하고 이에 대한 대안을 마련하기도 한다.

㉥ 조사의 목적이 정해진 다음에는 본 조사를 통해 수집되어야 하는 자료가 무엇인지를 조사 영역별로 자세히 기술하여야 한다.

- 세분화를 위한 변수의 선정
- 시장 세분화 실시를 통해 세분시장의 수 결정
- 각 세분시장별 크기, 세분시장별 소비자의 인구통계적 특성, 구매행태, 커뮤니케이션을 통한 접근방식
- 목표시장 선정 기준
- 목표시장 선정 결과
- 목표시장에 접근하기 위한 전략

2 조사실행 계획 ★

(1) 항목별 작성방법

① 조사의 배경과 목적

ㄱ 마케팅 조사계획서의 시작은 현재 문제가 발생한 제품시장의 전반적 환경 변화를 설명하고 현재 자사에 어떤 마케팅문제가 발생한 것인지를 설명하여야 한다.

ㄴ 이러한 문제를 해결하기 위해 수행하는 조사프로젝트의 목적이 무엇인지를 기술하여야 한다.

② 조사 내용의 구성과 영역별로 수집되어야 하는 자료

ㄱ 조사를 통해 수집되어야 할 자료를 주제별로 영역을 구분하고, 각 영역별 조사내용과 검토할 의사결정의 대안들에 대해 기술한다.

[고객들의 제품구매행태를 파악하고 STP전략을 수립하기 위한 A&U 조사내용 예시]

- 환경 변화
- 경쟁자 분석
- 소비자의 제품 구매 및 사용행태 분석
- 시장 세분화 및 목표시장 선정
- 제품전략 수립
- 광고전략 및 판촉대안 도출
- 제품별 가격 책정

ㄴ 영역별로 구체적으로 수집해야 할 자료와 조사프로젝트를 통해 확인하려는 전략적 대안을 기술한다.

[판촉대안 도출 부분에서 수집하려는 자료의 예시]

- 현재 자사 및 경쟁자들이 시행하고 있는 판촉대안
- 이들 판촉대안들에 대한 소비자들의 반응과 효과 분석
- 다른 제품이나 산업에서 적용되고 있는 새로운 판촉 대안 도출

[조사를 통해 도출하려는 전략적 대안 예시]

- 판매촉진 대안들의 효과 파악
- 향후 판매촉진 대안들의 최적 구성 도출
- 새로운 판촉대안들의 예상효과 추정

(2) 조사방법 결정

① 조사의 문제점과 이를 해결하기 위한 조사내용이 결정된 후에는 자료를 수집할 조사방법을 결정하여야 한다.

② 이를 위해 면접이나 관찰조사와 같은 정성 조사와 서베이를 조합하여 적절한 조사방법을 결정한다.

③ 정성 조사의 경우 조사내용과 조사대상의 특성에 대한 설명을 기술하여야 한다. 서베이의 경우 A&U 조사나 미디어조사와 같이 조사의 종류를 제시하고, 주요 조사내용을 제시하여야 한다.

[미디어조사의 경우 주요 조사내용 예시]

- 소비자들의 매체별 광고 인지도
- 회상(recall) 및 인식(recognition) 수준
- 광고 내용에 대한 평가
  - 적합성(목표시장에 적합한지, 제품 표현이 적절한지 여부)
  - 전달력(메시지에 대한 이해와 소비자에 대한 적절한 설득)
  - 영향력(광고에 대한 주목도, 상표 기억 여부, 표현의 독창성)
  - 제품구매에 영향력(상표에 대한 호의적 태도, 제품구매의도 유발)
- 광고를 통하여 기업이 원하는 메시지의 명확한 전달(message clarity) 여부
- 광고 노출 후 실제 제품 구매 여부

---

④ 서베이를 진행하기 위해 응답자는 누구를 대상으로 할지, 표본의 규모는 어느 정도로 할지, 그리고 표본추출방법에 대한 검토가 이루어져야 한다.

⑤ 조사의 목적, 기간, 예산을 고려하여 표본의 규모와 표본추출방법이 결정되어야 한다.

⑥ 전체 조사에 소요되는 기간과 각 조사방법별 소요기간을 제시한다. 일반적으로 전국적인 규모로 서베이를 진행하는 시간은 약 2-2.5개월이며, 면접조사나 관찰조사가 같이 진행되는 경우 이 기간을 추가하여 전체 조사 기간이 결정된다.

01 마케팅 활동에 대한 이해로 적절하지 않은 것은?

① 고객의 욕구를 파악하여, 이에 맞는 제품을 개발하여 제공함으로써 기업의 목표를 달성하려는 다양한 활동을 의미한다.

② 고객이 요구하는 바가 무엇인지를 정확히 파악하여야 하며, 이를 바탕으로 경쟁기업보다 우수한 제품이나 서비스를 만들어 고객들에게 제공하여야 한다.

③ 마케팅 환경이 급변하면서 경쟁이 치열해지고 수익성이 떨어지면서 마케팅 담당자 고도의 주관적 판단으로 기업이 당면한 문제를 해결해야 하는 상황이 빈번하게 발생한다.

④ 마케팅 조사를 통해 객관적인 시장정보를 수집하고 이에 입각한 합리적 의사결정을 필요로 하게 되었다.

[해설]

마케팅 환경이 급변하면서 경쟁이 치열해지고 수익성이 떨어지면서 마케팅 담당자의 주관적 판단만으로는 기업이 당면한 문제를 제대로 해결하는데 많은 어려움을 겪게 되었다.

02 소비자들의 인구 통계적 또는 사회문화적 변화, 법과 제도적 변화에 대한 환경 분석은?

① 거시적 환경 분석

② 산업 환경 분석

③ 마케팅 환경 분석

④ 소비자 분석

[해설]

거시적 환경 분석은 경제적 환경 변화나 소비자들의 인구 통계적 또는 사회문화적 변화, 법과 제도적 변화와 같이 산업 밖에서 벌어지는 변화가 기업에 미치는 영향을 체계적으로 분석하는 것이다.

03 환경 분석을 통한 마케팅전략 수립을 설명한 것으로 틀린 것은?

① 마케팅전략의 핵심은 자사가 대상으로 하는 목표시장을 어떻게 선정할 것인지를 결정하는 것이다.

② 소비자조사 자료를 근거로 성별, 연령별, 지역별, 국가별, 또는 구매행동에 따라 시장을 세분화한다.

③ 자사의 역량을 감안하여 적절한 세분시장을 목표시장으로 선정하고 이에 집중하게 된다.

④ 목표시장에 경쟁제품보다 자사가 우수하다고 설득할 것인지를 결정하는 시장 세분화 전략이 필요하다.

[해설]

목표시장에 우리 상표 또는 제품을 어떻게 경쟁제품보다 우수하다고 설득할 것인지를 결정하는 포지셔닝의 대안을 모색하게 되는데 이를 포지셔닝전략이라 부르기도 한다.

04 마케팅믹스전략 수립에 대한 설명으로 틀린 것은?

① 마케팅 활동의 구체적인 방향과 실행계획을 정하는 단계다.

② 4P는 제품(product), 가격(price), 촉진(promotion), 유통(place)이다.

③ 경쟁제품보다 우위에 있다면 광고나 판촉 활동은 필요하지 않다.

④ 소비자들이 제품으로부터 원하는 요구를 확인하고 이를 반영한 제품을 개발해야 한다.

[해설]

기업이 소비자를 대상으로 마케팅 활동을 하기 위해서는 먼저 소비자들이 제품으로부터 원하는 요구를 확인하고 이를 반영한 제품을 개발하고, 경쟁자 대비 비교우위를 갖는 적정한 가격을 정해야 한다. 다음으로 이들 제품을 소비자들이 주로 이용하는 유통점을 통해 판매하여야 하고, 고객들에게 자사 제품이 매장이 있고 경쟁제품 대비 어떤 점이 좋은지를 광고나 판촉을 통해 알리는 과정이 이루어져야 한다.

정답 (01 ③ 02 ① 03 ④ 04 ③)

05 고객 요구 분석 절차를 설명한 것으로 틀린 것은?

① 고객 요구사항이란 회사의 제품을 구입 또는 서비스를 이용한 고객이 그 제품 또는 서비스의 품질 이상에 대하여 수리·교체·보상을 요구하는 행위를 말한다.

② 고객 요구를 분석하기 위해서는 시장조사와 소비자 파악이 필요하며 트렌드 분석은 생략된다.

③ 고객이 요구하는 사항을 접수, 확인, 설명, 판정, 수리, 교체, 보상 등의 실시 및 고객에 대한 사전/사후 관리 등의 서비스 사항을 파악하고 분석한다.

④ 문제의 기술 및 작성을 보다 세분화하여 고객에게 무엇을 제공할 것인가를 정확히 판단하는 과정이다.

[해설]
고객 요구사항 분석 시 시장 조사 및 소비자 파악 뿐만 아니라 트렌드 분석도 선행되어야 한다.

06 마케팅 조사의 의미로 가장 적절하지 않은 것은?

① 시장조사를 통하여 수집되는 정보는 객관적이어야 하며, 과거 시장 상황을 반영하여야 한다.

② 목표시장을 선정하는 마케팅전략과 제품, 가격, 촉진, 유통 등의 분야에서 지속적으로 필요한 의사결정을 하게 된다.

③ 잘못된 의사결정은 매출과 이익 하락만이 아니라, 고객이나 유통점들과의 신뢰도를 떨어트려 장기적인 기업 활동에 부정적 영향을 미치게 된다.

④ 정보를 수집하는 방법을 설계하고, 수집된 자료를 분석하여 그 결과를 기업의 마케팅전략 수립에 반영하는 과정이다.

[해설]
시장조사를 통하여 수집되는 정보는 객관적이어야 하며, 최근의 시장 상황을 반영하여야 하며, 현재 담당자가 처한 문제를 해결하는 데 필요한 내용이어야 한다.

07 마케팅조사의 필요성으로 가장 부적절한 것은?

① 고객 욕구를 파악하고 경쟁우위를 확보하기 위함이다.

② 체계적인 마케팅 활동을 수행할 수 있다.

③ 지속적 경쟁우위 확보가 가능하다.

④ 기업의 활동 영역이 제한되면서 지역 소비자들의 욕구 파악이 가능하다.

[해설]
최근 시장이 개방되고 기업의 활동영역이 세계화되면서 기업들은 마케팅 조사의 중요성을 보다 절감하고 있다. 국내 기업들이 해외시장에서 오랫동안 사업을 영위한 해외 기업들과 경쟁하기 위해서 특정 국가나 지역 소비자들의 욕구를 파악하는 일이 무엇보다 중요하기 때문이다.

08 마케팅 조사 문제에 대한 설명으로 틀린 것은?

① 마케팅 의사결정에 필요한 자료와 정보가 무엇이며 이를 어떻게 수집할지를 고민하는 부분이다.

② 전략 대안별로 방향이 맞는지를 확인하고, 대안별로 추상적인 실행계획을 도출한다.

③ 마케팅부서가 당면한 문제점과 원인이 무엇인지를 파악하고 이를 해결하기 위한 구체적인 조사 문제를 정립하여야 한다.

④ 소비자들과 의사소통을 하면서 수시로 필요한 정보를 수집하여야 한다.

[해설]
각 전략 대안별로 방향이 맞는지를 확인하고, 대안별로 추상적이 아닌 구체적인 실행계획을 도출해야 한다.

정답 05 ② 06 ① 07 ④ 08 ②

09 제품 구매단계별 소비자의 행태를 분석하기 위한 조사 내용으로 적절한 것은?

① 구매 시 고려하는 상표군
② 제품 행동(구매)빈도 및 구매량
③ 구매 장소
④ 제품 이용 빈도 및 용도

> **해설**
> 마케팅조사에서 목적별로 수집되는 조사 내용이 상이하다. 제품 구매단계별 소비자의 행태를 분석하기 위한 조사 내용으로는 제품과 관련된 정보를 습득하는 원천, 제품 구매 시 고려하는 사항, 구매 시 고려하는 상표군, 주 구매 상표와 상표 선택 이유다. 제품 사용 행태에 대한 조사 내용으로는 제품 행동(구매)빈도 및 구매량, 구매 장소, 제품 이용 상황 등이다.

10 다음 사례에 해당하는 인지도의 유형은?

> 질문 : 핸드폰 하면 가장 먼저 떠오르는 브랜드는?
> 답변 : 삼성, 애플

① 최종 상기 인지도　② 보조 인지도
③ 비 보조 인지도　　④ 최초 상기 인지도

> **해설**
>
> | 최초 상기 인지도 | 가장 먼저 생각나는 상표 → 예 핸드폰 하면 가장 먼저 떠오르는 브랜드는? 삼성, 애플 |
> |---|---|
> | 비 보조 인지도 | 그 외에 기억(recall)하는 상표 → 예 핸드폰 중 삼성, 애플 외에 떠오르는 브랜드는? 샤오미 |
> | 보조 인지도 | 브랜드를 보여주고 고객인 인식(recognition)하는지를 확인 |

11 조사 과정에서의 측정에 대한 설명으로 틀린 것은?

① 각 조사 단위의 어떤 특징을 일정한 기준에 따라 관측하여 수치를 부여하는 작업이다.
② 추상적 개념을 경험적이고 측정할 수 있는 형태로 정의하는 것을 조작적 정의라고 한다.
③ 조사에서 다루는 여러 개념들은 측정 과정의 어려움 정도가 모두 동일하다.
④ 직접적으로 관측될 수 없을 뿐만 아니라 다차원적인 성격을 띠고 있는 개념도 존재한다.

> **해설**
> 조사에서 다루는 여러 개념들은 측정과정의 어려움 정도에 따라 차이가 있다. 사람의 키나 체중 같은 명확한 대상은 측정된 결과에 논란의 여지가 적다. 반면에 태도, 가치관, 만족도, 감정 등의 개념을 측정하는 것은 어렵다.

12 다음 설명에 해당하는 개념은?

> 사용된 조사 도구가 조사에서 측정하고자 하는 것을 얼마나 충실하게 측정했는가의 문제로 조사 도구의 적합성에 해당한다.

① 신뢰도　　　　② 타당도
③ 적합도　　　　④ 객관도

> **해설**
> 통계조사에서 사람들의 태도, 지적 능력, 심리상태, 학업성취도, 스트레스 정도, 불안감 등을 직접 측정하는 것은 힘들거나 불가능한 경우도 있다. 이러한 개념은 설문지나 검사지 등을 이용하여 측정하며, 이 때문에 설문지나 검사지가 본래의 개념을 제대로 측정했는가를 검토해야 한다. 타당도(validity)란 사용된 조사도구(설문지, 시험지 등)가 조사에서 측정하고자 하는 것을 얼마나 충실하게 측정했는가의 문제로 조사도구의 적합성에 해당한다.

13 일정 기간이 지난 후에 앞서 조사 도구에서 측정하고자 했던 조사 대상자의 행위나 업무 수행 결과를 측정할 때의 타당도는?

① 내용 타당도　　② 예측 타당도
③ 표면 타당도　　④ 구성 타당도

> **해설**
> ① 내용 타당도는 해당 분야의 전문가들이 설문지 등의 조사 도구가 얼마나 적합한가를 검토하여 구한 주관적인 타당도다.
> ③ 표면 타당도는 주변 지인이나 가족과 같은 비전문가들이 조사항목을 간략하게 검토한 결과에 기초하여 타당도를 평가하는 것이다.
> ④ 구성 타당도는 어떤 조사 도구를 이용해서 수집한 자료를 분석하여 얻은 경험적 관계와 이론적 관계(또는 가설)가 어느 정도 일치하는가를 나타낸다.

정답　09 ①　10 ④　11 ③　12 ②　13 ②

14 신뢰도에 대한 설명으로 틀린 것은?

① 어떤 특성을 얼마나 안정적으로 측정하는지를 나타내 주며 일관성 있는 측정은 타당도를 통해 확인한다.

② 같은 대상을 반복 측정하는 경우에 얼마나 일치하는 값을 얻을 수 있는가를 나타낸다.

③ 잘 관리된 측정방법이라면 반복해서 측정된 값들이 완벽하게 일치하지는 않아도 어느 정도는 일치하는 경향을 보이게 된다.

④ 반복된 측정에서 얻어진 결과들의 일치하는 정도가 높을 때 그 측정방법은 신뢰도가 높다고 한다.

> **해설**
> 신뢰도는 하나의 질문 또는 여러 개의 질문으로 이루어진 설문지를 통해서 어떤 특성을 얼마나 안정적이고 일관성 있게 측정하는가를 나타내주는 값이다. 타당도는 일관성의 개념이 아니라 정확하게 측정했느냐를 검토하는 과정이다.

15 신뢰도 검증 방법 중 재검사법을 바르게 설명한 것은?

① 동일한 사람을 대상으로 같은 측정 도구를 연속하여 2회 적용하는 방법이다.

② 동일한 측정 도구를 다른 사람에게 각각 적용하여 결과를 비교하는 것이다.

③ 같은 사람에게 동일한 측정 도구를 얼마간의 시간을 두고 두 번 측정하는 방법이다.

④ 같은 사람에게 다른 두 개의 측정 도구를 얼마간의 시간을 두고 두 번 측정하는 방법이다.

> **해설**
> 재검사법(검사 - 재검사법)은 가장 널리 사용되고 있는 신뢰도 평가방법이다. 특정 대상자에게 측정 도구를 사용하여 측정을 진행한 후 얼마간의 시간이 지난 후에 같은 사람을 대상으로 같은 내용을 측정한다.

16 다음 설명에 해당하는 신뢰도 평가 방법은?

> 두 개의 비슷한 측정 도구를 만들어 동시에 또는 일정한 시일이 지난 후에 동일한 대상에게 조사한다.

① 검사-재검사법 ② 복수 양식법
③ 반분법   ④ 내적 일관성법

> **해설**
> 복수양식법(동형방법)은 두 개의 비슷한 측정 도구(설문지, 시험지)를 만들어 동시에 또는 일정한 시일이 지난 후에 동일한 대상에게 조사한다. 두 조사에서 얻은 결과 사이에 상관계수를 계산하여 측정 도구의 신뢰도를 평가하는 방법이다.

17 다음 중 마케팅 조사방법의 성격이 다른 하나는?

① 2차 자료 조사 ② 면접 조사
③ 관찰 조사   ④ 서베이

> **해설**
> 마케팅 조사는 마케팅 조사문제의 유형에 따라 크게 정성 조사(또는 탐색적 조사)와 계량 조사로 나누어진다. ④를 제외하고는 모두 정성 조사다.

18 기업에서 현안 문제를 해결하기 위해 직접 조사를 통해 수집한 자료는?

① 1차 자료   ② 2차 자료
③ 객관적 자료 ④ 주관적 자료

> **해설**
> 1차 자료는 기업에서 현안 문제를 해결하기 위해 직접 조사를 통해 수집한 자료로 대부분의 마케팅 조사 자료가 이에 해당한다. 2차 자료는 통계청과 같은 국가기관이나 경제연구소, 민간단체, 또는 신문이나 인터넷을 통해 검색할 수 있는 자료들이다.

정답 14 ① 15 ③ 16 ② 17 ④ 18 ①

19 다음 설명에 해당하는 조사 방법은?

> 제품개발 단계에서 잠재 고객들을 일정한 장소에 모이게 한 후 현재 제품이용 실태나 불만점과 같은 내용을 심층적으로 논의하면서 아이디어를 찾는 방법이다.

① 전화 조사법
② 설문 조사법
③ 관찰법
④ 표적집단면접법

해설

FGI(Focus Group Interview : 표적집단면접) 조사는 면접조사의 가장 일반적인 예로 제품개발 단계에서 잠재 고객들을 일정한 장소에 모이게 한 후 장시간의 면접을 통해 현재 제품 이용 실태나 불만점과 같은 내용을 심층적으로 논의하면서 아이디어를 찾는 방법이다.

20 계량 조사에 대한 설명으로 틀린 것은?

① 많은 소비자들을 대상으로 설문지와 같은 정형화된 측정 도구를 활용한다.
② 정보보유자로부터 자료를 수집한 후 통계적 분석을 실시하여 자료를 분석한다.
③ 조사결과를 바탕으로 전체 목표시장을 대상으로 전략적 대안을 수립하는 데 한계가 있다.
④ 사전에 표본계획을 통해 대표성이 확보되는 응답자를 선정한다.

해설

계량 조사는 사전에 표본계획을 통해 대표성이 확보되는 많은 응답자를 대상으로 조사가 이루어지기 때문에 조사결과를 바탕으로 전체 목표시장을 대상으로 전략적 대안을 수립하는 데 문제점이 없다.

21 다음 설명에 해당하는 조사방법은?

> 많은 응답자를 대상으로 표준화된 측정수단인 설문지를 만들어 자료를 수집하고, 수집된 자료에 대해 통계적 분석을 실시하여 전략적 대안을 찾아내는 조사기법이다.

① 실험 조사
② 관찰 조사
③ 사례 조사
④ 서베이 조사

해설

서베이는 마케팅만이 아니라 선거조사나 사회여론조사 등 다양한 분야에서 널리 이용되는 조사방법이다. 서베이는 자료를 수집하는 방법에 따라 조사원들이 응답자를 직접 만나 대화를 하면서 자료를 수집하는 대인 면접조사와 인터넷조사, 그리고 전화조사로 구분된다.

22 소비자의 상표선택 과정과 제품사용과정을 조사하여 분석함으로써 마케팅믹스전략의 문제점을 확인할 수 있는 마케팅 조사방법은?

① A&U 조사
② 서베이 조사
③ 표본 조사
④ 패널 조사

해설

A&U 조사는 기업들이 마케팅전략을 수립하기 위해 가장 많이 이용하는 조사로 U&A 조사라 부르기도 한다. A&U 조사는 마케팅전략의 핵심인 목표시장 선정이나 4P 믹스 전략의 문제점을 진단해 주어 마케팅전략 수립과정에서 가장 빈번히 이용되고 있다.

23 동일한 소비자집단을 사전에 구축하고 반복적으로 조사를 진행하는 조사는?

① 만족도 조사
② 트랙킹 조사
③ 마케팅 조사
④ 패널 조사

해설

패널(panel) 조사란 서베이나 면접, 관찰조사가 특정 소비자들을 대상으로 일회성으로 조사가 진행되는 것과 달리 동일한 소비자집단을 사전에 조사패널로 구축하고 반복적으로 조사를 진행하는 것을 의미한다.

정답 19 ④ 20 ③ 21 ④ 22 ① 23 ④

24 다음 중 HUT 조사를 바르게 설명한 것은?

① 조사 참여자들을 일정한 장소로 오게 한 후 제품을 먹어보거나 사용하면서 평가를 내리게 한다.

② 소비자가 일정 기간 집에서 제품을 실제로 사용한 후 평가를 통해 최적의 제품을 찾는 조사기법이다.

③ 고객들과의 서비스 접점에서 제공하는 서비스의 수준이 어떤지를 고객이 느끼는 만족도를 통해 측정하는 조사이다.

④ 제품을 개발하는 과정에서 소비자들이 제품으로부터 원하는 요구사항을 파악하기 위해 수행하는 조사이다.

해설

① 조사 참여자들을 일정한 장소로 오게 한 후 제품을 먹어보거나 사용하면서 평가를 내리게 하는 것은 CLT(Central Location Test) 조사이다.
③ 고객들과의 서비스 접점에서 제공하는 서비스의 수준이 어떤지를 고객이 느끼는 만족도를 통해 측정하는 조사는 고객 만족도 조사이다.
④ 제품을 개발하는 과정에서 소비자들이 제품으로부터 원하는 요구사항을 파악하기 위해 수행하는 Tracking 조사이다.

25 마케팅 조사 방법 선정 시 고려사항으로 가장 거리가 먼 것은?

① 수집하는 자료의 성격
② 조사예산과 조사에 소요 되는 기간
③ 고객 개인 정보
④ 기업 내 마케팅 조사 역량

해설

고객 개인 정보는 고객 만족도 조사 시는 고려대상이 되나 마케팅 조사 방법을 선정하는 데 있어서는 연관성이 낮다.

26 마케팅 조사의 분석단위 요건으로 가장 관련성이 낮은 것은?

① 연구 목적에 적합해야 한다.
② 명확하고 객관적으로 정의되어야 한다.
③ 측정 가능해야 한다.
④ 마케팅 담당자가 선호해야 한다.

해설

마케팅 조사의 분석단위란 수집하는 자료의 단위 혹은 기술하고자 하는 대상이나 사물로 개인, 집단, 조직, 제도, 지역사회, 국가 등이 될 수 있다. 분석단위의 요건으로는 적합성, 명료성, 측정 가능성, 비교 가능성이다.

27 분석단위가 개인인 연구의 결과를 집단에 적용함으로써 발생하는 오류는?

① 생태학적 오류
② 개인주의적 오류
③ 환원주의적 오류
④ 목적론적 오류

해설

개인주의적 오류(개체주의 오류)는 분석단위가 개인인 연구의 결과를 집단에 적용함으로써 발생하는 오류다. 예를 들어 타투를 한 사람은 모두 불량스러울 것이라고 생각하는 경우다.

28 마케팅 조사계획서 작성 시 고려사항으로 가장 올바르지 않은 것은?

① 마케팅문제와 조사목적을 명확히 규명하고, 어떤 자료들을 수집해야 하는지를 결정하여야 한다.

② 현재 우리 회사가 속한 산업의 전반적 변화와 경쟁자들의 동향을 검토하고 현안 문제점을 구체적으로 기술해야 한다.

③ 많은 조사에서 자료를 수집하여 분석하는 과정에서 문제가 밝혀지는 경우가 많다.

④ 본 조사를 통해 수집되어야 하는 자료가 무엇인지를 조사영역별로 자세히 기술한 후 조사 목적을 결정해야 한다.

해설

조사의 목적이 정해진 다음에는 본 조사를 통해 수집되어야 하는 자료가 무엇인지를 파악한 후 영역별로 자세히 기술하여야 한다.

정답 24 ② 25 ③ 26 ④ 27 ② 28 ④

01 마케팅믹스 4P를 쓰시오.

> **정답** 제품(Product), 가격(Price), 촉진(Promotion), 유통(Place)

02 다음 설명에 해당하는 말을 쓰시오.

> 마케팅에 필요한 정보가 무엇인지를 규명하고, 규명된 정보를 수집하는 방법을 설계하고, 자료의 수집과정을 통제하며, 수집된 자료를 분석하여 그 결과를 기업의 마케팅전략 수립에 반영하는 과정이다.

> **정답** 마케팅 조사

03 추상적 개념들과 관련된 조사를 진행하기 위해서 이를 구체적이고 측정 가능한 형태로 나타내는 것은 무엇인지 쓰시오.

> **정답** 조작적 정의

04 다음 설명에 해당하는 용어를 쓰시오.

> 사용된 조사도구가 조사에서 측정하고자 하는 것을 얼마나 충실하게 측정했는가의 문제로 조사도구의 적합성에 해당한다.

> **정답** 타당도

05 구성 타당도를 약술하시오.

> **정답** 어떤 조사 도구를 이용해서 수집한 자료를 분석하여 얻은 경험적 관계와 이론적 관계가 어느 정도 일치하는가를 나타낸다.

06 신뢰도를 검증하는 방법 4가지를 쓰시오.

정답 검사-재검사법, 복수양식법, 반분법, 내적 일관성법

07 다음 설명에 해당하는 조사의 유형을 쓰시오.

> 대표성이 있는 많은 소비자를 대상으로 설문지와 같이 표준화된 측정방법을 이용하여 계량적 자료를 수집하고, 이에 통계적인 분석을 통하여 상황을 파악하고 대안을 찾는 조사기법이다.

정답 계량적 조사

08 다음 사례에 해당하는 조사를 쓰시오.

> 전국에 소재한 수천 가구의 TV에 셋톱박스를 설치한 후 가구원들의 TV 시청행태를 지속적으로 조사하여 자료를 판매하고 있다.

정답 패널 조사

09 마케팅 조사에서 분석단위의 요건을 4가지 쓰시오.

정답 적합성, 명료성, 측정 가능성, 비교 가능성

10 마케팅 조사 시 분석단위가 집단인 연구의 결과를 개인에게 적용함으로써 발생하는 오류를 쓰시오.

정답 생태학적 오류

통신판매 환경 분석

자사가 지속적으로 성장하고 현재의 성장세를 유지하기 위해서는 판매하는 서비스 및 제품과 관련하여 어떤 강점이 있고 어떤 약점이 있는지를 잘 알고 있어야 합니다. 그래야만 강점은 유지하고 약점은 보완할 수 있고 타사와의 차별을 도모할 수 있기 때문입니다. 이번 단원에서는 자사와 경쟁사를 분석하는 기법을 구체적으로 학습합니다.

1 시장환경 분석

1 3C 분석 ★

(1) 개요

① 3C와 FAW의 이해

㉠ 기업이 인터넷 마케팅 계획을 수립할 때는 우선 거시적인 환경을 이해하고 자사의 비즈니스가 이와 적합한지의 여부를 검토할 필요가 있다.

㉡ 이를 위해 '자사(Company), 경쟁사(Competitor), 고객(Customer)'의 3C 분석을 통해 자사의 서비스 혹은 제품이 어떠한 상황에 처해 있는지를 객관적 관점에서 이해하고 자사 제품 또는 서비스의 포지셔닝을 결정해야 한다.

㉢ FAW(Forces At Work)는 3C에 공통적으로 영향을 주는 경제, 사회, 기술, 정책 등과 같은 환경 요소를 의미한다.

㉣ 3C & FAW 분석은 자사 제품 또는 서비스의 지속적인 경쟁 우위를 확보하기 위하여 일반 환경, 고객, 경쟁사, 자사의 거시적인 사업 환경을 체계적으로 분석하는 활동이다.

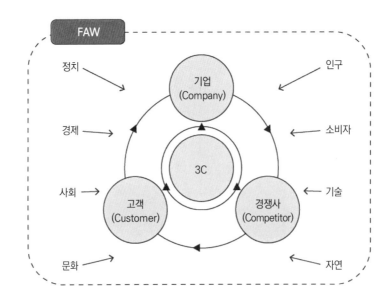

② Customer(고객) 분석

　㉠ 기업은 인터넷 마케팅을 전개함에 있어 가장 적합한 고객이 누구인지를 파악하고, 이들이 어떠한 특성을 지니고 있으며 인터넷상에서 어떠한 행동 양식을 보이고 있는지를 이해하여야 한다.

　㉡ 기업은 자사의 고객이 누구이며, 그들은 어떠한 인구 통계적 혹은 심리적 특성을 지니고 있는지, 이러한 데이터를 토대로 어떻게 적절하게 상품을 제안하고 상품의 생산과 마케팅에 협력할 수 있도록 할 것인지에 대한 독자적인 노력을 지속적으로 행해야 한다.

③ Competitor(경쟁사) 분석 　기출

　㉠ 목표시장이 이미 포화 상태인지, 아니면 운이 좋게도 경쟁이 거의 없는 시장을 선점하게 되는 상황인지에 따라서 투입되는 노력과 비용은 달라진다.

　㉡ 경쟁사의 기술력, 가격 경쟁, 인터넷 마케팅의 수준이나 전개 현황, 대표(CEO)의 능력, 제품의 브랜드 파워 등에 대해서 면밀히 파악한 다음, 이러한 상황에서 어떻게 해야 시장점유율과 고객 점유율을 확대할 수 있는지에 대한 전략을 수립해야 한다.

④ Company(자사) 분석 　기출

　㉠ 기업은 자사 혹은 자사의 제품이 인터넷 환경에 얼마나 적합한지, 어느 정도의 시장을 창출할 수 있을 것인지를 분석해야 한다.

　㉡ 자사의 제품에서 인터넷이 차지하는 비중과 역할은 어느 정도인지, 자사의 인터넷 도입의 목적, 인터넷을 통한 수익원 확보 방안, 판매할 제품의 종류와 가격/유통에 대한 상대적 경쟁력 등 다양한 요소들을 검토해 보아야 한다.

　㉢ SWOT 분석을 통해 자사의 강점과 약점, 기회와 위협 요소를 정확하게 파악해야 한다.

(2) 경쟁사 분석 과정

① 좁은 의미의 경쟁사

　㉠ 좁은 의미의 경쟁사는 동일한 시장에서 함께 활동하는 기업을 의미한다.

　㉡ 기업은 시장과 고객 니즈(needs)를 분석하여 제품 또는 서비스 아이템을 결정한 후에는 경쟁사의 사업 실적 자료를 활용하여 경쟁사의 강점과 약점 등을 분석해야 한다.

　㉢ 경쟁사의 약점을 보완하여 자사의 강점으로 부각시키는 방법을 사용하여 시장점유율을 높일 수 있는 마케팅전략을 구사해야 한다.

② 넓은 의미의 경쟁사

　㉠ 넓은 의미에서의 경쟁사는 현재 시장 내에서 사업을 하고 있지는 않지만 미래에 잠재적으로 위협이 될만한 모든 기업을 의미한다.

　㉡ 기존 시장에 관심을 갖고 있거나, 아직 진출하지 않은 외국 기업도 포함된다.

　㉢ 시장이 세분화되고 산업이 발달함에 따라 업종 간의 구분이 모호해지고 있기 때문에 경쟁자 분석을 위해서는 자사와 경쟁하고 있는 대상을 정확하게 파악해야 한다.

③ 경쟁사 분석 과정

1단계	자사의 전략을 파악 → 경쟁사와 상대적 성과를 측정하고 비교할 수 있는 기준을 마련해야 함
2단계	다양한 경쟁사를 후보군에 올려 검토한 후 분석할 경쟁사를 선택
3단계	경쟁사의 4P 전략(제품, 가격, 유통, 판매 촉진)뿐만 아니라 콘텐츠 및 사이트 분석, 쇼핑몰 편의성, 게시판 반응 속도, 지불 방식, 강점과 약점 등을 분석
4단계	경쟁사가 자사를 인식하고 제품, 가격, 유통, 판매 촉진 등에 관하여 어떤 행동과 반응을 나타낼지에 대한 시나리오를 작성
5단계	경쟁사의 반응에 대하여 공격 및 방어 전략 등과 같은 전략적 시사점을 정리

2 SWOT 분석 ★★★

(1) 개요

① SWOT 분석의 개념 기출

ⓐ 제품의 특징을 분석하여 강점(Strength)과 약점(Weakness)을 구분하고 제품에 영향을 미치는 외부 환경 요인을 분석하여 기회(Opportunity) 요소와 위협(Threat) 요소를 찾는 분석 방식이다.

ⓑ 강점과 기회 요소는 활용하고 약점과 위협 요소는 제거할 수 있는 마케팅전략을 수립하는 데 많이 사용되는 분석 방식이다.

강점(Strength)	경쟁 제품과 비교했을 때 자사 제품의 강점은 무엇인가?
약점(Weakness)	경쟁 제품과 비교했을 때 자사 제품의 약점은 무엇인가?
기회(Opportunity)	제품을 판매하는 데 있어서 기회가 되는 외부 환경 요소가 무엇인가?
위협(Threat)	제품을 판매하는 데 있어서 위협이 되는 외부 환경 요소가 무엇인가?

② SWOT 분석의 접근 기출

강점(S) 요인	타사와 차별화된 핵심 역량, 자금 조달 및 운영, 인적 자원의 우수성, 고객 관계 관리, 인정된 마켓 리더, CEO 경영 능력, 규모의 경제, 뛰어난 기술, 원가 우위 등
약점(W) 요인	자본 부족, 열위의 경쟁력, 낙후된 설비, 수익성 저하, 관리 능력 부족, 핵심 스킬 부족, 연구 개발 부족, 협소한 제품군, 마켓 이미지 취약 등
기회(O) 요인	신시장 개척, 새로운 기술 등장, 시장의 빠른 성장, 산업의 세계화, 소득 수준 증대, 새로운 경기 부양 정책, 절차 간소화 등
위협(T) 요인	신규 경쟁자 진입, 대체재의 판매량 증가, 불리한 정책 및 법규, 경기 침체, 소비자의 패턴 및 트렌드 변화, 인구 구조 변화 등

(2) SWOT 분석의 실제

① 사례 예시 [기출]

내부 환경 분석		외부 환경 분석	
강점(Strength)	약점(Weakness)	기회(Opportunity)	위협(Threat)
• 신기술, 특허 등 보유 • 높은 고객 충성도 및 마케팅 능력 • 저가 생산 능력, 지리적 이점 • 새로운 기회를 추구할 자원 보유	• 높은 원가 구조, 자금 부족 • 낮은 브랜드 인지도 • 유통 시스템 낙후	• 새로운 시장의 등장 • 충족되지 않은 수요 • 신제품 콘셉트 혹은 기술 • 기존 경쟁자의 퇴출	• 새로운 경쟁자 출현 • 기업 활동을 제한하는 법률 입법 • 고객의 욕구(needs) 변화 • 대체 상품 출시

② SWOT 분석의 절차

㉠ 각종 자료를 수집하여 시장의 환경이 변화함으로써 발생하는 위협과 기회요인을 파악한다.

㉡ 미래에 예상되는 고객들의 유형 및 구매행태의 변화, 경쟁사 및 경쟁제품의 동향, 새로운 규제의 출현 등 회사의 마케팅 활동에 영향을 끼치는 시장의 변화요인을 파악하여 위협요인과 기회요인으로 나눈다. 이 단계에서 주의할 점은 시장환경분석을 객관적 자료에 바탕을 두고 구체적으로 분석해야 한다.

㉢ 경쟁 업체들의 제품 또는 서비스와 비교하여 자사 또는 자사 제품의 핵심역량의 강점과 약점을 파악한다. 주요 경쟁사들을 분류하고 경쟁사들의 기본제품과 서비스, 사업의 방향과 마케팅전략을 파악하고 주요 강점과 약점을 분석한다.

㉣ SWOT 도표를 작성하여 자사 또는 자사 제품이 시장에서 차지하고 있는 위치를 파악한다.

㉤ SWOT 분석을 통해 얻은 결과를 적용하여 마케팅전략을 수립한다.

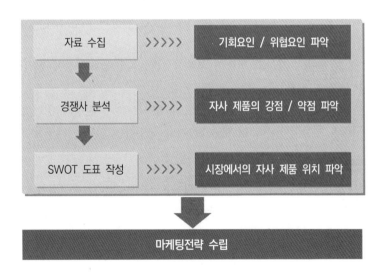

(3) SWOT 분석 전략 [기출]

SWOT 분석을 통해 조직 내부 역량의 강점과 약점 요인, 외부 환경의 위협과 기회요인들을 도출하여 각각의 요인에 대응하는 자사의 기업 경영 전략을 도출할 수 있다.

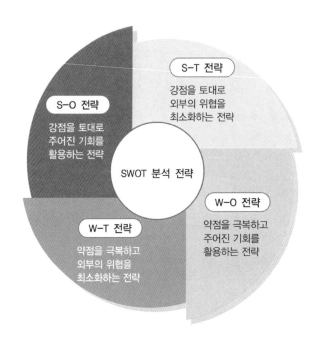

① S-O 전략(강점-기회 전략) : 자사의 전략적 강점과 시장 기회를 결합한 전략이다. 이때는 시장의 기회를 선점하거나 신제품을 출시하는 전략을 추구한다.

② S-T 전략(강점-위협 전략) : 자사가 상대적 강점이 있으나 시장의 위협 요인이 있는 경우 강점을 적극 활용하여 위협 요소를 줄이는 전략을 추구한다.

③ W-O 전략(약점-기회 전략) : 자사의 역량이 부족한 약점이 있으나 시장에 진입할 기회가 있는 경우 자사의 약점을 강화하여 시장 기회를 잡는 전략을 추구한다.

④ W-T 전략(약점-위협 전략) : 자사의 핵심 역량도 부족하고 외부 환경의 위협 요인이 많은 경우 자사의 약점을 극복하기 위하여 제품이나 시장을 재구축하거나 철수하는 전략을 추구한다.

(4) SWOT 분석의 장단점

① 제품에 대한 내부 요인, 외부 요인을 정리하여 일목요연하게 파악할 수 있다.

② 그러나 내부적인 요소인 강점(Strength)과 약점(Weakness)에 대해서 주관적으로 판단하는 경우가 발생하여 정확한 결과가 나오지 않을 수 있다.

③ 기회(Opportunity) 요소와 위협(Threat) 요소는 자의적인 해석이나 분석에 필요한 중요한 요소들을 간과함으로써 오류에 빠질 수가 있다.

④ 현재의 환경에서는 기회나 위협이 될 수 있는 요소가 향후에는 반대인 경우가 발생할 수도 있기 때문에 잘못된 분석 결과가 나올 수도 있다.

⑤ SWOT 분석과 더불어 STP 분석, 마케팅믹스를 활용한 분석 등 다른 방식의 마케팅 분석 방법을 병행하여 분석 결과의 오류를 줄여야 할 필요가 있다.

(1) 통신판매(전자상거래) 시장의 변화

① 전자상거래의 개념

  ㉠ 전자상거래란 재화나 용역의 그 전부 또는 일부를 전자 문서로 거래하는 상행위 활동이다. 즉, 전자상거래는 컴퓨터와 네트워크라는 전자적인 매체를 통해 상품 및 서비스의 거래가 이루어지는 방식이다.

  ㉡ 거래의 여러 과정 중에서 입찰, 계약, 주문 중 최소한 하나의 절차가 컴퓨터 네트워크상에서 이루어진 경우를 말한다.

② 전자상거래의 범위

  ㉠ 전자상거래는 기업, 소비자, 정부와 같은 거래 주체들이 인터넷상에 마련된 가상 점포인 온라인 쇼핑몰에서 유형의 상품이나 무형의 서비스를 거래하는 것으로, 여기에는 상품 판매뿐만 아니라 기업 홍보 및 상품 광고, 대금 결제 등의 과정이 모두 포함된다.

  ㉡ 전자상거래는 인터넷 쇼핑뿐만 아니라 금융 거래, 경매, 방송, 교육에 이용되고 있으며 이러한 전자상거래의 확대는 소비자의 구매 행동과 광고 방법을 변화시키고 있다.

③ 전자상거래의 유형

  ㉠ 거래 상품에 따른 유형

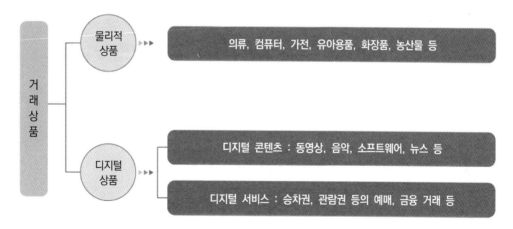

  ㉡ 거래 주체에 따른 유형 [기출]

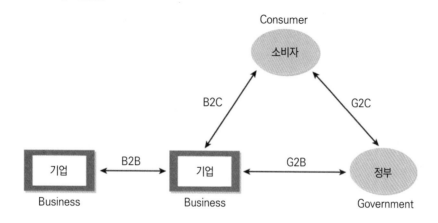

④ 전자상거래의 특징
　㉠ 전자상거래는 인터넷을 이용한 온라인 기반이므로 오프라인에서 유지되던 기존의 전통적 상거래 방식과는 여러 가지 면에서 차이가 있다.
　㉡ 구매자 측면에서는 다양한 상품 정보를 실시간으로 파악할 수 있으며, 상품을 구입하는 데 드는 시간과 비용을 줄일 수 있다.
　㉢ 판매자 측면에서는 판매 사원이나 전시 공간을 확보할 필요가 없으므로 소자본으로도 창업이 가능하다.
　㉣ 그러나 직접 상품을 보고 사는 것이 아니기 때문에 만족도가 떨어질 수 있으며, 개인 정보가 유출될 수 있다는 단점이 있다. 이러한 단점을 보완하기 위하여 판매자의 윤리 의식과 개인 정보 보호가 필요하다.

구분	전통적인 상거래 방식	전자상거래 방식
유통 경로 (채널)	생산자 - 도매상 - 소매상 - 소비자	생산자 - 소비자 생산자 - 중간 상인 - 소비자
거래 시간	영업장 개방 시간	24시간
대상 지역	한정된 지역(closed marketing)	전 세계(global marketing)
소요 자본	매장 구매나 임차 비용 포함	매장 구매나 임차 비용 불포함
판매 거점	판매 점포(off-line)	가상 공간(on-line)
고객 정보	시장조사, 영업 사원을 통해 획득	게시판을 통해 수시로 획득
마케팅 활동	판매자의 일방적 마케팅	판매자와 구매자 간 쌍방향 마케팅
광고 방법	신문, TV 등	온라인 광고

(2) 인터넷 쇼핑몰의 분류

① 취급 상품 범위에 따른 분류
　㉠ 종합몰 : 백화점, 쇼핑 센터와 같은 물리적인 상점에서 상품들을 진열해 놓고 판매하던 것을 가상 공간의 인터넷으로 이전하여 모든 카테고리(가전, 컴퓨터, 화장품, 유·아동, 의류, 잡화, 식품, 가구 등)를 취급하는 쇼핑몰이다.
　㉡ 전문몰 : 하나 혹은 주된 특정 카테고리의 상품군만을 구성하여 운영하는 인터넷 쇼핑몰이며, 고객에게 고유의 이미지를 쉽게 심어줄 수 있어 고객 충성도가 높다.

② 운영 형태에 따른 분류
　㉠ 온라인(on-line)몰 : 상품 및 서비스 판매를 전자상거래 형식으로만 영위하는 쇼핑몰이며 쇼핑몰을 운영하고 있는 운영 회사가 인터넷상에만 사업 기반을 두고 상품을 판매하는 형태이다.
　㉡ 온오프(on/off-line) 병행몰 : 인터넷을 통한 전자상거래뿐 아니라 기존의 상거래 방식(오프라인 매장, 전자 상거래 이외의 영업 형태)을 병행하고 있는 쇼핑몰 업체이며 쇼핑몰을 운영하고 있는 운영 회사가 전자상거래 이외의 오프라인 쇼핑몰을 병행하는 업체가 여기에 해당한다.

③ 상거래 유형에 따른 분류
　㉠ 인터넷 쇼핑몰 : 인터넷상의 가상 상점을 통해 소비자가 상품의 정보를 탐색하여 구입을 결정하고 대금을 결제하면 판매자인 쇼핑몰 운영자가 배송을 하는 독립형 쇼핑몰이다.

ⓛ 오픈 마켓(open market)
  ⓐ 개인과 소규모 판매업체 등이 온라인상에서 자유롭게 상품을 거래하는 중개형 쇼핑몰이며 다수의 판매자와 구매자가 온라인상에서 거래를 수행할 수 있어 '온라인 마켓 플레이스'라고도 한다.
  ⓑ 오픈 마켓을 운영하는 주체는 시스템을 제공한 대가로 상품을 등록한 사용자에게서 수수료 수익을 얻는다.
  ⓒ 2000년대 초반을 지나면서 종합 인터넷 쇼핑몰보다 오픈 마켓이 매출과 수익성 면에서 안정적이고 장기적인 수익 구조를 보이기 시작했다. 11번가, G마켓, 옥션, 인터파크 등이 대표적 사이트이다.
ⓒ 소셜커머스(social commerce)
  ⓐ 페이스북, 트위터, 카톡 등과 같은 소셜 네트워크 서비스(SNS)와 전자상거래를 결합한 형태이다.
  ⓑ 티몬, 쿠팡, 위메프 등과 같이 일정 숫자 이상의 구매자가 모일 경우 파격적인 할인가로 판매하는 상거래 유형이다.

(3) 전자상거래 시장의 내부환경 분석

① 전자상거래 시장을 변화시키는 요인으로는 내부 환경, 외부 환경이 있다. 전자상거래를 발전시키기 위해서는 내부 환경과 외부 환경을 분석하는 능력이 필요하다.

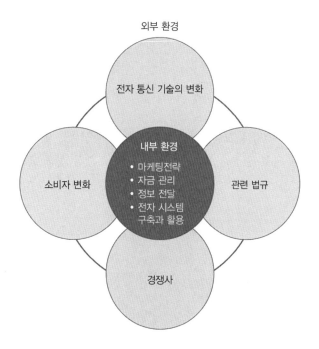

② 전자상거래 시장의 내부 환경 분석
  ㉠ 마케팅전략 : 어떤 상품을 얼마에 어떤 경로로 어떤 판매 촉진 수단을 동원하여 판매할 것인지에 대한 마케팅전략을 수립해야 한다.
  ㉡ 자금 관리 : 전자상거래는 오프라인 매장을 운영하는 것보다 소자본이 소요되지만 창업 및 운영에 필요한 자금을 계획하고 이를 최적의 상태로 운용해야 하므로 자금 관리 계획을 수립해야 한다.

제 2과목
시장환경조사

ⓒ **정보 전달** : 전자상거래의 모든 상품 및 서비스에 대한 정보는 언제 어디서나 온라인상에서 공개되므로 모든 정보는 유의미해야 하며, 소비자의 반응을 실시간으로 확인해야 한다. 따라서 상품 및 서비스에 대한 정보를 전달하고 관리하는 계획이 수립되어야 한다.

ⓓ **전자시스템 구축과 활용** : 판매하기 위한 상품 및 서비스 조달과 배송, 대금 결제 및 환불 체계, 고객관리 등에 대한 전자시스템을 구축해야 한다. 특히 고객 정보에 대한 해킹이나 바이러스 유포 등에 대비하는 시스템 구축도 필요하다.

③ 핵심 성공 요인(CSF) 분석

㉠ 개념

ⓐ 내부 역량을 진단하는 기법으로 가장 많이 활용되고 있는 방식은 핵심 성공 요인(CSF : Critical Success Factor) 분석이다.

ⓑ CSF는 조직에서 달성하고자 하는 목표를 위해 필요 불가결한 요소들을 지칭하는 단어이자 개념이며 산업 환경과 기업 환경을 분석하여 목표를 달성하기 위한 다양한 성공 요인(success factor) 중 결정적인(critical) 영향을 미치는 요인을 찾는 것을 의미한다.

㉡ CSF 요인 도출

ⓐ 일반적으로 SWOT 분석을 이용하거나 고객의 니즈를 분석하여 그 결과에 따라 핵심 성공 요인을 도출한다.

ⓑ CSF 분석은 조직의 비전과 전략을 달성하기 위해 갖추어야 할 핵심으로, 경쟁 우위를 확보하기 위한 차별적 성공 요소이다.

ⓒ CSF는 조직의 비전과 목표를 중심으로 조직에게 가장 핵심적인 경쟁 우위 요소를 찾아 내어 전략을 찾는 방법이라고 할 수 있다.

ⓓ 기업은 성공적인 경쟁 전략을 도출하기 위해서 비전을 중심으로 조직의 내부 환경과 외부 환경을 분석하게 되는데, 이때 내부 환경을 분석하는 방법이 바로 핵심 성공 요인 분석이다.

㉢ CSF 분석의 예

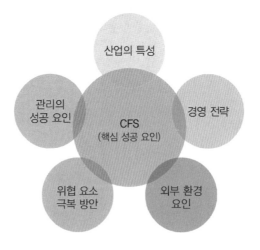

㉣ CSF 요인에 근거한 자사의 경쟁력 진단

ⓐ CSF 요인의 근거, 경쟁력 평가 결과, 결론으로 자사의 경쟁력을 진단한다.

ⓑ 자사의 경쟁력은 경쟁사와 비교하여 진단하되 내부 요인과 외부 요인을 나누어 요인을 추출하는 것이 좋다.

ⓒ CSF 요인에 의한 자사의 경쟁력을 진단한 후 이를 통해 시사점 및 대응 방법을 모색해야 한다.

(4) 전자상거래 시장의 외부환경 분석

① 전자 통신 기술의 변화

㉠ 전자상거래 초기에는 PC를 이용한 인터넷 쇼핑이 주류를 이루었으나 이와 관련된 신기술이 끊임없이 발전하고 있다.

㉡ 최근 PC를 이용한 전자상거래보다 모바일 전자상거래 시장이 더 활성화되고 있다. 앞으로는 IoT(internet of things, 사물인터넷)를 활용한 전자상거래도 활성화될 전망이다.

② 소비자 변화 : 소비자의 욕구나 인식, 트렌드가 매우 빠르게 변하고 있으므로 성공적인 전자상거래를 위해서는 변화하는 소비자의 기호와 태도를 분석해야 한다.

③ 경쟁사

㉠ 인터넷 쇼핑몰과 홈쇼핑이 결합한 거대 인터넷 쇼핑몰과 오픈 마켓이 오프라인 시장을 압박하고 있다.

㉡ 전통적으로 오프라인 매장에서만 판매되던 다양한 상품이나 서비스가 전자상거래를 통해 유통되고 있다. 자사가 취급하는 상품이나 서비스와 동일한 아이템을 취급하는 경쟁사를 분석하여 차별화 전략을 수립해야 한다.

④ 관련 법규 : 전자상거래 시장 관련 법규는 전자 문서 및 전자거래기본법, 전자상거래 등에서의 소비자 보호에 관한 법률, 소비자기본법, 전자서명법, 전자 어음의 발행 및 유통에 관한 법률, 전자금융거래법 등에서 지원하거나 규제하고 있다.

01 통신판매 환경 분석 기법인 3C 분석에 해당하지 않는 것은?

① 자사
② 경쟁사
③ 고객
④ 커뮤니티

해설

기업이 인터넷 마케팅 계획을 수립할 때는 우선 거시적인 환경을 이해하고 자사의 비즈니스가 이와 적합한지의 여부를 검토할 필요가 있다. 이를 위해 '자사(company), 경쟁사(competitor), 고객(customer)'의 3C 분석을 통해 자사의 서비스 혹은 제품이 어떠한 상황에 처해 있는지를 객관적 관점에서 이해하고 자사 제품 또는 서비스의 포지셔닝을 결정해야 한다.

02 고객분석에 대한 설명으로 가장 옳지 않은 것은?

① 기업은 마케팅을 전개함에 있어 가장 적합한 고객이 누구인지를 파악해야 한다.
② 고객이 어떠한 특성을 지니고 있으며 어떠한 행동 양식을 보이고 있는지를 이해하는 것은 중요하지 않다.
③ 고객이 상품의 생산과 마케팅에 협력할 수 있도록 할 것인지에 대한 독자적인 노력을 지속적으로 행해야 한다.
④ 자사의 고객이 누구이며, 그들은 어떠한 인구 통계적 혹은 심리적 특성을 지니고 있는지 파악해야 한다.

해설

기업은 고객이 어떠한 특성을 지니고 있으며 어떠한 행동 양식을 보이고 있는지를 이해하여야 한다.

03 경쟁사 분석에 대한 설명으로 틀린 것은?

① 목표시장이 이미 포화 상태인지, 경쟁이 거의 없는 시장을 선점하게 되는 상황인지에 따라서 투입되는 노력과 비용은 달라지게 된다.
② 경쟁사의 기술력, 가격 경쟁, 인터넷 마케팅의 수준이나 전개 현황, 제품의 브랜드 파워를 면밀히 파악해야 한다.
③ 경쟁사가 선점하고 있거나 소비자들이 분야의 일등 업체를 제대로 인식하고 있는 경우에 해당 시장에 진출하는 것은 성공의 가능성을 높여준다.
④ 경쟁사 분석을 바탕으로 어떻게 해야 시장점유율과 고객 점유율을 확대할 수 있는지에 대한 전략을 수립해야 한다.

해설

일반적으로 경쟁사가 아직 공략하지 않았거나 소비자들이 아직 동 분야의 일등 업체를 제대로 인식하지 못하는 경우에 시장을 선점하는 것이 성공의 가능성을 더해 준다.

04 SWOT 분석을 설명한 것으로 틀린 것은?

① S – 경쟁 제품과 비교했을 때 자사 제품의 강점은 무엇인가?
② W – 경쟁 제품과 비교했을 때 자사 제품의 약점은 무엇인가?
③ O – 제품을 판매하는 데 있어서 기회가 되는 외부 환경 요소가 무엇인가?
④ T – 제품을 판매하는 데 있어서 극복 가능한 내부 환경 요소가 무엇인가?

해설

SWOT 분석 중 T(Threat)는 위협 요인으로, 제품을 판매하는 데 있어서 위협이 되는 외부 환경 요소가 무엇인가와 관련된다.

정답 **01** ④ **02** ② **03** ③ **04** ④

05 SWOT 분석 중 신시장 개척, 새로운 기술 등장, 시장의 빠른 성장이 해당하는 요인은?

① 강점(S) 요인 ② 약점(W) 요인
③ 기회(O) 요인 ④ 위협(T) 요인

해설
① 강점(S) 요인은 타사와 차별화된 핵심 역량, 자금 조달 및 운영, 인적 자원의 우수성 등이다.
② 약점(W) 요인은 자본 부족, 열위의 경쟁력, 낙후된 설비, 수익성 저하 등이다.
④ 위협(T) 요인은 신규 경쟁자 진입, 대체재의 판매량 증가, 불리한 정책 및 법규 등이다.

06 SWOT 분석 중 S-T 전략에 대한 옳은 설명은?

① 자사의 전략적 강점과 시장 기회를 결합한 전략이다. 이때는 시장의 기회를 선점하거나 신제품을 출시하는 전략을 추구한다.
② 자사가 상대적 강점이 있으나 시장의 위협 요인이 있는 경우 강점을 적극 활용하여 위협 요소를 줄이는 전략을 추구한다.
③ 자사의 역량이 부족한 약점이 있으나 시장에 진입할 기회가 있는 경우 자사의 약점을 강화하여 시장 기회를 잡는 전략을 추구한다.
④ 자사의 핵심 역량도 부족하고 외부 환경의 위협 요인이 많은 경우 자사의 약점을 극복하기 위하여 제품이나 시장을 재구축하거나 철수하는 전략을 추구한다.

해설
① S-O 전략은 자사의 전략적 강점과 시장 기회를 결합한 전략이다. 이때는 시장의 기회를 선점하거나 신제품을 출시하는 전략을 추구한다.
③ W-O 전략은 자사의 역량이 부족한 약점이 있으나 시장에 진입할 기회가 있는 경우 자사의 약점을 강화하여 시장 기회를 잡는 전략을 추구하는 것이다.
④ W-T 전략은 자사의 핵심 역량도 부족하고 외부 환경의 위협 요인이 많은 경우 자사의 약점을 극복하기 위하여 제품이나 시장을 재구축하거나 철수하는 전략을 추구하는 것이다.

07 소비자와 기업 간의 통신판매 형태는?

① B2C ② G2C
③ G2B ④ B2B

해설
② G2C는 소비자와 정부 간 통신판매 형태다.
③ G2B는 기업과 정부 간 통신판매 형태다.
④ B2B는 기업과 기업 간의 통신판매 형태다.

08 인터넷 쇼핑몰 중 상거래 유형에 따른 분류로 알맞은 것은?

① 종합몰
② 온오프 병행몰
③ 오픈 마켓
④ 전문몰

해설
인터넷 쇼핑몰은 취급 상품 범위에 따라 종합몰, 전문몰로 구분된다. 운영 형태에 따라 온라인몰, 온오프 병행몰로 구분된다. 상거래 유형에 따라 오픈 마켓, 소셜커머스 등으로 구분된다.

09 일정 숫자 이상의 구매자가 모일 경우 파격적인 할인가로 판매하는 상거래 유형은?

① 오프라인 몰
② 오픈 마켓
③ 소셜커머스
④ 전문몰

해설
소셜커머스는 페이스북, 트위터, 카톡 등과 같은 소셜 네트워크 서비스(SNS)와 전자상거래를 결합한 형태이다. 티몬, 쿠팡, 위메프 등과 같이 일정 숫자 이상의 구매자가 모일 경우 파격적인 할인가로 판매하는 상거래 유형이다.

정답 05 ③ 06 ② 07 ① 08 ③ 09 ③

10 오픈 마켓(open market)에 대한 설명으로 옳은 것은?

① 개인과 소규모 판매업체 등이 온라인상에서 자유롭게 상품을 거래하는 중개형 쇼핑몰이다.

② 쇼핑몰을 운영하고 있는 운영 회사가 전자상거래 이외의 오프라인 쇼핑몰을 병행하는 형태다.

③ 상품 및 서비스 판매를 전자상거래 형식으로만 영위하는 쇼핑몰이다.

④ 하나 혹은 주된 특정 카테고리의 상품군만을 구성하여 운영하는 인터넷 쇼핑몰이다.

해설

② 쇼핑몰을 운영하고 있는 운영 회사가 전자상거래 이외의 오프라인 쇼핑몰을 병행하는 형태는 온오프 병행몰이다.
③ 상품 및 서비스 판매를 전자상거래 형식으로만 영위하는 쇼핑몰은 온라인몰이다.
④ 하나 혹은 주된 특정 카테고리의 상품군만을 구성하여 운영하는 인터넷 쇼핑몰은 전문몰이다.

11 전자상거래 시장의 환경 분석을 설명한 것으로 가장 옳지 않은 것은?

① 어떤 상품을 얼마에 어떤 경로로 어떤 판매 촉진 수단을 동원하여 판매할 것인지에 대한 가격 전략을 수립해야 한다.

② 창업 및 운영에 필요한 자금을 계획하고 이를 최적의 상태로 운용해야 하므로 자금 관리 계획을 수립해야 한다.

③ 고객 정보에 대한 해킹이나 바이러스 유포 등에 대비하는 시스템 구축이 필요하다.

④ 상품 및 서비스에 대한 정보를 전달하고 관리하는 계획이 수립되어야 한다.

해설

어떤 상품을 얼마에 어떤 경로로 어떤 판매 촉진 수단을 동원하여 판매할 것인지에 대한 것은 가격 전략이 아니라 마케팅 전략이다.

12 전자상거래의 시장의 외부 환경에 대한 설명으로 틀린 것은?

① PC를 이용한 전자상거래보다 모바일 전자 상거래 시장이 더 활성화되고 있다.

② 경쟁사를 분석하여 효율적인 모방 전략을 수립해야 한다.

③ 성공적인 전자상거래를 위해서는 변화하는 소비자의 기호와 태도를 분석해야 한다.

④ 인터넷 쇼핑몰과 홈쇼핑이 결합된 거대 인터넷 쇼핑몰과 오픈 마켓이 오프라인 시장을 압박하고 있다.

해설

전통적으로 오프라인 매장에서만 판매되던 다양한 상품이나 서비스가 전자상거래를 통해 유통되고 있다. 자사가 취급하는 상품이나 서비스와 동일한 아이템을 취급하는 경쟁사를 분석하여 차별화 전략을 수립해야 한다.

정답 (10 ① 11 ① 12 ②)

2장 실전 예상문제 2차 실기

01 시장환경 분석을 위한 3C를 각각 쓰시오.

정답 자사(Company), 경쟁사(Competitor), 고객(Customer)

02 SWOT 분석을 설명하시오.

정답 제품의 특징을 분석하여 강점(S)과 약점(W)을 구분하고 제품에 영향을 미치는 외부 환경 요인을 분석하여 기회(O) 요소와 위협(T) 요소를 찾는 분석 방법이다.

03 다음 설명에 해당하는 분석 방법을 쓰시오.

조직에서 달성하고자 하는 목표를 위해 필요 불가결한 요소들을 지칭하는 단어이자 개념이며 산업 환경과 기업 환경을 분석하여 목표를 달성하기 위한 다양한 성공 요인(success factor) 중 결정적인(critical) 영향을 미치는 요인을 찾는 것을 의미한다.

정답 핵심 성공 요인 분석(CSF)

3장 표본설계

샘플링이라는 말을 한 번쯤은 들어봤을 겁니다. 어떤 조사를 하는 데 있어서 전체 대상자를 모두 선정하는 것이 아니라 전체를 대표할 수 있는 일부 인원을 표본으로 삼아 그 결과를 전체에 적용하는 과정이라고 할 수 있습니다. 이번 단원에서는 표본설계와 관련된 용어와 표본 추출 관련 제반 이론들을 학습합니다.

1 조사 대상 선정 및 표본

1 모집단 선정 ★★★

(1) 통계 조사 개요

① 통계조사는 조사목적에 따른 조사 계획이 수립되면, 조사계획에 맞는 조사 대상을 선정한 후 조사를 수행하고, 그 결과를 분석하여 합리적인 의사결정을 도와주기 위해 수행된다.

② 통계조사는 일련의 과정을 통해 수행된다.

1단계	통계조사 계획
2단계	표본설계
3단계	설문설계
4단계	자료수집
5단계	자료처리
6단계	자료분석
7단계	보고서작성
8단계	합리적인 의사결정

(2) 표본설계

① 개요

㉠ 조사의 대상이 소수인 경우에는 모든 조사대상을 조사하면 되겠지만, 조사대상이 매우 큰 경우 전부를 다 조사할 경우 시간과 비용이 매우 많이 들어가게 된다.

㉡ 조사에 따른 의사결정 시간은 정해져 있고, 조사에 사용할 수 있는 비용의 한도도 정해져 있기 때문에 모두를 조사하는 것은 불가능하다.

㉢ 조사를 모두 할 수 있는 경우에도, 모든 대상을 조사할 경우 조사과정에서 생기는 오류로 인하여 정확한 답을 얻는다고 장담하기 어렵다.

㉣ 조사기간과 비용을 모두 만족하면서 전체조사대상의 특성을 가장 잘 설명할 수 있는 표본을 추출하는 방법을 설계하는 것이 필요한데, 이를 표본설계라 한다.

② 표본설계 시 사용 용어 `기출`

㉠ 조사단위(survey unit) : 통계조사에서 정보를 얻기 위해 조사를 실제로 수행할 관측할 대상의 최소의 단위로 기본 단위 또는 관찰 단위라고도 한다. 여기서 관측은 조사를 통해 알고 싶은 것을 파악하는 것을 말한다.

㉡ 모집단 : 모집단은 특성을 알고자 하는 모든 조사단위를 모아놓은 집단으로, 표본조사를 통해 특성을 파악하고자 하는 대상이 된다.

목표 모집단	통계조사의 목적에 따른 모든 조사 대상을 포함하는 전체 집단을 의미하며, 구체적 대상이 불명확한 경우는 개념적이고 이론적인 집단
조사 모집단	목표 모집단의 대상 중 현실적인 제약 사항으로 조사가 불가능한 대상을 제외한 후 실제 조사가 가능한 모집단으로 실제 표본 추출의 대상이 되는 모집단 → 목표 모집단과 조사 모집단은 동일할 수 있음

㉢ 추출단위

ⓐ 추출단위는 기본단위들의 집합으로 실제로 모집단에서 표본으로 추출되는 단위이다. 추출단위 안에는 모든 조사단위가 중복 없이 모두 포함되어야 한다.

ⓑ 추출단위와 조사단위가 같거나, 추출단위가 조사단위를 포함한다. 따라서 추출단위의 수가 조사단위의 수보다 같거나 적다.

㉣ 표본추출 틀

ⓐ 표본추출 틀은 표본추출단위들로 구성된 목록으로, 조사 모집단에서 실제 표본으로 추출될 수 있는 조사 대상들의 명부(list)를 의미하며, 조사 모집단과 동일할 수 있다.

ⓑ 경우에 따라서 하나의 조사에서 여러 개의 표본추출 틀을 사용하기도 한다. 여러 단계를 거쳐 표본을 뽑을 경우 단계마다 다른 추출단위를 사용하게 되므로 여러 표본추출 틀을 사용하게 된다.

㉤ 표본 : 표본은 표본추출 틀로부터 뽑은 추출단위들의 집합을 말한다.

㉥ 모수 : 관심의 대상인 모집단의 특성을 나타내는 값으로, 표본조사를 통하여 추론하고자 하는 값이 된다. 일반적으로 추론하고자 하는 대상은 평균, 비율, 총계 등이 있다.

㉦ 통계량 : 표본조사를 통하여 구한 자료를 적절한 방법으로 요약한 값으로 표본의 특성을 나타내는 값이다. 특히 모수의 추정에 사용한 통계를 추정량이라고 한다.

(3) 모집단 선정 [기출]

① 모집단의 개념과 모집단 정의
- ㉠ 모집단은 특성을 알고자 하는 집단에 속하는 조사단위들의 집합인데, 모집단이 표본조사를 통해 특성을 파악하고자 하는 대상이 된다.
- ㉡ 표본조사 결과는 오직 표본을 뽑기 위해 설정한 모집단의 정보만을 제공하기 때문에 조사목적에 적합한 표본을 추출하려면 모집단을 조사목적에 맞도록 명확하게 정의하여야 한다.
- ㉢ 모집단을 정의할 때 시간적·공간적 개념 등을 포함한 모든 사항에서 정확하게 어떤 개체가 모집단에 속하는지를 구체적으로 정해야 한다.

② 목표 모집단
- ㉠ 목표 모집단은 모집단의 모든 조사 대상/단위들의 전체 집합으로 정의할 수 있다.
- ㉡ 목표 모집단은 이상적인 모집단으로, 현실적으로 정보 혹은 자료수집이 어려운 모집단이지만, 표본조사를 통하여 추정해야 할 대상이다.

③ 조사 모집단
- ㉠ 조사 모집단은 목표 모집단의 대상 중 현실적으로 자료수집이 가능한 조사단위들의 집합이다.
- ㉡ 실제로 조사하고 싶은 대상의 모든 조사단위들을 아는 것은 현실적으로 어렵다. 그래서 현실적으로 조사 가능한 조사단위들을 모아 조사 모집단으로 정의하는 것이 일반적이다.
- ㉢ 대부분의 표본조사에서 개념상의 목표 모집단과 실제 조사대상인 조사 모집단은 차이가 존재한다. 그렇기 때문에, 목표 모집단과 조사 모집단을 명확히 제시하여야 한다.
- ㉣ 불완전한 조사 모집단을 사용할 경우 목표 모집단과 크게 차이가 발생하여 포함오차가 생긴다.
- ㉤ 조사 모집단을 구성할 때 목표 모집단과의 차이 나는 정도를 분석 또는 검토하여 목표 모집단과 조사 모집단이 유사하도록 조정하여야 한다. 그렇게 함으로써 조사 모집단을 통해 얻은 결과를 목표 모집단으로 해석하여도 타당하여야 한다.

2 표본추출 ★★★

(1) 표본추출 틀 결정

① 개요
- ㉠ 모집단에 대한 정의가 끝나면 추출단위를 결정하고 추출단위가 나열된 목록인 표본추출 틀을 작성해야 한다.
- ㉡ 표본추출 틀, 목표 모집단, 조사 모집단과는 목표 모집단 ≥ 조사 모집단 ≥ 표본추출 틀의 관계를 가지게 된다.

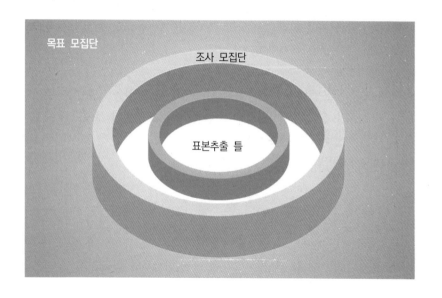

목표 모집단
조사 모집단
표본추출 틀

② 분류 체계

㉠ 표본추출 틀을 작성하기 위해서는 각 영역의 분류체계를 아는 것이 중요하다.

㉡ 예를 들어 지역을 구분하는 표본추출 틀은 지역을 구분하는 분류체계인 행정구역체계를 통하여 작성될 수 있다.

㉢ 표본추출 틀을 작성할 때 조사목적에 맞는 조사대상이 어떻게 분류하고 어떻게 구분할지 판단하는 것이 필요하다.

③ 표본추출 틀 작성

㉠ 기업에서 사용할 수 있는 표본추출 틀로는 전화번호부, 졸업앨범, 산업연감, 고객명부, 학생을 대상으로 조사를 해야 할 경우 학교명부 등이 있다.

㉡ 최근에는 조사업체들이 보유하고 있는 패널명부, GIS를 이용한 집계구, RDD(random digit dial)로 조사하는 방식 등이 있다.

㉢ 일반적으로 통계조사를 할 때 조사에 정확하게 알맞은 표본추출 틀은 없다. 그러한 경우 우선적으로 기존의 유사한 자료를 찾아 조사목적에 알맞도록 재분류하여 작성하도록 한다.

(2) 조사대상과 표본추출방법 결정

① 표본추출 틀 분석

㉠ 표본추출 틀의 조사단위, 추출단위별로 어떻게 분포되었는지를 살펴보는 것이 필요하다.

㉡ 조사대상을 결정하기 위한 표본추출 틀의 분포는 분류 기준에 따라 표를 작성하면 알 수 있다.

㉢ 조사단위가 사람인 경우 지역별, 성별, 연령별, 직업별 등을 구분하여 어떻게 분포되어 있는지를 살펴보면 특정 집단에는 매우 많이 분포되어 있고, 다른 집단에는 거의 분포가 되어 있지 않은 경우를 살펴볼 수 있다.

② 조사대상 선정

㉠ 조사대상을 선정할 때 모집단의 특성과 표본추출 틀의 자료를 충분히 이해하여야 적절한 표본을 선정할 수 있다.

㉡ 조사대상 선정 시 주요한 고려사항은 표본추출 틀이 제대로 모집단을 반영하고 있는지를 살펴보아야 한다.

ⓒ 조사대상을 어떻게 결정하는가에 따라 모집단의 특성값을 잘 추정할 수 있는지가 결정되기 때문에 조사대상을 선정하는 것은 매우 중요한 사항이다.

③ 표본추출방법 결정

ⓐ 표본조사의 목적은 표본에 포함된 정보를 이용해서 모집단의 특성을 기술하는 것이다. 그러므로 표본을 추출할 때 모집단의 특성을 잘 설명할 수 있는 표본을 추출하는 것이 무엇보다 중요하다.

ⓑ 모집단의 분포의 특성에 알맞은 표본추출방법을 결정하는 것은 매우 중요한데, 표본을 추출하는 방법은 확률추출방법과 비확률추출방법으로 크게 구분할 수 있다.

(3) 확률추출방법 `기출`

① 개념

ⓐ 모집단을 구성하고 있는 추출단위가 표본으로 추출될 확률을 사전에 알고 있는 추출방법을 의미하며 표본이 추출될 확률을 사전에 계산할 수 있어 이 확률을 바탕으로 표본으로 추정한 값과 모집단의 특성값과의 오차를 설명할 수 있다.

ⓑ 확률추출방법은 랜덤하게 추출하는 것을 원칙으로 하고 있다. 랜덤하게 추출한다는 것은 모든 개체가 추출될 수 있는 확률을 동일하게 부여되도록 하는 것을 말한다.

ⓒ 모집단을 구성하는 모든 대상이 표본으로 추출될 가능성을 동일하게 하면서, 표본을 뽑는 사람의 편견이나 주관이 배제되도록 추출되는 것을 의미한다.

ⓓ 확률추출방법은 객관성을 만족하는 표본이 된다. 확률추출방법은 단순확률추출방법, 계통추출방법, 층화추출방법, 집락추출방법 등이 있으며, 이들 추출방법들은 표본설계 할 경우에 복합적으로 결합하여 사용되기도 한다.

② 단순 확률추출방법

ⓐ 크기가 N인 모집단에서 n개의 표본을 추출할 때, n개의 표본을 뽑을 모든 경우의 확률이 동일한 표본추출방법이다.

ⓑ 단순 확률추출방법은 난수표와 같은 랜덤 발생장치를 활용하여 표본을 추출한다. 난수표는 정수들의 집합으로 이루어진 표로서 0부터 9까지의 10개의 정수들로 구성된 숫자들의 결합을 늘어놓은 목록이다.

③ 계통추출방법

ⓐ 표본추출 틀의 처음 k개의 조사단위들 중 하나를 랜덤하게 선택한 후, 이를 출발점으로 하여 이후 k번째 떨어진 조사단위들을 표본으로 추출하는 방법이다.

ⓑ 계통추출은 실제 조사현장에서 적용하기 매우 편리한 방법이다. 표본추출 틀이 마련되어 있지 않더라도 조사자나 연구자의 주관적인 견해가 자연스럽게 배제되기 때문에, 주관적인 선택에 의해 발생하는 선택편의(selection bias)를 줄일 수 있다.

ⓒ 계통추출방법은 추출과정이 간편하기 때문에 비용 및 시간의 측면에서 효율적이다.

④ 층화추출방법

ⓐ 모집단을 보조변수의 값들이 유사한 추출단위들을 묶어서 여러 개의 층(부모집단(sub-population))으로 분할하고, 각 층에서 독립적으로 일정한 수를 단순 확률추출하여 표본을 구성하게 하는 방법이다.

ⓑ 각 추출단위는 하나의 층에만 속하도록 하여 층들이 서로 겹치지 않도록 해야 한다. 이렇게 층을 구분한 후에는 각 층에 배분된 표본만큼을 단순 확률추출방법이나 계통추출방법을 이용하여 표본을 추출하게 된다.

ⓒ 층화추출방법은 층별로 구분하여 일정량씩 표본을 뽑기 때문에 특정한 대상들로 몰려 뽑히는 것을 방지할 수 있다.

ⓔ 층화 변수에 따라 동질적인 집단을 층으로 하고 각 층은 이질적으로 할 경우 모든 층에서 골고루 뽑히게 되어 정도가 높아지게 된다.

ⓜ 단순 확률추출방법보다 시간 및 비용을 절감할 수 있다. 층을 지역, 성별, 연령별로 구분할 경우 유사한 속성을 지닌 개체들로 구성된 각 층별로 조사관리를 할 수 있기 때문에 조사관리가 용이하고 비용을 절감할 수 있다.

⑤ 집락추출방법

㉠ 단순 확률추출방법이나 층화추출방법은 모집단의 조사단위들을 모두 포함한 표본추출 틀을 작성해야 한다. 이러한 경우 전국의 가구 또는 사업체를 대상으로 하는 대규모 조사를 위해서 표본추출 틀을 작성할 경우 엄청난 비용이 발생하게 된다.

㉡ 이러한 문제를 극복하기 위해서 우선 전국의 조사단위를 지역적으로 인접한 것끼리 묶어 집락을 구성한 다음, 집락별로 추출하여 집락 내의 조사단위를 전부 또는 일부를 조사하여 비용 및 시간을 절약할 수 있는 추출방법이 집락추출방법이다.

㉢ 집락추출방법은 각 지역별로 집락을 구성한 다음 각 집락별로 표본을 추출하게 되는데, 집락을 여러 단계로 구성하게 되면 활용하기에 편리하다.

㉣ 행정구역을 예로 들면 광역시도, 시·군·구, 읍·면·동으로 구분하는 것과 같다. 그러면 광역시와 도로 구분한 후 시군구의 일부를 추출하고, 추출된 시군구에서 읍면동의 일부를 추출하여 표본이 된다.

(4) 비확률추출방법 [기출]

① 개요

㉠ 비확률표본추출방법은 각 추출단위가 표본에 포함될 확률을 알 수 없는 표본추출방법이다. 그러므로 조사결과에 대한 정도 및 신뢰도를 설명할 수 없어, 조사결과에 대한 정확성은 오직 주관적인 평가를 통해서만 가능하다.

㉡ 비확률추출방법이 사용되는 이유

ⓐ 간편하고 비용이 적게 드는 방법이 필요할 때 활용된다.

ⓑ 확률추출이 현실적으로 불가능한 경우 활용된다.

ⓒ 표본추출 틀을 작성할 수 없거나, 작성할 수 있어도 실제 조사비용이 너무 많이 드는 경우 유용하다.

ⓓ 표본오차가 크게 문제가 되지 않는 경우 사용된다.

② 편의추출

㉠ 조사자 또는 연구자가 쉽게 접촉하여 구할 수 있는 대상을 선택하여 표본으로 추출하는 방법이다. 지역적으로 가까이 사는지, 특정 시간대에 시간을 낼 수 있는지 등과 같은 특정한 실질적 기준에 부합하는 경우 연구자가 표본으로 선정하게 된다.

㉡ 편의추출의 예

ⓐ 자기가 아는 지인들을 섭외해서 한 조사

ⓑ 조사하기 편리한 특정 학교의 학생들을 대상으로 한 조사

ⓒ 길거리 또는 특정 지역에 있는 사람들을 대상으로 한 조사

ⓓ 스스로 연구에 참가하겠다고 한 사람들을 대상으로 한 조사

③ 판단추출(= 유의추출)
- ㉠ 조사를 하는 전문가가 주관적인 견해로 모집단을 잘 대표할 수 있다고 판단되는 대상을 선정하여 표본을 추출하는 방법으로 판단추출은 전문가 선택이라고 한다. 이 방법은 전문가가 모집단의 성격에 대하여 잘 알고 있을 경우에 사용한다.
- ㉡ 모집단을 구성하는 대상들이 매우 이질적인 경우의 조사 또는 표본의 수를 많이 뽑을 수 없을 경우 효과적이다.
- ㉢ 판단추출의 예
  - ⓐ 자동차 성능에 대한 고객들의 평가를 하고자 할 경우 일반인들은 다양한 자동차를 경험하기 어렵고, 조사를 위해 많은 사람을 한자리에 모아놓고 여러 승용차를 시승하도록 하는 것은 시간, 공간, 비용의 제약이 많다.
  - ⓑ 이러한 경우 여러 자동차를 경험해본 사람이나, 그 분야의 전문가를 표본으로 선정하는 것이 더 효과적일 수 있다.

④ 할당추출
- ㉠ 할당표본추출은 표본을 추출하기 전에 모집단을 분류 기준에 따라 분할한 후, 분할된 각 그룹의 집단 크기 비율을 유지하도록 표본을 추출하는 방법이다.
- ㉡ 모집단을 분할한다는 측면에서는 층화확률추출법과 동일한 듯하지만 추출단위를 랜덤하게 선택하는 것이 아니라 조사원의 주관적인 판단에 의해 최종 조사단위를 선정하기 때문에 비확률추출방법이다.
- ㉢ 할당추출을 많이 사용하는 이유는 추출 틀이 필요하지 않으며, 무응답이 발생할 경우 바로 다음 대상에게 조사를 진행하면 된다. 이러한 이유로 비용이 적게 들고 빠르게 조사를 진행할 수 있는 장점이 있다.
- ㉣ 할당추출의 예 : 성별, 연령별, 경제 수준별로 구분하여 조사를 할 경우, 성별, 연령별, 경제수준별로 모집단을 분할한 후, 각 분할된 그룹별로 목표표본을 먼저 선정한 후, 실제 조사에서 조사대상을 접촉하면서 각 그룹별로 목표표본의 크기를 달성할 때까지 조사를 진행하게 된다.

3 표본 오차 ★★

(1) 표본 오차의 이해 기출
① 모집단 전체를 조사하지 않고 표본인 일부만을 조사하기 때문에 추정값과 모집단의 실제 참값과의 차이를 표본 오차 또는 허용 오차라고 한다.
② 표본 오차는 전체를 조사하지 않기 때문에 생기는데 피할 수 없는 오류이다.
③ 표본 오차는 표본추출방법과 표본의 크기로 조절할 수 있다. 표본 오차는 실질적으로 조사의 정확성에 크게 영향을 미치기 때문에 표본 오차를 줄이기 위해 노력을 하게 된다.
④ 모집단의 특성에 적합한 조사방법을 선택하면 표본 오차는 작아지고, 표본의 크기를 증가하면 역시 표본 오차의 크기가 감소한다.

(2) 비표본 오차의 이해 [기출]

① 전수조사를 할 경우 표본조사보다 더 정확한 결과를 얻을 수 있을 것 같지만, 그렇지 않은 이유가 바로 비표본 오차 때문이다.

② 비표본 오차가 발생하는 이유는 조사에서의 무응답, 잘못된 표본추출 틀의 사용, 조사원의 미숙한 진행, 응답자의 거짓말, 자료의 입력 및 처리 과정에서의 오류 등에 의해서 발생한다.

③ 비표본 오차를 줄이는 방법

ㄱ 재조사 계획을 세워 무응답자들 중 일부를 다시 접촉하여 응답을 받아내면 무응답에 의한 비표본 오차를 많이 줄일 수 있다.

ㄴ 응답자에게 보상과 특혜를 주어 응답자들이 더욱 적극적으로 참여하도록 한다.

ㄷ 조사원 교육을 철저히 시키고, 조사를 잘할 경우에 인센티브를 부여하여 조사에 적극적으로 임하도록 한다.

ㄹ 자료점검을 하여 자료입력 및 처리 과정에서 생기는 오류를 막도록 한다.

ㅁ 설문지를 잘 설계하는 것 또한 비표본 오차를 줄이는 데 매우 중요하다. 설문지가 조사에서 응답자와 조사자의 커뮤니케이션 도구이기 때문이다.

4 표본 크기 ★★

(1) 정확도 수준 결정

① 정확도의 개념

ㄱ 정확도는 측정하고자 하는 모집단의 특성이나 크기를 얼마나 정확하게 측정했는가를 말한다.

ㄴ 정확도는 미지의 참값과 추정된 값의 차이를 나타내며, 참값과 추정 값과의 차이가 오차인데, 차이가 작을수록 정확도는 높아진다.

ㄷ 표본조사에서 정확도는 정확히 측정하기가 어렵다 그래서 표본추출과정에서 어떤 조사 단위들이 표본에 포함되는가에 따른 추정 값의 변동 정도를 나타내는 수치인 표본 오차를 사전에 정해 목표표본 오차(또는 허용오차, 오차한계)로 사전에 정확도의 목표를 세운다.

② 정확도 지표 [기출]

ㄱ 표준 오차 : 표준 오차는 추정량의 표준편차이다. 추정량의 표준 오차는 추정량의 표본 오차를 설명할 수 있는데, 확률추출법에서 추출방법에 따라 모수를 추정하는 방법 및 표준 오차를 계산하는 방법이 달라진다.

ㄴ 신뢰수준

ⓐ 신뢰수준은 표본 크기를 계산하기 전에 표본설계자가 조사목적에 맞도록 결정하게 된다.

ⓑ 일반적으로 95%를 가장 많이 사용은 하지만 절대적인 것은 아니고, 필요에 따라 90%와 99%도 많이 사용하고 있다.

(2) 표본 크기 결정 [기출]

① 의의

  ㉠ 표본조사과정에서 표본을 많이 뽑으면 모집단의 성질과 비슷할 것이라고 직관적으로도 생각할 수 있다. 그러나 표본으로 뽑힌 조사 단위들을 실제 조사하는 것은 비용이 들기 때문에 표본을 많이 뽑을 수 없다.

  ㉡ 표본을 크게 뽑는다면 시간과 인력, 비용이 과다하게 지출하게 되며, 표본이 작으면 조사결과의 정확도나 신뢰도가 떨어지게 된다. 그러므로 표본설계에서 적절한 표본의 크기를 결정하는 것은 매우 중요하다.

② 표본의 크기 결정 시 고려사항

  ㉠ 표본 크기를 결정할 때 고려해야 할 것으로 예산, 추정오차의 한계(목표 오차), 표본추출방법을 들 수 있다.

  ㉡ 예산

    ⓐ 목표 오차와 반대되는 개념이라 할 수 있다. 예산을 많이 들이면 표본을 많이 추출할 수 있기 때문에 목표 오차는 작아진다.

    ⓑ 반면 예산이 줄면 표본수를 많이 추출할 수 없기 때문에 조사에서의 목표 오차는 커지게 된다. 비용은 고정비용과 조사비용으로 구분한다.

    ⓒ 고정비용은 바뀔 수 없는 비용을 의미하며, 조사비용은 조사단위별 드는 비용의 합이다. 조사비용은 집단별, 지역별로 다를 수 있다.

    ⓓ 이러한 경우에는 층이나 집락별로 비용이 다르므로 층별 분산이나 신뢰계수, 오차의 한계 등에 따라 표본수를 다르게 결정하게 된다.

    ⓔ 조사비용이 모두가 동일하다면 예산에서 고정비용을 빼고 나머지를 조사단위별 비용으로 나누어 표본수를 결정할 수 있다.

  ㉢ 표본 추출 방법 : 추정량의 표준 오차는 어떤 추출방법을 사용했는지에 따라 달라진다. 그러므로 목표 오차를 달성하기 위한 표본의 크기도 추출방법이 어떤 것을 선택했는지에 따라 달라진다. 같은 예산을 들였을 때, 최적의 방법을 선택할 경우 목표 오차를 줄일 수 있다는 것이다.

01 통계 조사를 위한 표본설계에 대한 설명으로 틀린 것은?

① 조사대상이 큰 경우 전부를 다 조사할 경우 시간과 비용이 매우 많이 들어가게 된다.

② 조사대상의 일부분인 표본을 조사하여 최적의 의사결정을 할 수 있는 방법을 강구한 것이다.

③ 조사의 대상이 소수인 경우에도 표본설계는 필수적인 과정이다.

④ 전체 조사대상의 특성을 가장 잘 설명할 수 있는 표본을 추출하는 방법을 설계하는 것이다.

해설

조사의 대상이 소수인 경우에는 모든 조사대상을 조사하면 되겠지만, 조사대상이 매우 큰 경우 전부를 다 조사할 경우 시간과 비용이 매우 많이 들어가게 된다. 이러한 이유로 조사대상의 일부분인 표본을 조사하여 최적의 의사결정을 할 수 있는 방법을 찾게 되는데, 조사기간과 비용을 모두 만족하면서 전체조사대상의 특성을 가장 잘 설명할 수 있는 표본을 추출하는 방법을 설계하는 것이 필요한데, 이를 표본설계라 한다.

02 통계조사에서 정보를 얻기 위해 조사를 실제로 수행할 대상의 최소단위는?

① 조사 단위

② 측정 단위

③ 통계 단위

④ 표본 단위

해설

통계조사에서 정보를 얻기 위해 조사를 실제로 수행할 대상의 최소의 단위를 조사단위(기본 단위 또는 관찰단위)라고 한다.

03 표본설계와 관련된 용어 설명으로 가장 옳지 않은 것은?

① 모집단은 특성을 알고자 하는 모든 조사단위를 모아놓은 집단으로, 표본조사를 통해 특성을 파악하고자 하는 대상이 된다.

② 추출단위는 기본단위들의 집합으로 실제로 모집단에서 표본으로 추출되는 단위이다.

③ 표본추출 틀은 조사 모집단에서 실제 표본으로 추출될 수 있는 조사대상들의 명부(list)를 의미한다.

④ 통계량이란 관심의 대상인 모집단의 특성을 나타내는 값으로, 표본조사를 통하여 추론하고자 하는 값이 된다.

해설

모수란 관심의 대상인 모집단의 특성을 나타내는 값으로, 표본조사를 통하여 추론하고자 하는 값이 된다. 일반적으로 추론하고자 하는 대상은 평균, 비율, 총계 등이 있다.
통계량이란 표본조사를 통하여 구한 자료를 적절한 방법으로 요약한 값으로 표본의 특성을 나타내는 값이다.

04 현실적으로 자료수집이 가능한 조사단위들의 집합은?

① 조사 모집단

② 표본 모집단

③ 조사 모집단

④ 전체 모집단

해설

조사 모집단은 목표 모집단의 대상 중 현실적으로 자료수집이 가능한 조사단위들의 집합이다. 실제로 조사하고 싶은 대상의 모든 조사단위들을 아는 것은 현실적으로 어렵다. 그래서 현실적으로 조사 가능한 조사단위들을 모아 조사 모집단으로 정의하게 된다.

정답 01 ③ 02 ① 03 ④ 04 ③

05 다음 괄호 안에 들어갈 알맞은 말은?

> 모집단에 대한 정의가 끝나면 추출단위를 결정하고 추출단위가 나열된 목록인 (   )을 작성해야 한다.

① 표본추출 틀
② 통계 리스트
③ 목표 모집단
④ 표본 설계안

해설

모집단에 대한 정의가 끝나면 추출단위를 결정하고 추출단위가 나열된 목록인 표본추출 틀을 작성해야 한다. 기업에서 사용할 수 있는 표본추출 틀로는 전화번호부, 졸업앨범, 산업연감, 고객명부, 학생을 대상으로 조사를 해야 할 경우 학교명부 등이 있다.

06 표본추출에 대한 설명으로 틀린 것은?

① 조사대상을 선정할 때 모집단의 특성과 표본추출 틀의 자료를 충분히 이해하여야 적절한 표본을 선정할 수 있다.
② 조사대상을 어떻게 결정하는가에 따라 모집단의 특성값을 잘 추정할 수 있는지가 결정되기 때문에 조사대상을 선정하는 것은 매우 중요한 사항이다.
③ 조사대상 선정 시 표본추출 틀과 모집단은 각각 다른 집단을 반영하고 있어야 한다.
④ 표본을 추출할 때 모집단의 특성을 잘 설명할 수 있는 표본을 추출하는 것이 무엇보다 중요하다.

해설

조사대상 선정 시 주요한 고려사항은 표본추출 틀이 제대로 모집단을 반영하고 있는지를 살펴보아야 한다.

07 확률 표본추출 방법에 대한 설명으로 틀린 것은?

① 모집단을 구성하고 있는 추출단위가 표본으로 추출될 확률을 사전에 알 수 있다.
② 표본이 추출될 확률을 사전에 계산할 수 있다.
③ 확률을 바탕으로 표본으로 추정한 값과 모집단의 특성 값과의 오차를 설명할 수 있다.
④ 모든 개체들이 추출될 수 있는 확률이 다르게 부여되도록 한다.

해설

확률추출방법은 랜덤하게 추출하는 것을 원칙으로 하고 있다. 랜덤하게 추출한다는 것은 모든 개체들이 추출될 수 있는 확률을 동일하게 부여되도록 하는 것을 말한다.

08 다음 설명에 해당하는 표본추출방법은?

> 표본추출 틀의 처음 k개의 조사단위들 중 하나를 랜덤하게 선택한 후, 이를 출발점으로 하여 이후 k번째 떨어진 조사단위들을 표본으로 추출하는 방법이다.

① 단순 확률추출방법
② 계통추출방법
③ 층화추출방법
④ 집락추출방법

해설

계통추출방법은 표본추출 틀의 처음 k개의 조사단위들 중 하나를 랜덤하게 선택한 후, 이를 출발점으로 하여 이후 k번째 떨어진 조사단위들을 표본으로 추출하는 방법이다. 추출과정이 간편하기 때문에 비용 및 시간의 측면에서 효율적이다.

09 단순 확률 표본추출방법을 바르게 설명한 것은?

① 표본추출 틀이 마련되어 있지 않더라도 조사자나 연구자의 주관적인 견해가 자연스럽게 배제된다.
② 난수표와 같은 랜덤 발생장치를 활용하여 표본을 추출한다.
③ 각 추출단위는 하나의 층에만 속하도록 하여 층들이 서로 겹치지 않도록 해야 한다.
④ 전국의 조사단위를 지역적으로 인접한 것끼리 묶어 집락을 구성한다.

해설

① 표본추출 틀이 마련되어 있지 않더라도 조사자나 연구자의 주관적인 견해가 자연스럽게 배제되는 것은 계통추출방법이다.
③ 각 추출단위는 하나의 층에만 속하도록 하여 층들이 서로 겹치지 않도록 해야 하는 것은 층화추출방법이다.
④ 전국의 조사단위를 지역적으로 인접한 것끼리 묶어 집락을 구성하는 것은 집락추출방법이다.

정답 05 ① 06 ③ 07 ④ 08 ② 09 ②

10 비확률 표본추출방법에 대한 설명으로 틀린 것은?

① 간편하고 비용이 적게 드는 방법이 필요할 때 활용된다.

② 확률추출이 현실적으로 불가능한 경우 활용된다.

③ 표본오차가 크게 문제가 되는 경우 사용된다.

④ 표본추출 틀을 작성할 수 없거나, 작성할 수 있어도 실제 조사비용이 너무 많이 드는 경우 유용하다.

해설

비확률 표본추출방법은 각 추출단위가 표본에 포함될 확률을 알 수 없는 표본추출방법이다. 그러므로 조사결과에 대한 정도 및 신뢰도를 설명할 수 없어, 조사결과에 대한 정확성은 오직 주관인 평가를 통해서만 가능하다. 따라서 표본오차가 크게 문제가 되지 않는 경우 사용된다.

11 조사자 또는 연구자가 쉽게 접촉하여 구할 수 있는 대상을 선택하여 표본으로 추출하는 방법은?

① 편의추출 ② 판단추출

③ 할당추출 ④ 집락추출

해설

편의추출은 조사자 또는 연구자가 쉽게 접촉하여 구할 수 있는 대상을 선택하여 표본으로 추출하는 방법이다. 지역적으로 가까이 사는지, 특정 시간대에 시간을 낼 수 있는지 등과 같은 특정한 실질적 기준에 부합하는 경우 연구자가 표본으로 선정하게 된다.

12 표본 오차에 대한 설명으로 틀린 것은?

① 모집단 전체를 조사하지 않고 표본인 일부만을 조사하기 때문에 추정값과 모집단의 실제 참값과의 차이가 나타난다.

② 전체를 조사하지 않기 때문에 생기는 데 피할 수 없는 오류이다.

③ 표본추출방법과 표본의 크기로 조절할 수 있다.

④ 표본의 크기를 증가하면 표본 오차의 크기는 증가한다.

해설

모집단의 특성에 적합한 조사방법을 선택하면 표본 오차는 작아지고, 표본의 크기를 증가하면 역시 표본 오차의 크기가 감소한다.

13 비표본 오차에 대한 설명으로 가장 옳지 않은 것은?

① 전수조사를 할 경우 표본조사보다 더 정확한 결과를 얻을 수 있을 것 같지만, 그렇지 않은 이유가 비표본 오차 때문이다.

② 무응답에 의한 비표본 오차를 감소시키는 것은 불가능하다.

③ 조사에서의 무응답, 잘못된 표본추출 틀의 사용은 비표본 오차를 발생시키는 요인이다.

④ 자료점검을 하여 자료입력 및 처리 과정에서 생기는 오류를 막도록 한다.

해설

재조사 계획을 세워 무응답자들 중 일부를 다시 접촉하여 응답을 받아내면 무응답에 의한 비표본 오차를 많이 줄일 수 있다.

14 표본의 정확도에 관한 다음의 설명 중 가장 옳지 않은 것은?

① 정확도는 측정하고자 하는 모집단의 특성이나 크기를 얼마나 정확하게 측정했는가를 말한다.

② 미지의 참값과 추정된 값의 차이를 나타낸다.

③ 표준오차는 추정량의 표준편차이다.

④ 신뢰수준은 95%의 절대 지표를 사용한다.

해설

신뢰수준은 일반적으로 95%를 가장 많이 사용은 하지만 절대적인 것은 아니고, 필요에 따라 90%와 99%도 많이 사용하고 있다.

정답 10 ③ 11 ① 12 ④ 13 ② 14 ④

15 표본의 크기를 설명한 것으로 가장 옳지 않은 것은?

① 표본으로 뽑힌 조사단위들을 실제 조사하는 것은 비용이 들기 때문에 무한대로 표본을 많이 뽑을 수 없다.

② 표본을 크게 뽑는다면 시간과 인력, 비용이 과다하게 지출하게 되며, 표본이 작으면 조사결과의 정확도나 신뢰도가 떨어지게 된다.

③ 목표 오차를 달성하기 위한 표본의 크기는 어떤 추출방법을 선택했는지와 무관하게 동일하다.

④ 추정량의 표준 오차는 어떤 추출방법을 사용했는지에 따라 달라진다.

해설

추정량의 표준 오차는 어떤 추출방법을 사용했는지에 따라 달라진다. 그러므로 목표 오차를 달성하기 위한 표본의 크기도 추출방법이 어떤 것을 선택했는지에 따라 달라진다.

정답 **15** ③

3장 실전 예상문제 2차 실기

01 다음 괄호 안에 들어갈 ㉠과 ㉡을 쓰시오.

> 통계조사에서 정보를 얻기 위해 조사를 실제로 수행할 관측할 대상의 최소의 단위를 (㉠)(이)라고 한다. 특성을 알고자 하는 모든 조사단위를 모아놓은 집단은 (㉡)(이)라고 한다.

정답 ㉠ 조사단위   ㉡ 모집단

02 조사모집단에서 실제 표본으로 추출될 수 있는 조사 대상들의 명부(list)를 의미하는 용어를 쓰시오.

정답 표본추출 틀

03 확률 표본추출방법을 4가지 쓰시오.

정답 단순 확률추출방법, 계통추출방법, 층화추출방법, 집락추출방법

04 비확률 표본추출방법을 설명하시오.

정답 각 추출단위가 표본에 포함될 확률을 알 수 없는 표본추출방법이다. 그러므로 조사결과에 대한 정도 및 신뢰도를 설명할 수 없어, 조사결과에 대한 정확성은 오직 주관적인 평가를 통해서만 가능하다.

05 모집단 전체를 조사하지 않고 표본인 일부만을 조사하기 때문에 추정값과 모집단의 실제 참값과의 차이를 나타내는 말을 쓰시오.

정답 표본 오차

4장 설문 설계

✔ 실기 출제영역

고객 만족도 조사, 서비스 개선을 위한 의견 조사 등 기업에서는 고객을 대상으로 실제 많은 조사를 실시하고 있습니다. 일상생활에서 흔히 볼 수 있는 설문 조사는 실제 고객이 문항을 접하기 과정 여러 과정을 속에서 수정되고 검토를 거치게 됩니다. 이번 단원에서는 설문 설계와 관련된 쟁점과 방법을 학습합니다.

1 분석 설계

1 척도 종류 ★★★

(1) 측정과 척도

① 측정의 개념 기출

    ㉠ 측정은 일정한 규칙에 따라 대상이나 사건에 수치를 부여하는 것이다. 통계분석을 할 때 각각의 변수의 자료에 기호나 수치를 부여하는 것은 기초적인 작업이지만 매우 중요한 일이다.

    ㉡ 통계분석은 의사결정에 필요한 정보를 제공하기 위한 것이고, 합리적이고 객관적인 정보를 제공하기 위해서는 분석 대상을 수치화해야 하는데, 이를 측정이라고 한다.

② 설문 문항 구성 시 측정

    ㉠ 설문지를 이용한 통계조사는 응답자가 설문지에 응답한 값을 자료로 수집하게 된다. 수집된 자료는 다양한 통계분석을 통하여 의미를 부여하고, 그 의미는 다양한 분야나 활동에서 의사결정을 하는 데 사용된다.

    ㉡ 자료를 생성하기 위해 작성된 설문지 문항들과 문항을 구성하는 항목들을 수치화시키기 위한 측정방안이 마련되어야 한다.

    ㉢ 측정은 전문적인 것처럼 어렵게 느껴지지만, 실제 많은 일상생활에서 자연스럽게 발생하고 있다. 예를 들면 사람의 키와 몸무게는 키를 재는 자나 체중계를 가지고 객관적으로 측정하고, 누가 얼마나 정직한지, 누가 더 아름다운지에 대한 비교는 각자 주관적인 기준으로 측정하고 있다.

(2) 척도의 종류 기출

① 의의

    ㉠ 측정이 일정한 규칙에 따라 조사한 값을 수량화하는 것이라 할 때, 일정한 규칙에 해당하는 것이 척도이다.

    ㉡ 척도는 측정을 수행하는 잣대 혹은 측정 도구라고 할 수 있다. 즉, 척도란 자료가 수집될 때 관찰된 현상에 부여하는 일련의 기호나 숫자의 체계를 의미한다.

    ㉢ 일반적으로 설문지를 구성할 때 측정도 중요하지만 척도를 어떻게 표현할지에 대한 고민을 많이 하게 된다. 척도에 따라 분석방법이 바뀌고, 분석결과에 의미를 부여하는 방법이 달라질 수 있기 때문이다.

② 명목척도(nominal scale)

    ㉠ 명목척도는 단순히 속성을 분류하고자 할 때 그리고 변수의 특성을 식별하기 위해 적용되고, 상호배타적으로 분류된 명칭을 붙여 척도의 값을 나타내게 된다.

    ㉡ 명목척도는 각 범주에 숫자를 부여할 수 있지만 이러한 경우 숫자는 크기를 나타내지 않는다.

ⓒ 명목척도 수치들은 같은 범주에 속하는 대상들은 모두 동등하다고 가정한다. 즉, 다른 범주에 속하는 대상들끼리는 다르지만, 같은 범주에 속하는 대상들은 같은 것으로 인식한다. 그래서 범주들 간의 특성비교를 가능하게 한다.

ⓔ 명목척도의 예

ⓐ 남자와 여자를 구분할 때, 1과 2를 부여하였다고 하면, 1이 2보다 작은 것도 아니고 우선하는 것도 아닌 단지 남자를 나타내는 기호로서의 역할만 한다.

ⓑ A회사와 B회사를 구분할 때 1과 2로 부여할 수 있는데, 1과 2는 A회사와 B회사를 구분하는 기호의 역할만 할 뿐 순서나 크기를 부여하지 않는다.

ⓒ 선호하는 광고매체에서 TV, 인터넷, 신문/잡지, 옥외광고, 기타 등을 1에서 5까지 부여할 경우 1은 TV, 2는 인터넷, 3은 신문/잡지, 4는 옥외광고, 5는 기타를 나타내는 기호의 역할만 할 뿐 계산이 불가능하고 크기도 부여할 수 없다.

③ 서열척도(ordinal scale)

㉠ 서열척도란 명목척도와 같이 분류할 수 있을 뿐만 아니라 크다 또는 작다는 의미를 부여할 수 있다. 즉, 범주 간의 비교가 가능하며 순위를 부여할 수 있는 척도이다.

㉡ 만족도, 지지도, 계급, 직급과 같은 것이 서열척도의 예들이다. 서열척도는 속성을 순서대로 나열한 수치이므로 순서 또는 순위척도라고도 한다.

㉢ 서열척도는 숫자로 표현할 수 있는데 큰 것, 강한 것, 만족 정도가 높은 것에 큰 숫자를 부여하거나 작은 숫자를 부여할 수 있다. 그러나 부여된 숫자는 절대적인 양이나 크기를 의미하지 않고 단순히 순서를 나타낼 뿐이다.

㉣ 서열척도의 예

ⓐ 5점 척도를 사용하는 만족도 조사에서, 1 '매우 불만족', 2 '불만족', 3 '보통', 4 '만족', 5 '매우 만족'을 적용할 경우이다.

ⓑ 5가 4보다 만족의 정도가 높은 것은 알지만 얼마만큼 더 만족하는지는 알 수 없다.

ⓒ 마찬가지로 1이 2보다 불만이 많은 것은 나타내지만 얼마만큼 더 불만족하는지는 알 수 없다.

④ 등간척도(interval scale)

㉠ 서열척도의 의미에다 각 범주 사이의 거리를 계산할 수 있고, 이웃한 범주 간의 거리가 같은 경우를 등간척도라고 한다. 그러므로 등간척도의 수치들은 대상의 특성에 부여한 수치들 간의 간격이 일정하다는 사실을 전제로 한다.

㉡ 산술적인 계산이 가능하지만 절대 0이라는 개념이 존재하지 않기 때문에 속성 자체는 완전히 산술적이지는 않다. 즉, 절대 0점이 없기 때문에 비율적인 의미는 부여할 수 없다.

㉢ 등간척도의 예

ⓐ 숫자 1, 2, 3, 4, 5, 6, 7이 있을 때 각 간격이 일정하다고 하면, (7-5) = (5-3)으로 해석할 수 있다.

ⓑ 온도, IQ도 등간 척도의 예들인데 온도 40도가 20도보다 20도 더 높지만, 2배 더 따뜻하다고 할 수는 없다.

⑤ 비율척도(ratio scale)

    ㉠ 비율척도는 등간척도처럼 산술적인 계산이 가능하면서 절대 0점을 가지고 있는 척도로 진정한 산술적인 의미를 부여할 수 있다.

    ㉡ 비율척도인 자료들은 더하기, 빼기, 곱하기, 나누기 모두 가능하다. 절대 0점이란 0이 아무것도 없다는 것을 의미한다.

    ㉢ '내가 가지고 있는 과자가 0봉지야'라고 말할 때 과자가 전혀 없다는 뜻이므로 절대 0점이 존재한다. 이러한 경우 계산도 가능하고 비율적인 의미도 부여할 수 있게 된다.

    ㉣ 비율척도의 예

        ⓐ 과자 2봉지를 산 후 또 2봉지를 사면 4봉지가 되고 2배가 늘어났다고 할 수 있다.

        ⓑ '신제품을 사는데 얼마의 비용이 들었는지?'와 같은 주관식의 질문이 있을 경우 2만 원으로 답한 사람은 1만 원으로 답한 사람보다 1만 원을 더 지불하였고, 2배 더 비용이 들었다고 할 수 있다.

(3) 척도법의 구성 [기출]

① 의의

    ㉠ 척도법(Scaling Method)은 추상적인 어떤 개념에 대해 그 개념을 구성하는 여러 측면에서 질문을 함으로써 보다 종합적으로 측정하는 방법이다.

    ㉡ 척도법의 기능

        ⓐ 변수에 대한 양적인 측정치를 제공함으로써 통계적으로 조작할 수 있게 한다.

        ⓑ 하나의 지표로는 제대로 측정하기 어려운 복합적인 개념을 측정할 수 있다.

        ⓒ 여러 개의 지표를 하나의 점수로 나타냄으로써 자료의 복잡성을 덜어 줄 수 있다.

        ⓓ 동일 개념의 다양한 면을 측정함으로써 측정의 신뢰도를 높여 준다.

② 서스톤 척도법(Thurstone Scale)

    ㉠ 서스톤은 태도에 대한 체계적인 측정절차를 제안한 심리학자로서 몇 가지 척도를 제안했는데 그중 대표적인 것이 유사등간법(method of equal-appearing intervals)이다.

    ㉡ 평가자들로 하여금 각 문항의 상대적 위치(척도값)를 판단하게 한 다음, 이를 바탕으로 조사자가 대표적인 문항들을 선정하여 구성하는 척도다.

    ㉢ 서스톤 척도의 사례 - 자녀의 교육적 직업 성취에 대한 부모의 열망 정도 측정

> **1. 자식이 성공하는 것이 부모의 은혜를 갚는 최선의 길이다.**
>   그렇다-   아니다-
>
> **2. 명문 대학과 좋은 직장을 구하는 것도 중요하지만 그것이 내 자식의 행복에 절대적이지는 않다.**
>   그렇다-   아니다-
>
> **3. 행복은 교육적 또는 물질적 목적을 달성하는 것과는 무관하다.**
>   그렇다-   아니다-

    ㉣ 서스톤 척도는 태도, 가치 등 규범적 개념에 대한 체계적인 측정방법을 제시하고 있다.

    ㉤ 그러나 개념의 전체 차원을 표현할 수 있는 문항들을 수집하고 선택하기가 쉽지 않고, 척도개발에 상당한 시간과 노력이 소요된다.

③ 리커트 척도법(Likert Scale)
  ㉠ 리커트 척도는 문장을 제시하고 그것에 대해 대답하는 형식으로 5단계 척도를 사용하는 것이 많지만 절대적으로 고정되어 있지는 않다.
  ㉡ 응답범주 예시
    ⓐ 3점 척도 : 매우 심각하다 / 다소 심각하다 / 별 문제가 안 된다
    ⓑ 4점 척도 : 전적으로 동감 / 대체로 동감 / 대체로 반대 / 전적으로 반대
    ⓒ 5점 척도 : 매우 만족 / 대체로 만족 / 보통 / 대체로 불만족 / 매우 불만족
  ㉢ 각 조사대상자의 어떤 태도에 대한 척도점수는 각 문항에 대한 응답점수를 합하여 계산된다.
  ㉣ 얻어진 척도점수에 대한 신뢰성을 검토하기 위해서 신뢰도를 계산하는 것이 바람직하다.
④ 거트만 척도법(Guttman Scale)
  ㉠ 단일차원성의 개념에 기초하여 어떤 태도나 개념을 측정할 수 있는 문항들을 질문의 강도에 따라 순서대로 나열할 수 있는 경우에 적용된다.
  ㉡ 태도를 측정할 때 주로 사용하며 척도도식법(또는 스켈로그램법), 누적척도법이라고도 한다.
  ㉢ 거트만 척도 사례

▪ 다음 사항에 찬성한다고 생각하면 '예', 그렇지 않다면 '아니오'란에 체크하시오.		
문항	예	아니오
1. 내가 사는 구에 특수학교가 들어오는 것은?		
2. 내가 사는 동에 특수학교가 들어오는 것은?		
3. 내가 사는 집 근처에 특수학교가 들어오는 것은?		
4. 내가 사는 옆집에 특수학교가 들어오는 것은?		

  ㉣ 구 → 동 → 집 근처 → 옆집으로 문항의 서열이 있고, 점차 허용 강도가 강해지고 있는데 거트만 척도의 가장 큰 특징이다.
⑤ 의미분화 척도
  ㉠ 태도를 특정하는 방법으로서 어의차별법이라고도 한다.
  ㉡ 다차원적 개념을 측정하는 데 사용하는 척도로 하나의 개념에 대하여 응답자들로 하여금 여러 가지 의미의 차원에서 평가한다.
  ㉢ 어떤 개념을 조사설문지의 위쪽에 제시하고, 그 밑에 7점~3점 척도로 양극단의 형용사를 제시한 다음, 응답자들로 하여금 그 개념에 대한 느낌을 표시하도록 한다.
  ㉣ 의미분화 척도 예시

(4) 설문지 설계의 이해 [기출]

① 개요

　　㉠ 통계조사에서 자료를 수집하는 방법은 크게 문헌조사, 전문가조사, 사례조사, 표본조사 등으로 구분할 수 있다.

　　㉡ 그중에서 가장 많이 사용되는 조사가 표본조사이다. 표본조사는 표본을 얼마나 잘 추출하는가도 중요하지만 조사를 통해 연구목적에 맞는 자료를 수집하는 것이 우선적인 사항이라 할 수 있다.

　　㉢ 표본조사를 통해 자료를 모으는 방법으로는 실험에 의한 방법, 관찰, 설문조사 등이 있는데, 그중에서 설문조사를 이용한 방법이 가장 많이 이용되고 있다.

　　㉣ 설문조사에서는 설문지가 핵심 요소이며, 설문지를 어떻게 설계하는지에 따라 좋은 자료를 모을 수 있게 되는 시발점이 된다.

② 설문지 설계의 목적

　　㉠ 설문지를 설계하는 것은 누구나 할 수 있지만, 좋은 설문지를 만드는 것은 쉬운 일이 아니다. 설문지를 잘못 만들게 되면 자료수집에서 매우 큰 비표본오차를 생성하게 된다.

　　㉡ 설문지 설계의 중요한 목적 중 하나는 비표본오차를 최소로 하는 것이다. 설문지는 조사과정에서 생기는 비표본오차와 가장 밀접한 관계가 있기 때문에 세심한 설문지 설계는 비표본오차를 줄일 수 있다.

　　㉢ 표본설계가 잘 되었다는 전제하에 최적의 설문지 설계는 비표본오차를 줄여 조사 자료의 정보를 높이고, 그에 따라 자료의 신뢰도와 타당성을 높이게 된다.

③ 설문지의 역할

　　㉠ 조사목적이 무엇인지, 누구에게 조사하는지, 조사 환경에 따라 설문지는 다양하게 설계되고 구성하여 작성될 수 있다. 작성된 설문지는 설문조사에서 응답자에게 조사를 진행하게 만드는 도구가 된다.

　　㉡ 설문지는 조사자와 응답자 사이를 연결하는 도구로서의 역할을 하게 된다. 대부분의 조사는 응답자의 자발적인 협조에 의해서 이뤄지게 되는데, 이는 응답자의 신뢰가 있어야 가능한 일이다.

　　㉢ 설문지는 응답자의 신뢰와 협조를 이끌어내는 연구자와 연결해 주는 도구이며, 최종 자료를 객관적인 측정치로 받아내도록 하는 기능을 가진 형식적인 틀이라 할 수 있다.

1 설문 항목 구조화 ★★

(1) 의의

① 설문조사는 조사원과 응답자 사이의 의사소통(communication) 과정이며, 의사소통의 도구는 설문지가 된다. 그러므로 설문지를 어떻게 설계하느냐에 따라 좋은 의사소통을 할 수 있는지가 결정되고, 그에 따라 양질의 정보를 얻을 수 있는지가 결정된다.

② 설문 설계를 구성하기 전에 연구목적을 달성하기 위해 두 가지를 고려하여야 한다. 하나는 조사목적에 맞는 내용의 질문을 설계하는 것이고, 나머지 하나는 연구목적을 소주제별로 묶는 방법과 설문지에 어떤 순서로 제시하여야 응답자가 응답하는 데 도움이 되고 거부감이 없는지를 고려해야 한다.

(2) 조사항목 나열하기

① 설문지를 작성하기 전에 연구 목적 범위에서 연구와 관련된 알고 싶은 모든 내용을 조사항목으로 나열해 본다.

② 이때 정보의 목록을 먼저 작성한 후 정보목록별로 구체적으로 알고 싶은 것을 나열하는 방식으로 하는 것이 좋다. 나열된 조사항목은 완전한 질문의 형태를 갖기도 어렵고 갖출 필요도 없다. 단지 묻고자 하는 내용이 무엇이었는지만 알 수 있게 표현하기만 하면 된다.

③ 유사해도 괜찮고 중복이 있어도 이 단계에서는 무방하다. 연구 관련하여 알고 싶은 내용 중 빠진 것 없이 모두 있는지가 중요하다.

④ 설문 조사에 필요하다고 생각되는 모든 항목을 나열한 후, 분석모형까지 고려하면 각 질문에 대한 응답은 어떤 척도로 할지, 모든 응답자에게 질문을 할지 조건에 맞는 조사대상자들만 응답을 받을지, 질문별로 조건이 있다면 조건 등을 표시해 주면 설문 설계 시 도움이 된다.

(3) 설문지 구조화

① 의의

㉠ 처음부터 설문 항목의 순서 및 제시방법 등을 고려하여 작성하는 것은 매우 어렵다. 그래서 질문 내용을 모두 제시하고 각 질문의 내용 중 유사한 내용은 집단화시키고 중복내용은 통합하는 등을 진행하게 된다.

㉡ 그런 후 중요내용, 어려운 질문, 개인정보 관련 질문 등에 대하여 설문지를 어떻게 구조화시킬 것인지를 고려하게 된다.

② 유사한 조사항목 그룹화

㉠ 조사항목들이 나열되면, 비슷한 내용 또는 같은 소주제별로 하나의 그룹으로 묶도록 한다.

㉡ 그리고 나서 유사한 질문들을 하나의 질문으로 통합할 것인지, 소주제별로 하나의 질문으로 묶어 질문을 할지, 소주제별로 여러 그룹의 질문으로 구성할지 등을 결정하게 된다.

㉢ 조사항목들을 그룹으로 묶다 보면 상위주제와 하위주제로 구분이 되며, 중복질문, 유사질문의 통합, 하나의 질문을 분리하는 등의 의사결정을 할 수 있다.

ⓔ 무엇보다 조사항목들을 그룹화하는 이유는 유사한 질문이 여기저기 섞여 있으면 응답자들이 설문지에 집중하기가 어렵다. 조사대상자들의 관심과 사고의 흐름을 순조롭게 하기 위해서는 의미 중심으로 집단화할 필요가 있다.

③ 질문의 배열 [기출]

㉠ 설문지에 설문을 배치할 때 응답자들이 응답할 수 있도록 하기 위해서 설문의 배치를 일반적인 내용에서 구체적인 내용으로 배열하는 것이 좋을지, 구체적인 내용에서 일반적인 내용으로 배열하는 것이 좋을지 결정하여야 한다.

㉡ 깔때기식 배열(funnel sequence)

ⓐ 질문들이 앞의 질문과 관련되어 있는 경우에, 일반적이고 범위가 큰 질문을 먼저하고, 특정적이고 구체적인 질문을 뒤쪽으로 배열하는 방식이다.

ⓑ 일반적으로 동일한 조건이라면 질문의 배열은, 가능한 일반적인 내용에서 구체적인 내용으로 가는 것이 좋다.

ⓒ 응답자들이 처음 설문에 응할 때 쉽고 일반적인 내용의 질문에서 점차 정교하고 구체적인 방향의 순으로 구성하는 것이 응답자로 하여금 끝까지 응답하도록 동기를 유발하게 되는 경우가 많다.

ⓓ 조사목적이 자세한 정보를 얻고자 하는 경우나, 예상하지 않은 질문을 얻고자 하는 경우에 적절한 방법이다.

㉢ 역깔때기식 배열식(inverted funnel sequence)

ⓐ 세부적인 문항부터 먼저 질문하고 일반적이고 광범위한 질문을 뒤로 배열하는 방법이다.

ⓑ 이 방법은 응답자가 질문하려는 주제에 대하여 별 관심이 없거나 경험이 없는 경우 우선 세부적인 질문을 하여 동기를 유발시켜 응답을 하도록 하는 방법이다.

> 역깔때기식 방법을 사용하는 것이 적당한 경우
>
> • 응답자에게 질문의 주제가 별 관심이 없는 경우
> • 응답자가 경험이 없어 구체적인 사항을 먼저 인지해야 답을 할 수 있는 경우
> • 오래되어 잘 기억이 나지 않는 경우
> • 전체적인 답을 할 경우 구체적인 답에 영향을 끼치는 경우(예 만족도 조사)

㉣ 쉽고 흥미 있는 질문은 도입부에 배열

ⓐ 도입부 질문은 응답자의 부담감을 덜어주기 위해서 가능하면 쉽고 흥미 있는 질문을 선정하는 것이 좋다.

ⓑ 응답자가 일반적인 질문을 통해 설문의 의도를 파악하게 되고 면접자와 대화를 나누면서 친밀감과 신뢰를 쌓게 되는 단초 역할을 한다.

ⓒ 일반적인 몇 개의 설문을 통해 설문의 주제와 관련된 지식을 활성화시켜 이어지는 설문에 더 편하게 응답하게 된다.

ⓓ 어려운 질문이 처음에 나오면 어려운 조사로 인지하여 거절하는 경우도 발생할 것이며, 응답을 하더라도 거부감이 발생하여 무응답이 많이 발생하게 된다.

㉤ 민감한 질문은 후반부에 배열

ⓐ 면접을 시작하기 전에 조사원과 응답자는 우호적인 관계를 맺어, 응답자가 조사원에 대한 신뢰감이 형성되어야 민감한 설문에 자발적으로 응답을 해줄 것이다.

  ⓗ 인구통계학적 배경의 질문은 끝에 배열

    ⓐ 자료 분류를 위해 하는 질문인 인구통계학적 질문은 개인의 경우 성별, 연령, 교육수준, 소득수준, 직업 등 민감한 질문을 포함하는 경우가 많기 때문에 응답자들은 민감하게 반응하여 응답을 회피하는 경우가 발생한다.

    ⓑ 인구통계학적 배경을 묻는 질문을 중간에 배열할 경우 질문의 흐름이 끊기는 문제가 생긴다.

    ⓒ 인구통계학적 배경 관련 질문은 설문지 후반부에 배열하는 것이 가장 타당하다.

  ⓢ 질문 항목 간의 관계를 고려하여 배열

    ⓐ 가능한 상호관련이 있는 질문은 모아서 배열하는 것이 좋다. 같은 주제의 질문을 모아서 배열할 경우 응답자들의 집중도 높은 응답을 받을 수 있다.

    ⓑ 앞의 질문이 연상 작용을 일으켜 다음 질문에 영향을 끼치는 경우에는 질문 간의 간격을 두어 배열하여야 한다.

  ⓞ 설문지의 길이 조절

    ⓐ 설문 설계할 때 '적당한 설문지의 길이는 몇 페이지여야 한다.'라는 규정은 없다.

    ⓑ 설문지의 길이가 길면 응답자들이 응답 피로도가 높아져 응답을 받기 어렵거나 받는다 하더라도 잘못된 응답을 받는 경우가 많다.

    ⓒ 통계청에서는 일반적인 설문지의 길이에 대한 기준을 제시하고 있다.

> • 일대일 면접의 경우 30분 전후
> • 전화조사의 경우 5-10분
> • 자기기입식 설문의 경우 15분 전후

    ⓓ 설문지의 길이는 조사시간을 고려하여 선정하는 것이 필요하다. 물론 문항의 구조나 난이도, 응답자의 특성에 따라 설문지의 길이는 달라지겠지만, 조사표가 지나치게 길게 된다면, 일부 내용을 삭제 또는 축소하는 것을 고려하여야 한다.

2 설문 항목 작성 ★★★

(1) 개요

① 설문 항목들을 구조화하였다면 개별적으로 질문 항목을 만들어야 한다.

② 질문 항목을 만들기 전 고려사항

  ㉠ 연구 목적과 관련하여 측정하려는 변수가 무엇인지 결정한다.

  ㉡ 조사에 직접 관련된 질문이나 조사방법상 분석에 이용할 항목만을 선정한다.

  ㉢ 조사를 하지 않아도 알 수 있는 질문은 제외한다.

  ㉣ 설문조사 방법에 따라 작성 문구에 주의해 개별 질문 항목의 기본적인 원칙을 고려하여 만든다.

(2) 설문 조사의 방법 `기출`

① 개별 면접 조사
  ㉠ 면접 조사는 조사원이 질문을 읽어주고 응답자의 응답을 구두로 받아 기입하는 방식의 조사다. 즉, 조사 목적에 따른 특정화된 내용을 토대로 대화를 통해 정보를 얻는 방식이다.
  ㉡ 조사원의 자질에 따라 응답률이나 응답의 정확성 등에 큰 영향을 주기 때문에 조사원의 전문지식과 숙련도를 높이는 것이 중요하다. 즉 조사원의 교육이 조사결과에 중요한 영향을 끼친다고 할 수 있다.
  ㉢ 면접 조사는 복잡한 질문, 명확하고 정확한 대답이 필요한 경우 조사원의 역할에 의해 정확한 자료를 수집할 수 있다는 장점이 있는 방면, 조사원의 훈련과 감독이 필요하고, 조사비용과 조사 기간이 많이 드는 문제가 있다.

② 전화 면접 조사
  ㉠ 전화 조사는 추출된 조사대상자에게 전화를 걸어 질문문항을 읽어준 후 응답자가 전화상으로 답변할 것을 조사자가 기록하여 정보를 수집하는 방법으로, 면접조사와 큰 차이점은 음성만을 이용한 면접이라는 것이다.
  ㉡ 전화 조사는 시각적 정보를 이용하기 어려우며, 상대방의 집중을 조절하기 어렵기 때문에 오랜 시간의 조사에서는 부적절하다. 그러나 면접 조사보다 조사비용이 적게 들고, 조사기간이 짧으면서도 응답률이 충족되는 조사이다.
  ㉢ 많은 질문을 할 수 없으며, 민감한 조사에 부적절하며, 전화가 없는 대상은 표본에서 제외되는 문제가 있다.

③ 집단조사
  ㉠ 집단조사는 조사대상자를 개별적으로 만나기 어려운 경우나 개인적으로 조사하는 것보다 같이 조사하는 것이 더 효율적이라 판단되는 경우 조사대상자를 한자리에 모아놓고 직접 응답하도록 하여 정보를 얻는 방법이다.
  ㉡ 집단조사방법은 옆에서 응답하는 사람의 의견에 영향을 받는 경향이 있기 때문에, 조사대상자가 모이면 사전에 조사의 취지와 양해를 구하고, 응답요령을 자세히 설명하여 각자 응답을 소신 있게 하도록 당부하여야 한다.
  ㉢ 집단조사방법은 비용과 시간을 절약할 수 있으며, 조사가 간편하기 때문에 투입인력을 줄일 수 있다. 그러나 주변사람의 영향을 받을 가능성이 높으며, 민감한 질문의 경우 정확한 답을 얻기가 어려운 등의 문제가 있다.

④ 우편 조사
  ㉠ 설문지를 표본으로 추출된 조사대상자에게 우편으로 발송하여 응답자에게 스스로 응답하게 한 후, 응답자가 응답한 설문지를 다시 우편으로 우송하도록 하는 방식이다.
  ㉡ 면접방식과 달리 질문하는 사람이 없으므로, 응답자가 제대로 내용을 이해하지 못할 경우 정확한 응답을 받기 어렵다.
  ㉢ 비용이 적게 들고, 최소의 인력으로도 조사가 가능하며, 지역적으로 넓은 영역의 조사가 가능하다.
  ㉣ 응답자의 협조를 구하기 어려워 응답률이 낮거나, 무응답의 비율이 높은 단점이 있다. 조사대상자의 주소록이 잘못될 경우 조사가 어렵기 때문에 주소록의 정확도가 매우 중요하다.

⑤ 인터넷 조사

㉠ 전산망 가입자들을 대상으로 전산망을 통해 설문지를 보내고 응답을 한 파일을 받아 정보를 얻는 방식이다. 조사대상과 조사지역에 제한받지 않고 할 수 있는 것이 효율적인 방식이다.

㉡ 조사비용이 적게 들고, 조사대상자가 많아도 추가 비용이 거의 들지 않는 장점이 있으며, 구조화된 설문지 작성이 가능하며 멀티미디어 등을 활용하여 다양한 형태로 조사가 가능하다.

㉢ 컴퓨터와 인터넷을 이용할 수 있는 사람만이 조사가 가능하고, 응답자의 통제가 어려워 대표성 문제가 제기될 수 있으며, 응답률이 낮을 가능성이 높다.

> **2차 실기 기출 포인트**
>
> 적은 시간 및 비용이 소요되며 고객에게 접근이 용이한 반면, 시청각적 보조물의 활용이 제한되는 특징을 지닌 조사를 쓰시오.
>
> [정답] 전화 면접 조사(전화조사)

3 설문 작성 ★★★

(1) 설문 항목 작성 방법 [기출]

① 개요

㉠ 개별 질문항목을 작성할 경우 조사원이 질문을 읽어주고 응답자의 응답을 받는 경우 구어체로 만들어 조사의 진행을 원활히 할 수 있도록 고려하여야 한다.

㉡ 응답자가 스스로 기입해야 하는 경우라면 질문을 읽고 응답하는 데 무리가 없도록 특히 질문항목 작성에 신경을 써야 한다.

② **조사목적에 맞는 질문항목만 작성** : 조사목적과 맞는 정보를 얻을 수 있는 질문만을 제시한다. 특히, 응답자의 신상과 관련된 인구통계학적 문항은 조사목적 또는 관련된 분석에 사용할 이유가 없으면 질문을 만들지 않도록 한다.

③ **쉽고 간단명료하게 작성**

㉠ 모든 사람이 조사대상자가 될 수 있는 조사에서 보통 사람들이 이해할 수 있는 쉬운 용어로 질문을 작성해야 한다.

㉡ 애매모호한 개념으로 다양하게 해석할 수 있는 용어는 피하고, 응답자들이 이해하지 못하는 전문적인 용어는 가능한 피해야 한다.

㉢ 질문은 길어지면 응답자가 읽지 않을 가능성이 크고 질문의 핵심이 흐려져 잘못된 응답을 받게 된다. 그러므로 질문은 단문의 형태로 간결하고 짧게 작성하면서도 의미전달이 확실하도록 작성하여야 한다.

④ **명시적이면서 직접적으로 작성**

㉠ 질문은 가능한 명시적이면서도 직접적이어야 한다. 질문이 복잡하고 추상적이면 여러 가지 의미로 응답자들에게 받아들여질 수 있다.

㉡ 질문이 직접적이지 않으면 암시적일 수 있어 의미를 파악하지 못하게 되는 경우가 발생한다.

⑤ 이중질문 작성 배제

　ⓐ 하나의 질문에 두 개 이상의 질문이 내포한 경우를 이중질문이라고 한다.

　ⓑ 이중질문을 할 경우 응답자들이 하나의 질문에는 동의하고 다른 하나에는 동의하지 않는 경우에는 응답의 혼선이 생길 수 있다.

⑥ 민감한 사항은 간접적으로 질문

　ⓐ 응답 자체가 사회적으로 민감한 정치, 종교, 윤리 등의 질문이나 개인적으로 민감한 도박, 학대, 구타, 세금 등에 대한 질문은 일반적으로 응답하기 꺼린다.

　ⓑ 직접적으로 질문할 경우 응답자가 회피하거나 정확한 응답을 하는 것을 기대하기 어렵다.

　ⓒ 민감한 사항의 질문은 응답자 본인이 아닌 제3자의 입장에서 응답할 수 있도록 질문을 하여 응답자의 생각을 받을 수 있도록 구성한다.

⑦ 특정한 답변을 유도하는 형식의 질문은 배제

　ⓐ 어떤 답변을 유도하는 질문을 할 경우 응답자들에게 정확한 답을 얻기가 어렵다. 보통 유도하는 문장으로 질문을 할 경우 유도되는 쪽으로 응답이 쏠려 나타나게 된다.

　ⓑ 반드시 필요하지 않다면 가정을 하는 질문은 넣지 않아야 하고, 꼭 필요하다면 객관적으로 받아들여질 수 있도록 작성되었는지 살펴보아야 한다.

⑧ 너무 자세한 응답 요구는 배제

　ⓐ 질문내용이 구체적이어야 하는 것은 당연하지만 응답자들에게 너무 자세한 응답을 요구하는 질문은 하지 말아야 한다.

　ⓑ 자세한 응답을 요구할 경우 응답을 회피하는 경향을 보이기 때문에 특정한 이유가 없다면 너무 자세한 응답을 요구하는 질문은 피하도록 한다.

　ⓒ 자세한 질문을 너무 피하다 보면 조사를 통해 반드시 알아야 하는 정보를 못 구하는 경우가 발생하므로 상식적인 선에서 적절한 균형이 필요하다.

(2) 응답 항목 작성 방법

① 질문을 작성하는 것도 중요하지만 응답의 형태를 어떻게 할 것인지를 결정하고 작성하는 것도 설문 설계에서 매우 중요하다.

② 응답자의 응답 형태에 따라 설문조사 결과가 크게 다르게 나타나는 경우가 종종 있다.

③ 응답 항목을 어떻게 작성할지 결정하기 위해서는 우선 분석을 고려하여 어떤 척도를 사용할 것인지를 고려해야 한다.

④ 명목척도만으로 충분한지, 순서척도의 형태로 답을 받아야 할지, 아니면 등간척도 이상으로 응답을 받아야 하는지를 판단하고 결정해야 한다.

(3) 개방형 질문과 폐쇄형 질문 기출

① 개방형 질문

　ⓐ 개방형 질문은 응답자가 직접 자기의 생각, 감정, 동기, 행동을 자유롭게 표현하는 질문방법이다. 조사자가 질문문항과 함께 응답 선택항목을 사전에 주지 않아 응답자의 응답범위를 무제한으로 부여하는 질문 방식이다.

ⓛ 개방형 질문은 응답자에게 자유롭게 응답하게 하여 응답자의 의견을 존중하는 느낌을 주는 방식으로 새로운 아이디어나 의견을 파악하는 탐색적 조사에서 효과적이다.

ⓒ 개방형 질문은 응답자의 의견을 정확하게 알 수 있는 장점이 있으나, 응답한 결과가 다양하기 때문에 표준화시키고 분류하기 어려워 통계적으로 비교 분석하기 어렵다. 무엇보다도 응답자들이 응답하지 않을 가능성이 높은 문제가 있다.

② 폐쇄형 질문

ⓖ 응답자가 주어진 보기 항목들 중의 하나 또는 그 이상을 선택하게 하는 질문방식이다. 그러므로 연구자는 가능한 보기 항목들을 사전에 결정하고 제시하여 응답자들이 보기 항목이 주어진 범위 안에서 답변을 받는 방식의 질문방식이다.

ⓛ 답변이 사전에 분류되어 있고 표준화가 되어 있어, 코딩 등의 자료입력이 명확하고 수월하다. 질문의 의미가 명확하게 전달되고 신뢰성을 높일 수 있으며, 응답한 결과를 해석하는데 용이하며 민감한 질문에도 상대적으로 응답을 구하기 쉽다.

ⓒ 응답의 보기 항목이 모든 경우를 고려하지 않을 경우 편의(bias)가 생길 수 있으며, 각각의 항목은 상호 배타적으로 구성되어야 한다.

ⓔ 만일 보기 항목들 간에 교집합의 영역이 존재한다면 응답자들이 항목을 선택하기 어렵고 결과도 잘못될 수 있다.

ⓜ 응답자가 답할 보기가 일부 누락되는 경우가 발생할 수 있고, 보기가 너무 많은 경우 응답자들이 다 읽지 않는 경우도 발생하기 때문에 주의해서 보기 항목을 제시하여야 한다.

(4) 범주형과 척도형 질문 [기출]

① 범주형

ⓖ 범주형 질문은 명목척도와 순서척도의 자료를 의미한다. 범주형 자료는 응답하기 용이하고, 응답자들이 응답하기에 부담이 없으며, 결과를 직관적으로 이해하기 쉬운 형태의 자료이다.

ⓛ 결과를 분석할 때 단순집계나 교차분석 외의 다양한 분석을 하기 어렵다는 단점이 있다.

ⓒ 범주형 질문의 응답 항목의 보기들은 서로 배타적이고 독립적이어야 한다. 즉, 교집합의 영역이 존재하지 않고 항목들 간에 서로 영향을 주지 않아야 한다.

ⓔ 응답 항목들은 모든 영역을 포함하여야 한다. 즉, 응답자들이 선택할 때 본인이 응답할 것이 빠진 경우가 발생하지 않아야 한다.

② 척도형

ⓖ 순서 척도의 형태에 각 항목 간의 간격이 동일하다는 가정에서 구간척도처럼 사용하는 척도형의 경우 정량적인 응답을 받을 수 있고 다양한 분석기법을 적용하여 다양한 정보를 얻을 수 있다.

ⓛ 척도의 형태로는 3점, 5점, 7점, 9점, 11점 척도 등의 홀수를 많이 이용하는데 이는 기준을 정할 수 있는 가운데 값이 존재하기 때문이다.

ⓒ 국내 통계조사에서는 5점과 7점 척도가 많이 사용되고 있는데, 사회분석 조사에서는 5점 척도를 만족도 조사와 같은 유형의 조사에서는 7점 척도를 많이 사용하고 있다. 3점 척도의 경우 소비자 동향지수와 같은 지수관련 통계에서 종종 활용되고 있다.

② 보통을 없애고 좋다, 나쁘다 등의 명확한 구분을 하기 위해서는 4점 척도와 같은 짝수의 척도도 많이 활용되고 있다. 그러나 짝수의 척도의 경우 기준점이 없기 때문에 척도의 등간성을 보장할 수 없어 정규분포를 가정하는 분석에 사용하기 어려운 한계가 있다.

(5) 다양한 응답유형 방식

① 양자택일형 질문

    ㉠ 양자택일형 질문은 응답이 가능한 경우가 '예'와 '아니오'처럼 두 가지 중의 하나를 선택하는 방식으로 응답하기 쉽고 간편한 방식이다.

    ㉡ 많은 경우 '예'와 '아니오'로 선택하기가 어렵다. 그래서 최근에는 '모르겠다.', '해당사항 없음' 등의 항목을 추가하여 응답을 전체적으로 확장할 수 있도록 하고 있다.

② 복수 응답 질문

    ㉠ 다항 선택 질문

        ⓐ 다항 질문은 하나의 질문에 대해서 여러 개의 항목을 선택하여 응답하도록 하는 질문으로 각 항목들 간에 순서는 없고 단지 하나의 범주의 의미만 부여한다.

        ⓑ 선택항목은 모든 경우를 총망라하여야 하고, 구성은 논리적이어야 한다.

        ⓒ 선택항목들은 서로 배타적이어야 한다.

        ⓓ 하나의 기준으로 선택하도록 하여야 한다.

    ㉡ 서열식 질문

        ⓐ 다항질문과 비슷하지만 선택에 서열이 있다는 것에 차이가 있다.

        ⓑ 모든 가능한 응답을 나열하고 응답자에게 중요도, 선호도 등으로 순서를 선택하도록 하는 질문방식이다.

        ⓒ 너무 많은 선택을 할 경우 분석이나 표현이 어렵기 때문에 선택에 제한을 두는 것이 일반적이다.

01 측정에 대한 설명으로 가장 옳지 않은 것은?

① 일정한 규칙에 따라 대상이나 사건에 수치를 부여하는 것이다.
② 각각의 변수의 자료에 기호나 수치를 부여하는 것은 기초적인 작업이지만 매우 중요한 일이다.
③ 설문지 문항들과 문항을 구성하는 항목들을 수치화시키기 위한 측정방안이 마련되어야 한다.
④ 측정은 고도의 전문적인 영역으로 일상생활에서 발생하지 않는다.

[해설]
측정은 전문적인 것처럼 어렵게 느껴지지만, 실제 많은 일상생활에서 측정은 자연스럽게 발생하고 있다. 예를 들면 사람의 키와 몸무게는 키를 재는 자나 체중계를 가지고 객관적으로 측정하고, 누가 얼마나 정직한지, 누가 더 아름다운지에 대한 비교는 각자 주관적인 기준으로 측정하고 있다.

02 측정과 척도에 대한 설명으로 가장 옳지 않은 것은?

① 척도가 일정한 규칙에 따라 조사한 값을 수량화하는 것이라 할 때, 일정한 규칙에 해당하는 것이 측정이다.
② 척도는 측정을 수행하는 잣대 혹은 측정 도구라고 할 수 있다.
③ 자료가 수집될 때 관찰된 현상에 부여하는 일련의 기호나 숫자의 체계를 의미한다.
④ 척도에 따라 분석방법이 바뀌고, 분석결과에 의미를 부여하는 방법이 달라질 수 있다.

[해설]
측정이 일정한 규칙에 따라 조사한 값을 수량화하는 것이라 할 때, 일정한 규칙에 해당하는 것이 척도이다.

03 척도의 종류 중 다음 설명에 해당하는 것은?

> 단순히 속성을 분류하고자 할 때 그리고 변수의 특성을 식별하기 위해 적용되고, 상호배타적으로 분류된 명칭을 붙여 척도의 값을 나타내게 된다.

① 명목척도
② 서열척도
③ 등간척도
④ 비율척도

[해설]
명목척도는 단순히 속성을 분류하고자 할 때 그리고 변수의 특성을 식별하기 위해 적용되고, 상호배타적으로 분류된 명칭을 붙여 척도의 값을 나타내게 된다. 명목척도는 각 범주에 숫자를 부여할 수 있지만 이러한 경우 숫자는 크기를 나타내지 않는다.

04 다음 중 비율척도에 대한 설명으로 옳은 것은?

① 같은 범주에 속하는 대상들은 모두 동등하다고 가정한다.
② 범주 간의 비교가 가능하며 순위를 부여할 수 있는 척도이다.
③ 대상의 특성에 부여한 수치들 간의 간격이 일정하다는 사실을 전제로 한다.
④ 산술적인 계산이 가능하면서 절대 0점을 가지고 있는 척도이다.

[해설]
① 명목척도는 같은 범주에 속하는 대상들은 모두 동등하다고 가정한다.
② 서열척도는 범주 간의 비교가 가능하며 순위를 부여할 수 있는 척도이다.
③ 등간척도는 대상의 특성에 부여한 수치들 간의 간격이 일정하다는 사실을 전제로 한다.

[정답] (01 ④ 02 ① 03 ① 04 ④)

05 척도법의 기능을 설명한 것 중 가장 적절하지 않은 것은?

① 변수에 대한 양적인 측정치를 제공함으로써 통계적으로 조작할 수 있게 한다.
② 하나의 지표로는 제대로 측정하기 어려운 복합적인 개념을 측정할 수 있다.
③ 동일 개념의 동일한 면을 측정함으로써 측정의 타당도를 높여 준다.
④ 여러 개의 지표를 하나의 점수로 나타냄으로써 자료의 복잡성을 덜어 줄 수 있다.

해설

동일 개념의 다양한 면을 측정함으로써 측정의 신뢰도를 높여 준다.

06 서스톤 척도법에 대한 설명으로 틀린 것은?

① 유사등간법이다.
② 태도, 가치 등 규범적 개념에 대한 체계적인 측정방법을 제시한다.
③ 척도개발에 상당한 시간과 노력이 소요된다.
④ 문장을 제시하고 그것에 대해 대답하는 형식으로 5단계 척도를 사용한다.

해설

문장을 제시하고 그것에 대해 대답하는 형식으로 5단계 척도를 사용하는 것은 리커트 척도법이다.

07 다음 설명에 해당하는 척도법은?

> 단일차원성의 개념에 기초하여 어떤 태도나 개념을 측정할 수 있는 문항들을 질문의 강도에 따라 순서대로 나열할 수 있는 경우에 적용된다.

① 서스톤 척도법 ② 리커트 척도법
③ 거트만 척도법 ④ 의미분화 척도

해설

거트만 척도법(Guttman Scale)은 단일차원성의 개념에 기초하여 어떤 태도나 개념을 측정할 수 있는 문항들을 질문의 강도에 따라 순서대로 나열할 수 있는 경우에 적용된다. 태도를 측정할 때 주로 사용하며 척도도식법(또는 스켈로그램법), 누적척도법이라고도 한다.

08 의미분화 척도에 대한 설명으로 가장 적절하지 않은 것은?

① 태도를 특정하는 방법으로서 어의차별법이라고도 한다.
② 단일 차원적 개념을 측정하는 데 사용한다.
③ 응답자들로 하여금 그 개념에 대한 느낌을 표시하도록 한다.
④ 양극단의 형용사를 제시한 다음 응답자들이 평가한다.

해설

의미분화 척도는 다차원적 개념을 측정하는 데 사용하는 척도로 하나의 개념에 대하여 응답자들로 하여금 여러 가지 의미의 차원에서 평가한다.

09 설문지 설계에 대한 설명으로 틀린 것은?

① 설문지를 어떻게 설계하는지에 따라 좋은 자료를 모을 수 있게 되는 시발점이 된다.
② 설문지를 잘못 만들게 되면 자료수집에서 매우 큰 표본 오차를 생성하게 된다.
③ 최적의 설문지 설계는 조사 자료의 정보를 높이고, 그에 따라 자료의 신뢰도와 타당성을 높이게 된다.
④ 설문지는 조사자와 응답자 사이를 연결하는 도구로서의 역할을 하게 된다.

해설

설문지를 잘못 만들게 되면 자료수집에서 매우 큰 표본 오차가 아닌, 비표본 오차를 생성하게 된다. 설문지 설계의 중요한 목적 중 하나는 비표본 오차를 최소로 하는 것이다. 설문지는 조사과정에서 생기는 비표본 오차와 가장 밀접한 관계가 있기 때문에 세심한 설문지 설계는 비표본 오차를 줄일 수 있다.

정답 05 ③ 06 ④ 07 ③ 08 ② 09 ②

10 설문 항목 작성에 대한 다음의 설명 중 가장 옳지 않은 것은?

① 설문지를 어떻게 설계하느냐에 따라 좋은 의사소통을 할 수 있는지가 결정된다.

② 설문 항목을 어떻게 작성하는지에 따라 양질의 정보를 얻을 수 있는지가 결정된다.

③ 조사목적에 맞는 내용의 질문을 설계해야 한다.

④ 연구 목적에 부합하면 응답자에게 거부감이 높은 설문 문항이라도 적극 반영해야 한다.

해설

설문 설계를 구성하기 전에 연구목적을 달성하기 위해 두 가지를 고려하여야 한다. 하나는 조사목적에 맞는 내용의 질문을 설계하는 것이고, 나머지 하나는 연구목적을 소주제별로 묶는 방법과 설문지에 어떤 순서로 제시하여야 응답자가 응답하는 데 도움이 되고 거부감이 없는지를 고려해야 한다.

11 설문지 구조화에 대한 설명으로 가장 옳지 않은 것은?

① 유사한 질문이 여기저기 섞여 있어야 응답자들이 설문지에 집중하는 데 도움이 된다.

② 처음부터 설문 항목의 순서 및 제시방법 등을 고려하여 작성하는 것은 매우 어렵다.

③ 중요내용, 어려운 질문, 개인정보 관련 질문 등에 대하여 설문지를 어떻게 구조화시킬 것인지를 고려한다.

④ 조사대상자들의 관심과 사고의 흐름을 순조롭게 하기 위해서는 의미 중심으로 집단화할 필요가 있다.

해설

조사항목들을 그룹화하는 이유는 유사한 질문이 여기저기 섞여 있으면 응답자들이 설문지에 집중하기가 어렵기 때문이다.

12 질문들이 앞의 질문과 관련되어 있는 경우에, 일반적이고 범위가 큰 질문을 먼저하고, 특정적이고 구체적인 질문을 뒤쪽으로 배열하는 방식은?

① 깔때기식 배열 ② 역깔때기식 배열

③ 일자식 배열 ④ 중복식 배열

해설

깔때기식 배열은 일반적이고 범위가 큰 질문을 먼저하고, 특정적이고 구체적인 질문을 뒤쪽으로 배열하는 방식이다. 일반적으로 동일한 조건이라면 질문의 배열은, 가능한 일반적인 내용에서 구체적인 내용으로 가는 것이 좋다. 응답자들이 처음 설문에 응할 때 쉽고 일반적인 내용의 질문에서 점차 정교하고 구체적인 방향의 순으로 구성하는 것이 응답자로 하여금 끝까지 응답하도록 동기를 유발하게 되는 경우가 많다.

13 질문의 배열 방법에 관한 설명으로 틀린 것은?

① 쉽고 흥미 있는 질문은 도입부에 배열한다.

② 민감한 질문은 후반부에 배열한다.

③ 인구통계학적 배경의 질문은 도입부에 배열한다.

④ 질문항목 간의 관계를 고려하여 배열한다.

해설

자료 분류를 위해 하는 질문인 인구통계학적 질문은 개인의 경우 성별, 연령, 교육수준, 소득수준, 직업 등 민감한 질문을 포함하는 경우가 많기 때문에 응답자들은 민감하게 반응하여 응답을 회피하는 경우가 발생한다. 인구통계학적 배경을 묻는 질문을 중간에 배열할 경우 질문의 흐름이 끊기는 문제가 생긴다. 인구통계학적 배경 관련 질문은 설문지 후반부에 배열하는 것이 가장 타당하다.

14 설문 항목 작성 시 고려사항으로 틀린 것은?

① 연구 목적과 관련하여 측정하려는 변수가 무엇인지 결정한다.

② 조사에 직접 관련된 질문이나 조사방법상 분석에 이용할 항목만을 선정한다.

③ 조사를 하지 않아도 알 수 있는 질문을 다수 포함한다.

④ 설문조사 방법에 따라 작성 문구에 주의해 개별 질문항목의 기본적인 원칙을 고려하여 만든다.

해설

조사를 하지 않아도 알 수 있는 질문은 제외한다.

정답 **10** ④ **11** ① **12** ① **13** ③ **14** ③

15 전화 면접 조사에 대한 특징으로 옳은 것은?

① 복잡한 질문, 명확하고 정확한 대답이 필요한 경우에 적합하다.

② 시각적 정보를 이용하기 수월하다.

③ 조사대상자를 한자리에 모아놓고 진행한다.

④ 조사비용이 적게 들고 조사 기간이 짧다.

해설

① 개별 면접 조사는 복잡한 질문, 명확하고 정확한 대답이 필요한 경우에 적합하다.

② 전화 면접 조사는 시각적 정보를 이용하기 어렵다.

③ 집단 조사는 조사대상자를 한자리에 모아놓고 진행한다.

16 지역적으로 넓은 영역의 조사가 가능한 반면, 응답자가 제대로 내용을 이해하지 못할 경우 정확한 응답을 받기 어려운 조사 유형은?

① 집단 조사   ② 개별 면접 조사

③ 우편 조사   ④ 전화 면접 조사

해설

우편 조사는 설문지를 표본으로 추출된 조사대상자에게 우편으로 발송하여 응답자에게 스스로 응답하게 한 후, 응답자가 응답한 설문지를 다시 우편으로 우송하도록 하는 방식이다. 면접방식과 달리 질문하는 사람이 없으므로, 응답자가 제대로 내용을 이해하지 못할 경우 정확한 응답을 받기 어렵다.

17 설문 항목 작성 방법에 관련된 설명으로 가장 옳지 않은 것은?

① 전문적인 용어로 작성한다.

② 조사목적에 맞는 질문항목만 작성한다.

③ 명시적이면서 직접적으로 작성한다.

④ 이중질문 작성을 배제한다.

해설

모든 사람들이 조사대상자가 될 수 있는 조사에서 보통 사람들이 이해할 수 있는 쉬운 용어로 질문을 작성해야 한다.

18 다음 질문의 유형 중 성격이 다른 하나는?

① 새로운 아이디어나 의견을 파악하는 탐색적 조사에서 효과적이다.

② 연구자는 가능한 보기 항목들을 사전에 결정하고 제시한다.

③ 답변이 사전에 분류되어 있고 표준화가 되어 있어, 코딩 등의 자료입력이 명확하다.

④ 민감한 질문에도 상대적으로 응답을 구하기 쉽다.

해설

①은 개방형 질문으로 응답자가 직접 자기의 생각, 감정, 동기, 행동을 자유롭게 표현하는 질문방법이다. ②, ③, ④는 폐쇄형 질문으로 응답자가 주어진 보기 항목들 중의 하나 또는 그 이상을 선택하게 하는 질문방식이다.

19 다음 중 성격이 다른 질문 형태는?

① 명목척도와 순서척도의 자료를 의미한다.

② 각 항목 간의 간격이 동일하다는 가정을 둔다.

③ 응답자들이 응답하기에 부담이 없다.

④ 교집합의 영역이 존재하지 않고 항목 간에 서로 영향을 주지 않아야 한다.

해설

①, ③, ④는 범주형 질문에 해당하고 ②는 척도형 질문에 대한 설명이다.

01 일정한 규칙에 따라 대상이나 사건에 수치를 부여하는 것을 뜻하는 말을 쓰시오.

정답 측정

02 척도의 4가지 유형을 쓰시오.

정답 명목척도, 서열척도, 등간척도, 비율척도

03 다음 설명에 해당하는 척도법을 쓰시오.

> 단일차원성의 개념에 기초하여 어떤 태도나 개념을 측정할 수 있는 문항들을 질문의 강도에 따라 순서대로 나열할 수 있는 경우에 적용된다.

정답 거트만 척도법

04 세부적인 문항부터 먼저 질문하고 일반적이고 광범위한 질문을 뒤로 배열하는 설문 문항 배열 방법을 쓰시오.

정답 역깔때기식 배열

05 설문 항목의 작성 방법을 3가지 쓰시오.

정답 쉽고 간단명료하게 작성, 이중 질문 작성 배제, 민감한 사항은 간접적으로 질문

06 응답자가 직접 자기의 생각, 감정, 동기, 행동을 자유롭게 표현하는 질문방법을 쓰시오.

정답 개방형 질문

5장 기술 통계분석

✔ 실기 출제영역

앞서 학습한 표본조사나 설문은 시행해서 끝나는 것이 아닙니다. 측정을 통해서 수집한 자료들은 어떤 형태로든 분석이 되고 활용이 되어야 합니다. 수치를 분석하고 유의미한 결과를 도출하는 과정이 이번 단원에서 학습할 기술 통계분석입니다.

1 추정 · 가설 검정

1 자료 유형 및 척도 적용 ★

(1) 개요
① 자료 유형에 따른 척도 적용

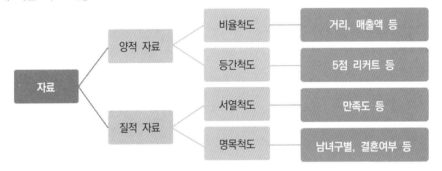

② 척도별 분석 방법

척도	비교방법	평균의 측정	적용가능분석방법	예
명목척도	확인, 분류	최빈치	빈도분석, 비모수통계, 교차분석	성별 분류, 상품유형별 분류, 시장 세분 구역 분류
서열척도	순위비교	중앙값	서열상관관계, 비모수통계	상표선호순위, 상품품질순위도, 사회계층, 시장지위
등간척도	간격비교	산술평균	모수통계	태도, 의견, 온도, 광고인지도, 상표선호도, 주가지수
비율척도	절대적 크기 비교	기하평균, 조화평균	모수통계	매출액, 구매확률, 무게, 소득, 나이, 시장점유율

(2) 분석 모형 도출
① 의의
㉠ 설문지를 작성하기 전에 조사목적을 선정하고, 조사목적에 따라 어떤 정보를 얻어야 하는지 파악되었다면, 변수들 간의 관계를 어떻게 가져갈지를 개념적으로 명확하게 하여야 한다.

ⓛ 그런 후 분석모형을 정립하고, 측정모형을 세워 그에 따라 설문지를 작성하고 구성하여야 한다. 즉, 개념적 모형을 정립하고, 분석모형을 정립한 후 측정모형을 세우도록 한다.

② 개념적 모형 정립

ⓖ 조사 과제를 수행하기 위해서는 조사목적이 무엇인지, 조사목적에 맞추어 어떤 변수들이 필요한지, 변수들 간의 관계를 어떻게 가져갈지 개념적으로 명확하게 할 필요가 있다.

ⓛ 조사목적이 같거나 유사한 과거에 수행된 통계조사의 분석보고서 등을 검토할 수 있다면, 현재 진행하고자 하는 조사목적에 맞는 변수들 간의 관계를 비교적 명확하게 구조화할 수 있다.

ⓒ 실제 조사결과를 분석할 때 필요한 변수가 무엇이고 변수들 간의 관계가 어떠한지를 규정하는 것은 어려울 수 있지만, 과거 조사를 통해 현재 필요로 하는 변수를 선정하여 설문지 질문항목을 체계화하는 것은 가능할 것이다.

ⓔ 질문의 중요도 등을 고려하여 설문지에 어떠한 문항을 넣고 어떠한 문항을 뺄 것인지를 결정하는 것이 중요한 과제가 될 것이다.

ⓜ 변수 간의 관계를 규정하는 것은 중요하다. 원인이 되는 변수가 어느 것이고, 결과가 되는 변수가 어느 것인지를 정해야 한다.

ⓝ 설문지를 설계하기 전에 이들 변수들 간의 개념적인 구조를 명확히 하게 되면, 설문지 설계과정이 훨씬 명료하고 체계적으로 이뤄질 수 있다.

③ 분석모형 정립

ⓖ 개념적 모형이 정립되면, 조사목적에 맞춰 변수들 간의 관계를 분석하기 위한 분석모형이 만들어져야 한다.

ⓛ 분석모형에는 자료수집방안, 자료수집 후에 어떤 분석방법을 사용해야 조사목적을 충족할 수 있는 조사결과를 얻을 것인지에 대한 계획들도 포함된다.

ⓒ 개념적 모형에서 변수들이 실제 구할 수 있는지를 과거의 조사들을 살피거나 현실적인 상황을 고려하여 판단하여야 한다.

ⓔ 자료를 구할 수 있다고 판단이 되면, 실험적인 방법으로 할 것인지, 조사방법으로 할 것인지, 조사방법으로 한다면 조사원이 면접을 진행하여 응답받을 것인지, 응답자가 스스로 기록하는 방식으로 응답을 받을 것인지 등에 대한 방식을 결정해야 한다.

ⓜ 조사 설계에 대한 계획이 만들어져야 하는데, 특히 표본설계에 대한 계획이 잘 만들어져야 한다. 이후 수집된 자료를 어떤 분석방법을 사용해서 자료를 분석할 것인지에 대한 계획도 세워야 한다.

④ 측정모형 정립

ⓖ 개념적인 모형이 정립되면, 개념적 모형에서 설정한 목적에 맞도록 측정모형을 수립해야 한다.

ⓛ 측정모형에서는 변수들에 대한 조작적 정의를 하고, 그 정의에 따라 설문지 설계에서 조사방법과 분석방법을 고려해서 질문을 만들고 질문에 해당하는 응답항목들을 구체화한다.

ⓒ 구체화하는 과정에서 각 질문이 측정하고자 하는 변수를 제대로 측정하는지에 대한 부분과, 해당 질문에 대한 측정이 안정적으로 이뤄질 수 있는지를 살펴보아야 한다.

ⓔ 질문과 응답 항목을 어떻게 분석할 것인지에 따라 질문의 형태와 응답의 형태가 달라진다. 교차분석인지, 회귀분석인지, 분산분석, 요인분석, 군집분석 등 어떠한 분석을 하는지에 따라 척도의 형태가 달라진다.

(3) 분석 방법 설계 [기출]

① 의의
  ㉠ 인과적인 분석이냐 구조적인 분석이냐에 따라 종속변수와 독립변수로 구분하는지 아닌지를 결정하게 된다.
  ㉡ 어떠한 형태의 분석을 하느냐에 따라 질문들의 형태와 구성이 달라진다.

② 구조적 분석
  ㉠ 구조적인 분석에서는 특정한 구조를 밝히고자 만든 변수들을 같이 구성하여 요인분석 또는 군집분석과 같은 분석을 하게 된다.
  ㉡ 요인분석은 변수들 간의 구조를 분석하는 것이고, 군집분석은 응답자들의 유사성 또는 상이성 등을 이용하여 응답자들의 구조를 밝히는 데 사용된다.
  ㉢ 이때는 독립변수들 사이의 구조적 연관성에 초점을 맞추기 때문에 질문내용이 같은 영역의 특성을 나타내는 동질성을 갖는 질문들로 구성된다.
  ㉣ 이렇게 되면 구성된 질문들이 원하는 구조를 파악하는데 불확실한 질문으로 구성된다면 분석과정에서 변수를 탈락시킬 수도 있다.

③ 인과적 분석
  ㉠ 인과관계를 밝히려고 하는 경우에는 다양한 형태로 설문을 구성하는 것이 가능하지만, 개별 질문 하나하나를 만들 때 세심한 주의가 필요하다. 질문을 만든 후에 반드시 서로 간에 영향을 주는지를 살펴봐야 하기 때문이다.
  ㉡ 척도에 따라 사용하는 분석법이 다를 수 있는데, 이를 살펴보면 알고 싶은 결과인 종속변수가 명목인 경우 교차분석, 또는 로지스틱회귀분석의 방법을 적용하게 된다.
  ㉢ 이때 영향을 주는 독립변수가 명목이면 교차분석, 등간 또는 비율자료인 경우 로지스틱회귀분석과 같은 분석을 사용하게 된다.
  ㉣ 종속변수가 등간 또는 비율인 경우에는 독립변수가 명목인 경우 분산분석, 독립변수가 등간 또는 비율인 경우 회귀분석을 사용하게 된다.

	분석방법	종속변수	독립변수
인과관계 분석	교차분석	명목	명목
	분산분석/독립표본t-검정	등간/비율	명목
	회귀분석	등간/비율	등간/비율
	로지스틱회귀분석	명목	등간/비율
구조적인 분석	요인분석	등간/비율	
	군집분석	등간/비율	

④ 분석방법의 결정

　　㉠ 설문 문항을 어떻게 만드느냐에 따라 분석방법이 결정된다고 할 수 있다. 즉, 도출하고 싶은 결과의 정도에 따라 설문지의 질문이 달라진다.

　　㉡ 이러한 이유로 종속변수가 되는 질문은 문항 하나하나를 간결하면서도 정교하게 만드는 것이 필요하다. 종속변수 하나하나가 조사에서 알고 싶은 결과가 되기 때문이다.

　　㉢ 실제는 구조적 분석과 인과관계 분석을 같이 사용하는 경우가 많이 존재한다. 여러 변수를 가지고 요인을 들거나, 변수들을 가지고 응답자들을 몇 개의 집단으로 만든 후 이들을 독립변수로 하거나 종속변수로 만들어 다른 변수들과 인과관계를 보는 경우가 많기 때문이다.

　　㉣ 설문지를 만들고 설계하는 과정은 개념적 모형, 분석모형, 측정 모형에 기초하여 작성되어야 한다. 완성된 설문지는 자료수집, 분석, 보고서작성 과정에도 연결될 수밖에 없기 때문이다.

2 추정과 가설 ★★

(1) 개요

① 의의

　　㉠ 가설 검정은 모집단의 어떤 현상에 관한 예상 또는 주장이 옳은지 틀린 지를 표본 데이터를 이용하여 판단하는 것이다.

　　㉡ 예를 들어 대학 졸업 후 10년 차 종업원의 평균 월급이 어느 정도인가를 파악하기 위하여 표본 데이터를 이용한다면 추정이다.

　　㉢ 한편 어느 대학에서 "우리 대학 졸업생은 졸업 10년 후에 월평균 1,000만 원 이상을 받는다."라고 주장할 때, 표본을 추출하여 이 주장의 사실 여부를 판가름한다면 가설 검정이 된다.

② 통계적 가설

　　㉠ 통계적 가설(statistical hypothesis)이란 모집단의 특성 또는 모수에 관하여 대립하는 두 가지 주장을 통계적으로 다루기에 편리하도록 귀무가설과 대립가설로 정리해 놓은 것이다.

　　㉡ 표본데이터를 분석하기 전에 반드시 적절한 통계적 가설을 설정하여야 한다.

③ 귀무가설

　　㉠ 귀무가설(null hypothesis)은 H_0으로 표기하는데, 모수를 하나의 값으로 제시한다.

　　㉡ 예를 들어 어떤 베어링 제조 회사에서 특정 베어링의 직경에 관하여 "베어링의 평균 직경은 3.8cm이다."라는 주장을 하였다면, 이를 귀무가설이라 할 수 있다.

④ 대립가설

　　㉠ 대립가설(alternative hypothesis)은 H_1으로 표기하는데, 귀무가설에서 제시하는 모수의 값을 제외한 나머지 영역에서 모수의 값을 정의한다.

　　㉡ 위에서 예로 든 회사의 주장에 관한 대립가설의 주장은 다음과 같이 세 가지 중 하나가 된다.

　　　ⓐ 베어링의 평균 직경은 3.8cm가 아니다(양측 검정).

　　　ⓑ 3.8cm보다 작다(단측 검정).

　　　ⓒ 3.8cm보다 크다(단측 검정).

(2) 검정 오차 [기출]

① 개요

㉠ 가설의 검정은 완벽할 수 없다. 즉 표본조사로부터 분석한 결과에서 귀무가설이 맞을 가능성이 큰 경우에는 귀무가설을 채택하고, 반대로 틀릴 가능성이 큰 경우에는 귀무가설을 기각할 따름이다.

㉡ 가설은 채택하거나 기각할 때 '확률적으로 맞을 가능성이 얼마이다'라는 표현을 포함한다. 그러나 이러한 표현이 틀릴 가능성도 존재하게 되는데, 이것을 검정 오차(test error)라 한다.

② 제1종 오차 : 검정의 유의수준이라고도 하는데, 귀무가설이 맞는데도 잘못하여 이를 기각하고 대립가설을 채택할 확률로서 α로 표기한다.

③ 제2종 오차 : 제1종 오차와는 반대로 대립가설이 사실임에도 불구하고 귀무가설을 채택하게 되는 확률을 말하는데 β로 표기한다.

(3) 신뢰수준과 검정력

① 귀무가설이 사실일 때, 이를 채택하게 되는 확률$(1-\alpha)$을 검정의 신뢰수준이라고 한다.

② 대립가설이 사실일 때, 귀무가설을 기각하고 대립가설을 채택하게 될 확률$(1-\beta)$을 검정력이라 한다.

③ 검정 오차에 영향을 미치는 또 다른 변수는 표본 수이다. 표본 수가 커지면 일반적으로 모수 추정량의 분산이 작아지므로 표본 수 n이 증가함에 따라 임계점 c가 왼쪽으로 이동하므로 β가 작아진다.

(4) 가설 검정의 판단 기준

① 유의 확률

㉠ 유의 확률(p값)은 귀무가설이 맞다고 가정할 때 얻은 결과보다 극단적인 결과가 실제로 관측될 확률이다.

㉡ p값은 EXCEL 등 거의 모든 통계패키지의 마지막 결과로 나오는 값으로 가설검정의 결론을 내리는 데 사용된다.

㉢ p값은 귀무가설이 사실일 때의 확률 분포에서 귀무가설에 관하여 검정 통계량의 값보다 더 어긋나게 될 확률로 p값은 작을수록 귀무가설이 사실이 아니라는 쪽으로 즉 H_0을 기각하는 쪽으로 신뢰하도록 한다.

㉣ p값에 의한 판정 기준은 다음과 같다.

ⓐ $p > \alpha$이면, H_0 채택

ⓑ $p < \alpha$이면, H_0 기각

② 기각역

㉠ 기각역(Rejection Region)이란 H_0이 사실이 아니라고 기각하게 되는 검정 통계량의 영역을 말한다.

㉡ 아래 꼬리 단측 검정에서 검정 통계량의 값이 아주 작으면 H_0이 맞다고 생각할 수 없을 것이다. 이때 얼마나 작으면 H_0을 기각할지에 관한 영역을 기각역이라 한다.

③ 기각 판정

㉠ p값은 양측 검정에서는 검정 통계량의 값이 양쪽꼬리의 끝에 가까울수록 귀무가설을 뒷받침하지 못한다.

㉡ p값은 귀무가설이 사실일 때에, 검정 통계량의 값보다 더 귀무가설이 사실이 아닌 쪽으로 나타날 확률이다.

ⓒ 따라서 신뢰수준이 90%, 95%, 99%일 때 유의수준 α는 0.1, 0.05, 0.01로 p값이 유의수준보다 작으면 귀무가설을 기각하며, 큰 경우에는 귀무가설을 기각하지 않는다.

3 독립변수 및 종속변수의 설정

(1) 변수의 이해 기출

① 변수의 개념
  ㉠ 변수는 관찰대상들이 가지고 있는 속성 또는 특성을 나타내는 것으로, 개별 관찰대상에 따라 그 값이 변하게 된다.
  ㉡ 성별, 학력, 소득, 매출액 등을 변수라 하면, 각 조사대상에 따라 값들은 변하지만, 그에 대한 전체적인 속성은 변수로 표현할 수 있다. 예를 들면 조사대상의 성별은 남자일 수도 여자일 수도 있다. 그러나 남자, 여자로 표현된 값들은 성별이라는 하나의 변수로 나타낼 수 있다.
  ㉢ 설문지를 가지고 조사해서 수집된 자료들을 살펴볼 때 설문지의 하위문항들은 모두가 변수로 사용할 수 있다. 이들 변수들이 어떻게 서로 관계를 갖는지에 따라 분석방법이 달라진다.
  ㉣ 분석방법을 결정하기 위해서는 분석방법에서 변수들의 역할이 결정된다. 통계분석에서 변수들의 역할에 따라 종속변수, 독립변수, 매개변수, 통제변수 등으로 구분할 수 있다.

② 독립변수와 종속변수
  ㉠ 변수는 분석적인 측면에서 볼 때 크게 독립변수와 종속변수로 구분할 수 있다. 독립변수와 종속변수의 구분은 인과관계의 측면의 기준에 의한다.
  ㉡ 다른 변수에 영향을 주어 변화를 생기게 하도록 만드는 변수를 독립변수라 하고, 독립변수의 영향을 받아서 변화를 일으키는 변수를 종속변수라 한다.
  ㉢ 일반적으로 종속변수가 주된 관심변수가 된다. 왜냐하면 인과관계가 있는 변수들을 분석할 때 독립변수가 1단위 변화할 때, 종속변수가 어떻게 변화하는지를 알고 싶기 때문이다.
  ㉣ 독립변수와 종속변수는 고정되는 것은 아니다. 분석 또는 관심의 방향에 따라 독립변수가 되기도 하고 종속변수가 되기도 한다.
  ㉤ 종속변수와 독립변수는 한 개씩만으로 구성되는 것은 아니다. 분석모형에 따라 여러 가지가 가능하다.

③ 매개변수
  ㉠ 매개변수는 독립변수의 영향을 받아 종속변수에 영향을 주는 변수이다.
  ㉡ 두 가지의 경우로 설명할 수 있는데, 첫 번째는 독립변수가 직접적으로 종속변수에 영향을 주지 않고 중간에 매개가 끼는 경우이다. 두 번째는 직접적인 영향을 주는 것을 파악하기 힘들어 중간에 연결하는 역할을 하는 경우이다.
  ㉢ 매개변수 역시 종속변수에 영향을 미치지만 시간적 공간적으로 독립변수와 종속변수 둘 사이에 존재하는 변수이다.
  ㉣ 매개변수의 예
    ⓐ 광고에 따른 구매의향의 정도에 따라 구매 여부가 어떻게 차이가 있는지를 알고자 하는 경우는 매개변수를 활용한다.

광고에 따른 구매 의향	▶	광고를 본 매체	▶	구매여부

ⓑ 광고에 따른 구매의향은 독립변수, 구매여부는 종속변수가 되는데 광고매체가 매개변수로 들어와 구매의향의 정도를 광고 매체별로 구매여부가 어떻게 차이가 있는지를 분석할 수 있다.

④ 통제변수
  ㉠ 분석에서 사용하는 또 하나의 변수로 통제변수를 들 수 있다. 통제변수는 제2의 독립변수라고도 할 수 있는데, 모델에서 특정 독립변수가 종속변수에 미치는 영향을 정확하게 파악하기 위해서 통제되는 변수를 의미한다.
  ㉡ 통제변수는 분석담당자가 통제변수라고 선언하지 않는다면 독립변수와 구분하기 어렵다. 그 이유는 독립변수의 같은 자리에 통제변수를 두기 때문이다.
  ㉢ 통제변수의 예
    ⓐ 광고에 따른 구매의향에 따라 신제품을 사는 정도에 차이가 있는지를 분석하고자 할 때, 개인의 선호도가 작용한다면 분석하고자 하는 범위에서 벗어날 수가 있다.
    ⓑ 선호하는 제품의 차이에 대한 효과를 배제한 순수한 광고에 의한 구매의향의 정도를 분석하기 위해 통제변수로 선호하는 제품을 설정하게 된다.

2 통계분석

1 통계의 이해 ★

(1) 통계학과 기술통계학
① 통계학의 정의
  ㉠ 통계학이란 두 가지 측면에서 생각할 수 있는데 예를 들어 지금까지 월드컵 출전 승패가 4승 1무 2패라고 하는 것과 같이 어느 집단의 특성을 나타내는 성질을 수량적으로 기술하는 방법을 다루는 학문이다.
  ㉡ 또 하나의 의미는 '한·미전에서 100만이 모였으니 16강전에서 150만 명이 모일 것이다'라는 것과 같이 각 집단으로부터 얻은 자료를 분석하여 그 집단이 가진 불확실한 특성을 과학적으로 추론하고 그것을 바탕으로 의사결정 및 예측하는 방법을 다루는 학문이다.
② 기술통계학의 정의
  ㉠ 어떤 통계적 목적 아래서 얻어진 자료 집단은 보편적으로 많은 양의 관찰값을 가지고 있으며, 조사된 관찰값을 그저 나열만 하는 것으로는 그 자료가 갖는 특성을 파악하는 데 큰 도움을 주지 못한다.
  ㉡ 조사목적에 알맞은 자료를 수집하고 그들의 특성을 쉽게 알 수 있도록 정리하고 요약할 필요가 있다.
  ㉢ 자료를 수집하고 정리하여, 정리된 자료를 더욱 쉽게 알 수 있도록 표 또는 그래프, 그림 등에 따라 나타내거나 자료가 갖는 특성을 분석 및 설명하는 방법을 다루는 통계학을 기술통계학(descriptive statistics)이라 한다.

ⓔ 통계적으로 처리되지 않은 최초의 수집된 본래의 자료를 원자료(raw data)라 한다.

(2) 추측 통계학

① 개요

ⓐ 실험목적에 맞는 모든 자료를 얻는다(전수조사, census)는 것은 시간적·공간적 제약이 따르므로 사실상 불가능하다.

ⓑ 개개의 요소가 선정될 가능성을 동등하게 부여하여 객관적이고 공정하게 일부의 요소만을 선택하여 조사(표본조사, sample survey)하게 된다.

ⓒ 표본을 조사하여 얻은 관찰값은 모집단의 정확한 특성을 제공하지 못한다.

ⓓ 표본을 대상으로 얻은 정보를 이용하여 모집단에 관한 불확실한 특성을 과학적으로 추론하는 방법을 다룰 필요가 있으며, 이러한 방법을 다루는 통계학의 한 분야를 추측통계학이라 한다.

② 자료의 유형 기출

ⓐ 수집된 자료를 정리하여 그래프 또는 표에 따라 결과를 분석하는 방법을 다룬다. 그러면 통계실험에 따라 얻은 자료는 숫자에 따라 표현되는 성질을 갖는가 하면 그렇지 못한 자료도 있다. 예를 들어, 피부색이나 혈액형 또는 지역명과 같은 자료는 숫자에 따라 표현되지 않으며, 이러한 자료를 질적 자료 또는 범주형 자료라 한다.

ⓑ 숫자로 표현되며, 그 숫자가 의미를 갖는 자료를 양적 자료라 한다.

③ 양적 자료 : 양적 자료는 환자의 수 또는 주사위를 던진 횟수 등과 같이 셈을 할 수 있는 이산자료와 몸무게, 키 또는 월수입 등과 같은 연속자료로 구분된다.

④ 질적 자료

ⓐ 우체국에서 편지를 분류할 때, 지역 이름보다는 우편번호를 중심으로 분류하고 있다.

ⓑ 질적 자료에 숫자를 부여하여 표현할 수 있으며, 이 경우 부여된 숫자는 단지 각 범주를 나타내는 것 이외에 숫자로서의 의미가 없다.

ⓒ 질적 자료에 숫자를 부여하여 얻은 자료를 명목 자료라 한다.

ⓓ 각급 학교에 숫자를 부여하여 초등학교는 1, 중학교는 2, 고등학교는 3 그리고 대학 이상은 4라는 숫자로 표현한다면, 이때 부여된 숫자는 순서의 개념을 갖는다. 이처럼 순서의 개념을 갖는 질적 자료를 순서 자료라 한다.

ⓔ 양적 자료인 시험성적을 90점 이상 A, 80~89점은 B, 70~79점은 C, 60~69점은 D, 그리고 59점 이하는 F라는 범주로 묶어서 나타낼 수 있으며, 이러한 자료를 집단화 자료라 한다.

2 빈도 분석 ★

① 개요 : 다양한 방법으로 수집한 데이터를 여러 형태로 빈도를 분석할 수 있는데, 빈도 분석에서 활용하는 방법은 매우 다양하지만 주로 점도표, 막대그래프, 도수분포표, 원그래프 등을 이용하여 분석할 수 있다.

② 빈도 분석의 사례

▶ 계급에 따른 도수분포표

계급	계급간격	도수	상대도수	누적도수	누적상대 도수	계급값
1	24.5~39.5	2	0.04	2	0.04	32
2	39.5~54.5	6	0.12	8	0.16	47
3	54.5~69.5	15	0.30	23	0.46	62
4	69.5~84.5	17	0.34	40	0.80	77
5	84.5~99.5	10	0.20	50	1.00	92
합계		50	1.00	–	–	–

㉠ 표에서 제1계급 24.5~39.5 안에 2개의 자료가 들어 있다는 사실만 알 수 있을 뿐 그 2개의 정확한 자료값을 알지 못한다.

㉡ 이 2개의 자료값이 계급값인 32를 중심으로 포진하고 있다는 것을 알 수 있다. 따라서 이 계급에는 대표값인 32가 2개 들어있다고 가정한다.

㉢ 같은 방법으로 i번째 계급 안에 계급값 m_i가 각 계급의 도수 f_i만큼 들어있다고 가정하면, 이 계급 안에 들어 있는 자료의 합은 $m_i f_i$이고, 따라서 대략적인 평균과 분산 그리고 표준편차를 구할 수 있다. 즉, 평균은 모든 자료값의 합을 전체 자료의 수인 n으로 나눈 값이므로

$$\overline{x} = \frac{1}{n} \sum_{i=1}^{k} m_i f_i$$

이다.

㉣ 또한, 분산은 각 자료값과 평균의 편차제곱 $(m_i - \overline{x})^2$를 모두 합하여 $n-1$로 나눈 값이므로

$$s^2 = \frac{1}{n-1} \sum_{i=1}^{k} (m_i - \overline{x})^2 f_i$$

임을 알 수 있다.

㉤ 그러면 앞의 도수분포표에 의한 자료집단의 근사적인 평균과 표준편차를 다음 표를 작성하여 얻을 수 있다.

▶ 도수분포표에 따른 평균과 표준편차 도출표

계급	계급값(m_i)	도수(f_i)	$m_i f_i$	$(m_i - \overline{x})^2$	$(m_i - \overline{x})^2 f_i$
1	32	2	64	1,451.61	2,903.22
2	47	6	282	533.61	3,201.66
3	62	15	930	65.61	978.15
4	77	17	1,309	47.61	809.37
5	92	10	920	479.61	4,796.10
합계		50	3,505	–	12,688.50

$$\bar{x} = \frac{\Sigma mf}{n} = \frac{3,505}{50} = 70.1$$

$$s^2 = \frac{\Sigma (m - \bar{x})^2 f}{n-1} = \frac{12,688.50}{496} = 258.95$$

$$s = \sqrt{258.95} = 16.09$$

3 교차 분석 ★

① 개요 : 교차 분석이란 명목척도 또는 서열척도로 측정된 척도로 두 변수 간의 상호연관성을 알아보기 위한 분석 방법이다. 교차 분석에 사용되는 카이제곱 검정통계량 값이 카이제곱분포를 따르기 때문에 이를 카이제곱검정이라고도 한다.

② 교차 분석 사례

㉠ 두 가지 기준에 의한 분류에서 이들 분류 기준이 서로 독립인지를 알아볼 경우가 많다.

㉡ 예를 들어 교육의 정도라는 분류 기준과 정당의 선호라는 또 다른 분류 기준이 서로 독립인지를 알아본다면 무작위로 뽑힌 n명의 대상에 관해서 교육수준(초졸, 중졸, 고졸, 대졸 이상)을 알아보고 동시에 이들이 A, B, C의 각 정당 중에서 어느 당을 선호하는지를 알아본다.

㉢ 그렇게 되면 n명의 대상은 표와 같이 $4 \times 3 = 12$의 범주로 나누어지며 각각의 범주에 해당하는 표본의 도수를 알게 된다.

(교육수준)		국졸	중졸	고졸	대졸 이상	열의 합계
(당성)	A당	n_{11}	n_{12}	n_{13}	n_{14}	r_1
	B당	n_{21}	n_{22}	n_{23}	n_{24}	r_2
	C당	n_{31}	n_{32}	n_{33}	n_{34}	r_3
행의 합계		c_1	c_2	c_3	c_4	n (총합)

② 표와 같이 나타내는 것을 분할표(contingency table)라 하며, 교육수준은 각 열(列, column)에 나타나고, 당성은 각 행(行, row)에 나타냈다.

⑩ 여기서 열의 수 $c=4$이며, 행의 수는 $r=3$이 되는 분할표로 $r \times c = 3 \times 4$의 분할표라고 한다.

⑭ 여기서 i번째 행의 j번째 열에 해당하는 범주(category)를 예로 들면, 실제 표본에서 관측되는 도수를 n_{ij}로 표시하고 어떤 대상이 이 범주에 속할 확률을 p_{ij}라고 하면 (i, j)번째의 범주에 기대되는 도수는 np_{ij}이다.

4 분산 분석 ★

① 개요

㉠ 분산 분석(analysis of variance, ANOVA, 또는 변량 분석)은 통계학에서 두 개 이상 다수의 집단을 서로 비교하고자 할 때 집단 내의 분산, 총평균 그리고 각 집단의 평균 차이에 의해 생긴 집단 간 분산의 비교를 통해 만들어진 F분포를 이용하여 가설검정을 하는 방법이다.

㉡ 통계학자이자 유전학자인 로날드 피셔(R. A. Fisher)에 의해 1920년대에서 1930년대에 걸쳐 만들어졌다.

㉢ F분포는 분산의 비교를 통해 얻어진 분포비율이다. 이 비율을 이용하여 각 집단의 모집단 분산이 차이가 있는지에 대한 검정과 모집단평균이 차이가 있는지 검정하는 방법으로 사용한다.

$$F = (\text{군간변동})/(\text{군내변동})$$

㉣ 만약 군내변동이 크다면 집단 간 평균차이를 확인하는 것이 어렵다. 분산분석에서는 집단 간의 분산의 동질성을 가정하고 있기 때문에 만약 분산의 차이가 크다면 그 차이를 유발한 변인을 찾아 제거해야 한다. 그렇지 못하면 분산분석의 신뢰도는 나빠지게 된다.

② 분산 분석의 가정

㉠ **정규성 가정** : 각각의 모집단에서 변인 Y는 정규분포를 따른다. 각각의 모집단에서 Y의 평균은 다를 수 있다.

㉡ **분산의 동질성 가정** : Y의 모집단 분산은 각각의 모집단에서 동일하다. $\sigma_1^2 = \sigma_2^2$

㉢ **관찰의 독립성 가정** : 각각의 모집단에서 크기가 각각 n_1, n_2인 표본들이 독립적으로 표집된다.

▶ 각각의 표본에서 산출된 모집단 분산의 추정치의 비율 $F = \dfrac{s_1^2}{s_2^2}$을 구한다. 이를 'F' 또는 'F 통계치'라고 한다. F값들은 특정한 이론적 확률분포를 따르게 되는데 이것이 F 분포이다.

③ 분산 분석의 종류

㉠ **일원(변량) 분산 분석(one-way ANOVA)**

ⓐ 종속변인은 1개이며, 독립변인의 집단도 1개인 경우이다. 분산 분석(ANOVA)에서는 독립변인을 요인(factor)으로 표현한다.

ⓑ 예를 들어 한·중·일 국가 간 10세 남아의 체중 비교의 경우에 독립변인은 국적, 독립변인의 집단은 3개(한·중·일), 종속변인은 1개(체중)이다.

ⓛ 이원(변량) 분산 분석(two-way ANOVA)

ⓐ 이원 분산 분석(two-way ANOVA)은 독립변인의 수가 두 개 이상일 때 집단 간 차이가 유의한지를 검증하는 데 사용한다.

ⓑ 예를 들어 한·중·일 국가 간 성별과 학력에 따른 체중 비교의 경우에 독립변인은 2개(성별/학력), 독립변인의 집단은 3개(한·중·일), 종속변인은 1개(체중)이다.

ⓒ 다원(변량) 분산 분석(MANOVA)

ⓐ 단순한 분산 분석을 확장하여 두 개 이상의 종속변인이 서로 관계된 상황에 적용한 것이다.

ⓑ 둘 이상의 집단 간 차이를 검증할 수 있다. 일반적으로 분석의 복잡성으로 인해서 삼원 분산 분석이 다루어진다.

ⓔ 공분산 분석(ANCOVA)

ⓐ 다원변량 분산 분석에서 특정한 독립변인에 초점을 맞추고 다른 독립변인은 통제변수로 하여 분석하는 방법이다.

ⓑ 특정한 사항을 제한하여 분산 분석을 하는 것이다.

01 자료 유형에 따른 척도 적용을 설명한 것으로 옳은 것은?

① 비율척도는 양적 자료 수집에 적합하다.
② 만족도 조사는 명목척도가 적합하다.
③ 거래, 매출액 조사는 서열척도가 적합하다.
④ 등간척도는 질적 자료 수집에 적합하다.

해설

② 만족도 조사는 서열척도가 적합하다.
③ 거래, 매출액 조사는 비율척도가 적합하다.
④ 등간척도는 양적 자료 수집에 적합하다.

02 척도를 통한 비교방법 중 간격 비교가 가능한 것은?

① 명목척도
② 서열척도
③ 등간척도
④ 비율척도

해설

① 명목척도는 확인, 분류가 가능하다.
② 서열척도는 순위 비교가 가능하다.
④ 비율척도는 절대적 크기 비교가 가능하다.

03 다음 설명에 해당하는 모형 도출 단계는?

조사 과제를 수행하기 위해서는 조사목적이 무엇인지, 조사목적에 맞추어 어떤 변수들이 필요한지, 변수들 간의 관계를 어떻게 가져갈지 명확하게 할 필요가 있다.

① 개념 모형
② 분석 모형
③ 측정 모형
④ 조사 모형

해설

개념 모형을 통해 조사목적이 같거나, 과거에 유사하게 수행한 통계조사의 분석보고서 등을 검토할 수 있고 현재 진행하고자 하는 조사목적에 맞는 변수들 간의 관계를 비교적 명확하게 구조화할 수 있다.

04 추정과 가설에 대한 설명으로 틀린 것은?

① 가설 검정은 모집단의 어떤 현상에 관한 예상 또는 주장이 옳은지 틀린 지를 표본 데이터를 이용하여 판단하는 것이다.
② 귀무가설은 모수를 하나의 값으로 제시한다.
③ 표본조사로부터 분석한 결과에서 귀무가설이 맞을 가능성이 큰 경우에는 귀무가설을 기각한다.
④ 대립가설은 귀무가설에서 제시하는 모수의 값을 제외한 나머지 영역에서 모수의 값을 정의한다.

해설

가설의 검정은 완벽할 수 없다. 즉 표본조사로부터 분석한 결과에서 귀무가설이 맞을 가능성이 큰 경우에는 귀무가설을 채택하고, 반대로 틀릴 가능성이 큰 경우에는 귀무가설을 기각하게 된다.

05 대립가설이 사실임에도 불구하고 귀무가설을 채택하게 되는 확률을 의미하는 오차는?

① 제1종 오차
② 제2종 오차
③ 제3종 오차
④ 제4종 오차

해설

검정 오차는 제1종 오차와 제2종 오차가 있다. 제1종 오차는 검정의 유의수준이라고도 하는 데, 귀무가설이 맞는데도 잘못하여 이를 기각하고 대립 가설을 채택할 확률로써 α로 표기한다. 제2종 오차는 제1종 오차와는 반대로 대립가설이 사실임에도 불구하고 귀무가설을 채택하게 되는 확률을 말하는데 β로 표기한다.

정답 (**01** ① **02** ③ **03** ① **04** ③ **05** ②)

06 귀무가설이 사실일 때, 이를 채택하게 되는 확률을 나타내는 말로 옳은 것은?

① 검정의 신뢰수준　　② 검정력
③ 추정량　　　　　　④ 검정 오차

해설

귀무가설이 사실일 때, 이를 채택하게 되는 확률$(1-\alpha)$을 검정의 신뢰수준이라고 한다. 대립가설이 사실일 때, 귀무가설을 기각하고 대립가설을 채택하게 될 확률$(1-\beta)$을 검정력이라 한다.

07 변수에 대한 설명으로 가장 옳지 않은 것은?

① 변수는 분석적인 측면에서 볼 때 크게 독립변수와 종속변수로 구분할 수 있다.
② 다른 변수에 영향을 주어 변화를 생기게 하도록 만드는 변수를 독립변수라고 한다.
③ 분석 또는 관심의 방향에 따라 독립변수가 되기도 하고 종속변수가 되기도 한다.
④ 일반적으로 독립변수가 주된 관심변수가 된다.

해설

일반적으로 종속변수가 주된 관심변수가 된다. 왜냐하면 인과관계가 있는 변수들을 분석할 때 독립변수가 1단위 변화할 때, 종속변수가 어떻게 변화하는지를 알고 싶기 때문이다.

08 다음 중 매개변수에 대한 옳은 설명은?

① 다른 변수에 영향을 주어 변화를 생기게 하도록 만드는 변수
② 독립변수의 영향을 받아 종속변수에 영향을 주는 변수
③ 독립변수의 영향을 받아서 변화를 일으키는 변수
④ 독립변수가 종속변수에 미치는 영향을 정확하게 파악하기 위해서 통제되는 변수

해설

① 독립변수는 다른 변수에 영향을 주어 변화를 생기게 하도록 만드는 변수다.
③ 종속변수는 독립변수의 영향을 받아서 변화를 일으키는 변수다.
④ 통제변수는 독립변수가 종속변수에 미치는 영향을 정확하게 파악하기 위해서 통제되는 변수다.

09 명목 척도 또는 서열 척도로 측정된 척도로 두 변수 간의 상호연관성을 알아보기 위한 분석 방법은?

① 빈도 분석
② 분산 분석
③ 교차 분석
④ 척도 분석

해설

교차 분석이란 명목척도 또는 서열척도로 측정된 척도로 두 변수 간의 상호연관성을 알아보기 위한 분석 방법이다. 교차 분석에 사용되는 카이제곱 검정통계량 값이 카이제곱분포를 따르기 때문에 이를 카이제곱검정이라고도 한다.

10 분산 분석(ANOVA)에 대한 설명으로 틀린 것은?

① 두 개 이상 다수의 집단을 서로 비교하고자 할 때 활용한다.
② F분포를 이용하여 가설검정을 하는 방법이다.
③ F분포는 분산의 비교를 통해 얻어진 분포비율이다.
④ 집단 간의 분산의 차별성을 가정하고 있다.

해설

분산 분석에서는 집단 간의 분산의 동질성을 가정하고 있기 때문에 만약 분산의 차이가 크다면 그 차이를 유발한 변인을 찾아 제거해야 한다. 그렇지 못하면 분산 분석의 신뢰도는 나빠지게 된다.

정답 **06** ① **07** ④ **08** ② **09** ③ **10** ④

5장 실전 예상문제 2차 실기

01 모집단의 어떤 현상에 관한 예상 또는 주장이 옳은지 틀린 지를 표본 데이터를 이용하여 판단하는 과정은 무엇인지 쓰시오.

정답 가설 검정

02 검정 오차 중 귀무가설이 맞는데도 잘못하여 이를 기각하고 대립 가설을 채택할 확률을 나타내는 말을 쓰시오.

정답 제1종 오차

03 귀무가설이 맞다고 가정할 때 얻은 결과보다 극단적인 결과가 실제로 관측될 확률을 나타내는 말을 쓰시오.

정답 유의 확률

04 다음 설명에 해당하는 ㉠과 ㉡을 차례대로 쓰시오.

> 다른 변수에 영향을 주어 변화를 생기게 하도록 만드는 변수를 (㉠)변수라 하고, (㉠)변수의 영향을 받아서 변화를 일으키는 변수를 (㉡)변수라 한다.

정답 ㉠ 독립, ㉡ 종속

05 독립변인의 수가 두 개 이상일 때 집단 간 차이가 유의한지를 검증하는 데 사용하는 분석기법을 쓰시오.

정답 이원 변량 분산 분석

1장 통신판매 전략 수립

✓ 실기 출제영역

이번 단원부터는 본격적으로 마케팅 이론을 기초부터 차근차근 공부하게 됩니다. 유독 통신판매에 국한된 마케팅은 아니며 일반적으로 통용되는 기본적인 마케팅 이론이라고 생각하면 되겠습니다. 특히, 마케팅 관련 용어나 영문 표현 및 약자 등을 눈여겨봐야 합니다.

---

1 판매촉진 계획

1 판매촉진 유형 ★★★

(1) 판매촉진의 이해

① 판매촉진의 개념

ㄱ 판매촉진(Sales Promotion)은 줄여서 SP라고도 하는데 어떤 제품의 판매를 촉진하기 위한 다양한 수단을 사용하는 것을 의미한다.

ㄴ 고객의 구매시점 단계에서 고객에게 어떤 자극을 가해서 구매를 유도하는 단기적인 매출증대의 목적을 가진 활동이다.

② 판매촉진의 유형

ㄱ 판매촉진은 누가, 누구를 대상으로 하느냐에 따라 크게 소비자 판매촉진, 유통업체 판매촉진, 소매상 판매촉진으로 구분한다.

ㄴ 소비자 판매촉진은 제조업체가 소비자를 대상으로, 유통업체 판매촉진은 제조업체가 유통업체를 대상으로, 소매상 판매촉진은 유통업체가 소비자를 대상으로 한다.

③ 판매촉진의 전략 `기출`

푸시(push) 전략	밀어내기 형태로 제조사가 유통업자를 대상으로 자사의 취급제품을 소비자들이 구매하도록 유도
풀(pull) 전략	끌어당기는 형태로 제조사가 매스미디어를 이용한 광고를 통해서 소비자에게 직접 메시지를 전달하고 수요를 창출하는 전략

2차 실기 기출 포인트

제조사가 유통업자를 대상으로 자사의 취급제품을 소비자들이 구매하도록 유도하는 판매촉진의 전략을 쓰시오.

[정답] 푸시 전략

(2) 판매촉진의 범위

① 판매촉진의 요소 : 판매촉진은 기업이 고객들의 구매행동에 직접적인 영향을 미치려는 목적의 행동중심의 마케팅이벤트라는 요소를 포함하고 있다.

① 고객들로 하여금 즉각적인 행동을 취하게 하는데 중점을 둔다.   예 쿠폰 제공 등
② 일정 기간 동안 일시적으로 이루어지는 행사의 성격   예 가격할인, 경품회, 시연회 등
③ 구매에 대한 추가적인 이유를 제공   예 할인행사 등

② 판매촉진의 범위

㉠ 소비자 촉진은 최종소비자를 대상으로 그들의 구매시점 단계에서 단기 매출증대를 추구하는 방식이다.

㉡ 유통업자 촉진은 제조업자가 거래대상인 유통업자를 지원하는 방식이다. 경영활동이나 판매활동, 진열보조금이나 판매장려금 등을 지원하는 수단들을 이용한다.

㉢ 판매원 촉진은 유통업체가 자신들의 판매원들을 동기부여하는 방식이다. 판매원에 대한 제품시연 방법이나 판매기법을 교육하고 상여금을 지급하고, 판매경진대회 등을 활용하는 것을 예로 들 수 있다.

소비자 촉진	최종소비자의 구매시점 단계에서 단기 매출증대를 추구하는 방식으로써 주로 <u>견본품, 사은품, 쿠폰, 마일리지, 추첨 등</u>의 수단들을 활용하는 방식
유통업자 촉진	<u>제조업자가 거래대상 유통업자를 지원하는 방식으로써 경영활동 지원, 판매활동 지원, 협동광고, 진열보조금, 판매장려금 지원 등</u>을 활용하는 방식
판매원 촉진	유통업체가 자신들의 판매원을 동기부여하는 방식으로써 판매원에 대한 <u>제품시연 방법이나 판매기법 교육, 상여금 지급, 판매경진대회 등</u>을 활용하는 방식

(3) 판매촉진의 종류 `기출`

① 소비자 판매촉진 : 소비자 판매촉진은 제공하는 혜택이 가격적인 혜택인지 아니면 비가격적인 혜택인지에 따라서 가격 촉진수단과 비가격 촉진수단으로 나눌 수 있다.

비가격 판매촉진 수단		가격 판매촉진 수단	
프리미엄 (Premiums)	제품을 구매하면 별도로 제작한 비매품을 선물로 제공하는 방식(분리형, 내장형, 외장형, 재활용 용기형)	가격할인	한정수량을 일시적으로 특별 할인판매하는 방식으로써 가격할인을 부각시켜 즉각적으로 현장구매를 유도하는 수단
견본품 (Product Sampling)	정상제품을 소량 견본품으로 제작하여 무료 배포하는 방식	쿠폰 (Coupon)	인쇄 형태의 가격할인권을 제공하는 방식으로 매우 전통적이고 효과적인 판촉수단
콘테스트, 추첨 (Contest)	사은품 및 상금을 획득하기 위해 퀴즈나 현상공모 등에 소비자가 참여하는 방식	캐시백 (Cashback)	리펀드(refund)라고도 하며, 구매 시점 단계에서 대금의 일부를 현금으로 상환하는 방식
시연회 (Demonstration)	실제 제품을 전시하고 시연을 통해 사용법과 기능의 특장점을 홍보하는 방식	리베이트 (Rebate)	적립금을 말하며, 제품구매 후 구매확인이 되면 구매액의 일부를 적립금의 형태로 반환하는 방식
멤버십 (Membership)	회원에 대한 우대 특전을 제공하는 로열티 프로그램 방식(예 항공사 마일리지, 통신사 멤버십 등)		
보너스 팩 (Bonus pack)	묶음포장, 번들 형태로 정상가격에 제품을 추가 제공하는 방식(예 1+1행사)		

② 유통 판매촉진 : 유통 판매촉진은 제조업체가 유통업체를 대상으로 하는 판매촉진 활동으로 제조업체가 자사 제품에 대한 매입의욕을 유통업체에 고취시키기 위한 목적으로 판촉활동을 벌이게 된다.

제조업체 → ① 자사 제품에 대한 매입의욕을 고취시키기 위한 목적
② 자사의 제품을 우선 판매할 목적
③ 서로간의 공생하는 관계임을 상기시킬 목적 → 유통업체

가격 판촉	비가격 판촉
• 진열수당(Display Allowance) • 시판대 및 특판대 수당 • 구매량에 따른 할인 • 가격의 할인 • 재고금융지원 • 협동광고(Cooperative Advertising) • 유통업체 쿠폰 • 촉진지원금(Push Money) • 리베이트(Rebate)	• 영업사원 인센티브제도 • 박람회 • 영업사원/판매원 교육 • 판매상 지원 • 콘테스트 • 매장관리 프로그램 지원 • 초대회 • 판매도우미 파견 • 사은품 • 지정판매량에 대한 인센티브 • 고객접점광고물 • 팩세트 • 응모권 내장

(1) 개요

① 의의

㉠ 소비자들은 제품을 구입하고자 할 때 일련의 과정을 거친다. 소비자 의사 결정이라고 불리는 이 과정은 문제 인식, 정보 탐색, 대안 평가, 구매, 구매 후 행동 순서로 진행된다.

㉡ 모든 소비자가 이러한 과정을 준수하여 소비하지는 않으며, 순서가 바뀌거나 건너뛰는 경우도 있다.

② **구매의사 결정 과정** 기출

㉠ 구매자가 구매의 필요성을 인식함으로써 구매 활동이 시작된다.

㉡ 필요성을 인식한 소비자는 욕구를 만족시켜 줄 수 있는 관련 제품이나 서비스에 대한 정보를 찾게 되는데 이 과정이 정보 수집이다. 이러한 정보를 얻는 방법으로는 주로 주변 사람들의 의견이나 사용 경험, 자신의 요구에 맞는 몇 가지 광고들 또는 판매 사원에 의해서이다.

㉢ 이렇게 수집된 정보를 바탕으로 자신의 요구에 맞는 몇 가지 대안에 대해서 가격, 품질, 사후 서비스 등을 평가하게 된다. 이 과정은 개인적인 차이나 문화적인 차이, 경제적인 환경에 의해서도 큰 영향을 받는다.

㉣ 평가 과정 후 가장 적합한 제품이나 서비스를 선정하는데 이를 구매 결정이라고 한다.

㉤ 구매 결정 후 제품이나 서비스를 사용해 본 후 그 선택이 잘 되었는지를 평가해 본다. 평가 결과 소비자들은 만족과 불만족을 경험하게 되고 이것이 다음 구매에 영향을 끼치게 된다.

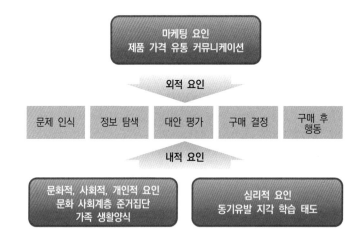

(2) 문제 인식

① 문제 인식의 의의

㉠ 문제 인식은 현실 상태와 이상 상태 사이에 불일치가 있을 때 발생한다. 특히 문제 인식은 욕구가 느껴질 때 일어난다.

㉡ 소비자가 어떤 욕구를 지각하고 구매를 통하여 해결하고자 하게 되면 이를 충족시키고자 하는 동기를 가지게 된다. 지각은 주관성, 선택성, 일시성, 총합성의 특징을 갖는다.

주관성	고객은 자신의 신념, 태도, 편견과 같은 주관을 구체화시키고 구매행동을 함
선택성	• 고객은 가급적 관심이 있는 자극만 선별하여 받아들임 • **지각의 과부하** : 인간의 주관성과 감각기관의 용량의 한계에 의해 발생 • **선별적 감지** : 자신의 가치체계와 일치하는 자극을 더 정확하고 빠르게 지각 • **지각적 방어** : 개인의 가치체계에 따라 개인의 가치에 역행하는 자극을 차단
일시성	자극에 의한 지각은 단기적으로 기억 → 기업은 일정한 간격을 두고 반복하는 광고를 통해 효과를 볼 수 있음
총합성	자극을 받아들이고, 자극을 통일된 하나의 형태로 통합해 지각

② 문제 인식의 유발 요인

시간	• 단순한 시간의 흐름이 소비자의 상태를 변화시킴 • 시간에 따른 기호나 가치의 변화 → 바람직한 상태 자체가 변화
변화된 환경	졸업, 출산 등 생활의 변화에 따라 욕구가 활성화됨
제품습득	특정제품의 습득이 부가적인 제품에 대한 욕구를 활성화
제품소비	제품소비로 물건이 부족한 상태에 있다는 문제를 인식
개인적 차이	• 실제상태 유형 : 실제상태의 변화에 의해 문제 인식 유발됨 • 이상적 상태 유형 : 바람직한 상태를 인지함으로써 문제 의식 유발됨
기업의 마케팅활동	• 소비자의 실제 상태와 이상 상태와의 불일치성을 인식시키는 광고 • 신제품이 출시되면 현재 사용하는 제품이 부적절하다고 느낌

③ 문제 인식의 유형

		문제해결의 긴급성	
		즉각적 해결	비즉각적 해결
문제의 예상 가능성	예상 가능한 문제	일상적 문제 (routine problems) • 편의품(담배, 비누) • 필수품(음식료품)	계획적 문제 (planning problems) • 승용차의 교체 • 선매품
	예상 불가능 문제	긴급적 문제 (emergency problems) • 승용차의 펑크 • 긴급품(우천시의 우산) • 충동품(껌, 캔디)	점증적 문제 (evolving problems) • 패션품목의 유행

(3) 정보 탐색

① 개요

  ⊙ 문제를 확인한 후 소비자는 문제를 해결할 수 있는 제품에 대한 정보를 획득하고자 탐색을 시작한다.

  ⓒ 소비자 정보 탐색은 문제 해결의 수단으로 소비자가 정보를 확인하고 획득하기 위해 취하는 모든 과정을 의미한다.

  ⓒ 연구자들은 소비자의 탐색 과정을 탐색 목적에 따라, 그리고 정보 출처에 따라 각각 두 가지 유형으로 분류했다.

② 탐색 목적에 따른 분류

구매전 탐색	고객이 제품을 구매하기 위해 탐색하는 행위 → 정보 획득 후 구매를 목적으로 함
지속적 탐색	특별한 구매 욕구 없이 흥미와 호기심에 기인하는 오락적 탐색 행위 → 쇼핑 자체를 즐기고, 매장을 둘러보고, 웹사이트를 방문하는 행위

③ 정보 출처에 따른 분류

내부 탐색	• 자신의 기억에서 정보를 찾는 탐색 → 문제를 해결할 수 있는 정보를 장기 기억을 통해 탐색 • 내부 탐색만으로 문제가 해결되면 더 이상의 탐색(외부 탐색)은 일어나지 않음
외부 탐색	• 문제를 해결할 수 있는 제품에 대한 정보를 외부 환경에서 탐색 • 특정한 구매와 관련된 환경적 자료 또는 정보를 획득하기 위한 주의, 지각, 노력 → 준거집단, 판매원, 광고 등

④ 정보의 원천

기업 제공 정보	광고, 포장, 판매원, 매장 내 정보 등
개인적 정보	친지, 동료, 가족 등의 공유 정보
경험적 정보	고객이 직접 제품을 써보거나 서비스를 받아봄으로써 얻는 정보
중립적 정보	언론 보도, 방송, 정부기관 발행물 등

(4) 대안의 평가

① 대안의 평가는 소비자가 구매 대안을 비교하기 위해 전반적인 평가를 내리는 것으로 몇 가지 판단을 한다.

② 판단 유형

가능성 추정	구매하려는 제품 및 서비스의 속성이 기대만큼 성능을 발휘할지 가능성 추정
가치 판단	구매하려는 제품 및 서비스의 좋음 또는 나쁨에 대한 평가
위험 지각	부정적인 결과가 나타날 가능성과 그러한 결과의 부정적인 정도를 판단

③ **대안 선택 시 영향 요인** 기출 : 모든 대안을 평가한 후 고객들은 대안들 중에서 선택을 하는데 이때 여러 심리적 요인이 영향을 미친다.

후광 효과	상품이나 서비스 평가 시 일부나 혹은 한 가지 속성으로 형성된 평가 → 그 속성과는 직접적인 관련이 없는 다른 속성의 평가에 영향
유사성 효과	새로운 상품이나 서비스가 출시된 경우 그와 유사한 성격의 기존 상품을 잠식할 확률이 높아지는 현상
유인 효과	고객이 기존 대안을 우수하게 평가하도록 기존 대안보다 열악한 대안을 내놓음 → 기존 대안을 상대적으로 돋보이게 하는 방법
프레이밍 효과	고객이 선택하고자 하는 여러 대안이 어떻게 프레이밍 되느냐에 따라 평가가 달라지는 효과 → 대안들의 준거점에 따라 평가가 달라짐
손실 회피	동일한 수준의 혜택과 손실이 발생할 경우 손실에 더 민감하게 반응 → 손실을 회피하는 선택을 함
심리적 반발 효과 (로미오와 줄리엣 효과)	• 자신의 자유를 침해당하면 원상태로 회복하기 위해 더욱 강하게 저항하는 심리 이용 • 사람들의 보고 싶은 자유를 억제하여 오히려 판매를 자극하는 효과
대비 효과	어떤 제품을 먼저 보여주느냐에 따라 평가가 달라짐 → 고가의 상품을 먼저 보여주고 유사하면서 저렴한 상품을 보여주면 상대적으로 저렴한 상품을 선호
최고 효과, 최초 효과	한정품, 신상품 등은 최초나 최고의 수식어를 붙임으로써 고객의 평가에 영향을 미침

(5) 구매 의사결정 기출

① **의의** : 소비자는 다양한 대안들 중에서 한 대안을 선택해야 한다. 그러한 선택은 구매하려는 제품이나 서비스에 얼마나 몰입해 탐색하는지를 포함하며 이에 따라 구매 의사결정의 유형 또한 달라진다.

② **구매 의사결정의 유형**

㉠ 소비자가 의사결정을 할 때는 의사 결정에 투입할 수 있는 시간의 길이, 제품이나 서비스의 비용 등 여러 가지를 고려하지만 관여 수준이 가장 중요한 결정으로 작용한다.

고관여	• 구매하고자 하는 품목이 소비자에게 중요하고, 잘못 결정을 내릴 경우 입게 될 위험이 일정 수준 이상일 경우 • 소비자는 구매 과정에 많은 시간과 노력을 투입하며 깊게 관여함 → 값이 비싸고 구매 결정 과정과 정보 처리 과정이 복잡하며 구매 결정이 소비자에게 중요한 의미를 가짐 • 소비자가 여러 경로를 통해 얻은 정보와 과거 경험 및 지식에 입각해서 태도를 먼저 형성 → 상표를 평가하고 구매 의사결정을 내림 • 강한 브랜드 충성도와 선호도를 형성하는 경우가 많음
저관여	• 소비자들에게 별로 중요하지 않고, 소비자가 잘못 결정했을 때 겪는 위험이 크지 않은 경우 • 소비자가 눈에 익은 상표라든가 광고에서 본 적 있는 상표라는 이유로 구매 • 소비자들은 깊이 생각하지 않고 간단하며 신속하게 구매 결정을 하는 경향이 높음 → 값이 싸고 구매 중요도가 낮으며, 상표 간 차이가 별로 없는 경우 • 상표에 대한 태도가 형성되지 않고 필요시 특정 상표를 선택하여 구매 → 일단 사용 후에 상표태도를 형성한다 해도 강하게 형성되지 않음

ⓛ 관여 수준에 따른 의사결정 유형

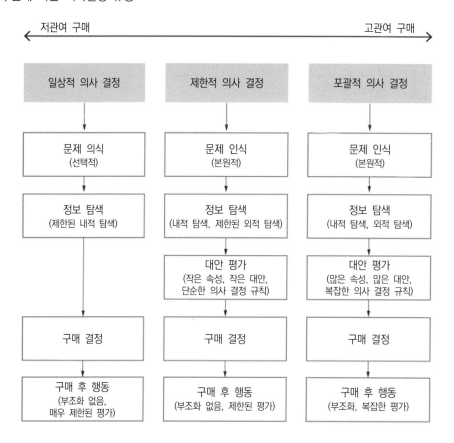

③ 구매 행동의 유형

복합 구매 행동	관여도가 높고 사전 구매 경험이 없이 최초로 구매하는 경우
충성 구매 행동	고관여 고객이 구매된 상표에 만족하면 해당 상표에 대한 충성도가 생김 → 반복적으로 구매 행동을 하게 됨
다양성 추구 행동	저관여 고객이 여러 가지 상표 구매를 시도
관성적 구매 행동	저관여 고객이 습관적으로 동일 상표를 반복 구매

④ 구매 행동의 영향 요인
  ㉠ **사회적 환경** : 주변 지인이나 판매원과의 소통을 통해 직접적으로 영향을 받거나, 타인의 구매를 관찰함
    으로써 간접적으로 구매 결정에 영향이 반영된다.
  ㉡ **물리적 환경** : 제품, 상표, 실내 디자인, 조명 등이 구매에 영향을 준다.
  ㉢ **소비 상황** : 제품을 소비하는 과정에서 구매 행동이 영향을 받는다.
  ㉣ **구매 상황** : 제품 구매 가능성, 경쟁 상표의 판매 촉진, 가격 변화 등 제품을 구매하게 되는 시점의 여러
    가지 상황적 요인이 작용한다.
  ㉤ **커뮤니케이션 상황** : 광고나 구전, 점포 내 디스플레이 등에 노출됨으로써 구매 행동에 영향을 준다.

⑤ 구매 의사결정 참여자(구매센터)

사용자(User)	구매할 제품이나 서비스를 사용하게 될 조직 구성원으로, 구매제안, 구매품목의 결정을 지원
구매자(Buyer)	공급업자 선택과 협상, 구매조건에 대한 공식적 권한 보유
구매결정권자 (의사결정자, Deciders)	최종적으로 공급업자를 선택 및 승인하는데 공식적, 비공식적 권한 보유 → 일상구매는 구매자가, 중요한 구매는 최고경영자가 의사결정
정보통제자 (문지기, Gatekeeper)	구매와 관련된 정보의 흐름을 관리하는 조직 구성원으로 외부로 나가는 정보흐름을 통제 → 구매 관리자, 기술부서 직원, 비서, 경비 등
구매영향력자 (Influencer)	• 구매의사결정에 영향을 미치는 조직 구성원 • 제품에 대한 품목의 결정, 대안평가에 필요한 정보의 제공 담당 　→ 기술 부서 직원은 특히 중요한 영향력 행사

(6) 구매 후 행동 [기출]

① 의의

　㉠ 소비자의 구매 의사 결정 과정은 구매 결정 행위로 모든 것이 종결되는 것이 아니라 제품이나 서비스에 대한 사용 경험을 바탕으로 심리적·행동적 반응을 하게 되는데 이를 구매 후 행동이라고 한다.

　㉡ 소비 경험을 통해 나타난 소비자들의 불만족은 해당 제품에 대한 구매 중단을 넘어 부정적 구전으로까지 이어진다는 점에서 구매 후 과정은 소비 경험의 측면에서 중요하게 관리할 필요가 있다.

② 구매 후 행동 과정

　㉠ 일반적으로 소비자들은 제품을 구매할 때 구매 행위를 통해 어떤 결과를 기대한다.

　㉡ 기대에 얼마나 잘 일치했느냐 아니면 불일치했느냐에 따라 구매한 결과에 만족하느냐 또는 불만족하느냐가 결정된다.

　㉢ 소비자들은 구매 결정을 내린 후에 다양한 인지, 태도 또는 신념 사이에 내적 갈등으로 인해 인지적 부조화를 겪는 경우가 종종 있다.

　㉣ 소비자가 구매 후 느끼는 기대 불일치와 만족 또는 불만족 등은 구매 후 느끼는 대표적인 심리적 반응이라고 할 수 있다.

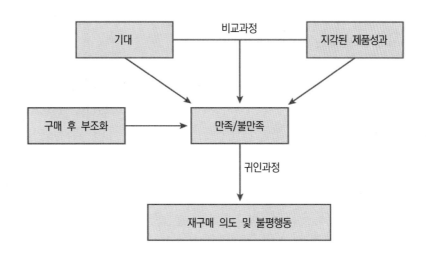

③ 기대 불일치 이론

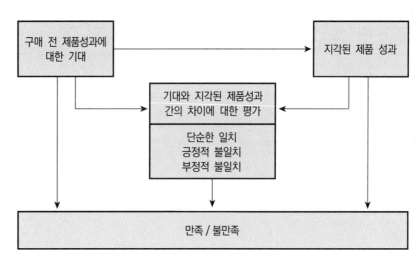

▲ 기대 불일치 이론의 구성

㉠ 고객이 느끼는 제품 및 서비스에 대한 만족과 불만족은 제품이나 서비스를 경험하기 전의 기대와 경험한 후의 성과와의 차이에서 비롯된다는 이론이다.

㉡ 유형

단순한 일치	기대와 성과가 같은 수준에서 지각하는 경우
긍정적 불일치	성과를 기대보다 높은 수준에서 지각하는 경우
부정적 불일치	성과를 기대보다 낮은 수준에서 지각하는 경우

④ 인지 부조화 이론

㉠ 인지 부조화 이론이란 개인이 가진 신념, 생각, 태도와 행동 사이의 부조화가 유발하는 심리적 불편함을 해소하기 위한 태도나 행동의 변화를 설명하는 이론이다.

㉡ 사회 심리학자 레온 페스팅거(Leon Festinger)는 1957년에 발표한 인지 부조화 이론을 통해 인간의 행동과 태도의 부조화로 인해 심리적 갈등이 유발되고, 이러한 갈등 상황을 해소하고 자신에 대한 일관성을 유지하기 위해 동기화되는 현상을 설명했다.

㉢ 인지 부조화가 발생하는 조건으로는 취소 불가능한 개입(자신이 취한 행동을 취소할 수 없을 때), 자발적 선택(태도와 관련되는 행동이 상황적 압력에 의해서가 아닌 스스로가 선택한 행동일 때), 불충분한 유인가(자신이 선택한 행동이 바람직하지 못한 결과를 가져올 것을 알고 있거나 예측할 수 있는데도 그 행동을 할 경우)가 있다.

⑤ 구매 후 부조화

㉠ 구매 후 부조화는 인지 부조화의 한 종류인 결정 후 부조화를 소비자 행동 분야의 연구에 적용하면서 나타난 개념으로 소비에서 발생하는 인지 부조화라 할 수 있다.

㉡ 특정 제품을 구매하고 난 후 그와 관련된 부정적인 정보나 생각들이 나타나서 기존의 호의적인 정보나 생각과 조화되지 않을 경우 구매 후 부조화를 경험한다.

ⓒ 소비자는 구매 후의 불편한 상태를 해소하기 위해 자신의 기대를 낮추던지 혹은 다른 정당성을 부여해 이 불안감 및 불편감을 해소하려 한다.

ⓔ 구매한 제품이 고가이거나 사회적인 상징성이 매우 큰 것이라면, 즉 지각된 위험성이 비교적 높은 고관여 제품일 경우 구매 후 부조화의 발생 가능성은 커진다.

ⓜ 부조화 해소방안과 마케팅전략

소비자의 부조화 해소방안	• 선택한 대안의 장점을 강화하고 단점은 약화 • 선택하지 않은 대안의 장점을 약화하고 단점을 강화 • 자신의 선택안을 지지하는 정보 탐색 • 의사결정 자체를 중요하지 않은 것으로 여김
마케팅전략	• 강화광고를 통해 자사 제품의 장점을 강조 → 소비자의 선택이 현명했음을 확인시켜줌 • 판매직후 감사의 뜻 전달 → 전화, 문자 메시지 등 • A/S 등 보증판매 실시를 통해 위험부담감소

3 판매촉진 효과 분석 ★★

(1) 의의

① 판매촉진 활동에 대한 효과를 측정하는 것은 판매촉진 목적의 다양성 때문에 평가하기 매우 어려운 사항이다.

② 판매촉진은 즉각적인 구매 행동을 자극하는 것으로부터 경쟁 매장 또는 기업의 적극적인 마케팅 활동에 대응하는 수단이 되기도 한다.

③ 상품 및 제품의 가치와 브랜드 자산을 향상하는 등의 다양한 목표를 가지고 있는데 설정된 판매촉진 활동의 목표에 따라 기대되는 판매촉진 효과도 달라질 수 있다.

④ 판매촉진이 실행되면 판매촉진 관리자는 광고의 의사소통 효과측정에서와 마찬가지로 테스트 시기와 측정 방법을 결정해야 한다.

⑤ 판매촉진 활동 및 기획에 대한 평가는 판매촉진 활동에 대한 효과측정뿐만 아니라 차후 더 나은 판매촉진 활동 및 기획서를 작성하는 데 필요하므로 반드시 실시해야 한다.

(2) 판매촉진 활동 테스트 시기 및 측정 방법 `기출`

① 사전 테스팅

ⓐ 사전 테스팅은 표적 고객이 매장 또는 기업의 판매촉진 활동에 노출되기 전에 판매촉진 활동에 대해 조사하는 것이다.

ⓑ 판매촉진 담당자가 판매촉진을 계획하여 필요한 판매촉진 자원을 행사에 실제 투입하기 전에 발생 가능한 문제점을 파악하는 데 유용하다.

ⓒ 사전 테스트와 사후 테스트를 함께 실시하여 판매촉진 전후의 판매변화량을 측정하고자 할 때에도 필수적이다.

ㄹ 사전 테스트는 커뮤니케이션 사전 테스팅, 구매 행동에 대한 사전 테스팅, 그리고 유통업자를 대상으로 하는 사전 테스팅으로 나누어진다.

② 판매촉진 동시 테스팅

　㉠ 판매촉진 동시 테스팅은 판매촉진 활동이 시장에서 운영되는 동안에 그 수용력을 평가하는 것이다.

　㉡ 제조업자는 동시 테스팅을 통해 표적 고객이 판매촉진의 가치를 제대로 지각하고 있는지, 기대한 판매촉진 효과가 나타나는지 등을 측정할 수 있다.

③ 사후 테스팅 : 사후 테스팅은 판매촉진 행사를 실시한 후 표적 고객의 반응을 조사하는 것으로 판매촉진 목표가 어느 정도 달성되었으며 판매촉진 행사에 대한 사전 테스트 결과와 어느 정도 차이가 있는지를 측정하는 것이다.

(3) 판매촉진 활동 평가 방법 　기출

① 투표 방법 : 고객 명부에 있는 고객에게 인쇄된 투표용지를 우편으로 발송하여 함께 제시된 판매촉진 수단과 추가적인 정보를 제시한 다음 이에 대해 평가하도록 요청하는 방법이다.

② 심사 방법 : 판매촉진에 관해 경험과 지식이 풍부한 심사위원을 정하여 가장 가치가 큰 판매촉진 수단을 선택하도록 하는 방법이다.

③ 상점가 차단법 : 상점가에서 무작위로 쇼핑객을 선정하여 그들에게 인쇄 매체나 TV 등을 통해 다양한 판매촉진 수단을 보여주고 가장 가치가 큰 것으로 지각되는 판매촉진 수단을 고르도록 하는 방법이다.

④ 실험법 : 소비자들을 몇 개의 집단으로 나누고 각 집단에게 서로 다른 판매촉진을 노출 시킨 다음 그들의 의견과 행동에서의 변화를 조사하는 방법이다.

⑤ 설문 조사 : 설문지를 통해 일상적인 고객의 행동 반응을 조사할 수도 있으며, 유통업자를 대상으로 판매촉진 행사 동안의 해당 제품의 판매 동향 등을 측정할 수도 있다.

⑥ 관찰법 : 장치를 이용하여 판매촉진 관련 정보를 수집하는 방법과 직접 조사원이 점포에 나가 고객의 행동을 관찰하는 방법이다.

1 데이터베이스 마케팅 ★

(1) 개요

① 개념

㉠ 고객의 다양한 정보를 컴퓨터에 축적, 가공, 비교, 분석 통합 후 마케팅에 활용하는 기법이다.

㉡ 고객과의 장기적인 관계를 위한 마케팅전략을 수립하고 집행하는 활동이며 고객정보를 데이터베이스화하여 경쟁사와 차별적인 관리를 추구한다.

㉢ 고객 정보를 기본으로 하여 경쟁사 정보, 산업정보 등 각종 1차 데이터를 직접 수집, 분석해 마케팅전략을 수립할 수 있다.

㉣ 고객 구매 이력 및 브랜드 충성도 분석 후 질 높은 서비스 및 개개인의 고객 특징과 맞는 정보 확인이 가능하다.

㉤ 고객 이탈방지 및 유지에 신경을 쓰고 정보기술을 이용한 다양한 정보 획득 및 분석을 가능케 한다.

② 데이터베이스 마케팅의 특징 등

장점	• 잠재 고객 적극 활용, 컴퓨터의 활용가치 높음 • 신규사업 진출 유리, 우수고객 발굴 • 고객과의 1 : 1 관계 구축 • 고객지향적 마케팅 구사, 다양한 마케팅 기법 활용 • 각종 데이터 수집, 분류, 응용 분석을 통해 마케팅전략을 수립하는 데 효과적 • 기존 고객의 지속적 관리는 신규고객 확보보다 저렴한 비용으로 관리 가능
특성	• 쌍방적 의사소통, 장기 고객관리 • 각 고객 업데이트로 정보 확장 • 효율적 데이터베이스를 위한 전산화 • 장기 릴레이션십(Relationship) 개발 및 축적 • 데이터베이스 구축, 활용으로 고객에게 필요한 제품을 판매하는 전략 제공 → 신규고객 유치, 고객 구매결정 강화, 상품의 교차판매, 판매촉진전달의 향상, 균형의 유지, 고객 개인적 서비스, 최고의 고객 확인
조건	• 고객별 다른 대우 • 상품 중심이 아닌 고객 중심 마케팅 • 고객별 필요한 상품 및 서비스 파악 후 효과적 제공

③ 기존 마케팅과의 비교

구분	매스 마케팅(대중 마케팅)	데이터베이스 마케팅
개념	고객대우(동일)	고객별 대우 차별화
전략	• 적당한 가격, 고품질 상품과 서비스 수익 창출 • 신속한 배달 등 경쟁력 확보	• 기업에 기여하는 정도에 따라 고객별 특성 및 가치에 따라 상품 및 서비스 다름 • 고객 정보를 통한 개인취향에 맞는 상품을 제시해 만족도를 높임
수단	• 할인쿠폰 제공 • 광고 실시	• 고객가치평가 및 상품판매분석 • 쌍방향적 고객관계 구축 • 정량적 측정과 분석을 통한 지속적 개선

(2) 데이터베이스 마케팅의 활용

① 고객 활성화 전략, 충성도 강화 전략, 고객 유지 전략, 교차판매 전략 등 기존 고객 대상 마케팅전략을 활용할 수 있다.

② 데이터베이스 중심의 다양한 마케팅

　㉠ 프리퀀시(Frequency) 마케팅

　　ⓐ 상품을 다량으로 구입하거나 서비스를 자주 이용하는 고객을 파악하여 이들과 장기적으로 유리한 관계를 유지함으로써 이익을 늘리는 마케팅 기법이다.

　　ⓑ 파레토 원칙을 원용하여, 많이 사고 자주 이용하는 단골 고객에게 특혜를 주는 기법이다.

　㉡ 릴레이션십(Relationship) 마케팅

　　ⓐ 경쟁적인 시장환경 아래에서는 전통적 마케팅 수단인 4P만으로는 판매 신장과 이익증진을 기대하기 어렵다.

　　ⓑ 고객의 기호는 다양해지고, 신상품 개발은 곧바로 경쟁기업의 유사상품 개발로 이어져 이익이 오래가지 못하며, 광고를 통한 판촉활동도 막대한 비용이 들기 때문이다.

　　ⓒ 전통적 마케팅 수단의 한계를 극복하고 변화하는 시장환경의 위협을 판매신장과 이익증진의 기회로 바꾸기 위해 사회 전체의 이익과 복지 증진을 기본입장으로 기업 외부의 다양한 요소들과 협력 관계를 구축하는 마케팅을 말한다.

　㉢ 원투원(One to One) 마케팅

　　ⓐ 개별고객의 데이터베이스 분석을 통해 서비스와 제품을 고객의 필요에 맞게 제공해 고객을 유치하고 장기적으로는 경쟁력을 확보하기 위한 마케팅으로서 1대 1 마케팅 또는 개별마케팅이라고도 한다.

　　ⓑ 원투원 마케팅은 개별고객의 성별·나이·소득 등 통계 정보와 고객의 취미, 레저 등에 관한 정보 및 구매패턴을 데이터베이스(DB)화하여 고객에게 가장 적절한 상품·정보·광고를 제공하는 것이 핵심이다.

　　ⓒ 원투원 마케팅은 고객 데이터를 체계적으로 분석하고 가공함으로써 효과적인 마케팅전략의 수립이 가능해진다.

　　ⓓ 어떤 고객이 어떤 상품을 추가로 구매할 가능성이 크며 어떠한 판촉활동에 반응을 보일 확률이 높은지를 밝혀낼 수 있다.

　　ⓔ 효과적인 원투원 마케팅전략을 전개해 나가기 위해서는 전략적 활용 목적을 분명히 하여 업종별로 자사 특성에 맞는 고객정보 파일을 구축해야 한다.

　㉣ 텔레마케팅 　기출

　　ⓐ 소비자 개개인의 행동을 포함해 시장의 움직임에 대해서도 면밀히 분석하는 점에서 무차별로 전화를 거는 텔레폰 마케팅과 구별된다.

　　ⓑ 텔레마케팅에서는 PC의 고객명부와 연동하면서 자동발신하거나 걸려온 호출을 교환수에게 균등하게 분배하는 ACD(Automatic Call Distribution)기능을 이용하는 등의 시스템적인 연구가 된 것이 많다.

　　ⓒ 소비자가 마음 놓고 전화를 걸 수 있도록 프리다이얼(자동착신 요금서비스)을 도입하는 기업이 늘고 있다.

2 데이터마이닝 ★★ 기출

① 웹사이트, 콜센터, 고객서비스, 캠페인 등을 통해서 수집한 고객에 관한 정보인 고객 데이터베이스를 바탕으로 고객들의 구매패턴, 반복적으로 구매하는 상품의 목록 등의 유용한 정보를 찾아내는 것을 말한다. 예를 들어, 대형 할인마트에서 데이터를 분석해서 특정한 시간대에 어떠한 제품들이 잘 팔리는지를 파악하고 특정 시간과의 상관관계를 찾아내고 마케팅전략에 적용할 수 있다.

② 데이터마이닝(data mining)은 대규모로 저장된 빅데이터 안에서 체계적이고 자동적으로 통계적 규칙이나 패턴을 찾아내 분석해서 다양한 자료로 활용하는 기술이다.

③ 고객 관련 정보를 토대로 미래의 구매 형태를 예측하거나 변수 간 인과관계를 분석하는 마케팅 기법이므로 데이터마이닝을 할 때는 다양한 통계적 기법, 수학적 기법과 인공지능을 활용한 패턴 인식 기술 등을 이용해야 한다.

④ 데이터마이닝은 빅데이터 준비(preparation), 사용 가능한 정보로 변환(transformation), 실현 가능한 모형화(modeling), 결과물에 대한 평가(evaluation) 단계를 거치게 된다.

01 판매촉진에 대한 설명으로 가장 옳지 않은 것은?

① 어떤 제품의 판매를 촉진하기 위한 다양한 수단을 사용하는 것을 의미한다.

② 제조사가 유통업자를 대상으로 자사의 취급제품을 소비자들이 구매하도록 유도하는 것은 풀(pull) 전략이다.

③ 고객의 구매시점 단계에서 고객에게 어떤 자극을 가하는 활동이다.

④ 소비자 판매촉진, 유통업체 판매촉진, 소매상 판매촉진으로 구분한다.

해설

푸시(push) 전략은 밀어내기 형태로 제조사가 유통업자를 대상으로 자사의 취급제품을 소비자들이 구매하도록 유도하는 것이다. 풀(pull) 전략은 끌어당기는 형태로 제조사가 매스미디어를 이용한 광고를 통해서 소비자에게 직접 메시지를 전달하고 수요를 창출하는 전략이다.

02 판매촉진의 범위를 설명한 것으로 틀린 것은?

① 소비자 촉진은 최종소비자를 대상으로 그들의 구매시점 단계에서 단기 매출증대를 추구하는 방식이다.

② 경영활동이나 판매활동, 진열보조금이나 판매장려금 등을 지원하는 수단들은 유통업자 촉진이다.

③ 유통업자 판매촉진은 제공하는 혜택이 가격적인 혜택인지 아니면 비가격적인 혜택인지에 따라서 가격 촉진수단과 비가격 촉진수단으로 나눌 수 있다.

④ 가격 할인은 가격 판매촉진 수단 중 하나다.

해설

소비자 판매촉진은 제공하는 혜택이 가격적인 혜택인지 아니면 비가격적인 혜택인지에 따라서 가격 촉진수단과 비가격 촉진수단으로 나눌 수 있다.

03 소비자 구매 의사결정 과정을 순서대로 바르게 제시한 것은?

① 문제 인식 → 정보 탐색 → 대안 평가 → 구매 → 구매 후 행동

② 정보 탐색 → 대안 평가 → 문제 인식 → 구매 → 구매 후 행동

③ 문제 인식 → 구매 → 대안 평가 → 구매 후 행동 → 정보 탐색

④ 정보 탐색 → 문제 인식 정보 탐색 → 구매 → 대안 평가 → 구매 후 행동

해설

소비자들은 제품을 구입하고자 할 때 일련의 과정을 거친다. 소비자 의사 결정이라고 불리는 이 과정은 문제 인식, 정보 탐색, 대안 평가, 구매, 구매 후 행동 순서로 진행된다.

04 소비자 구매 의사결정 과정을 설명한 것으로 가장 옳지 않은 것은?

① 구매의 필요성을 인식한 소비자는 욕구를 만족시켜 줄 수 있는 관련 제품이나 서비스에 대한 정보를 찾게 된다.

② 자신의 요구에 맞는 몇 가지 대안에 대해서 가격, 품질, 사후 서비스 등을 평가하게 된다.

③ 평가 과정 후 가장 적합한 제품이나 서비스를 선정하는데 이를 구매 결정이라고 한다.

④ 소비자들은 구매 결과 만족과 불만족을 경험하게 되고 다음 구매에 영향을 주지 않는다.

해설

구매 후 제품이나 서비스를 사용해 보고 그 선택이 잘 되었는지를 평가해 본다. 평가 결과 소비자들은 만족과 불만족을 경험하게 되고 이것이 다음 구매에 영향을 끼치게 된다.

정답 01 ② 02 ③ 03 ① 04 ④

05 소비자 구매 의사결정 과정 중 지각의 특징을 설명한 것으로 가장 옳지 않은 것은?

① 고객은 자신의 신념, 태도, 편견과 같은 주관을 구체화 시키고 구매행동을 한다.
② 고객은 관심이 없는 자극에도 관심을 갖고 받아들인다.
③ 자극에 의한 지각은 단기적으로 기억되는 경향이 있다.
④ 자극을 받아들이고, 자극을 통일된 하나의 형태로 통합해 지각한다.

06 소비자 구매 의사결정 과정 중 문제 인식 단계를 설명한 것으로 가장 옳지 않은 것은?

① 시간에 따른 기호나 가치의 변화로 바람직한 상태 자체가 변화할 수 있다.
② 특정 제품의 습득이 부가적인 제품에 대한 욕구를 활성화시킨다.
③ 바람직한 상태를 인지함으로써 문제 의식이 해소된다.
④ 신제품이 출시되면 현재 사용하는 제품이 부적절하다고 느낀다.

07 소비자 문제 의식의 유형 중 예상 불가능하며 즉각적 해결이 가능한 것은?

① 일상적 문제　　② 계획적 문제
③ 긴급적 문제　　④ 점증적 문제

08 소비자 정보 탐색에 대한 설명으로 가장 옳지 않은 것은?

① 문제를 확인한 후 소비자는 문제를 해결할 수 있는 제품에 대한 정보를 획득하고자 탐색을 시작한다.
② 소비자 정보 탐색은 문제 해결의 수단으로 소비자가 정보를 확인하고 획득하기 위해 취하는 모든 과정을 의미한다.
③ 특별한 구매 욕구 없이도 흥미와 호기심에 기인하는 오락적 탐색 행위를 한다.
④ 준거집단, 판매원, 광고 등에 의한 정보 탐색은 내부 탐색에 해당한다.

09 구매하려는 제품 및 서비스의 좋음 또는 나쁨에 대한 소비자의 평가는?

① 가능성 추정　　② 가치 판단
③ 위험 지각　　④ 구매 후 행동

정답　**05** ②　**06** ③　**07** ③　**08** ④　**09** ②

10 다음 중 후광 효과를 바르게 설명한 것은?

① 새로운 상품이나 서비스가 출시된 경우 그와 유사한 성격의 기존 상품을 잠식할 확률이 높아지는 현상이다.

② 고객이 기존 대안을 우수하게 평가하도록 기존 대안보다 열악한 대안을 내놓는다.

③ 동일한 수준의 혜택과 손실이 발생할 경우 손실에 더 민감하게 반응한다.

④ 상품이나 서비스 평가 시 일부나 혹은 한 가지 속성으로 형성된 평가다.

해설

① 유사성 효과는 새로운 상품이나 서비스가 출시된 경우 그와 유사한 성격의 기존 상품을 잠식할 확률이 높아지는 현상이다.

② 유인 효과는 고객이 기존 대안을 우수하게 평가하도록 기존 대안보다 열악한 대안을 내놓음으로써 기존 대안을 상대적으로 돋보이게 하는 방법이다.

③ 손실 회피 경향은 동일한 수준의 혜택과 손실이 발생할 경우 손실에 더 민감하게 반응하는 것을 말한다.

11 소비자의 관여 수준에 관한 다음의 설명 중 성격이 다른 하나는?

① 구매하고자 하는 품목이 소비자에게 중요하고, 잘못 결정을 내릴 경우 입게 될 위험이 일정 수준 이상이다.

② 구매 결정 과정과 정보 처리 과정이 복잡하며 구매 결정이 소비자에게 중요한 의미를 갖는다.

③ 소비자가 눈에 익은 상표라든가 광고에서 본 적 있는 상표라는 이유로 구매한다.

④ 소비자가 여러 경로를 통해 얻은 정보와 과거 경험 및 지식에 입각해서 태도를 먼저 형성한다.

해설

소비자가 의사결정을 할 때는 의사 결정에 투입할 수 있는 시간의 길이, 제품이나 서비스의 비용 등 여러 가지를 고려하지만 관여 수준이 가장 중요한 결정으로 작용한다. ①, ②, ④는 고관여를 나타내고 ③은 저관여를 나타낸다.

12 다음 중 복합 구매 행동은?

① 관여도가 높고 사전 구매 경험이 없이 최초로 구매하는 경우다.

② 고관여 고객이 구매된 상표에 만족하면 해당 상표에 대한 충성도가 생긴 경우다.

③ 저관여 고객이 여러 가지 상표 구매를 시도하는 경우다.

④ 저관여 고객이 습관적으로 동일 상표를 반복 구매하는 경우다.

해설

② 충성 구매 행동은 고관여 고객이 구매된 상표에 만족하면 해당 상표에 대한 충성도가 생긴 경우다.

③ 다양성 추구 행동은 저관여 고객이 여러 가지 상표 구매를 시도하는 경우다.

④ 관성적 구매 행동은 저관여 고객이 습관적으로 동일 상표를 반복 구매하는 경우다.

13 구매 행동의 영향 요인 중 제품, 상표, 실내 디자인 등이 속한 분야는?

① 사회적 환경   ② 물리적 환경

③ 소비 상황   ④ 구매 상황

해설

① 사회적 환경은 주변 지인이나 판매원과의 소통을 통해 받는 영향 요인이다.

③ 소비 상황은 제품을 소비하는 과정에서 발생하는 영향 요인이다.

④ 구매 상황은 제품 구매 가능성, 경쟁 상표의 판매 촉진, 가격 변화 등이다.

14 구매 의사결정 참여자 중 구매와 관련된 정보의 흐름을 관리하는 조직 구성원은?

① 사용자   ② 구매자

③ 구매결정권자   ④ 정보통제자

해설

① 사용자는 구매할 제품이나 서비스를 사용하게 될 조직 구성원으로, 구매제안, 구매품목의 결정을 지원한다.

② 구매자는 공급업자 선택과 협상, 구매조건에 대한 공식적 권한 보유한 자이다.

③ 구매결정권자는 최종적으로 공급업자를 선택 및 승인하는 데 공식적, 비공식적 권한을 보유한 자이다.

정답 **10** ④ **11** ③ **12** ① **13** ② **14** ④

15 구매 후 행동에 대한 설명으로 가장 옳지 않은 것은?

① 소비자의 구매 의사 결정 과정은 구매 결정 행위로 모든 것이 종결된다.

② 소비 경험을 통해 나타난 소비자들의 불만족은 해당 제품에 대한 구매 중단을 넘어 부정적 구전으로까지 이어진다.

③ 일반적으로 소비자들은 제품을 구매할 때 구매 행위를 통해 어떤 결과를 기대한다.

④ 소비자들은 구매 결정을 내린 후에 다양한 인지, 태도 또는 신념 사이에 내적 갈등으로 인해 인지적 부조화를 겪는 경우가 종종 있다.

[해설]
소비자의 구매 의사 결정 과정은 구매 결정 행위로 모든 것이 종결되는 것이 아니라 제품이나 서비스에 대한 사용 경험을 바탕으로 심리적·행동적 반응을 하게 되는데 이를 구매 후 행동이라고 한다.

16 소비자 구매 후 행동에 관한 기대 불일치 이론을 설명한 것으로 틀린 것은?

① 고객의 만족과 불만족은 제품이나 서비스를 경험하기 전의 기대와 경험한 후의 성과와의 차이에서 비롯된다는 이론이다.

② 단순한 일치는 기대와 성과가 같은 수준에서 지각하는 경우다.

③ 긍정적 불일치는 성과를 기대보다 높은 수준에서 지각하는 경우다.

④ 부정적 불일치는 기대를 성과보다 낮은 수준에서 지각하는 경우다.

[해설]
부정적 불일치는 성과를 기대보다 낮은 수준에서 지각하는 경우다.

17 구매 후 부조화에 대한 설명으로 틀린 것은?

① 인지 부조화의 한 종류인 결정 후 부조화를 소비자 행동 분야의 연구에 적용하면서 나타난 개념이다.

② 구매한 제품이 고가이거나 사회적인 상징성이 매우 큰 것이라면, 구매 후 부조화의 발생 가능성은 작아진다.

③ 특정 제품을 구매하고 난 후 그와 관련된 부정적인 정보나 생각들이 나타나서 기존의 호의적인 정보나 생각과 조화되지 않을 경우 구매 후 부조화를 경험한다.

④ 소비자는 구매 후의 불편한 상태를 해소하기 위해 자신의 기대를 낮추던지 혹은 다른 정당성을 부여해 이 불안감 및 불편감을 해소하려 한다.

[해설]
구매한 제품이 고가이거나 사회적인 상징성이 매우 큰 것이라면, 즉 지각된 위험성이 비교적 높은 고관여 제품일 경우 구매 후 부조화의 발생 가능성은 커진다.

18 판매촉진 효과 분석을 설명한 것 중 가장 옳지 않은 것은?

① 판매촉진은 즉각적인 구매 행동을 자극하는 것으로부터 경쟁 매장 또는 기업의 적극적인 마케팅 활동에 대응하는 수단이 되기도 한다.

② 상품 및 제품의 가치와 브랜드 자산을 향상하는 등의 다양한 목표를 가지고 있는데 설정된 판매촉진 활동의 목표에 따라 기대되는 판매촉진 효과도 달라질 수 있다.

③ 판매촉진이 실행되면 판매촉진 관리자는 광고의 의사소통 효과측정에서와 마찬가지로 테스트 시기와 측정 방법을 결정해야 한다.

④ 판매촉진 효과 분석은 기업의 마케팅 활동에 대한 성과를 평가하는 과정이므로 사전 테스팅은 생략되어도 무방하다.

[해설]
사전 테스팅은 표적 고객이 매장 또는 기업의 판매촉진 활동에 노출되기 전에 판매촉진 활동에 대해 조사하는 것이다. 판매촉진 담당자가 판매촉진을 계획하여 필요한 판매촉진 자원을 행사에 실제 투입하기 전에 발생 가능한 문제점을 파악하는 데 유용하다. 또한 사전 테스트와 사후 테스트를 함께 실시하여 판매촉진 전후의 판매변화량을 측정하고자 할 때에도 필수적이다.

정답 15 ① 16 ④ 17 ② 18 ④

19 판매촉진 활동 평가 방법 중 다음 설명에 해당하는 것은?

> 소비자들을 몇 개의 집단으로 나누고 각 집단에게 서로 다른 판매촉진을 노출시킨 다음 그들의 의견과 행동에서의 변화를 조사하는 방법이다.

① 투표 방법
② 심사 방법
③ 실험법
④ 설문 조사

해설

① 투표 방법은 고객 명부에 있는 고객에게 인쇄된 투표용지를 우편으로 발송하여 함께 제시된 판매촉진 수단과 추가적인 정보를 제시한 다음 이에 대해 평가하도록 요청하는 방법이다.
② 심사 방법은 판매촉진에 관해 경험과 지식이 풍부한 심사위원을 정하여 가장 가치가 큰 판매촉진 수단을 선택하도록 하는 방법이다.
④ 설문 조사는 설문지를 통해 일상적인 고객의 행동 반응을 조사할 수도 있으며, 유통업자를 대상으로 판매촉진 행사 동안의 해당 제품의 판매 동향 등을 측정할 수도 있다.

20 데이터베이스 마케팅에 대한 설명으로 가장 옳지 않은 것은?

① 고객정보를 데이터베이스화하여 경쟁사를 모방한 평균적인 관리를 추구한다.
② 고객의 다양한 정보를 컴퓨터에 축적, 가공, 비교, 분석 통합 후 마케팅에 활용하는 기법이다.
③ 고객과의 장기적인 관계를 위한 마케팅전략을 수립하고 집행하는 활동이다.
④ 고객 구매 이력 및 브랜드 충성도 분석 후 질 높은 서비스 및 개개인의 고객 특징과 맞는 정보 확인이 가능하다.

해설

데이터베이스 마케팅은 고객과의 장기적인 관계를 위한 마케팅전략을 수립하고 집행하는 활동이며 고객정보를 데이터베이스화하여 경쟁사와 차별적인 관리를 추구한다.

21 데이터베이스 마케팅의 특징으로 틀린 것은?

① 잠재 고객 적극 활용, 컴퓨터의 활용가치 높음
② 고객과의 1:1 관계 구축
③ 일방향 의사소통, 장기 고객관리
④ 효율적 데이터베이스를 위한 전산화

해설

데이터베이스 마케팅은 쌍방적 의사소통을 가능케 한다.

22 다음 설명에 해당하는 마케팅 분야는?

> 상품을 다량으로 구입하거나 서비스를 자주 이용하는 고객을 파악하여 이들과 장기적으로 유리한 관계를 유지함으로써 이익을 늘리는 마케팅 기법이다.

① 프리퀀시 마케팅
② 릴레이션십 마케팅
③ 원투원 마케팅
④ 텔레마케팅

해설

프리퀀시(Frequency) 마케팅은 상품을 다량으로 구입하거나 서비스를 자주 이용하는 고객을 파악하여 이들과 장기적으로 유리한 관계를 유지함으로써 이익을 늘리는 마케팅 기법이다. 파레토 법칙을 원용하여, 많이 사고 자주 이용하는 단골 고객에게 특혜를 주는 기법이다.

23 데이터마이닝에 대한 설명으로 가장 옳지 않은 것은?

① 고객들의 구매패턴, 반복적으로 구매하는 상품의 목록 등의 유용한 정보를 찾아내는 것을 말한다.
② 특정한 시간대에 어떠한 제품들이 잘 팔리는지를 파악하고 특정 시간과의 상관관계를 찾아내고 마케팅전략에 적용할 수 있다.
③ 대규모로 저장된 빅데이터 안에서 체계적이고 자동적으로 통계적 규칙이나 패턴을 찾아내 분석해서 다양한 자료로 활용하는 기술이다.
④ 데이터마이닝을 할 때는 다양한 통계적 기법, 수학적 기법 없이도 인공지능을 활용한 패턴 인식 기술 등을 적용할 수 있다.

해설

데이터마이닝은 고객 관련 정보를 토대로 미래의 구매 형태를 예측하거나 변수 간 인과관계를 분석하는 마케팅 기법이다. 데이터마이닝을 할 때는 다양한 통계적 기법, 수학적 기법과 인공지능을 활용한 패턴 인식 기술 등을 이용해야 한다.

정답 **19** ③ **20** ① **21** ③ **22** ① **23** ④

1장 실전 예상문제 2차 실기

01 판매촉진을 설명하시오.

정답 고객의 구매시점 단계에서 고객에게 어떤 자극을 가해서 구매를 유도하는 단기적인 매출 증대의 목적을 가진 활동이다. 판매촉진은 누가, 누구를 대상으로 하느냐에 따라 크게 소비자 판매촉진, 유통업체 판매촉진, 소매상 판매촉진으로 구분한다.

02 가격 판매촉진 수단 4가지를 쓰시오.

정답 가격할인, 쿠폰, 캐시백, 리베이트

03 소비자의 문제 인식 유형 중 문제 해결의 긴급성은 즉각적 해결을 요하고 문제의 예상 가능성은 예상 불가능한 문제인 경우를 쓰시오.

정답 긴급적 문제

04 다음 설명에 해당하는 용어를 쓰시오.

> 상품이나 서비스 평가 시 일부나 혹은 한 가지 속성으로 형성된 평가가 그 속성과는 직접적인 관련이 없는 다른 속성의 평가에 영향을 주는 경우를 일컫는다.

정답 후광 효과

05 다음 설명이 나타내는 용어를 쓰시오.

> · 소비자는 구매 과정에 많은 시간과 노력을 투입한다.
> · 값이 비싸고 구매 결정 과정과 정보 처리 과정이 복잡하며 구매 결정이 소비자에게 중요한 의미를 갖게 된다.

정답 고관여

06 고관여 고객이 구매한 상표에 만족하면 해당 상표에 대한 충성도가 생기는데 이때의 구매 행동을 나타내는 말을 쓰시오.

정답 충성 구매 행동

07 다음 설명에 해당하는 이론을 쓰시오.

개인이 가진 신념, 생각, 태도와 행동 사이의 부조화가 유발하는 심리적 불편함을 해소하기 위한 태도나 행동의 변화를 설명한다.

정답 인지 부조화 이론

08 소비자의 구매 후 부조화 해소방안을 3가지 쓰시오.

정답 ① 선택한 대안의 장점을 강화하고 단점은 약화
② 선택하지 않은 대안의 장점을 약화하고 단점을 강화
③ 자신의 선택안을 지지하는 정보 탐색

09 다음 설명에 해당하는 판매촉진 활동 평가 방법을 쓰시오.

상점가에서 무작위로 쇼핑객을 선정하여 그들에게 인쇄 매체나 TV 등을 통해 다양한 판매촉진 수단을 보여주고 가장 가치가 큰 것으로 지각되는 판매촉진 수단을 고르도록 하는 방법이다.

정답 상점가 차단법

10 고객의 다양한 정보를 컴퓨터에 축적, 가공, 비교, 분석 통합 후 마케팅에 활용하는 기법을 쓰시오.

정답 데이터베이스 마케팅

11 다음 설명에 해당하는 용어를 쓰시오.

웹사이트, 콜센터, 고객서비스, 캠페인 등을 통해서 수집한 고객에 관한 정보인 고객 데이터베이스를 바탕으로 고객들의 구매패턴, 반복적으로 구매하는 상품의 목록 등의 유용한 정보를 찾아낸다.

정답 데이터마이닝

2장 STP 전략 수립

✔ 실기 출제영역

보통 마케팅을 할 때는 전국 또는 전 세계의 모든 고객을 대상으로 하지 않습니다. 자사가 생산하는 제품 및 서비스의 특징을 바탕으로 특정 시장을 선점하고자 합니다. 이번 단원에서는 시장을 세분화하고 특정 고객군을 타깃팅하고 자사 제품을 고객들의 마음속에 각인시키는 STP를 세부적으로 학습합니다.

1 시장 세분화 및 목표시장 선정

1 시장 세분화 ★★★

(1) STP의 이해 [기출]

① 개요
  ㉠ 전자상거래를 하기 위해서는 인터넷을 통해 마케팅 활동을 수행하는 인터넷 마케팅을 해야 한다.
  ㉡ 인터넷 마케팅은 불특정 다수뿐만 아니라 1대1 마케팅도 가능하다. 인터넷을 이용하므로 비용을 절감할 수 있고, 실시간으로 고객의 욕구를 파악해 신속하게 대응할 수 있는 장점이 있다.
  ㉢ 특히 쇼핑몰을 운영하는 운영자와 고객 간의 양방향 의사 교환이 가능하므로 고객과의 소통을 더욱더 강화할 수 있다.
  ㉣ 인터넷 마케팅의 틀은 개별마케팅·데이터베이스 마케팅·온라인 마케팅을 기반으로 하고 있다.
② STP의 개념 : STP는 시장 세분화(Segmentation), 목표 시장 선정(Targeting), 위치 설정(Positioning)을 의미한다.

(2) 시장 세분화의 이해 [기출]

① 개요
  ㉠ 마케팅전략을 세우기 위해서는 누구를 고객으로 할 것인가를 결정해야 한다. 이는 시장의 선택을 의미하는데, 시장의 선택을 위해서는 먼저 시장을 나누어야 한다.
  ㉡ 시장을 나누고 그중에서 각 시장의 크기, 시장잠재력, 고객의 이해 등을 분석해야 한다. 이렇게 시장을 분류하는 과정을 시장 세분화(market segmentation)라고 한다.
② 시장 세분화의 성격
  ㉠ 시장 세분화는 이질적인 시장을 동질적인 시장으로 구분하는 과정이다.
  ㉡ 시간의 경과에 따라 구매활동의 양상이 변화하므로 시간적 제약조건을 내포하는 개념이다.
  ㉢ 세분화된 시장은 수요곡선이 다르므로 각각 별도의 제품 또는 마케팅믹스를 필요로 한다.
③ 시장 세분화의 이점
  ㉠ 특정시장 부문에 바탕을 둔 마케팅 계획과 예산을 수립함으로써 보다 유리한 마케팅전략을 구사할 수 있다.
  ㉡ 시장을 소비자 욕구, 구매 동기 등으로 정확히 파악할 수 있다.
  ㉢ 마케팅 자원을 효과적으로 배분할 수 있다.
  ㉣ 소비자의 다양한 욕구를 충족시켜 매출액의 증대를 기할 수 있다.

④ 시장 세분화의 요건

측정 가능성	각 세분시장의 구매력과 규모를 측정할 수 있어야 함
접근 가능성	각 세분시장에 효과적으로 접근할 수 있도록 적절한 수단이 존재해야 함
수익성(세분시장의 규모)	각 세분시장은 기업에게 충분한 이익을 보장해 줄 수 있는 최소한의 규모를 가져야 하며 개별적인 마케팅 프로그램을 실시할 수 있도록 충분한 규모를 가져야 함
차별적 반응	각 세분시장은 전략 수립에 의해 구성된 마케팅 믹스에 다르게 반응하여야 함

(3) 시장 세분화의 유형 [기출]

① 개요

ⓧ 시장 세분화는 제품 범주와 소비자 욕구에 근거하여 동질적인 여러 고객 집단을 나누는 것이다.

> **니치 마케팅(niche marketing)**
> ❶ 마치 틈새를 비집고 들어가는 것과 같다는 뜻에서 붙여진 이름이다. '니치'란 '빈틈' 또는 '틈새'로 해석되며 '남이 아직 모르는 좋은 낚시터'라는 은유적 의미를 담고 있다.
> ❷ 니치 마케팅은 특정한 성격을 가진 소규모의 소비자를 대상으로 판매목표를 설정하는 것이다. 남이 아직 모르고 있는 좋은 곳, 빈틈을 찾아 그곳을 공략하는 것이다.

ⓛ 고객의 구매 성향과 즐겨찾기 등으로 고객의 필요와 욕구 및 고객 특성에 따라 유사한 성향의 소비자를 나누어 세분화하는 것이다.

ⓒ 이는 시장을 분해하는 과정이 아니라 수요 탄력성이 유사한 소비자를 몇 개의 동질적 집단으로 결합하는 전략이다.

② **고객 중심 시장 세분화** : 고객을 중심으로 시장을 세분화하면 지리별, 인구 통계별, 생활양식별, 행동별로 나누어진다.

지리별 세분화	지역, 국가 면적, 도시 크기, 인구 밀도, 기후 등
인구 통계별 세분화	나이, 성별, 생애 주기, 가족 수, 사회 계층, 결혼 유무, 소득, 학력, 종교 등
생활양식별 세분화	생활 형태(life style), 개성 등
행동별 세분화	추구하는 편익, 제품 사용 경험, 충성도, 사용량, 사용 성향, 제품에 대한 태도 등

③ **공급자 중심 시장 세분화** : 수요자인 고객 중심 시장 세분화와 함께 공급자가 공급하는 상품의 가격, 성능, 디자인, 유통 경로, 크기, 특징 등으로 시장을 세분화하는 것도 필요하다.

(4) 세분시장의 범위를 결정하는 방법 [기출]

① **단일제품 전체시장 도달전략** : 시장을 하나의 통합체로 파악하고 모든 계층의 소비자로부터 공통적인 욕구를 발견하여 소구가능한 단일제품과 단일 마케팅전략으로 전체시장에 소구하는 전략이다.

② **다수제품 전체시장 도달전략** : 시장 세분화 후 모든 세분시장을 표적시장으로 선정하고, 각 시장에 적합한 제품과 마케팅믹스를 소구하는 전략이다.

③ **단일시장 집중화 전략** : 가장 단순한 형태로 단일제품으로 단일시장에서 소구하는 전략이다.

④ **시장전문화 전략** : 특정 고객집단의 다양한 욕구를 충족시키기 위하여 다양한 제품을 판매하기 위한 전략이다.

⑤ **제품전문화 전략** : 다양한 세분시장에 단일제품으로 소구하는 전략이다. 이 경우 제품은 단일제품이지만 디자인이나 색상을 다양화시켜 소비자의 선택 폭을 넓힐 수 있다.

⑥ **선택적 전문화 전략** : 세분시장 중에서 매력적이고 기업목표에 적합한 몇 개의 세분시장에 진입하는 전략으로, 세분시장마다 제품 및 전략이 상이하기 때문에 시너지효과가 낮으며 상당한 제품개발 및 마케팅 비용이 수반된다.

(5) 시장 표적화(세분시장의 평가) 기출

① **의의**

㉠ 시장 세분화를 한 후에는 각 세분시장을 평가하여 자사의 경쟁우위가 확보될 가능성을 파악하고, 전망이 좋은 세분시장을 선택해야 한다.

㉡ 세분시장의 평가는 시장규모, 시장성장률 등 세분시장 요인과 자사의 자원, 마케팅믹스 등과의 적합성 측면에서 이루어져야 한다.

② **세분시장 요인**

㉠ **세분시장의 규모** : 시장규모가 크다고 해서 높은 수익을 보장해 주는 것은 아니다. 규모가 큰 시장은 성장률이 낮고 많은 경쟁자가 있어 경쟁에 불리한 측면이 있다. 따라서 기업의 규모를 고려하여 세분시장을 선택해야 한다.

㉡ 세분시장 성장률이 높은 시장은 매출과 이윤의 지속적인 성장을 가져다주기 때문에 바람직한 시장이라고 할 수 있다. 따라서 성장률과 미래의 경쟁상황을 예측하여 의사결정을 해야 한다.

㉢ **경쟁요인** : 현재의 경쟁자와 잠재적 경쟁자를 고려하여 세분시장에서의 성공가능성을 예측할 수 있다.

③ **적합성**

㉠ 매력적인 시장이라도 기업목표와 어긋난다면 선택할 수 없는 경우가 많다.

㉡ 시장이 매력적이고 기업의 목표와 일치한다고 해도 기업의 자원이나 능력이 부족하다면 그 시장은 선택할 수 없다.

2 목표(표적)시장 선정(Targeting) ★★★

(1) 개요

① 타깃팅(Targeting)은 전체 시장을 몇 개의 시장으로 세분화한 후 각각의 세분화된 시장을 평가하여 집중적으로 공략해야 할 표적이 되는 목표시장(표적시장)을 선정하는 것이다.

② 목표시장은 세분화한 시장 중에서 내부 환경 및 외부 환경을 고려하여 고객의 욕구를 충족하고 기업에 최대의 이익을 가져다줄 수 있을 것으로 기대되는 시장을 선정해야 한다.

③ 적합한 시장을 고를 때는 시장의 매력도, 자사와의 적합성, 시장의 경쟁 정도를 고려해야 한다.

(2) 표적시장 선정 전략 _{기출}

① 표적시장 선정은 기업이 시장에 진출하기 위하여 각 시장부문을 평가하고, 하나 혹은 그 이상의 시장부문을 선택하는 과정을 의미한다.

② 표적시장 선정전략으로는 비차별화 마케팅전략, 차별화 마케팅전략, 집중화 마케팅전략이 있다.

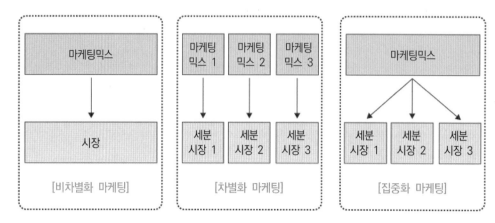

③ 비차별화 마케팅(전체시장 진출전략)

　㉠ 단일 마케팅믹스로 거대 세분시장에 집중하는 전략이다.

　㉡ 기업의 대표상품과 표준화된 마케팅믹스로 시장에 접근한다.

　㉢ 장점으로 규모의 경제, 세분화비용 절감, 강력한 브랜드 구축을 기대할 수 있다.

　㉣ 단점으로는 치열한 경쟁이 수반되며 거대자원이 요구되고 다양한 기호에 발빠른 대응이 요구된다.

④ 차별화 마케팅(선별적 전문화 전략)

　㉠ 다양한 제품을 취급하는 다각화 기업에 적합한 전략이다.

　㉡ 복수 마케팅믹스로 복수의 세분시장에 접근하는 형태다.

　㉢ 장점은 다양한 세분시장을 공략할 수 있고 이에 따른 다양한 시장 지식 습득이 가능하며 범위의 경제를 실현할 수 있다.

　㉣ 단점으로 자원과 역량이 분산되며 비용 상승이 동반되고 자사시장 잠식가능성도 존재한다.

⑤ 집중화 마케팅

　㉠ 단일 또는 복수마케팅 믹스로 단일 또는 세분시장을 공략하는 전략으로 자원과 역량을 최소화하여 효과를 극대화할 수 있다.

　㉡ 집중화 마케팅의 유형

시장 중심형 (시장전문화 전략)	• 복수 마케팅믹스 → 단일세분시장 공략 • 범위의 경제 실현, 자원과 역량분산, 비용과다
유일세분시장형 (유일세분집중 전략)	단일 마케팅믹스 → 단일세분시장 공략

(3) 표적시장 선정에서 고려요소 [기출]

기업의 자원	기업의 자원이 제한된 경우에는 집중적 마케팅전략이 바람직
제품의 동질성	질적 제품은 비차별화 마케팅전략, 이질적 제품은 차별화 마케팅전략이 바람직
제품수명주기	도입기에는 비차별화 마케팅전략, 성숙기에는 차별화 마케팅전략이 바람직
시장의 동질성	시장의 동질성이 높을수록 비차별화 마케팅전략이 바람직
경쟁자	경쟁자의 수가 많을수록 비차별화 마케팅전략이 바람직
경쟁자의 마케팅전략	경쟁자가 비차별화 마케팅전략을 구사할 때 차별화 마케팅전략을 사용하면 효과적
소비자의 민감도	민감도가 낮은 제품은 비차별화 마케팅전략, 민감도가 높은 제품은 차별화 마케팅전략이 바람직

3 마케팅전략 수립 ★★

(1) 4P 전략 [기출]

경쟁 업체와 무한 경쟁을 해야 하는 상황에서 전통적인 마케팅전략인 제품(Product), 유통 경로(Place), 가격 (Price), 촉진(Promotion)의 4P 전략을 수립해야 한다.

(2) 6C 전략

① 인터넷 마케팅에서 중요시되고 있는 콘텐츠(Contents), 커뮤니티(Community), 커뮤니케이션(Communication), 상거래(Commerce), 협력(Connection), 고객 맞춤(Customization)을 통한 마케팅전략을 의미한다.

② 콘텐츠(contents) 전략

  ㉠ 콘텐츠란 웹사이트를 통해 전달하고자 하는 정보나 내용으로서 웹사이트에 있는 문장, 이미지, 동영상 등의 구성 요소들을 말한다.

  ㉡ 고객은 제품을 콘텐츠로 인식하게 되는데 이러한 콘텐츠는 정보의 내용(contents), 웹사이트의 설계와 관련된 디자인(design), 그리고 이들이 상호 작용할 수 있게 뒷받침해 주는 기술(technology)로 구성된다.

  ㉢ 좋은 콘텐츠는 이 세 가지 요소가 적절히 조화되어 구성되어야 한다.

③ 커뮤니티(Community) 전략

  ㉠ 커뮤니티(Community)란 유사한 관심을 가진 집단이 특정 사이트에 지속적으로 접속하여 상호 간의 정보 교류를 할 수 있도록 공동체를 형성하여 유지하는 것이다.

  ㉡ 인터넷의 초기 활용에서는 뉴스 그룹, 채팅, 사설 게시판 등의 형태로 출발하였으나 최근에는 훨씬 다양하고 광범위한 가상 공동체가 형성되어 이들 기능을 통합적으로 제공하고 있다.

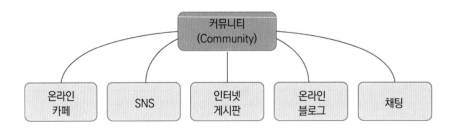

④ 커뮤니케이션(Communication) 전략

　㉠ 인터넷의 큰 장점은 상호작용성(interaction)이 존재한다는 것이다. 상호작용성은 고객과의 효과적인 커뮤니케이션 방법을 제공함으로써 고객들의 참여를 쉽게 한다.

　㉡ 정보 통신의 발달은 그간 텔레비전이나 라디오, 신문 등의 기존 매체들이 제공하지 못했던 멀티미디어 커뮤니케이션을 가능하도록 함에 따라 더욱 효과적인 고객 관계 전략 수립이 가능해졌다.

　㉢ 커뮤니케이션 전략으로 활용되는 IMC(Integrated Marketing Communication)는 광고, DM(Direct Mail advertising, 직접 광고), 판매 촉진, PR(Public Relation, 대 공중 관계) 등을 활용할 수 있다.

　㉣ 다양한 커뮤니케이션 수단들의 전략적인 역할을 비교, 검토하여 최대의 커뮤니케이션 효과를 거둘 수 있도록 이들을 통합하는 통합 마케팅 커뮤니케이션이 효과적이다.

　㉤ 커뮤니케이션 수단은 ATL과 BTL로 구분할 수 있다.

ATL (Above The Line)	4대 매체(TV, 라디오, 신문, 잡지) 활용
BTL (Below The Line)	이벤트, 전시, 스포츠 마케팅, CI(Corporate Identity, 기업 이미지 통합), PR, 옥외 매체, 인터넷 등 활용

⑤ 상거래(Commerce) 전략

　㉠ 인터넷을 기반으로 한 비즈니스들이 다양하게 출현하면서 수익 창출에 대한 관심이 더욱 고조되고 있다.

　㉡ 수익성이 없는 비즈니스는 지속적인 성장이 불가능하고 결국엔 실패할 수밖에 없기 때문이다.

　㉢ 인터넷 비즈니스가 창출하는 경영 환경의 변화는 다양한 수익 모델들을 제시하고 있다.

M커머스 (mobile commerce)	이동 전화기나 PDA 등의 무선기기를 이용한 전자상거래
소셜커머스 (social commerce)	소셜 네트워크 서비스(SNS)를 활용하는 전자상거래
T커머스 (television commerce)	텔레비전(television)과 상거래(commerce)의 합성어 → 리모컨으로 IPTV에서 원하는 콘텐츠를 클릭하여 상품을 구매하는 홈쇼핑과 같은 전자상거래
V커머스 (video commerce)	영상(video)과 상업(commerce)을 결합한 뉴미디어 마케팅으로 웹사이트에 영상을 업로드하여 구매를 유도하는 전자상거래

⑥ 협력(Connection) 전략

　㉠ 인터넷 비즈니스의 패러다임은 점차 기업 간 협력을 중시하는 C-commerce(collaboration commerce)로 옮겨가고 있다.

　㉡ C-commerce란 경영 기획에서부터 설계, 생산 물류, 판매 등 기업 활동 전반의 업무 흐름에 걸쳐 기업 간 협업과 지식 공유를 통해 수익을 창출하는 모델이다.

ⓒ 협력(Connection) 전략은 이러한 기업 간의 협력 모델을 의미한다. 수많은 인터넷 비즈니스 기업들이 등장하면서 기업 간에 다양한 형태의 모델로 제휴, 협력 관계를 형성하고 있다.

⑦ **고객 맞춤(Customization) 전략** : 커스토마이제이션(고객화)은 고객 만족을 극대화하기 위하여 기업이 제공하는 제품과 서비스를 고객 취향에 맞춰 선택의 폭을 넓히고 고객 맞춤 마케팅, 관계 마케팅을 구현하는 것을 말한다.

2 포지셔닝

1 포지셔닝의 이해 ★★ 기출

① 포지셔닝은 고객의 마음속에 의미 있는 자리를 차지하기 위한 마케팅 의사 결정과 활동을 의미한다.
② 이는 세분화된 시장 중 표적시장과 목표 고객군을 정한 후 경쟁 제품과는 다른 자사 제품만의 차별적 요소를 표적 시장 내 목표 고객의 머릿속에 인식시키기 위한 마케팅 믹스 활동이다.
③ 소비자는 인터넷 쇼핑몰에서 제품 또는 서비스를 구매할 때 필요한 정보를 매우 쉽게 찾을 수 있으며, 짧은 시간에 편리하게 구매할 수 있다.
④ 소비자들은 다른 사람의 방해를 받지 않고 쇼핑을 즐길 수 있으며, 가격도 저렴하다는 장점을 알고 이용하게 된다.
⑤ 인터넷 쇼핑몰 운영자는 소비자의 마음속에서 형성되는 자사 제품의 위치가 확고하게 정립되도록 적극적인 노력을 기울여야 한다.

2 포지셔닝 전략 수립 과정 ★ 기출

① 포지셔닝을 위해서는 소비자를 분석하고 경쟁자를 확인한 후 경쟁 제품의 포지션을 분석한다.
② 자사 제품의 포지션을 개발하고 포지션에 따라 활동한 결과에 따라 재 포지션을 해야 한다.

소비자 분석

↓

경쟁자 확인

↓

경쟁 제품의 포지션 분석

↓

자사 제품의 포지션 개발

↓

포지션 확인 및 재 포지셔닝

3 포지셔닝 전략 유형 ★★ 기출

① 제품속성에 의한 포지셔닝
  ㉠ 제품의 속성을 기준으로 포지셔닝하는 방법으로 가장 널리 사용된다.
  ㉡ A 가전제품은 저가격과 실용성을 강조하며, B 가전제품은 안전성 측면을 강조하며 C 가전제품은 성능이 우수하다는 것을 강조하는 것이다.
② 이미지 포지셔닝 : 제품의 추상적인 편익을 강조하여 포지셔닝하는 경우로 정서적·사색적 고급 이미지를 형성하고자 한다.
③ 사용상황이나 목적에 의한 포지셔닝
  ㉠ 제품이 사용될 수 있는 상황을 묘사하여 포지셔닝할 수 있다.
  ㉡ A 신용카드는 카드가 사용되는 장소, 분실할 수 있는 상황을 통하여 신뢰성을 강조하고 있다.
④ 제품 사용자에 의한 포지셔닝
  ㉠ 제품의 사용자나 사용계층을 이용하여 포지셔닝할 수 있다.
  ㉡ A 음료는 젊은이들이 사용하는 모습을 강조하고 B 맥주는 젊은 남성, 노동자 계층이 주로 사용하는 맥주로 포지셔닝하는 것을 생각해 볼 수 있다.
⑤ 경쟁 제품에 의한 포지셔닝 : 소비자의 지각 속에 위치하고 있는 경쟁제품과 명시적 혹은 묵시적으로 비교하게 하여 포지셔닝하는 방법이다.

4 포지셔닝 맵 ★

(1) 개요
① 포지셔닝 맵은 제품 포지셔닝 전략을 개발할 때 유용하게 사용되는 도구이다. 소비자의 마음속에 있는 자사 제품과 경쟁사 제품의 위치를 2차원 또는 3차원의 도면으로 작성한 것이다.
② 기업은 고객들로부터 인식을 차별화할 수 있도록 해야 하며, 이를 토대로 콘텐츠를 구성하고 커뮤니티를 형성하여 고객의 동질성을 강화하고 관계를 구축해 가야 한다.
③ 고객의 인식에 있어 중요한 속성들을 분석하여 고객의 마음속에서 어떠한 위치를 차지할 것인가에 대한 지도를 작성해 보면 유용하다.
④ 고객의 인식과 자사의 비즈니스 간에 차이가 있다면 이를 일치시킬 수 있도록 다양한 노력들을 해야 한다.

(2) 포지셔닝 맵 작성 방법
① X축과 Y축으로 구분하여 이등분한다.
② X축에는 위에서 고객이 중요하게 생각하는 첫 번째 우선순위를 기입한다.
③ X축의 0에 가까운 왼쪽에 부정적 상태를 적는다.
④ X축의 오른쪽 끝에 우선순위의 긍정적 상태를 적는다.
⑤ Y축에 두 번째 우선순위를 적는다. 0에 가까운 아래쪽에 부정적 상태를, 위쪽에 긍정적 상태를 적는다.
⑥ 자사와 경쟁사의 위치를 표시한다.

(3) 포지셔닝 맵 예시

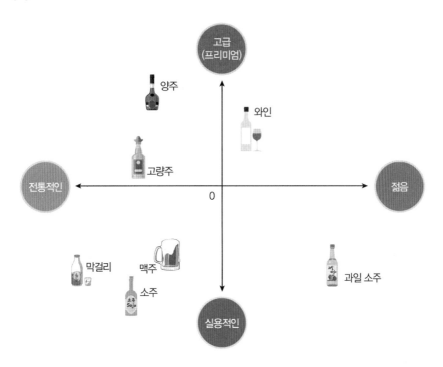

① 경영자는 이러한 지도를 보고 어느 지점이 가장 자사 제품에 적합한지를 결정해야 한다. 예컨대 지도상에서 비어 있는 부분에(아직 경쟁사가 들어오지 않은 부분에) 포지셔닝할 수 있다.

② 위치에 맞는 제품을 기술적·경제적으로 만들 수 있고 또 그러한 제품을 찾는 소비자의 수가 많다는 확신이 있어야 한다.

01 시장 세분화에 대한 설명으로 가장 옳지 않은 것은?

① 마케팅전략을 세우기 위해서는 누구를 고객으로 할 것인가를 결정해야 한다.
② 시장의 선택을 위해서는 먼저 시장을 나누어야 한다.
③ 시장의 크기, 시장잠재력, 고객의 이해 등을 분석해야 한다.
④ 세분화된 시장은 수요곡선이 동일하므로 공통의 제품 또는 마케팅믹스를 필요로 한다.

해설

세분화된 시장은 수요곡선이 다르므로 각각 별도의 제품 또는 마케팅믹스를 필요로 한다.

02 시장 세분화의 이점에 대한 설명으로 틀린 것은?

① 특정시장 부문에 바탕을 둔 마케팅 계획과 예산을 수립함으로써 보다 유리한 마케팅전략을 구사할 수 있다.
② 마케팅 자원을 효과적으로 배분할 수 있다.
③ 시장에서 소비자 욕구, 구매 동기를 배제하고도 마케팅전략을 수립할 수 있다.
④ 소비자의 다양한 욕구를 충족시켜 매출액의 증대를 기할 수 있다.

해설

시장 세분화의 이점으로 시장을 소비자 욕구, 구매 동기 등으로 정확히 파악할 수 있다는 점을 들 수 있다.

03 시장 세분화의 요건 중 차별적 반응을 바르게 설명한 것은?

① 각 세분시장은 전략 수립에 의해 구성된 마케팅믹스에 다르게 반응하여야 한다.
② 각 세분시장의 구매력과 규모를 측정할 수 있어야 한다.
③ 각 세분시장에 효과적으로 접근할 수 있도록 적절한 수단이 존재해야 한다.
④ 각 세분시장은 기업에게 충분한 이익을 보장해 줄 수 있는 최소한의 규모를 가져야 한다.

해설

② 각 세분시장의 구매력과 규모를 측정할 수 있어야 한다는 것은 측정 가능성이다.
③ 각 세분시장에 효과적으로 접근할 수 있도록 적절한 수단이 존재해야 한다는 것은 접근 가능성이다.
④ 각 세분시장은 기업에게 충분한 이익을 보장해 줄 수 있는 최소한의 규모를 가져야 한다는 것은 수익성(세분시장의 규모)이다.

04 고객 중심 시장 세분화의 유형으로 틀린 것은?

① 지리별 세분화
② 유통경로별 세분화
③ 인구 통계별 세분화
④ 생활양식별 세분화

해설

시장 세분화는 크게 고객 중심 시장 세분화와 공급자 중심 시장 세분화로 구분할 수 있다. 고객을 중심으로 시장을 세분화하면 지리별, 인구 통계별, 생활양식별, 행동별로 나누어진다. 수요자인 고객 중심 시장 세분화와 함께 공급자가 공급하는 상품의 가격, 성능, 디자인, 유통 경로, 크기, 특징 등으로 시장을 세분화하는 것도 필요하다.

정답 01 ④ 02 ③ 03 ① 04 ②

05 세분시장의 범위를 결정하는 방법 중 다음 설명에 해당하는 전략은?

> 시장을 하나의 통합체로 파악하고 모든 계층의 소비자로부터 공통적인 욕구를 발견하여 소구 가능한 단일제품과 단일 마케팅전략으로 전체시장에 소구하는 전략이다.

① 단일제품 전체시장 도달전략
② 다수제품 전체시장 도달전략
③ 단일시장 집중화 전략
④ 시장전문화 전략

해설

② 다수제품 전체시장 도달전략은 시장 세분화 후 모든 세분시장을 표적시장으로 선정하고, 각 시장에 적합한 제품과 마케팅믹스를 소구하는 전략이다.
③ 단일시장 집중화 전략은 가장 단순한 형태로 단일제품으로 단일시장에서 소구하는 전략이다.
④ 시장전문화 전략은 특정 고객집단의 다양한 욕구를 충족시키기 위하여 다양한 제품을 판매하기 위한 전략이다.

06 세분시장 중에서 매력적이고 기업목표에 적합한 몇 개의 세분시장에 진입하는 전략은?

① 제품전문화 전략
② 시장전문화 전략
③ 단일시장 집중화 전략
④ 선택적 전문화 전략

해설

선택적 전문화 전략은 세분시장 중에서 매력적이고 기업목표에 적합한 몇 개의 세분시장에 진입하는 전략으로, 세분시장마다 제품 및 전략이 상이하기 때문에 시너지효과가 낮으며 상당한 제품개발 및 마케팅 비용이 수반된다.

07 세분시장의 평가와 관련된 설명으로 가장 적절하지 않은 것은?

① 시장 규모와 수익은 정비례하므로 큰 규모의 시장은 높은 수익을 보장해 준다.
② 성장률과 미래의 경쟁상황을 예측하여 의사결정을 해야 한다.
③ 현재의 경쟁자와 잠재적 경쟁자를 고려하여 세분시장에서의 성공가능성을 예측할 수 있다.
④ 시장이 매력적이고 기업의 목표와 일치한다고 해도 기업의 자원이나 능력이 부족하다면 그 시장은 선택할 수 없다.

해설

시장규모가 크다고 해서 높은 수익을 보장해 주는 것은 아니다. 규모가 큰 시장은 성장률이 낮고 많은 경쟁자가 있어 경쟁에 불리한 측면이 있다. 따라서 기업의 규모를 고려하여 세분시장을 선택해야 한다.

08 다음 설명에 해당하는 알맞은 용어는?

> 전체 시장을 몇 개의 시장으로 세분화한 후 각각의 세분화된 시장을 평가하여 집중적으로 공략해야 할 표적이 되는 목표시장을 선정하는 것이다.

① 포지셔닝
② 타깃팅
③ 시장 세분화
④ 목표시장 공략

해설

타깃팅(targeting)은 전체 시장을 몇 개의 시장으로 세분화한 후 각각의 세분화된 시장을 평가하여 집중적으로 공략해야 할 표적이 되는 목표시장(표적시장)을 선정하는 것이다. 목표시장은 세분화한 시장 중에서 내부 환경 및 외부 환경을 고려하여 고객의 욕구를 충족하고 기업에 최대의 이익을 가져다줄 수 있을 것으로 기대되는 시장을 선정해야 한다.

정답 **05 ① 06 ④ 07 ① 08 ②**

09 다음 설명에 해당하는 표적시장 선정 전략은?

- 단일 마케팅믹스로 거대 세분시장에 집중하는 전략이다.
- 기업의 대표상품과 표준화된 마케팅믹스로 시장에 접근한다.

① 차별화 마케팅
② 선별적 전문화 전략
③ 비차별화 마케팅
④ 집중화 마케팅

해설

비차별화 마케팅 또는 전체시장 진출전략은 단일 마케팅믹스로 거대 세분시장에 집중하는 전략으로 기업의 대표상품과 표준화된 마케팅믹스로 시장에 접근한다. 장점으로 규모의 경제, 세분화비용 절감, 강력한 브랜드 구축을 기대할 수 있다. 단점으로는 치열한 경쟁이 수반되며 거대자원이 요구되고 다양한 기호에 발 빠른 대응이 요구된다.

10 차별화 마케팅에 대한 설명으로 가장 옳지 않은 것은?

① 다양한 제품을 취급하는 다각화 기업에 적합한 전략이다.
② 복수 마케팅믹스로 단일의 세분시장에 접근하는 형태다.
③ 다양한 세분시장을 공략할 수 있다.
④ 자원과 역량이 분산되며 비용 상승이 동반된다.

해설

차별화 마케팅 또는 선별적 전문화 전략은 복수 마케팅믹스로 복수의 세분시장에 접근하는 형태다.

11 표적시장 선정 시 고려 요소를 설명한 것으로 틀린 것은?

① 기업의 자원이 제한된 경우에는 집중적 마케팅전략이 바람직하다.
② 질적 제품은 비차별화 마케팅전략, 이질적 제품은 차별화 마케팅전략이 바람직하다.
③ 경쟁자의 수가 많을수록 비차별화 마케팅전략이 바람직하다.
④ 성숙기에는 비차별화 마케팅전략, 도입기에는 차별화 마케팅전략이 바람직하다.

해설

표적시장 선정 시 고려 요소로 제품 수명주기상 도입기에는 비차별화 마케팅전략, 성숙기에는 차별화 마케팅전략이 바람직하다.

12 마케팅 6C 전략 수립의 요소와 무관한 것은?

① 변화(Change)
② 콘텐츠(Contents)
③ 상거래(Commerce)
④ 고객 맞춤(Customization)

해설

6C 전략이란 인터넷 마케팅에서 중요시되고 있는 콘텐츠(Contents), 커뮤니티(Community), 커뮤니케이션(Communication), 상거래(Commerce), 협력(Connection), 고객 맞춤(Customization)을 통한 마케팅전략을 의미한다.

13 커뮤니케이션 수단 중 BTL의 예로 옳은 것은?

① TV
② 라디오
③ PR
④ 신문

해설

ATL (Above The Line)	4대 매체(TV, 라디오, 신문, 잡지) 활용
BTL (Below The Line)	이벤트, 전시, 스포츠 마케팅, CI(Corporate Identity, 기업 이미지 통합), PR, 옥외 매체, 인터넷 등 활용

정답 09 ③ 10 ② 11 ④ 12 ① 13 ③

14 다음 설명에 해당하는 상거래 유형은?

> 영상과 상업을 결합한 뉴미디어 마케팅으로 웹사이트에 영상을 업로드하여 구매를 유도하는 전자상거래 형태다.

① M커머스   ② 소셜커머스
③ T커머스   ④ V커머스

[해설]
① M커머스는 이동 전화기나 PDA 등의 무선기기를 이용한 전자상거래다.
② 소셜커머스는 소셜 네트워크 서비스(SNS)를 활용하는 전자상거래다.
③ T커머스는 텔레비전(television)과 상거래(commerce)의 합성어로 리모컨으로 IPTV에서 원하는 콘텐츠를 클릭하여 상품을 구매하는 홈쇼핑과 같은 전자상거래다.

15 포지셔닝에 대한 설명으로 가장 옳지 않은 것은?

① 포지셔닝은 고객의 마음속에 의미 있는 자리를 차지하기 위한 마케팅 의사 결정과 활동을 의미한다.
② 인터넷 쇼핑몰 이용자는 다른 사람의 방해를 많이 받는다는 특성을 잘 활용해야 한다.
③ 경쟁 제품과는 다른 자사 제품만의 차별적 요소를 표적시장 내 목표 고객의 머릿속에 인식시키기 위한 마케팅믹스 활동이다.
④ 인터넷 쇼핑몰 운영자는 소비자의 마음속에서 형성되는 자사 제품의 위치가 확고하게 정립되도록 적극적인 노력을 기울여야 한다.

[해설]
소비자는 인터넷 쇼핑몰에서 제품 또는 서비스를 구매할 때 필요한 정보를 매우 쉽게 찾을 수 있으며, 짧은 시간에 편리하게 구매할 수 있다. 또한, 소비자들은 다른 사람의 방해를 받지 않고 쇼핑을 즐길 수 있으며, 가격도 저렴하다는 장점을 알고 이용하게 된다. 인터넷 쇼핑몰 운영자는 소비자의 마음속에서 형성되는 자사 제품의 위치가 확고하게 정립되도록 적극적 노력을 기울여야 한다.

16 다음 설명에 해당하는 포지셔닝 전략 유형은?

> 제품의 추상적인 편익을 강조하여 포지셔닝하는 경우로 정서적·사색적 고급 이미지를 형성하고자 한다.

① 제품 속성에 의한 포지셔닝
② 이미지 포지셔닝
③ 사용 상황이나 목적에 의한 포지셔닝
④ 제품 사용자에 의한 포지셔닝

[해설]
① 제품 속성에 의한 포지셔닝은 예로써 가전제품은 성능이 우수하다는 것을 강조하는 것이다.
③ 사용 상황이나 목적에 의한 포지셔닝은 제품이 사용될 수 있는 상황(예 카드 사용)을 묘사하여 포지셔닝 하는 것이다.
④ 제품 사용자에 의한 포지셔닝은 예로써 젊은 남성, 특정 계층 등이 주로 이용하는 상황을 이용하여 포지셔닝 하는 것이다.

17 다음 설명에 해당하는 용어는?

> 소비자의 마음속에 있는 자사 제품과 경쟁사 제품의 위치를 2차원 또는 3차원의 도면으로 작성한 것이다.

① 포지셔닝 맵
② 포지셔닝 툴
③ 포지셔닝 비전
④ 포지셔닝 설계

[해설]
포지셔닝 맵은 제품 포지셔닝 전략을 개발할 때 유용하게 사용되는 도구로 소비자의 마음속에 있는 자사 제품과 경쟁사제품의 위치를 2차원 또는 3차원의 도면으로 작성한 것이다. 기업은 고객들로부터 인식을 차별화할 수 있도록 해야 하며, 이를 토대로 콘텐츠를 구성하고 커뮤니티를 형성하여 고객의 동질성을 강화하고 관계를 구축해 가야 한다.

정답   14 ④   15 ②   16 ②   17 ①

2장 실전 예상문제 2차 실기

01 STP를 쓰시오.

<u>정답</u> 시장 세분화(Segmentation), 목표 시장 선정(Targeting), 포지셔닝(Positioning, 위치 설정)

02 시장 세분화의 요건 4가지를 쓰시오.

<u>정답</u> 측정 가능성, 접근 가능성, 수익성, 차별적 반응

03 세분시장의 범위를 결정하는 방법 중 다음 설명에 해당하는 전략을 쓰시오.

> 시장 세분화 후 모든 세분시장을 표적시장으로 선정하고, 각 시장에 적합한 제품과 마케팅믹스를 소구하는 전략이다.

<u>정답</u> 다수제품 전체시장 도달전략

04 단일 마케팅믹스로 거대(전체) 세분시장에 집중하는 전략을 쓰시오.

<u>정답</u> 비차별화 마케팅(또는 전체시장 진출전략)

05 V커머스를 약술하시오.

<u>정답</u> 영상(video)과 상업(commerce)을 결합한 뉴미디어 마케팅으로 웹사이트에 영상을 업로드하여 구매를 유도하는 전자상거래다.

06 포지셔닝 전략 유형을 4가지 쓰시오.

<u>정답</u> 제품속성에 의한 포지셔닝, 이미지 포지셔닝, 사용상황이나 목적에 의한 포지셔닝, 제품 사용자에 의한 포지셔닝

3장 마케팅믹스 전략 수립

✔ 실기 출제영역

믹스라는 말은 상시적으로 어떤 요소들이 혼합되어 있고 섞여 있는 상태를 말하곤 합니다. 이를 배경지식 삼아 마케팅에 활용할 수 있는 여러 가지 수단들을 어떻게 배합하고 혼용하고 활용할지를 고민해 보는 단원입니다.

---

1 제품전략 수립

1 제품수명주기 ★★★

(1) 개요

① 의의
  ㉠ 하버드 대학의 시어도어 레빗(Theodore Levitt) 교수는 제품수명주기를 고전적인 전략도구로 발전을 시켰다.
  ㉡ 제품은 일반 생명체와 비슷하게 탄생기에서 시작해서 성장기, 성숙기를 거쳐 쇠퇴기에 이르게 된다고 하였다. 이것을 제품수명주기(Product Life Cycle), 즉 PLC라고 부른다.

> **제품의 유형** `기출`
>
> 코틀러(Kotler)는 제품의 수준에 따라 핵심 제품, 유형 제품, 확장 제품으로 제품의 유형을 제시했다.
>
>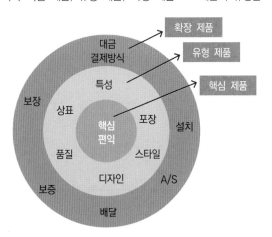
>
> ❶ 핵심 제품은 소비자가 제품을 통해 얻고자 하는 편익이다. 선풍기를 예로 들면 이를 통해 얻고자 하는 시원함이라는 편익이 핵심 제품의 개념이다.
> ❷ 유형 제품은 핵심 제품을 물리적으로 제품화하기 위한 포장, 스타일과 디자인, 품질, 상표 등이 해당한다.
> ❸ 확장 제품은 유형 제품 이외에 부가적인 서비스 제공물들로 배달, 설치, A/S 등이다.

② 제품수명주기의 내용

㉠ 전형적인 제품수명주기는 시간이 경과함에 따라 단계별로 매출과 이익이 변화함을 보여준다.

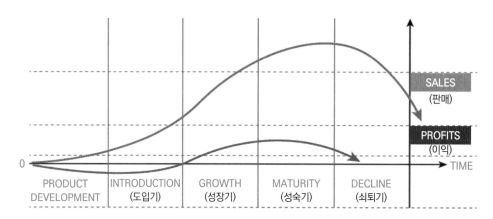

▲ 제품수명주기에 따른 판매량과 수익

㉡ 제품수명주기의 특징

도입기	판매가 완만하게 증가하며 막대한 제품개발비용의 지출로 이익이 나지 않는 단계
성장기	매출과 이익이 급속하게 증가하는 기간
성숙기	매출성장이 둔화되고 이익은 정체되거나 하락하는 단계
쇠퇴기	매출과 이익이 모두 감소하는 기간

(2) 제품수명주기의 형태

① 전형적인 PLC는 S자형으로 나타나지만 이외에도 다양한 형태가 나타날 수 있다.

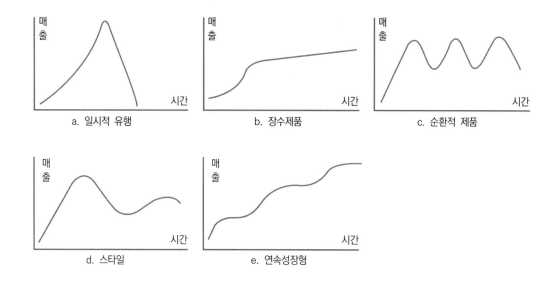

② 특징

일시적 유행상품	짧은 시간 내에 소비자들에 의해 급속하게 수용되었다가 매우 빨리 쇠퇴하는 형태
장수제품	출시된 후 오랜기간 꾸준히 많은 소비자들에 의해 지속적으로 구매되는 형태의 수명주기
순환적 제품	계절에 따라 매출의 증가와 감소가 반복되는 수명주기 형태
스타일	출현하면 한 때 유행하였다가 일정 기간이 지나 다시 유행하는 형태로 오랜기간 지속되는 모양을 보임
연속성장형	새로운 제품특성이나 용도, 사용자 등을 발견함으로써 매출성장이 연속적으로 이어지는 형태

(3) PLC 단계별 특성과 마케팅전략 [기출]

① 개요

		도입기	성장기	성숙기	쇠퇴기
특징	매출	낮다	급속 성장	최대 판매고	감소
	비용	고객당 비용 높다	평균	낮다	낮다
	이익	적자	점차 증가	높다	감소
	고객	혁신층	조기 수용층	중간 다수층	지체그룹
	경쟁업자	소수	점차 증대	안정 후 감소	감소
마케팅 목적		제품인지와 비용창출	시장점유율의 극대화	이익의 극대화와 시장점유율 방어	비용절감과 상표가치증진
마케팅 전략	제품	기초제품의 제공	제품확장, 서비스 및 보증의 제공	상표와 모델의 다양화	취약제품의 폐기
	가격	원가가산가격	시장침투가격	경쟁대등가격	가격인하
	유통	선택적 유통	개방적 유통	집약적 유통 보다 개방적인 유통강화	선택적 유통
	광고	조기수용층과 유통상에 대한 제품인지 형성	대중시장에서의 제품 인지와 관심의 형성	상표 차이와 편익의 강조	보수적 핵심고객의 유지에 필요한 수준으로 축소
	판매촉진	사용확보를 위한 판촉강화	수요확대에 따른 판촉의 감소	상표전환을 유도하기 위한 판촉증대	최저수준으로 축소

② 도입기

　㉠ 도입기에는 일반적인 점진적 시장확대정책이 이루어지고, 제품유통에 시간이 필요한데다가 소비자들의 제품인지가 낮은 상태이기 때문에 매출의 성장속도가 매우 느리다.

　㉡ 이 시기는 구매가능성이 가장 높은 고소득층을 대상으로 고가정책이 주로 사용된다.

③ 성장기

　㉠ 성장기에는 대규모생산과 이익기회에 매료되어 새로운 경쟁자가 시장에 진입한다.

　㉡ 성장 전기에는 독점적 경쟁을 유지하면서 제품의 수요도 확대되고 이익률도 증가하지만 성장 후기가 되면 경쟁이 치열해짐에 따라 이익률도 점차 감소한다.

　㉢ 성장기에는 빠른 시장 성장을 유지하기 위해 시장확장전략을 사용할 수 있다.

④ 성숙기

    ⊙ 성숙기에서는 이전의 단계들에 비해 오랫동안 지속되는 것이 일반적이며 마케팅 관리면에서 여러 가지 어려움을 겪게 된다.

    ⓒ 성숙기의 마케팅전략은 시장수정 및 마케팅믹스 수정 등 2가지 차원으로 대별하여 고려할 수 있다.

⑤ 쇠퇴기

    ⊙ 쇠퇴기는 제품이 시장성을 잃어감에 따라 매출이 급속히 감소하고 이익도 감소하기 때문에 철수를 고려해야 하는 시기다.

    ⓒ 쇠퇴기에 접어든 산업(제품)에 대한 마케팅전략으로 몇 가지를 고려할 수 있다.

> • 경쟁적 지위를 지배 또는 강화하기 위해 기업 투자 증가
> • 산업의 불확실성이 해소될 때까지 기업의 투자수준 유지
> • 수익성이 없는 고객층을 배제함으로써 기업의 투자를 선별적으로 줄임
> • 수익성 있는 틈새시장에 대한 투자 강화
> • 조속하게 현금을 회수하기 위해 기업 투자를 거두어 들임
> • 가능한 이익이 되게 자산을 처분함으로써 신속히 사업에서 철수

2 신상품 기획 ★

(1) 신상품의 정의 및 분류

① 주체별 분류

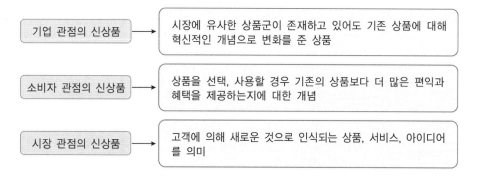

② 참신성의 정도에 따른 분류

상품 개선 상품	신상품의 가장 단순한 유형 → 기업과 소비자들이 신상품의 참신성이 낮다고 생각하는 상품
혁신 상품	기업과 소비자 모두에게 참신성이 높은 상품
상품 계열 확장 상품	소비자에게는 널리 알려진 상품이지만, 기업에게는 신상품으로 분류되는 경우 → 모방 신상품
리포지셔닝 상품	기업에게는 참신성이 낮지만, 소비자에게는 참신성이 높은 상품

(2) 신상품 성공 및 실패 요인

① 의의
  ㉠ 신상품의 실패율은 상당히 높고 실패의 비용도 상당히 많이 든다.
  ㉡ 많은 상품이 아이디어에서 개발되지만 대부분 시장에 출시 조차 못하기 때문에 수익을 올리지 못하는 상품에 많은 투자가 이루어지는 것이 현실이다.
  ㉢ 신상품 개발을 잘 관리하면 위험은 최소화하고 이익은 극대화할 수 있다.

② 신상품 성공 요인
  ㉠ 신상품이 성공하려면 독특한 우수 상품, 잘 규정된 콘셉트, 신상품 개발 과정을 관리할 효율적인 조직 등이 필요하다.
  ㉡ 신상품이 성공하기 위한 가장 중요한 요인은 신상품이 소비자의 필요에 적합하고, 고객이 중요하게 생각하는 편익을 충족하는지에 달려 있다.
  ㉢ 이 외에도 성장 잠재력과 상품의 기술적 우월성, 최고 지원 등의 요인이 있다.

③ 신상품 실패 요인
  ㉠ 신상품이 실패하는 가장 큰 요인은 기존 상품과 차별화된 독특한 편익을 소비자에게 제공하지 못하는 경우이다.
  ㉡ 마케팅 및 유통 자원의 부족, 부서 간의 불충분한 의사소통과 조정 실패 등의 요인이 있다.

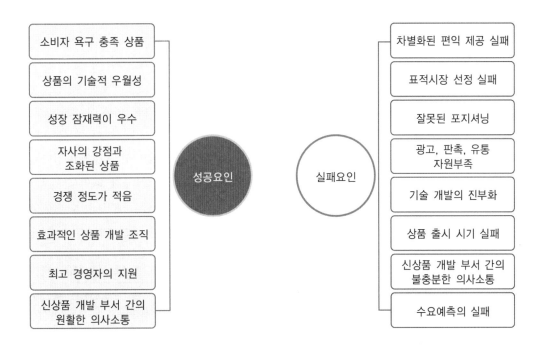

(3) 신상품 개발 과정

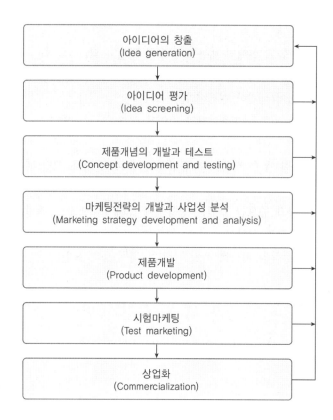

① 아이디어 수집 · 분류 및 평가
  ㉠ 아이디어 수집
    ⓐ 아이디어 수집 단계는 신상품 개발 과정의 출발점으로 새로운 상품을 위한 아이디어 수집단계이다.
    ⓑ 가장 성공적인 아이디어는 고객의 욕구를 직접적으로 충족시킬 수 있는 아이디어들이다.
    ⓒ 소수의 성공적 아이디어를 얻기 위해 기업은 많은 아이디어를 수집하고 창출해야 한다.
    ⓓ 이러한 신상품 아이디어 원천은 신상품을 개발하고자 하는 기업 내부와 고객 그리고 동종 업체 및 경쟁 업체와 유통업자 및 공급자들을 활용할 수 있다.
  ㉡ 아이디어 수집 경로

기업 내부	• 기업의 상품 연구 개발 부서를 통해 새로운 아이디어를 수집 • 종업원들의 제안 활동 및 관심 분야 연구 활동을 통해 끊임없이 신상품 아이디어를 수집
고객	• 고객의 행동을 주시하고 고객의 소리(voice of customer)를 시스템화하여 귀중한 상품 아이디어를 수집 • 고객의 질문이나 불평을 분석하여 고객이 문제를 신속·정확하게 해결해 주는 과정에서 자연스럽게 신상품을 개발할 수 있음 • 고객에 대한 소비자 조사를 실시하여 고객의 욕구나 필요성을 경쟁사보다 먼저 찾아내어 신상품 개발에 성공할 수 있음
경쟁사	• 경쟁사의 광고나 판촉물을 관찰하여 신상품에 대한 단서를 얻을 수 있음 • 경쟁사의 신상품을 구입하여 장단점을 파악하면 자사 상품을 보완한 새로운 신상품 개발의 출발점이 되기도 함 • 자사 상품을 취급하는 유통업자와 공급업자도 좋은 신상품 아이디어를 제공함 → 유통업자들은 고객의 불만이나 신상품 가능성에 대한 아이디어를 기업에 제공

ⓒ 아이디어 평가

ⓐ 수집한 아이디어로 만든 신상품이 고객과 시장에 정말 유용한 상품인가?

ⓑ 상품화한다면 신상품이 우리 기업에 실제로 도움을 주는가?

ⓒ 신상품이 우리 기업의 목표와 전략에 일치하는 상품인가?

ⓓ 신상품을 성공시키기 위한 사람(개발자), 기술 및 자원을 우리 회사가 보유하고 있는가?

ⓔ 신상품이 개발되면 경쟁사보다 더 높은 가치를 고객에게 제공할 수 있는가?

ⓕ 신상품이 개발되면 광고 및 유통은 고객이 인지하기 쉽고 불편하지는 않은가?

ⓔ AHP 기법(Analytic Hierarchy Process)의 활용

ⓐ AHP 기법은 합리적인 의사결정을 지원하기 위해 1970년대 초반 Thomas L. Saaty에 의해 개발되었다. 기업이 독자적으로 활용하고 있는 방법을 활용하여 신규 아이템을 확정하는 데 활용한다.

ⓑ 의사결정에 필요한 정보는 평가지표와 대안을 기준으로 계층적으로 분해하여 얻는다.

ⓒ 대안의 상대적 중요도를 결정하기 위하여 평가지표에 대한 가중치를 구한 후 개별 평가지표별로 대안의 상대 비교로 가중치를 계산하고 우선순위를 도출한다.

ⓓ 객관성을 확보하기 위하여 정량적 기준을 함께 사용하는 특징이 있다.

ⓔ 평가지표와 비교할 대안이 많은 경우 복잡한 수치계산이 요구되는데, 평가의 용이성과 정확성을 위해 전산 프로그램이 활용되기도 한다.

ⓕ AHP는 '의사결정의 목표 또는 평가기준이 다수이며 복합적인 경우, 이를 계층(hierarchy) 화해, 주요 요인과 그 주요 요인을 이루는 세부 요인들로 분해하고, 이러한 요인들을 상대 비교를 통해 중요도를 산출하는 분석 방법'이다.

(4) 시장성 분석 기출

① 시장성 분석의 중요성

㉠ 시장성 분석이란 기업이 판매하는 상품이나 서비스가 시장에서 어떻게 반응하는지 조사하고 측정, 평가하는 활동이다.

㉡ 고객이 새로운 상품이나 서비스에 어떻게 반응을 보일 것인가, 얼마나 많은 고객이 그 상품이나 서비스를 인지하고 구매할 것인가는 사업의 성패와 직간접적으로 연결되어 기업의 존립을 결정하는 중요한 요인이 된다.

㉢ 아무리 좋은 상품을 생산하고 훌륭한 서비스를 고객에게 제공해도 고객이 외면하거나 구매로 연결되지 않으면 기업의 생존이나 성과 실현이 불가능하기 때문이다.

㉣ 기업의 실패 사례를 보면 좋은 상품을 생산해도 시장에서 판매로 연결되지 않으면 손익 분기점에 도달하는 기간이 너무 길어져 도산하는 상황이 발생한다.

② 시장성 분석의 필요성

ㄱ 기업은 시장성 분석을 통하여 신상품 개발의 성패를 사전에 판단할 수 있는 중요한 정보를 얻을 수 있다.

ㄴ 생산할 상품이나 서비스가 시장에서 언제, 어느 정도 팔릴 수 있는지를 분석하기 위해서는 다양한 환경 변수들에 대한 가설을 수립하고 각 상황에 따른 판매 예측을 실시해야 한다.

ㄷ 시장성 분석에서는 신상품이 진입하고자 하는 산업의 시장 동향이 어떠한 상황인지, 경쟁자들의 경쟁은 어떠한지, 경쟁자들의 사업 전략은 무엇인지, 시장 수요는 어떻게 변하고 있으며, 소비자 욕구는 어떻게 변화되고 있는지, 매출 계획은 어떤 상황인지를 분석하여야 한다.

ㄹ 가장 중요한 요소인 경쟁자들과 차별화하기 위한 경쟁 우위 요인은 무엇인지 계획을 세워야 하며, 만약 후발 주자라면 선발 주자의 이점을 상쇄할 수 있는 요인이 무엇인지도 명확하게 분석해야 한다.

③ 시장성 분석의 특징

ㄱ 변수의 다양성

ⓐ 수익성은 판매량, 가격, 비용이 들어가는 개념으로서 가격과 비용에 비해 판매량은 산업마다 단위가 모두 다르다는 약점을 가지고 있다.

ⓑ 최근에는 시장점유율에서 한 단계 더 나아가 마인드 변수와 고객 생애가치를 기본으로 고객 생애 변수를 중요하게 관리하는 기업도 늘어나고 있다.

ⓒ 대부분의 시장성 분석 방법은 시장 전체를 100%로 고정하고 새롭게 제공하는 상품이나 서비스가 얼마나 판매할 수 있는지를 분석하는 방법으로, 시장점유율을 도입하고 있다.

ㄴ 정량 모델 활용

ⓐ 시장성 분석을 위한 정성적 분석 방법은 구체적인 계량 모델이 없다고 할 수 있다.

ⓑ 선형적이고 회귀적인 분석 방법을 통해 정량적 방법으로 다양한 계량 모델을 통한 수요 예측을 시도하고 있으나 신상품의 시장성이 어떻게 변화되는지 예측하는 데에는 한계점을 가지고 있다.

ㄷ 특정 시점의 예측

ⓐ 시장성 분석은 상품이나 서비스가 시장에 출시된 후 일정 시점의 시장점유율을 예측하기 위해 행해진다.

ⓑ 특정 계획 사업이 언제, 얼마만큼의 성과를 가져올 것인지를 분석하는 방법으로, 미래 시점의 시장점유율을 예측하고 시장 규모에 따른 매출액을 계산하는 방법을 사용하여 상대적으로 일정 시점에 대한 예측에 불과하다는 한계가 있음을 인정해야 한다.

④ 시장성 분석의 단계

ㄱ 목표 설정 : 시장성 분석에서 가장 먼저 실행하는 작업은 구체적인 목표를 설정하는 것이다.

ⓐ 해당 업종의 전체적인 시장 규모 분석

ⓑ 해당 업종의 상품과 서비스의 특성 분석

ⓒ 해당 업종의 상품과 서비스의 현황 분석

ㄴ 계획 수립

ⓐ 시장성 분석의 목표를 수립한 후에는 시장성 분석의 구체적인 계획을 수립하여야 한다.

ⓑ 시장성 분석 계획은 시장성 분석의 최종 목표인 정확한 수요 예측과 판매 전략을 전제로 하여 수립한다.

ㄷ 자료 수집 및 분석 : 시장성 분석 자료는 시장성 분석의 계획 수립 단계에서 설정된 내용에 따라 자료를 수집한다.

        ⓔ 판매 계획 및 전략 수립

            ⓐ 시장성 분석 결과는 해당 업종의 산업구조 변화와 판매 계획 및 전략에 따라 결정된다.

            ⓑ 시장성 분석은 환경 변화 예측과 함께 정확한 판매 전략이 연계될 때 시장성 분석의 가치가 크게 발휘된다.

        ⓜ 시장성 평가 : 해당 업종의 시장성 분석과 목표 설정, 시장성 분석의 계획 수립과 자료의 수집 및 분석과정을 거쳐 수립된 판매 계획과 일련의 과정들에 대한 전반적인 분석이 시장성 평가 단계에서 실시된다.

(5) 신상품 콘셉트 결정

① 신상품 콘셉트 개발

        ㉠ 확정된 아이템은 시장성 분석과 기술 타당성 분석, 그리고 재무 타당성 분석을 거쳐 개발단계로 이관하여 구체적인 신상품 콘셉트를 개발한다.

        ㉡ 신상품 콘셉트를 개발하기 위해서는 신상품 아이디어, 신상품 콘셉트, 신상품 이미지의 의미를 명확히 구별해야 할 필요가 있다.

        ㉢ 신상품 아이디어 : 기업이 무엇을 시장에 제공하는가를 알 수 있도록 신상품의 객관적인 기능을 언어로 나타내는 것이다.

        ㉣ 상품 콘셉트 : 어떤 소비자가 언제, 어디서, 어떻게 상품을 구매하면 만족할 수 있는가 하는 관점에서 어떤 상품 내용을 어떤 주관적인 효용에 반영할 것인가를 상품 아이디어에 적용하고자 하는 구체적 개념이다.

        ㉤ 상품 이미지

            ⓐ 소비자가 실제로 상품으로부터 얻을 수 있는 특정의 주관적인 화상 감각을 말한다.

            ⓑ 소비자는 상품 아이디어나 상품 이미지를 구입하는 것이 아니라 상품 콘셉트를 구입하는 것이므로 상품 콘셉트는 신상품 개발에 있어 매우 중요한 요소가 된다.

② 신상품 콘셉트의 구성 요소

상품 형태	상품의 물리적인 속성 → 무형 상품인 서비스의 경우, 서비스 매뉴얼 또는 서비스 실행 절차 등
기술	상품의 혁신성 또는 창의성의 원천
소비자 편익	소비자가 상품을 통해 얻고자 하는 것 → 소비자 편익은 실제로 상품이 소비자에게 제시할 수 있는 편익을 그대로 반영하기 때문에 신상품 콘셉트를 개발할 때 매우 중요한 역할 수행

③ 신상품 콘셉트 구체화

        ㉠ 소비자는 상품 아이디어를 구입하는 것이 아니라 상품 콘셉트를 구입한다는 관점에서 볼 때 하나의 상품 아이디어는 수많은 상품 콘셉트로 구체화할 수 있다.

        ㉡ 수많은 상품 아이디어의 상품 콘셉트의 구체화를 위해서는 네 가지 기본 질문 항목을 활용하는 것이 좋다.

            ⓐ 이 상품은 누구를 대상으로 판매할 것인가? 즉, 누가(유아, 어린이, 10대 청소년, 성인, 노인 등) 이 상품을 구매할 것인가?

ⓑ 상품의 특색(기능, 감각, 비용, 자존심 등)은 무엇으로 할 것인가?

ⓒ 어떻게 사용되는가?

ⓓ 언제(아침, 오전, 오후, 저녁 등) 사용하는가?

④ 좋은 콘셉트의 조건

창의성	신상품이 출시되었을 때 소비자들이 기존의 상품과 차별성을 느낄 수 있을 정도의 참신함과 창의성이 있어야 함
소비자 편익 제공	실제적인 가치를 제공
대중성	사업성 및 시장성과 밀접한 관계를 맺어야 함
차별화	경쟁사보다 탁월한 가치를 제공

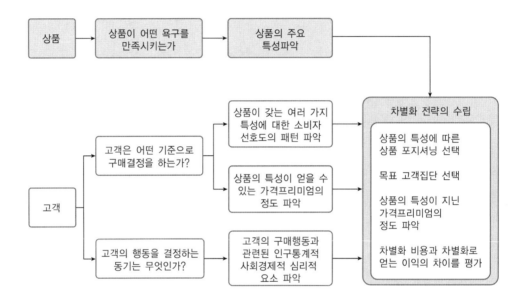

1 가격과 소비자 행동 ★

(1) 가격의 의의

① 가격(price)은 제품이나 서비스를 소유 또는 사용하는 대가로 지불해야 하는 금전적 가치를 의미한다.

② 가격은 제품에 대한 시장 수요를 결정하는 요소로서 경쟁상의 지위와 시장점유율, 기업의 수익에 영향을 미친다.

(2) 가격의 역할

① 제품의 품질에 대한 정보제공

　㉠ 가격은 제품의 품질에 대한 정보를 제공하는 역할을 한다. 가격이 높을수록 품질도 높다고 생각하는 소위 가격 - 품질연상 현상이 있다. 뿐만 아니라 같은 제품이더라도 가격이 할인된 할인점에서 판매하는 것은 무엇인가 신뢰를 하지 않는 경향이 있다.

　㉡ 특정 제품의 가격이 싼 소매상의 판매가 가격이 비싼 소매상보다 적은 현상이 심심치 않게 나타난다. 가격이 높으면 수요가 줄어든다는 경제학의 수요법칙(law of demand)이 현실에서 성립하지 않는 예인 것이다.

② 수익의 크기결정 : 가격은 기업의 수익을 결정하는 유일한 변수이다. 기업은 고객의 요구에 적합한 제품이나 서비스를 판매함으로써 수익을 실현하게 된다. 반면 제품, 유통, 촉진 등의 마케팅 변수는 비용 유발요인이 된다.

③ 경쟁의 도구 : 가격은 중요한 경쟁의 도구이다. 가격 이외의 마케팅 변수들은 단시간에 변화시킬 수 없다. 그러나 가격은 결정한 즉시 실행할 수 있기에 경쟁 전략적 도구로 쉽게 사용할 수 있다.

2 가격 결정 방법 ★★★

(1) 가격 결정에 대한 영향 요인 [기출]

① 제품의 포지셔닝 : 소비자들에게 자사의 제품이 경쟁사와 비교해 어떻게 지각되고 있는가에 따라 가격의 책정이 달라질 수 있다. 고급 이미지를 가지고 있을 때와 그렇지 않을 때 가격책정은 달라진다.

② 제품 라인

　㉠ 동일제품 라인상의 타제품과 조화를 이루어야 한다.

　㉡ 신제품이 경쟁사로 갈 소비자를 끌어오지 못하고 자신의 기존 제품의 고객이 기존 제품 대신 신제품을 구매하는 현상을 자기잠식(cannibalization)이라고 하는데 이를 유의해야 한다.

③ 제품수명주기

　㉠ 제품수명주기에서 어느 단계에 위치하는지를 검토해야 한다.

　㉡ 비교적 경쟁이 없는 도입기에는 가격을 높게 책정하다가 성장기에 들어섰다고 판단되면 경쟁을 대비하여 가격을 내리는 경우가 일반적이나 반대의 경우도 있다.

④ 기업의 전략적 목표
  ㉠ 기업의 전략적 목표는 크게 이익을 지향하는 경우와 단기적 이익보다는 장기적 성장을 위해 매출, 즉 시장점유율의 증대를 지향하는 경우가 있다.
  ㉡ 단기적 이익을 지향하는 경우는 초기고가격 전략을 선호하는 경향이 있으며, 시장점유율을 중시하는 기업은 침투가격 전략을 선호한다.
⑤ 기타 고려 사항
  ㉠ 소비자의 반응
    ⓐ 소비자의 반응을 알기 위해서는 가격변화에 따른 구매량의 변화 정도를 나타내는 수요의 가격탄력성, 즉 수요곡선의 기울기를 계산해봐야 한다.

> **수요의 가격탄력성** 기출
>
> 상품의 가격이 변동할 때, 이에 따라 수요량이 얼마나 변동하는지를 나타내는 것이 수요의 가격탄력성이다. 만일 가격이 1% 올라갈 때에 수요량이 2% 줄었다면 이 재화의 수요의 가격탄력성은 2가 된다. 수요의 가격탄력성은 수요량의 변동률을 가격의 변동률로 나눈 것이다. 수요의 가격탄력성이 높으면 높을수록 수요가 가격에 민감하게 반응함을 뜻한다. 농산물과 같은 생활필수품은 가격탄력성이 일반적으로 낮고, 자동차와 같은 고가품은 탄력성이 크다.

    ⓑ 수요곡선만으로는 복잡한 소비자의 반응을 다 설명할 수 없다. 가격에 대하여는 매우 복잡한 심리적 반응이 있기 때문이다. 따라서 가격결정에 소비자의 심리적 요인을 철저히 검토하여야 한다.
  ㉡ 제품의 원가구조 : 제품의 정확한 원가구조를 아는 것은 가격결정에 필수적이다. 제품의 원가는 가격의 하한선이 된다. 상한선은 소비자의 지각된 가치이다.
  ㉢ 경쟁제품의 가격 : 경쟁제품과 품질이 유사한 경우 대등한 가격을 설정해야 하며, 자사 제품의 품질이 상대적으로 열등 내지 우세하느냐에 따라 상대적인 가격이 결정된다.
  ㉣ 법적 요인 : 정부의 가격규제 정책 등에 따라 가격이 달라진다.

(2) 목표별 가격 전략 기출

구분	상대적 고가격 전략	대등가격 전략	상대적 저가격 전략
목표	조기 현금회수(상층흡수가격)를 위한 품질 선도(제품차별화)	경쟁기업과 대등한 경쟁력	생존, 시장점유율 극대화(침투가격/손실유인가격)
적합한 상황	• 수요의 가격탄력성이 낮을 경우 • 진입장벽이 높을 때 • 가격-품질 연상효과 • 차별화 전략	• 시장 수요가 비탄력적일 경우 • 경쟁기업에 대해 확고한 원가우위를 갖고 있지 못할 경우 • 규모의 경제효과가 별로 없을 경우	• 수요의 가격탄력성이 높을 경우 • 규모의 경제 효과가 클 때 • 절대적 비용우위효과가 클 때 • 원가우위 전략

2차 실기 기출 포인트

수요의 가격탄력성이 높을 경우 생존 및 시장점유율 극대화를 위해 취하는 가격 전략이 무엇인지 쓰시오.

정답 저가격 전략

(3) 신제품 가격 전략 <small>기출</small>

① 초기고가전략(스키밍 가격 전략, market skimming pricing)

　㉠ 초기에는 고가를 책정함으로써 특정 목표시장만을 목표로 하는 전략이다. 제품 출시 후 인지도가 높아져 수요가 확대되면 제품 가격을 점차 인하하는 방향으로 시장점유율을 확대한다.

　㉡ 적합한 상황

　　ⓐ 독보적인 기술 또는 특허기술 등으로 제품이 보호되고 있을 때

　　ⓑ 경쟁자에 의한 시장진입장벽이 높을 때

　　ⓒ 잠재적인 구매자들이 가격-품질에 대한 연상이 강한 경우

　　ⓓ 대체품에 비해서 신제품의 가치가 높은 경우

　　ⓔ 혁신성이 큰 경우

　　ⓕ 생산 및 마케팅 비용이 높은 경우

　　ⓖ 수요의 가격탄력성이 낮은 경우

② 초기저가전략(시장침투 가격 전략 : market penetration pricing)

　㉠ 낮은 가격을 매겨 시장확산 속도를 신속하게 끌어 올리고, 시간이 흐름에 따라 점차적으로 가격을 높여 가는 가격 전략이다.

　㉡ 적합한 상황

　　ⓐ 대량판매에 의한 원가절감을 통해 높은 총이익을 확보할 수 있는 경우

　　ⓑ 단기적 매출증대보다 시장점유율 확대를 통해 장기적 이익을 확보하려는 경우

　　ⓒ 고객이 가격에 민감하게 반응하는 경우(수요의 가격탄력성이 큰 경우)

　　ⓓ 저가격으로 경쟁자들의 반응을 무력화할 수 있는 경우

(4) 집합제품 가격 전략

① 제품라인 가격결정(product line pricing) : 여러 제품 라인을 보유하고 있을 때 제품 간 성능, 품질의 차이 등을 고려해서 가격을 차등화하는 것이다. 제품 라인 전체의 수익을 극대화하는 방향으로 개별 제품들의 가격을 정한다.

② 결합제품 가격결정(포획제품가격, 종속제품가격, captive-product pricing) : 보완재 중 어떤 제품은 싸게 판 후 그 제품에 필요한 소모품이나 부품을 비싸게 팔아 수익을 남기는 전략이다.

③ 묶음제품 가격결정(번들링, bundling price) : 기본적인 제품과 선택사양 등을 묶어서 하나의 가격으로 제시하는 것이다.

④ 옵션제품 가격결정(optional product pricing) : 주력제품에 추가되는 각종 부가제품 및 액세서리에 부과하는 가격을 말한다.

⑤ 부산물 가격결정(by-product pricing) : 제품의 생산과정에서 발생하는 부산물에 대한 가격책정 방법을 의미한다.

(5) 가격조정 전략 [기출]

① 심리적 가격조정

　㉠ 단수가격(odd pricing) : 정수가 아닌 단수로 가격을 매겨 가격이 싸다는 느낌과 함께 정확히 책정했다는 인식을 받도록 하는 전략이다(예 99,000원).

　㉡ 층화 가격(가격 계층화, price lining) : 구매자가 약간의 가격 차이는 별로 인식하지 못하고 큰 차이가 있는 경우에만 반응을 나타낸다고 보아 몇 가지의 가격 층으로 책정하는 것이다(예 35,000원, 40,000원, 45,000원의 세 가지 가격수준으로 가격을 설정).

　㉢ 명성가격(긍지가격, prestige pricing) : 제품을 구매하는 고객들의 사회적 명성 혹은 긍지를 노려 고품질을 유지하는 대신 높은 가격을 책정하는 것이다.

　㉣ 준거가격 : 소비자들이 특정제품을 구매할 때 '싸다, 비싸다'의 기준이 되는 가격으로 유보가격(max)과 최저수용가격(min) 사이에 존재한다.

　㉤ 관습가격 : 사회 일반적으로 인정하는 가격을 받아들이는 것이다.

(6) 촉진적 가격조정 [기출]

① 촉진가격(유인용 손실가격 책정, 손실유도가격, loss leader price)

　㉠ 품목에 대한 정상적인 가격보다 약간 낮거나 원가 이하의 가격을 설정하여 고객들을 유치하는 전략이다.

　㉡ 해당 품목의 구매를 위해 매장으로 들어오는 고객들이 다른 정상 마진의 제품들도 함께 구매할 것이라고 기대한다.

② 할인가격 : 특정한 조건에 해당하는 고객에게는 기본가격을 조정하여 할인해주는 것이다. 현금할인, 수량할인, 기능할인, 계절할인 등이 해당한다.

③ 교환판매 : 중고품을 반환하면 새롭게 구매하는 신제품 가격을 할인해주는 것이다.

④ 행사가격 : 고객 사은 행사 등 특정 시기 전후로 가격 할인을 실시하는 것이다.

(7) 기타 가격 전략

유보가격	구매자가 어떤 상품에 대해 지불할 용의가 있는 최고 가격
최저수용가격	소비자들이 품질에 의심 없이 구매할 수 있는 가장 낮은 가격
오픈가격	권장소비자가격을 정하지 않고 소매상이 알아서 소비자가격을 결정하게 하는 가격
지대가격	몇 개의 구역으로 구분한 후 특정 구역 내의 소비자들은 동일한 가격으로 가격을 지급하게 하고 원거리의 높은 가격을 지불하게 하는 지리적 전략

3 **제품 원가에 따른 손익 분석** ★★

(1) 가격산정의 원리 [기출]

① 기업은 마케팅전략과 가격 전략 목표, 소비자의 반응, 제품의 원가구조, 경쟁제품의 가격 등 다양한 요소를 검토한 후 가격을 결정하게 된다. 가격산정 시에는 수요, 원가, 경쟁자 등을 고려하여 산정한다.

② 원가가산법은 가격의 하한선을 제시해 주며, 소비자기대수준 가격산정법은 가격의 상한선을 결정해 준다. 이런 방식으로 가격의 상·하한 폭이 결정되면 경쟁자의 가격 및 대체상품의 가격을 고려하여 기준가격을 결정하게 된다.

(2) 가격산정의 방법

원가가산법	제품의 원가에 적정이윤을 가산하여 가격을 결정하는 가장 기본적인 가격결정 방법 가격 = 제품단위원가 + 표준이익 $= \dfrac{단위원가}{1 - 예상판매 수익률(마진율)}$
목표수익률가산법	기업이 투자에 대한 목표수익률(ROI)을 정해놓고 이를 달성할 수 있도록 가격을 산정하는 방법 가격 = 단위원가 + $\dfrac{투자금액 \times 목표수익률}{예상판매량}$
가산이익률 가격결정	제품 한 단위당 생산/구매비용에 대해 판매비용을 충당하고도 적정이익을 남길 수 있는 수준의 가산이익률(mark up)을 결정하여 가격을 책정 가격 = $\dfrac{단위비용}{1 - 가산이익률}$
경쟁자 중심의 가격결정	경쟁자들이 정하는 가격이 결정 기준이 됨 → 소비자들은 각 경쟁사들이 제공하는 제품들이 서로 유사하다고 생각하고 경쟁제품들의 가격을 비교하여 특정제품을 선택할 것이라는 가정에 기초
소비자기대수준 가격결정	소비자의 지각된 가치에 입각하여 가격을 책정 → 생산자의 비용이 아닌, 구매자의 지각된 가치를 기준으로 삼는 방법

(3) 손익분기점 분석 [기출]

① 개요

㉠ 경영자들은 얼마나 팔면 지출한 비용을 모두 회수하고 이익을 낼 수 있을 것인가에 많은 관심이 있다.

㉡ 이익을 내기 시작하는 매출 수준이 바로 손익분기점(BEP : Break-Even Point)이다. 다시 말해서 손익분기점은 수익과 비용이 일치하는 매출 수준을 말한다.

㉢ 손익분기점 분석은 재무분석에서 전통적으로 많이 사용되는 분석이다. 그만큼 손익분기점 분석은 기업의 경영 활동을 분석하는 데 매우 유용한 분석이다.

② 손익분기점의 이해

　　㉠ 손익분기점(BEP)은 매출액과 비용이 일치하여 이익(또는 손실)이 발생하지 않은 매출 수준(또는 조업도)이다.

　　㉡ 매출액이 손익분기점을 초과할 경우에는 이익이 발생하고 손익분기점에 미달한 경우에는 손실이 발생한다.

　　㉢ 손익분기점 분석은 매출액, 비용 및 이익 간의 관계에 대한 분석이므로 비용 – 매출액 – 이익 분석(CVP 분석 : Cost-Volume-Profit analysis)이라고도 한다.

　　㉣ 손익분기점 분석은 비용을 변동비와 고정비로 구분할 수 있다는 것을 기본 전제로 하고 있다.

　　㉤ 비용은 매출액이 증가함에 따라 동일한 비율로 증가하는 변동비와 매출액 증가와 관계없이 일정한 고정비(일정 조업도 범위 내에서)로 분류된다.

　　㉥ 기업이 실현한 매출액에서 그 매출을 실현하는 데 소요된 변동비를 차감한 금액을 공헌이익이라 하는데, 이 공헌이익으로 고정비를 모두 충당할 때의 매출 수준이 BEP이다.

(4) BEP 측정 공식 [기출]

① BEP 수준

　　㉠ 손익분기점이란 영업이익이 영(0)이 되는 매출 수준이므로, BEP에서는 영업수익(OR : Operating Revenue)과 영업비용(OC : Operating Cost)이 동일하게 된다.

> 영업수익(OR) = 영업비용(OC)

　　㉡ 영업수익, 즉 매출액은 판매단가에 매출량을 곱한 값이고 영업비용은 고정비에 변동비를 더한 값이므로 다음 식이 성립한다.

> $OR = P \times Q$
> $OC = FC + VC$
> OR : 영업수익(매출액)
> P : 판매단가
> Q : 매출량
> OC : 영업비용
> FC(Fixed Cost) : 고정비
> VC(Variable Cost) : 변동비

　　㉢ 변동비, 즉 영업변동비(VC)는 매출액이 증가할 때 선형으로 비례하여 증가하는 비용이므로 다음과 같이 나타낼 수 있다.

> $VC = V \times Q$
> V : 단위당 변동비
> Q : 매출량

　　㉣ 단위당 변동비는 제품 1단위 생산(판매)하는데 추가로 소요되는 비용이다. 경제학적인 용어로는 단위당 변동비를 한계비용(MC : Marginal Cost)이라 부르고 판매단가를 한계수익(MR : Marginal Revenue)이라 부르기도 한다.

② BEP 매출량

㉠ BEP 수준 산출을 위해 도출된 산식을 이용하여 BEP 매출량을 구하면 다음과 같다.

$$OR = OC$$
$$P \times Q^* = FC + VC$$
$$= FC + V \times Q^*$$

$$Q^*(P - V) = FC$$
$$\therefore Q^* = \frac{FC}{P - V}$$

Q^* : BEP 매출량

[사례 연습]

판매단가(P)가 10,000원이고 단위당 변동비(V)가 6,000원이며 고정비(FC)가 1,000,000원일 경우 BEP 매출량(Q*)은 다음과 같이 구한다.

$$Q^* = \frac{1,000,000원}{10,000원 - 6,000원}$$

$$= 250개$$

즉, 250개를 매출하면 수익은 2,500,000원(= 10,000원 × 250개)이 되고 비용도 2,500,000(= 1,000,000원 + (6,000원 × 250개))이 되어 이익(영업이익)은 영이 된다. 물론 250개를 초과하여 매출하면 이익이 발생하고 그 미만으로 매출하면 손실이 발생한다.

판매단가에서 단위당 변동비를 차감한 4,000원(= P − V)을 단위당 공헌이익이라 부른다. 1개를 팔면 10,000원의 수익을 얻으며, 직접 추가되는 변동비 6,000원을 차감하고도 4,000원이 남는다. 이 금액은 우선적으로 고정비를 보상하는 데 공헌하고 그 다음에는 이익을 창출하는 데 공헌한다는 의미이다.

③ BEP 매출액 : BEP 매출량 산출을 위해 도출된 산식을 이용하여 BEP 매출액을 구하면 다음과 같다.

$$P \times Q^* = P \times \frac{FC}{P - V}$$

$$\therefore OR^* = \frac{FC}{1 - \frac{V}{P}}$$

Q^* : BEP 매출량
OR^* : BEP 매출액(= P × Q*)

[사례 연습]

BEP 매출량의 사례에서 검토한 바와 같이 250개를 팔아야 BEP에 도달한다는 것은 결국 2,500,000원(= 10,000원 × 250개)의 매출액이 실현되어야 BEP에 도달함을 의미한다. 그러므로 BEP 매출액(OR*)은 BEP 매출량 Q*에 판매단가를 곱해서 구할 수 있다.

위 계산식에 따라 다음과 같이 계산된다.

$$OR^* = \frac{1,000,000원}{(1 - \frac{6,000원}{10,000원})}$$

$$= 2,500,000원$$

④ BEP 분석의 한계점
  ㉠ 비용분해의 어려움
    ⓐ 고정비 중에는 변동비적인 성격을 지닌 비용이 있으며 변동비 중에서도 고정비적인 성격을 지닌 비용이 있기 마련이다.

    > **고정비와 변동비**
    > ❶ 변동비는 조업도(생산설비의 이용도)에 따라서 변동하는 비용을 말한다. 예를 들어 재화의 생산량이 늘어나면 증가하는 형태를 띠는 비용이다. 상품을 생산하는 데 필요한 재료비나 부품비, 연료비, 잔업수당, 판매원 수수료 등은 변동비로 볼 수 있다.
    > ❷ 조업도의 변화와 관계없이 일정한 원가를 고정비라고 한다. 생산량이 늘어나거나 줄어들어도 변동이 없는 비용이다. 고정비에는 급료, 지대, 감가상각비, 이자, 보험료, 전기·수도·전화 요금 등이 포함된다.
    > ❸ 기업이 생산활동을 지속하려면 최소한 변동비 이상의 매출을 올려야 한다. 변동비 이상을 팔아야 문을 닫는 것보다는 이익이기 때문이다. 하지만 장기적으로 변동비와 고정비를 합친 비용 이상 매출이 돼야 회사를 정상 유지할 수 있다.

    ⓑ 실제로 모든 비용을 고정비와 변동비로 엄격히 구분하기가 어렵다.
  ㉡ 판매가격 등의 변동
    ⓐ 시간이 경과함에 따라 판매가격이나 생산원가 등이 달라진다.
    ⓑ 판매가격, 단위당 변동비 등이 항상 일정하다고 가정한 손익분기점분석(선형 BEP 분석)은 장기적인 경영계획 수립에는 적합하지 않다.
    ⓒ 일반적으로 제품의 판매가격은 매출량이 늘어날수록 떨어지며 단위당 변동비는 생산량이 증가할수록 처음에는 줄어들다가 일정 범위를 지나서는 늘어나게 된다.
  ㉢ 자료의 정확성
    ⓐ 제품의 종류가 많으면 자료의 정확성이 떨어진다.
    ⓑ 손익분기점 분석은 기업이 한 제품을 생산할 때에는 비교적 정확한 분석 수단이 될 수 있다.
    ⓒ 기업이 여러 가지 제품을 생산·판매할 경우에는 제품별 비용 자료를 정확히 계산하기 어렵고 공동으로 발생하는 비용을 각 제품에 배분하기가 쉽지 않다.
    ⓓ 이익률이 높은 제품과 낮은 제품을 묶어서 분석함으로써 제품별 수익성을 정확히 파악할 수 없다.
    ⓔ 손익분기점 분석은 여러 가지 제품을 생산·판매하는 경우에는 특별한 주의를 요한다.
  ㉣ 이러한 한계점에도 불구하고 손익분기점 분석은 기업의 비용구조와 비용 - 수익 - 이익 간의 관계를 파악하는 데 매우 유용한 분석이다. 즉, 이런 유의점들을 잘 감안한다면 BEP 분석은 기업에 관한 매우 유용한 정보를 제공해 줄 수 있다.

4 가격차별화 관리 ★★

(1) 가격차별의 이해 기출
① 의의
  ㉠ 차별이란 다른 것과 비교될 수 있는 그 무엇을 통해 자사를 부각시키는 것이라 할 수 있다.
  ㉡ 일반적으로 가격차별이란 세분시장의 성격에 따라 가격을 달리 설정하는 것을 의미한다.
  ㉢ 가격차별화의 목표는 수요가 많을 때를 그렇지 않을 때로 옮기거나 수요가 적을 때 이를 자극하는 것이다.

② 가격차별화의 선결조건
- ㉠ 서로 다른 세분고객들이 다른 가격에 보이는 반응의 양상이 달라야 한다. 즉 차별화된 가격으로 구매하려는 고객이 없다면 가격차별정책은 성공할 수 없다.
- ㉡ 각 세분고객은 분리될 수 있어야 하며, 그 숫자는 활용하기에 충분히 커야 한다.
- ㉢ 재정거래에 따른 이익이 존재하지 않아야 한다. 즉 소비자가 세분시장에서 제품을 구매하고 그것을 다른 세분시장에 가서 다시 팔 수가 없어야 한다.
- ㉣ 가격차별 전략을 시행하는데 드는 원가는 이로 인해 얻어질 수 있는 수익의 증가분을 초과해서는 안된다.
- ㉤ 소비자가 차별된 가격에 혼란을 느껴서는 안 된다. 특히 비싼 가격을 주고 제품을 구입한 소비자의 감정을 상하게 해서는 안 된다.
- ㉥ 법적인 하자가 없어야 한다. 공정거래법에는 부당하게 거래 상대방을 차별화하여 취급하는 행위를 규제하고 있다.

(2) 이용 시간에 따른 가격차별 [기출]
① 서비스는 제품에 비해 상대적으로 고정원가의 비중이 크기 때문에 수요와 공급을 일치시키는 노력이 무엇보다도 필요하다.
② 서비스는 생산과 동시에 소비되지 않으면 즉시 소멸하므로, 수요에 맞게 공급능력을 탄력적으로 조절하는 것이 중요하다.
③ 심야전기요금 할인, 밤 9시 이후 전화요금 30% 할인, 성수기와 비수기에 호텔 객실 할인 등 공급이 부족할 때의 수요를 공급이 충분한 시간대로 이동시킬 수 있다.
④ 이용시간대가 다른 소비자들은 가격민감도가 다를 수도 있기 때문에 이 경우 소비자의 가격 민감도에 따라 가격을 차별화함으로써 수요를 조절할 수 있다.
⑤ 영화관에서는 가격에 민감한 청소년들이나 노인층을 대상으로 조조나 낮 시간에 입장료를 할인하는 가격전략을 사용한다.
⑥ 레스토랑에서는 가격을 중시하는 소비층을 위해서 점심시간에 가격할인을 하고 가격에 덜 민감한 사람들에게는 저녁시간에 가격을 올리는 전략을 이용한다.
⑦ 이용시간에 따른 가격 차별을 통해 수요가 적은 시간에는 수요를 창출하고, 수요가 많은 시간에는 수요를 억제함으로써 공급 능력에 맞게 고객을 유치할 수 있게 된다.

(3) 구매 시점(시간)에 따른 가격차별 [기출]
① 예약이나 티켓 구매시간에 따른 가격차별전략은 전통적으로 호텔이나 항공사에서 주로 이용되어 왔다.
② 호텔에 당일 도착하여 객실을 요구하는 고객에게는 아무런 부담없이 전액을 다 받고서 객실을 대여하여 줄 수 있으며 고객도 거리낌 없이 요금을 지불하지만 예약을 한 고객에게는 높은 가격을 요구할 수 없다.
③ 예약의 경우 취소에 따라 수용가능한 객실을 쓰지 못할 수 있는 위협도 있다. 항공사에서는 저렴한 가격에 티켓을 제공하는 대신에 확정된 좌석을 지정해 주지 않는 방식으로 예약을 받기도 한다.
④ 예약은 서비스 제공자에게는 예약 취소의 위험이 있지만 수요를 확실히 보장해주고 서비스 활동 수행에 필요한 자금을 미리 조달해 주는 이점을 제공한다.

(4) 구매자에 따른 가격차별

① 소비자는 소득 수준, 나이, 교육 수준, 라이프 스타일 등에 따라 여러 가지 유형으로 분류할 수 있으며, 동일한 유형에 속하는 소비자들도 서비스의 가치를 서로 다르게 인식한다.

② 소비자를 인지구조에 따라 몇 가지 유형으로 분류하여 이에 따른 가격차별화 전략을 수행하는 것이 요구된다.

③ 나이에 따라 어린이나 노인에게 경기 관람료나 테마 파크의 입장료를 더 적게 받으며, 직업에 따라서는 학생이나 군인들에게 각종 할인 혜택을 준다.

④ 집단에의 소속 여부에 따라 차별화하기도 하는데, 골프장이나 콘도미니엄의 경우 회원과 비회원의 사용요금에 차이를 둔다.

(5) 구매량에 따른 가격차별(비선형 가격 전략)

① 소비자들은 구매수량이 증가함에 따라 수량할인을 해주면 더 많은 양을 구매하며, 대량구매자는 대량구매에 따른 할인을 기대한다. 일반적으로 대량구매자가 소량구매자에 비해 가격탄력적이다.

② 고객이 제품이나 서비스를 구매할 때 어느 정도의 양을 사느냐에 따라 지불할 가격(단가)을 정할 수 있다.

③ 고객은 일정량 이상을 구입해야 비로소 할인의 혜택을 받을 수 있기 때문에 단골 고객으로 전환시키는 데도 유용하다.

---

3   유통전략 수립

1 유통경로 유형 및 정의 ★★★

(1) 유통의 이해 [기출]

① 유통은 마케팅 경로라고도 할 수 있는데, 특정 상품을 생산자로부터 소비자 내지 사용자에게 이전시키는 개인이나 기업의 활동이다.

② 소비재와 산업재의 이해

　㉠ 소비재(consumption goods)는 소비자의 최종 소비에 이용되는 상품으로 편의품, 선매품, 전문품으로 구분된다.

편의품	• 행동(구매)빈도가 높은 저가격의 제품으로 습관적 구매를 하는 경향이 강한 제품 • 제품의 비교와 구매에 있어서 최소한의 노력을 기울이므로 관여도가 낮음 (예 치약, 세제, 비누 등 일상의 생활필수품)
선매품	여러 점포를 통해 상품을 비교한 후 최종구매가 이루어지는 상품 → 편의품에 비해 행동(구매)빈도는 낮고 가격은 높은 편(관여도가 높은 제품) (예 패션의류, 승용차, 가구, 가전제품 등)
전문품	구매자의 지위와 연관이 있어 매우 높은 관여도와 높은 가격대의 제품 (예 자동차, 고급의류 등)

ⓛ **산업재** : 산업시장에서 구매되는 제품으로 특정 대상에게 수요가 집중되며, 조직이나 개인이 업무용으로 구입하는 제품이다.

원재료(원료)	자연상태에서 추출한 것으로 다른 상품으로 가공하기 위해 투입되는 생산물
가공재	원료를 가공처리하여 제조된 제품으로 타제품의 부분으로 사용 → 타제품의 생산에 투입될 경우 원형을 잃게 됨(예 철강, 설탕, 가죽 등)
부품(부분품)	생산과정을 거쳐 제조되지만, 그 자체로서는 사용가치를 지니지 않는 완제품 → 최종제품의 부분이 됨(예 모터, 타이어, TV 브라운관)
소모품	제품의 완성에는 필요하나 최종제품의 일부가 되지 않는 것(예 페인트, 윤활유, 타이프 용지 등)

(2) 유통기관

① 유통경로의 활동이나 역할을 맡아 관리하는 기관을 유통기관이라고 한다.

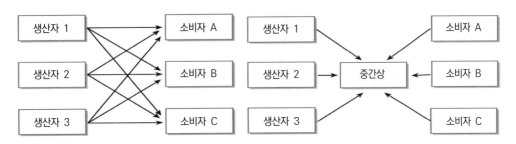

② 유통기관에서는 생산과 소비의 연결을 위하여 행해지는 모든 거래들을 전문적으로 맡고 있기 때문에 거래의 정형화가 용이해진다.

③ 거래는 정해진 원칙이나 틀에 따라 표준화되기 때문에 거래과정이나 결과가 어떻게 나왔는지에 대한 결과에 따라 감독이나 평가가 용이해지게 된다.

(3) 유통경로의 이해 기출

① 유통경로의 형태(조직)는 제조업자가 생산하는 상품의 특성에 따라 달라지는데 크게 소비재 유통경로와 산업재 유통경로로 나눌 수 있다.

② 유통경로가 길어질수록(상품이 최종 소비자에게 전달될 때까지 거쳐야 할 유통단계(channel level)가 많아질수록), 각 중간상들이 수행하는 마케팅기능은 보다 전문화된다.

③ 각 중간상은 자신이 잘할 수 있는 유통기능만을 수행하기 때문에 이로 인해 얻어지는 효율성의 증대는 제조업자가 모든 유통기능들을 직접 수행할 경우와 비교하여 최종소비자가격을 더 낮출 수 있는 것이다.

④ 그러나 제조업자와 소비자 사이에 보다 많은 중간상들이 개입될수록, 제조업자의 통제력이 약해진다.

(4) 소비재 유통경로

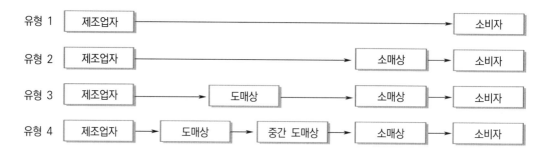

① 유형 1
  ㉠ 제조업자가 직접 소비자에게 판매하는 형태로 직접 마케팅 경로(direct marketing channel 혹은 direct channel)라고 부른다.
  ㉡ 정수기 제조업체나 가정용 학습교재회사, 통신판매 전문회사들의 판매를 예로 들 수 있다.

② 유형 2
  ㉠ 제조업자와 소비자 사이에 소매상이 개입되는 형태다.
  ㉡ 백화점이나 할인점 등과 같은 대형소매업체들이 제조업자들로부터 직접 구매한 상품들을 판매하는 경우다.

③ 유형 3
  ㉠ 제조업자와 소비자 사이에 도매상과 소매상이 개입되는 형태로서 가장 전형적인 경로유형이다.
  ㉡ 식품, 약품 등의 많은 소비용품 분야에서 중소규모의 제조업자들에 의해 흔히 이용된다.

④ 유형 4
  ㉠ 제조업자와 소비자 사이에 세 단계의 중간상이 개입되는 형태다.
  ㉡ 우유, 육류 등의 상품에서는 도매상과 소매상 사이에 중간도매상(jobber)이 흔히 존재하는데, 이들은 대형도매상들이 직접 공급하기 어려운 소규모 소매업자들에게 상품을 공급한다.

(5) 산업재 유통경로

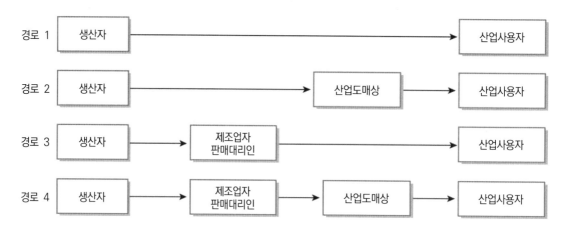

(1) 유통 관리의 기능

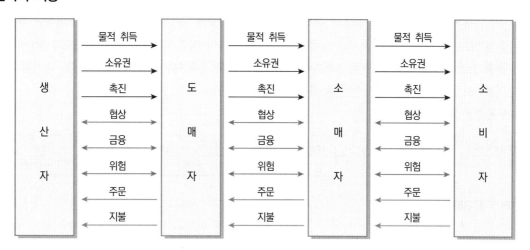

① 유통이 수행하는 기능은 생산과 소비를 연결하는 것으로 그 구성원들은 생산자로부터 소비자들에게 상품을 옮기기 위해 여러 가지 기능을 수행하게 된다.

② 판매 기능은 잠재된 고객에 대해 판매촉진과 거래의 성립, 계약조건의 확정 등의 기능이 있고, 구매기능은 재생산을 위해 원자재 구입을 여러 공급자로부터 얻고 재판매를 위해서 상품을 구입하는 기능이다.

③ 상품의 시간적, 공간적 이전에 관계되는 기능인 보관기능과 운송기능은 모두 물적 유통기능에 해당된다.

④ 조성기능에는 위험부담기능, 금융기능, 표준화기능 및 정보제공기능이 있는데, 이는 거래 및 물적 유통이 원활히 이루어지도록 보조하는 기능을 말한다.

⑤ 금융기능은 소비자 또는 생산자에게 자금을 대부 해주어 거래를 원활히 보조해주는 기능이며, 표준화 기능은 상품을 품질수준에 따라 분류하거나 규격화해서 거래나 물적 유통을 원활하게 하는 기능이다.

공급망(supply chain)과 공급망 관리(SCM) 기출

❶ 공급망(공급 사슬)은 원재료를 획득하고, 이 원재료를 중간재나 최종재로 변환하고, 최종 제품을 고객에게 유통시키기 위한 조직 및 비즈니스 프로세스의 네트워크이다.

❷ 공급 사슬은 제품 및 서비스를 원천에서 소비에 이르도록 공급하기 위해 공급 업체, 제조 공장, 유통 센터, 소매 할인점, 고객을 연결한다. 공급 사슬상에서 물질, 정보, 지불은 양방향으로 흐른다.

❸ 공급 사슬의 상류(upstream)지역에는 공급 업체와 그 공급 업체의 공급 업체가 있으며, 업체 간의 관계를 관리하기 위한 프로세스가 포함된다. 하류(downstream)지역은 최종 고객에게 제품을 유통하고 전달하기 위한 조직과 프로세스로 구성된다.

❹ 전형적인 공급망은 고객(cust distributor), 생산 업체(manufactures), 부품/원자재 공급 업체(component/raw materials suppliers)로 구성된다.

❺ 공급망 관리(SCM : Supply Chain Management)란 부품 제공 업자로부터 생산자, 배포자, 고객에 이르는 물류의 흐름을 하나의 가치 사슬 관점에서 파악하고 필요한 정보가 원활히 흐르도록 지원하는 시스템을 말한다.

❻ 기업 내에 부문별 최적화나 개별 기업 단위의 최적화에서 탈피하여 공급망의 구성 요소들 간에 이루어지는 전체 프로세스 최적화를 달성하고자 하는 경영 혁신 기법이다.

(2) 유통경로 설계 ★★

① 의의

　㉠ 기업은 소비자 욕구에 적합한 유통서비스를 제공하기 위해 유통경로를 설계한다.

　㉡ 소비자들은 그들의 욕구에 적합한 유통서비스를 제공받고자 하기 때문에 기업은 소비자의 욕구에 적합한 유통경로를 설계하여 소비자 욕구충족과 기업의 목적을 달성할 수 있는 경로가 되도록 하여야 한다.

　㉢ 유통경로 목표를 설정할 때는 소비자들이 원하는 서비스 수준과 아울러 기업의 장·단기적 목표(투자수익률, 시장점유율, 매출액성장률 등)를 고려하여야 한다.

　㉣ 유통경로 설계과정

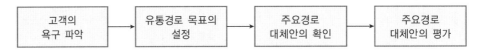

② 고객의 욕구파악

　㉠ 유통경로 설계과정에서의 첫 단계는 표적시장의 고객이 원하는 서비스와 이를 충족시키기 위해 각 경로 구성원들이 제공해야 할 구체적 서비스가 무엇인지를 파악하는 것이다.

　㉡ 유통경로 구성원들이 고객에게 제공해야 할 서비스는 매우 다양하지만 크게 입지의 편의성, 최소 구매단위, 주문 후 대기시간(상품 인도시간), 상품의 다양성으로 나누어진다.

　㉢ 입지의 편의성

　　ⓐ 도·소매업체들이 시장 내에 분산되어 있는 정도를 말한다.

　　ⓑ 입지가 편리할수록(도·소매업체들이 시장 내에 많이 분산되어 있을수록) 고객의 여행 거리와 상품 탐색비용이 감소하게 되므로 고객 만족이 증가한다.

　㉣ 대기시간

　　ⓐ 주문한 상품을 인도 받을 때까지의 기간이다.

　　ⓑ 대기시간이 길수록 소비자의 불편이 증가한다.

　　ⓒ 소비자들이 상품인도까지의 대기시간을 중요하게 생각한다면, 상품인도가 용이한 위치에 점포가 입지해야 하므로 마케터는 많은 중간상들을 이용해야 한다.

　㉤ 상품 구색은 일괄구매(one-stop shopping)를 가능하게 하므로 소비자의 정보탐색 노력과 교통비를 절감할 수 있다.

(3) 유통경로 대안 기출

① 개요

　㉠ 경로 대안의 개발에서는 유통경로의 길이를 어느 정도로 할 것인가와 각 경로 단계별로 어떤 유형의 중간상을 포함시킬 것인가 등이 고려된다.

　㉡ 유통경로 길이의 대안에는 경로길이가 가장 짧은 직접 유통경로부터 경로 단계별로 다양한 유형의 중간상(도·소매상)들이 참여하는 간접유통경로에 이르기까지 다양한 경로 대안이 있을 수 있다.

② 시장 커버리지

　㉠ 경로 대안의 개발에서 고려되어야 할 또 다른 요인은 기업이 원하는 상품의 시장 노출수준을 달성하는 데 필요한 중간상의 수를 결정하는 것이다.

ⓛ 유통경로상에 포함될 중간상의 수를 결정하는 것을 시장 커버리지 결정 혹은 유통집약도 결정이라고 부른다.

ⓒ 시장 커버리지 전략은 크게 집중적 유통, 전속적 유통, 선택적 유통으로 나누어진다.

구분	집중적 유통	전속적 유통	선택적 유통
전략	가능한 한 많은 점포들로 하여금 자사상품을 취급하도록 함	한 지역에 하나의 점포에게 판매권을 부여함	한 지역에 제한된 수의 점포들에게 판매권을 줌
점포 수	가능한 한 많은 점포	하나	소수
통제	제조업자의 통제력이 낮음	제조업자의 통제력이 매우 높음	제한된 범위에서 제조업자의 통제가 가능함
상품유형(소비재)	편의품	전문품	선매품

③ 유통경로 평가

㉠ 기업이 자사 상품에 알맞은 여러 경로 중에서 기업의 목표에 최적으로 맞는 경로를 선택하려면 일정 기준에 따라 평가를 해야 한다. 이때 그 평가 기준은 경제적 기준, 통제기준이 이용된다.

㉡ 경제적 기준 : 어떤 대안이 매출액을 더 올려 기업의 수익성을 제고시키느냐에 따라 평가하는 것이다.

㉢ 통제기준

ⓐ 유통경로를 평가할 때 판매대리점을 이용할 경우에는 두 경로에 대한 통제문제를 고려하여야 한다.

ⓑ 판매대리점은 자신의 이익을 극대화하는 데 관심을 갖는 독립된 기업이기 때문에 적지 않은 통제문제가 발생한다.

ⓒ 판매대리점은 특정한 생산업자의 상품에 대해서만 관심을 갖는 고객들보다는 여러 생산기업의 다양한 구색 중에서 최대량을 구입하는 고객들에게 집중할 수 있다.

(4) 경로갈등 관리

① 경로갈등의 이해

㉠ 경로갈등의 개념 : 유통과정에서는 다양한 이해관계자들이 발생하는데, 이들 간에 생기는 갈등을 경로갈등이라고 한다.

㉡ 경로갈등의 유형

수평적 경로갈등	수직적 경로갈등
• 유통경로상의 동일한 단계에 있는 경로 구성원들 사이에서 일어나는 갈등 → 소매상 간의 갈등, 도매상 간의 갈등 • 매출을 확보하기 위한 서비스 경쟁, 판촉경쟁, 가격경쟁 등의 형태로 나타남	• 유통경로상의 서로 다른 단계에 있는 경로 구성원들 간에 발생하는 갈등 → 제조업자와 도매상, 도매상과 소매상 사이에서 발생

② 초 조직적 방법 : 갈등 해결을 위해 거래 쌍방의 개별적 목표가 아닌 상위목표를 설정하는 방법으로 경로 구성원 간에 어느 정도 공존의식과 일체감이 형성되어 있는 경우에만 효과적이다.

③ 중재

㉠ 제3자가 내리는 결정을 거래 쌍방이 의무적으로 수용하도록 하는 갈등 해결 방법이다.

㉡ 가령, 정부기관(예를 들어, 공정거래위원회)은 제3자로서 제조업체와 소매상 간의 거래에 있어 발생하는 갈등문제를 해결하는 과정에 관여한다.

④ 상호 침투(interpenetration)
  ㉠ 경로 구성원들이 호선이나 인력교환 등을 통해 거래 상대방과의 상호 작용을 증가시킴으로써 갈등을 해결하는 방법을 말한다.
  ㉡ 유통경로에 있어 호선은 경로 의사결정에 거래 쌍방이 자신 혹은 자신의 대표를 선임하여 참여하는 방법 (공식적 방법)과 어느 일방(예를 들어, 제조업체)의 의사결정에 거래상대방(예를 들어, 딜러들)이 자문위원회 등을 통해 간접적으로 참여하는 방법이 활용된다.
⑤ 경계인(boundary personnel) 활용 : 경계인을 통한 갈등 해결은 일종의 외교술로 볼 수 있다. 경계인으로는 대체로 산업, 상품에 대한 지식이나 경영기법을 가지고 있는 전문인이 활용된다.
⑥ 협상(bargaining)과 교섭(negotiation)
  ㉠ 의존도가 낮은 유통 경로 형태에서 갈등 해결을 위해 가장 보편적으로 활용되는 방법이다.
  ㉡ 갈등 해결에 있어 힘의 행사만으로는 갈등을 해결하기 어려울 것이므로 힘의 행사와 함께 양보도 해야 한다.

(5) 유통경로 조직의 계열화 기출

① 의의
  ㉠ 제조업자는 서로 다른 목표와 기대를 가진 경로구성원들을 조정·통제하고 갈등이 발생할 때 이를 관리할 수 있는 경로 리더십(channel leadership)이 필요하다.
  ㉡ 이러한 전통적 마케팅에 대한 대안으로서 수직적 마케팅 시스템(vertical marketing system)이 출현하였다.
② 수직적 마케팅 시스템의 이해
  ㉠ 수직적 마케팅 시스템은 중앙(본부)에서 계획된 프로그램에 의해 경로 구성원들을 전문적으로 관리·통제하는 네트워크 형태의 경로조직이다.
  ㉡ VMS는 생산에서 소비까지의 마케팅흐름을 통합·조정하여 규모의 경제를 달성할 수 있도록 설계된 유통경로 형태이다.

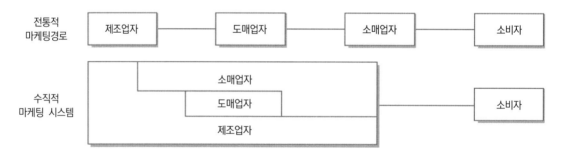

  ㉢ VMS는 경로구성원들에 대한 소유권의 정도(강도)에 따라 기업형 VMS, 계약형 VMS, 관리형 VMS로 나누어진다.
  ㉣ 수직적 통합의 정도가 약한 관리형 VMS에서 매우 강한 기업형 VMS로 갈수록 경로 구성원들에 대한 통제력이 증가하지만 더 많은 투자를 필요로 하며 유통환경 변화에 대응하는 유연성이 약해진다.

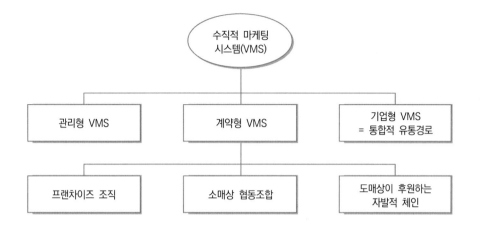

③ **관리형 VMS**
  ㉠ 경로 구성원들의 마케팅 활동이 소유권이나 계약에 의하지 않으면서 어느 한 경로 구성원의 규모, 파워 또는 경영 지원에 의해 조정되는 경로 유형이다.
  ㉡ 관리형 VMS의 경로 구성원들의 일반적으로 개별적인 경로목표들을 추구하며 그들을 함께 묶을 수 있는 공식적인 조직을 가지고 있지는 않지만, 경로리더의 역할을 하는 특정 경로 구성원의 마케팅프로그램을 중심으로 비공식적으로 협력함으로써 공유된 경로목표를 달성한다.
④ **계약형 VMS**
  ㉠ 경로 구성원들이 각자가 수행해야 할 마케팅 기능들을 계약에 의해 합의함으로써 공식적 경로 관계를 형성하는 경로조직이다.
  ㉡ 계약형 VMS의 유형

도매상후원 자발적 체인	• 도매상을 중심으로 독립적인 소매상들이 수직 통합된 경로조직 • 회원으로 가입한 소매상들은 공동구매와 공동촉진 등에 의해 규모의 경제를 통해 이득(효과)을 얻을 수 있으므로 대규모 기업형 유통업체와의 가격경쟁이 가능
소매상 협동조합	• 공동구매 및 공동 촉진 활동을 수행하기 위하여 중소 소매상들이 연합하여 만든 조직체 • 대기업이 운영하는 슈퍼마켓 체인에 대항하기 위하여 형성
프랜차이즈 시스템	• 프랜차이저가 프랜차이지에게 프랜차이저의 상호, 상표, 노하우 및 기타기업의 운영방식을 사용하여 제품이나 서비스를 판매할 수 있도록 허가하는 것 • 프랜차이지는 프랜차이저의 상호 등을 사용하는 권한을 갖기 위해서 가입금과 보증금 등을 지불

3 신유통경로 마케팅

(1) 신유통경로의 개념 ★

① 신유통경로란 온라인 서비스 + 오프라인 체험 + 물류를 융합한 새로운 판매 형태를 의미한다.
② 알리바바 그룹의 마윈 회장은 2016년 항저우에서 미래에는 온·오프라인 소매가 아주 높은 수준으로 결합할 것이며, 현대 물류업 및 서비스업에서 빅데이터 시스템을 융합한 미래 신유통 시대를 열 것이라며 최초로 신유통을 언급하였다.

③ 이때 융합의 정점에는 인공지능, VR/AR, IoT 등 최신기술 및 빅데이터 등 다양한 정보통신기술이 활용된다.

④ 신유통 기술을 통해 차원이 다른 고객 경험을 제공할 수 있으며 소비시장에 새로운 활력을 불어넣고 있다.

(2) 신유통경로 마케팅의 대표적 사례

① 알리바바의 무인 편의점 타오카페(TaoCafe)

    ㉠ 알리바바의 마윈이 신유통의 흐름에 대해 자신 있게 말한 만큼, 알리바바는 그 어떤 기업보다 신유통 전략을 잘 활용하고 있다.

    ㉡ 전용 어플리케이션을 켜서 QR 코드를 스캔하여 매장을 들어갈 수 있고, 동시에 안면인식을 통해 알리바바의 온라인 쇼핑몰 계정에 로그인된다.

    ㉢ 고객이 물건을 골라 담으면 천장의 카메라, 센서들이 상품을 자동으로 식별해준다.

    ㉣ 결제 구역의 검색대를 지나면 별도의 계산대를 거칠 필요 없이 결제가 완료되는 방식이다.

② 자라의 Click & Collect

    ㉠ 자라는 매장 내 고객 경험 강화를 위해 2017년부터 스페인 본사, 런던 팝업스토어 등에서 Click & Collect 서비스를 시행하고 있다.

    ㉡ 온라인 몰을 통해 물건을 클릭(Click)하여 주문하고 오프라인 매장에 제품을 수령하는(Collect) 서비스다.

    ㉢ 기존의 스마트 픽이 점원에게 물품을 수령하는 방식이라면, Click & Collect 서비스를 이용하는 고객은 점원을 대면할 필요 없이 픽업타워에서 물건을 찾으면 된다.

    ㉣ 직원이 픽업타워에 택배를 넣어두면 주차타워처럼 알아서 택배가 길을 찾아 들어가며 소비자는 본인이 받은 고유 번호를 입력하여 찾아가게 된다.

    ㉤ 소비자 입장에서는 배송비가 필요 없으며 빠르게 수령할 수 있어 좋고, 기업 입장에서는 작은 공간에 다수의 택배를 보관할 수 있어 효율적인 물류 관리가 가능하다.

③ 롯데 백화점의 온앤더리빙

    ㉠ 롯데 백화점의 가구매장인 온앤더리빙은 우리나라에서 오프라인 매장에 온라인 서비스를 결합한 대표적인 사례다. 이를 통해 가구의 실물을 최소화하고 있다.

    ㉡ 오프라인 매장 안에 온라인 검색을 할 수 있는 검색존이 마련되어 있는데, 프로그램 내 1만 5천여 개의 가구가 등록되어 있어 제품 선택의 폭이 넓다는 장점이 있다.

    ㉢ 부피가 큰 가구를 구매할 때, 가구가 집에 어울리는지 망설이는 고객을 위한 3D 리모델 체험을 제공한다.

    ㉣ 전국 90% 이상의 아파트 도면을 가지고 있으며, 이 도면에 자유롭게 상품을 배치해보며 예산과 공간을 고려해 상품 구매에 대한 명확한 정보를 얻을 수 있다.

(3) 신유통경로의 전망

① 신유통이 시사하는 바는 소비에 기술을 접목했다는 단순 사실을 넘어, 그 기술을 통해 온라인과 오프라인을 연결하여 둘 간의 경계를 희석시켰다는 데 있다.

② 신유통 전략은 온라인 시장의 발달로 침체하였던 기존의 오프라인 시장에 활기를 넣어주었을 뿐 아니라 온라인 시장에서의 추가적인 구매를 이끌어 내게 되었다.

③ 다양한 체험을 통해 오프라인 매장의 매출은 상승하며, 그 체험의 신뢰성을 기반으로 다시 온라인에서 물건을 구입하는 경로로 이어지기 때문이다.

④ 오프라인 시장에서는 얻기 어려웠던 소비자의 다양한 관심에 대한 빅데이터를 얻어 오프라인 매장에서도 정교한 고객 맞춤 서비스가 가능해졌다.

1 촉진 의의와 목적 ★★

(1) 촉진의 개념

① 촉진, 즉 프로모션(promotion)이란 제품에 대한 정보를 고객에게 알리고, 구매하도록 설득하며, 구매를 유도하는 인센티브(incentive)를 제공하여 판매를 촉진하는 마케팅 활동을 의미한다.

② 주요 수단으로는 광고, PR, 판매촉진, 인적판매, 다이렉트 마케팅 등이 있으며 이를 촉진 믹스라고 한다. 이러한 활동들은 마케팅 커뮤니케이션과 밀접한 관련을 맺고 있다.

(2) 촉진 믹스의 결정 요인 [기출]

① 제품-시장 유형

ㄱ 소비재는 고객의 수가 많고, 구매단위가 적고, 표준화되어 있기 때문에 광고와 판매촉진을 많이 사용한다. 그리고 산업재인 경우에는 인적판매가 중요한 위치를 차지한다.

ㄴ 편의품은 주로 광고에 많이 의존하지만, 소매점에 제품을 많이 진열시키기 위해서는 인적판매도 함께 사용한다.

② 촉진 전략의 방향

ㄱ 풀(pull) 전략을 사용할 경우 광고와 홍보를 주로 사용하게 되며 쿠폰, 견본품, 경품 등과 같은 소비자를 대상으로 하는 판매촉진을 많이 사용하게 된다.

ㄴ 푸시(push) 전략은 인적판매를 통하거나 가격할인, 수량할인 등과 같은 중간상인을 대상으로 하는 판매촉진을 주로 사용하여 실행하게 된다.

③ 제품수명주기 단계

ㄱ 제품의 도입기에는 인지도를 높이기 위한 광고 및 PR 활동이 중요하며, 성장기에서는 도입기의 촉진 활동을 유지하고 경쟁업자가 있는 경우 경품 및 쿠폰제공 등 판촉 활동이 중요해진다.

ㄴ 성숙기가 되면 경쟁이 치열해지므로 창의적인 판촉 활동이 주로 전개되지만 쇠퇴기에 접어들면 촉진 활동을 줄이거나 중단하게 되며, 경우에 따라서는 상기광고(reminder advertising)가 이용된다.

④ 구매 의사결정단계

ㄱ 구매 의사결정단계 초기에는 제품을 알리거나 정보를 제공하여 주는 광고와 PR이 중요하다. 그리고 후기로 갈수록 구매를 유도하는 판매촉진 및 인적판매가 중요해진다.

ㄴ 광고, 홍보는 구매결정 과정상의 초기단계, 즉 인지와 태도 형성과정에 많은 영향력을 행사하고 구매의도를 가지거나 실제로 구매하는 행위에 직접적 영향력은 적다.

2 촉진 체계 유형 ★★

(1) 촉진 체계의 이해

① 기업은 고객과의 좋은 관계를 구축하기 위해 우수한 제품을 개발하고 가격을 매력적으로 책정하고, 표적 소비자가 구매하기 쉽도록 채널을 다양화한다.

② 이러한 마케팅 활동들을 하나로 통합한 것을 마케팅믹스라 부르고, 줄여서 4P라고 부른다.

③ 4P의 구성요소 중 하나인 프로모션(촉진)은 고객들에게 자사의 제품을 알리는 메시지를 전달하는 역할을 수행한다.

④ 메시지는 다양한 채널들을 통해 전파되는데 이를 관리하는 활동이 촉진관리다.

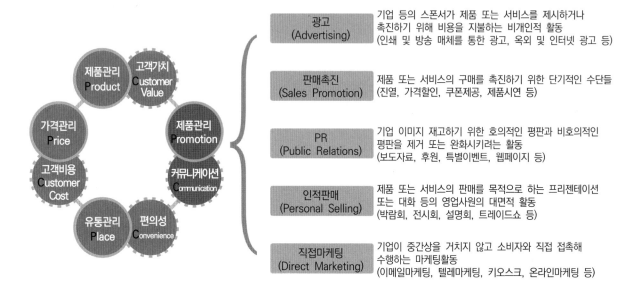

(2) 촉진 체계의 접근

① 4P는 판매자인 기업입장에서 바라본 관점이고, 4C는 구매자인 고객입장에서 바라본 관점이다.

② 마케팅이 고객지향적인 관점을 갖는다는 점에서 기존의 4P는 기업의 마케팅활동을 관리하는 데에는 유용하지만 고객 지향적인 접근방식에는 미흡할 수가 있어 4C의 관점이 대두되었다.

③ 제품관리를 고객이 원하는 차별적인 가치를 의미하는 고객가치로 해석을 하고, 가격관리를 고객이 기꺼이 지불할 의사가 있는지를 판단하는 고객비용으로 해석을 하며, 유통관리를 고객이 자신이 원하는 방식으로 편리하게 구매할 수 있는지를 의미하는 편의성을 해석한다.

④ 촉진관리는 고객이 원하는 정보를 원활하게 제공받을 수 있는지를 판단하는 커뮤니케이션으로 해석을 하는데, 그래서 프로모션을 다른 말로 표현할 때 커뮤니케이션이라고 부르기도 한다.

3 촉진 방법 ★★★

(1) 광고 기출

① 개념

ㄱ 광고(advertising)란 광고주가 표적집단에게 제품 및 서비스에 관한 정보를 제공하거나 구매를 설득하기 위하여 유료로 대중매체를 이용하는 활동을 말한다.

ㄴ 광고는 현대 마케팅 활동에 있어서 차별화, 시장확대 및 포지셔닝의 수단으로서 매우 중요하다.

ㄷ 광고관리와 관련된 의사결정은 '광고목적 설정 → 광고예산 결정 → 메시지 및 매체의 결정 → 광고효과 측정'의 단계를 거쳐 이루어진다.

② 주요 광고의 유형

　　㉠ 구매시점 광고(POP : Point Of Purchase) : 광고상품이 소비자에게 최종적으로 구입되는 장소, 즉 소매시점 등에서 광고물을 제작, 직접적인 광고 효과를 얻게 하는 광고로 소매점의 옥외에 각종 간판 설치, 점내에 디스플레이를 통해 벌이는 광고활동 등이 있다.

　　㉡ 스팟 광고(spot) : 스팟은 정규 프로그램 광고 외의 것을 지칭하는 것으로 정규 프로그램 광고를 제외한 짜투리 공간이나 시간대를 활용하는 광고다.

　　㉢ 배너광고 : 인기있는 인터넷 홈페이지의 한쪽에 특정 웹사이트의 이름이나 내용을 부착하여 홍보하는 그래픽 이미지다.

　　㉣ PPL(Product Placement) : 영화나 드라마 상에 특정한 상품을 노출시키거나 사용상황을 보여줌으로써 광고효과를 도모한다.

　　㉤ POS(Point Of Sale) : 판매의 거점에 컴퓨터 단말을 설치하여 판매정보 등을 시스테마틱하게 관리하는 방법이다.

　　㉥ 티저 광고 : 처음에는 중요 부분을 감추어 두어 소비자의 호기심을 자극한 후 점차 전체의 모습을 명확히 해가는 광고 형태다.

(2) 판매촉진 [기출]

① 개념 : 판매촉진(sales promotion)이란 특정의 제품 및 서비스를 단기적으로 구매유도하기 위하여 설계된 수단을 말한다. 샘플, 쿠폰, 상품 무료사용, 상품전시회 및 경연대회 등이 있다.

② 판매촉진은 단기간에 수급조절이 가능하며, 즉각적인 반응이 유발되고, 신제품 사용 유도에 적합하다. 그러나 모방이 용이하고, 상표충성도가 높은 고객에게는 효과가 떨어진다는 단점이 있다.

(3) 홍보

① PR(Public Relations)의 정의 : 고객뿐 아니라 기업과 직접·간접으로 관계를 맺고 있는 여러 집단과 좋은 관계를 구축하고 유지하여 기업의 이미지를 높이고 궁극적으로 구매의 증대를 가져오기 위한 활동이라고 정의할 수 있다.

② PR의 특징

　　㉠ 다른 촉진수단은 그 비용을 기업이 부담하는데 반해 홍보는 매체가 그 부담을 진다.

　　㉡ PR은 광고의 효과와 매우 비슷한 효과를 가져온다. 그렇지만 매체비용을 지급하지 않고, 소비자가 광고보다 신문이나 방송 뉴스의 내용을 더 신뢰하는 경향이 있다는 면에서 장점이 있다.

(4) 인적판매 [기출]

① 개념 : 인적판매(personal selling)는 판매원이 직접 고객을 만나 제품을 알리고 주문을 유도하는 다양한 활동을 의미한다. 소비자에게 많은 정보를 제공할 수 있다.

② 인적판매의 효과 : 인적판매는 쌍방적 커뮤니케이션이 이루어지므로 즉각적인 피드백이 가능하여 정보탐색 및 광고에 노출된 소비자에게 효과적이다. 반면에 접근 가능성이 낮고, 고객 1인당 비용이 많이 든다.

③ 인적판매의 단계

준비단계	잠재 고객을 찾아내고 정보를 수집하는 활동 수행
제품의 제시와 설득단계	• 준비가 되면 잠재 고객에게 접근하여 제품을 제시하고 설명 • 고객의 반대의견을 적절히 처리하는 것이 중요 → 무엇보다 고객과 논쟁을 벌여서는 안 됨
주문단계	• 설득이 끝나면 상담을 마무리하면서 주문을 끌어내야 함 • 주문을 받고 나서는 고객에게 제품이 배달되고 제대로 설치되어 사용되고 있는지를 확인 → 지속적인 접촉을 통하여 관계를 유지

4 통합적 마케팅 커뮤니케이션(Intergrated Marketing Communication) 전략 ★★

(1) 의의

① 통합적 마케팅 커뮤니케이션은 기본적으로 여러 가지 커뮤니케이션 수단들을 잘 믹스해서 효과를 최대화할 수 있게 만들자는 개념으로 등장하였다.

② IT기술이 발달하다보니 과거에는 TV나 라디오, 잡지 등을 통해 전달되었는데 이제는 인터넷과 모바일 등의 다양한 곳을 통해 커뮤니케이션이 이루어지고 있다.

③ 기업이 고객들과 커뮤니케이션 할 수 있는 공간이 많아졌다는 것은 한편으로는 장점이 되기도 하지만 단점이 되기도 한다.

④ 커뮤니케이션 효과를 극대화하기 위한 방편의 일환으로 모든 커뮤니케이션 수단들을 하나로 통합하자는 개념인 IMC가 등장하게 되었다.

(2) IMC의 등장 배경

① 개요

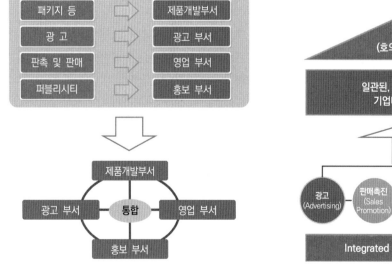

② 기존 커뮤니케이션 방식
  ㉠ 과거에는 각 부서별로 고객과의 소통을 할 수 있는 방법들이 모두 개별적으로 이루어졌다.
  ㉡ 패키지에 의한 소통은 제품개발부서에서, 광고에 의한 소통은 광고부서에서, 판촉이나 인적판매에 의한 소통은 영업부서에서, 퍼블리시티에 의한 소통은 홍보부서에서 이루어진 것이다.
  ㉢ 이런식으로 되다 보니 각각 독립된 예산을 편성하여 목표를 설정하고 되고, 개별적인 메시지의 전달이 되다보니 혼선이 빚어지는 일이 발생하였다.
③ IMC를 통한 개선
  ㉠ 업무의 혼선을 개선하고 통합해야 할 필요성이 대두되었고, 통합된 마케팅 커뮤니케이션이라는 개념이 등장하게 되었다.
  ㉡ IMC는 다양한 커뮤니케이션 수단들을 이용해서 일관된 브랜드 이미지를 창출하고자 한다.
  ㉢ 여러 커뮤니케이션 요소들이 서로 시너지 효과를 낼 수 있도록 조정하고 통제하여 지속적인 일관된 메시지를 전달하는 것을 추구한다.

(3) 마케팅 커뮤니케이션의 체계 [기출]

① 개요

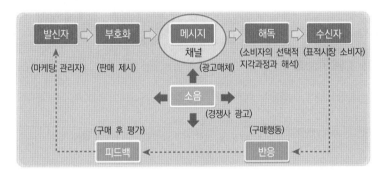

① 발신인 : 메시지를 전달하는 주체, 정보원(source)
② 부호화 : 전달하고자 하는 생각을 문자나 그림 등으로 상징화하는 과정
③ 메시지 : 발신인이 전달하고자 하는 내용의 조합
④ 채널 : 발신인으로부터 수신인에게 전달하는데 사용되는 의사전달 경로
⑤ 해독 : 발신인이 부호화하여 전달한 의미를 수신인이 해석하는 과정
⑥ 수신인 : 메시지를 전달받는 당사자(표적 청중)
⑦ 반응 : 메시지에 노출된 후 일어나는 수신인의 행동
⑧ 피드백 : 수신인의 메시지에 대해 발신인이 보인 반응들의 한 부분
⑨ 소음(잡음) : 효과적인 커뮤니케이션을 방해하는 모든 요인들

  ㉠ 마케팅 촉진관리를 잘하기 위해서는 마케팅 커뮤니케이션이 어떤 과정으로 이루어지는지를 이해할 필요성이 있다.
  ㉡ 커뮤니케이션이란 정보의 전달과 아이디어 교환, 발신자와 수신자 간에 의사소통을 의미한다.
  ㉢ 전통적 마케팅 커뮤니케이션의 기본 구성요소는 발신자, 메시지, 수신자, 채널의 4가지로 구성되어 있고, 여기에 부호화와 해독, 반응과 피드백, 소음이 추가되어 현재의 모습을 갖추게 되었다.

② IMC의 활동

　㉠ 효과적인 커뮤니케이션을 개발하기 위해서는 우선 표적청중을 파악해내야 하고, 그들로부터 원하는 반응
　　이 무엇인지를 결정해야 한다.

　㉡ 그에 맞는 메시지를 개발한 다음, 메시지를 보낼 경로를 선택하고, 메시지를 전달할 원천을 선택한다.

　㉢ 커뮤니케이션의 효과를 측정하는 과정을 거치면 효과적인 커뮤니케이션을 개발할 수 있게 된다.

(4) 마케팅 커뮤니케이션 프로그램 개발

1단계) 표적청중 확인
* **청중** : 잠재구매자, 현재구매자, 구매의사 결정을 내리는 사람, 구매의사 결정에 영향을 미치는 사람
* 시장 세분화와 표적시장 선택 등이 중요 지침

2단계) 커뮤니케이션 목표 설정
* 하이어라키 모델(hierarchy-effects model)

3단계) 메시지 설계
* AIDA모델 : 주의 끌고, 관심을 지속, 욕망을 자극, 행동을 유도

① 메시지 내용 – 무엇을 말할 것인가?
　– 이성적 소구, 감성적 소구, 도덕적 소구
② 메시지 구조 – 내용을 어떻게 논리적으로 전달할 것인가?
　– 메시지의 결론을 제시할 것인가 아니면 청중에게 맡길 것인가?
　– 강력한 주장을 처음 또는 마지막에 제안할지의 문제
　– 일면적 주장 VS 양면적 주장
③ 메시지 형태 – 어떤 메시지 형태로 전달할 것인가?
　– 인쇄 매체, 라디오광고, TV광고

4단계) 미디어 선정
① **대면적 채널** : 두 명 또는 그 이상의 사람이 서로 직접 의사소통
　예　전화, 우편, 이메일 등

② **비대면적 채널** : 개인적 접촉이나 피드백 없이 간접 의사소통
　예　인쇄 매체, 방송 매체, 전시미디어, 온라인미디어 등

5단계) 메시지 원천의 선택
– 신뢰성이 높은 원천에 의해 전달될 때 설득효과가 높음

6단계) 커뮤니케이션 효과 측정
– 메시지의 기억 여부
– 노출 횟수
– 회상 내용
– 메시지에 대한 느낌
– 메시지를 보기 전과 후 제품 및 회사에 대한 평가

(5) 촉진 예산과 촉진믹스 결정

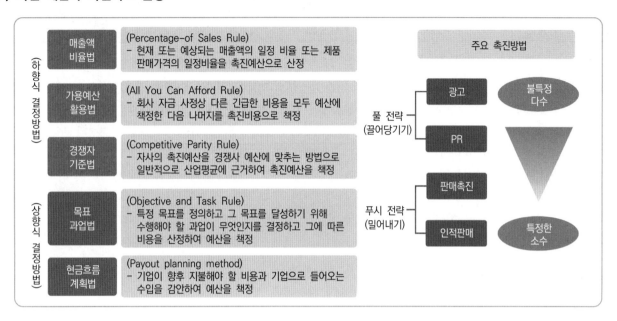

01 제품수명주기에 대한 설명으로 옳은 것은?

① 성장기 – 판매가 완만하게 증가하며 막대한 제품개발비용의 지출로 이익이 나지 않는 단계
② 도입기 – 매출과 이익이 급속하게 증가하는 기간
③ 성숙기 – 매출성장이 둔화되고 이익은 정체되거나 하락하는 단계
④ 쇠퇴기 – 매출과 이익이 서서히 증가하는 기간

해설

① 판매가 완만하게 증가하며 막대한 제품개발비용의 지출로 이익이 나지 않는 단계는 도입기이다.
② 매출과 이익이 급속하게 증가하는 기간은 성장기이다.
④ 매출과 이익이 서서히 감소하는 기간은 쇠퇴기이다.

02 제품수명주기의 형태 중 다음 설명에 해당하는 유형은?

새로운 제품특성이나 용도, 사용자 등을 발견함으로써 매출 성장이 연속적으로 이어지는 형태

① 연속성장형
② 일시적 유행상품
③ 장수제품
④ 순환적 제품

해설

② 일시적 유행상품은 짧은 시간 내에 소비자들에 의해 급속하게 수용되었다가 매우 빨리 쇠퇴하는 형태이다.
③ 장수제품은 출시된 후 오랜 기간 꾸준히 많은 소비자들에 의해 지속적으로 구매되는 형태의 수명주기를 보인다.
④ 순환적 제품은 계절에 따라 매출의 증가와 감소가 반복되는 수명주기 형태이다.

03 제품수명주기상 쇠퇴기에 접어든 제품에 대한 마케팅전략으로 가장 옳지 않은 것은?

① 경쟁적 지위를 지배 또는 강화하기 위해 기업 투자 증가
② 산업의 불확실성이 해소될 때까지 기업의 투자수준 지속 확대
③ 수익성이 없는 고객층을 배제함으로써 기업의 투자를 선별적으로 줄임
④ 수익성 있는 틈새시장에 대한 투자 강화

해설

산업의 불확실성이 해소될 때까지 기업의 투자수준을 확대하는 것이 아니라 유지하는 방안이 적절하다.

04 상품을 선택, 사용할 경우 기존의 상품보다 더 많은 편익과 혜택을 제공하는지에 대한 개념으로 접근한 신상품의 개념은?

① 기업 관점의 신상품
② 소비자 관점의 신상품
③ 시장 관점의 신상품
④ 유통 관점의 신상품

해설

신상품의 개념은 기업 관점, 소비자 관점, 시장 관점의 주체별로 다르게 정의될 수 있다. 기업 관점의 신상품은 시장에서 유사한 상품군이 존재하고 있어도 기존 상품에 대해 혁신적인 개념으로 변화를 준 상품이다. 소비자 관점의 신상품은 상품을 선택, 사용할 경우 기존의 상품보다 더 많은 편익과 혜택을 제공하는지에 대한 개념으로 접근한 것이다. 시장 관점의 신상품은 고객에 의해 새로운 것으로 인식되는 상품, 서비스, 아이디어를 의미한다.

정답 01 ③ 02 ① 03 ② 04 ②

05 신상품의 가장 단순한 유형으로 기업과 소비자들이 신상품의 참신성이 낮다고 생각하는 상품은?

① 상품 개선 상품 ② 혁신 상품
③ 상품 계열 확장 상품 ④ 리포지셔닝 상품

> **해설**
> ② 혁신 상품은 기업과 소비자 모두에게 참신성이 높은 상품이다.
> ③ 상품 계열 확장 상품은 소비자에게는 널리 알려진 상품이지만, 기업에게는 신상품으로 분류되는 경우로 모방 신상품에 해당한다.
> ④ 리포지셔닝 상품은 기업에게는 참신성이 낮지만, 소비자에게는 참신성이 높은 상품이다.

06 신상품 성공 및 실패 요인에 대한 설명으로 가장 옳지 않은 것은?

① 신상품의 실패율은 상당히 높고 실패의 비용도 상당히 많이 든다.
② 신상품이 성공하려면 독특한 우수 상품, 잘 규정된 콘셉트, 신상품 개발 과정을 관리할 효율적인 조직 등이 필요하다.
③ 신상품이 실패하는 가장 큰 요인은 기존 상품과 차별화된 독특한 편익을 소비자에게 제공하지 못하는 경우이다.
④ 신상품이 성공하기 위한 가장 중요한 요인은 신상품이 기업의 필요에 적합하고, 기업이 중요하게 생각하는 편익을 충족하는지에 달려 있다.

> **해설**
> 신상품이 성공하기 위한 가장 중요한 요인은 신상품이 기업이 아닌 소비자의 필요에 적합하고, 고객이 중요하게 생각하는 편익을 충족하는지에 달려 있다.

07 다음 중 신상품 개발 과정이 바르게 제시된 것은?

① 아이디어 창출 → 아이디어 평가 → 제품 개발 → 상업화
② 아이디어 평가 → 제품 개발 → 상업화 → 아이디어 창출
③ 상업화 → 아이디어 창출 → 아이디어 평가 → 제품 개발
④ 제품 개발 → 상업화 → 아이디어 평가 → 아이디어 창출

> **해설**
> 신상품 개발 과정은 아이디어 창출 → 아이디어 평가 → 제품 개념의 개발과 테스트 → 마케팅전략의 개발과 사업성 분석 → 제품 개발 → 시험 마케팅 → 상업화 순이다.

08 신상품 개발 시 아이디어 수집에 대한 설명으로 가장 옳지 않은 것은?

① 가장 성공적인 아이디어는 고객의 욕구를 직접적으로 충족시킬 수 있는 아이디어들이다.
② 소수의 성공적 아이디어를 얻기 위해 기업은 많은 아이디어를 수집하고 창출해야 한다.
③ 경쟁사가 찾은 고객의 욕구나 필요성을 모방하여 신상품 개발을 성공으로 이끌어야 한다.
④ 종업원들의 제안 활동 및 관심 분야 연구 활동을 통해 끊임없이 신상품 아이디어를 수집해야 한다.

> **해설**
> 고객에 대한 소비자 조사를 실시하여 고객의 욕구나 필요성을 경쟁사보다 먼저 찾아내어야 신상품 개발에 성공할 수 있다.

09 AHP 기법(Analytic Hierarchy Process)에 대한 설명으로 틀린 것은?

① 합리적인 의사결정을 지원하기 위해 1970년대 초반 Thomas L. Saaty에 의해 개발되었다.
② 기업이 독자적으로 활용하고 있는 방법을 활용하여 신규 아이템을 확정하는 데 활용한다.
③ 객관성을 확보하기 위하여 정량적 기준을 함께 사용한다.
④ 평가지표와 비교할 대안이 많은 경우 복잡한 수치계산이 요구되므로 다른 분석 기법으로 대체한다.

> **해설**
> 평가지표와 비교할 대안이 많은 경우 복잡한 수치계산이 요구되는데, 평가의 용이성과 정확성을 위해 전산 프로그램이 활용되기도 한다.

정답 **05** ① **06** ④ **07** ① **08** ③ **09** ④

10 기업이 판매하는 상품이나 서비스가 시장에서 어떻게 반응하는지 조사하고 측정, 평가하는 활동은?

① 기업 분석　　　② 시장성 분석
③ 소비자 조사　　④ 서비스 만족도 평가

> **해설**
>
> 시장성 분석이란 기업이 판매하는 상품이나 서비스가 시장에서 어떻게 반응하는지 조사하고 측정, 평가하는 활동이다. 아무리 좋은 상품을 생산하고 훌륭한 서비스를 고객에게 제공해도 고객이 외면하거나 구매로 연결되지 않으면 기업의 생존이나 성과 실현이 불가능하기 때문이다.

11 시장성 분석의 필요성으로 가장 적절하지 않은 것은?

① 선발 주자라면 후발 주자의 이점을 상쇄할 수 있는 요인이 무엇인지 명확하게 분석해야 한다.
② 기업은 시장성 분석을 통하여 신상품 개발의 성패를 사전에 판단할 수 있는 중요한 정보를 얻을 수 있다.
③ 다양한 환경 변수들에 대한 가설을 수립하고 각 상황에 따른 판매 예측을 실시해야 한다.
④ 경쟁자들과 차별화하기 위한 경쟁 우위 요인은 무엇인지 계획을 세워야 한다.

> **해설**
>
> 후발 주자라면 선발 주자의 이점을 상쇄할 수 있는 요인이 무엇인지도 명확하게 분석해야 한다.

12 다음 괄호 안에 들어갈 말로 알맞은 것은?

> 확정된 아이템은 시장성 분석과 기술 타당성 분석, 그리고 재무 타당성 분석을 거쳐 개발단계로 이관하여 구체적인 (　　　　)(을)를 개발한다.

① 아이디어　　　② 브랜드
③ 이미지　　　　④ 신상품 콘셉트

> **해설**
>
> 확정된 아이템은 시장성 분석과 기술 타당성 분석, 그리고 재무 타당성 분석을 거쳐 개발단계로 이관하여 구체적인 신상품 콘셉트를 개발한다. 신상품 콘셉트를 개발하기 위해서는 신상품 아이디어, 신상품 이미지의 의미를 명확히 구별해야 할 필요가 있다.

13 신상품 콘셉트의 구성 요소로 무관한 것은?

① 상품 형태　　　② 기술
③ 가격　　　　　④ 소비자 편익

> **해설**
>
> 신상품 콘셉트의 구성 요소는 3가지로 상품 형태, 기술, 소비자 편익이다.

14 서비스 및 상품의 가격을 설명한 것으로 가장 옳지 않은 것은?

① 제품이나 서비스를 소유 또는 사용하는 대가로 지불해야 하는 금전적 가치를 의미한다.
② 가격은 제품의 품질에 대한 정보를 제공하는 역할을 한다.
③ 기업은 고객의 요구에 적합한 제품이나 서비스를 판매함으로써 수익을 실현하게 된다.
④ 가격을 포함한 마케팅 변수들은 단시간에 변화시킬 수 없다.

> **해설**
>
> 가격은 중요한 경쟁의 도구이다. 가격 이외의 마케팅 변수들은 단시간에 변화시킬 수 없다. 그러나 가격은 결정한 즉시 실행할 수 있기에 경쟁 전략적 도구로 쉽게 사용할 수 있다.

15 가격 결정에 대한 설명으로 틀린 것은?

① 시장점유율을 높이려는 기업은 초기고가 전략을 선호한다.
② 제품수명주기에서 어느 단계에 위치하는지를 검토해야 한다.
③ 제품의 포지셔닝에 따라 가격은 달라진다.
④ 수요의 가격탄력성을 고려해야 한다.

> **해설**
>
> 단기적 이익을 지향하는 경우는 초기고가 전략을 선호하는 경향이 있으며, 시장점유율을 중시하는 기업은 침투가격 전략을 선호한다.

정답　10 ②　11 ①　12 ④　13 ③　14 ④　15 ①

16 다음 상황에 적합한 가격 전략은?

> • 시장 수요가 비탄력적일 경우
> • 경쟁기업에 대해 확고한 원가우위를 갖고 있지 못할 경우

① 상대적 고가격 전략 ② 대등가격 전략
③ 상대적 저가격 전략 ④ 상층흡수 가격 전략

해설

시장 수요가 비탄력적이고 경쟁기업에 대해 확고한 원가 우위를 갖고 있지 못할 경우나 규모의 경제효과가 별로 없을 경우에는 경쟁기업과 대등한 경쟁력을 목표로 하는 대등가격 전략이 적합하다.

17 초기고가 전략이 적합한 상황은?

① 대량판매에 의한 원가절감을 통해 높은 총이익을 확보할 수 있는 경우
② 단기적 매출증대보다 시장점유율 확대를 통해 장기적 이익을 확보하려는 경우
③ 독보적인 기술 또는 특허기술 등으로 제품이 보호되고 있을 때
④ 고객이 가격에 민감하게 반응하는 경우

해설

초기고가 전략은 초기에는 고가를 책정함으로써 특정 목표시장만을 목표로 하는 전략이다. 제품 출시 후 인지도가 높아져 수요가 확대되면 제품 가격을 점차 인하하는 방향으로 시장점유율을 확대한다. ①, ②, ④는 초기저가 전략이 적합한 상황이다.

18 다음 중 결합제품 가격 전략으로 옳은 설명은?

① 보완재 중 어떤 제품을 싸게 판 후 그 제품에 필요한 소모품이나 부품을 비싸게 팔아 수익을 남기는 전략이다.
② 기본적인 제품과 선택사양 등을 묶어서 하나의 가격으로 제시하는 것이다.
③ 주력제품에 추가되는 각종 부가제품 및 액세서리에 부과하는 가격을 말한다.
④ 제품의 생산과정에서 발생하는 부산물에 대한 가격책정 방법을 의미한다.

해설

② 기본적인 제품과 선택사양 등을 묶어서 하나의 가격으로 제시하는 것은 묶음제품 가격 전략이다.
③ 주력제품에 추가되는 각종 부가제품 및 엑세서리에 부과하는 가격은 옵션제품가격 전략이다.
④ 제품의 생산과정에서 발생하는 부산물에 대한 가격책정 방법은 부산물 가격결정이다.

19 상품의 가격을 10,000원이 아닌 9,900원으로 책정하는 전략은?

① 층화 가격   ② 단수가격
③ 명성가격   ④ 준거가격

해설

① 층화 가격은 구매자가 약간의 가격 차이는 별로 인식하지 못하고 큰 차이가 있는 경우에만 반응을 나타낸다고 보아 몇 가지의 가격 층으로 책정하는 것이다.
③ 명성가격은 제품을 구매하는 고객들의 사회적 명성 혹은 긍지를 노려 고품질을 유지하는 대신 높은 가격을 책정하는 것이다.
④ 준거가격은 소비자들이 특정제품을 구매할 때 '싸다, 비싸다'의 기준이 되는 가격이다.

20 다음 설명에 해당하는 가격 전략은?

> 품목에 대한 정상적인 가격보다 약간 낮거나 원가 이하의 가격을 설정하여 고객들을 유치하는 전략이다.

① 할인가격   ② 행사가격
③ 교환판매   ④ 촉진가격

해설

① 할인가격은 특정한 조건에 해당하는 고객에게는 기본가격을 조정하여 할인해주는 것이다.
② 행사가격은 고객 사은 행사 등 특정 시기 전후로 가격 할인을 실시하는 것이다.
③ 교환판매는 중고품을 반환하면 새롭게 구매하는 신제품 가격을 할인해주는 것이다.

정답 16 ② 17 ③ 18 ① 19 ② 20 ④

21 제품 및 서비스 가격을 산정하는 방법 중 다음 설명에 해당하는 것은?

> 제품의 원가에 적정이윤을 가산하여 가격을 결정하는 가장 기본적인 가격결정 방법

① 원가가산법
② 목표수익률가산법
③ 가산이익률 가격결정
④ 경쟁자 중심의 가격결정

해설
② 목표수익률가산법은 기업이 투자에 대한 목표수익률(ROI)을 정해놓고 이를 달성할 수 있도록 가격을 산정하는 방법이다.
③ 가산이익률 가격결정은 제품 한 단위당 생산/구매비용에 대해 판매비용을 충당하고도 적정이익을 남길 수 있는 수준의 가산이익률(mark up)을 결정하여 가격을 책정하는 방법이다.
④ 경쟁자 중심의 가격결정은 경쟁자들이 정하는 가격이 결정 기준이 된다.

22 손익분기점에 대한 설명으로 가장 옳지 않은 것은?

① 손익분기점은 수익과 비용이 일치하는 매출 수준을 말한다.
② 매출액이 손익분기점을 초과할 경우에는 이익이 발생한다.
③ 비용을 변동비와 고정비로 구분하지 않는다는 것을 전제로 하고 있다.
④ 매출액은 판매단가에 매출량을 곱한 값이다.

해설
손익분기점 분석은 비용을 변동비와 고정비로 구분할 수 있다는 것을 기본 전제로 하고 있다.
비용은 매출액이 증가함에 따라 동일한 비율로 증가하는 변동비와 매출액 증가와 관계없이 일정한 고정비(일정 조업도 범위 내에서)로 분류된다.

23 손익분기점 분석에서 변동비의 산출식을 바르게 나타낸 것은?

① 단위당 고정비 × 영업이익
② 단위당 변동비 × 매출량
③ 단위당 변동비 × 영업이익
④ 단위당 고정비 × 매출량

해설
변동비, 즉 영업변동비(VC)는 매출액이 증가할 때 선형으로 비례하여 증가하는 비용이므로 VC = V × Q로 나타낼 수 있다.
V : 단위당 변동비
Q : 매출량

24 손익분기점 분석의 한계를 설명한 것으로 가장 옳지 않은 것은?

① 모든 비용을 고정비와 변동비로 엄격히 구분하기가 어렵다.
② 제품의 종류가 많으면 자료의 정확성이 떨어진다.
③ 판매가격이나 생산원가의 변동을 가정하고 있어 장기적인 경영계획 수립에 적합하지 않다.
④ 이익률이 높은 제품과 낮은 제품을 묶어서 분석함으로써 제품별 수익성을 정확히 파악할 수 없다.

해설
시간이 경과함에 따라 판매가격이나 생산원가 등이 달라지는데, 손익분기점 분석에서는 판매가격, 단위당 변동비 등이 일정하다고 가정하고 있다. 따라서 장기적인 경영계획 수립에는 적합하지 않다.

25 가격차별화에 대한 설명으로 틀린 것은?

① 세분시장의 성격에 따라 가격을 달리 설정하는 것을 의미한다.
② 수요가 많을 때를 그렇지 않을 때로 옮기거나 수요가 적을 때 이를 자극하는 것이다.
③ 각 세분고객은 분리될 수 있어야 하며, 그 숫자는 활용하기에 충분히 커야 한다.
④ 서로 다른 세분고객들이 다른 가격에 보이는 반응의 양상이 같아야 한다.

해설
서로 다른 세분고객들이 다른 가격에 보이는 반응의 양상이 달라야 한다. 즉 차별화된 가격으로 구매하려는 고객이 없다면 가격차별정책은 성공할 수 없다.

정답 21 ① 22 ③ 23 ② 24 ③ 25 ④

26 이용 시간에 따른 가격차별화를 설명한 것으로 가장 옳지 않은 것은?

① 서비스는 생산과 소비가 분리되지 않으면 소멸하므로, 수요에 맞게 공급능력을 탄력적으로 조절하는 것이 중요하다.

② 소비자의 가격 민감도에 따라 가격을 차별화함으로써 수요를 조절할 수 있다.

③ 수요가 적은 시간에는 수요를 창출하고, 수요가 많은 시간에는 수요를 억제할 수 있다.

④ 영화관에서는 가격에 민감한 청소년들이나 노인층을 대상으로 낮 시간에 입장료를 할인하는 것을 예로 들 수 있다.

[해설]

서비스는 제품에 비해 상대적으로 고정원가의 비중이 크기 때문에 수요와 공급을 분리되지 않게 일치시키는 노력이 무엇보다도 필요하다. 서비스는 생산과 동시에 소비되지 않으면 즉시 소멸하므로, 수요에 맞게 공급능력을 탄력적으로 조절하는 것이 중요하다.

27 호텔이나 항공사에서 예약을 활용하는 경우 가격차별화의 유형은?

① 이용 시간에 따른 가격 차별

② 소비자에 따른 가격 차별

③ 구매량에 따른 가격 차별

④ 구매 시점에 따른 가격 차별

[해설]

구매 시점(시간)에 따른 가격 차별의 형태는 예약이나 티켓 구매 시간에 따른 가격차별 전략으로 전통적으로 호텔이나 항공사에서 주로 이용되어 왔다.

28 행동(구매)빈도가 높은 저가격의 제품으로 습관적 구매를 하는 경향이 강한 제품은?

① 편의품   ② 선매품

③ 전문품   ④ 소모품

[해설]

편의품은 행동(구매)빈도가 높은 저가격의 제품으로 습관적 구매를 하는 경향이 강한 제품이다. 제품의 비교와 구매에 있어서 최소한의 노력을 기울이므로 관여도가 낮다. 치약, 세제, 비누 등 일상의 생활필수품이 그 예이다.

29 다음 중 성격이 다른 제품 유형은?

① 원재료   ② 가공재

③ 선매품   ④ 부분품

[해설]

제품은 크게 소비재와 산업재로 구분할 수 있다. 소비재는 편의품, 선매품, 전문품으로 나뉘며 산업재는 원재료(원료), 가공재, 부품(부분품), 소모품으로 나눌 수 있다.

30 유통경로에 대한 설명으로 옳은 것은?

① 유통경로의 형태는 소비자가 참여하는 정도에 따라 달라진다.

② 유통경로가 길어질수록 마케팅기능은 보다 단순화된다.

③ 각 중간상은 모든 유통 기능을 직접 수행한다.

④ 제조업자와 소비자 사이에 많은 중간상들이 개입될수록, 제조업자의 통제력이 약해진다.

[해설]

① 유통경로의 형태(조직)는 제조업자가 생산하는 상품의 특성에 따라 달라지는데 크게 소비재 유통경로와 산업재 유통경로로 나눌 수 있다.

② 유통경로가 길어질수록 각 중간상들이 수행하는 마케팅기능은 보다 전문화된다.

③ 각 중간상은 자신이 잘할 수 있는 유통기능만을 수행하기 때문에 이로 인해 얻어지는 효율성의 증대는 제조업자가 모든 유통기능들을 직접 수행할 경우와 비교하여 최종 소비자가격을 더 낮출 수 있는 것이다.

[정답] 26 ①   27 ④   28 ①   29 ③   30 ④

31 유통 관리의 기능으로 가장 거리가 먼 것은?

① 유통이 수행하는 기능은 생산과 소비를 연결하는 것이다.
② 위험부담기능, 금융기능, 표준화기능 및 정보제공기능은 금융 기능이다.
③ 잠재된 고객에 한해 판매촉진과 거래의 성립, 계약조건의 확정은 판매 기능이다.
④ 재생산을 위해 원자재 구입을 여러 공급자들로부터 얻고 재판매를 위해 상품을 구입하는 기능은 구매 기능이다.

> **해설**
> 위험부담기능, 금융기능, 표준화기능 및 정보제공기능은 조성기능이다. 금융기능은 소비자 또는 생산자에게 자금을 대부 해주어 거래를 원활히 보조해주는 기능이다.

32 유통경로 설계에 대한 설명으로 가장 옳지 않은 것은?

① 입지의 편의성이란 도·소매업체들이 시장 내에 밀집되어 있는 정도다.
② 표적시장의 고객이 원하는 서비스와 이를 충족시키기 위해 각 경로 구성원들이 제공해야 할 구체적 서비스가 무엇인지를 파악하는 것이다.
③ 대기시간은 주문한 상품을 인도 받을 때까지의 기간이다.
④ 상품 구색은 일괄구매(one-stop shopping)를 가능하게 하므로 소비자의 정보탐색 노력과 교통비를 절감할 수 있다.

> **해설**
> 입지의 편의성이란 도·소매업체들이 시장 내에 분산되어 있는 정도를 말한다. 입지가 편리할수록(도·소매업체들이 시장 내에 많이 분산되어 있을수록) 고객의 여행 거리와 상품 탐색비용이 감소하게 되므로 고객 만족이 증가한다.

33 유통경로상에 포함될 중간상의 수를 결정하는 것을 뜻하는 용어는?

① 유통 기획
② 시장조사
③ 마케팅 커버리지
④ 시장 커버리지

> **해설**
> 경로 대안의 개발에서 고려되어야 할 또 다른 요인은 기업이 원하는 상품의 시장 노출수준을 달성하는 데 필요한 중간상의 수를 결정하는 것이다. 유통경로상에 포함될 중간상의 수를 결정하는 것을 시장 커버리지 결정 혹은 유통집약도 결정이라고 부른다.

34 한 지역에 하나의 점포에게 판매권을 부여하는 시장 커버리지 전략은?

① 집중적 유통
② 전속적 유통
③ 선택적 유통
④ 전문적 유통

> **해설**
> 시장 커버리지 전략은 크게 집중적 유통, 전속적 유통, 선택적 유통으로 나누어진다. 집중적 유통은 가능한 많은 점포들로 하여금 자사상품을 취급하도록 하는 전략이다. 전속적 유통은 한 지역에 하나의 점포에게 판매권을 부여하는 전략이다. 선택적 유통은 한 지역에 제한된 수의 점포들에게 판매권을 주는 형태다.

35 유통과정에서 이해관계자들 간 생기는 갈등은?

① 유통 갈등
② 통합 갈등
③ 경로 갈등
④ 마케팅 갈등

> **해설**
> 유통과정에서는 다양한 이해관계자들이 발생하는데, 이들 간에 생기는 갈등을 경로 갈등이라고 한다. 유통경로상의 동일한 단계에 있는 경로 구성원들 사이에서 일어나는 수평적 경로 갈등과 유통경로상의 서로 다른 단계에 있는 경로 구성원들 간에 발생하는 수직적 갈등으로 구분한다.

정답 31 ② 32 ① 33 ④ 34 ② 35 ③

36 다음 설명에 해당하는 유통경로 조직 계열화 형태는?

> 중앙(본부)에서 계획된 프로그램에 의해 경로 구성원들을 전문적으로 관리·통제하는 네트워크 형태의 경로조직이다.

① 수직적 마케팅 시스템
② 수평적 마케팅 시스템
③ 계열화 시스템
④ 네트워크 시스템

해설
수직적 마케팅 시스템(vertical marketing system)은 중앙(본부)에서 계획된 프로그램에 의해 경로 구성원들을 전문적으로 관리·통제하는 네트워크 형태의 경로조직으로 생산에서 소비까지의 마케팅흐름을 통합·조정하여 규모의 경제를 달성할 수 있도록 설계된 유통경로 형태이다.

37 계약형 VMS의 유형으로 해당이 없는 것은?

① 도매상후원 자발적 체인
② 소매상 협동조합
③ 관리형 VMS
④ 프랜차이즈 시스템

해설
VMS는 관리형 VMS와 계약형 VMS로 구분되고 계약형 VMS는 도매상후원 자발적 체인, 소매상 협동조합, 프랜차이즈 시스템으로 구분할 수 있다.

38 신유통경로 마케팅을 설명한 것으로 가장 옳지 않은 것은?

① 온라인 서비스 + 오프라인 체험 + 물류를 융합한 새로운 판매 형태를 의미한다.
② 알리바바 그룹의 마윈 회장은 현대 물류업 및 서비스업에서 빅데이터 시스템을 융합한 미래 신유통 시대를 열 것이라며 최초로 신유통을 언급하였다.
③ 인공지능, VR/AR, IoT 등 최신기술 및 빅데이터 등 다양한 정보통신기술이 활용된다.
④ 고객 맞춤 서비스 비중을 최소화 시키고 특정 소비자 군의 다양한 관심사를 충족시켜 준다.

해설
오프라인 시장에서는 얻기 어려웠던 소비자의 다양한 관심에 대한 빅데이터를 통해 오프라인 매장에서도 정교한 고객 맞춤 서비스가 가능해졌다.

39 촉진을 설명한 것으로 가장 옳지 않은 것은?

① 인적판매는 산업재보다는 소비재에서 중요한 위치를 차지한다.
② 구매를 유도하기 위해 인센티브를 제공하여 판매를 촉진하는 마케팅의 영역이다.
③ 제품에 대한 정보를 고객에게 알리고, 구매하도록 설득하는 활동이다.
④ 마케팅 커뮤니케이션과 밀접한 관련을 맺고 있다.

해설
소비재는 고객의 수가 많고, 구매단위가 적고, 표준화되어 있기 때문에 광고와 판매촉진을 많이 사용한다. 그리고 산업재인 경우에는 인적판매가 중요한 위치를 차지한다.

40 촉진 전략의 방향을 설명한 것으로 틀린 것은?

① 풀(pull) 전략을 사용할 경우 광고와 홍보를 주로 사용하게 된다.
② 푸시(push) 전략은 인적판매를 통하거나 가격할인, 수량할인을 주로 활용한다.
③ 제품의 도입기에는 광고 및 PR보다 경품 및 쿠폰제공 등 판촉 활동이 중요해진다.
④ 쇠퇴기에 접어들면 촉진 활동을 줄이거나 중단하게 된다.

해설
제품의 도입기에는 인지도를 높이기 위한 광고 및 PR 활동이 중요하며, 성장기에서는 도입기의 촉진 활동을 유지하고 경쟁업자가 있는 경우 경품 및 쿠폰제공 등 판촉 활동이 중요해진다.

정답 36 ① 37 ③ 38 ④ 39 ① 40 ③

41 다음 설명에 해당하는 촉진 방법은?

> 광고상품이 소비자에게 최종적으로 구입되는 장소에서 광고가 되며 소매점의 옥외에 각종 간판 설치, 점내에 디스플레이를 통해 벌이는 광고활동 등이 있다.

① 인터넷 광고
② 모바일 광고
③ 텍스트 광고
④ 구매시점 광고

해설

구매시점 광고(POP : Point of purchase)는 광고상품이 소비자에게 최종적으로 구입되는 장소, 즉 구매시점 등에서 광고물을 제작, 직접적인 광고 효과를 얻게 하는 광고로 소매점의 옥외에 각종 간판 설치, 점내의 디스플레이를 통해 벌이는 광고활동 등이 있다.

42 인적판매를 설명한 것으로 틀린 것은?

① 판매원이 직접 고객을 만나 제품을 알리고 주문을 유도하는 활동이다.
② 쌍방적 커뮤니케이션이 이루어지며 소비자에게 많은 정보를 제공할 수 있다.
③ 즉각적인 피드백이 없어 정보탐색 및 광고에 노출된 소비자에게 효과를 볼 수 있다.
④ 1인당 비용이 많이 드는 단점이 있다.

해설

인적판매는 쌍방적 커뮤니케이션이 이루어지므로 즉각적인 피드백이 가능하여 정보탐색 및 광고에 노출된 소비자에게 효과적이다.

43 여러 가지 커뮤니케이션 수단들을 믹스해서 효과를 최대화할 수 있게 만드는 것은?

① 마케팅 믹스
② 통합적 마케팅 커뮤니케이션
③ 커뮤니케이션 스킬
④ 멀티미디어 광고

해설

통합적 마케팅 커뮤니케이션(Integrated Marketing Communication)은 기본적으로 여러 가지 커뮤니케이션 수단들을 잘 믹스해서 효과를 최대화할 수 있게 만들자는 개념으로 등장하였다. IMC는 다양한 커뮤니케이션 수단들을 이용해서 일관된 브랜드 이미지를 창출하고자 한다.

44 통합적 마케팅 커뮤니케이션을 설명한 것으로 가장 옳지 않은 것은?

① 효과적인 커뮤니케이션을 개발하기 위해서는 우선 표적청중을 파악해야 한다.
② 메시지를 보낼 경로를 선택하고, 메시지를 전달할 원천을 선택한다.
③ 메시지의 기억 여부, 노출 횟수, 메시지에 대한 느낌 등 커뮤니케이션 효과를 측정한다.
④ 광고에 의한 소통은 광고부서에서, 판촉이나 인적판매에 의한 소통은 영업부서에서 개별 전담한다.

해설

과거에는 각 부서별로 고객과의 소통을 할 수 있는 방법들이 모두 개별적으로 이루어졌다. 이런 식으로 되다 보니 각각 독립된 예산을 편성하여 목표를 설정하고 되고, 개별적인 메시지의 전달이 되다 보니 혼선이 빚어지는 일이 발생하였다. 이에 업무의 혼선을 개선하고 통합해야 할 필요성이 대두되었고, 통합된 마케팅 커뮤니케이션이라는 개념이 등장하게 되었다.

정답 (**41** ④ **42** ③ **43** ② **44** ④)

3장 실전 예상문제 2차 실기

01 제품수명주기 4단계를 쓰시오.

정답 도입기, 성장기, 성숙기, 쇠퇴기

02 신상품 중 혁신상품을 약술하시오.

정답 기업과 소비자 모두에게 참신성이 높은 상품

03 수요의 가격탄력성이 높을 경우 생존 및 시장점유율 극대화를 위해 취하는 가격 전략 3가지를 쓰시오.

정답 ① 상대적 저가격 전략, ② 침투가격 전략, ③ 손실 유인 가격 전략

04 단수가격의 개념과 예를 쓰시오.

정답 정수가 아닌 단수로 가격을 매겨 가격이 싸다는 느낌과 함께 정확히 책정했다는 인식을 받도록 하는 전략이다. 예로써 제품 가격을 10,000원 아닌 9,900원으로 책정하는 것이다.

05 판매단가(P)가 5,000원이고 단위당 변동비(V)가 3,000원이며 고정비(FC)가 500,000원일 경우 BEP 매출량(Q*)을 구하시오.

정답 $Q^* = \dfrac{500,000원}{5,000원 - 3,000원} = 250개$

06 가격 차별의 방법 또는 유형을 4가지를 쓰시오.

정답 ① 이용 시간에 따른 가격 차별, ② 구매 시점에 따른 가격 차별, ③ 구매자에 따른 가격 차별, ④ 구매량에 따른 가격 차별

07 소비재 중 전문품을 약술하시오.

정답 구매자의 지위와 연관이 있어 매우 높은 관여도와 높은 가격대의 제품으로 자동차, 고급 의류 등이 그 예이다.

08 유통경로상에 포함될 중간상의 수를 결정하는 것을 뜻하는 용어를 쓰시오.

정답 시장 커버리지 결정

09 다음 설명에 해당하는 용어를 쓰시오.

> 경로 구성원들의 마케팅 활동이 소유권이나 계약에 의하지 않으면서 어느 한 경로 구성원의 규모, 파워 또는 경영 지원에 의해 조정되는 경로 유형이다.

정답 관리형 VMS

10 온라인 서비스 + 오프라인 체험 + 물류를 융합한 새로운 판매 형태를 쓰시오.

정답 신유통경로

11 촉진의 개념을 약술하시오.

정답 제품에 대한 정보를 고객에게 알리고, 구매하도록 설득하며, 구매를 유도하는 인센티브를 제공하여 판매를 촉진하는 마케팅 활동을 의미한다.

12 촉진 방법 4가지를 쓰시오.

정답 광고, 홍보, 인적판매, 판매촉진

13 광고, 판매촉진, 인적판매 등 여러 가지 커뮤니케이션 수단을 믹스하여 효과를 최대화할 수 있는 전력을 쓰시오.

정답 통합적 마케팅 커뮤니케이션

4장 인·아웃바운드 판매 채널 운영관리

✓ 실기 출제영역

텔레마케팅관리사 자격증 시험의 꽃이라고 할 수 있는 단원입니다. 또한 향후 자격증 취득 후에 실제 업무 현장에서 활용되는 지식입니다. 모든 소단원이 1차와 2차 시험에 모두 출제된다고 생각하고 전체 다 중요한 내용으로 인식해야 합니다.

1 인바운드

1 인바운드 채널별 개념 ★★★

(1) 텔레마케팅 개요 [기출]

① 텔레마케팅의 개념
  ㉠ 텔레마케팅이란 고객 서비스 및 고객 만족을 극대화하기 위해 전기통신 매체와 컴퓨터 및 정보통신 매체, 데이터베이스를 근거로 마케팅을 전개하는 현대적인 기법이다.
  ㉡ 전문지식을 갖춘 상담원이 컴퓨터를 결합한 정보통신 기술을 활용하여 고객에게 필요한 정보를 즉시 제공하고 신상품 소개, 고객의 고충사항 처리, 시장조사 등 다양한 기능을 수행한다.
  ㉢ 고객과의 1 : 1 관계를 기초로 하여 인간적인 신뢰를 쌓는 마케팅 수단이며 데이터베이스 마케팅기법을 응용한 과학적이고 합리적인 마케팅 수단이다.

② 텔레마케팅의 특징 및 장점
  ㉠ 특징
    ⓐ 시간, 공간, 거리의 장벽을 해소할 수 있다.
    ⓑ 당사자와 직접 대화를 할 수 있는 쌍방향 미디어인 전화를 통한 리얼타임의 개념으로 시간, 공간, 거리의 장벽을 일시에 해소할 수 있다.
    ⓒ 고객지향적 서비스를 통해 인간관계 마케팅을 구현하고 시간 단축이 가능하다.
  ㉡ 장점
    ⓐ 비용 절감 및 타매체와의 연동을 통해 효율적으로 운영을 할 수 있다.
    ⓑ 고객과의 지속적인 신뢰관계 구축이 가능하다.
    ⓒ 즉각적인 고객 반응을 알 수 있으며 고객 불평, 불만을 처리할 수 있다.

③ 텔레마케팅의 범위

시장조사	전화를 통한 시장조사
마케팅 커뮤니케이션	신규고객 확보 노력
상품개발 및 서비스 개선	VOC System
애프터 서비스(A/S)	데이터베이스를 통한 사후관리 철저

④ 텔레마케팅의 종류

　㉠ 전화를 거는 주체에 따른 분류

인바운드 텔레마케팅(IB-TM)	아웃바운드 텔레마케팅(OB-TM)
고객이 기업의 광고나 직접 우편에 반응하여 기업에 전화하는 행위를 통해 마케팅 활동 발생	기업이 고객 또는 잠재 고객에게 전화를 거는 능동적이고 적극적인 마케팅

　㉡ 소구 대상에 따른 분류

B to C	B to B
소비자 텔레마케팅 : 일반 소비자를 대상으로 제품, 서비스의 판매촉진, 고객서비스 향상, 소비자 동향조사, 자료수집 등의 목적	기업 텔레마케팅 : 기업체를 대상으로 제품서비스를 효율적으로 판매하거나 판매경로와 상권 확대를 도모하고 기업 간의 수발주 업무의 원활한 처리를 위한 목적

　㉢ 수행 주체에 따른 분류

인하우스 텔레마케팅(Inhouse Telemarketing) – 자체수행	에이전시 텔레마케팅(Agency Telemarketing) – 외부기관 의뢰
대행사를 이용하지 않고 자사 내에 텔레마케팅 설비와 필요한 인원을 배치하여 텔레마케팅 활동 수행 → 초기 투자 비용이 많이 소요되므로 사전 분석 필요	전문적인 텔레마케팅 용역업체에 위탁 → 텔레마케팅 활동의 전문성을 최대한 이용할 수 있음

⑤ 콜센터의 구성

　㉠ 텔레마케터

　　ⓐ 텔레마케팅의 실무자로서 고객관리 및 고객유치에 관련되는 일련의 고객 상담 업무를 수행한다.

　　ⓑ 고객관리와 고객서비스를 전문적으로 수행하는 고객 상담가이자 고객 분석가이다.

　　ⓒ 고객과 커뮤니케이션을 직접 수행하는 고객관리 요원으로서 실전마케팅의 행동가이며 기업가치를 전달하는 홍보원이기도 하다.

　㉡ 유니트 리더

　　ⓐ 텔레마케터 10여 명 정도 소단위의 리더로서 업무를 수행한다.

　　ⓑ 일반 텔레마케터와 함께 고객 상담업무를 병행하며 텔레마케터 교육 및 모니터링을 하며 보고를 한다.

　　ⓒ 긴급 문제를 직접 처리하거나 슈퍼바이저에게 보고하여 업무를 원활하게 진행할 수 있도록 지원한다.

　㉢ 슈퍼바이저 : 텔레마케팅 실무를 지휘, 감독하는 사람으로 인원의 확보 및 훈련에서부터 업무관리 및 모니터링, 긴급시기 대응, 텔레마케터 성과 관리, 환경 정비 등을 담당한다.

　㉣ 매니저 : 텔레마케터의 인터뷰 및 상담, 인원 조정 등의 조직관리와 실적 관리 및 근무환경 개선 역할을 수행한다.

　㉤ 코디네이터

　　ⓐ 여러 프로젝트에 대하여 상담, 견적서 또는 제안서 제출부터 결과 보고까지 총괄적인 역할을 수행한다.

　　ⓑ 프로젝트의 업무일정, 인원, 실적 등 각 프로젝트 매니저로부터 보고받은 사항을 조정한다.

　　ⓒ 프로젝트와 관련되는 클라이언트와의 커뮤니케이션 및 업무를 조율한다.

(2) 인바운드 마케팅의 이해 [기출]

① 인바운드 마케팅의 개념

㉠ 인바운드 마케팅이란, 고객이 적극적으로 상품 및 서비스를 구매하기 위해 기업으로 찾아오게 만드는 마케팅 방법이다.

㉡ 과거 마케터들이 고객에게 일방적으로 정보를 전달했던 것과 다른 방식으로 현재 인바운드 마케팅은 효과적인 마케팅 방법으로 인식되고 있다.

② 등장 배경

㉠ 인터넷이 등장한 후 소비자들은 인터넷을 통해 많은 정보를 접하게 되었고 불필요한 정보를 가볍게 무시하게 되었다.

㉡ 기업이 인터넷을 통하여 광고 홍보를 하더라도 별 효과가 없거나 자칫 광고 홍보활동 자체가 기업의 호감도를 떨어뜨리게 되었다.

㉢ 대신에 요즘 소비자들은 무언가 구매 행위를 할 때 인터넷 검색을 하거나 상품 비교사이트에서 유사한 것들을 비교한 후에 구매하는 소비패턴을 보이기 시작했다.

㉣ 이러한 소비패턴에 맞게 기업은 블로그나 소셜미디어를 통해서 소비자들로 하여금 직접 자사 제품에 대해 관심을 가지고 구매하도록 하는 마케팅을 진행했다. 이를 인바운드 마케팅이라고 한다.

③ 인바운드 마케팅의 특징

㉠ 고객이 먼저 제품·서비스에 대해 관심이나 불만을 가지고 기업으로 전화를 걸기 때문에 판매, 즉각 처리로 연결하기 용이하다(고객 주도형).

㉡ 기업 입장에서는 수동적인 마케팅 기법에 해당하고, Q&A의 활용도가 높다.

㉢ 상품이나 서비스의 상표가 소비자들에게 인지되어 있는 상황일 경우 많이 사용된다.

㉣ 개인소비자 대상과 기업고객 대상으로 활동 유형을 구분할 수 있다.

개인 소비자 대상(B to C)	기업고객 대상(B to B)
• 일반 소비자를 대상으로 제품·서비스의 판매촉진, 고객 서비스의 향상, 소비자 동향 조사, 자료수집 등을 목적으로 수행 • 텔레마케팅의 핵심 업무로 인식되고 있음	• 기업체를 대상으로 제품·서비스를 효율적으로 판매하거나 판매경로와 상권 확대를 도모 • 기업 간의 여러 가지 수·발주 업무의 원활한 처리를 위해 조직적·전략적으로 이용

㉤ 주된 채널은 대중매체 광고, 카탈로그, 전단, DM 등으로 각종 주문이나 문의를 접수하는 것이며, 관련 상품의 교차판매로 매출액을 높이거나 고객에게 몇 가지 간단한 질문을 함으로써 전화 조사도 병행할 수 있다.

텔레마케팅은 개인 소비자 대상의 판매 활동 이외에도 기업을 대상으로 수행하는 경우도 있다. 기업 고객 대상의 텔레마케팅 목적을 2가지만 쓰시오.

[정답] ① 기업체를 대상으로 판매경로와 상권 확대를 도모

② 기업 간 여러 가지 수·발주 업무의 원활한 처리

(3) 인바운드 마케팅의 활용 기출

① 개요

적용분야	활용 효과
• 고객의 일반적인 문의 사항과 고객 불만처리 업무 • 기업 및 상품의 안내 업무 • 홈쇼핑, 카드사 등에서의 주문 접수, 상품 문의, 입금 및 배송 확인 • 금융산업에서 폰뱅킹 서비스 및 예금 상담 등 • 상업적인 업무 외에도 국가 및 공공단체의 민원상담 접수 처리에도 적용	• 상품의 교차판매로 매출액 증가 및 고객응대의 질 향상 • 소비자와의 통화를 통해 얻어진 의견들을 기업의 제품(서비스) 개선에 피드백 가능 • 고객의 문의사항, 불만, 소비자 고발 등 다양한 접수처리 가능 • 광고효과 측정, 경품, 퀴즈행사 등 자발적 고객 전화걸기 유도 가능 • 국가 및 공공단체 등 전문적·세부적으로 분야 확대

② 인바운드 마케팅의 역할

㉠ 고객 요구 및 불만에 대한 신속한 대응이 가능하다.

㉡ 기업과 고객이 지속적으로 유대관계를 형성하고 유지하면서 관계를 강화하고 상호 이익을 극대화할 수 있는 관계마케팅으로 전환 접점에 위치해 있다.

㉢ 입소문, 블로그, SNS 등 다양한 수단을 통해 고객의 기대가치에 대한 대응이 가능하다.

③ 인바운드 텔레마케터의 자질

㉠ 안정적인 목소리 톤과 정확한 발음으로 적절한 언어를 사용해서 신뢰도를 높여야 한다.

㉡ 고객이 말하는 부분을 잘 듣고, 객관적인 자세로 응대하여 유연성 있게 대처해야 한다.

㉢ 투철한 서비스 정신을 기반으로 책임감과 장시간 업무에 따른 인내심이 요구된다.

㉣ 다양한 고객의 의견을 수용할 수 있는 온화한 성격이 필요하다.

㉤ 다양한 고객의 요구를 처리할 수 있는 상황 대처능력이 필요하다.

㉥ 돌발적인 상황에도 적절한 대처를 할 수 있는 고객 설득능력이 필요하다.

인바운드 텔레마케터의 자질을 3가지만 쓰시오.

[정답] ① 고객이 말하는 부분을 잘 듣고, 객관적인 자세로 응대하여 유연성 있게 대처해야 한다.

② 투철한 서비스 정신을 기반으로 책임감과 장시간 업무에 따른 인내심이 요구된다.

③ 다양한 고객의 요구를 처리할 수 있는 상황 대처능력이 필요하다.

2 인바운드 업무 유형별 프로세스 ★★★

(1) 개요 기출

① 인바운드 상담의 이해

    ㉠ 인바운드 텔레마케팅은 고객이 외부에서 기업이나 기업 내부의 콜센터로 전화하는 것으로 고객의 적극적이고 능동적인 참여를 전제로 하고 있다.

    ㉡ 상품 주문처리, 문의·상담 대응, 상품설명, 예약, 반품, 배달일 안내, 재고 부족상품의 입하일 안내 등이 주요 업무다.

② 인바운드 상담 프로세스

상담 준비	상담에 필요한 상품 지식 및 전화장치의 점검 등 업무 준비
전화응답과 자기소개	신속하게 전화를 받고 자기소개 및 회사소개를 함. 기초예절 준수 필요
고객 니즈 파악	고객이 전화를 건 목적과 의도를 파악하고 문의 내용을 경청. 이 과정에서 고객 니즈를 파악하고 상담내용을 기록하며, 상품설명 및 고객의 불만을 처리
문제해결	고객의 요구사항에 대한 구체적인 문제해결 방안을 제시하여 고객 니즈를 충족시킴
동의와 확인	구매에 대해 고객의 동의를 유도하고 결과 확인 및 기록을 유지
종결	마무리 인사와 함께 처리결과 유지 및 피드백 제공

(2) 인바운드 상담의 성공요인 기출

① 상담 기술

    ㉠ 고객의 입장에서 말하며, 상대가 보이지 않더라도 미소를 띠어야 한다.

    ㉡ 고객의 의견을 경청하고 고객의 불만 요인을 정확하게 파악한다.

    ㉢ 자사 상품이 가지고 있는 상품의 장점을 강조하고, 판매를 종결지을 수 있도록 적절한 질문을 한다.

    ㉣ 따뜻함과 친밀감을 느낄 수 있도록 친근한 어투로 말한다.

    ㉤ 전화 예절과 전화 대화의 테크닉을 기른다.

    ㉥ 전화는 즉시 받고, 자신의 신원을 확실하게 밝히도록 한다.

    ㉦ 목소리의 높낮이를 잘 조절하고 억양에도 신경 쓰며, 간결하고 알아듣기 쉽게 말한다.

② 응대 시 주의사항

    ㉠ 고객에게 최선을 다한다는 서비스 정신이 필요하다.

    ㉡ 판매하고 있는 제품과 서비스에 대한 전문지식을 보유하고 있어야 한다.

    ㉢ 고객의 불만 원인을 정확히 파악할 수 있는 경청능력이 있어야 한다.

    ㉣ 전문적인 응대 기법과 응대 자세를 갖추어야 한다.

    ㉤ 모든 고객의 문의에 대해 객관성과 공정성을 갖추어야 한다.

    ㉥ 고객에게 정확한 설명과 적절한 화술을 통한 상담으로 응대해야 한다.

1 아웃바운드 채널별 개념 ★★★

(1) 아웃바운드 마케팅의 이해 [기출]

① 개념
  ㉠ 아웃바운드 마케팅이란 기업이 고객에게 찾아가 적극적으로 상품 및 서비스를 판매하는 마케팅 방법이다.
  ㉡ 제품이나 서비스에 소비자가 흥미를 느낄 수 있는 정보나 콘텐츠, 경험을 제공함으로써 소비자가 제품 또는 서비스를 찾게 만드는 데 초점을 둔 마케팅전략의 하나로 인바운드 마케팅과 반대된다.

② 인바운드 마케팅과 비교

구분	인바운드 마케팅	아웃바운드 마케팅
상황 주도	고객 주도형(고객 → 기업)	기업 주도형(기업 → 고객)
응대 특성	서비스의 질적 응대	마케팅 성과 중시
주요 업무	주문접수, 고객불만처리, 상담문의 처리, 신규가입 등	상품판매, 리스트 정비, 크로스셀링, 업셀링 등
성과 양상	고객행동과 반응에 따라 유동적	텔레마케터의 역량에 따라 유동적
전략 기법	Pull 전략 → 기업이 소비자를 대상으로 광고나 홍보를 하고, 소비자가 그에 반응하여 소매점에 상품이나 서비스를 주문, 구매	Push 전략 → 기업이 중간상인이나 판매자들을 대상으로 인센티브 지급이나 특별 이벤트 등의 각종 프로모션을 펼쳐 직접적으로 소비자들에게 판매 권유
판매 성공률	높음	낮음
대화 주도자	고객	기업(텔레마케터)

③ 아웃바운드 텔레마케팅의 특징
  ㉠ 고객의 정보를 확실하게 구축하고 제품을 적극적으로 판매하는 기법이다.
  ㉡ 고객의 정보(고객리스트, 데이터베이스)가 아웃바운드 반응률을 결정한다.
  ㉢ 완성된 스크립트를 활용하는 경우가 대부분이다(전화를 걸기 위한 사전준비).
  ㉣ 인바운드 텔레마케팅에 비해 통화기법상에서 고도의 스킬을 요하며, 기업의 마케팅전략이나 텔레마케터의 자질에 따라 성공률이 크게 변화된다.
  ㉤ 아웃바운드 텔레마케팅은 고객의 접속률과 반응률이 매우 중요하다.
  ㉥ 신규 고객 확보 못지않게 기존 고객의 이탈을 방지하여 고객의 안정적 유지에도 노력해야 한다.

(2) 아웃바운드 마케팅의 활용 [기출]

① 적용 분야
  ㉠ 신규 고객·잠재 고객 발굴, 휴면고객의 활성화 등 고객관리에 적용할 수 있다.
  ㉡ 연체 대금 회수, 계약갱신, 직접판매 및 재구매 촉진 등에 주로 활용된다.
  ㉢ 고객 만족도 및 시장조사는 아웃바운드 마케팅의 사례이다.

② 아웃바운드 마케팅의 장점과 이슈

㉠ 장점

경제성	기존 고객 DB를 활용하기 때문에 마케팅 비용의 절감 효과
수익성	적은 비용으로 고객에게 직접 마케팅을 하기 때문에 투자 대비 수익성이 높음
전달성	상담원은 고객에게 전달하고자 하는 내용을 미리 준비하기 때문에 상세한 설명 가능하여 전달성의 극대화 가능 → 고객 이탈 방지
목적성	기업의 마케팅 활동 목적에 적합한 고객을 세분화하여 마케팅을 하므로 그 목적성이 뚜렷함 → 신뢰감 향상

㉡ 이슈

고객 정보	• 고객의 개인 신용정보의 보호 문제 • 고객에게 전화를 걸게 된 이유와 목적 • 고객과 접촉하는 정보의 신뢰성 내지는 정밀성 정도
절차 문제	• 고객 DB 확보에 관한 문제 • 회원가입 유도 및 대금 회수 등에서 발생하는 문제

③ 아웃바운드 텔레마케터의 자질

㉠ 지식 : 아웃바운드 텔레마케터는 자사의 제품 및 서비스에 대해서 충분한 상품 지식과 업무 지식을 갖추고 있어야 한다.

㉡ 태도 : 아웃바운드 텔레마케터는 많은 고객을 대상으로 거절 또는 반론에 대해 대처해야 하는데 일관성 있는 텔레마케터의 태도가 요구된다.

㉢ 커뮤니케이션 기술 : 아웃바운드 텔레마케터는 다양한 고객과의 상담을 진행하므로 유형별 고객관리기술, 메시지 기법 등을 활용할 수 있어야 한다.

④ 콜드콜(Cold Call)의 이해

㉠ 개념 : 콜드콜은 사전에 약속 없이 고객에게 연락하거나 방문하는 행위, 또는 처음으로 접촉하는 고객을 말하는 것으로, 통화상에서는 고객이 텔레마케터의 전화를 냉담하게 받거나 무관심하게 받는 것까지를 의미한다.

㉡ 극복 방안

ⓐ 통화 전 전화에 대한 부정적인 감정을 철저히 분리하여 통화의 두려움을 극복해야 한다.

ⓑ 일일단위로 전화 목표량을 설정한다.

ⓒ 고객 거절의 두려움을 인정하되 일일 통화 시도량을 증가시켜 고객과 만나는 확률을 높인다.

ⓓ 전문가가 되어야 하며, 상담관련 매뉴얼을 적극 활용해야 한다.

ⓔ 지속적인 상담과 판매기술을 개발해야 한다.

2 아웃바운드 업무 유형별 프로세스 ★★★

(1) 아웃바운드 상담의 실제 [기출]

① 전용 상품 개발 시 고려 사항

신뢰성	고객이 신뢰할 수 있는 상품일 것
적합성	고객접근, 고객에게 설명, 배송 등의 적합성
사후 관리성	상품 판매 후 고객의 클레임 해소 및 A/S 등 사후관리가 가능한 상품
상담 효율성	상담시간의 적정성 및 통화 시 효율적인 대화 유도
거래조건 변동의 최소화	고객이 쉽게 결정을 내릴 수 있도록 거래조건의 단순화 필요

② 아웃바운드 마케팅 판매촉진 강화 방안
- ㉠ 상품에 대한 사전지식을 충분히 익히고 고객에게 호감을 줄 수 있는 경청자세를 훈련한다.
- ㉡ 반론에 대한 자연스러운 대응력과 목표에 대한 순간포착능력을 향상시킨다.
- ㉢ 통화 중 자신감 있는 자세를 견지하고 고객을 설득하는 커뮤니케이션 기술을 지속적으로 개발한다.

③ 아웃바운드 상담의 절차
- ㉠ 적정고객 DB를 통한 아웃바운드 마케팅전략 수립(목표고객 확보 등)
- ㉡ 적재적소에 활용 가능한 텔레마케터 채용 또는 위탁업체 선정
- ㉢ 텔레마케터 교육(스크립트 작성 및 연습 포함)
- ㉣ 아웃바운드 업무 실행
- ㉤ 결과 데이터베이스 기록 유지 등

(2) CTI(Computer Telephony Integration)의 이해 [기출]

① 개요
- ㉠ 컴퓨터와 전화 통신을 결합시켜 컴퓨터를 이용해 통신시스템을 제어하는 기술이다.
- ㉡ 컴퓨터의 응용프로그램과 콜을 처리하는 교환기가 연결되어 각종 콜과 데이터를 동시에 처리하는 프로그램이다.
- ㉢ 고객에게 자동으로 전화를 걸고 해당 고객의 정보를 상담원의 화면에 보여줌으로써 좀 더 효율적이고 적극적인 마케팅이 가능해진다.
- ㉣ 상담 내용이 자동으로 모니터링되어 시간과 비용의 절약 등 업무 효율성이 상승한다.

② CTI의 기능
- ㉠ 프리뷰 다이얼링(Preview dialing, 미리보기 다이얼링)
  - ⓐ 고객의 전화번호, 고객 속성, 이력 정보 등을 컴퓨터 화면에 나타내준다.
  - ⓑ 고객 리스트가 데이터베이스로 형성되어 있어 상담원이 고객을 선택하면 자동으로 전화를 걸어주는 기능이다.
- ㉡ 프리딕티브 다이얼링(Predictive dialing, 예측 다이얼링)
  - ⓐ 첨단 소프트웨어와 데이터베이스 추출, 배치 원리를 결합하여 상담원이 특정 고객 리스트를 지정하면 시스템이 자동으로 전화를 걸어준다.

ⓑ 콜이 연결되면 상담원의 응대 가능 여부를 통계적인 처리방법으로 판단하여 자동적으로 전화를 연결해 주는 기능이다.

ⓒ 프로그레시브 다이얼링(Progressive dialing, 자동연결 다이얼링)

　　ⓐ 전화를 받을 수 있는 아웃바운드 상담원에게 자동으로 연결해 주는 장치다.

　　ⓑ 상담원이 고객 리스트를 지정하면 시스템이 자동으로 전화를 걸어주고, 콜이 연결되면 현재 시점에서 응대가 가능한 상담원을 자동으로 연결해 주는 기능이다.

ⓓ 매뉴얼 다이얼링(Manual dialing)

　　ⓐ 상담원이 전화번호를 보고 직접 다이얼링 하는 가장 원초적인 방식이다.

　　ⓑ 상담원의 시간 낭비 및 업무의 피곤함을 유발할 수 있다.

ⓔ 파워 다이얼링(Power dialing)

　　ⓐ 전화 목록을 바탕으로 자동으로 전화를 걸고 응대할 상담원이 없는 경우 그대로 전화를 종결하는 방식이다.

　　ⓑ 콜센터의 생산성만을 추구하여 전화를 받은 고객이 응대할 상담원을 지나치게 기다림으로 인한 불만이 있을 수 있다.

3 스크립트 활용

1 스크립트 개념 ★★★

(1) 연관 용어의 이해 기출

① 스크립트

　ⓐ 스크립트(script)란 텔레마케터(상담원)가 상담 시 제품 및 서비스에 대한 내용을 원활하게 진행하기 위한 대화 대본이다.

　ⓑ 스크립트는 상담 시 지침서가 되는 도구로써 효율적 상담에 필수 요소다.

② Q & A집(문답집) : 고객으로부터 다양한 문의에 대한 답변 모음집으로 텔레마케터들이 순발력 있게 고객의 문의 및 요구사항에 답변할 수 있도록 만들어 놓은 문답집이라 할 수 있다.

③ 데이터시트(Data Sheet) : 고객과의 통화를 정리·기록한 데이터로 고객의 성명, 주소, 상담 시 특이사항 등을 기록한다.

(2) 스크립트 작성의 원칙

① Clear → 이해하기 쉽게 작성되어야 한다.

② Concise → 간단명료하게 작성되어야 한다.

③ Convincing → 논리적으로 작성되어야 한다.

④ Conversational → 회화체로 작성되어야 한다.

⑤ Customer-oriented → 고객 중심으로 작성되어야 한다.

(1) 스크립트의 유형

① **차트식** : 고객의 답변이 '예' 또는 '아니오'에 의해 상담원의 다음 질문이나 설명이 상담 흐름대로 진행되는 방법으로 가장 많이 사용하는 형태다.

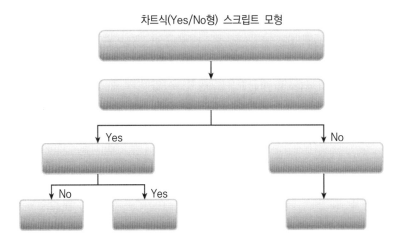

차트식(Yes/No형) 스크립트 모형

② **회화식** : 상대방과 대화를 순차적으로 진행하는 방식으로, 상담원이 말하면 다음에는 고객이 말하는 대화형식으로 진행되는 방법을 말한다.

③ **혼합식** : 차트식과 회화식의 혼합으로 일반적으로 기본내용은 차트식으로 진행하고 구체적이거나 특이한 상황 아래에서는 회화식을 적용하여 혼합식의 방법을 사용할 수 있다.

(2) 스크립트 구성 [기출]

① 도입부(첫인사, 회사소개 및 자기소개)

　㉠ 도입부는 인바운드와 아웃바운드의 차이가 있는데 인바운드 스크립트는 고객이 기업에 직접 전화를 걸어오는 것이기에 CTI에 있는 고객의 자료를 동시에 보면서 고객에게 "무엇을 도와드릴까요?"라고 첫인사를 하게 된다.

　㉡ 아웃바운드 스크립트는 기업이 주체적으로 고객의 정보를 확인 후 해당 고객에게 전화를 거는 것으로 고객은 지금 전화한 대상이 누구인지 전혀 모르기 때문에 바로 첫인사와 소속을 밝힌다. 예를 들면, "안녕하세요? A고객센터 ○○○입니다. 홍길동 고객님 맞으십니까?"의 형태로 진행한다.

　㉢ 첫인사의 형태를 인/아웃바운드 형태에 따라 구분해야 하며, 회사와 자기소개는 전화상담시 절대적인 예의다.

② 소개 및 상대방 확인

　㉠ 전화를 걸었을 경우, 즉 아웃바운드인 경우에는 상대방을 확인한 후 잠시라도 시간을 내줄 수 있는가를 물어봐야 한다.

　㉡ 예를 들면, "고객님, 잠시 통화 가능하십니까?"라고 묻는다.

③ 고객니즈 파악

　㉠ 고객니즈 파악단계는 고객이 원하는 것이 무엇인지 또는 고객에게 무엇을 안내하고 설득할 것인가의 정도를 살펴보는 단계로 탐색단계라고도 한다.

ⓛ 인바운드 스크립트인 경우에는 고객의 궁금한 사항이 무엇인지를 파악하고, 아웃바운드 스크립트인 경우에는 고객에게 안내할 제품 및 서비스 등에 대해서 어떻게 생각하는지를 확인하는 단계다.

ⓒ 이 단계에서는 일반적으로 상담원이 질문을 통해 고객의 요구 및 욕구를 파악한다.

④ **문제해결**

ⓐ 문제해결 단계는 일반적으로 상품을 설명하는 단계이다. 인바운드 스크립트인 경우는 고객이 문의하고 안내받기를 원하는 것을 설명해 주면 되고, 아웃바운드 스크립트인 경우 고객이 반응한 부분에 대해서 자세한 설명이 들어가는 단계이다.

ⓛ 예를 들면, 상품 설명을 하게 되면 상품의 장점, 상품의 특징, 상품을 사용했을 때 고객의 혜택 및 효익, 실제 사용한 사례 등을 설명하게 된다.

⑤ **반론 극복**

ⓐ 이 단계는 문제해결 후 고객이 이해가 가지 않을 경우 많이 발생하는 데 전반적으로 상대방을 쉽게 신뢰하지 못하는 결과로 인해 고객이 부정하는 경향이 발생한다. 고객의 거절에 대해 다양한 스킬과 메시지 기법 등으로 반론을 극복하는 단계이다.

ⓛ 일반적으로 아웃바운드에서 반론 극복 단계가 있으며 반론 극복 단계를 잘 극복한 전문텔레마케팅 요원이 아웃바운드의 성과에 중요한 요소가 된다.

⑥ **동의 및 재확인**

ⓐ 동의 단계는 인바운드 스크립트인 경우는 고객에게 안내된 부분이 잘 되었는가를 확인하는 것으로 다시 한 번 점검하는 단계이다. 아웃바운드 스크립트인 경우도 마찬가지로 고객에게 설명한 부분에 대해서 고객과 상담원이 동일하게 이해하고 있음을 정리해 주는 것이다.

ⓛ 예를 들면, 고객에게 상품을 판매한 후에는 그에 대한 정리가 어떠한가에 따라 추후의 판매에 영향을 미치므로 마무리 단계가 중요하다. 이때 이를 Always Be Closing(ABC : 거래를 성사시키다)이라 한다.

⑦ **종결(끝인사)**

ⓐ 고객과의 통화 후에 시간을 내준 것에 대한 감사 인사와 고객을 배려하는 메시지를 담아 마무리하는 단계이다.

ⓛ 종결 단계에도 도입부와 마찬가지로 소속과 이름을 마지막으로 밝힌 후에 클로징을 한다.

3 스크립트 활용 ★★★

(1) 스크립트 활용방법 [기출]

① **상담 진행의 방향을 제시**

ⓐ 스크립트는 기본적으로 고객과 상담 시 상담 단계별로 진행을 할 수 있도록 도와준다.

ⓛ 상담 진행에 문제가 되는 부분이나 보완이 될 부분을 찾을 수 있으므로 스크립트는 상담의 방향을 제시해 주는 역할을 한다.

② **교육·훈련으로 사용**

ⓐ 상담이 익숙해지게 되면 텔레마케터는 기본적인 스크립트를 보지 않아도 자연스럽게 상담 진행을 할 수 있다.

ⓒ 신입 텔레마케터나 상담부진 텔레마케터인 경우 스크립트를 교육과 훈련으로 활용하여 상담역량을 도모할 수 있다.

③ **돌발 상황 대비** : 텔레마케터가 고객과 상담 중에 돌발적인 상황이 발생되어 문제해결이 필요한 경우 다양한 상황으로 구성된 스크립트를 만들어 보완해 나갈 수 있다.

> **2차 실기 기출 포인트**
>
> **스크립트가 필요한 이유를 3가지만 쓰시오.**
>
> [정답] ① 스크립트는 고객과 상담 시 상담 단계별로 진행을 할 수 있도록 도와준다.
> ② 신입 텔레마케터나 상담부진 텔레마케터인 경우 스크립트를 교육과 훈련으로 활용하여 상담역량을 도모할 수 있다.
> ③ 텔레마케터가 고객과 상담 중에 돌발적인 상황이 발생되어 문제해결이 필요한 경우 다양한 상황으로 구성된 스크립트를 만들어 보완해 나갈 수 있다.

(2) 인바운드 상담 스크립트의 실제 [기출]

① 상담 절차

구분	단계		세부 내용
1단계	도입부	첫 인사	인사(무엇을 도와드릴까요?)
		회사 및 자기소개	자기 소속, 성명을 밝힘
2단계	고객니즈 파악	• 상대방 확인 및 상황파악 • 탐색	• 본인확인을 위해 몇 가지 질문 드리겠습니다. • 지역번호를 포함한 전화번호를 말씀해 주시겠습니까?
3단계	문제해결	상품안내 및 상담	문의상담, 접수처리, 불만, 클레임, 의견 제안, 상품안내, 주문·예약접수 등
4단계	동의 및 재확인	내용 재확인	고객님께서 주문하신 제품은 A이며 39,900원으로 1개 구입하셨습니다. 맞습니까?
5단계	종결	끝인사	저희 회사를 찾아주셔서 감사합니다. 저는 A고객센터 ○○○입니다. 좋은 하루 되십시오.

② 스크립트 예시

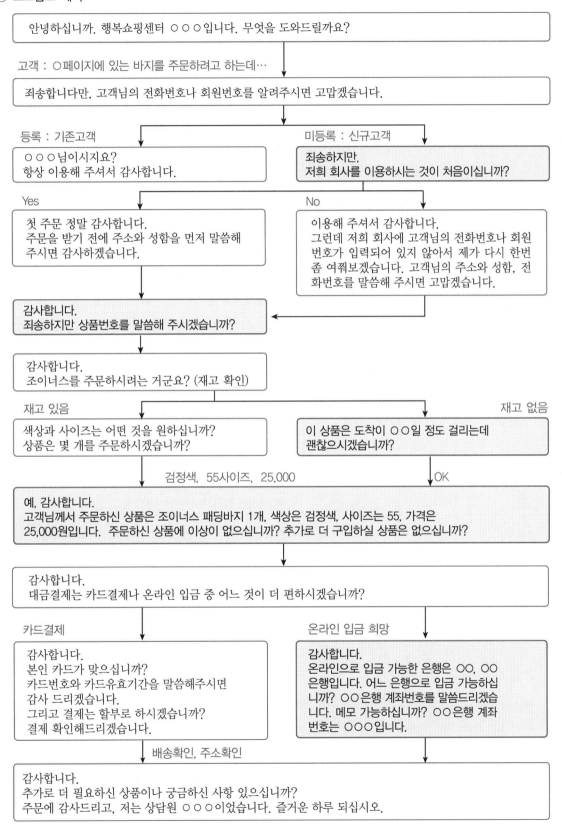

안녕하십니까. 행복쇼핑센터 ○○○입니다. 무엇을 도와드릴까요?

고객 : ○페이지에 있는 바지를 주문하려고 하는데…

죄송합니다만, 고객님의 전화번호나 회원번호를 알려주시면 고맙겠습니다.

등록 : 기존고객

○○○님이시지요?
항상 이용해 주셔서 감사합니다.

미등록 : 신규고객

죄송하지만,
저희 회사를 이용하시는 것이 처음이십니까?

Yes

첫 주문 정말 감사합니다.
주문을 받기 전에 주소와 성함을 먼저 말씀해
주시면 감사하겠습니다.

No

이용해 주셔서 감사합니다.
그런데 저희 회사에 고객님의 전화번호나 회원
번호가 입력되어 있지 않아서 제가 다시 한번
좀 여쭤보겠습니다. 고객님의 주소와 성함, 전
화번호를 말씀해 주시면 고맙겠습니다.

감사합니다.
죄송하지만 상품번호를 말씀해 주시겠습니까?

감사합니다.
조이너스를 주문하시려는 거군요? (재고 확인)

재고 있음

색상과 사이즈는 어떤 것을 원하십니까?
상품은 몇 개를 주문하시겠습니까?

재고 없음

이 상품은 도착이 ○○일 정도 걸리는데
괜찮으시겠습니까?

검정색, 55사이즈, 25,000

OK

예, 감사합니다.
고객님께서 주문하신 상품은 조이너스 패딩바지 1개, 색상은 검정색, 사이즈는 55, 가격은
25,000원입니다. 주문하신 상품에 이상이 없으십니까? 추가로 더 구입하실 상품은 없으십니까?

감사합니다.
대금결제는 카드결제나 온라인 입금 중 어느 것이 더 편하시겠습니까?

카드결제

감사합니다.
본인 카드가 맞으십니까?
카드번호와 카드유효기간을 말씀해주시면
감사 드리겠습니다.
그리고 결제는 할부로 하시겠습니까?
결제 확인해드리겠습니다.

온라인 입금 희망

감사합니다.
온라인으로 입금 가능한 은행은 ○○, ○○
은행입니다. 어느 은행으로 입금 가능하십
니까? ○○은행 계좌번호를 말씀드리겠습
니다. 메모 가능하십니까? ○○은행 계좌
번호는 ○○○입니다.

배송확인, 주소확인

감사합니다.
추가로 더 필요하신 상품이나 궁금하신 사항 있으십니까?
주문에 감사드리고, 저는 상담원 ○○○이었습니다. 즐거운 하루 되십시오.

(3) 아웃바운드 상담 스크립트의 실제

① 상담 절차

구분	단계	세부 내용
1단계	상담준비	–
2단계	자기소개와 전화목적	• 인사 • 자기소개 • 본인 통화 요청

		• 본인 통화
		  – 본인에 대한 인사
		  – 이용에 대한 감사인사
		  – 전화목적(간단요약)
		  – 통화 가능 여부 확인
		  – 통화 거절 시 : 실례했습니다.
		• 본인 부재
		  – 아, 그러시군요.
		  – 전화목적(간단요약)
		  – 본인과 재통화 가능 여부 확인
		  – 메모 부탁(소속, 이름, 전화번호)

3단계	고객니즈 도출	• 감사인사 • 전화목적(상세설명) • 전화목적에 따른 질문
4단계	상품(서비스)설명	• 긍정 : 감사인사 • 부정 : 아, 그러시군요, 죄송합니다만, • 상품(서비스) 이점 설명 • 전화목적에 대한 적극적 답변 유도
5단계	설득, 반론 극복	• 아, 그러시군요. 죄송합니다만, • 반론 극복 또는 답변 재유도 • 전화목적에 대한 적극적 답변 재유도
6단계	감사와 마무리	• 감사인사 • 배송 또는 서비스 이용 확인 • 추가 상품 구매 여부, 추가 질문 여부 • 자기소개 • 끝인사

② 스크립트 예시

안녕하십니까? 저는 ○○통신 고객만족팀의 김미소라고 합니다.
02-123-1234번 유선전화를 사용 중이신 고객님 맞으시죠?
※ 가입자와의 관계확인 필요

본인 통화

네, 안녕하세요? 고객님 저는 ○○통신 고객만족팀의 김미소입니다. 현재 사용 중이신 02-123-1234번 전화요금 할인에 관련된 안내를 드리고자 전화드렸습니다.
잠시 통화가 가능하실까요?

부재 시

아, 그러시군요. ○○○ 고객님께서 전화요금 할인 관련 전화드렸습니다. 죄송합니다만 ○○○ 고객님과 언제쯤 통화할 수 있을까요? 고객님이 댁에 오시는 시간에 맞춰 다시 전화 드리겠습니다. 저는 ○○ 통신 고객만족팀 김미소입니다.

No | 바쁘다고 할 경우 대응방법

▶ 바쁘다 : 네, 바쁘신 시간에 죄송합니다. 고객님 편하신 시간 말씀하시면 저희가 다시 연락 드리겠습니다.(예약시간 엄수바람)
▶ 강한 거부 : 바쁘신데 불편을 드려 정말 죄송합니다.(상황에 맞는 부연인사 바람)

YES

현재 02-123-1234번 전화번호의 최근 6개월간, 월 평균요금이 27,000원 정도 되십니다. 고객님, 월별로 요금 내역은 확인하고 계십니까? 이번에 저희 ○○통신에서 36개월 이상 사용해주신 고객님들에 한하여 요금 할인 혜택을 드리고 있는데요, 고객님께서 현재 요금이 정확히 월 27,020원이시고 월 평균 통화시간이 5시간 20분 정도 되시는데요, 27,000원의 30%에 해당되는 8,100원만 추가하시면 기존 사용하시는 통화시간보다 40분 더 통화 가능하여 통화시간 총 6시간을 월정액 35,100원에 이용하실 수 있도록 해드립니다.

긍정적

그럼, 제가 신청을 해드릴까요? 네, 그러면 원활한 신청을 위해서 한 두가지 여쭙고 신청 도와드려도 되겠습니까?

망설임

8,100원에 해당되는 요금은 원래 40분의 절반인 20분에 해당되는 요금인데요, 오랫동안 저희 ○○통신을 이용해주신 고객님들께는 좀 더 혜택을 드리려는 겁니다. 그래서, 두 배의 통화시간을 이용하시되 요금은 2분의 1 가격으로 드리는 것입니다.

No

1. 지금 전화받아주신 고객님께서 ○○○님되시죠?
(아닐 경우, 관계확인 필수 / 배우자 신청까지 허용)
2. 실례지만, 가입자 ○○○님의 주민번호 뒷자리 확인이 가능하실까요? 네, 정말 감사합니다.
(배우자의 경우, 배우자의 주민번호 뒷자리까지 확인)

고객님, 자택(회사)에서의 유선전화 사용 외에도 휴대폰 사용하고 계시지요? 월 평균요금이 어느 정도 되십니까? 외부에서는 당연히 휴대폰을 사용하셔야겠지만, 자택(회사)에 계실 때만큼은 유선전화를 활용할 수 있도록 하시면 비싼 휴대폰 요금을 생각보다 훨씬 더 많이 절약하실 수 있을 것이고, 실제 이런 부분 때문에 ○○지역 고객님들께 좋은 반응을 얻고 있습니다.

고객님, 다시 한번 제가 안내해드리겠습니다.
기존 평균통화시간 5시간 20분이셨는데 저희가 40분 더 통화 가능하시도록 신청 도와드리구요. 좀전에 말씀드린 30%에 해당되는 8,100원의 요금은 원래 20분에 해당되는 요금이지만, 두 배인 40분으로 혜택을 드리는 것입니다. 그래서 월정액 35,100원으로 총 6시간 통화가 가능하시고, 6시간 1초부터는 원래의 요금인 10초당 ○원으로 계산이 되실 겁니다. ○○○님 이름으로 신청해드릴까요?(반드시 YES라는 동의받아야 함) 네, 신청 완료되셨습니다. 익일 18일부터 적용되실거구요. 사용하시다가 원치 않으실 경우엔 저희 대표 고객센터 1234번으로 연락주시면 신청하신 오늘로부터 1개월 동안 사용해주신 후에는 바로 해지를 도와드릴 수 있습니다. 감사합니다. 저는 ○○○였습니다.

01 인바운드 채널에 대한 이해로 적절하지 않은 것은?

① 고객이 적극적으로 상품 및 서비스를 구매하기 위해 기업으로 찾아오게 만드는 마케팅 방법이다.
② 기업 주도형 마케팅이며 능동적인 마케팅 기법에 해당한다.
③ 기업은 블로그나 소셜미디어를 통해서 소비자들로 하여금 직접 자사 제품에 대해 관심을 가지고 구매하도록 유도한다.
④ 상품이나 서비스의 상표가 소비자들에게 인지되어 있는 상황일 경우 많이 사용된다.

해설

고객이 먼저 제품·서비스에 대해 관심이나 불만을 가지고 기업으로 전화를 걸기 때문에 판매, 즉각 처리로 연결시키기 용이하다(고객 주도형). 기업 입장에서는 수동적인 마케팅 기법에 해당하고, Q&A의 활용도가 높다.

02 인바운드 마케팅의 활용 효과로 옳지 않은 것은?

① 상업적인 업무에 특화
② 상품의 교차판매로 매출액 증가 및 고객응대의 질 향상
③ 소비자와의 통화를 통해 얻어진 의견들을 기업의 제품(서비스) 개선에 피드백 가능
④ 고객의 문의사항, 불만, 소비자 고발 등 다양한 접수처리 가능

해설

상업적인 업무 외에도 국가 및 공공단체의 민원상담 접수처리에도 적용된다.

03 인바운드 텔레마케터의 자질로 가장 옳지 않은 것은?

① 안정적인 목소리 톤과 정확한 발음으로 적절한 언어를 사용해서 신뢰도를 높여야 한다.
② 고객이 말하는 부분을 잘 듣고, 객관적인 자세로 응대하여 유연성 있게 대처해야 한다.
③ 투철한 서비스 정신을 기반으로 책임감과 장시간 업무에 따른 인내심이 요구된다.
④ 돌발적인 상황에도 강하게 대처할 수 있는 일관적인 태도가 필요하다.

해설

돌발적인 상황에도 적절한 대처를 할 수 있는 고객 설득 능력이 필요하다.

04 인바운드 상담 프로세스를 설명한 것으로 가장 옳지 않은 것은?

① 상담에 필요한 상품 지식 및 전화장치의 점검 등 업무를 준비한다.
② 신속하게 전화를 받고 기초 예절을 준수하면서 자기소개 및 회사소개를 한다.
③ 고객이 전화를 건 목적과 의도를 집요하게 질문한다.
④ 고객의 요구사항에 대한 구체적인 문제해결방안을 제시하여 고객 니즈를 충족시킨다.

해설

고객이 전화를 건 목적과 의도를 파악하고 문의 내용을 경청한다. 이 과정에서 고객 니즈를 파악하고 상담 내용을 기록하며, 상품설명 및 고객의 불만을 처리한다.

정답 01 ② 02 ① 03 ④ 04 ③

05 인바운드 상담의 성공요인으로 가장 부적절한 것은?

① 목소리의 높낮이와 억양을 일정하게 유지한다.
② 따뜻함과 친밀감을 느낄 수 있도록 친근한 어투로 말한다.
③ 고객의 의견을 경청하고 고객의 불만 요인을 정확하게 파악한다.
④ 고객의 입장에서 말하며, 상대가 보이지 않더라도 미소를 띠어야 한다.

> **해설**
> 목소리의 높낮이를 잘 조절하고 억양에도 신경 쓰며, 간결하고 알아듣기 쉽게 말한다.

06 인바운드 상담 고객 응대 시 주의사항으로 틀린 것은?

① 고객에게 최선을 다한다는 서비스 정신이 필요하다.
② VIP 고객의 문의에 대해서는 객관성과 공정성을 갖추어야 한다.
③ 판매하고 있는 제품과 서비스에 대한 전문지식을 보유하고 있어야 한다.
④ 고객의 불만 원인을 정확히 파악할 수 있는 경청능력이 있어야 한다.

> **해설**
> 인바운드 상담을 응대할 시는 모든 고객의 문의에 대해 객관성과 공정성을 갖추어야 한다.

07 아웃바운드 채널에 대한 설명으로 옳지 않은 것은?

① 기업이 고객을 찾아가 적극적으로 상품 및 서비스를 판매하는 마케팅 방법이다.
② 상품판매, 리스트 정비, 크로스셀링, 업셀링에 적합하다.
③ 성과는 텔레마케터의 역량에 따라 유동적이다.
④ Push 전략보다는 Pull 전략을 주로 활용한다.

> **해설**
> Pull 전략은 기업이 소비자를 대상으로 광고나 홍보를 하고, 소비자가 그에 반응하여 소매점에 상품이나 서비스를 주문, 구매하는 형태다. Push 전략은 기업이 중간상인이나 판매자들을 대상으로 인센티브 지급이나 특별 이벤트 등의 각종 프로모션을 펼쳐 직접적으로 소비자들에게 판매를 권유하는 형태다. 인바운드 마케팅은 Pull 전략을, 아웃바운드 마케팅은 Push 전략을 활용한다.

08 아웃바운드 텔레마케팅의 특징으로 옳지 않은 것은?

① 신규 고객 확보 노력을 위해 기존 고객 이탈을 감수해야 한다.
② 고객의 정보를 확실하게 구축하고 제품을 적극적으로 판매하는 기법이다.
③ 완성된 스크립트를 주로 활용한다.
④ 고객의 접속률과 반응률이 매우 중요하다.

> **해설**
> 신규 고객 확보 못지않게 기존 고객의 이탈을 방지하여 고객의 안정적 유지에도 노력해야 한다.

09 아웃바운드 마케팅의 활용으로 적절하지 않은 것은?

① 신규 고객·잠재 고객 발굴, 휴면고객의 활성화 등 고객관리에 적용할 수 있다.
② 연체 대금 회수, 계약갱신, 직접판매 및 재구매 촉진 등에 주로 활용된다.
③ 적은 비용으로는 마케팅을 할 수 없지만 높은 투자가 수반될 경우 그에 따른 효과도 높게 나타난다.
④ 고객 만족도 및 시장조사는 아웃바운드 마케팅의 사례다.

> **해설**
> 아웃바운드 마케팅의 경우 기존 고객 DB를 활용하기 때문에 마케팅 비용의 절감 효과가 있다. 또한 적은 비용으로 고객에게 직접 마케팅을 하기 때문에 투자 대비 수익성이 높게 나타난다.

정답 **05** ① **06** ② **07** ④ **08** ① **09** ③

10 콜드콜(Cold Call)에 대한 설명으로 옳지 않은 것은?

① 사전에 약속 없이 고객에게 연락하거나 방문하는 행위다.

② 통화상에서는 고객이 텔레마케터의 전화를 냉담하게 받거나 무관심하게 받는 것이다.

③ 통화 전 전화에 대한 부정적인 감정을 철저히 분리하여 통화의 두려움을 극복해야 한다.

④ 고객 거절의 두려움을 인정하되 호의적인 고객을 선별하는 스킬을 함양해야 한다.

[해설]
고객 거절의 두려움을 인정하되 일일 통화 시도량을 증가시켜 고객과 만나는 확률을 높여야 한다.

11 아웃바운드 상담을 위한 상품 개발 시 고려사항으로 가장 연관이 없는 것은?

① 고객이 신뢰할 수 있는 제품이어야 한다.

② 상품 판매 후 고객의 클레임 해소 및 A/S 등 사후관리가 가능한 상품이어야 한다.

③ 상담 시간의 적정성 및 통화 시 효율적인 대화를 유도해야 한다.

④ 고객이 쉽게 결정을 내릴 수 없도록 거래조건을 전문적으로 설계해야 한다.

[해설]
고객이 쉽게 결정을 내릴 수 있도록 거래조건의 단순화가 필요하다.

12 아웃바운드 마케팅 판매촉진 강화방안으로 틀린 것은?

① 상품에 대한 사전지식을 충분히 익히고 고객에게 호감을 줄 수 있는 경청 자세를 훈련한다.

② 통화 중 고객을 존중하는 모습을 연출하기 위해 저자세를 견지한다.

③ 반론에 대한 자연스러운 대응력과 목표에 대한 순간 포착능력을 향상시킨다.

④ 고객을 설득하는 커뮤니케이션 기술을 지속적으로 개발한다.

[해설]
통화 중 저자세보다는 텔레마케터로서의 자신감 있는 자세를 견지할 것이 요청된다.

13 CTI에 대한 설명으로 틀린 것은?

① 상담 내용을 별도로 모니터링함으로써 업무 효율성을 증가시킬 수 있다.

② 컴퓨터와 전화 통신을 결합시켜 컴퓨터를 이용해 통신시스템을 제어하는 기술이다.

③ 컴퓨터의 응용프로그램과 콜을 처리하는 교환기가 연결되어 각종 콜과 데이터를 동시에 처리할 수 있다.

④ 고객에게 자동으로 전화를 걸고 해당 고객의 정보를 상담원의 화면에 보여줌으로써 적극적인 마케팅이 가능해진다.

[해설]
상담 내용이 자동으로 모니터링되어 시간과 비용의 절약 등 업무 효율성이 상승한다.

14 상담원이 특정 고객리스트를 지정하면 시스템이 자동으로 전화를 걸어주는 기능은?

① 프리뷰 다이얼링(Preview dialing)

② 프리딕티브 다이얼링(Predictive dialing)

③ 프로그레시브 다이얼링(Progressive dialing)

④ 매뉴얼 다이얼링(Manual dialing)

[해설]
프리딕티브 다이얼링(Predictive dialing, 예측 다이얼링)은 첨단 소프트웨어와 데이터베이스 추출, 배치 원리를 결합하여 상담원이 특정 고객 리스트를 지정하면 시스템이 자동으로 전화를 걸어준다.

정답 10 ④ 11 ④ 12 ② 13 ① 14 ②

15 다음 중 프로그레시브 다이얼링(Progressive dialing)을 바르게 설명한 것은?

① 고객의 전화번호, 고객 속성, 이력 정보 등을 컴퓨터 화면에 나타내준다.
② 상담원이 특정 고객 리스트를 지정하면 시스템이 자동으로 전화를 걸어준다.
③ 전화를 받을 수 있는 아웃바운드 상담원에게 자동으로 연결해 주는 장치다.
④ 상담원이 전화번호를 보고 직접 다이얼링 하는 가장 원초적인 방식이다.

[해설]
① 고객의 전화번호, 고객 속성, 이력 정보 등을 컴퓨터 화면에 나타내주는 것은 프리뷰 다이얼링이다.
② 상담원이 특정 고객 리스트를 지정하면 시스템이 자동으로 전화를 걸어주는 것은 프리딕티브 다이얼링이다.
④ 상담원이 전화번호를 보고 직접 다이얼링 하는 가장 원초적인 방식은 매뉴얼 다이얼링이다.

16 파워 다이얼링의 특징으로 가장 적합한 것은?

① 상담원이 고객 리스트를 지정할 수 있다.
② 상담원의 응대 가능 여부를 처리해 준다.
③ 상담원이 다이얼링을 직접 할 수 있게 해준다.
④ 전화를 받은 고객이 응대할 상담원을 지나치게 기다림으로 인한 불만이 있을 수 있다.

[해설]
파워 다이얼링은 전화 목록을 바탕으로 자동으로 전화를 걸고 응대할 상담원이 없는 경우 그대로 전화를 종결하는 방식이다. 콜센터의 생산성만을 추구하여 전화를 받은 고객이 응대할 상담원을 지나치게 기다림으로 인한 불만이 있을 수 있다.

17 스크립트에 대한 설명으로 가장 옳지 않은 것은?

① 텔레마케터가 상담 시 제품 및 서비스에 대한 내용을 원활하게 진행하기 위한 대화 대본이다.
② 상담 시 지침서가 되는 도구로서 효율적 상담에 필수 요소다.
③ 장문의 형식으로 논리적으로 작성해야 한다.
④ 상담 흐름대로 진행되는 방법으로 가장 많이 사용하는 형태는 차트식이다.

[해설]
스크립트는 간단명료하고, 논리적으로 고객 중심적으로 작성되어야 한다.

18 스크립트의 구성을 설명한 것으로 가장 적절한 것은?

① 아웃바운드 상담 시 도입부는 "무엇을 도와드릴까요?"라고 첫인사를 하게 된다.
② 인바운드 스크립트인 경우 고객이 문의하고 안내받기 원하는 것을 설명해준다.
③ 아웃바운드 스크립트인 경우 고객의 궁금한 사항이 무엇인지를 파악한다.
④ 인바운드 스크립트인 경우 고객에게 무엇을 안내하고 설득할 것인지 탐색하는 절차는 불필요하다.

[해설]
① 인바운드 상담 시 도입부는 "무엇을 도와드릴까요?"라고 첫인사를 하게 된다.
③ 인바운드 스크립트인 경우 고객의 궁금한 사항이 무엇인지를 파악한다.
④ 인바운드, 아웃바운드 스크립트 모두 고객에게 무엇을 안내하고 설득할 것인지 탐색하는 절차는 필요하다.

정답 **15** ③ **16** ④ **17** ③ **18** ②

19 ABC(Always Be Closing)의 핵심을 바르게 설명한 것은?

① 마무리 상담의 중요성
② 도입부 인사의 중요성
③ 고객관리의 중요성
④ 부재중 전화의 중요성

해설

고객에게 상품을 판매한 후에는 그에 대한 정리가 어떠한가에 따라 추후의 판매에 영향을 미치므로 마무리 단계가 중요하다. 이때 이를 Always Be Closing(ABC : 거래를 성사시키다)이라 한다.

20 스크립트의 활용 방법으로 가장 적절하지 않은 것은?

① 고객과 상담 시 상담 단계별로 진행을 할 수 있도록 도와준다.
② 신입 텔레마케터나 상담부진 텔레마케터인 경우 스크립트를 교육과 훈련으로 활용하여 상담역량을 도모할 수 있다.
③ 상담이 익숙해져도 기본적인 스크립트는 상시 읽으면서 말하는 연습을 해야 한다.
④ 텔레마케터가 고객과 상담 중에 돌발적인 상황이 발생되어 문제해결이 필요한 경우 활용된다.

해설

상담이 익숙해지게 되면 기본적인 스크립트는 텔레마케터가 보지 않아도 자연스럽게 상담진행을 할 수 있다.

21 인바운드 상담 과정 중 상품안내 및 상담을 하는 단계는?

① 도입부
② 고객니즈 파악
③ 문제 해결
④ 동의 및 재확인

해설

① 도입부는 첫 인사를 하고 회사 및 자기소개를 한다.
② 고객 니즈 파악은 상대방 확인 및 상황을 파악하고 탐색을 위한 질문을 한다.
④ 동의 및 재확인은 구매 또는 해결한 내용을 재차 확인하는 단계다.

정답 　19 ① 　20 ③ 　21 ③

4장 실전 예상문제 2차 실기

01 인바운드 상담의 특징을 3가지 쓰시오.

정답 ① 고객이 먼저 제품 또는 서비스에 관심이나 불만을 갖고 전화 하는 고객 주도형이다.
② 기업 입장에서는 수동적인 마케팅 기법이고 Q&A의 활용도가 높다.
③ 상품이나 서비스의 상표가 소비자들에게 인지되어 있는 상황에서 활용도가 높다.

02 인바운드 마케팅(상담)의 활용 분야를 3가지 쓰시오.

정답 ① 고객의 일반적인 문의 사항과 고객 불만처리 업무
② 기업 및 상품의 안내 업무
③ 홈쇼핑에서의 주문 접수

03 인바운드 텔레마케터의 자질을 4가지 쓰시오.

정답 ① 안정적인 목소리 톤과 정확한 발음
② 투철한 서비스 정신
③ 온화한 성격
④ 고객 설득능력

04 아웃바운드 마케팅의 활용분야를 3가지 쓰시오.

정답 ① 신규 고객 발굴
② 재구매 촉진
③ 고객 만족도 조사

05 콜드콜(Cold Call) 극복방안을 3가지 쓰시오.

정답 ① 통화 전 전화에 대한 부정적인 감정을 철저히 분리하여 통화의 두려움을 극복해야 한다.
② 일일단위로 전화 목표량을 설정한다.
③ 지속적인 상담과 판매기술을 개발한다.

06 전화 목록을 바탕으로 자동으로 전화를 걸고 응대할 상담원이 없는 경우 그대로 전화를 종결하는 방식을 쓰시오.

정답 파워 다이얼링

07 Q&A(Question & Answer)집을 약술하시오.

정답 고객으로부터 다양한 문의에 대한 답변 모음집으로 텔레마케터들이 순발력 있게 고객의 문의 및 요구사항을 답변할 수 있도록 만들어 놓은 문답집이다.

08 스크립트 작성의 원칙을 3가지 쓰시오.

정답 ① 이해하기 쉽게 작성되어야 한다.
② 간단명료하게 작성되어야 한다.
③ 논리적으로 작성되어야 한다.

조직운영 및 성과 관리

1장 통신판매 조직운영관리

통신판매 기업도 결국은 기업이고 조직이므로 조직을 관리하는 인사 기능을 필요로 합니다. 사람을 채용하고 배치하고 평가하고 경력관리를 하는 등 입사부터 적응까지 전 과정을 단계별로 학습하는 단원입니다.

1 인력 관리

1 채용 계획 수립 ★

(1) 판매 전략과 목표

① 판매 전략과 목표는 기업의 비전과 목적을 달성하는 데 필요한 요소이며, 이를 위해서는 조직과 조직의 행동 기준에 대한 계획이 필요하다.

② 통신판매에서의 판매 전략과 목표는 판매할 상품과 그 상품의 특성과 시장성 등의 요소를 고려해서 달성 가능한 수준으로 수립되어야 한다.

③ 판매 인력 운영 계획 수립은 판매 목표를 근거로 한다. 판매 목표가 정해지면 목표 달성을 위한 최적의 계획이나 방법을 정해야 하는데, 이것을 판매 전략이라 한다.

④ 판매 목표를 효과적으로 달성하기 위해 수립된 판매 전략을 수행하기 위해서는 조직이 필요하다.

⑤ 이 조직을 어떻게 운영하느냐를 결정하는 것이 바로 인력운영 계획이며, 인력 운영에 따라 판매 목표 달성 여부가 결정되기 때문에 인력의 운영 및 계획 수립은 신중하게 진행되어야 한다.

⑥ 판매 전략과 목표 설정이 잘못될 경우 이를 기준으로 계획한 판매 인력 계획과 운영에도 문제가 발생하기 때문에 올바른 판매 전략과 목표 설정은 물론 이를 정확하게 이해하고 있어야 한다.

(2) 판매 인력 운영 계획

① 판매 인력의 의의

㉠ 판매 인력이란 판매활동에 종사하는 인적자원을 말한다.

㉡ 통신판매 인력은 점포 없이 미디어를 활용하여 상품을 전시하고, 미디어에 접근할 수 있는 소비자에게 통신수단으로 주문을 받고 상품을 파는 일에 종사하는 인적자원이다.

㉢ 이들 인력의 특성은 임금이 낮아서 이직률이 높고, 시간제 업무가 가능하고, 필요에 따라 특별 고용이 가능하다는 것이다.

㉣ 이런 판매 인력의 특성을 감안하면, 인적자원에 대한 계획적인 관리가 필요하다.

(3) 인적자원 관리의 이해

① 개요

㉠ 통신판매 기업의 경영활동은 판매 인력이 수행하는 일을 얼마나 성공적으로 수행하느냐에 따라 기업의 성과가 달라진다.

ⓛ 인적자원 관리란 자연인으로서의 사람이 아니라 '일을 수행하는 사람' 즉, 일과 사람을 유기적으로 결합·조화를 이루게 하는 경영활동이다.

ⓒ 인적자원 관리는 일에 맞는 사람의 특성을 파악하고 이에 적합한 인원을 계획하고 채용하고 관리하는 과정을 말한다.

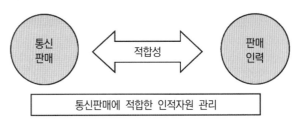

② 인적자원의 특징

  ㉠ 능동성

    ⓐ 인적자원은 욕구, 동기, 태도 등에 의해 기업목적 달성에 기여하는 정도가 달라진다. 이를 인적자원의 능동성이라 한다.

    ⓑ 바람직한 인적자원 관리는 기업의 목적달성에 긍정적인 영향을 주기도 하지만 그렇지 못한 인적자원 관리는 기업의 목적달성에 부정적인 영향을 미친다.

  ㉡ 개발 가능성

    ⓐ 인적자원은 스스로 성장하고, 다양한 방법으로 개발이 가능한 특성을 지닌다.

    ⓑ 따라서 판매 인력은 업의 특성을 고려한 선발도 중요하지만 다양한 방법으로 원하는 수준으로 성장시켜야 한다.

  ㉢ 전략적 자원

    ⓐ 인적자원은 기업의 성과와 가장 밀접한 경영자원이다. 그래서 인적자원을 전략적 자원이라 한다.

    ⓑ 특히 통신판매와 같이 판매를 담당하는 판매 인력은 사업의 성패를 결정짓는 중요한 자원이기 때문에 과거와는 달리 전략적 자원으로 관리하고 인지해야 한다.

  ㉣ 고유목적성

    ⓐ 자금이나 상품 등과 같은 다른 경영자원은 스스로의 고유한 목적 없이 기업의 목적에 따라가지만, 인적자원은 기업의 목적과 같을 수도 다를 수도 있는 개인적인 목적을 지니고 있다.

    ⓑ 사람은 기업 목적 달성을 위한 수단이나 방법으로만 활용될 수는 없으며, 회사 생활이나 직무 등을 통해 스스로의 목적을 추구하는 존재이다. 이러한 인적자원의 고유한 목적을 이해하고 관리해야 한다.

③ 인적자원 계획

  ㉠ 기업은 고유한 특성이나 처한 환경에 의해 인력을 더 채용하거나 기존의 인력이 불필요해지는 경우가 있는데, 이러한 상황에 맞는 대처 방법을 마련하는 것이 바로 인적자원 계획이다.

  ㉡ 기업의 목적을 효율적이고 경제적으로 달성하기 위해 양적, 질적으로 적합인력을 채용하여 최대한 활용하고자 하는 경영활동으로 기업의 판매 전략 및 목표와 밀접한 관계가 있다.

(4) 인력활용의 효율성

① 인력활용은 인력 운영 계획에 따라 인력을 채용하고 배치한 후 운영 결과에 따라 그 효과를 측정하고 그 결과를 운영 계획에 반영하기 위한 것이다.

② 이를 위해서는 인력활용의 적정성을 판단하는 것이 중요하다. 인력활용의 적정성 판단은 판매 인력의 규모, 판매 인력의 자질과 역량, 종합적인 판단을 기준으로 할 수 있다.

③ 판매 목표 달성을 위해서는 판매 인력의 효율적인 활용이 중요하다. 이는 기업이 원하는 성과를 적은 비용으로 달성하기 위해서 인력활용의 적정성을 판단해야 함을 의미한다.

④ 인력이 비효율적으로 활용되는 경우 비용의 손실은 물론 생산성 저하, 기업 내부의 이질감 조성 등의 부정적인 요소가 크다는 사실을 인지해야 한다.

구분	내용
판매 인력의 규모	• 판매 목표 달성을 위해 필요한 인력 규모는 적정한가? • 판매 목표 달성을 위한 핵심 업무 수행에 필요한 인력 규모는 적정한가? • 업무 성격에 따른 인적 구성과 규모는 적정한가?
판매 인력의 역량	• 통신 판매 활동에 필요한 판매 인력의 역량은 무엇인가? • 현재 활동하고 있는 판매 인력은 필요한 인적 역량을 보유하고 있는가? • 보유하고 있는 판매 인력의 역량 수준은 어떠한가?
종합적 판단	판매 전략과 목표 등을 고려해 현재의 인력 규모와 판매 인력의 역량과 자질이 수준에 도달하는지 등을 종합적으로 판단한다.

2 채용 절차 ★

(1) 채용 규모 계획

① 개요

㉠ 인적 자원 계획은 미래의 직무를 위해 기업과 구성원에게 요구되는 다양한 스킬과 종업원이 보유하고 있는 스킬, 그리고 잠재적인 문제를 해결하기 위한 인적 자원 정책과 실무, 예를 들면 스킬 부족을 제거하기 위한 교육훈련 프로그램 등을 개발하는 과정이라고 할 수 있다.

㉡ 이를 위해서는 미래 인적 자원의 요구, 즉 수요와 확보할 인적 자원의 능력, 즉 공급을 비교해야만 한다.

㉢ 인적 자원이 조직에 흘러 들어온 유입 과정(채용)과 흘러 들어온 인적 자원이 조직 내에서 어떻게 흘러 다닐 것이며(개발, 보상, 유지), 조직 생활을 끝내고 어떻게 외부로 유출(방출)시킬 것인가의 문제와도 관계된다.

② 인적 자원 계획의 절차

  ⒕ 내부 및 외부 문제의 조사
    ⓐ 인적 자원 계획의 1단계는 내·외부 문제의 조사로 시작한다. 이 단계에서는 종업원의 동기 부여, 이직, 결근, 필요한 종업원의 수와 유형 등에 영향을 미치는 잠재적 사건이나 추세를 알아봐야 한다.
    ⓑ 내부적 문제는 조직 내부의 조직 구조, 경영 전략, 기업의 수익성 등으로 인한 인적 자원의 변화를 파악하는 것이며, 외부적 문제는 기술 변화나 인구의 변화로 인한 조직 외부의 상황이 변하는 각종 사건이나 추세를 파악하는 것이다.
  ⒖ 미래의 조직능력 결정 : 인적 자원 계획의 2단계는 미래의 조직 또는 개인 능력을 분석하는 단계이다. 이러한 미래의 조직 능력은 개인 능력을 포함한 개념이다.
  ⒗ 미래의 조직요구 결정 : 인적 자원 계획의 3단계는 미래의 조직 요구를 결정하는 것이다. 미래의 조직 능력 결정이란 미래의 부족 인원이나 과잉 인원을 조달하거나 해고 등의 방법을 사용하는 조직의 능력을 결정하는 것이라고 할 수 있다.
  ⒘ 인적 자원 프로그램의 실행
    ⓐ 인적 자원 계획의 4단계는 적합한 인적 자원 프로그램을 실행하는 것이다. 미래의 조직 요구 결정 단계에서 조직은 미래에 필요한 인적 자원 수요를 결정해야만 한다.
    ⓑ 인적 자원 수요에는 필요한 종업원의 수, 요구되는 스킬의 유형, 성공적으로 경영하기 위해 필요한 생산성 비율 등이 포함된다.
    ⓒ 기업의 현재 자원이나 미래의 이용 가능성을 분석하고 나면 기업의 미래 활동의 예측과 계획을 기반으로 하여 미래 인적 자원의 소요를 추정해야 한다. 이것이 바로 인적 자원의 수요이다.
    ⓓ 마지막 단계에서 조직은 조직의 능력과 미래 수요 간의 차이를 결정해야 한다. 그리고 그 차이를 메울 수 있는 인적 자원 프로그램을 가동해야 한다.

(2) 채용 계획 수립

① 채용 시장 동향

 ⒕ 최근 채용 시장에서 나타나는 가장 큰 변화는 개개인의 스펙보다는 인재상이나 사업 영역에 몰입도가 높은 인재를 선발하고자 하는 노력이 강화되었다는 점을 꼽을 수 있다.

 ⒖ 구직자들의 스펙이 기업의 인재 선발 척도로서의 기준에 미흡해지고 있으며, 오히려 스펙 외에 다양한 활동 경험이나 해당 사업 분야에 대한 관심도가 높은 인재를 선발하여 더 높은 성과를 기대할 수 있게 되었다.

 ⒗ 학교, 학점, 영어 점수와 같은 대표적인 스펙 입력란을 지원서에서 삭제하고, 소프트웨어 활용 능력, 마케팅 능력, 사업 관련 활동 경험 등 기업의 사업 및 직무 분야에 실무적 경험을 갖춘 사람을 찾는 노력이 증가하고 있다.

 ⒘ 기업이 이렇게 변화를 보이는 배경에는 여러 가지 이유가 있겠지만, 그중 여러 회사를 뚜렷한 지원 동기 없이 동시다발적으로 지원하는 지원자보다 자사에 확고한 신념이나 지원 동기를 가진 인재를 유인하기 위해서라고 볼 수 있다.

 ⒙ 스펙 좋은 사람이 우수한 사람이라는 과거 스펙 위주의 선발 기준이 더 이상 유효하지 않으며, 이제 기업은 점차 자사에 충성도와 몰입도가 높고, 회사 사업 영역에 대해 기본기가 탄탄한 인재를 선호하고 있다고 할 수 있다.

② 채용 계획의 의미

    ㉠ 인력의 수요와 공급에 대한 분석이 완료되면 인력 수요와 공급 간의 차이(gap)를 분석한다.

    ㉡ 차이분석에서 '수요 > 공급'은 인력이 부족한 경우이다. 이와 같은 경우에는 단기적 대안과 장기적 대안을 마련할 수 있다.

    ㉢ 단기적 대안은 초과 근무 확대, 시간제 근무 활용, 휴가 및 휴일 근무, 임시직의 활용 등이 있을 수 있다.

    ㉣ 장기적인 관점에서 인적 자원의 경쟁력을 확보하기 위해서는 역량을 충분히 발휘할 수 있는 인력을 안정적으로 확보하여 육성할 필요가 있다. 따라서 장기적 대안으로서 신규 채용을 생각할 수 있다.

    ㉤ 채용 규모 계획 절차

1단계	새롭게 충원이 요구되는 신규 직위와 직무는 무엇인지를 파악
2단계	제거되어야 할 직위 또는 충원되지 않고 유지되어야 할 직위와 직무는 무엇인지를 파악
3단계	현재 직위와 직무의 변화는 어떤지를 파악
4단계	현 상황에서 예상되는 초과 근무 또는 여유는 어떤지를 파악
5단계	각 조직 단위별 적정한 인력 규모를 파악하고, 부족한 인력의 수요를 바탕으로 채용 규모를 확정

③ 채용 계획 수립의 의의

    ㉠ 채용은 사원을 그들의 적성과 능력에 맞게 수평적, 수직적으로 이동시킬 수 있는 유연성을 사람들에게 제공해 준다.

    ㉡ 기업은 적합한 인재의 필요량을 규명하여 채용해야 한다. 회사의 채용이 잘못되면 노동 시장에 인력이 남아돌 때 채용 인원을 감소시켜 실업이 난무하게 되고, 또 어떤 때는 구인난에 허덕이게 된다.

    ㉢ 채용은 기업이 하는 일이지만 이는 사회적으로 볼 때 고용의 창출이다. 그러므로 노동 시장의 인력 수급 상황을 파악하여 공급이 많을 때는 우수 노동력 확보가 쉬우므로 업무가 전문화되고 고도화될 때에는 자격과 경력을 가진 숙련가를 채용해야 한다.

④ 채용 계획 수립 시 고려 사항

    ㉠ 회사가 어느 정도 규모의 인원을 채용할지에 대해서는 현재 필요한 인원만 채용할 수도 있지만 미래의 노동 시장 추이, 회사 확장 전략의 유무, 경기 전망, 경영 이념 등을 감안하여 충원 시기를 조절하여야 한다.

    ㉡ 현재 중심으로 채용을 관리한다면 필요시 모집했던 인원을 회사가 조금 어려우면 곧바로 감축하고, 조금 나아지면 금방 충원하는 정책을 펼 수도 있다.

    ㉢ 최근에는 입사 시부터 근로 시간, 근무자, 상위 직급의 승진 등 특정 요소를 포기하는 대신 다른 부가적인 조건을 중시하는 채용 방법이 선택되고 있다.

    ㉣ 인력 채용 담당자는 채용 계획에 어느 정도의 규모를 어떤 시기에 채용할 것인지에 대한 내용을 담아야 한다.

    ㉤ 일반적인 채용 기준은 전공·외국어 등 지식 요건, 혁신력, 이해력, 판단력, 기획력, 추진력 등 직무 능력 요건, 팀워크와 책임감 등의 태도 요건이 있다.

    ㉥ 과거에는 채용 시 일반적인 기본에만 의존함으로써 '똑똑한 사원'만을 선발한 결과 이직률이 높았다.

    ㉦ 미래에는 일반적인 기준 이외에 회사의 비전, 경영 철학, 미션, 사업 전략에 부합하는지의 여부, 성과를 낼 수 있는 잠재 능력을 보유했는지의 여부를 판단하는 것이 보다 중요하다.

(3) 채용 예정자 모집 `기출`

① **노동 시장의 이해**

　㉠ 노동 시장(labour market)이란 상품이 팔리는 제품 시장과 같이 노동력을 사고파는 시장이다. 인간의 삶에서 극히 중요한 활동인 노동은 노동 시장에서 결정된다.

　㉡ 인간은 성인이 되고 나서 자신의 노동 및 취업을 위한 준비에 많은 시간을 투자하며, 노동 이외의 여가 시간에 이루어지는 소비도 결국 노동에서 얻는 소득에 의해 정해지기 때문에 노동 시장에 대하여 관심을 갖는 것은 당연하다.

　㉢ 대부분의 인간은 자신의 노동력을 판매함으로써 노동을 하게 된다. 이 노동력의 판매가 이루어지는 곳이 바로 노동 시장이다.

　㉣ 노동 시장은 취업을 원하는 노동자와 이를 채용하려는 회사가 만나는 보이지 않는 시장이다. 이러한 노동 시장은 매우 다양하고 넓어서 어떤 때에는 전국 또는 세계에서 모집해야 할 경우도 있고, 가까운 지역에서 채용해야 할 때도 있다.

② **노동 시장의 구조**

　㉠ 노동 시장의 구조는 노동 시장이 하나의 형태가 아닌 내부와 외부의 노동 시장으로 분절되어 있다.

　㉡ 노동 시장이 분절되지 않은 채 통합된 노동 시장이라면 모든 노동자는 노동 시장에서 평등하게 경쟁하며, 노동자 자신의 삶의 기회를 증대시키기 위해서 교육훈련을 받아 자신의 노동 생산성을 높이기만 하면 될 것이다.

　㉢ 실제적으로 노동 시장은 분절되어 있다. 내부 노동 시장이란 계속적인 고용 관계에서 기업은 단독 또는 노동조합과 합의된 규칙에 따라 노동자의 배치 전환, 훈련, 승진 등을 통해 노동력을 편성한다.

　㉣ 기업 내의 제도나 관리가 노동 시장의 기능을 대신하게 될 때 노동 시장 기능이 기업 내로 옮겨졌다고 해서 내부 노동 시장이라고 한다. 내부 노동 시장은 고용의 입출구를 통해 외부 노동 시장과 연결된다.

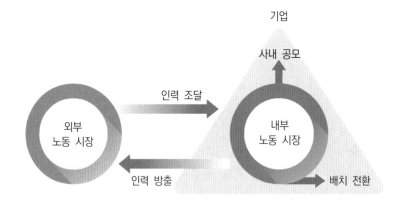

③ **채용 전략 수립**

　㉠ 인력 채용 시 개인과 조직의 목표들이 서로 일치하는 것이 무엇보다도 중요하며, 채용에 앞서 가장 우선하여 마련해 놓아야 하는 기준이다.

　㉡ 회사의 사업 특성, 조직 문화, 기업 전략 등은 고려하지 않은 채 학력이나 명문 대학 출신의 인력만을 선호하는 경향은 잘못된 채용 관행이다.

ⓒ 조직 입장에서는 신규 사원들이 조직 문화에 잘 적응하고 회사 방침에 따라 주는 사람이라면 가장 좋을 것이다.

ⓔ 조직의 비전이나 목표에는 무관심하지만, 자신이 맡은 직무에는 상당한 관심과 기술을 가지고 몰입하려는 사람도 있다. 채용 전략은 크게 회사 중심 채용 전략과 직무 중심 채용 전략으로 구분할 수 있다.

구분	회사 중심 채용 전략	직무 중심 채용 전략
채용 결정자 및 면접관	경영진, 인사 전문가	관련 부서장, 직속 상관
평가 요소	인성, 총체적 능력	전공, 전문적 능력
부서 이동 폭	폭넓음	한정됨
승진	기회가 많음	운신 폭이 좁음
고용 제도	장기 고용	단기 고용
노동 시장	수직 이동, 폐쇄적	타 회사로 수평 이동, 개방적

④ 인적 자원의 모집 원천 [기출]

ⓐ 최근 기업들은 정규직보다 비정규직(temporary employees)의 고용 형태를 선호하는 경향이 높아지고 있다.

ⓑ 잦은 이직을 통한 선발 및 모집, 교육훈련 등을 위한 비용의 발생 문제, 신분상의 불안정으로 인한 낮은 노동 생산성, 정규직 근로자와의 마찰, 그리고 법적 문제 등 부정적 측면이 존재한다.

ⓒ 조직이 사람을 채용하기로 결정하였다면 어떠한 인적 자원 모집 원천(recruitment sources)을 사용할 것인지도 신중하게 결정해야 한다.

내부 모집 원천	외부 모집 원천
결근이나 이직을 통해 공석이 될 경우, 승진과 같은 내부 이동을 통해 조직 내부에서 이용 가능한 인적 자원을 예측하고 조달	대학이나 직업 학교, 경쟁 업체, 지원자 등 조직 외부로부터 공급받을 수 있는 인적 자원을 조달

⑤ 내부 모집

ⓐ 필요한 인적자원을 기존 종업원을 대상으로 지원자를 모으는 모집방법을 내부 모집이라고 한다. 내부 모집에는 사내 공모제도, 전환배치, 승진 등이 있다.

ⓑ 사내 공모제는 판매 인력의 공석이 발생할 때 사내 게시판이나 사내 정보망에 지원자 모집 공고를 내어 요구하는 자격을 가진 적격자를 찾는 방법이다. 업무의 이해도나 효율성 등을 고려하면 필요한 인력을 적은 비용으로 모집할 수 있는 제도이다.

ⓒ 종업원 추천제는 종업원들의 사기가 높고 기업에 대한 공헌 의욕이 강한 기업일 경우, 적은 비용으로 유능한 내부 인재에 대하여 추천을 받아 재고용하는 방법이 바로 내부 종업원의 추천이다.

⑥ 외부 모집

ⓐ 필요한 인적자원을 외부에서 지원자를 모으는 방법이다.

ⓑ 모집 광고를 통한 모집, 기업을 대신하여 소개하고 지원자를 모으는 모집활동을 하는 리크루터를 통한 모집, 인턴십을 통한 모집, 기존 종업원의 추천, 대학 등 교육기관의 추천, 자발적인 지원에 의한 모집이 있다.

ⓒ 최근에는 채용 알선 전문기업 홈페이지를 활용한 모집이 일반적이다.

ⓔ 인턴제(internship)

    ⓐ 방학 기간이나 시간제 근무를 하고 있는 학생을 임시직으로 고용하고 있다가 근무성적이 좋은 소수의 사람을 정식으로 고용하는 제도다.

    ⓑ 기업은 사람을 채용하여 근무시킨 후에 결정하므로 위험 부담을 줄일 수 있으며, 임시 근무자 역시 해당 기업의 적합성을 따져서 정식 고용된다는 점에서 좋은 제도다.

    ⓒ 기업이 임금을 줄일 목적이나 계속해서 임시 근무자만 활용하려는 의도를 가질 경우에는 문제가 될 수 있다.

ⓜ 리크루터제(recruiter)

    ⓐ 기업을 대표하는 채용 담당자가 지원자가 많은 장소를 방문하여 취업 설명회나 취업 박람회를 통해 채용하는 방법이다.

    ⓑ 기업 및 자사 제품의 소개, 전략, 구조, 제품, 각종 인사 정책, 선발하려는 직무의 설명 등을 하고 가능한 지원자를 적성 검사와 함께 현장 면접하여 예비 후보자를 가려내는 방법이다.

    ⓒ 리크루터를 전문으로 하는 구인·구직 회사의 형태도 있다.

    ⓓ 그 밖에 광고, 인터넷 모집, 공공 기관의 이용, 대학과 같은 교육 기관의 추천, 자발적 지원, 헤드헌터 등의 방법이 있다.

(4) 직무 현황의 사전 공개 문서 작성

① 채용 전형의 이해

    ㉠ 채용 응모자 중 필요한 능력을 가진 인재를 효과적으로 선발하는 것을 '채용 전형'이라고 한다.

    ㉡ 채용 응모자를 대상으로 회사의 경영 철학과 경영 이념을 충분히 이해시키고, 회사가 사전에 정한 일반적·전략적 선발 기준에 따라 업무에 적합한 인재를 선발할 목적으로 이루어진다.

    ㉢ 일단 채용 자격이 미달된 사람이 입사하게 되면 업무에 적응시키는 데 많은 시간과 비용이 소요되며, 채용 후 일방적인 해고가 어렵기 때문에 채용 전형을 신중하게 결정하여 실시하여야 한다.

② 올바른 채용 정보의 제공

    ㉠ 우수한 인재를 채용하기 위해서 기업의 인사 담당자는 모든 수단을 동원하여 자기 회사에 응시하는 지원자가 많아지도록 홍보를 하는 등 비용을 투입한다.

    ㉡ 이 과정에서 우수한 인재를 유인하려고 회사의 실정을 약간 과대 포장한다든지, 아니면 단점은 숨기고 장점만을 소개한다면 많은 인재가 몰릴 가능성은 크지만, 입사 후에 기대와 현실 사이의 차이가 크다는 것을 인지하게 된다.

    ㉢ 이처럼 기대 차이를 많이 느끼면 느낄수록 허탈과 불만이 많아지고, 이직 가능성도 높아지게 된다. 그러므로 사실 위주의 모집 전략은 지원자로 하여금 더욱 현실적인 생각을 갖게 함으로써, 지원자가 입사했을 때 기대되는 것이 무엇인지 알고 지원하도록 하는 전략이다.

    ㉣ 사실 위주 모집 전략의 일환으로 직무 현황의 사전 공개(RJP : Realistic Job Preview)가 있다.

        ⓐ 지원자들이 담당할 직무는 어떠하며, 월급과 복리 후생은 어느 정도인지 사실대로 자세히 알려 주는 것이다.

        ⓑ 이러한 정보를 접한 지원자는 자신과 맞지 않는다고 생각되면 응시를 하지 않고, 따라서 실망감이 적다.

        ⓒ 사전에 정보를 알려주었기 때문에 신입 사원 입장에서는 조직에 적응하기가 수월해지며, 회사에 대한 공신력도 높아지게 된다.

(5) 채용예정자 선발 기출

① 공격적으로 모집을 해서 지원자가 모이면 그중에서 회사에 필요한 적격자를 방어적으로 선발하게 된다. 선발이란 모집된 지원자에 관한 정보를 수집하며 자격 심사를 하고 적격자를 확정하는 과정이다.

② 선발 과정은 선택을 의미하며 이러한 선택은 배제를 의미하는 것이다. 따라서 잘못된 선발에 대한 결과의 예측과 예상되는 손실의 파악이 중요하다.

③ 선발 절차는 서류 전형, 필기(실기)시험, 인성(적성) 검사, 면접, 건강 진단의 절차에 따라 이루어진다.

서류 전형	이력서, 자격증, 입사 지원서, 자기소개서 등 일정한 서류를 제출하여 기본적인 인성과 자질을 판단
필기(실기)시험	업무 관련 지식, 논리력, 표현력, 분석력, 문제 해결 등을 파악 → OX식, 사지선다식, 논술식 등
인성(적성)검사	업무에 필요한 기초적인 계산력, 판단력, 이해력 등을 보유했는지 여부를 판단
면접 시험	지원자의 표현력을 평가하거나 업무 능력, 의욕, 성격 등을 측정
건강 진단	업무 상태에 필요한 기본적인 건강 상태를 평가

3 면접 기법 ★★

(1) 면접의 이해 기출

① 면접은 서류 전형이나 자격증 등에서 파악하기 어려운 개인의 개성이나 적성, 또는 기존 회사에서 구체적으로 경험한 직무, 보유하고 있는 실제적 능력은 무엇인지 대면 접촉을 통해 정보를 취득하는 것을 말한다.

② 면접의 유형

㉠ 구조화 정도에 따른 유형

구조적 면접	미리 준비된 질문항목에 따라 순차적으로 질문하는 방법으로 유도적 면접이라고도 함
비구조적 면접	면접자가 질문을 하면 지원자가 형식에 구애 받지 않고 자유로이 자신의 의사를 표현 → 지원자에 대한 광범위한 정보를 얻을 수 있는 방법으로 비유도적 면접이라고도 함
반구조적 면접	구조적 면접과 비구조적 면접의 절충

㉡ 참가자의 수에 따른 유형

개별 면접	면접자와 지원자 1 : 1로 행해지는 방법
집단 면접	복수의 피면접자를 대상으로 집단별로 특정 문제에 대해 자유토론을 할 수 있는 기회를 부여하고 토론 과정에서 개별적으로 적격여부를 심사, 평가
패널 면접	다수의 면접자가 한 사람의 피면접자를 대상으로 집단적인 면접을 하면서 그 사람이 가지고 있는 자질이나 특징을 평가하는 방법으로 전문직이나 경력직 종업원을 선발할 때 사용

(2) 선발 도구의 신뢰성과 타당성 확보 [기출]

① 선발 도구의 신뢰성

㉠ 선발 도구의 신뢰성이란 어떤 검사를 동일한 환경에서 동일한 사람이 반복하여 다시 보았을 때 그 결과에는 일관성이 존재해야 한다는 것이다.

㉡ 이는 선발 도구가 하나의 측정수단으로서 정확한 측정 능력을 가지고 있느냐의 여부를 말한다.

② 선발 도구의 타당성

㉠ 선발 검사가 측정하고자 하는 내용을 정확히 담고 있느냐의 여부이다.

㉡ 예를 들어 경리를 선발하려고 할 때 선발 도구의 세부 내용이 수치 계산 능력, 원가 계산 능력, 회계 절차의 이해 등을 묻는 항목이 아닌 가정 형편, 미모, 경제력 등 타당하지 않은 내용으로 구성되어서는 안 된다는 뜻이다.

(3) 선발 비율과 선발 결정

① 경영자는 모든 요건을 고려하면서 합리적인 선발 도구의 선택을 수익과 비용의 측면에서 검토해야 한다. 물론 선발 도구의 신뢰성과 타당성도 고려해야 한다.

② 한두 명을 선발하기 위해 수천 명을 모집하여 평가하는 것도 비경제적이므로 경제성도 고려해야 한다.

③ 선발 비율이란 총 지원자수에 대한 선발 예정자의 비율로 이 수치가 1.0이라면 응모자 전원이 채용된 것이고, 0이라면 아무도 고용되지 않은 것이다.

④ 만약 선발 비율이 1에 가까워지면 선발의 의미가 없어지며, 0에 가까워지면 지원자를 선발할 폭은 넓어지나 선발 비용이 많이 들어가게 된다.

⑤ 따라서 적정한 선발 비율과 합격 점수를 결정할 때 선발 비용을 반드시 고려해야 한다.

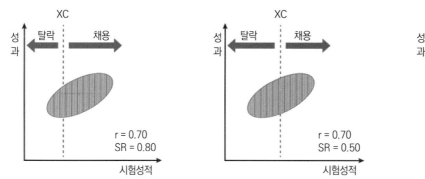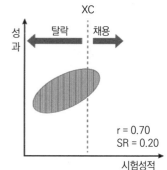

(4) 선발 도구의 타당도 [기출]

① 개요

㉠ 평가해야 할 요소를 평가하였는지의 문제가 타당도이다. 아무리 정확하게 측정하였어도 불필요한 것이 측정되었다면 의미가 없기 때문이다.

㉡ 직무와 관련된 것을 묻는 시험이 타당성 있는 선발 도구라고 할 수 있다.

② 선발 요소

전문적 요소	전문 지식 및 교육, 경험 등
육체적 요소	용모, 나이, 성, 신체의 정상 여부
정신적 요소	지능, 적성, 정서적 안정, 인성, 직무 태도 등
사회적 요소	가족 상황, 사회적 신분, 소속 단체 등

③ 현재 타당도 : 시험 문제를 기존 사원들에게 풀게 하여 측정한 결과와 그들의 현재 직무 성과 또는 업적 수준 간에 상관관계가 있어야 한다.

④ 예측 타당도
  ㉠ 현재의 어떤 검사가 피험자의 미래의 행동을 정확하게 예언하는 정도를 의미하는 것으로, 이때의 준거는 미래의 행동 특성이 된다.
  ㉡ 시험 문제로 높은 점수를 받아 합격한 사원들이 역시 직무 성과도 높은지 몇 년 몇 개월 후의 시간 차이를 두고 직무 성과와 상관관계가 있어야 한다.

⑤ 내용 타당도 : 입사 후에 맡을 해당 직무를 잘 아는 사람들이 모여 그 직무와 해당 시험 문제 간에 상관관계가 있어야 한다.

(5) 선발 과정의 오류 [기출]

① 첫인상 효과 : 대인 관계에서 첫인상은 대면 후 처음 몇 분간에 형성되는데, 특히 면접시험에서는 지원자의 첫인상으로 평가하려는 경향이 있다.

② 후광 효과 : 평가자가 평가받는 사람의 한 가지 특성에 근거해서 나머지 모든 특성을 평가하는 오류이다.

③ 대비 효과
  ㉠ 면접자가 여러 부류의 지원자를 평가할 경우, 자질 면에서 낮은 지원자를 면접한 후 보통 수준의 지원자를 면접했을 때 보통보다 더 높은 점수를 주는 경우이다.
  ㉡ 반대의 경우 역시 아주 우수한 지원자 바로 뒤에 면접에 임한 지원자는 자질이 보통 수준일지라도 실제보다 낮은 점수를 받을 가능성이 있다.

④ 면접자의 편견 : 선발을 위한 면접의 경우, 면접관의 주관성에 의해 결과가 좌우될 가능성이 존재한다.

(6) 채용 사후 관리하기

① 채용 확정자의 관리
  ㉠ 요즘은 인터넷으로 채용 결과를 조회하는 것이 보편화되어 있더라도 채용 확정자에게 대표자 명의로 향후 일정과 필요한 구비 서류 등을 명시하여 합격 통지서를 발송해야 한다.
  ㉡ 불합격자에 대해서도 잠재 고객이란 측면에서 마음의 상처를 위로하는 정중한 표현의 메시지를 서면으로 통보하는 것이 좋다.
  ㉢ 채용 결정일과 실제 입사일 사이에 상당한 기일이 있는 경우에는 입사 예정자에 대한 관리가 필요하다. 많은 예산과 시간을 들여 선발한 신입 사원이 다른 회사에 입사한다면 큰 손실이다.
  ㉣ 채용 활동이 성공했는가의 여부는 몇 사람을 신입 사원으로 선발했는가가 아니라 입사 예정자 중에서 실제로 몇 명이 입사했는지에 달려 있다.

ⓜ 입사가 결정된 예정자가 입사하기 전에 회사에 대하여 더 많은 친근감과 비전을 느끼게 해주고, 입사에 따른 불안과 걱정을 덜어 줌과 동시에 입사 동기를 불어넣어 주어야 한다.

② 오리엔테이션의 실시

　　㉠ 회사의 경영 이념, 사업 및 업무에 대한 전반적인 소개, 입사 예정자 간의 친목 도모를 위해 연수를 실시하는 것이 바로 오리엔테이션이다.

　　㉡ 이는 입사 전에 기초적인 업무 지식을 습득해 실제 업무 적응 시간을 단축하고 회사에 대한 애사심을 증가시킨다.

③ 근로계약서의 작성

　　㉠ 채용이 확정되면 회사와 직무, 임금, 근로 조건 등을 협의한 후 근로 계약을 체결한다.

　　㉡ 근로 계약의 형식은 구두, 서면, 문서로 하지만 임금의 구성 항목, 계산 방법과 지불 방법에 대해서 반드시 서면으로 근로 계약서를 작성한다.

　　㉢ 근로 계약서에는 직종, 근로 시간, 휴일과 휴가, 임금(구성 항목, 지급일, 계산 방법), 취업 장소, 기타 취업 규칙의 주요 내용 등이 포함된다.

4 인사 및 노무 지식 ★★

(1) 개요

① 인사 규정의 이해

　　㉠ 필요한 인력을 모집하고 선발하기 위해서는 원칙이 있어야 한다. 그렇지 않으면 공정한 모집과 선발이 불가능하다.

　　㉡ 인사 규정은 회사가 필요한 재원을 확보, 적절한 직위에 배치하고 보충하는 것이다. 이런 일련의 과정을 규칙이나 원칙으로 정해 놓은 것을 인사 규정이라 한다.

　　㉢ 인사 규정에는 모집과 선발, 승진, 휴직, 퇴직 등에 대해서 자세하게 기록되어 있어야 한다.

② 노무관리의 이해

　　㉠ 일반적으로 생산과정 외에 노동자의 인격에 적용되는 것으로, 노동 의욕을 향상시키기 위한 것으로 근로기준법이나 노동관계법령을 기준으로 하고 있다.

　　㉡ 노사관계가 회사 중심에서 노동자의 중심에서 변해 가면서 노무관리는 또 다른 인사 관련 업무로 조명되고 있다.

　　㉢ 효과적인 모집과 선발을 위해서는 인사규정과 함께 노무지식의 학습도 선행되어야 한다.

(2) 인사관리의 이해

① 개요

　　㉠ 인사관리란 '조직에 필요한 인력을 획득, 조달하고 유지·개발하며 이를 효율적으로 관리·활용하는 체계'를 의미한다.

　　㉡ 조직 구성원들이 자발적으로 조직의 목표달성에 기여하도록 함으로써 조직의 목표와 함께 개인의 목표도 동시에 달성하게 하는, 조직에서의 사람을 다루는 철학과 그것을 실현하는 제도 및 기법의 체계이다.

ⓒ 인사관리의 주요 기능으로는 직무분석과 설계, 모집과 선발, 평가, 훈련 및 개발, 보상과 후생 복지, 그리고 노동조합과의 관계 등이 있다.

② 인적자원 접근법의 등장
　　㉠ 오늘날의 인사관리 또는 인적자원관리에서는 조직의 목표와 개인의 욕구를 동시에 충족시키는 접근방식이 강조되고 있다.
　　㉡ 과학적 관리법과 인간관계접근법은 쇠퇴하고 인적자원 중심의 접근법이 크게 관심을 끌고 있다.
　　㉢ 인적자원관리라는 용어는 1970년대 초반부터 널리 사용되기 시작했으며, 이는 사람을 생산요소가 아닌 자원으로 보고 있음을 의미한다.
　　㉣ 인적자원관리의 체계

직무(일)					
직무분석		직무평가		직무설계	

기능적 차원						
	인력확보	인력평가	인력개발	인력보상	인력유지	인력방출
계획활동(Plan)	• 인력수요/공급 예측	• 평가자/평가내용/평가목적 설정	• 인력평가 • 교육훈련 필요성 분석 • 경력욕구 분석	• 보상에 대한 욕구구조 분석	• 종업원의 개인 목표 및 욕구 구조 분석 • 노사관계 시스템 분석	• 인력수요/공급 예측 • 이직 원인 분석
실천활동(Do)	• 모집 • 선발	• 특성중심 평가 • 행위중심 평가 • 결과중심 평가	• 교육훈련 • 배치, 이동, 승진	• 임금수준 • 임금체계 • 복리후생	• 모티베이션 및 인간관계관리 • 산업안전 • 단체교섭	• 인력감축 • 자발적 이직 대책
통제활동(See)	• 모집활동의 효과 분석 • 선발활동의 타당성 분석	• 인사평가 검증 기준별 평가	• 교육훈련의 효과 분석 • 배치/이동 및 승진에 대한 공정성, 만족도 분석	• 보상수준의 적정성 분석 • 임금체계의 공정성 분석 • 복리후생 프로그램 효과 분석	• 종업원의 사기 수준 분석 • 산업재해 빈도 및 피해분석 • 단체교섭 결과 분석	• 인력감축 프로그램의 효과 분석 • 이직 감소 프로그램의 효과 분석

③ 인사관리의 목표
　　㉠ 조직의 입장에서는 생산성 목표와 유지 목표를 함께 달성해야 한다. 생산성 목표란 구성원의 만족과 같은 인간적인 측면보다 과업 그 자체를 달성하기 위한 조직의 목표를 의미한다.
　　㉡ 유지 목표란 조직의 과업과는 별도로 조직 자체의 유지 또는 인간적 측면에 관계된 목표이다. 조직의 유지라는 것은 조직의 내외적 압력에서 자신을 보존해 나가는 것을 말한다.

④ 인사관리의 주요 활동
　　㉠ 인사관리의 주요 활동은 확보 → 활용 및 개발 → 보상 → 유지 → 방출을 계획하고 조직하며 통제하는 과정이다.
　　㉡ 확보 : 인적자원, 즉 회사를 위해 일할 사람을 구하는 단계다. 회사에 필요한 직무를 분석하고 분석에 따라 인적자원계획을 짜며, 모집하고 선발하는 활동까지를 포함한다.
　　㉢ 활용 및 개발 : 확보한 인적자원을 활용하고 능력을 개발하는 단계다. 직원의 교육훈련, 경력관리, 이동/승진 관리, 인사고과, 목표에 의한 관리(MBO : Management By Objectives) 등이 개발단계의 활동이다.

② 보상 : 직원들의 성과를 보상하는 단계다. 기본금, 성과금, 인센티브, 복리후생 등의 방식이 있으며 각 방식의 조합에 따라 연공금, 직무금, 직능금, 성과금 등으로 나누어진다.

⑩ 유지 : 유능한 직원들이 이직하는 등 이탈하는 것을 막는 단계로 안전 보건, 인간관계, 노사관계 등의 활동이 있다.

⑭ 방출 : 직원들이 회사에서 떠난 뒤에도 그들을 관리하는 단계다. 특히 경영악화 등으로 해고한 직원, 은퇴한 직원들에게 이직 관리, 퇴직 관리 등의 지원을 하는 활동이 대표적이다.

(3) 직무분석의 이해 [기출]

① 개요

㉠ 인력의 배치는 퇴직이나 감원 등 여러 가지 환경적인 요인에 의한 인력의 변화나 업무의 추가나 성격의 변동 등으로 인한 인력의 이동을 말한다.

㉡ 이 모든 것은 직무와 직접적인 영향이 있기 때문에 직무분석을 이해하는 것이 중요하다.

② 직무분석의 개념

㉠ 직무분석이란 특정한 직무의 내용과 직무를 수행하는데 요구되는 직무수행자의 행동, 정신적 육체적 능력 등 직무를 수행하기 위한 자격 요건을 밝히는 체계적인 과정이라 할 수 있다.

㉡ 직무분석은 직무를 수행하는 종업원들의 직무 활동을 규정하고 이를 수행하는 종업원들의 능력을 중심으로 이뤄져 왔다.

㉢ 최근에는 조직의 목적에 부합하는 직무인가를 분석하고 규명하는 단계로 발전하고 있다.

㉣ 결국 직무 분석은 현재 수행 중인 직무가 조직의 목적에 필요한 것인가와 그 직무를 수행할 수 있는 인력인가를 동시에 평가하는 것으로 이해할 수 있다.

③ 직무분석의 목적

㉠ **직무권한의 명확화** : 조직의 운영을 계획적이고 능률적으로 수행하기 위해서는 먼저 인적자원에 대한 업무를 적절히 배분하고 해당된 업무의 절차와 책임을 명확하게 한다.

㉡ **채용, 배치, 이동, 승진 등의 기준** : 직무분석은 조직의 각 직무에 필요한 인력을 발굴하기 위해서 필요하다. 이는 채용과 배치, 이동, 승진 등의 기준이 되어야 한다.

㉢ **직무평가와 평가시스템의 기초** : 직무평가와 인사고과를 합리적으로 실시하려면 직무와 반드시 연관되어야 한다.

㉣ **교육·훈련 및 능력개발의 기준** : 직장에서 개인이 현재 담당하고 있는 직무나 장래 담당 예정인 직무를 보다 원활하게 수행할 수 있도록 하기 위해서는 교육훈련이 필요하다. 이러한 교육훈련을 효과적으로 수행하기 위해서 직무분석이 필요하다.

㉤ **조직, 직무 재설계** : 규칙적인 직무분석을 통해 변화하는 환경에 맞추어 통합 또는 분리해야 하는 직무를 선별함으로써 업무의 효율성을 높이는 과정이 필요하다.

㉥ **안전관리 및 작업 조건의 개선** : 직무분석을 통해 직무가 가지는 위험성과 정도, 작업환경의 유해성과 노동의 강도, 직업병 유무 등을 파악 사전에 관리하거나 그에 상응한 수준의 대우를 보장할 수도 있다.

④ 직무분석의 절차

구체적인 목적설정	직무분석은 목적에 따라 방법이나 대상 등이 달라질 수 있기 때문에 목적을 구체화해야 함
분석대상 직무의 선정	직무분석은 적합한 대상자를 선정하는 과정으로 그 목적에 따라 분석 대상자가 달라짐
자료의 수집	직무의 내용이나 직무수행자의 자격요건에 관한 자료를 수집 → 관찰법, 면접법, 질문지법, 중요사건 기록법 등
분석 및 처리	수집된 정보 중 직무의 내용에 관한 정보는 직무기술서와 직무명세서에 정리 기록

⑤ 직무기술서와 직무명세서

㉠ 직무기술서

ⓐ 직무기술서는 직무의 능률적인 수행을 위해 직무의 성격, 업무 내용 등 과업에 관한 중요사항을 기록한 것이다.

ⓑ 직무기술서는 실제로 작업 중인 사람들로부터 수집한 정보를 기초로 작성한다.

ⓒ 반드시 실제로 행해지는 일에 대한 것을 기술할 필요는 없으며, 때로는 이상적으로 기대되는 행위를 기술할 수도 있다.

ⓓ 통신판매 업무 직무기술서 예시

직무구분	직무명		소속본부	소속팀
	판매관리		판매관리부	판매팀
직무요약	통신판매와 관련된 업무 종사자의 판매활동을 통해 관리 경영목표 달성에 기여한다.			
과업내용	구분	업무명	업무내용	
	1	판매기획	판매와 관련된 계획 수립	
	2	판매관리	판매향상을 위한 관리 방안 연구	
	3	실적평가	판매 실적 평가 및 지도	
	4	판매방법연구	실적향상을 위한 판매 방법 연구	
권한관계	의사결정권한	판매 인원의 조정 건의		
		판매 계획 수립 및 시행		
		판매인력의 재교육 건의		
감독의 범위	보고자	피 감독자		
	판매관리부장	판매팀장 및 판매원		
작업환경	실내근무			

㉡ 직무명세서

ⓐ 직무명세서는 직무기술서에 의한 직무와 그에 필요한 자격 요건을 개인에 중점을 두고 일정한 양식으로 정리한 것으로 일정부분 직무기술서에서 유추할 수 있다.

ⓑ 작성 절차

직무분석을 통한 성과의 기준 결정

↓

성공적인 직무 수행을 위한 인적 특성을 선택

↓

특성에 적합한 직무후보자 테스트

↓

후보자의 직무성과 측정

↓

인적 특성과 직무성과의 상관관계를 분석

ⓒ 인사관리 업무 직무명세서 예시

직무구분	직무명		소속본부		소속팀	
	인사관리		경영지원본부		인사팀	
직무요약	회사 전반의 인사관리					
인적 요건	필요지식 및 능력			요구 수준		
				상	중	하
	인사관리에 대한 기본지식				○	
	업무협의 및 조정능력				○	
	원활한 인간관계 및 의사소통 능력			○		
	· · · · · · ·					
	원활한 업무 수행을 위한 소요 기간			6개월		
	최소학력	대졸	전공	상경, 법정 우선		
	필요자격/면허	없음	권장자격/면허	공인노무사		
	신체적인 요건	없음	적정 연령	35세 이하		

(4) 직무평가 기출

① 개요

㉠ 직무평가는 기업 내의 비교를 1차 목적으로 한다.

㉡ 직무평가는 직무를 담당하는 종업원의 능력이나 전문성을 평가하는 것이 아니라 객관적인 직무의 내용을 평가하는 것이다.

㉢ 직무평가의 최종 결과물은 직무등급 체계로 회사는 이를 임금체계 등 인사제도의 여러 방면에 활용할 수 있다.

② **직무평가의 활용** : 직무평가의 기본적인 목적은 임금을 합리적으로 결정하고 직무 체계를 확립하는 기초자료를 얻기 위한 것이다.

　㉠ **직무관리 기준의 명확화** : 회사의 요구 방안에 따라 직무 가치를 수립, 조직 구성원이 추구해야 할 가치를 명확하게 한다.

　㉡ **보상 기준의 명확화** : 직무가치를 반영하여 임금체계를 구축함으로써 급여의 형평성을 향상시킨다.

　㉢ **근로자의 경력개발** : 직무가치의 산정을 통하여 종업원의 직무를 낮은 단계에서 높은 단계로 이동할 수 있도록 경력 경로 및 역량 개발의 기회를 제공한다.

③ **직무평가의 방법** : 직무평가는 직무분석 결과를 기준으로 이뤄진다. 직무분석 작업을 수행한 담당 팀이나 내부 전문가들이 직무평가를 수행하는 것이 바람직하다. 평가 방법은 다양하며 회사의 사정이나 업무 특성에 따라 적합한 방법을 선택할 수 있다.

　㉠ **서열법**

　　ⓐ 가장 오래되고 간단한 방법으로 직무의 복잡성 또는 직무의 중요도 등 조직에 일반적 가치기준으로 직무의 서열을 매기는 방법이다.

　　ⓑ 수행하기 쉽고 비용도 적게 든다. 하지만 기준이 매우 자의적이며, 선입견이 개입될 수 있다. 모든 직무를 서열화하기가 어렵다는 단점이 있다.

　㉡ **비교법**

　　ⓐ 각 직무를 상호 비교해 상대적 가치에 따라 점수를 부여하여 순위를 정하는 방법이다.

　　ⓑ 비교적 평가하기 쉽고 비용 또한 많이 소요되지 않으며, 평가시간이 많이 소요되지 않고 기능별 직무를 비교할 수 있다.

　　ⓒ 규모가 큰 조직은 직무의 수가 많아 적용하기 어렵다.

직무	A	B	C	D	총점
A(대표)		2	2	2	6
B(재무담당)	0		2	2	4
C(판매팀장)	0	0		1	1
D(판매원)	0	0	0		0

평가결과
고　대표
재무담당
판매팀장
저　판매원

　㉢ **분류법**

　　ⓐ 분류법은 미리 결정된 등급에 따라 각 직무의 특성을 판단하여 해당 등급에 맞추어 넣는 평가 방법이다.

　　ⓑ 분류는 평가하려는 직무의 수와 복잡성에 따라 상·중·하와 같은 등급으로 간단하게 정할 수도 있고 더 세분화할 수도 있다.

직무등급	등급의 정의	비고
1급	• 경영자 보좌 업무 • 전문적인 업무 • 회사 경영과 연관되는 업무	부장
2급	• 관리 지식을 요하는 업무 • 오랜 경험을 요하는 업무	과장
3급	한정된 분야에 깊은 지식을 요하는 업무	대리
4급	• 간단한 작업 • 규칙적인 업무	입사 1년 차
5급	• 일상적인 업무 • 특별한 기술이 필요 없는 보조 업무	신입사원

  ⓔ 시장임금 조사법

   ⓐ 시장의 임금을 조사하고 조사결과로 주요 직무별 임금순위를 매긴 다음, 이 등급에 따라 각 직무를 맞추어 넣는 방법이다.

   ⓑ 시장의 임금이 잘 형성되어 있는 경우는 효과적인 방법이다. 하지만 그렇지 않은 경우는 객관적인 임금 정보 획득이 어렵고 시장 임금의 비합리성이 여과 없이 반영될 수 있는 단점이 있다.

직무명	시장임금(연봉)	순위	등급	해당직무
판매전문가	8,500만 원	1	1	판매관리본부장
재무전문가	7,000만 원	4	2	재무 팀장
인사관리	6,000만 원	5	3	인사 과장
법무	8,000만 원	2	2	법무 팀장
경영기획	7,500만 원	3	2	경영기획팀장

  ⓕ 요소비교법

   ⓐ 조직 내 핵심이 되는 몇 개의 직무를 대상으로 조직 내에서 중요하게 여겨지는 가치들을 근거하여 사전에 평가요소를 선정한다.

   ⓑ 각 평가요소마다 직무들의 상대적 가치를 비교하여 서열을 정하는 방법이다.

요소등급	의사소통	판매경험	책임감	작업환경
1	–	–	–	–
2	인사관리	비서	–	**판매인력**
3	**판매인력**	자금관리	비서	비서
4	자금관리	**판매인력**	**판매인력**	자금관리

판매인력		요소등급	가중치	계
평가요소	의사소통	3	0.3	0.9
	판매경험	4	0.6	2.4
	책임감	4	0.4	1.6
	작업환경	2	0.2	0.4
합계				5.3

ⓗ 점수법
　ⓐ 직무의 가치를 점수로 나타내어 평가하는 방법으로 가장 많이 사용되고 있다.
　ⓑ 점수법에 의한 직무평가 절차

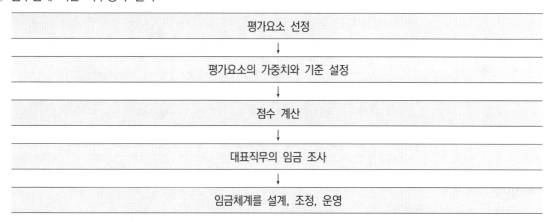

평가요소 선정
↓
평가요소의 가중치와 기준 설정
↓
점수 계산
↓
대표직무의 임금 조사
↓
임금체계를 설계, 조정, 운영

평가요소	가중치	점수
기술	30%	300
책임	20%	200
지식	20%	200
노력	30%	300

등급	
1	250
2	200
3	150
4	100

기술	책임	지식	노력	계
60	40	40	60	200

2등급

　ⓒ 점수법은 평가척도 산정이 용이하고 다양한 요소에 대한 평가가 가능하며, 평가 결과에 대한 신뢰성이 높다는 장점이 있다.
　ⓓ 단점은 모든 직무에 정확하게 적용시킬 수 있는 점수 배점이 어렵고, 시간과 비용이 많이 든다는 것이다.

(1) 리더십의 이해

① 리더와 관리자의 개념

리더(leader)	관리자(manager)
• 조직 구성원들이 무슨 일을 하도록 주선만 해주며, 방향 제시와 충고나 인도를 잘하여 '하도록 하게끔 하는 사람' • 미래지향적으로 무엇을 해야 할 것인가를 정해주고 구성원들 스스로 해나가도록 자극하고 인도해 주는 역할	• 조직이 완수해야 할 일들이 잘 이루어지도록 조직 구성원들에게 과업을 배분하고 연결시키는 기능을 수행하는 사람 • 과거지향적으로 이미 주어진 일이 완성되도록 관리하는 역할

② 리더십의 개념 : 리더십이란 집단의 구성원들로 하여금 특정목표를 지향하게 하고, 그 목표달성을 위해 실제 행동을 하도록 영향력을 행사하는 것이다.

③ 리더십의 원천

원천	유형
리더의 특성과 자질	특성이론
리더의 행동	행위이론
리더가 처한 상황	상황이론
조직을 변화시킬 수 있는 힘	현대적이론

(2) 특성이론 [기출]

① 리더의 특성과 자질을 중시하는 이론으로 리더는 태어나는 것이지 만들어지는 것이 아니라는 관점이다.

② 리더가 자신만이 가지고 있는 우수한 자질이나 특성만 있으면 자신이 처해 있는 상황이나 환경이 변하더라도 언제나 효과적인 리더가 될 수 있다는 이론이다.

③ 리더의 자질

버나드(Barnard)	활력, 인내성, 결단성, 설득력, 책임성, 지적능력
스토그딜(Stogdill)	육체적 특성, 사회적 배경, 지능, 퍼스낼리티, 과업과 관련된 특성
레이번(S. W. Reyburn)	건강, 성실성, 지능, 경력, 분석력, 자제력, 근면성, 판단력

(3) 행위이론 : 리더의 행동중시 [기출]

① 권위형, 민주형, 자유방임형 리더십 : 아이오와 대학교 연구

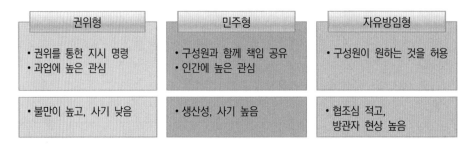

② 직원 중심적, 과업 중심적 리더십 : 미시간 대학교 연구

직원 중심적 리더십	과업 중심적 리더십
인간 중심적이며 권한과 책임의 위임과 구성원의 복지, 승진, 개인적인 성장에 관심을 갖는 유형 → 생산성과 직무만족도 높음	세밀한 감독과 합법적이고 강제적인 권력을 활용하며, 업무계획표에 따라 실천하고 성과를 평가하는 데 중점을 두는 유형

③ 배려적, 구조적 리더십 : 오하이오 대학교 연구

배려적 리더십	구조적 리더십
관계지향적, 인간중심적으로 구성원에 대한 관심과 우호, 신뢰, 지지 등 구성원 복지를 위한 부분에 관심	지도자가 과업을 조직하고 정의하며 업무를 할당하고 의사전달 통로를 확립하여 업무 성과를 평가

④ 관리격자이론

ㄱ 오하이오 대학 연구와 미시간 대학 연구에 기초하여 블레이크와 무튼(R. Blake & J. Mouton)이 정립한 이론이다.

ㄴ 인간에 대한 관심과 생산에 대한 관심에 근거하여 기본적인 5개의 리더십 유형을 제시하였다.

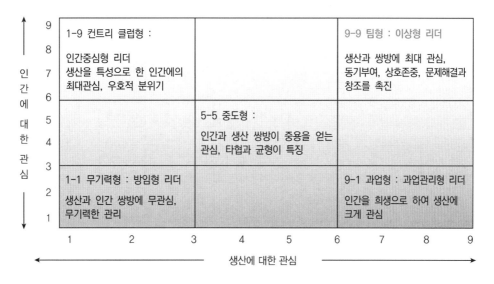

(4) 상황이론 : 리더가 처한 상황의 중시 기출

① 피들러(Fiedler)의 상황이론

ㄱ 개요

ⓐ 최초의 상황이론으로 리더십 행동이론에 기반하여 상황적 요인을 추가해 효율적인 결합을 강조하였다.

ⓑ 리더십은 리더와 조직 구성원의 상황 호의성과 상호작용을 통해 형성된다는 관점으로 연구되었다.

ⓒ 조직의 상황에 맞는 리더십이 발휘될 때 조직성과가 나타나고 조직 구성원의 만족도 또한 높아진다고 보았다.

ㄴ 상황변수

ⓐ 리더 - 구성원 관계 : 조직 구성원들이 리더를 신뢰하고 좋아하며 리더의 지시를 기꺼이 따르려는 정도를 뜻한다.

ⓑ 과업 구조

목표 명료성	과업의 요구 조건들이 얼마나 명백한지 정도
경로-목표의 다양성	어떤 과업을 수행하는 데 사용될 수 있는 과업수행 방법의 수
검증가능성	과업을 수행하고 나서 그 결과를 알 수 있는 정도
구체성	과업에 대한 최적의 해답이나 결과가 존재하는 정도

ⓒ 리더의 직위 권력 : 리더가 갖고 있는 직위에 집단구성원들을 지도하고 평가하고 상벌을 결정할 수 있는 권한이 주어지는 정도를 말한다.

ⓒ LPC(Least Preferred Co-Worker) 점수 : 피들러는 리더의 유형을 측정하는 도구로 LPC설문을 개발하였는데 18개 항목의 각 점수를 더한 총점이 64점 이상인 경우 관계지향적 리더로 평가하고 57점 이하이면 과업지향적 리더로 평가한다.

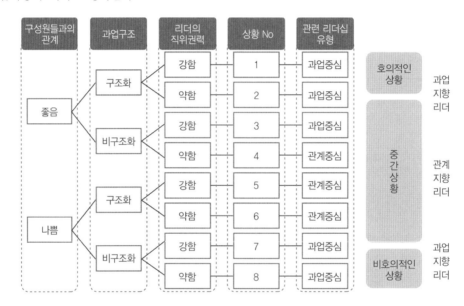

② 하우스(House)의 경로-목표이론(Path-goal Theory)

㉠ 개요

ⓐ 경로-목표이론은 조직 구성원의 동기부여에 관한 기대이론에 기초하여 개발되었다.

ⓑ 조직 구성원의 동기부여를 위해서는 리더가 목표달성을 위한 각종 지원과 함께 그에 따른 보상을 연결시켜 주어야 한다는 것을 전제로 한다.

ⓒ 리더가 조직 구성원에 대해서 해당 과업을 잘 수행할 것이라는 기대감을 갖고 그 과업을 성공적으로 수행했을 때 보상이 부여된다는 확신을 줄 수 있다면 조직 구성원들의 동기부여가 높아진다는 원리다.

ⓛ 경로-목표이론 구성

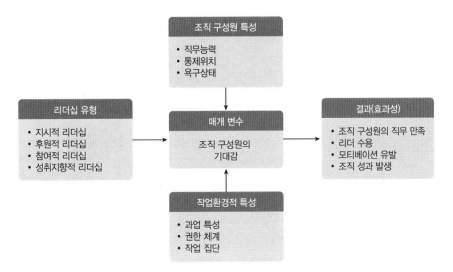

ⓒ 리더십 행동 유형
　ⓐ 경로-목표이론에서는 리더가 하나의 고정된 행동유형을 보이는 것이 아니라 상황에 따라 유연하게
　　행동할 수 있다고 가정하면서 리더십 행동 유형을 구분하였다.
　ⓑ 리더십 범주

지시적 리더십	조직 구성원들에게 규정을 준수하도록 하고 작업일정을 수립해 주며 직무를 명확히 해준 후 조직 구성원이 기대하는 성과기준을 명확히 제시
지원적(후원적) 리더십	조직 구성원들의 복지와 욕구를 우선하며 친구처럼 대해 주고 평등하고 인격적인 대우를 통한 동지적 관계를 강조하고 우호적인 업무환경이 조성되도록 지원
참여적 리더십	의사결정과정에서 조직 구성원들과 정보를 공유하며 협의를 하여 조직 구성원에게 아이디어나 의견을 요청하고 그들의 제안을 의사결정과정에 적극적으로 반영 → 조직 구성원이 조직의 의사 결정에 영향력을 발휘할 수 있도록 하는 리더십
성취지향적 리더십	조직 구성원이 최고의 조직 성과를 달성하도록 도전적인 목표를 설정하고 조직 구성원들 자신의 능력에 대해서 자신을 갖도록 유도

ⓔ 상황 요인에 따른 리더십 유형

상황 요인	바람직한 리더십 유형	조직 구성원의 영향	리더십의 결과
• 조직 구성원이 외재적 통제위치를 보유하고 있는 상태 • 조직 구성원이 낮은 과업능력 보유 • 조직 구성원이 과업 내용을 모호해하는 상태	지시적 리더십	목표 달성을 위한 자신감 증가	노력, 만족도, 성과 상승
• 높은 난이도의 과업으로 조직 구성원의 자신감 결여 상태 • 단순반복적 업무를 수행하는 조직 구성원	지원적 리더십	목표에 이르는 경로를 명확히 이해	
• 조직 구성원이 내재적 통제위치를 보유한 상태 • 낮은 구조화의 과업이 부여된 상태	참여적 리더십	높은 목표 설정	
• 조직 구성원의 높은 능력 및 경험치를 보유한 상태 • 반복적이지 않은 과업을 수행하는 조직 구성원	성취지향적 리더십	조직 구성원의 욕구에 맞도록 보상 재설계	

③ 허쉬와 블랜차드(Hersey & Blanchard)의 상황이론
　㉠ 리더의 행동을 과업지향적 행동과 관계지향적 행동으로 구분 후 리더십 상황으로 구성원의 성숙도를 추가하여 리더십의 3차원 모형을 제시하였다.

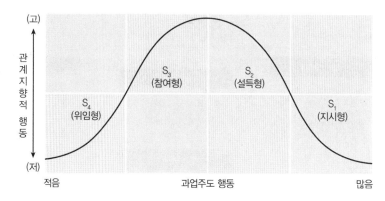

집단 성숙도	성숙도4(R_4)	성숙도3(R_3)	성숙도2(R_2)	성숙도1(R_1)
구성원 특성	능력(고) 동기(고)	능력(고) 동기(저)	능력(저) 동기(고)	능력(저) 동기(저)

　㉡ 상황별 적합한 리더십 유형

지시형	높은 과업 지향, 낮은 관계 지향 → 성숙도가 낮은 집단에 적합
설득형	높은 과업 지향, 높은 관계 지향 → 집단이 성숙해지기 시작하는 단계에 적합
참여형	높은 관계 지향, 낮은 과업 지향 → 부하가 능력은 있으나 의지가 적을 때 적합
위임형	낮은 관계 지향, 낮은 과업 지향 → 부하의 성숙도가 높은 집단에 적합

(5) 현대적 리더십 이론 기출

① 거래적 리더십(Transactional Leadership)
　㉠ 바스(B. M. Bass) 등이 주장한 거래적 리더십은 리더와 부하 간의 개인적 가치의 교환 과정에서 발생하며, 거래적 리더십의 구성 차원에는 조건적(상황적) 보상, 자유방임, 예외관리 등이 있다.
　㉡ 거래적 리더십은 사전에 정해진 기준이나 규칙에 의거하여 조직목표달성에 필요한 작업들을 선정·배분하는 것처럼, 반복적이고 일상적인 기능에 중점을 두고 있다.
　㉢ 동시에 할당된 업무를 효과적으로 수행할 수 있도록 부하들을 동기부여하며, 그 결과에 대한 적절한 평가와 보상을 하는 등 리더와 구성원 간의 상호작용을 강조하는 리더십이라 할 수 있다.

② 변혁적 리더십(Transformational Leadership)
　㉠ 바스(B. M. Bass)는 변혁적 리더(transformational leader)란 네 가지 특성에서 적극적인 리더라고 보고 있다. 즉, 카리스마, 고취 능력(inspiration), 지적인 자극, 개별화된 배려 등이 있다.
　㉡ 변혁적 리더십은 리더의 행동특성이 부하들의 자각에 의한 변화를 촉진하고, 그 결과 부하들의 동기부여 수준을 높여 성과가 향상되도록 하는 과정으로 이해할 수 있다.
　㉢ 변혁적 리더십을 발휘하는 리더는 구성원들에게 목표를 성취할 수 있는 능력을 키워주고 신뢰를 구축함으로써 구성원들 개개인에게 '에너지를 불어넣는' 즉, 부하들을 임파워먼트하는 리더이다.

② 변혁적 리더십은 교육과 훈련을 통해서 개발할 수 있다. 즉, 리더는 부하를 신뢰한다든가, 부하들과 공유할 수 있는 비전을 개발한다든가, 심리적으로 동요하지 않아 부하들에게 불안감을 주지 않는다든가, 위험을 감수한다든가, 자기계발 노력을 기울여 업무에 탁월한 전문가가 됨으로써 변혁적 리더가 될 수 있다.

거래(교환)적 리더십	리더가 부하들의 역할과 과업요건을 명확하게 함으로써, 기존에 잘 정립되어 있는 목표달성을 위해서 부하들이 노력하도록 동기화시키는 리더십 → 기존에 출현한 대부분의 리더십 이론
변혁적 리더십	리더가 부하들로 하여금 자기 자신의 이익을 초월하여 더 나아가 조직의 이익에 대해 관심을 가지고 공헌하도록 고무시켜주고, 부하 자신의 성장과 발전을 위해서도 노력하도록 중대한 영향을 미치는 리더십

③ 카리스마적 리더십

㉠ 카리스마(kharisma)란 그리스어로 신성함, 신이 부여한 재능 등의 어원을 갖고 있다.

㉡ 카리스마적 리더십의 특징

ⓐ 리더가 독특하고 위대한 특징을 타고나면서부터 가지고 있다는 구성원들의 자각에 근거한다.

ⓑ 구성원들로부터 대가없이, 리더의 구체적인 간섭 없이 자발적으로 헌신토록 하는 리더십이다.

㉢ 카리스마적 리더의 조건

리더의 특별한 자질	개성 강한 행동과 개혁적이고 혁신적인 태도, 미래의 비전을 제시하고 전달할 수 있는 능력
하급자의 특성	추종자들이 리더에 대해 강력한 신뢰와 애정, 리더의 권위에 순종하며 자발적 복종
상황적 특성	위기상황에서 리더로 각인되는 경우가 많음

④ 코칭 리더십

㉠ 구성원 개개인의 능력향상보다 팀원들의 상호교류와 네트워크를 통해 구성원의 능력개발을 이끌어 내는 리더십이다.

㉡ 문제 봉착 시 회의와 협상을 주선하고 문제해결을 주도한다.

㉢ 팀원 간의 갈등과 분쟁을 해결하며 팀원에 대한 교육 및 지원 역할을 한다.

⑤ 서번트 리더십

㉠ 서번트 리더십이란 리더가 조직에서 군림하지 않고 구성원들을 섬기며, 그들이 일을 잘 수행할 수 있도록 적극적으로 동기부여를 하면서 리더십을 발휘하는 것을 말한다.

㉡ 서번트 리더십의 지향점

ⓐ 다른 구성원들이 정신적·육체적으로 지치지 않도록 환경을 조성해 주고 도와줌으로써 공동의 목표를 달성하는 데 있다.

ⓑ 인간존중을 바탕으로 리더가 구성원들에게 봉사함으로써 구성원들이 잠재력을 발휘할 수 있도록 도와주고 이끌어준다.

㉢ 서번트 리더의 자질

경청	적극적이고 능동적으로 부하직원의 의견을 듣고 욕구를 이해
공감	단순한 경청을 넘어 부하직원의 속마음을 이해하고, 그러한 이해를 토대로 그들을 이끌어 줌
치유	부하직원을 보살피고 도움을 제공
스튜어드십	부하직원들을 위해 한정된 자원을 관리하고 배분
부하의 성장 견인	직원들의 정신적, 지적, 기술적, 경제적 성장을 위해 가능한 많은 기회와 자원을 제공
공동체 형성	일터에서 서로 존중하고 봉사하는 진정한 의미의 공동체 형성

1 교육훈련 계획 ★★★

(1) 교육훈련의 이해 [기출]

① 교육훈련의 개념

　㉠ 교육훈련은 종업원의 정신적·육체적 능력과 성과창출 의지 및 태도에 직접적인 자극을 가해, 정신적·육체적 능력과 성과창출 의지 및 태도를 향상시키는 활동을 의미한다.

　㉡ 교육훈련은 전환배치, 승진, 강등 등 종업원에게 새로운 직무를 부여하고 이를 수행하는 과정을 통해 필요한 능력이나 태도를 습득하게 하는 간접적인 인적자원 개발·유지 활동으로 경력개발과 구분된다.

② 교육훈련의 효과와 목적

　㉠ 교육훈련의 궁극적인 목적은 기업의 목표 달성을 위해 조직 구성원으로 하여금 필요한 지식과 기술을 습득하게 하는 것이며, 종업원의 능력개발이 성과 향상으로 이어지게 하는 것이다.

　㉡ 교육훈련은 단기적 또는 장기적 성과를 향상하기 위해 필요한 자질과 능력상의 변화를 추구하는 데에 그 목적이 있다.

> **교육훈련의 기대효과**
> ❶ 신입 종업원의 조직과 직무에 대한 이해를 돕는다.
> ❷ 종업원들의 원활한 직무 수행을 도와준다.
> ❸ 종업원들의 미래직무에 대한 기회를 제공한다.
> ❹ 조직의 변화에 대한 정보를 종업원들에게 제공한다.
> ❺ 종업원 개인의 발전을 위한 기회를 제공한다.

　㉢ 경제적 효과 측면

　　ⓐ 지속적인 인재 육성을 통해 사내의 인적역량 확보는 물론 필요한 인력을 사내에서 보충할 수 있어 인적자원 확보에 따른 노력과 비용을 줄일 수 있다.

　　ⓑ 성과 창출을 위한 종업원의 능력과 직무수행 방법 등을 개발·유지함으로써 생산성 향상은 물론 조직과 종업원의 목표를 동일시하는 역할을 하기도 한다.

　　ⓒ 이외에도 유연성 확보, 경영상의 문제의 통찰력 제고, 기업 이미지 개선 등의 효과가 있다.

　㉣ 사회적 효과 측면

　　ⓐ 능력향상을 통한 승진기회를 제공하고, 다양한 능력과 기술을 습득하여 노동시장의 경쟁력을 강화한다.

　　ⓑ 높은 수준의 기술과 능력 습득을 통해 종업원의 성장욕구를 충족시키고, 커뮤니케이션과 인간관계 증진으로 직장에서의 소외 감소와 직무만족을 증대시킨다.

(2) 교육훈련의 필요성 분석 [기출]

① 교육훈련의 필요성

　㉠ 능력 저하 방지

　　ⓐ 자신의 지식이나 기술을 지속적으로 활용하지 않으면 퇴화하기 마련이다. 평생교육이 강조되고 있는 이유도 여기에 있다.

ⓑ 종업원에 대한 교육훈련도 평생교육의 관점에서 능력과 기술의 유지·발전을 위해 중요하게 인식되고 있다.

ⓛ 직무 변화에 적응

　ⓐ 종업원이 담당하여야 할 직무는 사회발전과 더불어 계속해서 변동하게 된다.

　ⓑ 직무 내용 변동이나 직무 성격의 변화에 대비하고 적응하기 위해서는 그 변화와 관련된 새로운 지식이나 기술에 대한 교육이 필요하다.

ⓒ 승진을 위한 필요

　ⓐ 종업원은 언제나 그 자리에 머물고 있는 것이 아니라 보다 높은 자리로 이동한다.

　ⓑ 결국 교육훈련은 승진을 하기 위한 혹은 승진을 준비하게 하기 위해서도 필요하다.

ⓔ 종업원의 자율적 통제와 조정

　ⓐ 교육훈련의 성과는 종업원이 스스로 자기에게 주어진 일을 무리 없이 처리할 뿐만 아니라 자기에게 주어진 역할과 조직과의 관계에 대한 이해도 높아진다.

　ⓑ 교육훈련을 통해 종업원은 스스로 자신의 역할과 임무를 통제하고 조정할 수 있기 때문에 종업원에 대한 통제와 조정의 필요성이 그만큼 줄어드는 효과를 얻는다.

ⓜ 종업원의 올바른 규범 확립 : 신규 채용된 종업원이 구체적인 업무를 담당하기 전에 직무의 내용과 기능, 근무규칙 등에 대한 교육훈련이 필요하다.

② 교육훈련의 필요성 분석

ⓐ 의의

　ⓐ 종업원이 일정한 직무를 수행하기 위해 갖추어야 할 자격요건과 그 직무를 담당하고 있는 종업원의 기술 및 태도 등을 비교해 보면 직무상의 요구능력과 종업원이 소유하고 있는 실제 능력과의 차이는 있다.

　ⓑ 이와 같은 차이점을 발견하고 개선해가는 것이 필요성 분석이다. 필요성 분석은 조직수준, 직무수준, 개인수준에서 교육훈련의 필요성을 발견할 수 있다.

ⓛ 조직수준

　ⓐ 조직수준에서의 교육훈련 필요성은 매출액, 생산성, 수익성뿐만 아니라 종업원의 의식측면에서도 나타난다.

　ⓑ 현재의 조직문화를 변화시키거나 새로운 조직문화를 도입하여 조직에 활력을 불어넣을 필요가 있거나 조직이 환경에 적응하기 위해 유연성을 높이려고 할 때 교육훈련은 조직 전체수준에서 이뤄지게 된다.

ⓒ 직무수준

　ⓐ 직무수준에서의 교육훈련 필요성 분석은 종업원이 직무를 성공적으로 수행하는 데 필요한 기술, 지식 및 태도의 성과와 관련된 목표를 결정하는 데 필요하다.

　ⓑ 새로운 직무가 생겼을 때 이를 수행할 사람을 기업이 보유하지 못하고 있거나 외부 노동시장에서 확보할 상황이 아닌 경우 기업에서 양성하지 않으면 안 된다. 이런 경우에 직무수준에서의 교육훈련이 필요하다.

ⓔ 개인수준

　ⓐ 개인수준에서의 교육훈련 필요성은 종업원 개인별 교육훈련이 현재 필요한가를 파악하는 것이다.

　ⓑ 조직 전체 수준에서 거론되었던 생산성 등 성과 측정과 개인별 매출액뿐만 아니라 직무수준에서 밝혀진 교육훈련의 필요성이 개인별로 측정되는 것을 의미한다.

      ⓒ 개인수준에서의 필요성은 개인이 추구하는 교육훈련의 욕구를 파악하고 기업이 추구하는 목표와 통합할 수 있는 근거를 찾을 수 있기 때문에 매우 중요하다.

③ 교육훈련의 필요성 분석 방법
    ㉠ 관찰법
      ⓐ 구조적 관찰법은 관리자가 사전에 관찰의 대상을 정하고 종업원들의 직무수행과정을 체계적으로 관찰하여 교육훈련의 필요성을 판단하는 방법이다.
      ⓑ 비구조적 관찰법은 특별한 계획 없이 일상 업무 속에서 교육훈련의 필요성을 발견하는 방법이다.
    ㉡ 간행물 조사법 : 해당기업이 속한 업종이나 업무와 관련된 전문잡지 등에서 교육훈련의 필요성을 발견하는 것이다. 이 방법은 변화하는 환경에 적응하기 위해서 필요하다.
    ㉢ 자료조사법 : 이 방법은 해당기업이 보유하고 있는 각종 자료를 검토하여 교육훈련의 필요성을 발견하는 방법이다.
    ㉣ 직업표본법
      ⓐ 종업원의 직무수행결과 중 일부를 표본으로 선택, 검토하여 해당 종업원 혹은 직무전반에 대한 교육훈련의 필요성을 판단하는 기법이다.
      ⓑ 이 기법의 핵심은 어떤 표본을 선택할 것인가에 대한 비밀이 유지되어야 한다는 것이다.
    ㉤ 질문지법 : 교육훈련의 필요성을 분석하는 가장 일반적인 것으로 종업원들을 대상으로 질문지를 통해 교육훈련의 필요성을 파악하는 것이다.
    ㉥ 전문가 자문법 : 기업의 내 외부의 교육훈련 전문가에게 교육훈련의 필요성을 파악하도록 하고 이를 근거로 교육훈련의 필요성을 인식하는 것이다.
    ㉦ 면접법 : 교육훈련 담당자가 종업원을 개인 혹은 집단으로 면접, 교육훈련의 필요성에 대한 정보를 수집하는 기법이다.
    ㉧ 델파이법 : 교육훈련 전문가들을 대상으로 개별적인 질문지를 통한 응답을 통해 교육훈련의 필요성을 인식하는 방법이다.

(3) 교육훈련 예산 수립요령

① 지난해의 예산을 답습하는 것은 바람직하지 않다. 그보다는 지난해에 불거진 문제점은 없는지 또는 올해 실시될 예정인 교육훈련에 맞는 스킬이나 지식이 무엇인지를 고려해야 한다.
② 예산이 수립된다고 해도 교육에 관한 한 수정이 가능하다는 점을 인식할 필요가 있다. 교육부서의 예산이 정해졌음에도 불구하고, 전문 업체에 교육을 의뢰하는 부서들이 있기 때문이다.
③ 교재 제작비용, 종이 및 잉크 사용료 등의 숨어 있는 비용을 간과하지 않아야 한다. 그리고 예산에 포함되지 않았던 교육이 예기치 않게 발생할 경우에 대비하여 예비비를 책정해 두어야 한다.
④ 직원의 능력 개발을 원하지만 시간이나 방법을 모르는 부서장 또는 관리들을 대상으로 컨설팅 서비스를 제공할 필요가 있다.
⑤ 교육예산을 결정할 때 교육을 통해 달성하고자 하는 바가 무엇인가에 대해 심사숙고해야 하며, 교육예산은 교육 계획을 근거로 책정해야 한다.

(1) 교육훈련의 과정

교육훈련은 필요성 분석, 목표설정, 설계, 진행, 평가 등의 순서로 진행된다. 교육훈련을 설계하기 위해서는 교육훈련의 필요성 인식과 목표설정의 과정을 반드시 거쳐야 한다.

① 필요성 평가 및 문제 인식

   ㉠ 문제 인식은 실제 발생하는 것과 요구되는 결과 사이의 모순점에 대한 것을 의미한다.

   ㉡ 실제로 기업에서 행해지는 대부분의 교육프로그램은 고객 불만에 의해서가 아니라 경영자나 종업원에 의해서 확인된 문제점에서부터 생겨난 결과물이다.

   ㉢ 목표 설정에 앞서 교육훈련에 대한 필요성과 평가 및 개발 등에 대한 정확한 문제 인식이 선행되어야 한다.

② 교육훈련의 목표 설정

   ㉠ 반응 지향적 목표

      ⓐ 교육훈련은 피교육자가 교육 후에 어떤 궁극적인 결과를 지향하는 것보다 교육 과정을 통해 조직이나 개인에게 어느 정도 기여할 수 있는가를 목표로 하는 것이다.

      ⓑ 예를 들어 종업원들에게 전화받는 요령을 교육한다든지, 서비스정신 교육을 한다든지, 금연교육을 실시하는 것과 같은 경우이다.

   ㉡ 습득된 학습의 목표 : 교육 프로그램을 통해 무엇을 학습하도록 하는 목표를 의미한다. 예를 들어 대리급 이상 관리자들에게 근로기준법을 취업규칙과 비교하여 학습시키는 경우와 같은 것이다.

   ㉢ 직무수행과 관련된 목표 : 직무수행과 관련된 목표는 가장 일반적인 목표라고 할 수 있다. 예를 들면 통신판매회사에서 판매인력에게 판매할 상품에 대한 교육을 하는 것으로 직무를 수행하는데 필수 불가결한 지식, 기술, 능력을 교육하기 위한 것이다.

   ㉣ 결과 지향적인 목표 : 직무수행과 관련이 깊은 목표를 설정, 통신판매인력에게 고객 클레임 건수를 몇 퍼센트 미만으로 유지할 수 있도록 하는 교육을 의미한다.

③ 교육성과의 기준 설정

   ㉠ 교육의 필요성을 분석하고 교육목표가 정해지면 성공적인 교육성과의 기준을 설정해야 한다.

   ㉡ 이러한 교육의 성과기준은 교육을 통해 무엇을 배웠는지를 측정할 수 있는 토대가 되며 교육 목표를 달성하기 위한 구체적인 교육성과 측정 기준이 된다.

④ 교육 참가자 선정 및 예비 테스트

   ㉠ 교육 프로그램의 성공여부는 참가하는 교육생들에 의해서 결정된다. 그렇기 때문에 교육 대상자 선정은 매우 중요하다.

   ㉡ 교육훈련 참가 여부가 종업원 개인의 신상과 승진, 임금상승, 상여금 등과 관련이 있기 때문에 원칙과 규정 등을 고려해야 한다.

   ㉢ 참가자들이 가지고 있는 지식의 정도를 파악하기 위해 교육 전에 예비 테스트를 실시하는 것도 교육의 성과를 높이는 방법이다.

   ㉣ 예비 테스트는 교육 후 테스트 결과와 비교를 통해 성과를 측정할 수도 있다.

⑤ 교육훈련의 내용 선정

ⓐ 교육훈련 프로그램의 내용은 교육훈련의 구체적이고 개별적인 목적에 따라 달라질 수 있다.

ⓑ 본질적으로 교육훈련은 종업원의 능력개발과 의욕개발을 중심으로 이뤄진다. 종업원이 직무수행을 통해 창출되는 성과는 바로 종업원의 능력과 의욕에 따라 좌우되기 때문이다.

ⓒ 교육훈련의 궁극적인 목적이라고 할 수 있는 개인의 성과향상은 종업원의 의욕과 능력이 향상될 때 가능하다.

ⓓ 교육훈련은 종업원의 능력개발 혹은 의욕 증진을 위하는 것보다는 이를 복합적으로 활용하는 것이 바람직하다.

(2) 교육훈련의 분류 [기출]

① 교육훈련 실시자에 따른 분류

ⓐ 작업집단 구성원에 의한 교육훈련으로 부여받은 직무를 수행하면서 상사, 선배, 동료 등 작업집단 구성원으로부터 직무 수행에 필요한 기능이나 지식을 습득하는 방법이다.

ⓑ 전문가에 의한 교육훈련 방법과 종업원 본인에 의한 교육훈련 방법이 있다. 종업원 본인에 의한 교육훈련방법은 스스로 교육훈련을 주관하는 것으로 교과내용이나 기법을 선정해 줄 수도 있고 스스로 정할 수도 있다. 이를 자기개발이라고 한다.

〈장점〉 • 실무와의 연관성 높음 • 동료와의 이해 협동정신 제고 • 개인별 진도조정 가능 〈단점〉 • 교수능력 부족으로 효과가 제한적 • 동시 다수 인원 교육 불가 • 교육 범위의 한계성	〈장점〉 • 학습효과 높음 • 동시에 다수 인원 교육 가능 〈단점〉 • 내용이 실무와 다를 수 있음 • 개인별 진도 조정 불가 • 비용 과다 발생	〈장점〉 • 교육의 전 과정 자신이 관리 • 진도 자유롭게 조정 〈단점〉 • 효과가 제한적 • 학습 의욕 저하 대책 마련 어려움
구성원에 의한 교육훈련	전문가에 의한 교육훈련	본인에 의한 교육훈련

② 교육훈련 대상자에 따른 분류

ⓐ 교육훈련 대상자는 피교육자를 의미하며, 신입사원, 작업자, 관리자로 구분한다.

ⓑ **신입사원** : 신입사원의 교육은 성공적인 조직사회화와 직무수행 능력의 제고가 목표이다. 구체적인 교육방법으로는 멘토 시스템과 강의법이 있다.

멘토 시스템	• 멘토 : 경험 많은 선배가 동료 또는 신입사원에게 그가 이미 조직에서 터득한 지혜와 경험을 전해 주는 사람 • 멘토는 후배 종업원들에게 역할 모델을 제공할 뿐만 아니라 도전적 직무부여, 상담 및 조직에 대한 지식제공 등을 통해 대인관계 및 경력 관리에 도움을 주는 역할 수행 • 조직 구성원의 인적사항, 조직문화, 조직에서 갖추어야 할 기본자세와 태도 등에 관한 교육을 통해 새로운 환경에 쉽게 적응 가능 • 심리상담 및 개인적 지원활동으로 신입사원이 조직 내에서 겪는 어려운 일들을 지원하고 심리적으로 안정감을 얻도록 도와줌 • 멘토의 능력에 따라 교육훈련의 성과가 달라질 수 있다는 한계 있음

강의법	• 강의법은 교육훈련 실시자가 주로 지식이나 어떤 문제를 해결하는 과정 및 방법 등을 커뮤니케이션을 통해 전달 • 신입사원에 대해서는 기업의 목표, 목표달성 수단 및 조직이 부여하는 역할에 대해 이해시킬 목적으로 활용 • 강의법은 비용이 저렴하고 많은 사람을 동시에 교육시킬 수 있으며, 많은 지식을 단기간에 전수하게 할 수 있다는 장점이 있음 • 강의 참가자가 수동적이 되고 학습 진도를 개인별로 조정하기 어려운 단점이 있음

ⓒ 작업자 교육훈련

ⓐ 작업자는 상위 관리자로부터 지시받은 직무를 수행하는 종업원을 의미한다.

ⓑ 이들을 위한 교육훈련의 내용은 주로 해당 직무를 성공적으로 수행하는 데 필요한 직무관련 지식, 기능 등에 초점을 맞춘다.

ⓒ 대표적인 방법으로는 실습장 훈련, 도제 훈련, 전문기관훈련, 프로그램 학습법 등이 있다.

ⓓ 관리자 교육훈련

인 바스켓 훈련	• 가상의 기업에 대한 다양한 정보를 제공 → 이를 특정한 상황 하에서 문제해결을 위한 의사결정을 내리게 하는 훈련 • 모의 훈련이라고도 하며 의사결정능력을 향상시키는 방법
사례연구	자사 또는 경쟁기업과 관련하여 발생한 일련의 사건, 기업의 현황들을 교육 참가자에게 제시 → 이를 토대로 기업의 의사결정 상황에서의 중요한 문제점을 탐색하여 문제해결을 위한 대안을 제시하는 방법
역할연기법	• 관리자뿐만 아니라 일반 종업원을 대상으로 인간관계에 대한 태도 개선 및 인간관계기술을 제고시키기 위한 훈련 • 피교육자는 가장 바람직한 행동을 연기하고 다른 피교육자는 이를 관찰하여 해당 행동을 평가하고 토론을 통해 바람직한 행동을 개발하는 방법
행동 모델법	• 가장 모범적인 행동을 제시하고 교육 참가자가 이 행동을 이해하고 그대로 모방하도록 함 • 모범적이고 이상적인 행동의 이유와 과정을 이해시키고 반복, 연습을 통해 행동의 변화를 유도
대역법	• 기술적 능력과 인간관계 능력 및 개념적 능력을 포괄적으로 획득할 수 있는 방법 • 특정 부서의 직속 상사 아래에서 상사와 같이 직무를 수행하면서 직무수행에 필요한 능력을 습득하는 프로그램 → 일종의 후계자 양성프로그램이라 할 수 있음

③ OJT와 OFF.JT

구분	OJT(On the Job Training)	OFF.JT(Off the Job Training)
설명	• 직장 상사가 강사가 되어 실시하는 교육 • 현장 업무를 통해 지식과 기능, 문제해결 능력을 향상시킴 • 직속상사가 직장 내에서 작업표준을 가지고 업무상의 개별교육이나 지도교육(개별교육에 적합)을 함	계층별 직능별로 공통된 교육대상자를 현장 이외의 한 장소에 모아 집합교육을 실시하는 교육형태(집단교육에 적합)
장점	• 개개인에게 적절한 지도훈련이 가능 • 직장의 실정에 맞게 실제적 훈련이 가능 • 동기부여가 쉬움 • 교육을 통한 훈련효과에 의해 상호신뢰 및 이해도가 높아짐 • 대상자의 개인별 능력에 따라 훈련의 진도를 조정하기 쉬움 • 교육효과가 업무에 신속히 반영됨 • 훈련에 필요한 업무의 계속성(지속성)이 끊어지지 않음 • 효과가 곧 업무에 나타나며 훈련의 좋고 나쁨에 따라 개선이 쉬움	• 외부의 전문가를 강사로 활용할 수 있으며 각각 전문가를 강사로 초청하는 것이 가능 • 특별교재, 시설을 유효하게 사용할 수 있음 • 다수의 대상에게 조직적 훈련이 가능하며 다수의 근로자를 대상으로 일괄적, 조직적, 체계적인 훈련이 가능 • 훈련에만 전념함

단점	• 다수의 대상을 한 번에 통일적인 내용 및 수준으로 교육시킬 수 없음 • 전문적인 지식 및 기능을 교육하기 어려움 • 업무와 교육이 병행되므로 훈련에만 전념할 수 없음	• 교육으로 인해 업무가 중단되는 손실이 발생 • 개인의 안전지도 방법으로는 부적당함

(3) 교육과정의 모형 [기출]

① 개요

ㄱ 교육과정 설계는 연간 교육 계획에 제시된 개별 교육과정을 효과적으로 운영할 수 있도록 하며, 교육 필요를 충족하기 위한 개별 교육과정을 제작하는 과정이다.

ㄴ 그 절차는 활용하는 교육과정 설계 모형에 따라 달라지고, 조직별 및 교육과정의 특성에 따라 다양하지만, 흔히 교수 목표(학습 목표)의 설정에서 시작된다.

ㄷ 해당 교육을 위해 내용을 구성한 후에는 그 내용을 가장 잘 전달할 수 있는 교수 방법을 선택한다. 이어서 교수 목표 달성 여부를 평가하기 위한 평가 계획을 수립한다.

② ADDIE 모형

ㄱ 대부분의 교수 설계 모형들은 ADDIE 모형의 변형으로 볼 수 있다.

ㄴ 이 모형에 따르면 교수 체제 개발은 분석(analysis), 설계(design), 개발(development), 실행(implementation), 평가(evaluation)의 5단계를 거쳐 개발된다.

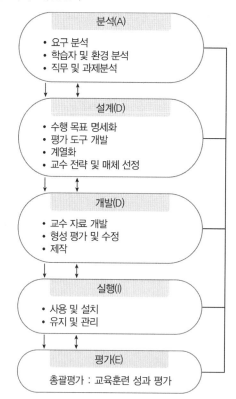

③ 딕과 케리(Dick & Carey)의 모형

ㄱ 이 모형은 고정적이고 선형적인 교수 설계 접근이라는 비판도 있지만 초보자나 경험이 적은 교수 설계자를 훈련시키는 데 유용한 모형으로 평가받고 있다.

ⓛ 교수 설계 과정을 시작 단계부터 차례차례 단계적으로 교수 설계 방법을 학습할 수 있도록 되어 있다.

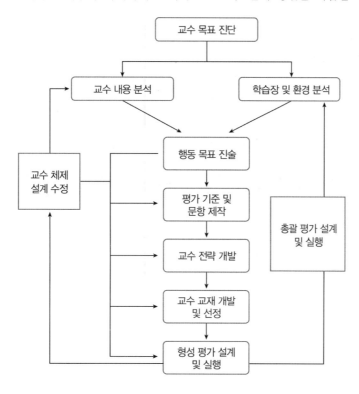

④ 게를라흐와 일리(Gerlach & Ely)의 모형
  ㉠ 특정한 교과에 대한 지식과 경험을 가진 초보자들이 사용하기 편리한 모형이다.
  ㉡ 교수(teaching)에 중점을 두고 교수 매체를 선택하여 사용하기 위한 10개의 요소가 체계적으로 통합되어 있다.

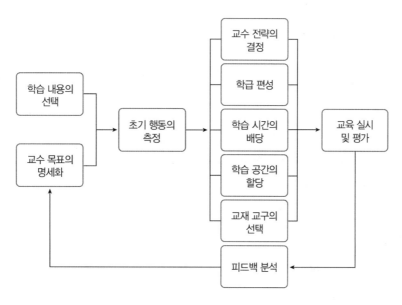

⑤ 교육훈련의 전이(학습의 전이)

　㉠ 개념 : 피훈련자가 교육훈련을 통해 획득한 지식, 기술, 능력을 자신의 업무에 효과적이고 지속적으로 적용하는 것을 의미한다.

　㉡ 교육훈련 전이의 장애요인(Broad & Newstrom)

순위	전이의 장애요인
1	직무에 있어서 강화의 결핍
2	직접적인 직무환경으로부터의 방해
3	비협조적인 조직문화
4	교육훈련 프로그램이 실제적이지 못함
5	교육훈련 내용이 직무와 무관
6	변화와 이에 수반되는 노력에 대한 불편함
7	훈련자 의도와의 괴리
8	교육훈련 설계의 미흡
9	변화에 저항하는 동료들의 압력

(4) 교육과정 평가 기출

① 교육훈련 평가의 목적

　㉠ 교육훈련 프로그램이 추구했던 목적이 달성되었는지를 확인하고 그와 관련된 정보를 제공한다.

　㉡ 교육훈련 프로그램의 취약 분야를 밝혀 그 개선 자료로 활용한다.

　㉢ 교육훈련 프로그램 참가자 및 실시자에게 결과를 피드백한다.

　㉣ 교육훈련 프로그램의 경제적 효과를 밝힌다.

　㉤ 향후 기업의 인력개발 활동 계획수립에 유용한 자료로 활용한다.

　㉥ 경영성과 기여도 평가에 활용한다.

　㉦ 교육 결과가 조직 목표 달성에 미친 영향을 평가한다.

② 교육훈련 평가의 모형

　㉠ 평가 모형의 내용

반응	교육과정에 대해 학습자들이 만족했는가를 평가
학습	교육과정에서 무엇을 배웠는가를 평가
행동	참가자들이 배운 대로 행동하고 있는가를 평가
결과	조직에 긍정적인 영향을 주었는가를 평가

　㉡ 평가 모형의 활용

구분	반응	학습	행동	결과
평가대상	• 과정내용 • 강사 • 교육환경 및 시설	교육이수자	• 교육대상 • 교육이수자	교육과정

평가자	교육이수자	• 강사 • 테스트	• 상사, 부하직원 • 동료 • 본인 • 강사	평가전문가
평가방법	• 설문 • 체크리스트	• 지필검사 • 실기시험	• 인터뷰 • 설문지 • 실습 • 관찰 • 기록법	비용 : 효과분석
평가시기	교육직후	교육 전, 중, 후	현업에서 일정 기간 경과 후	프로그램 종료 후 일정 기간 경과
평가요소	지각(만족도)	현상(교육목표 달성도)	현상(학습내용의 현업 적용도)	성과/현상(경영성과 기여도)
결과활용	• 과정개선 • 강사평가 및 보상 • 강사 피드백	• 과정개선 • 대상 선정기준 개선 • 시험의 난이도 조절	• 과정개선 • 과정 성과 확인	연수기관/부서에 대한 지원과 위상 결정

③ 교육만족도에 미치는 요인

평가영역	주요내용
학습자 요인	• 학습동기 : 교육 입소 전 관심/기대정도, 교육목표이해도 행동변화 필요성, 자기계발 중요성 인식 • 학습준비 : 교육 참여도, 교육과정에 대한 사전지식
강사 요인	열의, 강의 스킬, 전문지식
교육내용 및 교수설계 요인	• 교육내용 가치 : 내용만족도, 자기개발 및 업무에 유용성/적용성/활용성, 시기 적절성 • 교육내용 구성 : 교육목표 명확성, 내용구성, 일관성, 교과목편성 적절성, 교재구성, 과목별 시간배분 적절성 • 교육수준 : 교육전반에 대한 이해도, 교육내용의 질 • 교수설계 : 교육흥미 유발방법, 교수기법 등
학습위생 요인	• 피로 : 교육기간, 일과편성, 휴식시간 적절성 • 교육 흥미도, 심리적 안정성
학습환경 요인	• 교육 분위기 : 전반적 분위기, 촉진자와 활동정도, 수강인원의 적절성 • 물리적 환경 : 숙박시설, 식사, 강의장 만족도

④ 교육만족도 조사를 위한 설문지 작성
　㉠ 교육훈련의 만족도 조사를 위해서 가장 일반적으로 사용되는 것이 바로 교육 후 설문을 통한 만족도 조사다.
　㉡ 설문조사를 통해 교육 대상자들의 만족도와 기타 의견을 분석해서 향후 교육훈련 계획 수립이나 교육훈련 설계 및 진행에 효과적으로 활용할 수 있다.

⑤ 영향도 분석
　㉠ 교육훈련 후 평가를 통해 교육성과를 분석하고 교육을 받은 종업원들이 향후 조직생활이나 판매활동에 어떤 영향을 미치는지를 분석하는 것을 영향도 분석이라 한다.

ⓒ 비용을 들여 교육훈련을 실시하는 것은 당연히 교육훈련의 성과가 회사의 목표 달성에 기여할 수 있다는 판단 때문이다.

ⓒ 통신 판매의 경우 판매 인력을 대상으로 하는 다양한 교육은 교육 후 판매 인력의 판매실적 향상으로 나타나는지를 분석해야 한다. 그렇지 못한 경우 교육훈련의 계획과 설계, 진행에 대한 검토가 필요하다.

ⓔ 교육훈련의 목적은 기업의 성과 향상이다. 특히 판매인력에 대한 교육훈련은 판매인력의 판매성과 향상이 가장 큰 목적이다.

ⓜ 교육 후 그 영향도를 분석하고 교육의 방향이나 설계 등을 성과 향상을 위한 방향으로 연구 검토해야 한다.

ⓗ 통신 판매 회사에서 판매실적 향상을 위한 노력은 회사에도 이득이 되지만 판매인력 당사자에게도 인센티브, 승진, 자기성취 등의 긍정적인 효과가 있다.

ⓢ 영향도를 분석하는 방법은 정성적인 방법도 있지만 판매성과를 중심으로 하는 정량적인 분석이 효과적이라고 할 수 있다.

구분	교육 전 판매실적	교육 후 판매실적	증감	분석
교육 참가자 (20명 평균)	1,000만 원	1,200만 원	+200만 원	• 교육 후 판매실적 향상 • 교육의 성과 확인
교육 미 참가자 (20명 평균)	1,000만 원	1,000만 원	0	상대적으로 교육의 필요성 강조
비고	교육 참가자와 미 참가자 간에 교육훈련 참가 전월 판매실적과 교육 종료 1개월 후 시점의 판매실적을 비교 분석한다.			

3 인사평가

1 평가지표 설정 ★★

(1) 인사평가의 개요 기출

① 인사평가의 의의와 목적

ⓐ 일반적으로 인사평가는 인사고과, 직무수행 평가, 성과평가와 같은 의미로 사용된다.

ⓑ 인사평가는 종업원이 기업의 목적 달성에 얼마나 기여하고 있는지를 평가하는 성과평가와 종업원이 기업 목적 달성에 기여할 수 있는지를 평가하는 능력평가로 구분된다.

ⓒ 인사평가는 인적자원관리의 모든 과정에 중요한 기초가 된다. 예를 들어 인사평가는 인적자원 확보에 중요한 정보를 제공한다.

ⓓ 오랜 기간 축적된 성과평가는 바람직한 종업원, 즉 성과를 창출하는 종업원에 대한 정보를 제공할 수 있다.

ⓔ 인사평가는 직무수행자의 자격요건과 직무성과의 관계를 알려줌으로써 인적자원 확보의 중요한 기초자료를 제공한다.

ⓗ 인사평가의 본질적인 목적은 종업원이 기업의 목적 달성에 기여한 정보들 평가하여 이에 대한 보상을 결정하는 기초로 삼은 것이다.

② 인사평가 시스템의 기준

  ㉠ 타당성

    ⓐ 평가가 타당해야 한다는 말은 인사평가의 목적에 맞도록 평가가 이뤄져야 한다는 말이다.

    ⓑ 타당성을 갖추기 위해서는 평가 요소 선정이 평가목적과 일치해야 한다.

    ⓒ 인사평가의 목적이 보상을 위한 것인지, 교육을 위한 것인지, 이동 배치를 위한 것인지를 분명히 하고 그것을 위한 평가요소를 선정하고 관리해야 한다.

    ⓓ 인사평가의 타당성을 증대하기 위해서는 목적별로 평가를 해야 하고, 평가집단을 세분화해야 한다.

  ㉡ 신뢰성

    ⓐ 평가 요소가 정해지면 그 요소를 얼마나 정확하게 측정하느냐가 중요하다.

    ⓑ 신뢰성을 증대시키기 위해서는 먼저, 상대평가와 절대평가를 적절히 사용해야 한다.

    ⓒ 인사평가는 평가 결과를 공개해야 한다.

    ⓓ 다면평가는 여러 사람이 평가를 하고 최고점과 최하점을 빼고 나머지 점수를 합산하는 것으로 신뢰성이 높아진다.

  ㉢ 수용성

    ⓐ 인사평가의 제도, 절차, 결과에 대해 평가대상자들이 인정하지 않는다면 그 역시 무용지물이 될 뿐만 아니라 종업원들의 불만이 높아진다.

    ⓑ 평가제도나 절차가 합리적이고 공정하다고 느끼면 사원들은 그 결과에 쉽게 승복하고 결과에서 지적된 내용을 받아들이면서 자기 행동을 반성하고 개선하려고 할 것이다.

    ⓒ 수용성을 증대시키기 위해서는 먼저 종업원이 참여하여야 한다. 그리고 교육훈련이 병행되어야 한다.

    ⓓ 교육을 통해 평가 제도를 설명하고 정확한 평가를 할 수 있도록 평가자들을 훈련해야 한다.

  ㉣ 실용성

    ⓐ 인사평가는 유무형의 비용이 많이 들기 때문에 인사평가로 얻는 이득이 더 많아야 한다는 것을 의미한다.

    ⓑ 실용성을 증대시키기 위해서는 인사평가의 관리기준인 타당성, 신뢰성, 수용성, 실용성 등을 평가해서 상황에 적합한 투자를 하고 평가의 분별력을 높여야 한다.

(2) 인사평가의 방법

① 인사평가의 주체

  ㉠ 인사평가에서 평가자는 매우 중요한 의미를 지닌다. 누가 평가를 하느냐에 따라 평가의 신뢰성, 수용성 등이 달라질 수 있기 때문이다.

  ㉡ 평가자는 크게 내부 평가자와 외부 평가자로 구분할 수 있다. 신뢰성을 확보하기 위한 평가자 선정의 가장 중요한 기준은 누가 평가 내용에 대한 정확한 정보를 지니고 있는가이다.

  ㉢ 인사평가의 주체는 평가 대상자에 대한 충분한 정보를 가지고 있는 사람이어야 한다.

② 인사평가의 시기 : 인사평가를 일 년에 한 번 하느냐 수시로 하느냐의 결정은 수익과 비용 측면에서 고려해야 한다. 연말에 정기적으로 평가를 한다면 평가에 소요되는 시간과 비용의 낭비를 줄일 수는 있지만 한 번만으로 정확한 평가를 하기가 어렵다. 더욱이 능력이나 태도를 연 단위로 평가하는 것은 평가 목적 등에 비추

어 적절하지 않기 때문에 성과 평가와 정기적인 인사평가를 병행하여 인사평가의 필요성이 제기될 때마다 실시하는 것이 이상적이다.

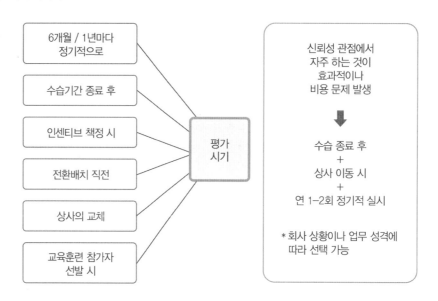

2 평가계획 ★★

(1) 인사평가 계획서의 이해

① 인사평가 계획서란 효율적이고, 효과적인 인사평가를 위해서 목적과 기본방향, 대상, 항목, 절차, 일정 등 세부 계획을 체계적으로 작성한 계획서를 의미한다.

② 인사평가는 크게 성과평가와 역량 평가를 함께 일정 비중을 두어 평가하는 것이 일반적이다.

    ㉠ 성과평가

        ⓐ 성과평가는 평가 기간 동안 달성한 업무실적을 평가하는 것이다. 명확한 목표를 설정하였다면 객관적이고 정량적으로 평가가 되는 특징이 있다. 예를 들면, 매출액, 생산량, 불량률, 사고율, 개선실적, 거래선 개척 수 등 직무별로 다양하다.

        ⓑ 최근에는 팀워크를 중시하여 팀의 업무성과와 개인의 업무실적을 각각 평가하고, 이를 일정 비율로 합산하여 평가하기도 한다.

    ㉡ 역량 평가

        ⓐ 역량 평가는 평가 기간 동안 개인이 보유하거나 발휘한 능력과 업무에 임하는 자세와 행동을 평가하는 것을 의미하는데, 일반적으로 업무를 수행하기 위한 지식, 기술, 태도에 관한 평가를 말한다.

        ⓑ 역량 평가에는 업무를 수행하기 위한 지식, 기술, 태도 이외에 조직에서 해당 직무에 요구하는 전문 지식, 자격증, 기술 또는 기능 보유 정도, 리더십, 창의력, 인간관계, 신뢰성, 적극성, 책임의식, 근무태도, 도전정신, 근면성, 개선 의지 등의 항목도 고려될 수 있다.

        ⓒ 조직의 전략적인 발전 방향과 일치하도록 해당 구성원의 경력을 관리하는 활동과 연계되는 것이 바람직하다.

③ 기타 인사평가에 포함될 수 있는 내용

   ⊙ 조직의 핵심 역량

      ⓐ 조직의 핵심 역량은 탁월한 직무 기대와 관계가 있는 모든 요소에 사용되는 포괄적인 용어이다.

      ⓑ 따라서 조직의 핵심 역량은 직무와 계층을 막론하고 조직이 조직원에게 기대하는 핵심 역량이기도 하다.

   ⓛ 주요 직무 책임 : 평가 내용은 일반적으로 피평가자의 업무성과와 기술과 숙련, 속성에만 집중하는 경향이 있는데, 인사평가 내용에 구체적으로 명시되는 주요 직무 책임은 피평가자에게 기대되는 업무에 초점을 맞추어 조직의 목표 달성에 도움이 될 수 있다.

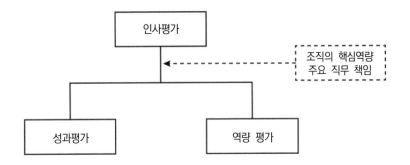

   ⓒ 성과목표와 성과책임

      ⓐ 성과목표란 '당해 연도에 무엇을 달성하면 성과책임을 완수했다고 할 수 있을 것인가?'를 명확하게 규정한 것이다.

      ⓑ 성과책임은 일반적으로 3~5년의 중·장기적 성격을 가지지만, 성과목표는 당해 연도의 성과책임이라 할 수 있다.

      ⓒ 성과책임과 성과목표의 관계는 수단과 목적의 관계가 아니고, 목표가 성과책임의 일부로 인식하고 성과목표를 명확히 해야 한다.

(2) 목표 설정의 의의와 방법

① 의의

   ⊙ 목표 설정은 조직의 성과 창출을 위해 달성해야 할 업무가 무엇인지 명확히 정의하고, 우선순위에 따라 달성할 수 있는 업무들을 정렬하며, 달성 여부를 파악할 수 있는 기준을 동시에 제시하는 것이다.

   ⓛ 목표 설정은 단순히 목표를 설정하는 것 외에도 목표를 달성해야 하는 조직 구성원들이 해당 목표에 집중하도록 설계해야 한다.

   ⓒ 목표 설정의 방법

      ⓐ 회사의 목표에 관한 이해와 과거 실적, 내외의 비즈니스 환경에 근거한 전망 자료, 비교 기업의 현황 등 자료를 수집 및 분석하여 대상 기간에 달성 가능한 목표치를 기간별·조직 단위별로 수립한다.

      ⓑ 상급자(부서)와의 협의·조정을 하여 세부적인 개별 목표를 수립한다.

      ⓒ 확정된 개별 목표를 달성할 수 있는 성과지표를 도출한다.

      ⓓ 조직의 모든 성과지표가 상위 조직의 전략 달성이라는 목표를 향해 일관성을 갖도록 하여 조직 내의 역량을 전략 달성에 집중하도록 한다.

      ⓔ 주요 성과지표는 각 조직 또는 개인의 역할 및 책임과 밀접하게 연결될 수 있도록 도출한다.

② 목표 설정 시 고려 사항 [기출]

ⓐ 경영 전략과의 일치성

ⓐ 전략의 방향과 일치하는 주요 성과지표는 기업의 발전을 도모하고 구성원에게 동기를 부여하지만, 전략의 방향과 괴리되는 주요 성과지표는 구성원의 의욕을 저하해 개인과 조직의 목표 달성에 해가 될 수도 있다.

ⓑ 적절하고 정교하게 구성된 주요 성과지표는 현재의 성과를 객관적으로 가늠하게 해줄 뿐 아니라 미래의 성장을 예측하고, 미래가치를 높이기 위하여 무엇을 관리해야 할지 알려주는 역할을 한다.

ⓒ 조직 구성원들에게 동기 부여 가능 여부 : 바람직하지 못한 주요 성과지표를 활용할 경우, 구성원들의 사고와 행동의 초점을 잘못된 방향으로 이끌게 되며, 이는 궁극적으로 구성원들의 의욕 저하를 초래하고, 조직 전체의 성과를 저하하는 결과를 초래할 수 있다.

3 평가시행 및 성과보상 [기출]

(1) 전통적인 인사평가 방법

① 관찰법 : 평가자가 평가대상자의 일하는 모습을 관찰하는 방법으로 정확한 결과를 도출할 수 있다. 예를 들면 종업원들이 업무 시간에 불필요한 행동 등을 관찰할 수 있다.

② 서열법

ⓐ 평가대상자의 성과, 능력 및 태도 등 평가내용을 비교하여 상대적 순위를 부여하는 방법이다.

ⓒ 각 요소별로 가중치를 어떻게 부여하느냐에 따라 서열이 바뀔 수도 있다는 점을 주의해야 한다.

구분	판매실적	업무능력	책임감	합계	순위
김 ○ ○	1	2	2	5	1
이 ○ ○	3	4	3	10	4
박 ○ ○	2	1	4	7	2
조 ○ ○	4	3	1	8	3

③ 평정척도법

ⓐ 성과, 능력, 태도 등 구체적인 평가내용에 따라 평가요소를 선정하고 사전적으로 평가요소별로 등급화된 기준에 따라 평가대상자를 평가하는 방법이다.

ⓒ 점수가 등급별로 부과되어 서열법의 단점을 피할 수 있으나 평가자의 관대화, 가혹화 오류 등을 피하기 어렵다.

평정척도 \ 평가요소	판매능력	고객응대	의사소통
1등급	**매우 우수**	우수	**양호**
2등급	우수	**양호**	보통
3등급	보통	보통	부족
4등급	미흡	부족	매우 부족

④ 체크리스트법 : 구체적인 평가내용과 관련된 표준 행동을 제시하고 표준행동을 이행했는지의 여부 및 어느 수준으로 이행했는지를 평가하는 방법이다.

고과요소	가중치		
고객응대	4	○	고객 응대를 위한 연구를 지속적으로 하고 있다.
	3	○	고객의 심리를 파악할 줄 안다.
	5		고객 불만 사항이 없다.
	2	○	고객의 요구사항을 잘 이해한다.
	1	○	고객 응대 요령을 숙지하고 있다.
총점 : 10점(4 + 3 + 2 + 1)			

(2) 현대적인 인사평가 방법 기출

① 행동(행위)기준 평가법 : 직무수행과정에서 나타나는 중요한 행동을 추출하여, 평가대상자의 해당행동을 추정함으로써 인사평가를 하는 것으로 평가결과의 신뢰성과 타당성을 높이기 위한 기법이다.

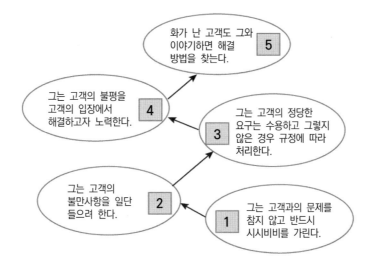

② 목표관리법(MBO)
  ㉠ 스스로 목표를 세우고 이를 달성하려고 노력을 할 때보다 높은 수준의 성과를 창출할 수 있다는 전제에서 부하직원으로 하여금 스스로 목표를 세우게 하는 경영관리 기법의 하나다.
  ㉡ 스스로 세운 목표를 기준으로 종업원을 평가한다는 관점에서 인사평가기법으로 활용된다.
③ 다면평가제도
  ㉠ 다면평가의 개념
    ⓐ 대부분의 인사평가는 상사가 부하에 대한 평가권을 독점하고 있는 상태였다.
    ⓑ 평가의 일관성과 상하관계의 명확성 유지 등 긍정적인 측면도 있지만 주관적인 평가로 평가의 납득성을 저해하는 문제점도 있다.
    ⓒ 이러한 문제점을 보완하기 위한 방법이 바로 다면평가이다. 다면평가는 직속상사 뿐만 아니라 동료, 부하, 고객 등 여러 사람이 여러 각도에서 평가하는 것을 의미한다.

ⓛ 다면평가의 목적

  ⓐ 다면평가의 긍정적인 효과는 부서 간의 원활한 커뮤니케이션을 통해 조직 활성화를 도모할 수 있다.

  ⓑ 평가 결과를 통해 부하나 동료로부터 자신의 장단점을 피드백 받을 수 있어서 자기역량 강화에 도움을 받을 수 있다.

  ⓒ 평가과정에 부하나 동료가 함께 참여함으로써 직속 상사나 부하 사원을 일방적으로 평가하는 데서 나타날 수 있는 부작용을 최소화할 수 있으며, 이를 통해 평가의 납득성을 재고할 수 있다.

  ⓓ 다면평가제도는 동료, 부하, 고객 등 다양한 각도에서 자신을 재발견하도록 유도하고 평소에 상사와 부하, 동료 간, 부서 간 서로 관심을 갖게 함으로써 친밀한 조직문화를 만들어 나가는 것이 궁극적인 목적이다.

ⓒ 다면평가의 요소

  ⓐ 다면평가가 효율적으로 이뤄지기 위해서는 평가대상자의 과업과 업무 목표를 동료들은 정확히 알아야 한다.

  ⓑ 동료들은 평가대상자의 성과를 관찰, 평가할 수 있도록 평가대상자의 업무와 관련된 전문지식을 어느 정도 보유하고 있어야 한다.

  ⓒ 동료들은 성과 결과에 대한 정보와 행동을 관찰할 수 있는 기회를 충분히 가져야 한다.

ⓔ 다면평가의 성공적인 관리방안

  ⓐ 다면평가제도가 성공적으로 실행되기 위해서는 평가의 익명성이 철저히 보장되어야 한다.

  ⓑ 평가자들의 의식이 성숙되어야 한다.

  ⓒ 다면평가의 결과는 반드시 본인에게 피드백 되어야 한다.

  ⓓ 목표 설정과도 연관성을 갖도록 해야 한다.

(3) 인사평가의 오류 `기출`

① 의의

 ㉠ 인사평가 과정에서 평가자의 평가 기준이 달라서 발생하는 오류를 최소화하여야 한다.

 ㉡ 이는 평가자가 어떠한 행동을 평가 대상으로 취급할 것인가, 행동의 결과를 어떤 요소라고 판단할 것인가, 같은 행동이라도 어느 정도의 수준이 A이고 어느 정도가 B수준인가 등 평가자 개인차가 존재하기 때문에 주로 발생한다.

② 평가오류의 원인

 ㉠ **심리적 원인** : 평가자가 심리적인 이유로 평가상 오류가 발생하는 경우이다. 예를 들어 특정한 사람에 관해 평가자가 가지고 있는 생각에 따라 평가를 하는 상동적 태도, 근속 연수나 연령이 많은 사람을 더 후하게 평가하는 연공 오류, 평가자가 한 단면만을 보고 다른 것까지 함께 평가해 버리는 후광 효과 등이 있다.

 ㉡ **통계 분포 원인** : 피평가자의 능력이나 성과를 더 높고 좋게 평가함으로써 발생하는 관대화 경향, 피평가자에 관한 평가를 진행하면서 성과가 높은 피평가자는 낮게 평가하고, 낮은 성과의 피평가자는 좋게 평가하면서 점수를 보통이나 중간에 맞추는 중심화 경향, 평가자가 피평가자의 능력 및 성과를 실제보다 의도적으로 낮게 평가하는 가혹화 경향 등이 있다.

ⓒ 기타 원인 : 직무 분석의 부족, 조직의 연공서열의식, 평가결과 미공개로 인한 결과에 관한 책임의식 결여, 인간관계의 유지를 중시하는 문화, 평가기법의 신뢰성 부족 등의 다양한 원인이 있다.

③ 평가오류별 대처 방안

유형	오류 내용	대처 방안
중심화 경향	피평가자의 평가결과가 중간으로 집중되는 현상	평가척도 세분화, 서열법 병행, 분포기준 제시 등
관대화 경향	피평가자의 능력보다 높게 평가하는 경향	근거 명확화, 분포기준 제시 등
현혹 효과	피평가자의 한 가지 장단점에 현혹되어 평가 기준이 불명확해짐	항목별 평가, 근거 명확화, 평가자 훈련 등
대비오류	객관적 기준으로 평가하지 않고 평가자 자신, 또는 특정인의 특성과 비교하여 평가함	평가자 훈련
시간적 오류	평가 기준 시점으로 평가하지 않고, 과거 또는 미래시점을 기준으로 평가	평가자 훈련
논리적 오류	관행적인 비논리성을 관계가 있다고 판단하는 오류 예 잔업 = 성과, 기획력 = 창의력	평가 항목과 평가 기준의 명확화
주관의 객관화	자기 자신의 특성이나 관점을 타인에게 전가	평가자 훈련
지각적 방어	평가자의 지각범위 내에서만 평가	평가 가이드라인의 명확화

(4) 평가결과 관리

① 평가결과 공개
   ㉠ 모든 평가결과는 회사 인사부서를 통해 공식화해서 공개하는 경우가 일반적이나, 효율적인 피드백을 위하여 실제로 평가를 담당했던 평가자 또는 조직장이 조직원에게 공개하기도 한다.
   ㉡ 조직원에 관한 평가결과는 누가 통보하든지 조직원 개인에게 직접 통보함을 원칙으로 한다.

② 평가의 피드백
   ㉠ 조직장은 평가결과를 조직원이 수용하고 조직원의 성과와 역량 개선을 위하여 피드백을 제공한다.
   ㉡ 공개된 인사평가 결과에 관해서 이의제기 등 절차를 통해 최종적으로 조직 구성원들의 최종 성과등급을 부여하게 된다.
   ㉢ 평가의 피드백은 일상 업무에서 기대되고 있는 바와 행동해야 하는 방법을 알 수 있도록 해줌으로써 조직이 추구하는 목표를 명확히 하고, 변화 촉진에 도움을 주기 때문에 꼭 필요한 과정이다.

③ 평가등급
   ㉠ 평가결과는 평가표에서 성과 평가와 역량 평가의 결과를 100점을 기준으로 한 종합점수로 표현된다.
   ㉡ 평가결과를 평가가 우수한 단계 순으로 A, B, C와 같이 등급 기호를 부여한 것을 평가등급이라고 한다.
   ㉢ 최종 평가결과를 가지고 평가등급을 결정하게 되는데 이를 위하여 사전에 등급기준표를 작성한다. 또한 등급기준표와 함께 평가등급 비율표를 작성하는데, 이는 조직원 간 평가 결과의 변별력을 확보하기 위함이다.

④ 인사평가결과의 활용

급여에 반영	급여, 연봉 협상 시 인사평가결과를 토대로 실적에 따른 급여산출 기준을 수립하고 평가결과에 따라 차등 지급
직급자 승진의 기준으로 활용	일반 기업에서 보편적으로 이루어지는 연차별 승진이나 연공서열형 승진 체계에서도 인사평가결과를 반영하여 승진 시기 및 폭을 조정
보직 임명에 활용	특정한 보직의 수행을 위해 인사평가결과를 바탕으로 보직에 임명하고 역할을 부여
교육기회 부여	평가결과를 활용하여 교육 대상자 선정 및 교육기회를 부여
기타	평가결과의 데이터화를 통한 전략적 인사관리

(5) 보상 관리 기출

① 보상의 의의

  ⊙ 보상은 본질적으로 종업원이 기업의 목적달성에 기여한 공헌의 대가가 종업원에게 제공되는 것으로 경제적 및 비경제적 가치를 의미한다.

  ⊙ 경제적인 보상은 임금, 수당 등 직접보상과 각종 복리후생의 간접보상이 있다. 비경제적인 보상은 경력상의 보상과 사회·심리적인 보상을 말한다.

  ⊙ 기업이 추구하는 목표를 달성하기 위해 요구되는 구성원들의 바람직한 행동을 촉진하고, 이를 통해 궁극적으로는 개인과 조직의 성과향상을 도모하는 것이다.

  ⊙ 보상은 회사 구성원들의 열정과 몰입을 유도하고 동기 부여를 할 수 있는 방향으로 설계되어야 한다.

② 임금의 개념

  ⊙ 임금은 고용자와 피고용자와의 계약에 의하여 성립된 노동 용역의 보수를 말한다. 근로기준법상 임금은 '사용자가 근로의 대가로 근로자에게 임금, 봉급, 기타 명칭으로 지급하는 일체의 금품'이라고 정의되어 있다.

> **통상임금과 평균임금**
>
> ❶ 통상임금은 수당, 상여금 등을 제외한 근로자에게 정기적이고 일률적으로 지급하는 기본급(시간급, 일급, 주급, 월급 또는 도급 금액)을 뜻한다. 연차 수당, 해고 수당 등 각종 수당의 금액을 결정하는 기준으로 통상임금이 늘어날수록 근로자 입장에서는 각종 수당과 퇴직금이 많아져 이득이고 기업 입장에서는 인건비 지출이 커진다.
> ❷ 평균임금은 평균임금 계산을 필요로 하는 사유가 발생한 날 이전 3개월 간 근로자에게 지급한 임금의 총액을 그 3개월의 총 일수로 나눠 구한 금액이다. 퇴직금, 재해 보상 등의 금액을 결정하는 기준으로 쓰인다.

  ⊙ 임금의 수준은 입장에 따라 달라진다. 종업원 입장에서는 임금이 유일한 소득으로 많이 받기를 원하고 기업 입장에서는 임금을 비용으로 처리하기 때문에 적게 지급하기를 바란다.

  ⊙ 고임금, 저임금 모두가 또 다른 문제를 야기하기 때문에 적정한 수준으로 임금을 관리하는 것이 무엇보다 중요하다.

③ 임금의 성격

생계비와 비용	종업원 입장에서 임금은 생계비, 기업 입장에서 임금은 비용
노동의 대가	종업원 입장에서는 노동을 제공할 의무를 지게 되고, 경영자 입장에서는 제공된 노동을 사용하는 권리가 있는 대신 그 대가로 임금을 지불할 의무를 갖게 됨
성과배분	• 종업원과 경영자는 협력을 바탕으로 생산의 증대를 통하여 조직의 성과를 높이게 됨 → 다시 공정한 분배과정을 거쳐 확대 재생산을 위한 근로 유인의 원천 • 성과를 어떻게 측정하고, 합리적이고 공정한 분배원칙을 정하여 실천하느냐가 중요
노동의 수급	임금은 노동의 수요와 공급이 교차하는 점에서 임금수준과 고용량이 결정

④ 임금체계
  ㉠ 임금체계는 개별임금을 결정하는 임금항목 결정 기준을 말하며, 개인 간의 임금격차를 가장 공정하게 설정, 종업원들이 이를 이해하고 납득하며, 동기가 유발되도록 하는 것이 중요하다.

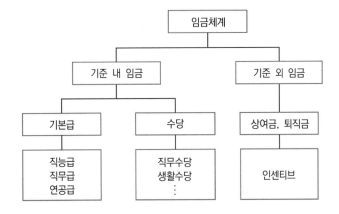

  ㉡ 임금체계의 종류 : 임금체계는 공정해야 한다. 공정한 임금체계를 위한 배분의 기준은 크게 직무(일)가치와 종업원가치 그리고 결과(성과)가치로 구분된다.

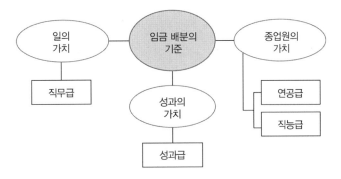

⑤ 임금의 형태
  ㉠ 임금의 형태는 임금을 계산하여 지불하는 방식을 말하여, 이는 임금수준 및 임금체계의 결정과 함께 매우 중요한 대상이 된다.
  ㉡ 경영자는 임금형태를 채택함에 있어서 기본적으로 종업원의 노력에 상응하는 적정한 보수를 지불해야 한다.

ⓒ 기업의 업적에 따라 임금을 공정하게 산정해야 하며, 종업원의 능률향상을 통해서 임금을 증가시키고 종업원의 생활과 노동력의 재생산을 고려한다는 원칙을 가지고 있어야 한다.

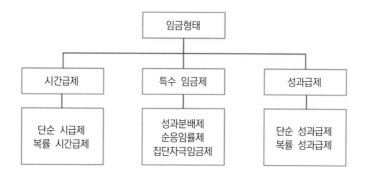

⑥ 복리후생(간접보상)
　㉠ 개념
　　ⓐ 복리후생은 일반적으로 임금이나 근로조건과 무관하게 종업원의 편익을 제공하기 위해 기업이 추가적으로 제공하는 보상으로 정의할 수 있다.
　　ⓑ 복리후생은 종업원의 노동력 제공과 직접적인 관계없이 종업원의 경제적인 안정과 생활의 질을 향상시키기 위해 지급되는 일종의 간접보상의 의미를 가진다.
　㉡ 복리후생의 기능과 중요성
　　ⓐ 복리후생은 경영목적을 달성하는 수단으로 출발하였다.
　　ⓑ 급속한 산업화와 더불어 노동력에 대한 가치판단 기준이 변함으로써 인간존중의 경영이 필요하고 종업원들의 다양한 욕구 충족을 위한 대책과 복리후생이 갖는 기능 효용성이 인정되면서 중요성이 부각되고 있다.
　㉢ 복리후생의 유형
　　ⓐ 법정복리후생으로 4대 보험의 기업 부담이 대표적이다.
　　ⓑ 비법정복리후생으로 주택관련 시설 제도, 급식시설, 구매시설, 통근시설, 육아시설, 피복지급, 공제금융제도, 의료지원, 보건, 휴양시설, 문화, 체육, 오락시설 등이 있다.

4 경력 경로 관리 ★★

(1) 경력과 경력관리

① 개요
　㉠ 경력(Career)이란 원래 '마차가 지나가는 길'이라는 어원을 갖고 있으며 한 사람이 일생의 전 과정을 두고 거쳐가는 (직무관련) 경험의 패턴을 의미한다.
　㉡ 경력관리(Career Management)란 한 사람이 조직 내에서 라이프사이클의 각 단계에서 거쳐야 할 직무와 경험을 개인과 조직이 함께 패턴을 정하고 지원하는 활동이다.
　㉢ 경력경로(Career Paths)란 한 개인이 한 직무나 직위로부터 관련된 다음 직무나 직위로 연속적으로 경력 이동을 할 수 있는 경력상의 이동 경로다.

ⓔ 경력 경로 관리란 한 개인이 입사로부터 퇴직에 이르기까지 조직 내에서 직무나 직위의 이동경로를 의미 있게 설계하여 개인의 경력 욕구와 조직 목표가 합치될 수 있도록 경력 이동을 관리하는 것이다.

② 경력 경로 관리의 목적

　ⓐ 구성원 개개인으로 하여금 경력목표를 세우고 그들의 장점과 단점을 깨닫게 함으로써 성과를 향상하는 데 목적이 있다.

　ⓑ 기업 조직 내에서 구성원에게 주어진 경력 경로의 선택을 분명히 함으로써 불확실성과 미래에 대한 불안 감을 감소시키는 데 목적이 있다.

　ⓒ 구성원들의 경력계획 초점을 소속회사 내에 두게 함으로써 그들의 조직몰입도를 높이는 데 목적이 있다.

　ⓓ 후계자를 확보하여 구성원의 이직을 방지하는데 목적을 둔다.

(2) 경력 개발의 이해

① 경력 개발은 조직에 필요한 인력을 확보함과 동시에 개인의 성취동기를 유발하여 개인과 조직의 목표달성을 극대화하는 활동이다.

② **개인적 차원** : 개인에게 명확한 목표를 제시하고, 직무에 대한 성취욕구를 충족시켜, 개인의 능력 발휘와 역량파악에 도움을 주고 현업에 대한 의미를 부여하여 개인의 성취동기를 유발하게 한다.

③ **조직적 차원** : 조직에서는 개인의 자질향상과 우수인력의 이직 방지를 통해 장기적으로 인재를 육성하고 적재적소 배치가 가능하며 직책수행에 필요한 경력을 이수하도록 기능한다.

④ 경력개발관리의 원칙

적재적소 배치의 원칙	종업원의 적성, 지식, 경험, 기타 능력과 조직의 목표달성에 필요한 직무가 잘 조화되도록 맞추는 것
승진경로의 원칙	기업의 모든 직위는 계층적인 승진경로로 형성되고 이에 따른 승진 관리가 이루어져야 한다는 것
후진 양성의 원칙	인재확보를 기업의 외부에서 스카웃하는 것보다 기업의 내부에서 자체적으로 양성하는 것을 원칙으로 함
경력기회 개발의 원칙	기업은 경력기회를 적극 개발해야 하며 승진경로가 어느 한 부서에만 국한되지 않도록 기회를 확장시켜야 한다는 원칙

(3) 경력개발모형

① 개인 차원의 경력개발모형

탐색단계	새로운 업무를 배우고 기반을 구축하는 시기
확립 및 전진 단계	조직 내에서 자신의 명성을 얻고 또 업무수행과 피드백에 대한 정보의 교환을 통하여 자신의 능력, 조직, 동료에 대하여 알게 됨에 따라 지위를 확립
유지단계	조직은 개인의 축적된 지식과 경험을 활용하고, 개인은 새로운 종업원의 조언과 역할을 수행
하강단계	육체적으로나 정신적으로 능력이 쇠퇴하는 시기이며, 경력 모티베이션이 줄어드는 시기

② **조직 차원의 경력개발모형** : 조직 목적을 달성하기 위해서 필요한 자질을 갖춘 인적 자원을 개발하는 데 역점을 둔다.

투입 단계	개인들의 경력욕구가 무엇인지를 파악하고 조직이 필요한 경력기회와 어떤 관계가 있는지를 조사하여 경력 개발의 투입자료를 이용하는 것
평가 단계	개인목표와 조직목표를 성공적으로 통합시키기 위해서 개인에게 충분한 정보를 제공하고 조직의 입장에서 개인의 수행도를 평가
준비 및 개발 단계	평가과정에서 나타난 경력개발에 필요한 여러 가지 요건을 충족시키는 과정
통합 단계	조직목표와 개인욕구를 모두 만족시키는 자리에 인력을 배치

③ **경력개발을 위한 제도**
- ㉠ **자기신고제** : 종업원에게 자기의 직무 내용, 담당 직무에 있어서 능력의 활용 정도, 능력개발에의 희망, 전직희망, 취득한 자격 등에 대해서 일정한 양식의 자기신고서에 기술하게 하고 소속 장을 통하여 인사부서에 정기적으로 신고하게 하는 제도다.
- ㉡ **직능자격제** : 직무를 수행할 수 있는 능력을 자격에 따라 몇 개의 등급으로 설정하고 그 자격을 획득한 자에게 대응하는 직위를 부여하는 제도다.
- ㉢ **평가센터제도** : 인사고과나 심리테스트의 결점을 보완하고 종업원의 능력 및 적성을 종합적, 객관적으로 발견하여 육성하기 위하여 마련한 제도다.
- ㉣ **기능목록제도** : 종업원의 직무수행능력을 평가하는 데 필요한 정보를 파악하기 위한 개인별 능력평가표를 목록화한 것이다.
- ㉤ **직무순환제** : 각자의 담당직무를 순차적으로 교체함으로써 기업의 직무전반을 이해하고 지식, 기술, 경험을 풍부하게 하는 제도다.

④ **경력 고원 현상(Career Plateaus)**
- ㉠ 직원이 특정 경력 수준에 고정되어 보다 나은 기회를 얻지 못하고 수직상방으로 이동하지 못하는 현상이 확산되고 있다.
- ㉡ '중년의 위기' 또는 '경력 정체현상'이라고도 한다.
- ㉢ 맞벌이 부부가 늘면서 한쪽이 승진하거나 다른 지역으로 경력 이동을 하게 되면 배우자가 전근을 할 수밖에 없는 문제가 발생하게 된다.
- ㉣ 자녀출산과 육아문제로 가정과 직장의 균형이 어렵게 되는 문제가 발생한다.

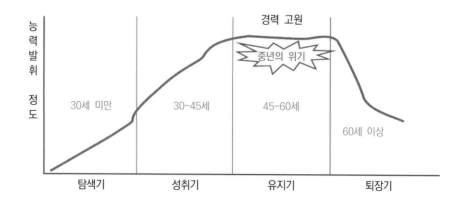

(4) 바람직한 경력개발의 운영

① 경력개발의 문제점

    ㉠ 비현실적인 경력목표 : 조직 구성원이 지나치게 자기중심적인 경력발전을 원함으로써 비현실적인 경력목표를 추구하게 된다.

    ㉡ 빠른 경력경로 : 경력개발을 승진과 동일시하여 승진만을 경력개발의 목적으로 보고 빠른 승진경로에 너무 많은 관심을 보인다.

    ㉢ 지나친 의존 경향 : 경력개발은 인적자원 관리부서와 경력전문가의 책임이라는 그릇된 인식하에 경력개발을 전적으로 이들 스태프에 맡겨 의존하려는 경향이 나타난다.

    ㉣ 경력 고원 현상 대처문제 : 경력단계를 거쳐 나가는 동안 신체적 노화와 능력감퇴, 조직의 구조적 재편성과 긴축 등으로 인해 경력상 고원 현상과 침체를 겪게 되는데 이것을 예측하고 사전조치를 취해야 하나 사전에 예방할 수 없다는 한계가 있다.

② 경력개발의 성공조건

    ㉠ 최고경영층의 관심과 지원 : 최고경영자가 경력개발의 목적과 의의를 명확히 인식하고 이 활동에 대해 물적·심적 관심과 배려를 보이는 것이 중요하다.

    ㉡ 종합적·체계적인 접근 : 인적자원의 여러 기능과의 밀접한 상호관계를 맺고 서로 지원하는 종합적 시스템으로 발전해야 한다.

    ㉢ 경력개발제도의 점진적 도입 : 2~3년 정도의 기간을 잡고 경력개발제도의 도입에서 나타날 수 있는 여러 문제를 신중하게 고려하여 점진적으로 정착시켜 나가야 한다.

    ㉣ 경력개발업무의 독립 부서화 : 경력개발업무는 조직의 위계상 명확한 책임과 권한을 갖는 부서에 소속되어 업무의 독립성을 지켜야 한다.

(5) 승진관리 [기출]

① 승진의 기본 방향

    ㉠ 조직 구성원의 입장에서는 자아발전의 욕구 충족, 조직의 입장에서는 효율적인 인적자원관리의 근간이 된다.

    ㉡ 기본과제 : 연공주의와 능력주의의 조화에 관한 균형을 찾는 것이 중요하다.

    ㉢ 승진관리의 기본원칙

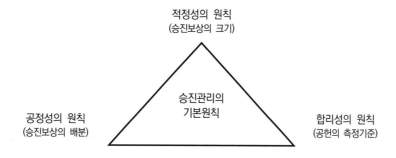

② 승진의 방침
　　㉠ 연공주의(속인기준)
　　　　ⓐ 근속년수에 비례하여 개개인의 업무수행능력과 숙련도가 신장된다는 기본적인 사고에 입각하고 있다.
　　　　ⓑ 우리 사회의 전통적, 온정주의적, 경영 가족주의적인 성격을 반영한 승진 방침이다.
　　　　ⓒ 노동 정착성의 제고에 기여하는 반면 진취적인 종업원의 업무수행에 좌절감을 안겨줄 수 있다.
　　㉡ 능력주의(속직기준)
　　　　ⓐ 개인의 업무수행 능력을 근거로 하여 승진에 우선권을 준다는 것으로 합리적 사고방식을 강조하는 영·미에서 일찍이 발전된 개념이다.
　　　　ⓑ 능력 중심의 경쟁 질서 형성이 가능한 반면 능력평가의 객관성 확보가 어렵다.
③ 승진의 유형

직책(직계) 승진	• 직무 중심적 능력주의에 입각 → 구성원이 상위의 직책으로 이동 • 직책승진이 된 자에게는 권한과 책임, 보상의 증가가 이뤄짐
역직 승진	주임, 계장, 과장, 부장 등으로 승진 → 직무에 따른 승진의 성격보다는 조직운영 원리(관리의 효율)에 의한 승진
자격 승진	• 직무수행능력에 따라 위로 승진 • 구성원들의 능력 신장 유도, 승진 정체 현상을 감소시킴
대용 승진	융통성 있는 승진관리를 확립하려는 데서 비롯된 것으로 특정 구성원에 대해 승진의 필요성은 있으나 마땅한 직책이 없을 경우 직무내용상 실질적 변화 없이 직위명칭 또는 자격호칭 등의 상승만 이루어지게 하는 형식적 승진
조직변화 승진 (OC 승진)	승진대상에 비해 직위가 부족한 경우 조직변화를 통한 조직의 직위계층을 늘려 종업원에게 승진기회를 확대시키는 방법(Organization Change Promotion)

(6) 조직변화에 대한 저항관리 〔기출〕

① 변화에 대한 저항
　　㉠ 개인적 저항 원인
　　　　ⓐ 심리적 부담, 불안감
　　　　ⓑ 기능의 무용화
　　　　ⓒ 작업안정 위협
　　　　ⓓ 새로운 작업방법의 습득 부담
　　㉡ 체계적 저항 원인

자원의 제약	변화를 실시하려는 의도가 있으나 이를 실시할 수단이 없을 경우 변화의 장애 발생
매몰 비용	현재 상태를 만드는 데 많은 비용을 들였을 때 그 회수를 위협하는 변화는 관련 당사자들에게 저항을 받게 됨
비공식적 규범	조직 내의 비공식조직은 마치 법과 같은 관례를 발전시켜 저항을 야기
조직 간의 동의 절차	노조, 공급자, 고객 등 다른 조직과의 연관성은 조직 구성원의 변화 가능 범위를 제약

② 조직변화의 저항관리 기법
　　㉠ 교육과 커뮤니케이션 : 변화 전 사람들을 교육하거나 그들의 변화의 이유를 알 수 있게 하기 위한 1:1 토론, 집단 강의, 메모, 보고서, 사례 제시 등을 활용한다.

ⓛ 참여와 몰입

    ⓐ 변화의 설계와 시행을 돕도록 피변화자의 참여를 허용하거나, 아이디어나 충고를 하도록 요청한다.

    ⓑ 변화에 대한 업무를 실행할 때 태스크포스나 위원회를 활용한다.

ⓒ 촉진과 지원 : 변화에 따른 문제점에 사회적, 정신적 지원을 제공한다.

ⓔ 협상과 동의 : 실질적 또는 잠재적 저항자에 대한 유인을 제공하는 방법이다.

ⓜ 조작과 호선 : 타인에게 영향력을 행사하기 위해 여론을 조작하거나 조직 구성원 가운데 영향력자를 선출하여 은밀하게 저항에 대응하는 방법이다.

ⓗ 명시적, 묵시적 강압 : 변화를 받아들이게끔 힘을 사용하는 방법이다.

③ 변화에 대한 저항 관리기법

기법	적용상황	장점	단점
교육과 커뮤니케이션	정보가 전혀 없거나, 부정확한 정보와 분석이 있을 때	피변화자가 일단 설득되면 변화시행에 도움을 줌	다수의 사람이 관련되는 경우에는 시간의 소비가 많음
참여와 몰입	변화의 주도자가 변화에 필요한 정보를 가지고 있지 못하거나, 다른 사람들이 저항할 수 있는 상당한 힘을 갖고 있을 때	참여한 사람이 변화에 대해 일체감을 갖고 정보를 제공함	참여자들이 변화를 잘못 설계하면 시간이 많이 소요됨
촉진과 지원	적응문제로 사람들이 저항할 때	적응문제에는 가장 성공적임	시간과 비용이 과다함
협상과 동의	어떤 사람이나 집단이 변화에서 손해 보는 것이 분명한데, 그 집단이 상당한 저항의 힘을 갖고 있을 때	중요한 저항을 피하는데 비교적 손쉬운 방법일 때가 많음	이것이 타인들에게도 협상을 하도록 일깨우게 되려면 비용이 큼
조작과 호선	다른 전술이 전혀 안 듣거나 비용이 너무 많이 들 때	신속하고 비용이 별로 들지 않음	조작되었다고 느끼는 경우에 추가적인 문제를 야기함
명시적·묵시적 강압	신속한 변화가 필요하고 변화의 주도자가 상당한 파워를 갖고 있을 때	신속하고 어떤 저항도 극복 가능	주도자에 대한 반감으로 위험이 따름

01 통신판매 인력 관리에 대한 설명으로 틀린 것은?

① 판매 인력이란 판매활동에 종사하는 인적자원을 말한다.
② 통신판매 인력은 점포에서 미디어를 활용하여 상품을 전시한다.
③ 통신판매는 통신수단으로 주문을 받고 상품을 파는 활동을 한다.
④ 통신판매의 특성을 고려한 계획적인 인적자원 관리가 필요하다.

해설

통신판매 인력은 점포가 없이 미디어를 활용하여 상품을 전시하고, 미디어에 접근할 수 있는 소비자에게 통신수단으로 주문을 받고 상품을 파는 일에 종사하는 인적자원이다.

02 인적자원을 기업의 성과와 가장 밀접한 경영자원으로써 접근한 특징은?

① 전략적 자원　　② 능동성
③ 개발 가능성　　④ 고유 목적성

해설

인적자원은 기업의 성과와 가장 밀접한 경영자원이다. 그래서 인적자원을 전략적 자원이라 한다. 특히 통신판매와 같이 판매를 담당하는 판매 인력은 사업의 성패를 결정짓는 중요한 자원이기 때문에 과거와는 달리 전략적 자원으로 관리하고 인지해야 한다.

03 효율적인 인력활용을 위한 관리방안으로 가장 적절하지 않은 것은?

① 인력 운영 계획에 따라 인력을 채용하고 배치한다.
② 운영 결과에 따라 효과를 측정하고 그 결과를 운영 계획에 반영한다.
③ 기업이 원하는 성과를 적은 비용으로 달성하기 위해서 인력활용의 적정성을 판단해야 한다.
④ 인력이 효율적으로 활용될 경우 기업 내부의 이질감을 조성할 수 있다.

해설

인력이 비효율적으로 활용되는 경우 비용의 손실은 물론 생산성 저하, 기업 내부의 이질감 조성 등의 부정적인 요소가 크다는 사실을 인지해야 한다.

04 다음의 판매 인력의 관리 요소 중 성격이 다른 하나는?

① 보유하고 있는 판매 인력의 역량 수준은 어떠한가?
② 판매 목표 달성을 위해 필요한 인력 규모는 적정한가?
③ 판매 목표 달성을 위한 핵심 업무 수행에 필요한 인력규모는 적정한가?
④ 업무 성격에 따른 인적 구성과 규모는 적정한가?

해설

①은 판매 인력의 역량면에서 접근한 것이고, ②, ③, ④는 판매 인력의 규모면에서 접근한 것이다.

05 인적자원 계획의 절차 중 가장 첫 단계에서 수행되는 활동은?

① 미래의 조직능력 결정
② 미래의 조직요구 결정
③ 내부 및 외부 문제의 조사
④ 인적자원 프로그램의 실행

해설

인적자원 계획의 절차는 내부 및 외부 문제의 조사 → 미래의 조직능력 결정 → 미래의 조직요구 결정 → 인적자원 프로그램의 실행 순이다.

정답　01 ②　02 ①　03 ④　04 ①　05 ③

06 채용 계획에 대한 설명으로 틀린 것은?

① 인력 수요와 공급 간의 차이(gap)를 분석한다.
② '수요 > 공급'은 인력이 초과된 경우이다.
③ 초과 근무 확대는 단기적 대안이다.
④ 장기적 대안으로서 신규 채용을 생각할 수 있다.

해설

인력의 수요와 공급에 대한 분석이 완료되면 인력 수요와 공급 간의 차이(gap)를 분석한다. 차이분석에서 '수요 > 공급'은 인력이 부족한 경우이다. 이와 같은 경우에는 단기적 대안과 장기적 대안을 마련해야 한다.

07 채용 계획 수립 시 고려사항으로 가장 옳지 않은 것은?

① 미래의 노동 시장 추이, 회사 확장 전략의 유무, 경기 전망, 경영 이념 등을 감안하여 충원 시기를 조절하여야 한다.
② 인력 채용 담당자는 채용 계획에 어느 정도의 규모를 어떤 시기에 채용할 것인지에 대한 내용을 담아야 한다.
③ 전공, 지식 등의 능력 요건 외에도 팀워크와 책임감 등의 태도 요건도 고려해야 한다.
④ 성과를 낼 수 있는 잠재 능력을 보유했는지 보다는 똑똑한 사원을 선별하도록 계획 수립이 되어야 한다.

해설

과거에는 채용 시 일반적인 기준에만 의존함으로써 '똑똑한 사원'만을 선발한 결과 이직률이 높았다. 그러나 미래에는 일반적인 기준 이외에 회사의 비전, 경영 철학, 미션, 사업 전략에 부합하는지의 여부, 성과를 낼 수 있는 잠재 능력을 보유했는지의 여부를 판단하는 것이 보다 중요하다.

08 노동 시장에 대한 설명으로 가장 옳지 않은 것은?

① 외부 노동 시장은 기업 내의 제도나 관리가 노동 시장의 기능을 대신하게 될 때를 말한다.
② 상품이 팔리는 제품 시장과 같이 노동력을 사고파는 시장이다.
③ 취업을 원하는 노동자와 이를 채용하려는 회사가 만나는 보이지 않는 시장이다.
④ 외부 노동 시장과 내부 노동 시장으로 분절되어 있다.

해설

기업 내의 제도나 관리가 노동 시장의 기능을 대신하게 될 때 노동 시장 기능이 기업 내로 옮겨졌다고 해서 내부 노동 시장이라고 한다. 내부 노동 시장은 고용의 입출구를 통해 외부 노동 시장과 연결된다.

09 직무 중심 채용 전략에서 평가 요소는?

① 인성
② 가정환경
③ 전문적 능력
④ 사회적 지위

해설

직무 중심 채용 전략의 평가 요소는 전공 및 전문적 능력이다. 이와 비교하여 회사 중심 채용 전략에서의 평가 요소는 인성 및 총체적 능력이다.

10 인적 자원의 모집 원천을 설명한 것 중 성격이 다른 하나는?

① 사내 공모제
② 전환 배치
③ 승진
④ 인턴십

해설

인적 자원의 모집 원천은 내부 모집(사내 공모제, 전환배치, 승진)과 외부 모집(리크루터, 인턴십, 종업원 추천, 자발적 지원 등)으로 구분할 수 있다.

정답 06 ② 07 ④ 08 ① 09 ③ 10 ④

11 다음 설명에 해당하는 채용 방법은?

> 기업을 대표하는 채용 담당자가 지원자가 많은 장소를 방문하여 취업 설명회나 취업 박람회를 통해 채용하는 방법이다.

① 리크루터(recruiter)제
② 인턴제(internship)
③ 교육기관 추천
④ 전환배치

해설

리크루터(recruiter)제는 기업을 대표하는 채용 담당자가 지원자가 많은 장소를 방문하여 취업 설명회나 취업 박람회를 통해 채용하는 방법이다. 기업 및 자사 제품의 소개, 전략, 구조, 제품, 각종 인사 정책, 선발하려는 직무의 설명 등을 하고 가능한 지원자를 적성 검사와 함께 현장 면접하여 예비 후보자를 가려내는 방법이다.

12 직무 현황의 사전 공개에 대한 설명으로 가장 옳지 않은 것은?

① 지원자가 입사했을 때 기대되는 것이 무엇인지 알고 지원하도록 하는 전략이다.
② 회사에 대한 공신력 저하가 수반되나 신입 사원 입장에서 조직에 적응하기가 수월해진다.
③ 지원자들이 담당할 직무는 어떠하며, 월급과 복리 후생은 어느 정도인지 사실대로 자세히 알려 주는 것이다.
④ 정보를 접한 지원자는 자신과 맞지 않는다고 생각되면 응시를 하지 않고, 따라서 실망감이 적다.

해설

직무 현황의 사전 공개(Realistic Job Preview : RJP)를 통해 사전에 정보를 알려주었기 때문에 신입사원 입장에서는 조직에 적응하기가 수월해지며, 회사에 대한 공신력도 높아지게 된다.

13 면접자가 질문을 하면 지원자가 형식에 구애받지 않고 자유로이 자신의 의사를 표현하는 면접 방식은?

① 구조적 면접
② 비구조적 면접
③ 반구조적 면접
④ 자율 면접

해설

비구조적 면접은 면접자가 질문을 하면 지원자가 형식에 구애받지 않고 자유로이 자신의 의사를 표현하는 면접 방식이다. 지원자에 대한 광범위한 정보를 얻을 수 있는 방법으로 비유도적 면접이라고도 한다.

14 패널 면접을 바르게 설명한 것은?

① 미리 준비된 질문항목에 따라 순차적으로 질문하는 방법이다.
② 구조적 면접과 비구조적 면접을 절충한 것이다.
③ 집단별로 특정 문제에 대해 자유토론을 시키고 적격여부를 심사한다.
④ 다수의 면접자가 한 사람의 피면접자를 대상으로 집단적인 면접을 실시한다.

해설

패널 면접은 다수의 면접자가 한 사람의 피면접자를 대상으로 집단적인 면접을 하면서 그 사람이 가지고 있는 자질이나 특징을 평가하는 방법으로 전문직이나 경력직 종업원을 선발할 때 사용한다.

15 선발 도구를 평가한 것으로 가장 옳지 않은 것은?

① 신뢰성이란 어떤 검사를 동일한 환경에서 동일한 사람이 반복하여 다시 보았을 때 그 결과에는 일관성이 존재해야 한다는 것이다.
② 타당성이란 선발 검사가 측정하고자 하는 내용을 정확히 담고 있느냐의 여부이다.
③ 선발 비율이 0이면 모든 지원자가 고용된 것이다.
④ 적정한 선발 비율과 합격 점수를 결정할 때 선발 비용을 반드시 고려해야 한다.

해설

선발 비율(Selection Ratio : SR)이란 총 지원자수에 대한 선발 예정자의 비율로 이 수치가 1.0이라면 응모자 전원이 채용된 것이고, 0이라면 아무도 고용되지 않은 것이다.

정답 11 ① 12 ② 13 ② 14 ④ 15 ③

16 선발 요소 중 지능, 정서적 안정, 인성이 속한 분야는?

① 전문적 요소   ② 육체적 요소
③ 사회적 요소   ④ 정신적 요소

해설

① 전문적 요소는 전문 지식 및 교육, 경험 등이다.
② 육체적 요소는 용모, 나이, 성, 신체의 정상 여부다.
③ 사회적 요소는 가족 상황, 사회적 신분, 소속 단체 등이다.

17 다음 설명에 해당하는 선발 과정의 오류는?

면접자가 여러 종류의 지원자를 평가할 경우, 자질 면에서 낮은 지원자를 면접한 후 보통 수준의 지원자를 면접했을 때 보통보다 더 높은 점수를 주는 경우이다.

① 대비 효과   ② 첫인상 효과
③ 후광 효과   ④ 면접자의 편견

해설

대비 효과는 면접자가 여러 종류의 지원자를 평가할 경우, 자질 면에서 낮은 지원자를 면접한 후 보통 수준의 지원자를 면접했을 때 보통보다 더 높은 점수를 주는 경우이다. 반대의 경우 역시 아주 우수한 지원자 바로 뒤에 면접에 임한 지원자는 자질이 보통 수준일지라도 실제보다 낮은 점수를 받을 가능성이 있다.

18 조직에 필요한 인력을 획득, 조달하고 유지·개발하며 이를 효율적으로 관리·활용하는 체계는?

① 노무관리   ② 인사관리
③ 조직관리   ④ 조달관리

해설

인사관리란 '조직에 필요한 인력을 획득, 조달하고 유지·개발하며 이를 효율적으로 관리·활용하는 체계'를 의미한다. 인사관리의 주요 기능으로는 직무분석과 설계, 모집과 선발, 평가, 훈련 및 개발, 보상과 후생 복지, 그리고 노동조합과의 관계 등이 있다.

19 다음 설명에 해당하는 알맞은 용어는?

특정한 직무의 내용과 직무를 수행하는데 요구되는 직무수행자의 행동, 정신적 육체적 능력 등 직무를 수행하기 위한 자격 요건을 밝히는 체계적인 과정이다.

① 과업 분석   ② 요구 분석
③ 자격 분석   ④ 직무 분석

해설

직무분석이란 특정한 직무의 내용과 직무를 수행하는데 요구되는 직무수행자의 행동, 정신적 육체적 능력 등 직무를 수행하기 위한 자격 요건을 밝히는 체계적인 과정이라 할 수 있다. 직무 분석은 현재 수행 중인 직무가 조직의 목적에 필요한 것인가와 그 직무를 수행할 수 있는 인력인가를 동시에 평가하는 것으로 이해할 수 있다.

20 직무분석의 목적으로 가장 거리가 먼 것은?

① 징계 해고의 기준   ② 직무 권한의 명확화
③ 승진 기준   ④ 능력개발의 기준

해설

직무분석의 목적으로는 직무권한의 명확화, 채용, 배치, 이동, 승진 등의 기준, 직무평가와 평가시스템의 기초, 교육·훈련 및 능력개발의 기준, 조직, 직무 재설계, 안전관리 및 작업 조건의 개선 등이다.

21 직무기술서에 대한 설명으로 틀린 것은?

① 업무 내용을 포함하여 과업에 관한 중요사항을 기록한다.
② 직무의 능률적인 수행을 위해 해당 직무의 성격을 기록한 것이다.
③ 직무와 그에 필요한 자격 요건을 개인에 중점을 두고 일정한 양식으로 정리한 것이다.
④ 실제로 작업 중인 사람들로부터 수집한 정보를 기초로 작성한다.

해설

직무와 그에 필요한 자격 요건을 개인에 중점을 두고 일정한 양식으로 정리한 것은 직무기술서가 아닌 직무명세서다.

정답 **16** ④ **17** ① **18** ② **19** ④ **20** ① **21** ③

22 직무평가의 활용 용도로 가장 거리가 먼 것은?

① 노동조합 통제
② 직무관리 기준의 명확화
③ 보상 기준의 명확화
④ 근로자의 경력개발

해설

직무평가의 활용 용도는 직무관리 기준의 명확화, 보상 기준의 명확화, 근로자의 경력개발 등이고 노동조합을 통제하기 위한 것은 거리가 멀다.

23 미리 결정된 등급에 따라 각 직무의 특성을 판단하여 해당 등급에 맞추어 넣는 직무평가 방법은?

① 서열법
② 비교법
③ 분류법
④ 요소비교법

해설

분류법은 미리 결정된 등급에 따라 각 직무의 특성을 판단하여 해당 등급에 맞추어 넣는 평가 방법이다. 분류는 평가하려는 직무의 수와 복잡성에 따라 상·중·하와 같은 등급으로 간단하게 정할 수도 있고 더 세분화할 수도 있다.

24 직무평가 방법 중 서열법을 바르게 설명한 것은?

① 각 직무를 상호 비교해 상대적 가치에 따라 점수를 부여하여 순위를 정하는 방법이다.
② 시장의 임금을 조사하고 조사결과로 주요 직무별 임금순위를 매긴다.
③ 각 평가요소마다 직무들의 상대적 가치를 비교하여 서열을 정하는 방법이다.
④ 직무의 복잡성 또는 직무의 중요도 등 조직에 일반적 가치기준으로 직무의 서열을 매기는 방법이다.

해설

① 각 직무를 상호 비교해 상대적 가치에 따라 점수를 부여하여 순위를 정하는 방법은 비교법이다.
② 시장의 임금을 조사하고 조사결과로 주요 직무별 임금순위를 매기는 것은 시장임금 조사법이다.
③ 각 평가요소마다 직무들의 상대적 가치를 비교하여 서열을 정하는 방법은 요소비교법이다.

25 리더십 특성이론에 대한 설명으로 틀린 것은?

① 리더는 만들어진다는 관점이다.
② 리더의 특성과 자질을 중시하는 이론이다.
③ 리더의 특성으로는 건강, 성실성, 지능 등을 들 수 있다.
④ 리더가 처해 있는 상황이나 환경의 변화는 고려하지 않는다.

해설

리더십 특성이론은 리더의 특성과 자질 중시하는 이론으로 리더는 태어나는 것이지 만들어지는 것이 아니라는 관점이다.

26 구성원과 함께 책임을 공유하고 인간에 높은 관심을 갖는 리더십 유형은?

① 권위형
② 자유방임형
③ 민주형
④ 독재형

해설

민주형 리더십은 구성원과 함께 책임을 공유하고 인간에 높은 관심을 갖는 리더십 유형으로 조직에서는 생산성과 사기가 높게 나타난다.

27 리더십 관리격자이론 중 생산에 관한 관심은 높고 인간에 대한 관심은 낮은 유형은?

① 컨트리클럽형
② 이상형
③ 중도형
④ 과업형

해설

① 컨트리클럽형은 인간에 대한 관심은 높고 생산에 대한 관심은 낮다.
② 이상형은 인간에 대한 관심과 생산에 대한 관심 모두 높다.
③ 중도형은 인간에 대한 관심과 생산에 대한 관심 모두 중간이다.

정답 **22** ① **23** ③ **24** ④ **25** ① **26** ③ **27** ④

28 리더십 상황이론에 대한 설명으로 틀린 것은?

① 검증가능성은 어떤 과업을 수행하는 데 사용될 수 있는 과업수행 방법의 수다.

② 리더십은 리더와 조직 구성원의 상황 호의성과 상호작용을 통해 형성된다는 관점으로 연구되었다.

③ 조직의 상황에 맞는 리더십이 발휘될 때 조직성과가 나타난다.

④ 리더 – 구성원 관계는 조직 구성원들이 리더를 신뢰하고 지시를 기꺼이 따르려는 정도다.

해설

어떤 과업을 수행하는데 사용될 수 있는 과업수행 방법의 수는 경로 – 목표의 다양성이다. 검증 가능성은 과업을 수행하고 나서 그 결과를 알 수 있는 정도다.

29 경로 – 목표이론에서 제시한 리더십의 유형과 무관한 것은?

① 지시적 리더십   ② 지원적 리더십
③ 방임적 리더십   ④ 성취지향적 리더십

해설

경로 – 목표이론에서는 리더가 하나의 고정된 행동유형을 보이는 것이 아니라 상황에 따라 유연하게 행동할 수 있다고 가정하면서 리더십 행동 유형을 지시적 리더십, 지원적(후원적) 리더십, 참여적 리더십, 성취지향적 리더십으로 구분하였다.

30 변혁적 리더의 특징으로 옳은 것은?

① 카리스마   ② 금전적 자극
③ 집단적 배려   ④ 계약 관계

해설

바스(B. M. Bass)는 변혁적 리더(transformational leader)란 카리스마, 고취 능력(inspiration), 지적인 자극, 개별화된 배려 등 네 가지 특성에서 적극적인 리더라고 보고 있다.

31 서번트 리더의 자질로 옳지 않은 것은?

① 경청   ② 공감
③ 부하의 성장 견인   ④ 권위

해설

서번트 리더십의 지향점은 인간존중을 바탕으로 리더가 구성원들에게 봉사함으로써 구성원들이 잠재력을 발휘할 수 있도록 도와주고 이끌어주는 것이다. 서번트 리더의 자질로는 경청, 공감, 치유, 스튜어드십, 부하의 성장 견인, 공동체 형성이다.

32 종업원 교육훈련의 기대효과를 설명한 것으로 가장 옳지 않은 것은?

① 종업원들의 미래직무에 대한 기회를 제공한다.
② 신입 종업원의 조직과 직무에 대한 이해를 돕는다.
③ 일시적인 생산성 향상 효과를 도모한다.
④ 조직의 변화에 대한 정보를 종업원들에게 제공한다.

해설

종업원 교육훈련은 지속적인 인재 육성을 통해 사내의 인적 역량 확보는 물론 필요한 인력을 사내에서 보충할 수 있어 인적자원 확보에 따른 노력과 비용을 줄일 수 있다. 성과 창출을 위한 종업원의 능력과 직무수행 방법 등을 개발·유지함으로써 장기적인 생산성 향상은 물론 조직과 종업원의 목표를 동일시하는 역할을 하기도 한다.

33 교육훈련의 필요성으로 가장 부적절한 것은?

① 훈련자의 통제능력 향상
② 능력 저하 방지
③ 직무 변화에 적응
④ 올바른 규범 확립

해설

교육훈련의 성과는 종업원이 스스로 자기에게 주어진 일을 무리 없이 처리할 뿐만 아니라 자기에게 주어진 역할과 조직과의 관계에 대한 이해도 높아진다. 교육훈련을 통해 종업원은 스스로 자신의 역할과 임무를 통제하고 조정할 수 있기 때문에 종업원에 대한 통제와 조정의 필요성이 그만큼 줄어드는 효과를 얻는다.

정답 28 ① 29 ③ 30 ① 31 ④ 32 ③ 33 ①

34 종업원의 기술, 지식 및 태도의 성과와 관련된 교육훈련의 수준은?

① 조직수준   ② 직무수준

③ 개인수준   ④ 정부수준

해설

직무수준에서의 교육훈련 필요성 분석은 종업원이 직무를 성공적으로 수행하는 데 필요한 기술, 지식 및 태도의 성과와 관련된 목표를 결정하는 데 필요하다.

35 교육훈련 전문가들을 대상으로 개별적인 질문지를 통한 응답을 통해 교육훈련의 필요성을 인식하는 방법은?

① 질문지법   ② 면접법

③ 직업표본법   ④ 델파이법

해설

① 질문지법은 교육훈련의 필요성을 분석하는 가장 일반적인 것으로 종업원들을 대상으로 질문지를 통해 교육훈련의 필요성을 파악하는 것이다.
② 면접법은 교육훈련 담당자가 종업원을 개인 혹은 집단으로 면접, 교육훈련의 필요성에 대한 정보를 수집하는 기법이다.
③ 직업표본법은 종업원의 직무수행결과 중 일부를 표본으로 선택하고 이를 검토하여 해당 종업원 혹은 직무전반에 대한 훈련의 필요성을 판단하는 기법이다.

36 교육훈련 예산 수립 요령으로 옳은 것은?

① 지난해 예산을 답습한다.
② 예산 수립 후 수정은 불가능하다.
③ 숨어 있는 비용을 간과하지 않아야 한다.
④ 교육예산은 필요시마다 즉흥적으로 책정한다.

해설

① 지난해 예산을 답습하는 것은 바람직하지 않다. 그보다는 지난해에 불거진 문제점은 없는지 또는 올해 실시될 예정인 교육훈련에 맞는 스킬이나 지식이 무엇인지를 고려해야 한다.
② 예산이 수립된다고 해도 교육에 관한 한 수정이 가능하다는 점을 인식할 필요가 있다.
④ 교육예산을 결정할 때 교육을 통해 달성하고자 하는 바가 무엇인가에 대해 심사숙고해야 하며, 교육예산은 교육 계획을 근거로 책정해야 한다.

37 교육훈련의 목표 설정 중 아래의 내용에 해당하는 것은?

> 교육훈련은 피교육자가 교육 후에 어떤 궁극적인 결과를 지향하는 것보다 교육 과정을 통해 조직이나 개인에게 어느 정도 기여할 수 있는가를 목표로 하는 것이다.

① 결과 지향적인 목표
② 직무수행과 관련된 목표
③ 습득된 학습의 목표
④ 반응 지향적 목표

해설

반응 지향적 목표는 피교육자가 교육 후에 조직이나 개인에게 어느 정도 기여할 수 있는가를 목표로 하는 것이다. 예를 들어 종업원들에게 전화받는 요령을 교육한다든지, 서비스정신 교육을 한다든지, 금연교육을 실시하는 것과 같은 경우이다.

38 경험 많은 선배가 동료 또는 신입사원에게 그가 이미 조직에서 터득한 지혜와 경험을 전해주는 교육 형태는?

① 외부 위탁 교육
② 멘토 시스템
③ 카운슬링
④ 참여 관찰법

해설

멘토는 후배 종업원들에게 역할 모델을 제공할 뿐만 아니라 도전적 직무 부여, 상담 및 조직에 대한 지식제공 등을 통해 대인관계 및 경력 관리에 도움을 주는 역할을 수행한다.

39 가장 모범적인 행동을 제시하고 교육 참가자가 이 행동을 이해하고 그대로 모방하도록 하는 것은?

① 행동 모델법　　② 역할연기법
③ 인 바스켓 훈련　④ 사례연구

해설

② 역할연기법은 한 명의 피교육자가 가장 바람직한 행동을 연기하고 다른 피교육자는 이를 관찰하여 해당 행동을 평가하고 토론을 통해 바람직한 행동을 개발하는 방법이다.
③ 인 바스켓 훈련은 가상의 기업에 대한 다양한 정보를 제공한 후 이를 특정한 상황 하에서 문제해결을 위한 의사결정을 내리게 하는 훈련이다.
④ 사례연구는 자사 또는 경쟁기업과 관련하여 발생한 일련의 사건, 기업의 현황들을 교육 참가자에게 제시하고 문제점을 탐색하여 문제해결을 위한 대안을 제시하는 방법이다.

40 교육과정의 모형 가운데 하나인 다음의 ADDIE 모형에서 빈칸에 들어갈 말은?

분석 → (　　　) → 개발 → 실행 → 평가

① 조사　　　　　② 탐색
③ 설계　　　　　④ 취합

해설

ADDIE 모형은 분석(analysis), 설계(design), 개발(development), 실행(implementation), 평가(evaluation)의 5단계를 거쳐 개발된다.

41 피훈련자가 교육훈련을 통해 획득한 지식, 기술, 능력을 자신의 업무에 효과적이고 지속적으로 적용하는 것은?

① 교육훈련의 활용　② 학습의 성취
③ 학습의 향상　　　④ 교육훈련의 전이

해설

교육훈련의 전이 또는 학습의 전이란 피훈련자가 교육훈련을 통해 획득한 지식, 기술, 능력을 자신의 업무에 효과적이고 지속적으로 적용하는 것을 의미한다.

42 다음의 교육훈련 평가 중 빈칸에 들어갈 말은?

（　　）	교육과정에 대해 학습자들이 만족했는가를 평가
학습	교육과정에서 무엇을 배웠는가를 평가
행동	참가자들이 배운 대로 행동하고 있는가를 평가
결과	조직에 긍정적인 영향을 주었는가를 평가

① 만족　　　　　② 반응
③ 계획　　　　　④ 관리

해설

교육훈련 평가는 반응, 학습, 행동, 결과 측면에서 접근하며 교육과정에 대해 학습자들이 만족했는지는 반응의 영역이다.

43 교육 만족도에 미치는 요인 중 교육내용 요인으로 옳은 것은?

① 강의 스킬, 전문 지식
② 교육목표 명확성, 교과목편성 적절성
③ 휴식시간 적절성, 심리적 안정성
④ 강의장 만족도, 식사

해설

① 강의 스킬, 전문 지식은 강사 요인이다.
③ 휴식시간 적절성, 심리적 안정성은 학습위생 요인이다.
④ 강의장 만족도, 식사는 학습환경 요인이다.

44 다음 설명에 해당하는 교육훈련의 활동은?

교육훈련 후 평가를 통해 교육성과를 분석하고 교육을 받은 종업원들이 향후 조직생활이나 판매활동에 실제 나타난 결과를 분석하는 것이다.

① 교육훈련 영향도 분석
② 교육훈련 신뢰도 분석
③ 교육훈련 만족도 분석
④ 교육훈련 설문 분석

해설

교육훈련 후 평가를 통해 교육성과를 분석하고 교육을 받은 종업원들이 향후 조직생활이나 판매활동에 어떤 영향을 미치는지를 분석하는 것을 영향도 분석이라 한다. 비용을 들여 교육훈련을 실시하는 것은 당연히 교육훈련의 성과가 회사의 목표 달성에 기여할 수 있다는 판단 때문이다.

정답　39 ①　40 ③　41 ④　42 ②　43 ②　44 ①

제 4 과목 조직운영 및 성과관리

45 인사평가의 타당성을 설명한 것으로 틀린 것은?

① 인사평가의 목적에 맞도록 평가가 이뤄져야 한다는 것을 의미한다.
② 평가 요소 선정이 평가목적과 일치해야 한다.
③ 목적별로 평가를 해야 하고, 평가집단을 세분화해야 한다.
④ 인사평가의 제도, 절차, 결과에 대해 평가대상자들이 인정해야 한다.

해설
인사평가의 제도, 절차, 결과에 대해 평가대상자들이 인정하지 않는다면 그 역시 무용지물이 될 뿐만 아니라 종업원들의 불만이 높아진다. 이는 인사평가의 타당성이 아니라 수용성과 관련된다.

46 '당해 연도에 무엇을 달성하면 성과책임을 완수했다고 할 수 있을 것인가?'를 명확하게 규정한 것은?

① 역량 측정
② 성과 목표
③ 인사 고과
④ 책임 관리

해설
성과목표란 '당해 연도에 무엇을 달성하면 성과책임을 완수했다고 할 수 있을 것인가?'를 명확하게 규정한 것이다. 성과 책임은 일반적으로 3~5년의 중·장기적 성격을 가지지만, 성과목표는 당해 연도의 성과책임이라 할 수 있다.
성과책임과 성과목표의 관계는 수단과 목적의 관계가 아니고, 목표가 성과책임의 일부로 인식하고 성과목표를 명확히 해야 한다.

47 다음 설명에 해당하는 인사평가의 방법은?

> 성과, 능력, 태도 등 구체적인 평가내용에 따라 평가 요소를 선정하고 사전적으로 평가요소별로 등급화된 기준에 따라 평가대상자를 평가하는 방법이다.

① 관찰법
② 서열법
③ 평정 척도법
④ 요소법

해설
평정 척도법은 성과, 능력, 태도 등 구체적인 평가내용에 따라 평가요소를 선정하고 사전적으로 평가요소별로 등급화된 기준에 따라 평가대상자를 평가하는 방법이다. 점수가 등급별로 부과되어 서열법의 단점을 피할 수 있으나 평가자의 관대화, 가혹화 오류 등을 피하기 어렵다.

48 인사평가 방법 중 목표관리법(MBO)을 바르게 설명한 것은?

① 직무수행 과정에서 나타나는 중요한 행동을 추출한다.
② 직속상사 뿐만 아니라 동료, 부하, 고객 등 여러 사람이 여러 각도에서 평가한다.
③ 표준행동을 이행했는지를 체크하는 방법이다.
④ 스스로 세운 목표를 기준으로 종업원을 평가한다.

해설
① 직무수행 과정에서 나타나는 중요한 행동을 추출하는 것은 행동기준 평가법이다.
② 직속상사 뿐만 아니라 동료, 부하, 고객 등 여러 사람이 여러 각도에서 평가하는 것은 다면평가다.
③ 표준행동을 이행했는지를 체크하는 방법은 체크리스트법이다.

49 인사평가의 오류 중 피평가자의 평가결과가 중간으로 집중되는 현상은?

① 중심화 경향
② 관대화 경향
③ 현혹 효과
④ 대비 오류

해설
② 관대화 경향은 피평가자의 능력보다 높게 평가하는 경향이다.
③ 현혹 효과는 피평가자의 한 가지 장단점에 현혹되어 평가기준이 불명확해지는 현상이다.
④ 대비 오류는 객관적 기준으로 평가하지 않고 평가자 자신, 또는 특정인의 특성과 비교하여 평가하는 오류다.

정답 (45 ④ 46 ② 47 ③ 48 ④ 49 ①)

50 인사평가 결과의 활용으로 가장 옳지 않은 것은?

① 급여에 반영
② 직급자 승진의 기준으로 활용
③ 보직 임명에 활용
④ 교육배제 대상자 선정

> **해설**
> 인사평가 결과를 활용하여 교육 대상자를 선정하고 교육기회를 부여하는 데 활용한다.

51 임금에 대한 설명으로 가장 옳지 않은 것은?

① 고용자와 피고용자와의 계약에 의하여 성립된 노동 용역의 보수를 말한다.
② 통상임금은 수당, 상여금 등을 제외한 근로자에게 정기적이고 일률적으로 지급하는 기본급을 말한다.
③ 평균임금은 평균임금 계산을 필요로 하는 사유가 발생한 날 이전 1개월 간 근로자에게 지급한 임금의 총액을 기준으로 한다.
④ 임금은 회사 구성원들의 열정과 몰입을 유도하고 동기 부여를 할 수 있는 방향으로 설계되어야 한다.

> **해설**
> 평균임금은 평균임금 계산을 필요로 하는 사유가 발생한 날 이전 3개월 간 근로자에게 지급한 임금의 총액을 그 3개월의 총 일수로 나눠 구한 금액이다. 퇴직금, 재해 보상 등의 금액을 결정하는 기준으로 쓰인다.

52 임금을 계산하여 지불하는 방식을 의미하는 것은?

① 임금 수준
② 임금 체계
③ 임금 형태
④ 복리 후생

> **해설**
> 임금의 형태는 임금을 계산하여 지불하는 방식을 말하여, 이는 임금수준의 결정과 임금체계의 결정과 함께 매우 중요한 대상이 된다.

53 경력개발관리의 원칙으로 가장 거리가 먼 것은?

① 적재적소 배치의 원칙
② 임금삭감의 원칙
③ 후진 양성의 원칙
④ 경력기회 개발의 원칙

> **해설**
> 경력 개발은 조직에 필요한 인력을 확보함과 동시에 개인의 성취동기를 유발하여 개인과 조직의 목표달성을 극대화하는 활동이다. 경력개발관리는 적재적소 배치의 원칙, 후진 양성의 원칙, 경력기회 개발의 원칙 외에도 승진경로의 원칙으로 활용한다.

54 경력 개발을 위한 제도 중 평가센터제도에 대한 올바른 설명은?

① 종업원에게 일정한 양식의 자기신고서에 기술하게 하고 소속 장을 통하여 인사부서에 정기적으로 신고하게 하는 제도다.
② 직무를 수행할 수 있는 능력을 자격에 따라 몇 개의 등급을 설정하고 그 자격을 획득한 자에게 대응하는 직위를 부여하는 제도다.
③ 종업원의 직무수행능력을 평가하는데 필요한 정보를 파악하기 위한 개인별 능력평가표를 목록화한 것이다.
④ 인사고과나 심리테스트의 결점을 보완하고 종업원의 능력 및 적성을 종합적, 객관적으로 발견하여 육성하기 위해 마련한 제도다.

> **해설**
> ① 종업원에게 일정한 양식의 자기신고서에 기술하게 하고 소속 장을 통하여 인사부서에 정기적으로 신고하게 하는 제도는 자기 신고제이다.
> ② 직무를 수행할 수 있는 능력을 자격에 따라 몇 개의 등급을 설정하고 그 자격을 획득한 자에게 대응하는 직위를 부여하는 제도는 직능자격제이다.
> ③ 종업원의 직무수행능력을 평가하는데 필요한 정보를 파악하기 위한 개인별 능력평가표를 목록화한 것은 기능목록제도이다.

정답 50 ④ 51 ③ 52 ③ 53 ② 54 ④

제 4 과목 조직운영 및 성과 관리

55 직원이 특정 경력 수준에 고정되어 보다 나은 기회를 얻지 못하고 수직상방으로 이동하지 못하는 현상은?

① 경력 이탈 현상

② 경력 고원 현상

③ 경력 상승 현상

④ 경력 유지 현상

해설

직원이 특정 경력 수준에 고정되어 보다 나은 기회를 얻지 못하고 수직상방으로 이동하지 못하는 현상이 확산되고 있다. 이를 경력 고원 현상이라 한다. '중년의 위기' 또는 '경력 정체현상'이라고도 한다.

56 다음 설명에 해당하는 승진의 유형은?

> 융통성 있는 승진관리를 확립하려는 데서 비롯된 것으로 특정 구성원에 대해 승진의 필요성은 있으나 마땅한 직책이 없을 경우 직무내용상 실질적 변화 없이 직위명칭 또는 자격호칭 등의 상승만 이루어지게 하는 형식적 승진이다.

① 대용 승진

② 직책 승진

③ 자격 승진

④ 정식 승진

해설

대용 승진은 조직구조의 경직성을 완화시키고 융통성 있는 승진관리를 수행하기 위해서 직무내용상의 실질적인 변화는 없지만 직위나 직책의 변화를 격상하여 형식적인 승진의 모양을 갖추게 하는 승진제도이다.

1장 실전 예상문제 2차 실기

01 인적자원의 특징을 3가지 쓰시오.

정답 능동성, 개발 가능성, 전략적 자원

02 기업 내의 제도나 관리가 노동 시장의 기능을 대신하게 될 때 노동 시장 기능이 기업 내로 옮겨진 현상을 나타내는 말을 쓰시오.

정답 내부 노동시장

03 인적자원의 내부 모집의 원천을 3가지 쓰시오.

정답 사내 공모제도, 전환배치, 승진

04 면접 방법 중 미리 준비된 질문항목에 따라 순차적으로 질문하는 방법을 쓰시오.

정답 구조적 면접

05 다음 선발도구의 설명에 해당하는 용어를 쓰시오.

> 어떤 검사를 동일한 환경에서 동일한 사람이 반복하여 다시 보았을 때 그 결과에는 일관성이 존재해야 한다는 것이다.

정답 신뢰성

06 선발 과정의 오류 중 후광 효과를 약술하시오.

정답 평가자가 평가받는 사람의 한 가지 특성에 근거해서 나머지 모든 특성을 평가하는 오류이다.

07 직무평가의 방법을 4가지 쓰시오.

정답 서열법, 비교법, 분류법, 요소비교법

08 피들러(Fiedler)의 리더십 상황이론에서 도입한 리더의 유형을 측정하는 도구를 쓰시오.

정답 LPC 점수

09 ADDIE 모형의 5단계를 쓰시오.

정답 분석, 설계, 개발, 실행, 평가

10 다음 설명에 해당하는 용어를 쓰시오.

피훈련자가 교육훈련을 통해 획득한 지식, 기술, 능력을 자신의 업무에 효과적이고 지속적으로 적용하는 것을 의미한다.

정답 교육훈련의 전이(또는 학습의 전이)

11 인사평가의 기준 중 다음 설명에 해당하는 용어를 쓰시오.

인사평가의 목적에 맞도록 평가가 이뤄져야 한다는 것으로 평가 요소 선정이 평가목적과 일치해야 함을 의미한다.

정답 타당성

12 다음 설명에 해당하는 인사평가 방법을 쓰시오.

> 직무수행과정에서 나타나는 중요한 행동을 추출하여, 평가대상자의 해당 행동을 추정함으로써 인사평가를 하는 방법이다.

정답 행동(또는 행위) 기준 평가법

13 다음 설명에 해당하는 용어를 쓰시오.

> 계산을 필요로 하는 사유가 발생한 날 이전 3개월 간 근로자에게 지급한 임금의 총액을 그 3개월의 총 일수록 나눠 구한 금액이다.

정답 평균임금

14 직원이 특정 경력 수준에 고정되어 보다 나은 기회를 얻지 못하고 수직상방으로 이동하지 못하는 현상을 쓰시오.

정답 경력 고원 현상

2장 통신판매 시스템 운용

✅ 실기 출제영역

인터넷이 보편화된 시대에 통신판매 업무는 수기로 하는 일이 사실상 없다고 볼 수 있습니다. 그러다 보니 업무를 처리하는 데 있어 컴퓨터 처리 화면이라든가 전화 응대를 하는 데 있어서 시스템적 운영 등이 필연적으로 수반됩니다. 다소 생소한 용어들을 숙지하고 전문적으로 쓰이는 용어들을 기억해야 합니다.

---

1 | 인바운드 시스템 활용

1 인바운드 시스템 지식 ★★★

(1) 대량콜 처리시스템의 이해 기출

① 대량콜 처리시스템은 자동 콜분배시스템(ACD)과 컴퓨터 통신 통합시스템(CTI), 멀티미디어 콜센터 시스템 등으로 나눠진다.

> **멀티미디어 콜센터 시스템**
>
> ❶ 멀티미디어 즉 글자/음성/음악/영상 등의 다양한 방식과 기법을 동원하여 고객과 복합적인 의사소통을 하는 콜센터를 지칭한다.
> ❷ 인터넷 네트워크 베이스로 시스템이 구축되어 고객들과의 소통에 다양한 방식을 양방향으로 사용한다.
> ❸ 고객이 요구하고 필요로 하는 정보를 좀 더 정확하고 신속하게 알아내어 해결하도록 하고, 비용적인 면이나 고객의 정확한 이해도 면에서 강점을 가지고 있다.

② 점차적으로 멀티미디어를 활용한 콜센터 시스템이 최근에 많이 활용되고 있으나, 아직까지는 대량콜 처리시스템을 종합적으로 지칭할 때에는 이 세 가지 시스템 중에 컴퓨터 통신 통합시스템인 CTI 시스템을 주로 말하게 된다.

③ 점차적으로 멀티미디어시스템 즉 다양한 방식을 통한 고객과의 소통시스템을 기업들이 구축해 나가고 있다. 이로 인해 대량콜 처리시스템을 어느 한 개의 시스템으로 확정지어 말하기가 쉽지 않은 상황이다. 그 이유는 각각의 역할이 있는 소규모시스템들의 유기적인 연계를 통해 대량콜을 처리하는 시스템의 완성이 이뤄지기 때문이다.

(2) 컴퓨터 통신 통합시스템(CTI, Computer Telephony Integration)

① 개요

㉠ 컴퓨터와 전화를 통합한 것으로 이 같은 통합을 통해 기업으로 들어오는 다양한 전화(콜, call)를 분류할 수 있고, 처리할 수 있게 된다.

㉡ 걸려온 전화에 대한 분석 및 고객의 개인정보 입력을 통해서 콜센터 상담원은 전화 건 고객의 모든 정보를 실시간으로 볼 수 있으며, 이를 통해 통화시간의 단축 및 정보열람을 통한 실시간 고객응대도 가능해진다.

ⓒ 인바운드 전화의 분류, 처리, 관리 등의 기능을 컴퓨터를 통해서 이뤄지게 한 것이 CTI 시스템이다.

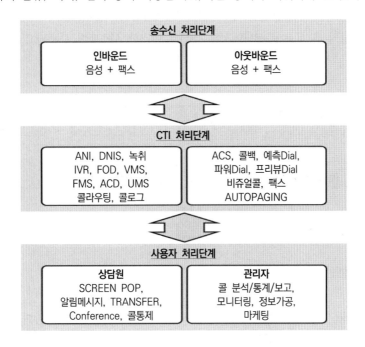

② CTI 시스템의 특징

　ⓐ CTI 시스템을 활용하면, 고객이 전화에서 응대하는 음성안내에 따라 숫자버튼을 누르거나 음성으로 원하는 정보를 듣게 되며 팩스를 통해서 문서로 볼 수도 있다.

　ⓑ 음성 안내에 따라 요구사항과 거래내용을 입력하거나 연극 등의 티켓 예약판매 서비스를 받을 수 있으며, 고객의 전화번호를 DB화하여 각 고객에게 적합한 응대방법을 도모할 수 있다.

③ CTI 시스템 역사

　ⓐ CTI 기술은 90년대 초반 IT 기업의 연구노력을 통해 발전하였으며 교환기 업체들과의 연동 노력으로 계속 발전되어 왔다. 초창기의 CTI는 컴퓨터와 PBX를 RS232C 등의 연결 인터페이스를 통해 서로 컨트롤정보를 교환하는 시스템으로 출발하였다.

　ⓑ 컴퓨터의 처리능력이 향상됨으로써 PBX의 제어뿐만 아니라 네트워크를 통해 정보 이동 시에 최적의 경로를 결정해 주는 라우팅 알고리즘을 이용한 접속 기능까지 컴퓨터에서 작동하게 되었다.

　ⓒ 현재는 인터넷 기반에서 컴퓨터와 Network 시스템만으로도 상담(call)처리를 하고 있다.

④ CTI 시스템의 구성

　ⓐ First Party Call Control

　　ⓐ 사용자의 컴퓨터에 전화기와 연결하는 PC카드가 삽입되어 있어 이를 통해 전화 라인을 조작하고 제어할 수 있다.

　　ⓑ 전화기가 제공하는 기능만을 활용할 수 있는 방식이므로 큰 규모의 콜센터에서 사용하기에는 무리가 따른다.

　ⓑ Third Party Call Control

　　ⓐ 사용자의 PC가 LAN 환경에서 CTI 서버와 연결되며 CTI 서버는 교환기와 CTI 링크를 통해 연결하여 교환기와 연결되어 있는 전화 정보를 모니터링하고 통제할 수 있다.

ⓑ 이 방식은 CTI 서버가 교환기와의 인터페이스 방식을 통해 제어하므로 메시지를 수신자 측으로 향하게 하는 교환기의 스위칭 기능뿐만 아니라 다양한 서버와의 접촉을 통해 더욱 강력한 기능을 제공한다.

ⓒ 현재 중형 이상의 큰 규모 콜센터에서는 대부분 이러한 시스템이 사용되고 있다.

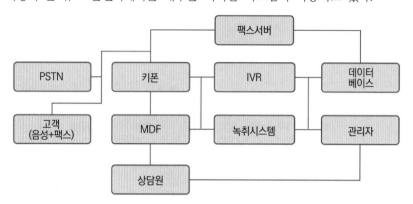

(3) 대량콜 처리시스템의 용도 기출

① 개요

㉠ 대량콜 처리시스템(CTI 시스템)은 많은 지역에서 많은 수의 사람들과 전화통화를 해야 하는 상황에 있는 적정규모 이상의 기업에서 필요한 시스템이다.

㉡ 방대한 내용의 의사소통을 많은 고객과 신속하게 진행하여 처리할 수 있다.

② 저비용 고효율 의사소통 시스템

㉠ 다수의 고객과 양방향 의사소통이 필요한 경우에 사용된다.

㉡ 고객의 의견이 매우 중요한 기업에서 많은 수의 고객과 효율적으로 소통하기 위해서는 방대한 고객데이터를 기준으로 필요정보를 찾아내야 하며, 이를 통해 고객 만족을 극대화할 수 있다.

③ 생산성 증대 용도

㉠ 모든 절차가 자동화된 시스템에 의해 신속하고 정확하게 이뤄지는 것이 필요할 때 이 시스템이 사용될 수 있다.

㉡ 기업이 고객을 위해서 생산해 낼 수 있는 다량의 정보를 자동화 시스템에 의해 고객에게 편하게 전달할 수 있으며, 고객 역시도 본인의 의견을 힘들이지 않고 기업에게 전달하거나 문의할 수 있다.

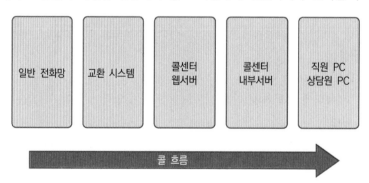

(4) 인입콜 처리 [기출]

① 개요

   ㉠ 인입콜은 고객으로부터 기업에 걸려오는 전화를 의미한다. 시스템상으로 걸려 온 고객의 전화를 전자동으로 분류하여 상담원 배치가 이뤄진다.

   ㉡ 상담원은 고객으로부터 걸려 온 전화를 다양한 채널에서 저장된 정보와 함께 전달받을 수 있으며, 이를 통해 좀 더 구체적이고 정확한 고객의 요구사항을 알 수 있고 상담할 수 있는 것이다.

② 인입콜 처리 프로세스

   ㉠ 콜센터 시스템에서 제일 기본적인 프로세스로서 고객의 전화가 기업에 걸려오는 즉시, 고객에게 필요정보를 다시 자동으로 묻거나, 적당한 상담원을 찾아서 전화를 연결해 주는 활동을 하게 된다.

   ㉡ 이러한 일련의 작업은 CTI 시스템 안에서 이뤄지며, 자동콜분배시스템(ACD) 등의 시스템들이 그 역할을 하게 된다.

   ㉢ 인입콜 연결 시에 고객이 직접 입력한 정보 또는 그 전에 입력된 같은 전화번호의 관련정보를 상담원의 화면에 리얼타임으로 제공되는데, 이런 역할은 기존에 보유한 방대한 정보 또는 DB를 통해서 이뤄진다.

   ㉣ 이를 통해 상담원은 고객에 대한 정보를 이미 알 수 있으므로 고객과의 소통에 불필요한 시간을 낭비할 필요가 없으며, 고객입장에서도 의미 없는 정보를 계속적으로 제공해야 하는 불편을 겪을 필요가 없어진다.

③ 인입콜 화면 및 처리방법

   ㉠ 고객의 전화내용이 상담원이 보는 화면에 다양한 내용으로 띄워지면 그 정보를 토대로 상담원은 고객의 요구사항이 무엇이고 어떻게 처리할 것인지에 대해 상담하고 기록하게 된다.

   ㉡ 일련의 과정에서 상담원이 의지할 수 있는 것은 상담화면에 띄워진 고객과 관련된 각종 정보이며 이를 어떻게 잘 활용하는가가 고객의 상담만족도를 끌어 올릴 수 있는 핵심이 된다.

   ㉢ 고객으로부터 걸려 온 전화를 분배하기 위해서는 고객으로부터 필요 요청사항 내용 및 고객의 신상정보를 ARS를 통해 입력받아야 하며 이를 통해 자동 콜분배시스템에 의하여 적절한 상담원을 자동으로 골라서 콜을 연결시켜야 한다.

   ㉣ 이 과정에는 다양한 자동화시스템이 가동되는데, 우선 구내교환망시스템인 PSTN으로부터 고객의 전화를 받게 되고 ARS시스템을 통해 고객이 원하는 상담내용을 파악해내며 이를 근거로 자동 콜분배시스템으로 해당하는 상담원과 연결이 되도록 전화를 분배 및 연결하게 된다.

   ㉤ 이 전체 과정은 CTI 시스템 내부에서 이뤄지며 고객과 연결된 상담원은 각종 데이터베이스를 통해 고객의 신상정보 및 과거 접촉정보 등을 인입콜과 함께 리얼타임으로 화면으로 볼 수 있게 된다.

④ 전산을 통한 정보 전달

   ㉠ 상담원이 고객의 전화를 받는 동시에 고객의 정보가 띄워지면 이를 통해 상담원은 더욱 정확한 정보를 고객에게 전달할 수 있으며, 이는 곧 고객의 기업에 대한 충성도 상승으로 귀결될 수 있다.

   ㉡ 상담원이 보고 있는 화면에는 가장 효율적인 방식으로 정보들을 나열해야 한다.

   ㉢ CTI 기술 및 인터넷과 저장장치의 지속적인 발전에 따라 상담원이 볼 수 있는 고객정보의 용량이 매우 방대해졌으며, 이러한 방대한 데이터를 효율적으로 상담원이 볼 수 있도록 화면을 어떻게 구성하느냐가 상담성공의 성패를 가늠하게 되었다.

② 이런 이유로 기업마다 상담시스템의 효율적인 화면구성에 많은 노력을 기울이고 있으며, 상담원이 신속하고 정확하게 고객의 정보를 찾아볼 수 있도록 정보의 중요도 및 참신성에 따라 화면에 정보를 구성하고 있다.

⑤ 전산화면 제공 정보

㉠ 고객 신상정보

ⓐ 고객의 신상정보는 과거에 고객이 오프라인매장 또는 웹사이트를 통해 입력했거나 직전에 상담한 내용을 토대로 작성된 고객의 다양한 개인정보가 된다.

ⓑ 고객의 입장에서는 회사에 이미 제공한 정보이기 때문에 또다시 말해주지 않아도 되는 이점이 있는 것이다.

ⓒ 고객은 ARS를 통해 주민번호 앞자리 또는 등록된 전화번호를 입력하면 시스템의 신속한 처리를 통해 상담원에게 고객의 정확한 신상정보 및 관련정보가 제공된다.

고객 신상정보 내용

❶ 고객 분류 정보 : 고객명, 고객ID, 주민등록번호(앞자리만 표시, 개인정보보호법)
❷ 고객 연락처 정보 : 주소, 전화번호(자택, 근무지, 휴대폰), 이메일주소
❸ 고객 기타 정보 : 근무처, 결혼여부, 가족관계정보, 생일, 취미/특기

㉡ 고객 접촉 정보

ⓐ 고객과 다양한 채널을 통해 일어난 기존 접촉이력들을 화면상에 보여 줌으로써 상담원은 고객의 주요관심사나 성향파악 및 현재 어떤 문제가 있을 수 있는지 미리 예측도 가능하다.

ⓑ 과거에 고객이 회사와 접촉했던 모든 기록을 정리하여 상담원 화면에 표시할 필요가 있다.

ⓒ 전화상담은 물론이고 오프라인, 우편, 웹사이트 상에서 이뤄진 다양한 접촉내용이 일목요연하게 정리되어 상담시스템에 나열된다면 처음 접하는 상담원은 마치 기존에 알고 있었던 친구 같은 마음으로 고객과의 친밀감을 표시할 수도 있다.

ⓓ 고객이 가지고 있는 문제들을 기존의 접촉정보를 통해서 잘 이해하고 처리함으로 해서 고객의 상담 만족도를 극대화할 수 있다.

ⓔ 고객에게도 과거에 일어난 일들을 일일이 반복적으로 상담원에게 얘기하지 않아도 된다는 장점이 있다.

2 인바운드 지표 ★★★

(1) 인바운드 리포트 작성 [기출]

① 의의

㉠ 콜센터도 전체 조직의 일부이므로 성과 관리 결과에 대한 체계적인 보고가 매우 중요하다.

㉡ 보고와 커뮤니케이션은 콜센터 이해관계자들이 콜센터 운영성과를 쉽게 파악할 수 있도록 알기 쉬운 형태로 보고서의 형식과 내용을 정의하고 이를 각 이해관계자에게 적절하게 전달하기 위한 방법이 활용된다.

② 보고의 기능
- ㉠ 실시간 성과 모니터링을 통해 실시간 대응 가능
- ㉡ 운영 목표 달성을 위한 필요 자원의 조정
- ㉢ 상담사 동기부여
- ㉣ 스킬 향상을 위한 코칭
- ㉤ 문제 해결을 위한 근본원인 분석 지원
- ㉥ 경향, 추세의 파악
- ㉦ 임원 및 타부서의 의사결정을 위한 데이터 제공
- ㉧ 교육 필요성 탐색

③ 보고서의 주요 목록

일일 운영 보고	• 상담사 근태 • 콜 현황 : 응답률, 대기시간, 포기율, 서비스 레벨 • 주요 운영 현황
주간 운영 보고	• 주간 상담사 근태 • 주간 콜현황 : 응답률, 대기시간, 포기율, 서비스레벨, 요일별 콜 현황 • 주요 운영 현황 및 개선사항
월간 운영 보고	• 당월 운영 현황 및 익월 운영 계획 • 월별 콜 현황 : 응답률, 대기시간, 포기율, 서비스레벨, 요일별 콜 현황 • 콜 추세 분석 • 상담 품질 평가

④ 콜 로드 예측
- ㉠ 콜 로드 예측을 위해 필요한 과거 데이터는 과거에 얼마나 많은 인바운드 업무를 받았었고 그것들을 처리하는 데 얼마나 걸렸나 등을 포함한다.
- ㉡ 과거 데이터로부터 추정되어야 할 4가지 주요 수치

통화시간	첫인사부터 마지막 인사까지 모든 통화가 수행되는 데 걸리는 시간
마무리 시간/ 통화 후 업무시간	통화 완료 후에 상담사가 고객에게 마지막 인사를 한 후 업무를 완료하기 위해 쓰는 시간
평균처리시간	평균 통화시간과 평균 마무리 시간의 합
통화 업무량	• 주어진 시간 동안의 인입 콜량에 평균처리시간을 곱한 값 • 콜량과 평균처리시간 수치를 각각 추정하더라도 예측을 위해서는 궁극적으로 두 수치들을 같이 사용해야 함

⑤ 콜량 예측 : 콜량을 예측하는 방법에는 점 추정법, 평균 접근법, 회귀분석, 시계열 분석 등이 있다.

점 추정법	예측의 가장 단순한 접근법 → 과거의 데이터를 현재의 데이터로 그대로 복사해서 쓰는 방법으로 점 추정 방식은 콜센터 예측에서 거의 쓰이지 않음
평균 접근법	점 추정의 한 단계 발전된 방식 → 하나의 데이터가 아닌 여러 개의 데이터를 사용하므로 근거가 없는 하나의 데이터로 인한 잘못된 예측 방향의 가능성을 줄여 줌
회귀분석	미래의 콜량이 이벤트 혹은 과거의 어떠한 변수에 영향을 받는 경우에 진행하는 예측 방법으로 회귀분석은 독립변수와 종속변수의 숫자적인 관계를 찾아내는 방식
시계열 분석	계절요인과 월마다 발생하는 트랜드를 반영한 콜센터 예측을 가장 정확하게 접근하는 방식 → 대부분의 콜센터와 서비스에 제공하는 예측모델의 기초가 되는 가장 폭넓게 사용하는 분석방식

1 아웃바운드 시스템 지식 ★★★

(1) 다이얼러 시스템의 이해 [기출]

① 개요

　㉠ 다이얼러 시스템은 아웃바운드 콜센터라는 개념과 매우 관련이 많다.

　㉡ 인바운드 콜센터의 역할은 고객의 전화를 받아서 응대하는 것이라고 한다면 아웃바운드 콜센터에서는 기업의 필요에 의하여 고객에게 전화를 걸어야 하는 상황이다.

　㉢ 다이얼러 시스템은 시간을 절약하고 정확성을 높이기 위해 사용된다.

② 다이얼러 시스템의 기능

　㉠ 다이얼러 시스템의 가장 대표적인 기능은 기업이 고객에게 전화를 거는 데 있어서 꼭 필요한 시간만을 투자할 수 있도록 자동화된 시스템이 전화 거는 시간을 최대한 절약시켜 주는 것이다.

　㉡ 다이얼러 시스템이 없는 경우에는 고객번호를 선별하여 그 번호를 눌러서 전화를 걸게 되며 그 후 고객의 전화 통화음을 들으면서 연결을 기다리게 된다.

　㉢ 통화연결이 되었다고 하더라도 정확한 고객과의 연결이 맞는지 재차 확인하는 작업을 해야 하고, 기계음이나 자동응답기, 팩스로 연결이 된 경우에는 전화 건 절차가 모두 무용지물이 된다.

　㉣ 다이얼러 시스템을 사용할 경우에는 고객과의 전화 연결 시간을 대폭 단축해서 상담사의 생산성과 효율성을 높여준다.

　㉤ 다이얼러 시스템은 아웃바운드 콜센터 슈퍼바이저의 캠페인 전략수립 및 실행도 지원한다.

　㉥ 일반적으로 아웃바운드 콜센터에서 슈퍼바이저는 고객 데이터베이스의 특성에 따라 상담원 그룹을 구분하여 연결하는 작업을 수행하게 되며 이를 지원하기 위한 시스템이 다이얼러 시스템이다.

　㉦ 다이얼러 시스템에서 상담원들의 성과 데이터 역시 자료 데이터로 지원하고 있으므로 이를 통해 개선 활동도 수행할 수 있게 해준다.

③ 다이얼러 시스템의 종류 : 다이얼러 시스템은 Preview Dialing, Progressive Dialing, Predictive Dialing의 순서로 발전해 왔으며, 현재는 이 세 가지 종류의 다이얼링 모드가 모두 사용되고 있다.

　㉠ Preview Dialing(미리보기 다이얼링)

　　ⓐ 과거에는 상담사가 수동으로 직접 전화번호를 입력했다면 Preview Dialing 시스템은 자동 전화 연결이 가능하다.

　　ⓑ 화면에 전화를 걸어야 할 고객리스트를 정렬한 후에 그 옆에 달려 있는 콜버튼만 클릭해 주면 해당 고객과 자동으로 다이얼링이 되는 기능을 제공한다.

　　ⓒ 상담사의 통제에 의해 교환기가 특정 고객의 전화번호를 발신하도록 지시하는 응용 프로그램으로 대개 CTI의 추가기능으로 개발되었다.

　　ⓓ 전화번호와 함께 고객의 각종 이력 정보가 화면에 함께 제공되므로 이를 토대로 상담원은 고객과 상세한 아웃바운드 상담을 할 수 있게 된다.

ⓛ Progressive Dialing(진행형 다이얼링)

ⓐ Preview Dialing에서 한 단계 진화한 시스템으로 고객과의 통화가 종료된 이후에 통화 내용에 대한 정리 후 처리과정의 평균시간을 미리 입력한다. 그 시간이 지난 후에는 자동으로 다음 고객에게 다이얼링을 하도록 하는 시스템이다.

ⓑ 상담사는 후처리 작업을 완료하는 동시에 다음 순서의 고객과 자동으로 연결될 수 있으므로 연결에 따른 시간 낭비가 더욱 줄어들게 되는 것이다.

ⓒ 상담 완료 후 그 상담에 대한 기록이나 내용정리에 들어가는 시간이 약 30초 정도 평균적으로 걸린다고 한다면 이 시스템에서는 통화 종료 후 정확히 30초 후에 다음 순서의 고객에게 전화가 걸리는 것이다.

ⓒ Predictive Dialing(예측 다이얼링)

ⓐ Predictive Dialing 모드에서 제일 진보된 다이얼러 시스템으로 예측기능과 콜 탐지기능이 포함된 시스템이다.

ⓑ 예측기능이라는 것은 과거의 통화 성공률을 기준으로 하여 그 수치만큼 동시에 고객에게 전화를 걸어서 시간적인 효율성을 극대화하는 시스템이다.

ⓒ 과거의 콜 성공률이 50%라고 가정한다면 30명의 상담원이 있는 아웃바운드 콜센터에서는 총 60콜의 전화 연결을 동시에 진행하여 그중 연결에 성공한 전화만 상담원에게 연결하는 기능이다.

ⓓ 이 경우 통화연결 실패로 인한 시간 낭비를 최소화할 수 있다는 장점이 있다.

ⓔ 콜 탐지기능은 수신고객의 결번, 오번과 팩스, 자동응답기의 기계음을 정확히 구별하여 성공한 콜(음성 인식된 콜)만 상담원에게 연결하는 기능을 가지고 있다.

ⓕ 통화연결 실패로 인한 시간낭비를 최소화할 수 있다. 최근에는 기술의 발달로 기계음과 사람 음성을 구별하는 탐지비율이 97~98%까지 높아졌다.

ⓖ 이 밖에도 통계 및 리포팅 지원 기능과 전담상담사 매칭기능을 수행할 수 있도록 시스템이 구성되어 있다.

④ 다이얼러 시스템의 성공 요건

㉠ 통화시간

ⓐ 고객과 통화하는 시간을 최소화해야 하는 것은 핵심요소에 들어간다.

ⓑ 다이얼러 시스템에서 화면에 제공하는 통화 연결된 고객의 다양한 정보를 적극 활용하여 통화시간을 줄이도록 노력해야 한다.

㉡ 후 처리시간

ⓐ 통화가 완료된 후에 통화내용에 대한 정리 작업을 하는 시간인 후 처리시간 역시 최소화하도록 노력해야 한다.

ⓑ 이를 지원하기 위해 다이얼러 시스템에서는 상담과 관련된 정보값을 자동으로 인식하여 처리할 수 있도록 도움을 준다.

㉢ 대기시간

ⓐ 대기시간은 전화를 건 후에 상대편 고객전화의 착신음을 듣고 있는 시간인데 이런 시간의 최소화가 매우 중요하다.

ⓑ 다이얼러 시스템에서는 이 같은 시간을 최소화하기 위해 상담원을 대신하여 통화 연결된 곳만 자동으로 연결시켜주는 기능이 있다.

ⓒ 무효통화의 수

    ⓐ 무효통화란 기계음으로 전화를 받는 곳과 연결된 통화를 말한다. 즉 자동응답기나 팩스 등으로 전화가 연결되었을 때 이를 무효통화라고 한다.

    ⓑ 다이얼러 시스템은 시스템 자체적으로 이를 구별하여 상담원에게 연결시키므로 무효통화를 최소화할 수 있다.

ⓓ 포기통화의 수

    ⓐ 통화가 연결된 후에 고객의 사정으로 통화연결이 실패한 경우, 즉 고객이 회사와의 통화연결을 포기한 통화를 포기통화라고 한다.

    ⓑ 포기통화를 최소화하기 위해 다이얼러 시스템은 고객과의 신속하고 정확한 연결을 통해 포기통화의 수를 최소화시켜 준다.

콜드콜(Cold Call) 기출

❶ 잠재 고객에게 먼저 연락하는 아웃바운드 영업 방식을 의미한다. 잠재 고객은 영업팀에게 연락이 올 것을 전혀 예상하지 않고, 심지어 구매 의사가 없거나 매우 적은 경우가 많기 때문에 콜드(Cold)콜이라고 부른다.

❷ 콜드콜을 했을 때 불쾌하게 여기거나 대화를 시작하자마자 거절하는 빈도가 매우 높아서 수많은 영업 활동 중에서 많은 영업 담당자들이 가장 하기 어려워하고 힘들어한다.

---

(2) 아웃바운드 텔레마케팅 실행 및 전산화면 구성 기출

① 아웃바운드 텔레마케팅 실행

    ㉠ 아웃바운드 텔레마케팅은 업체가 주도적으로 진행하는 프로세스로 수행되며, 텔레마케터가 먼저 고객에게 적극적으로 다가가는 능동적이면서 성과 달성이나 목적을 염두에 두는 텔레커뮤니케이션 기법이라고 할 수 있다.

    ㉡ 아웃바운드 텔레마케팅은 고객에게 직접 찾아가는 고객서비스 혁신이다. 잠재 고객이나 가망 고객을 정확하게 포착하여 판촉하거나 기존 고객 대상으로 고객관계 개선활동(CRM)을 위한 커뮤니케이션 향상에 초점을 두고 있다.

    ㉢ 초기 텔레마케팅 조직의 운영 형태는 대개 고객에게 전화를 받는 인바운드를 중심으로 전개되는 것이 일반적이었으나 요즘에는 아웃바운드 분야로 급속하게 확산되는 추세에 있다.

    ㉣ 기업의 입장에서 보면 인바운드의 역할도 매우 중요하지만, 저비용·고효율 지향의 마케팅 활동을 위해서는 필요한 고객을 찾아내어 그 고객과 접촉하는 아웃바운드 텔레마케팅의 도입이 불가피한 현실인 것이다.

② 아웃바운드 텔레마케팅의 혁신 요소

    ㉠ 고객에게 접근하는 적극적, 공격적 마케팅의 필요에 의한 전략적 관점

    ㉡ 오프라인 매장을 벗어나서 인적 판매를 강화한 채널적 관점

    ㉢ 비대면 접촉이지만 음성으로 다가가는 감성기법이라는 심리적 관점

    ㉣ 고객의 로열티화, 고객 생애가치 극대화라는 CRM(고객 관계 관리 개선활동) 관점

    ㉤ 편익을 주는 텔레마케팅 전용상품 이용의 보편화를 위한 고객적 관점

③ 전산화면 제공 정보

　㉠ 상담원은 고객과 통화연결이 되는 동시에 고객의 정보를 화면으로 미리 볼 수 있으며, 이를 통해 상담원은 더욱 정확한 정보를 고객에게 전달 및 제안할 수 있다. 이는 곧 고객의 통화 거절을 회피할 수 있게 하는 중요한 요인인 것이다. 이런 이유로 상담원이 보고 있는 화면에는 가장 효율적인 정보들이 나열되어야 한다.

　㉡ CTI 기술 및 인터넷과 저장장치의 지속적인 발전에 따라 상담원이 볼 수 있는 고객정보의 용량이 매우 많아졌다.

　㉢ 엄청난 분량의 데이터를 효율적으로 상담원이 볼 수 있도록 어떻게 화면을 구성하느냐가 상담성공의 성패를 가늠하게 되었다.

　㉣ 기업마다 상담시스템의 이상적인 화면구성에 많은 노력을 기울이고 있으며, 상담원이 신속하고 정확하게 고객의 정보를 검색하거나 관련 내용을 찾아볼 수 있도록 정보의 중요도 및 완성도에 따라 화면에 정보를 효율적으로 구성하고 있다.

④ 전산화면 구성

　㉠ 고객 신상정보

　　ⓐ 고객의 신상정보는 과거에 고객이 오프라인매장 또는 홈페이지를 통해 입력했거나 직전에 상담한 내용을 토대로 다양한 채널에서 작성된 고객의 각종 개인정보가 된다.

　　ⓑ 고객의 입장에서는 회사에 이미 제공한 정보이기 때문에 또다시 말해주지 않아도 되는 이점이 있는 것이다.

　　ⓒ 고객의 신상정보 내용

고객 분류 정보	고객명, 고객ID, 성별, 영문/한문, 주민등록번호(필요 시 앞자리만)
고객 연락처 정보	주소, 전화번호(자택, 근무지, 휴대폰), 이메일주소, 팩스번호
고객 기타 정보	근무처, 결혼여부, 가족관계정보, 생일, 취미/특기, 성향, 판매기록

　㉡ 고객 접촉 정보

　　ⓐ 기존에 접촉한 이력들을 통해 다양하게 분석한 정보들을 화면상에 보여줌으로써 상담원은 해당 고객의 주요관심사나 성향파악 및 현재 어떤 문제가 있을 수 있는지 미리 예측 가능하다.

　　ⓑ 과거에 고객이 회사와 접촉했었던 모든 기록을 정리하고 분석한 정보들을 상담원 화면에 표시할 필요가 있다.

　　ⓒ 전화상담은 물론이고 오프라인, 우편, 홈페이지상에서 이뤄진 다양한 접촉내용이 일목요연하게 정리되어 상담시스템에 나열된다.

　　ⓓ 처음 접하는 상담원은 마치 기존에 알고 있었다는 듯이 고객과의 친밀감을 표시할 수도 있으며 문제들을 잘 이해하고 처리함으로써 고객의 만족도를 극대화할 수 있다.

(1) 아웃바운드 리포트 작성 [기출] ※ 인바운드 리포트 작성과 동일 함.

① 개요

    ㉠ 콜센터도 전체 조직의 일부이므로 성과 관리 결과에 대한 체계적인 보고가 매우 중요하다.

    ㉡ 보고와 커뮤니케이션은 콜센터 이해관계자들이 콜센터 운영성과를 쉽게 파악할 수 있도록 알기 쉬운 형태로 보고서의 형식과 내용을 정의하고 이를 각 이해관계자에게 적절하게 전달해야 한다.

② 보고의 기능

    ㉠ 실시간 성과 모니터링을 통해 실시간 대응 가능   ㉡ 운영 목표 달성을 위한 필요 자원의 조정

    ㉢ 상담사 동기부여   ㉣ 스킬 향상을 위한 코칭

    ㉤ 문제 해결을 위한 근본원인 분석 지원   ㉥ 경향, 추세의 파악

    ㉦ 임원 및 타부서의 의사결정을 위한 데이터 제공   ㉧ 교육 필요성 탐색

③ 보고서의 주요 목록

일일 운영 보고	• 상담사 근태 • 콜 현황 : 응답률, 대기시간, 포기율, 서비스 레벨 • 주요 운영 현황
주간 운영 보고	• 주간 상담사 근태 • 주간 콜 현황 : 응답률, 대기시간, 포기율, 서비스 레벨, 요일별 콜 현황 • 주요 운영 현황 및 개선사항
월간 운영 보고	• 당월 운영 현황 및 익월 운영 계획 • 월별 콜 현황 : 응답률, 대기시간, 포기율, 서비스 레벨, 요일별 콜 현황 • 콜 추세 분석 • 상담 품질 평가

④ 아웃바운드 주요 지표 관리 예시

구분	고려 사항	고려 수준		
		상	중	하
콜 연결 관련 항목	불통률 : 상담사에게 연결되지 못한 콜 비율			
	시도콜 : 전화 연결 시도한 건수			
	연결콜 : 상담사에게 연결된 전화			
	성공콜 : 원하던 사람에게 연결된 전화			
	시간당 성공콜 수 : 컨택수량 / 상담사 일한 시간			
	통화 성공률 : 컨택 시도된 콜의 비율			
	분당 비용 : 총 지출 / 컨택 수			
	리스트 소진율 : 전화를 건 콜 리스트의 퍼센트			
	유효 시간대 : 가장 많은 컨택 이뤄진 시간대			
	성공콜당 비용 : 총 지출 / 컨택 수			
상담 내용 항목	상담내용 성공 : 고객의 제안 수용			
	고객 만족도 : 고객의 상담 만족도			

(2) DB분배

① 개요

㉠ 아웃바운드 텔레마케팅에서는 고객의 정보를 DB화하여 저장한 내용을 중심으로 아웃바운드 상담사에게 해당 DB를 분배하여 상담전화를 걸도록 하고 있다.

㉡ DB는 고객의 신상정보 및 각종 채널로부터 들어오는 이력내역을 정리한 것으로 해당고객과 관련된 모든 정보를 정리한 것으로 볼 수 있다.

㉢ DB를 해당하는 상담사에게 적절히 분배하여 상담사 또는 특정 상담사그룹에서 아웃바운드의 성공 확률을 최대화하는 것이 최대 목적이다.

② DB의 운영

㉠ DB분배는 미리 적용한 시나리오를 기준으로 자동화시스템에 의하여 실시간 분배되도록 프로그램이 짜여 있다.

㉡ 미리 등록한 아웃바운드 상담사의 경력, 스킬, 전문분야 등에 따라 고객DB가 자동 분배되어 상담할 수 있도록 진행되는 것이다.

㉢ DB분배 자동화시스템은 회사에서 보유한 다양한 채널들에서 각각의 고객과 접촉하여 얻어진 각종 데이터 및 정보를 토대로 가동된다.

㉣ DB를 적절한 로직에 따라 분류 및 분석하여 최상의 정보로 가공한 후에 최종적으로 아웃바운드 텔레마케팅을 통하여 고객과 접촉하여 소기의 목적을 달성할 수 있도록 캠페인 또는 판촉내용을 제안하거나 새로운 정보를 고객에게 제공한다.

3 시스템 문제 대응

1 문제 상황 대응 프로세스 ★

(1) 장애 대응 프로세스 실행

① 개요

㉠ 시스템 문제 처리에서 문제란 통제가 불가능한 재해(자연 재해와 인적 재해)를 제외한 발생하게 된 원인에 대한 관점에서 접근한 것이다.

㉡ 직접 영향을 미치는 인적 장애, 시스템 장애, 기반 구조 장애(운영 장애, 설비 장애 등 포함) 등과 같은 통제할 수 있는 요인들에 의한 설비시스템의 기능 저하, 오류, 고장, 멈춤을 의미한다.

② 문제 해결 접근

㉠ 콜센터 시스템에 문제가 발생한 경우

ⓐ 시스템에 문제 발생 시 최대한 업무는 수기로 작업 진행

ⓑ 시스템에 문제 발생 시 빠른 처리를 위한 비상 연락망 구축

ⓒ 재발 방지를 위한 문제내용 일지 작성 및 관리

ⓓ 시스템 구축 및 유지 전담업체와 적극적인 문제 해결 지원
　　ⓛ **장애 관리 조직 체계 구축** : 시스템 운영 상황실을 별도로 구축하여 현장에서 발생하는 시스템 장애를 실시간으로 감지해서 문제를 해결해 가는 절차를 수립하고 해결이 가능하도록 조치한다.
③ **장애 대응 체계** : 시스템 운영상황실을 중심으로 문제 발생 시 문제 감지 및 문제 해결이 가능하도록 장애 대응 체계를 갖추어 운영하는 환경이다.
　ⓐ 장애 관리 프로세스는 다음과 같이 8단계의 처리 프로세스로 구성된다.

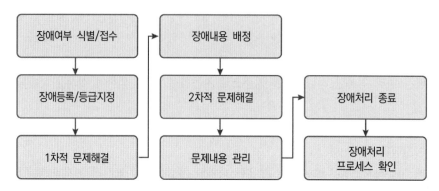

　ⓒ 8단계 처리 과정 중에서 2차 해결 방안으로 해결되지 않은 문제에 대해서는 근본적인 원인을 처리하는 세부 처리 과정도 중요하다.
　ⓒ 동일한 문제가 반복적으로 일어나지 않게 하기 위한 사전 준비적인 성격을 갖고 있으며, 아래와 같은 7단계의 세부 처리 과정으로 구성된다.

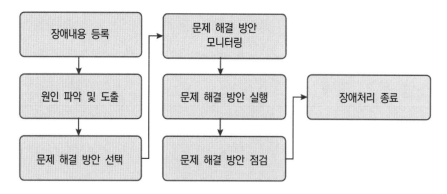

④ 시스템문제 대응 매뉴얼 작성

㉠ 발생 가능한 문제별로 관리 방안을 미리 정의하고, 관련 담당자에게 배포하여 문제 발생 시 처리할 수 있도록 수행 지침을 제공한다.

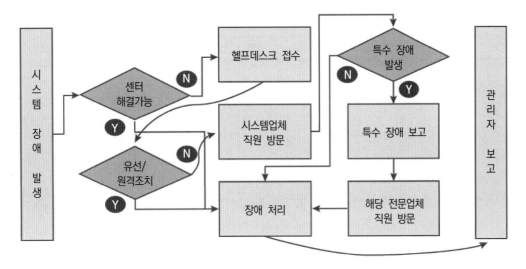

분류	대처 방안	주요 내용
인력 측면	사전교육	• 시스템 장애 시 상담원이 수기로 수행할 수 있도록 사전에 교육 및 스크립트를 제공한다. • 운영자가 비상 시 대처할 수 있도록 사전 교육 및 장애 조치 매뉴얼을 제공한다.
네트워크	예비 회선	네트워크의 이중화 구성을 통하여 장애 발생 시 즉시 회선 자동 절체 및 연결이 될 수 있도록 구성한다.
상담 시스템	원격 지원	상담 시스템의 장애 발생 시 원격으로 접속하여 즉시 장애 처리 후 보고서를 제출한다.
	방문 지원	원격지원으로 처리되지 않는 장애에 대해서는 5시간 이내에 방문하여 장애를 처리한다.
	사전 예방	정기적인 시스템 점검을 통하여 장애가 발생하지 않도록 사전예방을 원칙으로 한다.
조직 측면	보안 교육	• 팀원 및 관리자에 대해 주기적 보안 및 저작권 준수, 부당한 사용 방지를 위한 교육을 실시한다. • 주간 단위로 보안 관리자 및 담당자를 지정하여 각종 보안 위배 사항 체크 및 시정 조치한다.
	보안 서약	자료 유출 및 보안 미준수 시 제재를 위한 서약서를 작성한다.
네트워크	자료 통제	• 파일, 문서 자료를 잠금 장치가 있는 캐비닛에 보관하고 자료열람도 보안 관리자로부터 허가받은 사람만 열람하도록 한다. • 개발 장비에 전자 문서로 저장된 자료는 암호 및 사용권한을 가진 사람만 접근하도록 보안 체계를 구성한다. • 중요한 자료를 복사 시 복사한 자료의 내용과 부수를 대장에 기록하고, 복사한 자료는 사용이 완료되면 폐기한다.
	출입 통제 강화	• 프로젝트 책임 부서에서 제공하는 사무실 내에서 개발한다. • 타 부서 출입 시 부서장 및 담당자 허가 후 출입한다. • 개발 장소에 외부인의 출입을 제한, 인가된 사람만 출입한다.

시스템 측면	운영 장비 접근 제한	• 기존 시스템 분석자는 개발 장비 및 도구 역할에 맞는 권한을 부여하여 접근할 수 있는 자원을 제한한다. • 개인별 장비접근을 위한 ID, 패스워드를 관리 및 통제한다.
	네트워크 통제	폐쇄된 환경의 개발 LAN을 구성하고, 허가된 개발자에 한해서 외부 네트워크 사용이 가능하도록 구성한다.
	바이러스 체크	시스템 자원 및 각종 자료를 보호하기 위해 백신프로그램을 설치/운영한다.

⑤ 장애 대응 준비

　㉠ 일반 원칙

　　ⓐ 상담원은 유선을 통해 헬프데스크 직원에게 장애 상황을 접수하고, 장애 종류를 구별하여 서비스 담당자의 해결을 요청한다.

　　ⓑ 시스템 문제 대응 체계를 이해하고 발생하는 문제를 해결할 수 있도록 처리한다.

　　ⓒ 시스템 문제 관리의 근본 목적은 고객과 정보 시스템 사용자에게 막힘없는 서비스를 지속적으로 제공하고 문제가 발생했을 경우 재빨리 복구 작업을 수행하는 것이다.

　　ⓓ 따라서 각종 문제 해결 요청을 신속하게 접수/처리할 수 있는 헬프데스크 조직이 필요하다.

　　ⓔ 문제 관리 프로세스에서 효율적인 정보 시스템 운영을 수행하기 위한 각 담당 조직의 분명하고 확실한 역할 및 책임 부여가 필요하다.

　㉡ 기계적인 요인으로 발생하는 문제 유형

불규칙적 문제	규칙적 장애
정보 시스템, 자연, 물리적인 환경, 물과 공기, 기름	악성 프로그램 및 코드, 폭발물, 통신 방해, 화재, 감지기 고장

　㉢ 콜센터 내부인의 장애 유형

　　ⓐ 관리, 기술 부문(컴퓨터 운영자, 시스템 분석가, 네트워크 관리자, 소프트웨어 개발자, 소프트웨어 유지 보수자, 클라이언트/서버 기술자, 하드웨어 유지 보수자 등의 장애)

　　ⓑ 비기술 부문(비서실, 인사부, 마케팅부, 재무부, 회계부 등의 문제)

　　ⓒ 정보 보호 부문(정보 보호 부서, 정보 보호 관리자, 보안 경비 등의 문제),

　　ⓓ 업무 담당자(법률 업무 담당자, 감사 업무 담당자, 회계 업무 담당자 등의 문제)

　　ⓔ 환경 통제 부문(전기 기술자, 상수도 담당자, 공기 정화 담당자, 소방 담당자 등의 문제)

　　ⓕ 건물 관리 부문(청소원, 집기 담당자, 보일러 담당자, 건물 관리인, 네트워크 담당자)

　㉣ 조직 외부인의 장애 유형 : 외국 정부 직원, 산업/협회 직원, 해커, 범죄자 혹은 범죄 단체, 테러리스트, 언론매체(기자 등)

⑥ 장애 대응 프로세스

　㉠ 헬프데스크 직원은 접수받은 시스템 문제를 등록하고 정보 시스템 사용자의 요청을 접수받는다.

　㉡ 해당 문제 해결을 실시하는 과정 중에 장애 관련 지식DB 검색을 통해 해결책이 존재하면 즉시 사용자에게 해결 방법을 통보하고 해당 장애를 종료한다.

　㉢ 이처럼 해당 장애는 사전에 약속된 시간 범위 내에서 처리하는 것을 원칙으로 한다.

ㄹ 만일 정해진 시간 내에 처리하지 못하거나 정보 시스템 사용자가 해결책에 수긍하지 못하는 경우, 지원 그룹(시스템 공급/유지 업체 등)으로 전달 및 헬프데스크 직원을 할당 및 배정하여 해결하도록 한다.

ㅁ 문제를 할당받은 2차 지원 담당자는 문제 번호, 등급, 상세 정보, 과거 해결 이력에 대한 정보를 넘겨받아 해결책을 찾는 데 활용한다.

ㅂ 시스템 문제에 대해 성공적으로 해결한 경우는 해당 문제를 종료한다.

ㅅ 시스템 문제가 다수의 사용자들로부터 발생한 내용일 경우 메시지를 해당 사용자들에게 보내서 해결 결과를 통보해야 한다.

⑦ DB 관리

ㄱ 주요 관리 항목 : 전체 장애 대비 해결 종료된 장애 수, 사용자 만족도

ㄴ 세부 프로세스 참여자 역할 : 사용자(문제 해결 내용에 의견 제시), 서비스 데스크 요원(문제 처리 종료), 시스템 장애 관리 책임자(종료 점검)

01 다음 설명에 해당하는 시스템은?

> 글자/음성/음악/영상 등의 다양한 방식과 기법을 동원하여 고객과 복합적인 의사소통을 하는 콜센터를 지칭한다.

① 일방향 콜센터 시스템
② 멀티미디어 콜센터 시스템
③ 커뮤니케이션 콜센터 시스템
④ 전통적 콜센터 시스템

해설

멀티미디어 콜센터 시스템은 멀티미디어 즉 글자/음성/음악/영상 등의 다양한 방식과 기법을 동원하여 고객과 복합적인 의사소통을 하는 콜센터를 지칭한다. 인터넷 네트워크 베이스로 시스템이 구축되어 고객들과의 소통에 다양한 방식을 양방향으로 사용하는 콜센터이다.

02 CTI를 설명한 것으로 틀린 것은?

① 통화시간은 길어지지만 정보열람을 통한 실시간 고객응대가 가능하다.
② 컴퓨터와 전화를 통합한 것으로 이 같은 통합을 통해 기업으로 들어오는 다양한 전화를 분류할 수 있고, 처리할 수 있게 된다.
③ 콜센터 상담원은 전화 건 고객의 모든 정보를 실시간으로 볼 수 있다.
④ 인바운드 전화의 분류, 처리, 관리 등의 기능을 컴퓨터를 통해서 이뤄지게 한 것이다.

해설

CTI를 통해 걸려온 전화에 대한 분석 및 고객의 개인정보 입력을 통해서 콜센터 상담원은 전화 건 고객의 모든 정보를 실시간으로 볼 수 있으며, 이를 통해 통화시간의 단축 및 정보열람을 통한 실시간 고객응대도 가능해진다.

03 Third Party Call Control에 대한 설명으로 틀린 것은?

① 사용자의 PC가 LAN 환경에서 CTI 서버와 연결되어 있다.
② CTI 서버는 교환기와 CTI 링크를 통해 연결하여 교환기와 연결되어 있는 전화 정보를 모니터링하고 통제할 수 있다.
③ 대기업을 제외하고는 중소형 규모의 기업에서는 도입을 하지 못하고 있다.
④ CTI 서버가 교환기와의 인터페이스 방식을 통해 제어한다.

해설

현재 중형 이상의 큰 규모 콜센터에서는 대부분 Third Party Call Control 시스템이 사용되고 있다.

04 대량콜 처리시스템의 용도를 설명한 것으로 틀린 것은?

① 많은 지역에서 많은 수의 사람들과 전화통화를 해야 하는 상황에 있는 적정규모 이상의 기업에서 필요한 시스템이다.
② 방대한 내용의 의사소통을 많은 고객과 신속하게 진행하여 일 처리할 수 있다.
③ 다수의 고객과 양방향 의사소통이 필요한 경우에 사용된다.
④ 기업이 고객을 위해서 생산해 낼 수 있는 다량의 정보를 수동적인 방식으로 고객에게 전달할 수 있다.

해설

기업이 고객을 위해서 생산해 낼 수 있는 다량의 정보를 자동화 시스템에 의해 고객에게 편하게 전달할 수 있으며, 고객 역시도 본인의 의견을 힘들이지 않고 기업에게 전달하거나 문의할 수 있는 것이다.

정답 (**01** ② **02** ① **03** ③ **04** ④)

05 인입콜 처리에 대한 설명으로 가장 옳지 않은 것은?

① 시스템상으로 걸려온 고객의 전화를 전자동으로 분류하여 상담원 배치가 이뤄진다.
② 상담원은 고객으로부터 걸려온 전화를 다양한 채널에서 저장된 정보와 함께 전달받을 수 있다.
③ 고객에게 필요정보를 상담원이 직접 통화로 확인할 수 있으며, 적당한 상담원을 찾아서 전화를 연결시켜주는 활동을 하게 된다.
④ 인입콜 처리는 기존에 보유한 방대한 정보 또는 DB를 통해서 이뤄진다.

[해설]
콜센터 시스템에서 제일 기본적인 프로세스로서 고객의 전화가 기업에 걸려오는 즉시, 상담원이 직접 통화로 확인할 필요 없이 고객에게 필요정보를 다시 자동으로 묻거나, 적당한 상담원을 찾아서 전화를 연결시켜주는 활동을 하게 된다.

06 인바운드 보고의 기능으로 거리가 먼 것은?

① 상담사 통제 강화
② 실시간 성과 모니터링을 통해 실시간 대응 가능
③ 운영 목표 달성을 위한 필요 자원의 조정
④ 문제 해결을 위한 근본원인 분석 지원

[해설]
인바운드 보고를 통해 상담사에게 동기부여가 가능하다. 또한 스킬 향상을 위한 코칭에 활용할 수 있다.

07 콜로드 예측 시 주요 수치 중 평균 처리 시간은?

① 첫인사부터 마지막 인사까지 모든 통화가 수행되는데 걸리는 시간
② 통화 완료 후에 상담사가 고객에게 마지막 인사를 한 후 업무를 완료하기 위해 쓰는 시간
③ 평균 통화시간과 평균 마무리 시간의 합
④ 주어진 시간 동안의 인입 콜량에 평균처리시간을 곱한 값

[해설]
① 첫인사부터 마지막 인사까지 모든 통화가 수행되는데 걸리는 시간은 통화시간이다.
② 통화 완료 후에 상담사가 고객에게 마지막 인사를 한 후 업무를 완료하기 위해 쓰는 시간은 통화 후 업무시간이다.
④ 주어진 시간 동안의 인입 콜량에 평균처리시간을 곱한 값은 통화 업무량이다.

08 콜량 예측 방법 중 회귀분석에 대한 바른 설명은?

① 과거의 데이터를 현재의 데이터로 그대로 복사해서 쓰는 방법
② 계절요인과 월마다 발생하는 트랜드를 반영한 콜센터 예측을 가장 정확하게 접근하는 방식
③ 하나의 데이터가 아닌 여러 개의 데이터를 사용하여 평균값을 예측하는 방식
④ 독립변수와 종속변수 숫자적인 관계를 찾아내는 방식

[해설]
① 과거의 데이터를 현재의 데이터로 그대로 복사해서 쓰는 방법은 점 추정법이다.
② 계절요인과 월마다 발생하는 트랜드를 반영한 콜센터 예측을 가장 정확하게 접근하는 방식은 시계열 분석이다.
③ 하나의 데이터가 아닌 여러 개의 데이터를 사용하여 평균값을 예측하는 방식은 평균 접근법이다.

정답 (05 ③   06 ①   07 ③   08 ④)

09 다음 설명에 해당하는 다이얼러 시스템은?

> 화면에 전화를 걸어야 할 고객리스트를 정렬한 후에 그 옆에 달린 콜버튼만 클릭해주면 해당 고객과 자동으로 다이얼링이 되는 기능을 제공한다.

① Preview Dialing
② Progressive Dialing
③ Predictive Dialing
④ Manual Dialing

해설

과거에는 상담사가 수동으로 직접 전화번호를 입력했다면 Preview Dialing 시스템은 자동 전화 연결이 가능하다.

10 Progressive Dialing에 대한 운영으로 틀린 것은?

① Progressive Dialing이 진화하면 Preview 다이얼러 시스템이 된다.
② 상담 완료 후 그 상담에 대한 기록이나 내용정리에 들어가는 시간을 입력한다.
③ 전화 연결에 따른 시간 낭비가 줄어들게 된다.
④ 고객과의 통화 종료 후 자동으로 다음 고객에게 다이얼링을 하도록 하는 시스템이다.

해설

Progressive Dialing은 Preview 다이얼러 시스템에서 한 단계 진화한 시스템이다.

11 다이얼러 시스템의 성공 요건으로 가장 거리가 먼 것은?

① 고객과 통화하는 시간을 최소화해야 하는 것은 핵심요소에 들어간다.
② 무효통화는 최소화하고 포기통화는 최대화해야 한다.
③ 대기시간을 최소화해야 한다.
④ 상담과 관련된 정보값을 자동으로 인식하고 처리해야 한다.

해설

통화가 연결된 후에 고객의 사정으로 통화연결이 실패한 경우, 즉 고객이 회사와의 통화연결을 포기한 통화를 포기통화라고 한다. 포기통화를 최소화하기 위해 다이얼러 시스템은 고객과의 신속하고 정확한 연결을 통해 포기통화의 수를 최소화시켜 준다.

12 아웃바운드 텔레마케팅의 실행을 설명한 것으로 틀린 것은?

① 업체가 주도적으로 진행하는 프로세스로 수행된다.
② 텔레마케터가 먼저 고객에게 적극적으로 다가가는 능동적인 활동이다.
③ 고객에게 직접 찾아가는 고객서비스 혁신이다.
④ 저비용, 저효율 지향의 마케팅 활동을 위해 도입이 불가피하다.

해설

기업의 입장에서 보면 인바운드의 역할도 매우 중요하지만, 저비용·고효율 지향의 마케팅 활동을 위해서는 필요한 고객을 찾아내어 그 고객과 접촉하는 아웃바운드 텔레마케팅의 도입이 불가피한 현실인 것이다.

13 아웃바운드 텔레마케팅의 혁신 요소와 가장 거리가 먼 것은?

① 고객에게 접근하는 적극적, 공격적 마케팅의 필요에 의한 전략적 관점
② 온라인 매장을 벗어나 인적 판매를 제거한 채널적 관점
③ 고객의 로열티화, 고객 생애가치 극대화라는 CRM 관점
④ 편익을 주는 텔레마케팅 전용상품 이용의 보편화를 위한 고객적 관점

해설

오프라인 매장을 벗어나서 인적 판매를 강화한 채널적 관점이다.

14 아웃바운드 TM의 DB분배를 설명한 것으로 가장 옳지 않은 것은?

① 고객의 정보를 DB화하여 저장한 내용을 중심으로 아웃바운드 상담사에게 해당 DB를 분배하여 상담전화를 걸도록 하고 있다.

② DB는 고객의 신상정보 및 각종 채널로부터 들어오는 이력내역을 정리한 것으로 해당고객과 관련된 모든 정보를 정리한 것이다.

③ DB를 해당하는 상담사에게 적절히 분배하여 상담사 또는 특정 상담사그룹에서 아웃바운드의 성공 확률을 최대화하는 것이 최대 목적이다.

④ DB분배를 위한 별도의 절차를 만들고 개별 건마다 관리자가 검토하도록 엄격하게 운영되어야 한다.

해설

DB분배는 미리 적용한 시나리오를 기준으로 자동화시스템에 의하여 실시간 분배되도록 프로그램이 짜여 있다. 미리 등록한 아웃바운드 상담사의 경력, 스킬, 전문분야 등에 따라 고객 DB가 자동 분배되어 상담할 수 있도록 진행되는 것이다.

15 텔레마케팅 운영 과정에서 발생하는 장애 대응 프로세스를 설명한 것으로 가장 옳지 않은 것은?

① 네트워크의 이중화 구성을 통하여 장애 발생 시 즉시 회선 자동 절체 및 연결이 될 수 있도록 구성한다.

② 자료 유출 및 보안 미준수 시 제재를 위한 서약서를 작성한다.

③ 정기적으로 시스템을 점검하고 장애 발생 시 사후 신속 처리를 원칙으로 한다.

④ 개발 장비에 전자 문서로 저장된 자료는 암호 및 사용 권한을 가진 사람만 접근하도록 보안 체계를 구상한다.

해설

정기적인 시스템 점검을 통하여 장애가 발생하지 않도록 사전 예방을 원칙으로 한다.

정답 **14** ④ **15** ③

2장 실전 예상문제 2차 실기

01 글자/음성/음악/영상 등의 다양한 방식과 기법을 동원하여 고객과 복합적인 의사소통을 하는 콜센터 시스템을 쓰시오.

정답 멀티미디어 콜센터 시스템

02 다음 설명에 해당하는 시스템 명칭을 쓰시오.

> 많은 지역에서 많은 수의 사람들과 전화통화를 해야 하는 상황에 있는 적정규모 이상의 기업에서 필요한 시스템이다. 방대한 내용의 의사소통을 많은 고객과 신속하게 진행하여 처리할 수 있다.

정답 대량콜 처리시스템

03 다음 설명에 해당하는 명칭을 쓰시오.

> 제일 진보된 다이얼러 시스템으로 예측기능과 콜탐지기능이 포함된 시스템이다. 과거의 통화 성공률을 기준으로 하여 그 수치만큼 동시에 고객에게 전화를 걸어서 시간적인 효율성을 극대화하는 시스템이다.

정답 Predictive Dialing, 프리딕티브 다이얼링(예측 다이얼링)

04 아웃바운드 TM의 장점을 설명하시오.

정답 잠재 고객이나 유망 고객을 정확하게 선정하여 공세적·전략적으로 판매촉진 하는 것으로서, 이러한 특징으로 인해 아웃바운드 텔레마케터들이 창출하는 이익이 적지 않으므로 인적 부가가치 측면에서 장점이 있다.

3장 마케팅 성과 측정과 활용

업무를 수행하는 데 있어서 성과를 창출하기 위해서는 행위나 행동에만 머물러서는 더 이상의 발전이 없습니다. 마케팅을 실행했으면 실제 지출된 비용을 따져보고 얼만만큼의 수익 창출 효과가 있었는지 그 성과를 반드시 측정하여 차기 운영에 반영해야 합니다. 마케팅 성과를 측정하는 요소들과 방법을 중심으로 학습합니다.

1 마케팅 성과 측정

1 마케팅 성과 측정 계획 ★★

(1) 개요 [기출]

① 마케팅을 실행하고 나면 통합적으로 성과 측정을 진행해야 한다. 예산과 시간을 투자하여 각각의 매체에 대한 성과 측정 계획 수립은 마케팅의 성공과 실패를 좌우할 수 있는 가장 중요한 요소이다.

② 마케팅의 성과 측정을 위해서는 고객들에 대한 인식 부분, 고객들의 움직임에 관한 결과에 대한 정성적 분석과 정량적 분석을 잘 조합하여 일관성 있는 기준을 마련하는 것이 중요하다.

(2) 마케팅 성과 측정 중요 요소

① 마케팅 성과 측정을 수치화시키기 위해서는 여러 가지 요소가 필요한데, 이는 매체별 특성에 따라서 측정 요소들이 달라질 수 있다.

시간 변화에 따른 버즈의 변화	클릭 수	구독 수	고객 만족도
팬 수	시청 수	경쟁 버즈	고객이 생성한 피드백의 양
팔로워 수	트래픽 비율	메인 미디어 언급된 내용	온라인 판매에 미치는 영향
친구 수	상호 작용 수	소셜 활동으로 인한 검색 증가율	매장 위치 페이지 방문자 수
전달 속도	참여율	버즈가 포함된 링크 비율	시장점유율의 변화
다운로드 수	구매 고려	도달 소비자의 영향력	이벤트에 참가한 사람 수
업로드 수	투표 수	게시글 양에 따른 감정	사용자가 시작한 리뷰
댓글 수	브랜드 연상	참여 고객의 상용 언어	노출 양에 따른 감정
즐겨찾기 수	태그 추가	콘텐츠 배포 소비 시간	이벤트 반응
평가 순위	콘텐츠의 상대적 인기		

② 마케팅 성과 측정은 마케팅 수행 결과를 쉽게 보여 주고, 이를 통해 인사이트를 얻고 효과적인 마케팅전략을 수립하는 데 있어 매우 중요하다. 따라서 수행한 매체에 가장 적합한 성과 측정 요소를 선택해야 한다.

텔레마케팅 성과를 측정해야 하는 이유를 2가지만 쓰시오.

정답 ① 성과 측정 결과에 따라 매체별 특성에 따른 효과를 알 수 있으므로 이를 바탕으로 마케팅전략을 수립할 수 있다.
② 마케팅 성과 측정에 따라 투입된 예산과 시간의 효율성을 평가하여 마케팅의 성공 사례를 강화하고 실패 사례를 개선할 수 있다.

(3) 성과 측정 및 목표 예시

매체	KPI 유형	단계별 목표 성과 지수	1단계 운영 프로세스 정착	2단계 방문자 수 증대	3단계 우호적 팬층 확보
블로그	입력	게시글 수	핵심 KPI • 블로그 정체성 확보 • 전략적 키워드 선정 • 방문자 수 • 페이지뷰	핵심 KPI • 방문자 수 • 자연 검색 유입 수 • 전략 키워드 유입 수	핵심 KPI • 브랜드 충성도 • 이웃 수 • 쇼핑몰 링크 횟수 • 댓글 수 • 재방문 수
		블로그 기자단 충성도			
		전략 키워드 반영도			
	출력	방문자 수			
		신규 방문자 수			
		재방문자 수			
		페이지뷰			
		주간 유입 검색어 수			
		댓글 수			
		메뉴별 콘텐츠 수			
	결과	콘텐츠 만족도			
		브랜드 친밀감			
		쇼핑몰 링크 수			

2 마케팅 성과 측정 기준 ★

(1) 개요

① 다수의 저명한 마케팅업계 리더들은 경제 위기 상황일수록 일관되게 단기적 성과를 위한 프로모션 보다는 지속적 광고를 통한 장기적인 브랜딩에 투자할 것을 권하고 있다.

② 강력한 브랜드 파워를 가진 기업은 위기 상황에 오히려 브랜드 가치 제고에 집중한다. 그 이유는 브랜드 가치가 소비자의 가격 인식과 브랜드의 가격 포지셔닝 유지에 공헌하기 때문이다.

③ 글로벌 마케팅 리서치 그룹 칸타는 지난 20년간 유지해 온 브랜드 자산 구축에 있어 중요한 가설 및 주요 지표를 재검토하고 가설과 주요 지표들은 새로운 데이터들을 활용해 검증했다.

(2) 마케팅 영향력 측정 기준 - 칸타 그룹

① 수요경쟁력(Demand Power)

ⓐ 순수하게 브랜드에 대한 인식을 바탕으로 해당 브랜드에 대한 소비자의 수요를 측정하고 시장점유율과 연관된 브랜드 경쟁력을 평가한다.

ⓑ Demand Power가 우수한 브랜드는 낮은 브랜드 대비 9배 더 많은 점유율을 확보하는 것으로 나타났다.

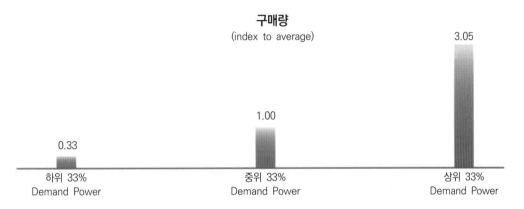

구매량
(index to average)

| | 0.33 | 1.00 | 3.05 |

하위 33%
Demand Power · 중위 33% Demand Power · 상위 33% Demand Power

② 가격 경쟁력(Pricing Power)

ⓐ 소비자의 브랜드 인식을 기반으로 하는 카테고리 평균 대비 가격 프리미엄 또는 브랜드 가격 경쟁력이다.

ⓑ 가격 민감성과 탄력성을 반영하는 것으로, 이 값이 높을수록 소비자는 더 낮은 가격의 대체품으로 전환하지 않게 된다.

ⓒ 조사에 따르면 소비자는 Pricing Power가 높은 브랜드에 대해 보통 70%까지 더 지불할 의사가 있는 것으로 나타났다.

③ 미래 성장력(Future Power), 성장 잠재력

ⓐ 미래의 마케팅 효과를 측정할 수 있다. 이는 브랜드가 향후 12개월 동안 가치 점유율을 성장시킬 가능성을 나타내며 이는 소비자의 현재 브랜드에 대한 인식을 기반으로 한다.

ⓑ 미래 성장력이 높은 브랜드는 낮은 브랜드보다 가치 점유율 성장 가능성이 4배 높은 것으로 나타났다.

④ 선택 경쟁력(Activation Power)

ⓐ 구매 시 소비자의 인식이 실제 브랜드 선택으로 이끌어내는 경쟁력을 가리키는 데 단기적 마케팅 활동의 효과를 측정할 수 있는 지표이다.

ⓑ 소비자의 선택을 받기 위해서는 브랜드가 소비자 인식상에서 높은 점유율을 가져야 하지만, 동시에 브랜드를 찾기도 쉬워야 한다.

ⓒ 재고 보유 능력이 강한 브랜드는 소비자의 선택을 받을 가능성이 더 높다.

ⓓ 제품이 없는 브랜드는 즉시 소비자를 잃게 된다는 뜻으로, 이럴 경우 한 번 놓친 잠재 고객 중 일부는 다시는 돌아오지 않을 수도 있다.

ⓔ 실제 조사 결과에 따르면 강력하고 활성화가 잘 되는 브랜드가 그렇지 않은 브랜드 대비 성장을 2.5배 더 가속화할 수 있었다.

3 마케팅 성과 측정 ★

(1) 상품 관련 성과 측정

① 의의

  ㉠ 상품에 관한 지표는 마케팅의 핵심이 되는 부분이며, 시장에서의 마케팅전략 수립에 가장 본질적인 활동이다.

  ㉡ 상품 관련 성과 지표는 크게 주력 브랜드에 관한 성과 지표와 신제품에 대한 성과 지표로 나눌 수 있다.

② 주력 브랜드에 관한 성과 지표

  ㉠ 주력 브랜드의 매출 비중 및 추세

    ⓐ 자사의 주력 브랜드가 특정 제품 카테고리 내에서 차지하는 비중을 파악한다.

    ⓑ 만일 자사의 주력 브랜드의 매출 비중이 감소할 경우 주력 브랜드의 재성장(renewal) 전략을 모색하거나 경우에 따라 신규 브랜드를 신속하게 도입하는 방안을 검토할 필요가 있다.

  ㉡ 주력 브랜드의 사용 기간 : 주력 브랜드를 얼마나 길게 가지고 가는지 국내외 경쟁사들의 주력 브랜드와 비교 분석해 봄으로써 자사의 브랜드 사용 기간의 정도를 인지할 수 있다.

  ㉢ 주력 브랜드가 속한 세분시장의 성장 추세 파악 : 세분시장의 성장이 지속될 것인지 아니면 쇠퇴기로 접어들고 있는지에 대하여 정확한 평가가 필요하다.

③ 신제품에 관한 성과 지표

  ㉠ 신제품의 매출 비중 및 추세를 파악

    ⓐ 일정 기간 동안의 자사의 특정 제품 카테고리 안에서 출시된 신제품이 차지하는 비중이 어느 정도인지 세심하게 살펴보아야 한다.

    ⓑ 중요한 점은 신제품과 신규 브랜드를 혼동해서는 안 된다. 일반적으로 브랜드는 장수하는 것이 긍정적인 효과를 나타내지만 신제품은 그렇지 않을 수도 있다.

    ⓒ 시장에서 특정 신제품의 매출이 계속 증가한다면 큰 문제가 없지만, 자사가 팔 만한 제품이 없기에 나타난 현상이라면 다시 한번 생각해 볼 문제이기 때문이다.

  ㉡ 주요 제품의 평균 연령

    ⓐ 자사가 팔고 있는 제품들이 얼마나 새로운지를 판단하기 위한 지표이다.

    ⓑ 특정 수의 주요 제품을 선택하고 이들 제품의 출시 후 경과 기간 동안의 매출 비중을 고려하여 평균 연령을 산출한다.

    ⓒ 주력 제품의 평균 연령이 증가하면 향후 수익 전망이 어두워질 수도 있다.

  ㉢ 최근에 개발·출시된 신제품 수

    ⓐ 개발된 신제품 수가 많지 않다면 기업의 기술력이 그리 높지 않다고 판단할 수 있다.

    ⓑ 개발된 신제품 수는 많으나 출시된 신제품 수가 적다면 정확한 고객 니즈 파악 능력 및 유통 관련 역량이 떨어진다고 판단할 수 있다.

(2) 유통 관련 성과 측정

① 의의

  ㉠ 유통 능력은 좋은 제품을 가지고 있는 것만큼 중요한 요소다.

  ㉡ 성숙기 시장에서 제품 차별화가 어려워지는 경우 유통의 중요성은 그 어느 때보다 더욱 커질 수 있다.

② 점포 내 점유율 : 특정 점포의 매출에서 자사 상품이 차지하는 비율로서 직접적인 점포 장악력을 파악할 수 있으며, 고객층에 대한 자사 상품의 매력도를 측정할 수 있는 중요한 지표다.

③ 채널별 점유율

    ㉠ 자사가 다수의 채널을 보유하고 있는 경우 자사의 총 매출 대비 각 채널의 비율을 말한다.

    ㉡ 성장 추세인 채널에서의 점유율과 쇠퇴하고 있는 채널에서의 점유율에 대한 정확한 진단을 할 수 있다.

④ 점포 흡인력 지수

    ㉠ 유통업인 경우 점포의 흡인력은 고객이 특정 점포를 찾는 매력도를 말한다.

    ㉡ 경쟁사와 자사가 동일한 수의 점포를 가지고 있다면 이 지수에 따라 질적인 수준이 다르게 나타날 수 있다.

(3) 촉진 활동 관련 성과 측정

① 의의

    ㉠ 촉진 활동은 단기적인 성과를 위한 판촉 활동, 중·장기적인 효과를 기대하는 광고 및 홍보 활동 등 다양한 활동이 포함된다.

    ㉡ 촉진 활동에 따른 성과 지표를 수립하는 것은 매우 어렵다. 판촉 행사 같은 경우에는 일회성으로 끝나 성과 측정에 비중을 두지 않는 경우도 있고, 광고인 경우 장기적으로 나타나므로 측정 시점의 결정 문제가 발생하기 때문이다.

② 개별 촉진 활동별 수익률 : 각 촉진 활동별로 수익률 증가를 분석하는 것으로, 개별촉진 활동들은 활동의 투입과 성과를 어떻게 규정하느냐에 따라 수익률에 차이가 나타나므로 체계적인 계획 수립이 중요하다.

③ 촉진 활동 후 매출 추이 : 촉진 활동 비용 대비 매출이 얼마나 증가하였는지를 파악해 봄으로써 성과를 측정하는 것을 말한다.

(4) 마케팅 역량에 관한 성과 측정

① 의의

    ㉠ 마케팅 담당 인력 비율은 전 직원에 대한 마케팅 인원의 비율을 의미한다.

    ㉡ 이 비율이 마케팅 역량을 그대로 반영하고 있다고 할 수는 없기 때문에 마케팅 역량에 대한 정성적인 지표들을 개발하여 마케팅 역량을 측정하는 것이 필요하다.

    ㉢ 마케팅 담당 인력의 경력과 마케팅 관련 회의와 같은 마케팅 활동의 비중을 적절히 고려한 마케팅 역량 지표를 개발하여 사용하는 것이 필요하다.

② 마케팅 역량 관련 지표

    ㉠ 마케팅 담당 인력 비율

    ㉡ 마케팅 담당 인력의 경력 비율

    ㉢ 마케팅 조직의 역량

    ㉣ 마케팅 관련 회의 비율

1 마케팅 결과 분석 ★

(1) 계절적 상품의 마케팅 분석

① 개요

    ㉠ 우리나라는 사계절이 뚜렷한 나라에 속한다. 계절적 변화에 따라 신학기, 여름휴가, 명절 등이 분포하여, 상품을 판매하는 기업에서는 계절적 변화에 따른 상품 판매 추이 변화량이 크게 나타나는 경향이 많다.

    ㉡ 계절상품이란 계절에 따라 수요의 변화가 크거나 구매 관습에 따른 매출 변동이 큰 상품으로, 제한적 기간과 사회적 관습상 행사 등과 관련된 상품을 말한다.

    ㉢ 기업에서는 이러한 매출 변화를 예측하여 효과적인 마케팅 활동을 전개하고 있다.

(단위 : 억 원)

	A제품	B제품	C제품	D제품	소계
1월	15	11	12	7	45
2월	16	13	13	6	48
3월	13	14	11	5	43
4월	14	13	9	8	44
5월	20	18	15	10	63
6월	23	20	17	11	71
7월	27	22	19	13	81
8월	25	26	23	13	87
9월	17	19	17	10	63
10월	14	10	15	8	47
11월	13	14	14	5	46
12월	14	16	13	6	49
합계	211	196	178	102	687

② 계절적 상품의 마케팅전략 수립 고려 사항

    ㉠ 경쟁사보다 신속한 준비성

        ⓐ 계절적 상품들은 경쟁 회사가 상대적으로 많은 것이 특징이다. 경쟁 회사에 비해 선점을 실패하면 시즌 중 매출에 큰 타격을 입게 된다.

        ⓑ 상품의 선제적 준비 및 마케팅 활동의 활동성을 높일 수 있도록 철저한 준비가 필요하다.

        ⓒ 발 빠른 신상품 준비, 집중적 마케팅 비용 산출 등을 통해 신속성을 유지하여야 기업 매출에 긍정적인 영향을 미칠 수 있다.

    ㉡ 재고가 남지 않도록 효과적 마케팅전략 수립

        ⓐ 계절적 상품의 특징은 해당 계절이 지나면서 판매가 급감하는 경향이 있다.

ⓑ 기업에서는 이러한 요소를 제거하기 위해 다양한 할인 행사를 진행하거나 사전 구매 고객에 대한 다양한 혜택 등의 마케팅 활동을 전개한다.

　　ⓒ 가령 겨울 의류를 7, 8월에 구매할 경우 할인 등을 통해 계절 준비를 위한 구매 행사 등을 전개하고, 신학기 신입생 맞이 행사, 명절 행사 등을 통해 지속적 고객 유지 마케팅 활동이 중요하다.

ⓒ 광고 및 마케팅 비용의 효과성

　　ⓐ 우리가 흔히 볼 수 있는 광고들을 보면 계절에 따른 광고비 지출이 얼마나 큰지 알 수 있다.

　　ⓑ 5월과 6월에는 에어컨 광고를 통해 여름을 맞이하고, 10월과 11월에는 스키장 및 겨울 장비 광고를 통해 겨울을 준비한다. 이를 통해 마케팅 비용의 효과성을 높이고자 노력한다.

　　ⓒ 기업에서는 마케팅전략 수립 시 비용 발생에 대한 월별 예산을 효과적으로 수립할 필요성이 있다.

(2) 시간대별 마케팅 분석

① 시간대별 고객 분석

　㉠ 온라인 혹은 TV 홈쇼핑의 유통 채널을 활용한 판매 상품인 경우 시간대별 행동(구매)빈도의 차이가 크다.

　㉡ 일반적으로 직장인일 경우 근무 시간대 구매보다 퇴근 후 행동(구매)빈도가 훨씬 더 높으며, 가정주부인 경우 오전 및 낮 시간에 행동(구매)빈도가 상대적으로 더 높다.

　㉢ 시장 세분화를 통해 자사의 상품이 누구를 주 타깃 고객으로 할 것인지에 따른 시간대별 마케팅 활동 계획도 중요한 계획 수립의 고려 사항이 된다.

시간	A제품	B제품	C제품	합계
24-06시	700만 원	600만 원	600만 원	1,900만 원
06-12시	1,200만 원	1,800만 원	2,400만 원	5,400만 원
12-18시	800만 원	900만 원	900만 원	2,600만 원
18-24시	500만 원	400만 원	400만 원	1,300만 원
소계	3,200만 원	3,700만 원	4,300만 원	11,200만 원

> 06-12시까지의 매출액이 가장 많으며, 주로 홈쇼핑 채널을 이용한 주부를 대상으로 판매하는 상품이다. 자녀 및 남편이 등교와 출근 후 TV를 통해 구매한 패턴이며, 마케팅 비용을 해당 시간에 많이 지출할 것으로 예상된다.

② 시간대별 마케팅전략 수립 시 고려 사항

　㉠ 구매 시간대에 맞는 마케팅 비용 지출

　　ⓐ 시간대별 행동(구매)빈도가 상이하게 나타나는 것이 일반적이다. 상이하게 나타나는 시간대 분석을 통해 행동(구매)빈도가 낮은 시간보다 행동(구매)빈도가 높은 시간대에 마케팅 비용을 집중할 필요가 있다.

　　ⓑ 상대적으로 행동(구매)빈도가 낮은 시간에 구매율을 높이기 위한 할인 및 촉진 서비스 등의 마케팅전략 수립이 필요하다.

　㉡ 시간대별 재고 확보

　　ⓐ 판매가 집중되는 시간대에 맞게 판매 상품에 대한 적정 재고를 유지할 필요가 있다.

　　ⓑ 적정 재고란 구매자가 구매 의사를 표출하였을 때 구매 상품의 판매 유지를 위한 재고량을 의미한다. 특히, 많이 판매되는 시간대를 위한 유통 경로 채널의 유지가 무엇보다 중요하다.

ⓒ 구매 시간대의 고객 분산 전략 수립

ⓐ 기업에서 구매 시간이 제한적으로 집중이 된다면 인력 계획 및 마케팅 계획에 지속적인 어려움이 예상된다.

ⓑ 구매 시간대를 다양화하여 일정 시간대 유휴인력의 발생 문제를 해소하고 과중 업무로 인한 스트레스를 해소시킬 수 있다.

ⓒ 행동(구매)빈도가 낮은 시간대에 구매율을 높일 수 있는 마케팅전략 수립이 매우 중요하다.

2 마케팅 결과 활용 ★★

(1) 매출액 산출 [기출]

① 개요

㉠ 매출액이란 고객에게 상품 또는 서비스를 제공하는 거래에 대한 수익으로, 이러한 수익 거래로 상품 또는 서비스를 고객에게 제공함으로써 기업에 유입되는 현금 또는 현금성 자산을 말한다.

㉡ 기업에서는 일반적으로 월별, 분기별, 반기별, 연도별 매출액을 자사의 상황에 맞게 분석하며, 상품별 혹은 서비스별 등으로 분석을 실시한다.

㉢ 규모가 큰 기업인 경우 사업부 단위로 분석이 이루어지게 된다.

㉣ 회계 처리 시 매출액은 기업의 이익을 측정하기 위한 가장 중요한 자료이며, 기업의 각 부문별 활동에 있어서 목표 수립에 중요한 자료로 활용된다.

② 매출액과 매출 총이익

㉠ 매출액은 매출 원가와 매출 총이익으로 구성된다. 매출 원가가 늘어나면 그만큼 매출 총이익은 줄어들고, 매출 원가가 줄어들면 매출 총이익은 늘어날 수밖에 없다.

㉡ 매출 총이익은 매출액에서 매출 원가를 차감하여 나오게 된다.

> • 매출액 = 매출 원가 + 매출 총이익
> • 매출 총이익 = 매출액 - 매출 원가

㉢ 매출액 산출 접근 방법

방법	내용
고객과 고객단가로 산출	유통 기업인 경우 고객과 그 고객이 1회 구매한 금액을 기초 자료로 매출액을 산출한다.
점포 면적으로 산출	매장을 중심으로 매출액을 산출하는 방법이다. 매장의 면적에 따라 매출액의 차이가 있다는 가정하에 면적(1평)당 매출액 × 전체 매장 면적을 통해 산출이 가능하다.
인적 효율로 산출	직원의 역량이 매출에 상당한 영향을 미칠 경우 인적 효율에 따라 산출할 수 있다. 즉, 직원의 1인당 매출액이 얼마인지를 구하여 전체 직원 수로 곱하면 산출이 가능하다.

(2) 매출 증가율

① 매출 증가율이란 기업의 성장성의 지표로서 기준 월 또는 기준 연도에 대한 비교 월 또는 비교 연도 매출액의 증가에 대한 비율을 말한다.

② 일반적으로 매출 증가율은 기업이 일정 기간 동안 과거 대비 얼마나 증가 혹은 감소하였는지를 파악하는 자료이다. 이러한 분석을 통해 매출액이 감소 혹은 증가한 원인을 파악하여야 한다. 특히, 감소하는 원인은 더욱 철저한 분석이 필요하다.

> **매출액이 감소하는 원인**
> ❶ 경쟁 회사가 출연하거나 동종의 제품을 출시한 경우
> ❷ 우발적 상황으로 판매 제품의 제조 혹은 수입, 매입이 늦어지는 경우
> ❸ 고객의 불만 요인을 제거하지 못하여 지속적인 구매 감소가 일어난 경우
> ❹ 우수한 사원들의 퇴사로 인한 판매 접점에서의 매출 감소가 일어난 경우
> ❺ 주력 제품에 대하여 경쟁 회사에 빼앗기고 있는 경우
> ❻ 경제적 상황에 따라 판매점의 감소로 이어지는 경우

(3) 목표에 따른 매출 분석

① 매출 목표 달성률

㉠ 기업에서는 매년 매출 목표를 설정한다. 개인의 목표이든 기업의 목표이든 목표 달성을 한다는 것은 매우 어려운 일이다.

㉡ 매출 목표를 얼마만큼 달성하였는지는 실제 매출액과 목표 매출액을 비교해 봄으로써 알 수 있다.

㉢ 매출 목표 달성률은 당해 연도 목표 성장률 예측치를 선행적으로 적용하여 목표 매출액을 산출하여야 한다.

② 부문별(상품별) 매출액 구성비

㉠ 단일 제품 기업이라면 매출액 분석 및 목표 대비 산출이 비교적 간단하다.

㉡ 대부분의 기업들은 부문 혹은 상품이 매우 다양하며, 잘 팔리는 상품이 있는 반면 상대적으로 저조한 판매를 보이는 상품이 있을 수 있다.

㉢ 이를 정확하게 파악한다면 기업의 마케팅 목표 설정에 있어서 좋은 근거 자료가 될 수 있다.

㉣ 일반적으로 주력 상품이라고 말할 수 있는 매출 구성비는 대략 30% 이상으로 책정되고 있다.

(4) 마케팅 결과 분석을 통한 개선 사항 수립 예시

> **월별 매출액을 통한 개선 사항**
> - 계절적 요인을 고려하여 매출액의 집중을 분산할 수 있는 정책 수립 시급
> - 특정 제품의 매출 의존도를 분산시킬 수 있는 방안 수립이 요구됨
> - 다양한 촉진 전략을 수립하고, 전략 회의를 통해 좋은 아이디어(다양한 촉진 전략)의 공유가 시급
>
> **구매 패턴 분석을 통한 개선 사항**
> - 30대~40대에 집중되는 구매 패턴을 바꾸어 신제품 개발을 통한 새로운 소비 계층 흡수 전략이 요구됨
> - 여름철 구매 패턴을 분산시킬 수 있는 신제품 개발 혹은 촉진 전략이 요구됨
>
> **마케팅 비용 개선 사항**
> - 마케팅 비용이 매출액 대비 다소 높아 비용을 절감하면서 마케팅 효과를 극대화할 수 있는 방안이 요구됨
> - 동종 업계의 마케팅전략에 대한 정보 확보와 벤치마킹을 통한 전략 수정이 요구됨

01 마케팅 성과 측정에 대한 설명으로 틀린 것은?

① 마케팅을 실행하고 나면 통합적으로 성과 측정을 진행해야 한다.

② 성과 측정 계획 수립은 마케팅의 성공과 실패를 좌우할 수 있는 가장 중요한 요소이다.

③ 마케팅 성과 측정의 요소는 모든 매체가 동일해야 한다.

④ 고객들에 대한 인식 부분, 고객들의 움직임에 관한 결과에 대한 정성적 분석과 정량적 분석을 잘 조합해야 한다.

[해설]

마케팅 성과 측정을 수치화시키기 위해서는 여러 가지 요소가 필요한데, 이는 매체별 특성에 따라서 측정 요소들이 달라질 수 있다. 예를 들어, 전화와 온라인 마케팅은 성과 측정 요소가 상이할 수 있다.

02 칸타 그룹에서 제시한 마케팅 영향력 측정 기준으로 거리가 먼 것은?

① Price Power

② Demand Power

③ Pricing Power

④ Future Power

[해설]

글로벌 마케팅 리서치 그룹 칸타는 마케팅 영향력 측정 기준으로 Demand Power, Pricing Power, Future Power, Activation Power를 제시하였다.

03 상품에 대한 마케팅 성과 측정을 설명한 것으로 가장 옳지 않은 것은?

① 상품에 관한 지표는 마케팅의 핵심이 되는 부분이며, 시장에서의 마케팅전략 수립에 가장 본질적인 활동이다.

② 주력 브랜드의 매출 비중 및 추세는 자사의 주력 브랜드가 특정 제품 카테고리 내에서 차지하는 비중을 파악하는 것이다.

③ 일정 기간 동안 자사의 특정 제품 카테고리 안에서 출시된 신제품이 차지하는 비중이 어느 정도인지 세심하게 살펴보아야 한다.

④ 주력 제품의 평균 연령이 길어졌다고 판단되면 향후 수익 전망은 긍정적이라고 확정할 수 있다.

[해설]

주요 제품의 평균 연령은 자사가 팔고 있는 제품들이 얼마나 젊은지를 판단하기 위한 지표이다. 주요 제품 일정 수를 정하고 이들 제품들의 출시 후 경과 연수에 매출 비중을 곱하여 평균 연령을 산출한다. 주력 제품의 평균 연령이 길어졌다고 판단되면 향후 수익 전망이 어두워질 수도 있다.

04 유통 관련 성과 측정을 설명한 것으로 가장 옳지 않은 것은?

① 도입기 시장에서 제품 차별화가 어려워지는 경우 유통의 중요성은 그 어느 때보다 더욱 커질 수 있다.

② 특정 점포의 매출에서 자사 상품이 차지하는 비율로서 직접적인 점포 장악력을 파악할 수 있다.

③ 자사가 다수의 채널을 보유하고 있는 경우 자사의 총 매출 대비 각 채널의 비율을 분석한다.

④ 점포의 흡인력은 고객이 특정 점포를 찾는 매력도를 말한다.

[해설]

도입기가 아닌 성숙기 시장에서 제품 차별화가 어려워지는 경우 유통의 중요성은 그 어느 때보다 더욱 커질 수 있다.

[정답] 01 ③ 02 ① 03 ④ 04 ①

05 촉진 활동 관련 성과 측정을 설명한 것으로 옳은 것은?

① 촉진 활동은 장기적인 성과를 위한 판촉 활동, 단기적인 효과를 기대하는 광고 및 홍보 활동 등 다양한 활동이 포함된다.

② 촉진 활동에 따른 성과 지표를 수립하는 것은 매우 용이하다.

③ 촉진 활동 비용 대비 매출이 얼마나 증가하였는지를 파악해 봄으로써 성과를 측정해야 한다.

④ 개별촉진 활동들은 활동의 투입과 성과를 어떻게 규정하느냐에 상관없이 수익률에 차이는 없다.

> 해설
> ① 촉진 활동은 단기적인 성과를 위한 판촉 활동, 중·장기적인 효과를 기대하는 광고 및 홍보 활동 등 다양한 활동이 포함된다.
> ② 촉진 활동에 따른 성과 지표를 수립하는 것은 매우 어렵다.
> ④ 개별촉진 활동들은 활동의 투입과 성과를 어떻게 규정하느냐에 따라 수익률에 차이가 나타나므로 체계적인 계획 수립이 중요하다.

06 마케팅 역량 관련 성과 지표로 가장 거리가 먼 것은?

① 마케팅 담당 고학력 비율
② 마케팅 담당 인력 비율
③ 마케팅 관련 회의 비율
④ 마케팅 조직의 역량

> 해설
> 마케팅 관련 역량 지표로는 마케팅 담당 인력 비율, 마케팅 담당 인력의 경력 비율, 마케팅 조직의 역량, 마케팅 관련 회의 비율이다.

07 계절적 상품의 마케팅 분석을 설명한 것으로 틀린 것은?

① 계절에 따라 수요의 변화가 크거나 구매 관습에 따른 매출 변동이 큰 상품을 대상으로 한다.

② 제한적 기간과 사회적 관습상 행사 등과 관련된 상품을 포함한다.

③ 충분한 재고를 보유하는 마케팅전략을 수립해야 한다.

④ 계절적 변화에 따른 상품 판매 추이 변화량이 크게 나타나는 경향이 많다.

> 해설
> 계절적 상품의 특징은 해당 계절이 지나면서 판매가 급감하는 경향이 있다. 기업에서는 이러한 요소를 제거하기 위해 다양한 할인 행사를 진행하거나 사전 구매 고객에 대한 다양한 혜택 등의 마케팅 활동을 전개한다. 결국, 재고가 남지 않도록 효과적 마케팅전략을 수립해야 한다.

08 다음 사례에 해당하는 마케팅 성과 분석의 관점은?

> 온라인 혹은 TV 홈쇼핑의 유통 채널을 활용한 판매 상품인 경우 행동(구매)빈도의 차이가 크다. 일반적으로 직장인일 경우 근무 시간대 구매보다 퇴근 후 행동(구매)빈도가 훨씬 더 높으며, 가정주부인 경우 오전 및 낮 시간에 행동(구매)빈도가 상대적으로 더 높다.

① 시간대별 마케팅 분석
② 이용자별 마케팅 분석
③ 금액대별 마케팅 분석
④ 상품별 마케팅 분석

> 해설
> 제시된 사례는 시간대별 마케팅 분석으로 시장 세분화를 통해 자사의 상품이 누구를 주 타깃 고객으로 할 것인지에 따른 시간대별 마케팅 활동 계획도 중요한 계획 수립의 고려 사항이 된다.

정답 (05 ③ 06 ① 07 ③ 08 ①)

09 회사의 매출액이 감소하는 원인으로 가장 옳지 않은 것은?

① 경쟁 회사가 출연하거나 동종의 제품을 출시한 경우

② 경제적 상황에 따라 판매점의 증가로 이어지는 경우

③ 고객의 불만 요인을 제거하지 못하여 지속적인 구매 감소가 일어나는 경우

④ 주력 제품에 대하여 경쟁 회사에게 빼앗기고 있는 경우

해설

경제적 상황에 따라 판매점의 감소로 이어지는 경우 회사의 매출액이 감소할 수 있다.

10 기업의 매출 분석을 설명한 것으로 옳은 것은?

① 개인의 목표이든 기업의 목표이든 목표 달성을 한다는 것은 쉬운 일이다.

② 실제 매출액과 목표 매출액을 비교해 보더라도 유의미한 자료를 얻을 수 없다.

③ 대부분의 기업들은 부문 혹은 상품이 매우 다양하며 모든 상품이 잘 팔린다.

④ 당해 연도 목표 성장률 예측치를 선행적으로 적용하여 목표 매출액을 산출하여야 한다.

해설

① 개인의 목표이든 기업의 목표이든 목표 달성을 한다는 것은 매우 어려운 일이다.

② 매출 목표를 얼마만큼 달성하였는지는 실제 매출액과 목표 매출액을 비교해 봄으로써 알 수 있다.

③ 대부분의 기업들은 부문 혹은 상품이 매우 다양하며, 잘 팔리는 상품이 있는 반면 상대적으로 저조한 판매를 보이는 상품이 있을 수 있다.

3장 실전 예상문제 2차 실기

01 마케팅 역량에 관한 성과 측정 지표를 3가지 쓰시오.

정답 마케팅 담당 인력 비율, 마케팅 담당 인력의 경력 비율, 마케팅 관련 회의 비율

02 시간대별 마케팅전략 수립 시 고려 사항을 3가지 쓰시오.

정답 구매 시간대에 맞는 마케팅 비용 지출, 시간대별 재고 확보, 구매 시간대의 고객 분산 전략 수립

4장 통신판매 성과 관리

✔ 실기 출제영역

전 단원에서는 성과를 측정하는 요소들을 중심으로 학습했다면 이번 단원에서는 보다 전문적으로 성과를 측정하는 원리를 배우게 됩니다. 어려운 용어와 난해한 내용들이라도 실제 업무 현장에서 이뤄지는 평가라고 생각하고 학습에 임해야 합니다.

1 목표 설정

1 성과 관리 개념 ★★

(1) 균형성과표(BSC : Balanced Scorecard)의 이해 [기출]

① 개요
- ㉠ 균형성과표란 1992년 하버드대학의 교수인 로버트 카플란(Robert Kaplan)과 컨설턴트인 데이비드 노튼(David Norton)에 의해서 처음 개발되었다.
- ㉡ 1990년에 재무성과지표들이 현대의 경영환경에 효과적이지 못하다는 믿음 하에 새로운 성과 측정의 대안에 대해 연구하는 과정에서 고객, 내부프로세스, 직원 활동 및 주주 관련 이슈 등 조직 전반에 걸친 경영활동과 관련된 성과지표들을 개발했다.
- ㉢ 이 성과지표는 재무적 관점, 고객 관점, 내부 비즈니스 관점, 그리고 학습과 성장 관점이다.
- ㉣ 균형성과표는 과거 성과에 대한 재무적인 성과지표와 미래성과의 동인에 대한 비재무적인 성과지표를 모두 포함하는 성과평가의 시스템이다.
- ㉤ 균형성과표에서 균형이란 단기적 지표와 장기적 지표, 재무적 지표와 비재무적 지표, 후속지표와 선행지표 간의 균형을 의미한다.

② 재무 관점
- ㉠ 재무적 측정치들을 이용하여 성과를 측정하는 관점이다.
- ㉡ 재무적 측정치는 주주에게 제공되는 결과에 대한 측정치로서 영업이익과 자본 수익률 등과 같이 수익성과 매출액 증가율이 사용되어 왔다.
- ㉢ 최근에는 경제적 부가가치(EVA), 주주가치와 같은 평가지표를 많이 사용하고 있다.
- ㉣ 재무적 목표들은 기업의 수익성과 직결되며, BSC에 있는 다른 세 가지 관점의 최종결과가 바로 재무적 측정치로 나타난다.
- ㉤ 기업의 전략, 실행 그리고 전략의 달성이 기업의 이익달성에 얼마나 기여했는가를 나타내는 지표이다.

③ 고객 관점
- ㉠ BSC의 고객 관점에서는 사업단위가 경쟁하게 될 고객 및 세분화된 시장을 규명하고 그 목표로 삼은 시장에서 사업단위 성과의 측정지표들을 규정한다.
- ㉡ 목표 고객과 시장에서 기업의 성과를 파악하기 위해 시장점유율, 고객 만족도, 고객 충성도, 고객 유지율, 그리고 고객별 수익성 등과 같은 핵심고객 평가지표를 사용한다.

ⓒ 일반적으로 고객의 관심사는 시간, 품질, 성능, 서비스, 비용 등 다섯 가지 범주로 구분된다. 따라서 이에 대한 각각의 목표를 분명하게 설정하여야 한다.

ⓔ 고객에게 가치를 전달하기 위하여 시간, 품질, 성능, 서비스, 그리고 비용 등을 고객의 입장에서 지표화할 수 있다.

④ 내부 프로세스 관점

ㄱ 내부 프로세스란 기업 내의 원재료, 정보, 사람 등과 같은 입력요소를 제품과 서비스 등의 산출요소로 변환시키는 과업이나 활동들의 집합을 의미한다.

ㄴ 기업은 이러한 비즈니스 프로세스를 활용하여 고객의 기대를 충족시키고 조직의 전략을 성공적으로 실행할 수 있다.

ㄷ 기업은 고객의 욕구를 가장 신속하게 파악하고 충족시켜 주는 내부 프로세스를 보유함으로써 급변하는 경쟁 환경 하에서 적응해 나갈 수 있다.

ㄹ 내부 프로세스 관점은 고객 관점을 만족시키기 위하여 경영관리 측면에서 필요한 프로세스, 의사결정, 조직을 통한 기업의 장점에 대한 지표들로 이루어져 있다.

ㅁ 사이클 타임, 품질, 종업원 기술, 그리고 생산성에 영향을 미칠 수 있는 요소들이 포함된다.

⑤ 학습과 성장 관점

ㄱ 학습과 성장 관점에서는 기업의 장기적인 성장과 개선을 창출하기 위해 지속적으로 기업의 능력을 개선해 나가야 함을 강조한다.

ㄴ 학습과 성장 관점에서는 조직의 학습과 성장을 실행시키는 목표와 측정지표를 개발한다.

ㄷ 학습과 성장은 중요한 세 가지 원천인 사람, 시스템, 그리고 조직의 각종 절차로부터 나온다.

ㄹ 목표를 성취할 수 있는 하부구조를 제공하는 것으로 직원 역량, 정보시스템 역량, 그리고 동기부여와 권한이행이 포함된다.

(2) 재무 지표

① 개요

ㄱ 재무 지표는 조직에서 공통적으로 사용하고 관리하는 공동지표로서 선정하기에는 유용하며 조직간 비교가 용이한 반면, 산업의 라이프 사이클에 따라 조직에게 주는 의미가 달라질 수 있으므로 모든 조직에 동일하게 적용할 수 있는 절대적 평가기준이라고는 할 수 없다.

ㄴ 재무적 성과 측정 지표들은 기업의 라이프 사이클에 따라 상당히 다를 수 있다.

ㄷ 성장, 유지, 수확 단계에서의 전략들에 대하여 사업 전략을 유도하는 3가지 재무적 논지는 수입성장과 믹스, 원가절감 및 생산성 향상, 자산 활용률 및 투자전략으로 구분할 수 있다.

② 재무 지표의 활용 전략

ㄱ **수입과 성장** : 제품 및 서비스의 매출을 확대하고, 새로운 고객과 시장에 접근하며, 좀 더 부가가치가 높은 제품과 서비스로 이동하여 가격을 재조정하는 것을 말한다.

ㄴ **원가절감과 생산성 향상** : 제품 및 서비스의 직접 원가를 낮추고 간접 원가를 감소시키며, 다른 사업단위와 공동자원을 공유하려는 노력을 말한다.

ㄷ **자산 활용률**

ⓐ 관리자는 주어진 생산량과 사업믹스를 지원하는 데 필요한 운전자본을 낮추고자 한다.

ⓑ 현재의 생산능력에 비해서 충분히 활용되지 못하고 있는 자원을 새로운 사업에 투입하고, 희소한 자

원을 더 효율적으로 사용할 뿐만 아니라, 부적절한 시장가치 회수율을 낳고 있는 자산을 처분함으로써 고정자산의 활용률을 높이는 데 활용한다.

(3) 품질 지표

① 개요
  ㉠ 품질이란 판매 및 고객 접점에서 제공하는 서비스의 품질을 의미한다.
  ㉡ 제품 또는 상품자체의 품질을 의미하는 것이 아니라 판매 활동과정에서 발생하는 서비스 품질을 뜻하는 것이다.

② 서비스 품질의 개념
  ㉠ 서비스 품질은 서비스의 본질적 특수성으로 인하여 측정과 개념 규정이 어려운 부분이다.
  ㉡ 서비스 품질은 그 용어 자체의 활용범위가 매우 다양할 뿐만 아니라 광범위하기 때문에 여러 의미가 내포되어 있다.
  ㉢ 서비스 품질이란 객관적으로 또는 획일적으로 규명할 수 있는 것이 아니라 고객에 의하여 인식되고 판단되는 주관적인 평가라는 점이며 그 평가 과정이 결과로 되는 것이 아니라 서비스를 받는 전 과정에 걸쳐서 이루어진다는 점이다.

③ 서비스 품질 특성
  ㉠ 서비스 고유의 특성인 무형성, 이질성, 소멸성, 생산과 소비의 비분리성 등의 특성을 갖는 서비스 품질의 개념은 유형의 재화와는 달리 객관적인 품질의 평가가 용이하지 않다.

서비스의 특성 `기출`

❶ 무형성
서비스는 구체적인 제품처럼 눈으로 만질 수 없고, 단지 가시성만 갖는다. 즉 시각, 청각, 미각, 후각, 촉각 등을 이용하여 지각할 수 있을 뿐이다. 예로써 상품인 TV는 눈으로 보고 만질 수 있지만 TV를 판매하는 판매원의 목소리, 말투, 제품 설명 능력, 고객에 대한 세심한 배려 등은 무형적인 요소인 서비스로 보거나 만질 수 없다.

❷ 이질성
서비스는 종사원마다 또는 장소나 시간 등의 상황, 기계 사용능력 등에 따라서 품질이 달라진다. 직업의식이 투철한 서비스 담당자라면 자기의 감정을 통제하고 조절할 수 있어야 하겠지만, 서비스 제공자의 기분이 늘 같을 수는 없으므로 품질이 항상 일정하거나 고르지 않다.

❸ 소멸성
제품은 한 번 구입한 후 몇 번이라도 반복하여 사용할 수 있지만, 서비스는 생산과 동시에 소멸되므로 1회 사용으로 서비스의 편익은 사라진다. 예를 들면, 서울에서 제주도를 왕복하는 항공사의 경우 빈 좌석만큼을 보관하고 있다가 다음 비행기에 보관 중인 좌석을 추가로 배치하여 판매하는 것은 불가능하다. 즉 판매하지 못하고 남긴 좌석은 보관하지 못하고 소멸되는 것이다.

❹ 비분리성
생산과 소비가 분리되지 않고 동시에 일어난다. 예컨대 스마트폰은 생산과정을 거쳐서 매장에 납품되고, 일정 기간 진열된 상태에서 소비자가 최종 구매하여 사용(소비)할 때까지 상당한 기간이 소요된다. 그러나 스마트폰을 판매하는 판매원의 서비스는 고객과 마주 보고 표현하는 즉시 고객에게 영향을 미친다.

  ㉡ 서비스 품질은 일반적으로 객관적인 품질이 아니라 주관적인 품질 개념으로서 고객에 의해 지각된 서비스 품질이라는 의미로 정의된다,
  ㉢ 지각된 서비스 품질이란 고객의 기대와 지각 사이의 불일치 정도와 방향을 뜻한다.

종사원마다 또는 장소나 시간 등의 상황, 기계 사용능력 등에 따라서 품질이 달라지는 서비스의 특성을 쓰시오.

정답 이질성

(4) 핵심 성과 지표(KPI : Key Performance Indicator) 기출

① 개요

ㄱ 목표를 선정한 후 이행을 관리하기 위하여 필요한 것이 KPI이다.

ㄴ KPI는 목표를 성공적으로 달성하기 위하여 핵심적으로 관리해야 하는 요소들에 대한 성과 지표를 말한다.

ㄷ 성과 관리에서 핵심 성과 지표는 일반적으로 매출, 이익, 비용과 같이 재무적인 지표가 있으나 이는 미래성과를 반영하는 데 미흡하고 결과만 보여줄 뿐 과정에 대한 정보가 없다.

ㄹ 성과 측정의 대상으로서 과정이 중요한 이유는 과정을 관리함으로써 단기 목표를 달성할 수 있을 뿐만 아니라 중장기적인 목표도 도달할 수 있다.

ㅁ KPI를 도출하고 활용하는 궁극적인 목적은 조직 구성원들이 기업이 원하는 방향으로 나아가도록 동기를 부여하는 데 있다.

② KPI 일반 원칙

ㄱ 관리할 능력을 고려하여 적정 수준으로 한다.

ㄴ 사업의 핵심 성공 요인들과 연계되어야 한다.

ㄷ 조직의 과거, 현재, 미래를 한눈에 바라볼 수 있는 지표여야 한다.

ㄹ 고객, 주주와 기타 이해 관계자들의 욕구를 기반으로 하여 개발되어야 한다.

ㅁ 최고 경영자의 의지로 시작하여 조직의 모든 구성원들에게로 전파되어야 한다.

ㅂ 지표는 변경 가능해야 하며 환경과 전략이 변화함에 따라 재조정되어야 한다.

ㅅ 지표의 목적과 목표는 정확한 조사에 근거하여 설정되어야 한다.

③ KPI의 구비 요건

구분	요건	내용
1	양보다 질	사업의 핵심적 임무 및 달성하려는 성과와 관련된 것으로 양보다 질을 추구
2	명확성	무엇을 측정하고자 하는가를 구체적·객관적으로 제시함으로써 사용자들이 이해할 수 있어야 함
3	출처 획득 가능성	성과 측정을 위한 추정 획득이 가능해야 함
4	타당성	실제 측정하고자 하는 성과 측면이나 질을 나타내는 것이어야 함
5	관련성	사업의 목적, 측정하려고 하는 성과와 관련이 있는 것
6	적시성	빈번하게 측정됨으로써 사업 진행상황의 파악에 도움을 주어야 하며, 빠른 시간 내에 생산됨으로써 출처로서의 유용성을 가져야 함
7	신뢰성	원하던 정보를 정확하게 제공하여야 하며, 성과의 변화를 민감하게 파악할 수 있도록 해주어야 함
8	비교 가능성	현재의 성과를 과거 성과나 다른 사업의 성과와 비교할 수 있도록 해주어야 함

9	검출 가능성	적절한 과정을 거쳐 성과 지표가 측정되었는지를 검증할 수 있도록 분명한 근거 출처를 구비해야 함
10	비중복성	다른 성과 지표와 중복될 경우 그 중요도가 감소
11	포괄성	사업의 긍정적 또는 부정적 효과를 포괄적으로 파악할 수 있는 다양한 성과 지표를 사용해야 함

2 목표 설정 이론 ★★

(1) 개요 기출

① 통신판매 성과 관리에서 첫 단계는 목표 설정이다.

② 목표를 어떤 내용으로, 어떤 수준으로, 어떤 근거로, 어떤 목적을 가지고 또 조직과 개인의 단위에 따라 어떻게 목표를 설정하는가에 따라 성과의 고저가 판가름 날 수 있으므로 합리적인 목표 설정이 중요하다.

> **SMART 목표 설정** 기출
> ❶ SMART 목표는 정확하고 쉽게 전달하는 방식으로 목표와 KPI를 설정하는 것으로 George T. Dora가 1981년에 발행된 글에서 처음 제시하고 이후에 Robert S. Ruben 교수가 확장한 개념이다.
> ❷ **SMART의 개념**
> • Specific(구체적)
> • Measurable(측정 가능한)
> • Achievable(달성 가능한)
> • Realistic(현실적)
> • Time-bound(기한이 있는)

③ 목표 설정과 관련된 가장 대표적인 이론이자 관리기법은 MBO(목표관리 : Management By Objectives)이다.

(2) 목표 관리(MBO)의 이해

① 개념

㉠ 목표 관리는 상사와 부하가 상호 협의 하에 공동의 목표를 확인하고, 각 개인의 중요한 책임영역을 각 개인에게 기대되는 성과로 환산하여 확정하는 활동이다.

㉡ 목적을 달성하기 위한 지침을 설정하여 실시하며, 성과를 평가하고 활용하는 과정이라고 할 수 있다.

② 목표 관리의 특징

㉠ 목표 관리는 전략이다. 결과에 도달하기 위한 독특한 경쟁적 전략이다.

㉡ 목표 관리는 계획과 통제의 과정이다. 복잡한 조직에 미래의 방향을 제시해주는 관리 방식이다.

㉢ 목표 관리는 조직 몰입을 유도하는 참여 과정이다. 목표를 성취하도록 행동해야 하는 사람들이 동의하는 과정이다.

㉣ 목표 관리는 결과 성취를 위한 업무수행 및 평가시스템이다. 성과를 측정, 평가하는 수단을 제공한다.

㉤ 목표 관리는 경영자의 태도이다. 경영층의 사명을 변화와 개선으로 간주한다.

㉥ 목표 관리는 결과 성취를 위한 시간 지향적 과정이다. 결과는 특정 기간 내에 성취해야 한다.

(3) 목표 관리의 효과성

① 목표 몰입

- ㉠ 목표 몰입이란 목표를 성취하기 위한 노력의 강도와 설정된 목표에 대해 집착하려는 정도를 나타내는 것으로 정의할 수 있다.
- ㉡ 할당된 목표이거나, 참여적 목표이거나 또는 스스로 세운 목표이든 간에 목표를 달성하기 위한 노력의 결의를 의미한다.

② 내적인 동기 부여

- ㉠ 내적인 동기 부여란 내재적 보상에 의해 이루어지는 동기 부여로서 행위자와 과업 간의 직접적 관계에서 발생하는 것이다.
- ㉡ 과업을 수행하면서 얻은 성취감, 도전감, 확신감 등이 내재적 보상의 대표적인 예이고 내재적 동기 부여란 이러한 보상들에 의한 노력의 발동상태를 의미한다.

③ 시스템 만족

- ㉠ 목표 관리 시스템을 사용하는 직원들의 심리적 만족이다.
- ㉡ 목표 관리 시스템에 대한 만족도는 장기적으로 직원의 동기와 사기에 영향을 주고, 이는 곧바로 제반 조직 목표수행에 영향을 주게 된다.

④ 상위 목표 정렬

- ㉠ 개인의 목표가 진정으로 의미 있는 것이 되기 위해서는 조직의 목표와 전략적으로 정렬되어야 한다.
- ㉡ 조직의 비전과 미션, 경영전략 등과 연계된 단위 사업별 목표가 선정되고 이와 정렬된 개인의 목표가 선정되어야 목표관리가 제대로 될 수 있다.

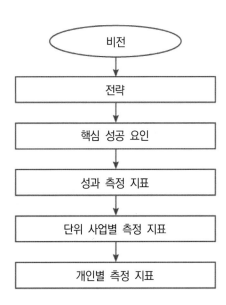

1 업적 및 역량 평가 ★

(1) 업적 평가

① 의의

    ㉠ 조직에서 구성원 개개인에게 주어진 업무를 효과적으로 수행하게 하기 위하여 과업의 목표 달성을 목적으로 평가 목표 또는 지표를 설정하고 평가하여 이에 상응하는 보상을 하는 것을 말한다.

    ㉡ 업적 평가는 종사원의 능력 개발, 업적의 향상, 동기 유발 등의 목적을 달성하기 위해 실시하고 평가 과정을 통해 조직 구성원들이 자신의 직무를 보다 더 잘 수행할 수 있는 메커니즘을 제공한다.

    ㉢ 업적 평가 시행으로 얻은 결과는 종사원에게 피드백되어 동기유발과 자기개발에 영향을 미치고 조직에서는 이를 근거로 임금과 승진 등 보상을 결정한다.

    ㉣ 업적 평가를 통한 결과는 조직의 계획수립과 주요 의사결정에 영향을 미친다.

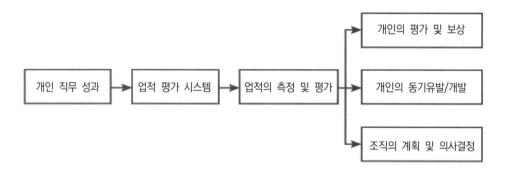

② 효과적인 업적 평가의 기준

    ㉠ 신뢰성 있는 척도이어야 한다. 신뢰성 있는 척도는 인정성과 일관성이 있어야 한다.

    ㉡ 개인들의 업적 결과에 따라 차별화할 수 있어야 한다. 업적 결과의 점수나 평점이 동일하면 아무런 소용이 없다.

    ㉢ 직무상 주된 행동에 의해서 영향을 받을 수 있는 주제이어야 한다. 업적 평가 시스템에서 활용하고 있는 기준들은 우선적으로 피평가자의 임의적인 통제하에 있어야 한다.

    ㉣ 피평가자들에 의해서 수용 가능한 것이어야 한다. 평가기준이 피평가자들에 의해 공정하고 정확한 지표라고 믿을 수 있어야 한다.

③ 분류

    ㉠ 정량적 평가

        ⓐ 일반적으로 정량적 항목 중심으로 평가하는데, 이는 평가기준 설정이 용이하고, 객관적인 평가를 할 수 있기 때문이다.

        ⓑ 정량적 평가항목으로는 매출액, 영업이익, 원가절감액, 생산성, 품질 등을 들 수 있다.

    ㉡ 정성적 평가

        ⓐ 정성적 항목으로는 고객서비스 개선, 경영혁신도, 인력육성 등이 활용된다.

ⓑ 정성적 평가는 평가자에 따라 자의성이 존재하고, 객관성이 낮다는 점에서 유의하여야 한다.

ⓒ 두 가지 항목을 적절히 배분하여 균형 잡힌 업적 평가를 할 수 있다.

④ 콜센터의 업적 지표 예시

업적 지표	주요 내용
ATT (월간 단위 평균 통화시간)	고객이 상담원과 연결되어 통화가 종결되기까지의 평균시간으로 ACD를 통해 확인이 가능하며, 평균 통화시간이 짧을수록 좋다고 일반적으로 해석되고 있으나, 통화의 목적과 성격에 따라 달리 해석될 수 있다.
평균 응대 속도	상담원이 연결 콜들의 상담원 요청 시부터 상담원이 응대를 시작할 때까지의 시간 평균으로서 대기열에서 소요된 전체 시간을 응대된 전체 콜 수로 나눈 값
평균 통화 후 처리시간	통화가 종료된 후 상담원이 통화와 관련된 관리적, 행정적 업무를 마무리하는 데 소요되는 시간으로서, 처리시간이 짧을수록 좋으며, ACD를 통해 그룹별, 일별, 주간, 월간 등으로 확인이 가능함
평균 포기율	ARS 등을 통하여 콜센터에는 연결되었으나 상담원과 연결되기 전에 고객이 전화를 끊어버리는 통화의 평균비율은 작을수록 좋은데, 상담원과 통화를 위해 대기하는 시간이 너무 길거나, ARS의 메뉴가 적절하게 구성되어 있지 않은 경우 등 다양한 이유에 의해 발생할 수 있음
평균 대기시간	고객이 교환기를 통해 콜센터와 연결된 후에 상담사 연결을 선택하고 기다리게 되는 시간으로서 짧을수록 좋다.
첫 통화 해결률	전화 전환이나 재통화 없이 한 번의 접촉으로 완결된 통화의 비율로서, 첫 통화를 통해 고객의 문제를 완벽하게 해결되었는지 알 수 없는 경우가 많아 정확한 통계치를 산출하기 어려움
불통률	특정시간에 부족한 네트워크 문제로 센터에 접근할 수 없는 고객 비율
스케줄 준수율	상담사가 스케줄링된 대로 좌석에 앉아있는 비율. 즉 상담사가 시스템에 로그인되어 고객콜을 응대할 준비가 된 비율
고객 만족도	상담원의 응대에 대해 콜센터를 이용한 고객이 평가한 서비스 만족도 점수

⑤ 평가의 과정

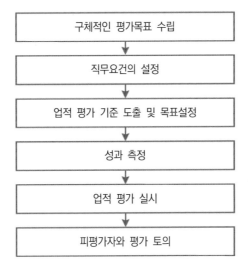

구체적인 평가목표 수립

↓

직무요건의 설정

↓

업적 평가 기준 도출 및 목표설정

↓

성과 측정

↓

업적 평가 실시

↓

피평가자와 평가 토의

(2) 역량 평가

① 의의

    ㉠ 역량(competency)이라는 단어는 "능력(ability)"이란 단어와 유사한 의미로 해석되지만 조직, 인사평가에서는 약간 다른 용어로 사용된다.

    ㉡ 역량이란 특정한 상황이나 직무에서 우수한 성과를 내게 하는 원인이 되는 내적 특질이라고 요약할 수 있다.

능력 평가(ability evaluation)	역량 평가(competency evaluation)
• 일반능력(자질)의 평가	• 역량의 평가. 역량기준의 개발, 평가, 육성 가능
• 전사 획일적인 평가기준 운영	• 현업 리더에 의한 객관적인 평가, 현업 특성을 반영한 평가지표 개발
• 상대평가	• 절대평가와 상대평가의 구분 운영
• 리더의 주관적 평가	• 항목별 기준에 의한 평가
• 인재육성 연계 미흡, 평가 결과의 활용 미흡	• 체계적인 인재육성과 연계, 역량포인트별 니즈 발굴, 육성 및 개발

② 역량 평가의 개념

    ㉠ 조직 구성원의 역량을 측정하기 위해 평가 대상자의 핵심역량을 중심으로 평가자가 복수의 평가기법을 활용해서 평가하는 것이다.

    ㉡ 종사원이 조직에 기여하는 성과를 올리기 위하여 행동으로 발휘하는 것을 평가하는 과정이다.

    ㉢ 조직 구성원의 자발적인 역량 개발 유도와 전문성을 확보하고 업무수행과정에서 역량을 적극 발휘하게 하여 조직의 전략목표를 달성하게 하는 것이 목적이다.

③ 역량 평가의 필요성

    ㉠ 조직성과를 올리기 위해 조직 구성원의 선발, 배치, 승진 등에 요구되는 역량 요건을 확보하는 것이 필요하다.

    ㉡ 합리적인 업무목표나 과제를 올바른 방법으로 해결하고 수행하는 것이 요구되므로 역량 평가에 대한 정확한 개념과 내용을 파악해야 한다.

④ 역량 평가의 방법

    ㉠ 현재 주로 사용하고 있는 역량 평가 방법은 인터뷰, 시뮬레이션, 필기시험, 다면평가 등이 있다.

    ㉡ 역량 평가는 통상 공통 역량과 계층별 역량으로 구분된다.

공통 역량	조직 구성원 모두가 갖추어야 할 역량
계층별 역량	리더, 상위직급, 하위직급 등 조직 내 역할에 따라 갖추어야 할 역량

⑤ 통신판매 기업 공통 역량 평가 예시

핵심 가치	세부 역량 (가중치 0%)	역량 정의	행동 지표
최고	도전 (0%)	끈기와 근성을 바탕으로 한번 정한 목표를 반드시 달성	안 되는 이유나 변명을 늘어놓기보다 다양한 달성방안을 모색하여 도전하려는 자세
			설정한 목표를 달성하기 위해 자신의 시간, 자원, 노력을 투입하려는 자세
	변화혁신 (0%)	기존의 잘못된 점과 개선할 점을 스스로 찾고 이를 해결하기 위한 혁신적인 대안을 제시	변화의 촉진자 역할을 하며 타인의 변화에 관심을 갖도록 자극, 격려
			변화의 파급효과를 정확하게 인식하고 대안을 찾아 구성원들과 공유하며 함께 실천
시너지	소통 (0%)	자기 분야에만 국한하지 않고 타 분야에 대한 이해를 넓히고 동료와 적극적으로 소통	중요한 의사결정이나 변화 사항들이 조직 전반에 걸쳐 정확히 전달되도록 함
			타인과 의사소통할 때 명료성, 구체성, 명확하게 요구
	협업 (0%)	전사 최적화를 위해 자신의 업무 연관부서와 적극적으로 상호 협력	공동의 목표 달성을 위해 업무 연관 담당자와의 협력을 아끼지 않음
			단순 업무 성과보다는 시너지 효과를 기대할 수 있는 업무 성과 지향
고객 최우선	고객가치 창출 (0%)	가능한 모든 자원 활용하여 고객의 니즈를 발굴, 차별화된 서비스를 창출	고객의 니즈를 지속적 파악하여 최적 서비스로 개발, 제공하며 이를 사업 전반에 반영
			제공하는 서비스의 목적을 명확하게 하기 위해 고객의 관점에서 문제 파악
	고객신뢰 (0%)	고객을 모든 판단과 행동의 최우선 기준으로 삼고 고객과 현장의 목소리를 업무에 반영, 끝까지 관철시키는 역량	고객 만족 정도를 확인할 수 있는 기준들을 가지고 만족도를 높이기 위해 지속적 노력
정도 경영	주인의식 (0%)	맡은 일을 스스로 책임하에 철저하게 준비, 치밀한 업무처리로 결과의 완성도를 높임	회사의 문제는 곧 내 문제라는 인식을 가지고 솔선수범 행동
			유무형의 회사의 자원들을 개인의 소유물처럼 조심스럽고 효율적으로 사용
	윤리성 (0%)	규정과 가이드라인을 준수하고 회사 전체 이익 관점에서 합리적으로 판단하고 행동	부서의 이해관계에 연연하지 않고, 일반적이고 보편적인 윤리 원칙과 기준을 준수
			정보보안의 중요성을 인식하고, 불필요한 정보 유출로 인한 보안 사고가 일어나지 않도록 예방하고 노력

㉠ 역량 목표를 설정한다는 것은 목표 지표를 확정하고 가중치를 부여하는 것이다.

㉡ 공통 역량과 계층별 역량 목표 모두 지표와 가중치를 부여한다.

㉢ 각 역량 목표별 지표는 회사의 비전과 미션, 인재상을 추구할 수 있는 관점에서 최소 3개 이상을 선정하는 것이 바람직하다.

㉣ 지표 수가 협소해지면 측정할 수 있는 역량 역시 적어지고 그 결과는 공정성과 객관성을 담보하기 어려워지기 때문이다.

㉤ 가중치 부여는 특수한 경우를 제외하고 특정 역량 한 가지에 과도하게 많이 배분되지 않도록 하고 가중치 부여의 기준은 우선시 되는 역량을 중심으로 가중치를 순차적으로 배분한다.

제4과목 조직운영 및 성과 관리

(1) 정성적 평가의 이해 [기출]

① 개요

㉠ 정성적 평가는 정량적 평가와 대비되는 것으로 품질, 태도 등 계수화하기 어려운 평가를 말한다.

㉡ 정성적 지표의 특성은 성과 달성 정도에 대해 평가자의 주관적인 개입이 필요한 지표, 수행 결과의 내용뿐 아니라 질적인 면을 고려하여 성과 측정, 평가의 객관성 담보가 어려운 항목 등이다.

㉢ 정성적 평가의 운영은 요구되는 평균 수준의 성과를 정의하고 이를 기준으로 평가의 가이드라인을 설정한다.

㉣ 평가의 공정성 확보를 위해 초과 달성 및 미달에 대해 피평가자와 사전에 협의한다.

㉤ 평가 시 고려 요소는 활용성, 유용성, 창의성, 혁신성, 실행 가능성, 성실성, 준수도 등이다.

② 정성적 평가의 척도

㉠ 일반적 기준

매우 미흡(부족)	목표 대비 일정, 양·질적인 면에서 기대 수준보다 크게 낮아 개선이 필요한 경우
미흡(부족)	목표 대비 일정, 양·질적인 면에서 기대 수준에 미치지 못하는 성과
보통	목표 대비 일정, 양·질적인 면에서 기대 수준에 부합하는 성과(평균 수준의 성과)
우수	목표 대비 일정, 양·질적인 면에서 기대 수준을 상회하는 만족스러운 성과
탁월	목표 대비 일정, 양·질적인 면에서 기대 수준을 크게 초과하는 매우 탁월한 성과

㉡ 정성적 평가의 평가 척도는 보다 정확하고 객관적인 평가를 위해 가능한 한 계량화해서 측정하는 것이 바람직하다. 예를 들어 "○○ 프로세스 이행 관리 준수도"의 경우 체크리스트를 만들어 기간(일/주간/월간/분기) 단위별로 점검하여 체크리스트의 항목별 이행 여부를 반영하여 점수 구간을 만들어 5점 척도화하는 방법 등이다.

③ 정성적 평가의 지표 예시

구분	가중치	세부 내용
전략 과제 이행도	10점	해당 상품 판매 분야 업계 1등 달성 또는 총 판매량 월간 10,000개 이상
고객 만족도 개선	10점	고객 대상 설문조사를 통해 전년/전분기 대비 개선율
비용 혁신	10점	판매 구조 개선을 통한 구조적 비용 절감, 절감액에 따른 등급 차별화
성과 차별화	5점	기술 혁신, 구조 혁신, 품질 혁신 등을 통한 성과 창출의 결과로 특정 금액 기여도 측정은 공헌 금액별 구간 산정 측정
획기적 성과	10점	매출액 또는 영업 이익 등 핵심 지표의 초과 달성률, 달성률을 구간별로 구분하여 등급 분류
정도 경영 준수도	제한 없음	기업 이미지, 브랜드 훼손, 비리, 정보 왜곡, 허수 판매 건수/금액 등에 따라 척도로 구분
판매 결산 일정 준수도	-3점	회계 결산 일정 준수에 대한 결과 반영, 지연 일수/건수 등 감점 적용
정보 보안 준수도	-3점	직원들에게 정보 보안 교육 시행 여부, 점검 결과 적발 건수 등 감점 적용

(2) 비재무적 지표 평가의 이해

① BSC 관점에서 비재무적 지표 평가가 정성적 평가와 맥락을 함께 할 수 있다.

② 비재무적 지표 모두가 정성적 지표는 아닐 수 있으나 실적 평가 관점에서 계량화된 재무적 수치와 대비되어 정성적 평가 요인으로 비재무적 지표가 활용되므로 정성적 평가에서 활용한다.

③ 비재무적 지표는 제품, 서비스 및 사업운영의 성과를 평가하기 위하여 불량품, 납기, 시간 준수 등의 측정 항목을 개발하는 데에 상당한 노력을 기울인 결과 개발된 측정이다.

④ 재무적 지표에 비해 정성적이며 과정 중심적이고 장기 지향적인 성과 지표들이다.

⑤ 대표적인 지표는 고객 만족, 품질, 생산성, 납기 준수도, 종업원의 만족도, 교육 및 능력 개발에 대한 투자 등 다양한 지표를 포함하고 있다.

(3) 다면 평가의 이해

① 다면 평가의 개념

㉠ 다면 평가 역시 정성적 평가 요인으로 간주할 수 있다.

㉡ 다면 평가 제도란 스스로 파악하기 어려운 자신의 장·단점을 상사, 동료, 부하 직원, 고객 등 다양한 사람들로부터 평가를 받는 것을 말한다.

② 다면 평가의 장점

㉠ 편파적인 평가 의견을 견제함으로써 균형 있는 평가를 할 수가 있다.

㉡ 일반적으로 직상급자인 평가자 외 다른 구성원들에게도 평가에 참여할 기회를 제공함으로써 참여감과 조직에 대한 일체감을 증진할 수 있다.

㉢ 평가 결과의 익명성으로 인해 평가 대상에 대한 객관성 제고 및 공정하고 합리적인 평가가 가능하다.

㉣ 평가 정보의 피드백으로 자기 개발에 대한 동기 부여 및 상급자 뿐 아니라 동료 및 부하 직원, 고객으로부터 인정받고 존경받기 위한 자기 개발을 유도할 수 있다.

㉤ 상하 간, 동료 간, 고객과 조직 간에 의사 교환을 통하여 조직 활성화에 기여할 수 있다.

③ 단점

㉠ 상사의 업무 성과에 대해 정확하게 평가하는 데에 필요한 업무 지식이 부하 직원들에게 부족하여 공정하고 객관적인 평가가 어렵다.

㉡ 다양한 의견이 상충될 때 누구의 의견이 옳으냐의 문제이다.

㉢ 평가가 낮게 나올 경우 상사로부터의 보복이 두려워 정확한 평가를 기대할 수 없다.

㉣ 평가에 시간과 비용이 많이 든다.

㉤ 많은 평가 양식을 작성하다 보면 평가 오류에 빠질 수 있고 그 결과 평가의 정확성이 떨어질 수 있다.

㉥ 평가의 주관성이 개입될 수 있는 점이 많다는 것이다. 평소 좋아하지 않는 사람을 평가할 때 이런 문제가 발생할 수 있다.

3 개인 및 집단 평가 ★★

(1) 개요

① 개인 평가의 개념
  ㉠ 개인 평가는 조직에서 각 직무를 수행하는 종사원 개개인에 대한 평가를 말하며 평가 방식은 업적 평가와 역량 평가, 경우에 따라 다면 평가 등이 있다.
  ㉡ 평가 계획에 따라, 평가 기간 중 발생하는 변동 사항을 반영하여 실적 평가를 수행한다.
  ㉢ 평가 지표에는 통상 계량 지표와 비계량 지표, 가감점 지표로 구성된다.

② 집단(조직) 평가의 개념
  ㉠ 조직 평가는 각 조직별 부여된 개별 조직 목표를 달성하기 위해 설정된 목표와 KPI의 결과에 대해 평가 기준에 따라 평가하는 것이다.
  ㉡ 개인 평가와 마찬가지로 통상 계량 지표와 비계량 지표, 가감점 지표로 구성된다.
  ㉢ 일반적으로 기업에서는 개인 평가와 조직 평가를 믹스하여 평가 보상을 시행하게 되고 기록 관리를 통해 인력 관리, 성과 관리 고도화에 활용한다.

(2) 개인 실적 평가 [기출]

① 개요
  ㉠ 개인 실적은 업적과 역량 평가 두 가지 종류가 있다.
  ㉡ 스텝과 현장에서 근무하는 개인의 실적 평가가 상이하다.
  ㉢ 모든 평가 종류에는 피평가 대상의 목표를 달성하고자 하는 관점에서 계량 지표, 비계량 지표, 감점, 가점 등의 다양한 KPI를 활용하여 측정할 수 있다.

② 현장 직원 실적 평가의 실제
  ㉠ 업적 평가
    ⓐ 현장 직원 실적 평가 주기는 통상 월 단위 또는 사업 특성에 따라 조정될 수 있다. 이러한 점에서 스텝 직원과의 차이가 있다.
    ⓑ 또한 스텝 직원과 마찬가지로 다양한 현장 직무가 있으므로 평가 시 직무 특성을 반영하여 설계된 목표 설정 계획서에 의거하여 실적 평가를 한다.
    ⓒ 고객 접점에서 전화로 판매 직무를 수행하는 직원의 업적 평가 예시

구분		가중치	목표	실적	달성률	득점
계량 지표	월간 판매 건수	40	100	120	120%	40점
	일 평균 판매 생산성	40	3	2	67%	26.8점
	SLA	10	100점	90점	90%	9점
	소계	90	–	–	–	75.8점
비계량 지표 (30%)	긴급 클레임 처리	5	100점	80점	80%	4점
	반품 방어	5	100점	90점	90%	4.5점
	소계	10	–	–	–	8.5점
합계		100점	–	–	–	84.3점

ⓓ 달성률이 100%를 초과하는 경우 목표 설정 계획서에 의거 초과 비율만큼 인정할 것인지, 가중치 한도 내에서 제한할 것인지를 확인하여 실적 평가의 오류를 방지한다.

Ⓛ 개인 실적 평가 중 역량 평가 예시

구분		가중치	목표	실적	달성률	득점
공통 역량 (60%)	도전/변화 혁신	30	100점	90점	80%	24점
	소통/협업	20	100점	70점	80%	16점
	고객 가치 창출	10	100점	90점	90%	9점
	소계	60	–	–	–	49점
계층별 역량 (과장급 이상) (40%)	적극성	10	100점	100점	100%	10점
	업무 수행력	10	100점	90점	90%	9점
	교육 이수	10	10과목	10과목	100%	10점
	교육 성과	10	100점	80점	80%	8점
	소계	40	–	–	–	37점
합계		100점	–	–	–	86점

(3) 조직 실적 평가하기

① 개요

ⓐ 각 사업 조직별 목표 또는 KPI 대비 실적을 평가 산정 방식에 따라 실적을 평가한다.

Ⓛ 일반적으로 계량 평가 중심이나 계량 평가만으로 담을 수 없거나 측정이 어려운 경우 비계량 지표를 활용한다.

Ⓒ 조직의 비전 달성과 사회적 책임 관련 이슈를 지표 등에 포함하고자 할 경우 가점 및 감점 지표를 활용하기에 평가 시 비계량 지표에 대한 객관성과 공정성 확보가 중요하다.

② 실적 평가 산식

ⓐ 실적 평가 산식은 목표 수립 시 계획서에 근거하여 평가한다.

Ⓛ 예를 들어 목표 지표의 100%까지만 인정할 것인지, 100% 초과 시 어느 수준까지 인정할 것인지에 따라 결과치가 다를 수 있으므로 유의하여야 한다.

Ⓒ 가·감점 지표의 경우 건당 반영 점수, 비율 등 정확한 실적 산정 기준이 중요하므로 이에 대한 적용 기준도 필요하다.

③ 조직 실적 평가 예시

구분		A 조직				
		가중치	목표	실적	달성률	득점
계량 지표 (70%)	SLA	10	100점	90점	90%	9점
	품질 평가	5	100점	70점	70%	3.5점
	A상품 판매 개수	15	1,000개	1,000개	100%	15점
	B상품 판매 개수	10	2,000개	1,000개	50%	5점
	영업 이익	15	5억	5억	100%	15점
	매출액	15	100억	90억	90%	13.5점
	소계	70	–	–	–	61점

비계량 지표 (30%)	전략 과제 A	20	100점	90점	90%	18점
	전략 과제 B	10	100점	80점	80%	8점
	소계	**30**	-	-	-	**26점**
감점 지표	C 준수도	-3	0	0	100%	0점
	D 발생률	-3	0	1	67%	-1점
	소계	**-6**	-	-	-	**-1점**
가점 지표	E 준수도	+3	3	3	100%	3점
	F 달성률	+3	3	2	67%	2점
	소계	**+6**	-	-	-	**5점**
합계		100점	-	-	-	91점

4 상대 및 절대평가 ★★

(1) 개요 기출

① 합리적이고 효과적인 실적 평가를 위해서는 절대평가와 상대평가방법들이 갖고 있는 장점을 활용하여 적용하는 것이 바람직하다.

② **상대평가의 개념** : 상대평가란 피평가자들이 자신 획득한 점수에 따라 점수를 부여받고, 그 점수에 따라 성과가 평가되며 다른 사람의 성과가 자신의 성과에 영향을 미치는 것이다.

등급	점수
A	상위 20%
B	상위 20% ~ 상위 50%
C	상위 50% ~ 상위 80%
D	하위 20%

③ 절대평가의 개념

㉠ 절대평가란 피평가자들이 자신이 획득한 실적에 따라 점수를 부여받고, 그 점수에 따라 성과가 평가되는 것이다.

㉡ 자신이 일정한 등급에 해당하게 되는 점수가 되면, 그 등급에 따라 평가가 결정되는 것이고 다른 사람의 성과가 자신의 성과에 영향을 미치지 않는다.

등급	점수
A	80점 이상
B	60점 이상 80점 미만
C	40점 이상 60점 미만
D	40점 미만

(2) 상대평가와 절대평가의 비교

구분	상대평가	절대평가
의미	타인과 비교하여 평가	기준을 정해 놓고 평가
비교 대상	사람 vs 사람	사람 vs 기준
평가 방법	서열법	점수법
장/단점	• 평가 기준이 명확히 설정되어 있지 않을 경우에도 활용 가능 • 평가 항목/내용 설계 시 많은 노력/시간이 소요되지 않으므로 효율적임 • 현실적으로 조직 내 자신의 위치를 파악하는 데 도움을 줄 수 있음 • 피평가자에게 피드백 시 납득성 문제가 발생할 수 있음	• 평가 기준에 의하여 일관되게 평가할 수 있기 때문에 납득성이 높음 • 피평가자에게 객관적 평가에 의해 장/단점을 피드백함으로써 의욕 및 자기 개발 유도 가능 • 타당한 평가기준 설정이 쉽지 않음 • 평가 항목 및 내용을 설정할 때 시간과 노력이 많이 필요함 • 보상으로 활용하는 데 한계가 있음
활용	채용/승급/승진	교육/전환배치/업적 향상/처우 결정
적용	• 입학 방식 • T/O 개념 • 승진 정원 산정 예 S(10%) ~ D(5%)	졸업방식 예 70점 이상 합격, 1억당 50만 원 인센티브
사례	마라톤 선수 상대평가 예 국내 1위 선발하여 포상	마라톤 선수 절대평가 예 기록 2시간 10분 달성 시 1억 상금 지급

---

3 보상하기

1 동기 부여 이론 ★★

(1) 개요

① 동기 부여(Motivation)의 개념

ㄱ 동기 부여는 일반적으로 어떤 사람을 자극하는 행동을 불러일으키거나 또는 어떤 사람으로 하여금 바람직한 행동을 수행하도록 이끄는 것이라 할 수 있다.

ㄴ 심리학에서 동기 부여는 인간의 행동을 일정한 방향으로 개발하고 그 개발된 행동을 유지하면서, 더 나아가서 그들을 일정한 방향으로 유도해 가는 과정의 측정이라고 정의하고 있다.

ㄷ 조직은 인간의 생리적 에너지뿐 아니라 심리적 에너지를 필요로 한다. 조직이 효과적이냐 아니냐 하는 것은 조직의 구성원들이 투입하는 에너지에 달려 있다.

ㄹ 조직의 구성원들이 투입하는 에너지는 각자의 능력, 동기, 기회 등의 환경적인 요인과 결합되어 나타난다.

◎ 조직에서 나타나는 개인의 성과는 사람에 따라 다양하게 나타나게 되는데, 능력의 차이뿐만 아니라 능력을 발휘하고자 하는 개인의 자발적인 의욕, 즉 동기 부여라고 하는 것이 성과를 결정하는 중요한 요소로 인식되었다.

② 동기 부여의 특징

⊙ 인간의 조직을 전제로 인간 내부의 심리적인 동적 과정을 나타내고 있다. 즉 인간의 심리적인 측면을 그 대상으로 하고 있다는 점이다.

ⓒ 심리학에서 사용하고 있는 방법과 마찬가지로 행동과 동기를 하나의 과정으로서 파악할 수 있다는 점이다. 즉 욕구 → 수단적 행동 → 목표 → 새로운 욕구의 순환을 동기 부여의 과정으로 볼 수 있다.

ⓒ 조직에 있어서의 동기 부여는 행동의 원천이 되는 인간 내면의 심리에 대한 외적인 요인에 초점을 두고 그 양자 간의 관계를 중요시하고 있다.

내적 요인의 동기	외적 요인의 동기
동기의 주체인 개인의 입장에서 자율적이고 능동적으로 나타나는 동기	다른 사람으로부터의 타율적이고 피동적으로 부여받는 동기

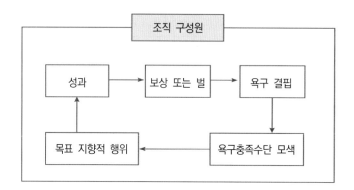

(2) 관련 이론 [기출]

① 매슬로(Maslow)의 욕구 단계 이론

⊙ Maslow(1954)에 의하면 인간은 기본적으로 다섯 가지 욕구에 의해 동기 부여되며 사람의 행동은 이 다섯 가지 욕구 중에 어떤 특정 욕구를 만족시키기 위한 노력으로 이해될 수 있다.

ⓒ 하나의 욕구를 충족시켰을 경우 만족하는 것이 아니라 더욱 큰 상위 욕구를 갈망하고 그것을 채우고자 하는데 이러한 인간의 특성을 설명한 것이 Maslow 욕구 이론이다.

ⓒ 이 이론의 핵심은 각 욕구들이 위계 수준에 따라 순서가 정해질 수 있으며, 낮은 수준의 욕구가 충족되어야 그다음 수준의 욕구가 발현된다는 것이다.

ⓔ 저차원적 욕구부터 고차원적 욕구의 순서는 생리적 욕구 → 안정 욕구 → 사회적 욕구 → 존경 욕구 → 자아실현 욕구다.

② ERG 이론

⊙ Alderfer(1972)는 Maslow의 욕구 단계이론이 직면했던 문제점들을 극복하기 위해 이를 실증 조사에 부합하게 수정한 이론을 제시하였다.

ⓛ 인간의 욕구 중 핵심적인 요소만을 추려 세 가지로 간소화하였는데, 이는 존재 욕구(Existence), 관계 욕구(Relatedness), 성장 욕구(Growth)이며 각각의 앞 글자를 따서 ERG 이론이라고 명명했다.

ⓒ Maslow의 욕구 단계 이론이 만족 - 진행 접근법과 더불어 좌절 - 퇴행 요소가 가미되었고, 욕구 단계 이론에서는 인간이 한 번에 한 가지 욕구만 지배적으로 추구할 수 있었는데, ERG 이론에서는 한 가지 이상의 욕구를 동시에 추구할 수 있다.

ⓔ Maslow의 욕구 단계 이론의 가정처럼 하위 욕구가 완전히 충족되어야만 상위 욕구를 추구하는 것이 아니라 하위 욕구가 충족되지 않더라도 상위 욕구를 추구할 수 있다는 차이점이 있다.

③ Herzberg의 동기 - 위생 이론

ⓐ Herzberg는 200명의 기술자와 회계사를 대상으로 "욕구 충족과 이러한 욕구 충족이 동기 부여에 미치는 효과"에 대해 연구하였다. 그 결과 만족과 불만족을 동일 선상의 양 극점으로 생각했던 종래의 견해와는 달리 만족 요인과 불만족 요인이 별개로 존재한다는 것을 알아냈다.

ⓛ 불만족 요인

ⓐ 불만족 요인은 주로 직무의 환경과 관련된 안전, 지위, 급여, 작업 환경, 감독, 상사와의 관계, 회사의 정책과 경영방식, 동료와의 관계 등이었다.

ⓑ 이러한 요인은 충족되지 못할 시 불만족을 초래하지만, 충족된다 하여도 불만족을 감소시킬 뿐 만족을 불러오지 못했다.

ⓒ Herzberg는 이러한 요인을 "위생 요인"이라고 하였는데 의학적인 면에서 위생은 "예방이 가능한 환경적인 조건"이기 때문이다. 즉, 구성원들의 불만족 요인은 예방할 수 있는 환경적인 조건이라는 뜻이다.

ⓒ 만족 요인

ⓐ 만족 요인은 주로 사람들에게 더 나은 만족과 성과를 가져오게끔 동기를 부여하기 때문에 Herzberg는 이를 "동기 요인"이라고 하였다.

ⓑ 주로 성취감, 인정, 동질감, 책임감, 성장과 발전, 일 그 자체 등을 의미하는데 이러한 요인은 충족하지 않아도 불만은 없지만 일단 충족되면 만족에 적극적인 영향을 줄 수 있고 사람들의 적극적인 업무 태도를 유도할 수 있다.

ⓒ 이러한 만족요인은 Maslow의 상위 욕구에 해당한다고 볼 수 있다.

(3) 조직 몰입 기출

① 개념

ⓐ 조직 몰입이란 자신이 속해 있는 조직에 대해 심리적으로 동화되어 있는 정도 혹은 일체감을 느끼는 정도로 정의될 수 있다.

ⓛ 조직 몰입은 개인이 조직에 대해서 가지는 목표와 가치를 잘 반영하여 다른 개념들에 비해서 안정적으로 지속될 수 있다.

ⓒ 외부의 상황 변화에 의해서 잘 변화되지 않으며 개인 스스로도 자율적으로 통제할 수 있기 때문에 강한 동기 부여가 가능하다.

② 조직 몰입의 유형

학자	유형	개념
Etzioni (1961)	도덕적 관여	조직 목표와 가치의 내재화와 권위의 인식에 근거한 긍정적이고 높은 집중을 지향
	계산적 관여	이익과 보상의 합리적인 교환에 근거한 낮은 집중 관계
	소외적 관여	착취적인 관계에서 볼 수 있는 부정적인 지향
Kanter (1968)	연속 몰입	조직을 떠나는 것이 비용이 많이 들고 불가능하기 때문에, 이전의 개인적 투자나 희생에 의하여 주어지는 생존에 대한 헌신
	응집 몰입	이전에 있었던 사회적 결합을 공식적으로 포기하거나, 집단의 응집력을 높이려는 의식에 참여함에 의하여 생기게 되는 조직 내 사회적 관계에 대한 밀착
	통제 몰입	구성원들에게 이전에 가졌던 규범을 공식적으로 부인하거나 조직의 규범에 대하여 자신이 가지고 있는 개념을 재형성할 것을 요구함에 의하여 바람직한 방향으로 형성하고자 하는 조직의 규범에 대한 밀착
Straw & Salancik (1977)	조직 행동적 접근	다양한 요소에 의해 생기는 조직에 대한 관여나 강한 동질성으로서의 몰입(태도 몰입)
	사회 심리적 접근	개인을 조직에 결속시키는 것으로써 조직에 투자한 비용으로 간주되는 몰입(행동 몰입)
Reichers (1985)	태도적 차원	조직목표와 동일시하고 조직을 위해 기꺼이 일하려는 정도
	행동적 차원	어떤 행위를 한 후에 그 행위의 합리화나 정당화를 위해 자신을 연결하는 과정
Meyer & Alen (1991)	감정적 몰입	조직원이 조직에 대한 감성적인 관계적 느낌. 긍정적인 공감대, 그리고 높은 참여의식을 반영하는 정신적인 상태
	거래적 몰입	현 조직을 이탈함으로써 발생한다고 지각하는 비용에 대한 의식 정도
	규범적 몰입	조직에 의해 지속해서 있어야 하는 어떠한 의무감의 정도

③ 조직 몰입의 중요성
　　㉠ 강한 조직 몰입은 조직 내의 일부로서 조직 구성원들과 상호협력하게 되고, 비구성원들과는 더욱 높은 경쟁을 유도한다.
　　㉡ 조직 구성원들이 동료 조직에 도움이 되는 일을 위해 추가적인 노력을 기울게 된다. 즉 강한 조직 몰입은 자신이 속한 조직에 도움이 된다면 다른 조직 구성원들과 협력적인 행동을 하게 된다는 것이다.

2 인센티브 제도 ★

(1) 개요

① 인센티브의 이해
　　㉠ 인센티브는 사람들의 어떤 행동에 대해 인정해 주고 장려해 줌으로써 그러한 행동을 계속 유지하여 기대한 만큼의 효과를 얻는 것이다.
　　㉡ 인센티브는 효과적인 동기 부여 방법으로 광범위하게 사용되고 있고 관리 효능성을 제고하는 중요한 역할을 하고 있다.

ⓒ 인센티브는 종업원의 심리적, 물질적 면을 만족시켜 주고 종업원의 적극성을 불러일으킨다.

ⓔ 인센티브의 목적은 금전적 보상뿐만 아니라 보다 중요한 것은 개인의 향후 행동 양식의 변화에 있는 것이다.

② 구분

㉠ 물질적 인센티브

ⓐ 조직에 분배하는 물질적 자원으로 예를 들면 임금, 보너스, 주권, 주책, 기타 복리 대우를 말한다.

ⓑ 물질적 인센티브는 객관적으로 지각, 예측할 수 있으며 소모성이 있다.

ⓒ 물질적 자원이 제한성이 있어 경쟁력이 있다.

ⓓ 일시성이 있어 종업원에게 소극적인 영향을 가져다줄 수 있다.

ⓔ 이러한 특성을 고려하여 물질적 인센티브는 신중히 생각하고 사용하여야 한다.

㉡ 비물질적 인센티브

ⓐ 비물질적 인센티브는 개인이 존중, 감정 면에서 수용하는 자원을 만족하는 것으로 예를 들어 인정, 칭찬, 존중, 명예 등이다.

ⓑ 물질적인 인센티브에 비하면 비물질적인 인센티브는 고차원의 욕구를 만족한다.

ⓒ 비물질적인 인센티브는 추상적, 상징성, 예측 불가로 개인의 주관적 감각이나 체험에서 나타나며 제한성이 없다.

(2) 인센티브의 유형 기출

① 개인별 인센티브

㉠ 개인별 인센티브제의 목적은 규정된 양이나 질을 초과하는 산출을 달성하도록 종업원에게 재무적 유인을 제공하는 것이다.

㉡ 잘 설정된 인센티브제는 업무 성과를 증대시키고 단위 비용을 감소시킨다. 이러한 개인별 인센티브제는 크게 두 가지로 범주화되는데 성과급(price-rate plan)과 할증급제(Time bonus)이다.

㉢ 생산된 단위의 양(성과)에 의거하여 임금을 지급하는 제도이며 할증급제는 기준률이나 기준 시간을 초과하는 산출에 의거하여 임금을 지급하는 제도이다.

② 집단 인센티브

㉠ 이윤 배분제

ⓐ 집단별 인센티브제 가운데 가장 오래된 제도이고 기업의 전체 사업과 관련된 대단위의 금전적 보상 제도이다.

ⓑ 회사의 이익이나 주식 배당금을 초과한 이익의 일정비율을 추가임금으로 지불하는 제도이다.

ⓒ 분배의 원천을, 이윤을 대상으로 하고 있으며 따라서 종업원의 기술과 작업 방법 개선 등에 보다 수용적인 태도를 형성하게끔 한다.

㉡ 스캔론 플랜(Scanlon Plan)

ⓐ 1930년 중반 경에 미국 철강 노동 조합의 맨스필드 지부장이었던 스캔론(Joseph N. Scanlon)이 노동 조합과 경영층의 협동을 위한 플랜을 개발하였는데 이를 스캔론 플랜이라 한다.

ⓑ 노사 공동의 의사 결정을 통한 상호 협조와 표준 이상의 결과에 대한 이윤 분배 제도를 근간으로 하고 있다.

ⓒ 기업에 대한 종업원의 참여가 기업 전체 수준의 인센티브로서의 요소를 가지고 있다고 보고, 매출액에 대한 인건비의 절약분을 종업원들에게 분배하는 제도이다.

ⓓ 스캔론 플랜에는 제안 제도와 분배 제도가 핵심이다.

ⓒ 럭커 플랜(Rucker Plan)

ⓐ 1933년 미국의 럭커(Allen W. Rucker)에 의하여 고안된 제도로 기본적인 사고는 스캔론 플랜과 유사하지만 배분의 대상을 부가가치의 일종인 생산가치로 보고 있다는 점에서 중요한 차이가 있다.

ⓑ 총 효용 비용과 부가가치 비율은 전체 산업 뿐만 아니라 개별 기업에 있어서도 거의 불변하는 경향이 있어 이 비율을 초과하는 부가가치 생산액은 종업원들의 노력의 결과로 보고 종업원에게 분배한다는 것이다.

(3) 인센티브의 효과

① 긍정적인 효과

㉠ 동기 유발

ⓐ 인센티브 제공은 조직원들의 동기 유발을 촉진하는 효과를 가져온다.

ⓑ 동기 유발된 행동을 유지하며, 나아가 그를 일정한 방향으로 유도해 가는 과정이 망라된다.

ⓒ 인간의 목표 지향적 행동이라는 심리적 특성에 근거하여 동기 유발을 강화하려는 외부적 자극 기제로서의 역할을 하게 된다.

ⓓ 개개인의 능력 차이를 인정하고, 이를 보상해 주는 외부적 자극 기제인 인센티브를 마련함으로써 조직원의 동기 유발을 증대할 수 있다는 기대감에서 출발한 것이다.

㉡ 사기 진작

ⓐ 인센티브 제공은 조직 구성원이 조직 목표 달성에 기여하겠다는 의욕을 고취한다.

ⓑ 사기를 결정하는 요인으로는 과학적 관리법이나 전통적 이론에서는 경제적인 욕구 충족을, 그리고 사회심리학적 입장에서는 심리적 만족을 들고 있으나 어느 시각이든 사기 진작을 도모하기 위해서는 외부적 자극이 중요한 요인이라는 점에는 일치하고 있다.

ⓒ 경제적 또는 비경제적 인센티브를 활용함으로써 조직 구성원의 업무 의욕을 강화할 수 있는 효과를 가져올 수 있다.

㉢ 경쟁 유발

ⓐ 인센티브 제도의 활용은 조직 구성원 간의 경쟁을 촉진할 수 있다.

ⓑ 회사 내 집단 간, 조직 내 계층 간, 특정 사업부 내 개인 간의 경쟁을 유발할 수 있는 긍정적인 효과가 있다.

㉣ 생산성 증진

ⓐ 인센티브 제도의 활용은 조직 구성원의 생산성 제고의 효과를 가져온다.

ⓑ 조직의 생산성에 직접적인 영향을 미친다기보다는 위에 언급된 동기 유발, 사기 진작 및 경쟁 유발을 통해 간접적으로 생산성 제고의 영향을 미치는 것으로 볼 수 있다.

② 부정적인 효과

㉠ 처벌의 효과

ⓐ 인센티브와 패널티는 동전의 양면과 같아서 패널티와 마찬가지로 인센티브도 처벌적 효과를 지닌다.

ⓑ 인센티브는 대체적으로 어떠한 행위의 조건으로 제시되는 바, 이를 통해 관리자들은 소속 직원을 조정하게 되며, 소속 직원들은 통제당하고 있다는 경험을 통해 인센티브를 징벌적 속성으로 받아들이게 된다.

ⓒ 인센티브를 받을 것이라고 기대하다가 받지 못할 경우 처벌과 다름없는 효과를 나타내게 된다.

ⓓ 특히 특정 인센티브 내용이 매력적일수록 그것은 한층 사기를 저하하게 된다.

ⓛ 인간 관계의 훼손
　　ⓐ 조직 구성원들 간의 협동은 인센티브 제도의 도입으로 심각한 손실을 감수해야 한다.
　　ⓑ 인센티브 제도는 기본적으로 소수의 승자와 다수의 패자를 가르는 기준으로 작용하는 바, 조직 구성원들로 하여금 포상을 받기 위해 경쟁을 하도록 유도한다.
　　ⓒ 등수를 매김으로써 다수의 패자들이 느끼는 좌절감은 한층 커지게 된다.
　　ⓓ 상사와 부하 직원 간의 관계 또한 인센티브 제도의 중압감으로 붕괴될 수 있다.

ⓒ 원인 규명 곤란
　　ⓐ 조직성과의 향상 및 조직의 발전을 위해서는 조직이 내포하고 있는 문제점이 관리자를 비롯한 조직 구성원들에게 명확히 인지되어야 한다.
　　ⓑ 인센티브 제도의 경우 부정적인 효과로 인하여 많은 문제가 노출되지 않을 가능성이 크며 이로 인해 조직의 근본적인 문제를 다루거나 의미 있는 변화를 도모하지 못하게 된다.

ⓔ 모험의 억제
　　ⓐ 조직 구성원들이 직무와 관련하여 무엇을 얻게 될 것이라는 생각이 강화될수록 모험적인 일을 선택하거나 어떠한 직감에 따라 행동하거나 흔히 발생하는 외부 자극에 대해 고려하는 행위를 감소시키게 된다.
　　ⓑ 결국 인센티브 제도의 활용은 조직 내 창조성이 희생될 수 있다.

ⓜ 흥미의 상실
　　ⓐ 직무에 대한 동기 유발이 많은 경우 내적 유인 체계에 의해 촉발될 수 있다.
　　ⓑ 인센티브는 외적 동기 유인 체제로 다른 무엇을 전제로 주어지는 수단은 직무에 관한 흥미 유발에 유용하지 못하다는 것이다.

(4) 보상 재원 관리 [기출]

① 의의
　ⓐ 넓은 의미에서 보상은 인센티브와 동일한 내용일 수 있으나 통상적으로 인센티브는 기본적 보상 외 추가적인 성과에 대한 급부의 성격이 강한 반면, 보상은 인센티브보다 포괄적인 개념이다.

　ⓛ 보상은 종업원이 근로의 대가로 기업으로부터 받는 일체의 경제적(금전적, 물질적 보수, 복리 후생), 비경제적(직무, 직무 환경, 승진, 유급 휴가, 유급 휴일 등)으로 지급되는 것을 모두 포함한다.

　ⓒ 보상 관리
　　ⓐ 적정한 보상 수준이 어느 정도가 되어야 하는가와 관련된 보상 수준의 관리, 보상의 항목을 무엇을 기준으로 차등화할 것인가, 조직 구성원들이 제공받는 각각의 항목들을 무엇을 기준으로 차등화할 것인가 하는 것이 보상 관리이다.
　　ⓑ 보상 관리의 목적은 종사원과 관리자 모두에게 공정하다고 인정되는 보상 체계를 만드는 데 있다. 그렇게 함으로써 종사원들이 업무에 기여하고 동기 유발을 하게 된다.

② 보상의 유형

학자	유형	개념
Guzzo (1979)	내재적 보상	조직의 목표를 달성하거나 개인적으로 받은 직무 자체와 관련된 업무를 달성하는 느낌, 능력을 발휘하는 느낌, 성장 감동
	외재적 보상	조직이 직원에게 부여해주는 보수, 승진, 지위, 직무상 안정성과 같은 욕구를 충족시키는 것
Steers & Porter (1981)	내재적 보상	개인이 업무의 성과로 자신에게 스스로 부여하는 만족감이나 성취감
	외재적 보상	다른 사람이나 집단이 개인에게 주는 것
	시스템 전체 보상	어느 상황에서 모든 조직 구성원에게 제공되는 보상
	개인 보상	개인에게 특별히 주는 보상
Mikovich & Newman (1984)	금전적 보상	기본급, 성과급, 인센티브, 생계비 등
	비금전적 보상	휴가, 질병이나 결근 등에 의해 일하지 못한 기간에 대한 휴일, 조직의 체계적인 서비스 활동과 종업원 보호 활동
Kerr (1988)	금전적 보상	기본적인 보상으로 종사원들이 조직에서 근무한 대가로 얻은 물질적인 것
	특권적 보상	자신의 신분을 나타내 줄 수 있는 보상
	복합적 보상	자기 미래 성장과 발전에 관련된 보상
VonGlinow (1991)	경력 보상	종업원이 조직 내에서 발전하고 성장하도록 장기간에 걸쳐 종업원의 경력을 개발시켜 줌으로써 조직에 대해 장기적으로 공헌할 수 있게 하는 것
	전문 보상	기술 집약적 기업에서 필요로 하는 전문인들을 조직 내로 끌어들이고, 또 끌어들인 전문인들이 조직을 위해 계속해서 열심히 일하도록 만들어 주기 위한 보상
Heneman	경제적 보상	임금, 봉급, 보너스 등의 직접보상과 각종 보험, 사회보장, 부가급, 결근 보상
	비경제적 보상	직무충실, 직무 흥미도, 성취감 등의 직무관련 보상과 쾌적한 환경, 건전한 조직정책, 자기 근무제
김원중, 차중석, 하성욱	직접 보상	종업원의 임금 및 봉급, 인센티브, 보너스와 수수료 등
	간접 보상	고용주가 제공하는 다양한 복리후생과 비재무적 보상

③ 보상물

　㉠ 금전적 보상

　　ⓐ 금전적 보상은 기본적인 보상으로 종업원들이 조직에서 근무한 대가로 얻은 봉급 상승의 기회나 높은 보너스를 받는 것을 말한다.

　　ⓑ 다양한 복리후생을 제공함과 유급휴가를 제공함 등과 같은 물질적인 급여와 관련된 보상이다.

　㉡ 특권적 보상

　　ⓐ 특권적 보상은 주어진 임무를 잘 수행하고 나서 조직에서 받은 칭찬이나 표창 아니면 직책과 호칭을 부여하는 것이 대표적이다.

　　ⓑ 조직 내부에 좋은 넓은 사무실과 기자재를 제공하는 것, 사내 식당이나 클럽에 할인 사용권과 비슷한 특권을 부여하는 것, 사내신문 및 홈페이지에 칭찬 등 어떤 특권을 부여해 주는 것과 같은 자신의 신분을 나타내 줄 수 있는 예가 있다.

ⓒ **직무적 보상** : 직무 자체에 자율성을 부여해 주거나 업무에 재량권을 부여하는 것, 혹은 중요한 의사결정의 참여권을 부여하거나 도전적 업무의 부여 등과 같은 종업원이 하는 일의 내용 자체에 대한 보상이다.

ⓔ **복합적 보상** : 조직에서 고용 안정성을 제공하거나 승진 기회를 더 부여하는 것, 조직이 종사원에게 향후 진로에 대한 조언을 제공하는 것, 사내 교육훈련에 참여기회를 부여하는 등과 같은 자기 미래 성장과 발전에 관련된 보상이다.

④ **보상 재원 관리**

㉠ 소규모 보상 재원을 파악하고 확정한다. 소규모 보상 재원은 전체 목표를 달성하는 차원에서 제한된 재원 범위 내에서 합목적적으로 진행되어야 한다.

㉡ 너무 많은 재원을 집행하여 판매 개수 목표는 달성하였으나 영업이익 목표에 미달하는 경우, 너무 적게 재원을 집행하여 판매 개수와 매출액 목표를 달성하지 못하는 경우가 발생할 수 있다.

㉢ 통상 목표 계획대로 실적을 관리하나 외부 변수에 따라 영향을 받아 목표를 초과하거나 미달하는 경우가 시기별로 발생할 수 있고 이에 따라 소규모 보상 재원이 변동 가능하므로 실적에 따른 보상 재원 관리가 중요하다.

㉣ 목표 수준을 기준으로 예산 편성 상에서 통상 판매 촉진비 계정을 파악하면 소규모 보상 계획을 수립하는 데 도움이 되며, 상품당 매출 이익과 고정비, 1인당 생산성 등 변수를 파악하는 것 역시 도움이 된다.

(5) 조직 유효성과 공정성

① **조직 유효성**

㉠ **개념** : 조직 유효성이란 조직 구성원들에게 공헌도에 따라 조직이 제공하는 보상이 구성원의 욕구를 충족시켜 주는 조직의 능력이라 할 수 있다.

㉡ **측정 기준**

심리적 기준	직무만족도, 동기부여, 사기, 갈등과 응집성, 유연성과 적응성, 조직목표에 대한 조직원의 동조성, 조직목표의 내면화
경제적 기준	전반적 유효성, 생산성, 능률, 수익, 품질, 성장성, 환경의 이용도, 이해관계자 집단에 대한 평가, 인적자원의 가치, 목표 달성도
관리적 기준	사고의 빈도, 결근율, 이직률, 통제, 계획과 목표 설정, 역할과 규범 일치성, 경영자의 인간관계 관리 능력, 경영자의 과업지향성, 정보관리와 의사전달, 신속성, 안정성, 조직 구성원의 의사결정 참가, 훈련과 개발

② **공정성**

㉠ **개요**

ⓐ 공정성 이론은 작업 동기에 널리 적용되며, 이는 어떤 방식으로 얼마나 많은 노력을 투입하느냐, 그리고 이러한 노력의 지속성이 얻어지는 결과를 어떻게 지각하느냐에 달려 있다.

ⓑ 자기가 받고 있는 대우가 다른 사람에 비해 불공정하다고 지각되고 있는 상황에서는 작업에 대한 노력을 증가시킬 의욕이 동기화될 수 없다고 한다.

ⓛ **분배 공정성**

    ⓐ 분배 공정성은 교환의 내용으로서, 개인은 조직에 조직 목표 달성을 위해 공헌을 제공하고 조직은 개인에게 이에 대한 대가로 유인을 주는데, 여기서 공헌과 유인의 크기가 같거나 유인이 공헌보다 약간 클 때 개인은 조직을 떠나지 않고 공헌을 계속한다는 것이다.

    ⓑ 분배 공정성의 세부 내용

기여 법칙	구성원에게 주는 보상이 기여한 내용과 공정을 이루어야 함
욕구 법칙	조직이 지급하는 분배의 규모는 지급받는 사람의 욕구와 일치해야 함
평등 법칙	조직이 분배량을 결정할 때에는 무엇보다도 모든 구성원에게 있어서 평등하게 이루어져야 함

ⓒ **절차 공정성**

    ⓐ 분배의 결정과 절차가 얼마나 민주적이고 공정하게 이루어졌는가에 의해서 그 결과인 공정성이 크게 좌우된다는 측면에서의 접근이다.

    ⓑ 절차 공정성을 확보하기 위한 원칙

일관성	의사결정자나 시점이 변해도 일관성이 있는 것
편견의 금지	이기심이나 선입견을 배제할 것
정보의 정확성	반드시 정확한 정보에 근거할 것
수정 가능성	잘못된 의사결정일 경우 수정이 가능할 것
대표성	연관된 모든 사람의 관심사를 대표할 것
윤리성	공유된 윤리기준에 부합할 것

(6) 보상결과 피드백

① 보상 기능의 목표

    ㉠ 보상 기능의 목표는 우수한 종업원을 유치하고 조직을 위해서 열심히 노력하도록 동기를 부여하는 공정하고 합리적인 보상시스템을 창출하는 것이다.

    ㉡ Patton(1977)은 보상 정책에 있어서 조직 효율성을 향상시킬 수 있는 7가지 기준을 제시하였다.

적정성	정부의 법규, 노사협약, 관리과정에 적합해야 하며 전반적으로 납득할 수 있는 적절한 보상수준 유지
공정성	각자의 노력, 능력, 훈련에 따라 공정하게 결정
균형성	종업원이 균형 있는 생활을 유지할 수 있도록 전체 보상 금액을 합리적으로 구성
원가 효율성	보상은 조직이 지급할 수 있는 능력을 초과해서 결정해서는 안됨
안정성	종업원의 생활안정과 욕구충족에 충분
인센티브 제공	종업원의 생산성과 효율성을 위해 동기부여 할 수 있는 인센티브를 제공
종업원의 수용	종업원들이 보상시스템을 이해하고 조직이나 개인을 위해 합리적인 시스템으로 인식하도록 해야 함

② 피드백의 기능

    ㉠ 피드백은 보통 개인의 작업성과에 관련하여 제공되는 정보로 구성되어 있는데, 성과 결과에 대한 정보로 구성된 산출 피드백과 개인이 성과를 달성하는 방법 및 과정에 관련된 과정 피드백으로 구분될 수 있다.

    ㉡ 목표 설정과 피드백의 상호작용 효과는 자기반응적 변수, 즉 자존심, 자신감, 자기 효능 기대에 영향을 준다.

> **자기 효능감**
> ❶ 자기 효능감은 과제를 끝마치고 목표에 도달할 수 있는 자신의 능력에 대한 스스로의 평가를 가리킨다.
> ❷ 심리학자들은 자기 효능감을 여러 관점에서 연구해 왔는데, 예를 들면 자기 효능감 발달의 여러 경로, 다양한 상황에서 나타나는 자기 효능감의 역동성이나 그 부재, 자기 효능감과 자기 개념 사이의 상호 작용, 자기 효능감에 도움이 되거나 방해가 되는 귀인 버릇 등이다.
> ❸ 자기 효능감은 인간이 기울이는 노력의 모든 영역에 영향을 미친다. 한 사람이 상황에 영향을 미칠 수 있는 자신의 힘에 대해 가진 신념을 결정함으로써, 자기 효능감은 그 사람이 도전에 유능하게 대응하는 실제의 힘과 그 사람이 취하는 선택 등에 강한 영향을 미친다.

ⓒ 피드백과 목표 설정의 상호작용 효과는 과업수행전략 방법에 영향을 준다.

ⓔ 피드백은 개인의 행동을 이미 설정된 목표와 비교하여 행위를 수정할 것인지 아니면 그대로 계속 유지할 것인지를 결정하게 되며, 또한 얼마만큼의 노력을 쏟아야 할 것인지를 결정토록 한다.

ⓜ 피드백은 목표 달성에 대한 과정을 개인이 모니터하게 하며, 목표와 관련된 노력의 결과를 알려줌으로써 목표에 대한 개인의 몰입을 높이는 데 기여하게 한다.

4 모니터링

1 개요 ★★

(1) 비즈니스 프로세스(BM)의 이해

① 개요

ⓐ 모니터링의 본질은 통신판매활동 프로세스 표준화를 통해 당초 계획한 목표를 달성하는 성과를 창출하는 것이므로 전반적인 통신판매 프로세스에 대한 학습이 선행되어야 한다.

ⓑ 프로세스는 유기적으로 연계되어 있고 각 프로세스는 비선형적으로 영향을 미치고 있기에 특정 지표의 부진이 프로세스 앞, 뒤의 프로세스 영향 외 프로세스에서 영향을 미칠 수 있음이 학습되어야 한다.

② 비즈니스 프로세스(BM)의 개념

ⓐ 세계워크플로 표준기구(WFMC)는 "BM은 조직의 비즈니스 목표 또는 목적을 달성하기 위해 행해지는 하나 이상의 연결된 과정 또는 활동의 집합이다. 또한 일반적으로 BM은 계층구조를 가지며, 여러 위치에서 수행되고, 조직의 경계를 넘나들며, 고객 혹은 조직에 측정 가능한 가치를 창출한다"라고 제시한다.

ⓑ 웹스터 사전에서는 "어떤 목적에 이르게 하는 활동 또는 작업들의 집합"으로 정의한다.

ⓒ Michael Hammer(1993)는 "하나 이상의 입력(input)을 받아들여 고객에게 가치 있는 결과(output)를 산출하는 행동들의 집합"으로 정의한다.

ⓓ Thomas Davenport(1993)는 "특정 고객 또는 시장을 위해 의도된 출력물을 생산하기 위해 설계된 구조화되고 측정될 수 있는 활동들의 조합"이라고 정의하고 있다.

③ 표준화

  ㉠ 일반적으로 많은 기업이 표준화는 업무절차, 방법 및 기준 등을 문서화하는 것이라는 불충분한 이해를 하고 있다.

  ㉡ 표준화하게 되면 문서화가 뒤따르지만 문서화가 표준화의 전부는 아니다.

  ㉢ 표준화는 문서화와 함께 문서화된 그대로 실천하고 그 실행 상태나 결과가 일정하게 나타나야 한다. 즉 표준화는 문서화, 실행, 결과 측정을 모두 포함한 복합적인 개념이다.

  ㉣ 프로세스 표준화된 기업은 해당 프로세스의 현재 수준을 정의할 수 있다. 표준화에서는 현재 수준이 어느 정도인지보다 기준에서 제시한 수준에 항상 도달하고 있는지가 중요한 것이다.

④ BM의 개선과 혁신 비교

비교 항목	프로세스 개선	프로세스 혁신
변화 수준	점진적	급진적
AS-IS와 TO-BE 해석	현재 프로세스, 개선된 신규 버전	과거 프로세스, 새로운 프로세스 생성 – 불연속성 발생
시작점	존재하는 프로세스	오점이 없는 깨끗한 상태
변화의 빈도	일회성 또는 지속적	일회성의 주기적인 변화
요구 시간	단기	장기
추진 방식	상향식	하향식
프로세스 개수	동시다발적, 여러 프로세스 걸침	1회에 한 개씩
전형적인 범위	좁다, 기능 내부	넓다. 여러 기능에 걸친
시간 점위	과거, 현재	미래
위험 수준	보통	높음

⑤ 가치 사슬(Value Chain)

  ㉠ 가치 사슬이란 개념은 1985년 하버드 비즈니스 스쿨의 마이클 포터(Michael Porter) 교수가 처음 제기하였다.

  ㉡ 그는 "모든 기업은 디자인, 생산, 판매, 배송 및 기타 제품의 보조프로세스 중복과정에서 전개되는 각종 활동의 집결체이다. 이와 같은 활동은 하나의 가치 사슬을 통해 구현된다"라고 언급하였다.

  ㉢ 가치 사슬이란 기업이 상품과 서비스를 만들어 내고 유통하기 위하여 수행하는 일련의 활동들이며, 여기에는 조달 및 제조 등의 직접 활동과 인력 채용 및 자금조달 등의 간접활동이 있다.

  ㉣ 이러한 활동들은 제품의 가치를 부여한다. 기업의 가치 사슬이 경쟁력을 확보할수록 제품의 가치가 개별 구성요소를 합친 것보다 훨씬 능가하게 됨으로써 기업은 더욱 높은 수익을 창출할 수 있다.

  ㉤ 가치 사슬은 기업이 행하는 모든 활동들과 그 활동들이 어떻게 서로 반응하는가를 살펴보는 시스템적인 방법이며, 원가행태 외 기존·잠재적 차별화 원천을 이해하기 위하여 하나의 기업을 전략적으로 관련된 활동들로 분해한다.

(2) 모니터링의 개요 `기출`

① 통신판매 모니터링의 수행

㉠ 전화에 기반한 음성 통신판매 모니터링은 응대한 전수, 부분 건(콜)에 대한 검수를 한다.

㉡ 모니터링은 통신판매활동의 품질 및 성과 표준화와 유지, 개선을 목적으로 하며 판매직원의 업무수행에 대해 피드백을 제공함으로써 스킬과 수행능력을 향상시키고 판매에 대한 질적 검증을 도모한다.

② 모니터링 유형

Self Monitoring	직접 자신의 상담내용을 듣고 스스로를 평가, 개선 여부를 파악하여 정해진 평가표에 평가
Peer Monitoring	정해진 동료 파트너의 상담내용을 듣고 장·단점을 피드백, 벤치마킹
Side by Side Monitoring	관리자가 판매상담 직원의 근처에서 상담내용 및 업무처리 과정, 행동을 직접 관찰하고 즉각적으로 피드백
Real Time Monitoring	판매상담 직원이 모니터링 여부를 모르도록 무작위로 추출된 상담내용을 듣고 정해진 평가표에 의해 표준화를 평가
Recording Monitoring	판매상담 직원 모르게 무작위로 추출된 판매상담 내용을 평가자가 녹음하여 평가결과를 해당 직원과 공유

③ 모니터링의 실시 준비

㉠ 행동지침인 서비스 표준 매뉴얼을 작성한다.

㉡ 서비스 모니터 요원의 사전 교육과 지속적인 관리가 전제되어야 한다.

㉢ 모니터링 결과에 따른 교육을 이행할 준비가 되어 있어야 한다.

㉣ 장기적인 측면에서 지속적인 개선 도구로 활용해야 한다.

④ 모니터링의 목적

㉠ 고객 만족 극대화

㉡ 기업수익 극대화

㉢ 종업원의 능력 및 서비스 평가

㉣ 서비스 응대 및 상담 기술 향상

㉤ 서비스 질적 개선

⑤ 성공적인 모니터링의 요소

대표성	• 전체적인 접점 서비스의 특성과 수준을 측정할 수 있어야 함 • 모니터링 대상접점은 하루의 모든 시간대별, 요일별 및 그달의 모든 주를 대표할 수 있도록 수행되어야 함
객관성	• 종업원을 평가 또는 통제하는 도구가 아니라 종업원의 장·단점을 발견하고 능력을 향상시킬 수 있는 수단으로 활용 • 종업원에 대한 편견 없이 객관적인 기준으로 평가하여 누구든지 인정할 수 있어야 함
차별성	• 모니터링 평가는 서로 다른 스킬 분야의 차이를 인정하고 반영 → 직원의 성격, 보직 등에 따라 서비스 유형이 다를 수 있음 • 업무의 효과적인 대응 행동과 비효과적인 대응 행동의 차이점을 발견하여 반영해야 함 • 기대를 뛰어넘는 뛰어난 스킬과 고객 서비스 행동은 어떤 것인지와 그에 따른 보상 및 격려가 명확해야 함
신뢰성	평가자는 성실하고 정직하게 이루어지고 동일한 측정을 했을 때, 동일한 측정값을 얻어야 함

타당성	• 모니터링 계획 수립 시 고려해야 할 요소이며 측정하고자 하는 모니터링 평가 내용이 실제에 가깝게 정확히 측정되고 있는가의 정도를 의미 • 고객들이 실제적으로 어떻게 대우를 받았는지에 대한 고객 평가와 모니터링 점수가 일치해야 하고 이를 반영해야 함
유용성	모니터링 평가가 수익 극대화에 유용하게 실용화할 수 있도록 유용한 데이터로 활용되어야 함

(3) 모니터링과 피드백

① 개요

ㄱ 조직 내부적으로는 통신판매활동의 고객접점에서 근무하는 직원들의 통화품질을 평가하고, 상담 스킬 향상을 도모한다.

ㄴ 대외적으로는 고객에 대한 서비스, 기업에 대한 신뢰와 만족도를 측정하고 평가하는데 그 목적을 두고 있다.

ㄷ 모니터링 평가를 하기 위해서는 목표가 설정되어야 하고 설정된 목표에 따라 성과가 측정되어야 하며 목표와 성과 차이를 분석한 후, 업무 향상 계획이 수립되어야 한다.

ㄹ 향상 정도에 대한 모니터를 통하여 공유하는 기회를 얻음으로써 본인의 상담 역량을 향상시킬 수 있는 피드백 과정을 거친다.

② 모니터링의 장점

ㄱ 성과기준을 제공하고 평가한다. 단순한 평가 수단이 아니라 모니터링 결과를 통해 성과 기준이 달성 가능한지 파악이 가능하다.

ㄴ 각 직원이 필요로 하는 교육을 파악할 수 있다.

ㄷ 직원의 고객 응대과정을 더욱 잘 알 수 있다.

③ 모니터링의 단점

ㄱ 직원들의 모니터링에 대한 반감이 있을 수 있다.

ㄴ 모니터링이 어떤 방식으로 수행되더라도 직원들은 간섭 받고 불공정하게 평가받는다고 생각하기 쉽다.

ㄷ 평가자 간 평가와 점수가 통일되지 않을 가능성이 크다.

④ 모니터링 성과 평가 항목

양적 측정(효율성)	질적 측정(효과성)
CPH(Call Per Hour, 시간당 처리 콜수), 스케줄 고수율, 서비스 레벨 등	고객 만족도, 품질 평가 등

2차 실기 기출 포인트

텔레마케팅 모니터링의 장점을 3가지만 쓰시오.

정답 ① 성과기준을 제공하고 평가할 수 있다.

② 각 직원이 필요로 하는 교육을 파악할 수 있다.

③ 직원의 고객 응대 과정을 더욱 잘 알 수 있고 이를 통해 필요한 코칭을 제공할 수 있다.

2 QA(Quality Assurance : 품질보증) 관리 기술 ★★★

(1) 서비스 품질의 이해 [기출]

① 서비스 품질의 개념

㉠ 서비스 품질에 대한 정의는 객관적 품질과 주관적 품질의 두 가지 접근법에 의해 달라질 수 있다.

㉡ 객관적 품질이란 제품들 간의 실제적인 기술적 우월성이나 탁월함을 설명하기 위한 개념인데 반해, 주관적 품질은 객체에 대한 사람들의 주관적 반응을 포함하는 개념이다.

② 객관적 품질과 인지된 품질

㉠ 서비스 품질은 객관적 품질을 고려하되 이와는 다른 인지된 품질로서 실체에 대하여 고객이 판단한 보편적 우월성으로 정의될 수 있다.

㉡ 서비스 품질을 측정하는 적절한 접근은 품질에 대한 고객의 인지를 측정하는 것이다. 서비스 활동 그 자체가 고객지향적인 활동으로 고객에 의한 평가가 가장 중요하기 때문이다.

③ 기능적 차원과 기대적 차원

㉠ 서비스 품질에는 프로세스와 결과의 두 가지 차원이 있어 품질의 평가는 서비스의 결과 뿐만 아니라 프로세스에 대한 평가까지 포괄하게 되는 것이다.

㉡ 기능적 품질 : 고객이 어떻게 그것을 얻을 것인가에 관한 것으로 편의의 제공이라는 활동 그 자체가 아니라, 제공 방법을 고객이 서비스로 파악하는 경우이고 기술적 품질이 기능적으로 고객에게 이전되는 과정을 의미한다. 예를 들어 음식점에서 음식의 질과 맛이 최종적으로 고객에게 전달되는 것이 기술적 품질이라면, 음식점 종업원의 외모와 행동(접대, 태도 등)은 기능적 품질로서 서비스 품질의 중요한 요소가 된다.

㉢ 기대와 성과의 차이

ⓐ 서비스 품질 평가에 있어서 고객이 제공받기 전에 가지고 있는 기대와 고객이 실제로 제공받는 서비스의 성과를 비교하여 고객들은 서비스의 품질을 인지하게 된다.

ⓑ 기대란 고객들의 바람이나 욕구, 즉 서비스 기업이 제공할 것이 아니라 제공해야만 한다고 고객이 느끼는 것으로 정의된다.

(2) 서비스 품질의 평가 [기출]

① 개요

㉠ 서비스 품질은 고객의 기대와 인지된 서비스 차이에 의해 결정된다.

㉡ 고객 만족은 수많은 무형적 요소에 의해서 결정되기 때문에 서비스 품질의 측정은 새로운 도전과제로 대두되고 있다.

㉢ 서비스 품질은 많은 경우 객관적으로 측정될 수 있는 물리적 특성을 지닌 제품과는 달리 심리적 특성을 내포하고 있기 때문에 고객의 인지를 측정하여 서비스 품질을 측정하고 있다.

② 서비스 품질 측정의 의미

㉠ 서비스 특성의 무형성으로 성과 측정의 곤란성, 전달 이전에 테스트 불가, 고객으로부터 품질에 대한 데이터 수집 곤란, 고객이 서비스 프로세스의 일부로 참여 등이 나타난다.

㉡ 서비스 품질을 측정하기란 상당히 어려운 문제이나 품질 측정은 결국 그 자체가 가치를 지니는 것이 아니라 개선을 유도하는 시발점으로서 더욱 중요성을 갖고 있다.

ⓒ 서비스 품질을 평가한다 함은 품질의 중요성을 진단하고 경쟁우위 확보와 관련한 서비스 품질의 중요성 증대, 서비스 제공 실패의 잠재적 대가를 인식하는 것이 측정에 기대되는 효과라 할 수 있다.

③ 서비스 품질의 측정과 평가

　ⓐ 서비스 품질 평가는 주로 고객과 서비스 직원 사이에서 일어나는 서비스 생산 프로세스에서 발생한다.

　ⓑ 서비스에 대한 고객 만족은 요구된 서비스 품질에 대한 기대와 제공된 서비스의 인지 품질의 비교에 의해 정의될 수 있다.

　ⓒ 고객이 인지한 서비스 품질은 정보, 경험, 기업 이미지, 개인적 욕구 등에 근거하여 서비스 기업이 제공할 것이라고 기대한 서비스와 제공받은 서비스에 대해 인지한 서비스를 평가기준에 의해 비교한 것이라고 정의할 수 있다.

④ 서비스 품질의 평가 범위 : 서비스 품질의 평가 범위는 내용(Content), 프로세스(Process), 구조(Structure), 결과(Outcome), 영향(Impact)을 포함한다.

　ⓐ 내용 : 표준화된 절차를 따르고 있는지에 대한 문제로 일상적 서비스의 경우 표준운영절차가 개발되어져 있는 것이 일반적이고 서비스 직원이 이런 절차를 따르게 되어 있다.

　ⓑ 프로세스 : 서비스 공정의 순서가 적절한가에 관한 문제로 우선 고려되는 사항은 논리적인 순서의 유지와 서비스 차원의 효율적인 사용으로 고객과 서비스 직원의 상호작용이 관리된다.

　ⓒ 구조 : 물리적 설비와 조직 설계가 서비스에 적절한가에 대한 문제로 물리적인 설비와 지원 장비들은 구조적 특성의 일부분일 뿐이며 직원과 조직 설계들 또한 중요한 품질 특성이다.

　ⓓ 결과 : 서비스로 인해 어떤 변화가 발생하였는가에 대한 것으로 궁극적으로 서비스 품질의 측정은 최종 결과에 대한 것이다. 고객이 만족하였는가와 고객의 불평은 제공된 서비스 품질 특성을 가장 효과적으로 보여주는 측정치이다.

　ⓔ 영향 : 고객의 삶에 대해 서비스는 장기적으로 어떠한 효과를 나타내는가에 대한 것이다.

(3) 품질관리 활동의 수행 [기출]

① 기업 관점

　ⓐ 기업 관점은 품질관리 활동을 통해 성과목표를 달성하고 지속가능한 기업으로 성장할 수 있는지를 점검하는 것이다.

　ⓑ 이러한 관점에서 기업은 판매량, 가격, 비용, 시장점유율과 같은 지표를 직접적으로 관리함으로써 가시화된다.

　ⓒ BSC 측면에서의 관리

재무적 관점	생산성 및 수익성 향상, 고객 관점에서 고객 만족도, 원가 및 비용절감
프로세스적 관점	고객 유지 및 관리, 조직구성 및 채널의 다양성, 통화품질관리
성장과 학습 관점	시스템 및 정보 활용도, 커뮤니케이션, 인적자원 육성 지표를 설정하여 관리

　ⓓ 각 관리지표는 각각의 현장 판매 및 고객 응대 채널에서 발생하는 실적과 이슈가 담아진 것이므로 월, 분기, 반기 단위로 중간 측정을 하면서 지속적으로 개선하고 보완하며 종합적인 성과지향 품질 표준화를 도모한다.

　ⓔ 품질관리를 통해 기업은 균일하고 표준화된 품질을 유지하고 회사의 브랜드 이미지 개선 및 충성도 확보, 수익 창출 및 고객유지가 가능하다.

② 고객 관점

　㉠ 통신판매 활동은 비대면 채널을 통해 이루어진다. 특히 전화를 기반으로 한 음성응대 채널에서 고객 관점 품질관리는 고객 만족도를 관리하는 것이다.

　㉡ 고객이란 상품 및 서비스를 제공받는 인적 대상으로 상품이나 서비스에 대한 대가 지불 여부와 관계없이 그 상품을 사용하거나 서비스를 이용하는 사람으로 정의될 수 있다.

　㉢ 고객의 범위에는 이미 그 상품이나 서비스를 구입하거나 사용할 가능성이 있는 잠재적 고객 및 예상 고객도 포함된다.

　㉣ 고객 만족이란 상품이나 서비스에 대해 기대보다 성과가 크거나 높은 정도로 정의할 수 있으며, 이러한 고객 만족에 대한 정의는 고객 만족을 바라보는 관점에 따라 달라질 수 있다.

　㉤ 통신판매 활동에서 비대면 채널에서의 고객 만족은 상품 및 서비스 자체의 만족도 관점보다는 통신판매 활동에서 경험하는 고객의 만족도를 의미한다.

　㉥ 일반적으로 비대면 판매직원 친절도, 전문적이고 정확한 업무지식, 업무처리의 신속성, 주문 편리성, 비대면 판매직원 연결 용이도, 콜백/후속조치, 고객에 대한 정중한 대우 등이다.

　㉦ 이러한 고객 관점의 만족도 측정은 외부전문업체가 의뢰하여 조사하거나 내부적으로 고객 모니터링을 통해 조사하고, 조사를 통해 나온 결과를 바탕으로 고객 관점 품질관리를 이행한다.

　㉧ 조사방법은 해당 통신판매활동에 응대 및 구매한 경험이 있는 고객을 대상으로 Fax, e-mail, Web, 전화 조사, 서면조사, FGI 조사 등을 활용한다.

> **FGI** 기출
> ❶ 집단 심층면접(Focus Group Interview)은 통상 FGI로 불리며 집단토의(Group Discussion), 집단면접(Group Interview)으로 표현되기도 한다. 보통 6~10명의 참석자들이 모여 사회자의 진행에 따라 정해진 주제에 대해 이야기를 나누게 하고, 이를 통해 정보나 아이디어를 수집한다.
> ❷ 집단 심층면접은 구조화된 설문지를 사용하지 않는다는 점에서 양적 조사인 서베이와 구별되고, 면접원과 응답자 간에 일대일로 질의와 응답이 이루어지는 것이 아니고, 여러 명의 조사 대상자가 집단으로 참여해 함께 자유로이 의견을 나눈다는 점에서 개별 심층면접과 구별된다.
> ❸ 집단 심층면접은 질적 조사 방법으로 광고에서 활용도가 매우 높다. 이는 집단적 역동성을 활용해 보다 다양하고 심층적인 정보 수집은 물론 예기치 않았던 사실의 발견과 아이디어의 도출이 가능하기 때문이다.
> ❹ 특정 주제에 대해 서로 의견을 나누다 보면, 다른 사람의 의견에 대해 새로운 생각이 떠오르게 되고 그것을 제시하면 또 다른 사람이 새로운 생각을 발전시키게 된다. 이는 집단을 통한 발상의 연쇄작용이라고 불리며, 이른바 눈덩이 효과(snowball effect)를 창출하게 된다.

　㉨ 이러한 품질관리활동을 통해 고객은 표준화된 서비스를 경험할 수 있고 신뢰 및 서비스 만족도 향상, 불필요한 시간 및 비용을 감소할 수 있다.

③ 관리자 관점

　㉠ 관리자 관점은 본사 스텝 관리자와 현장 관리자 관점으로 구분할 수 있다.

　㉡ 본사 스텝 관리자 : 기업 관점에서 수행된 품질관리 활동을 중심적으로 수행한다.

　㉢ 현장 관리자

　　ⓐ 통상 개인별 업적지표를 중심으로 설정되며 각 개인별 지표 수준의 합을 관리한다.

　　ⓑ 판매활동 수행 개인업적 지표는 판매건수, 응대건수, ATT, 상담시간, 상품지식, VOC 발생 건수, 생산성, 복무평가 등이고 개별 지표별 일/주간/월간 등 관리 주기에 부합되는 지표를 관리한다.

ⓒ 관리 방법은 관리조직 규모에 따라 상이할 수 있으나 실적을 근거로 개별 면담, 코칭 등을 하거나 공통사항의 경우 정기적 회의체를 통해 공유하거나 메일, 휴대폰 문자 등을 통해 실시간 관리를 한다.

ⓓ 관리자는 품질관리 이행의 효율성 제고를 위해 기본 보상 체계 외 단기적, 이슈별 별도 금전적, 비금전적 보상을 제시하여 달성 정도에 따라 보상하여 동기부여를 할 수 있다.

④ 담당 관점

㉠ 담당 관점이란 판매활동을 수행하는 개인의 관점으로 자신에게 부여된 품질지표를 포함하여 업적 목표지표를 관리하는 것을 말한다.

㉡ 통신판매활동 관련 부여된 지표는 통상 월간 단위이고 월간 성과에 따라 보상이 제공된다.

㉢ 월단위 목표와 보상시스템으로 각 담당자는 스스로 품질관리에 대한 관리를 자각하고 이행한다.

㉣ 개인단위에서 품질관리가 적절하게 이행되지 않을 경우 관리 관점에서 단체, 개별 교육 프로그램 운영 등을 통해 품질개선을 지원한다.

(4) QA(Quality Assurance)의 이해 [기출]

① 정의

㉠ 통신 판매활동에서 QA는 CQA(Call Quality Assurance, 통화품질)를 의미한다. 통화품질은 기업과 고객 간 이루어지는 총체적인 품질의 정도를 말한다.

㉡ 통화품질은 하드웨어적인 통화 품질과 소프트웨어적인 통화품질로 크게 구분된다.

㉢ 통화와 관계되는 하드웨어 및 소프트웨어적 통화 수단과 통화 방법의 측정과 평가, 커뮤니케이션의 품격 정도, 내·외부 모니터링 실시를 통해 생성되는 통화품질에 대한 종합평가와 분석과 관리, 교육 지도, 사후관리를 종합적으로 수행하는 업무를 말한다.

② 중요성

㉠ 통신판매 활동에서 품질을 갖춘 통화란 고객이 만족하고 고객과의 통화를 통해서 얻는 모든 입력된 Data가 정확해야 한다.

㉡ 직원이 친절, 정확한 응대를 해야 하고 고객이 원하는 정확한 정보를 받아 고객의 콜이 다른 직원에게 전환되지 않아야 한다.

㉢ 직원이 서둘러 응대를 마치려 하지 않고 고객이 그 통화가 효과적이었다고 확신하여 다른 확인 작업의 필요성을 느끼지 않아야 한다.

㉣ 통화품질이 낮은 경우 문제점

ⓐ 전화량 증대 및 판매상품에 대한 고객 불만

ⓑ 고객의 반복된 전화, 부족하거나 확실하지 않은 정보로 인한 Call Back

ⓒ 고객 불만으로 인한 거래 취소, 향후 거래 기회 손실

ⓓ 대고객 관련 부서로의 고객 불만 전화, 불만고객의 구전 효과, 상품판매를 위한 추천기회 손실 등의 비용 수반

㉤ 고통화품질 서비스의 이점

ⓐ 고객 로열티, 시장점유율, 판매 수익률 증가, 판매 및 수익의 증가, 기존 고객 및 신규 고객의 증가

ⓑ 마케팅, 광고 판촉 경비 절감, 불만 사안에 민첩하게 대응함에 의한 불만의 감소

ⓒ 보다 많은 불만의 해결, 단골 고객의 증가, 경쟁사와의 차별화, 고객의 긍정 반응에 기인하는 직원의 사기 및 생산성 증가

ⓓ 직원의 불만, 지각, 이직률의 감소 등 많은 시너지 효과

(5) 통화품질 향상을 위한 코칭 활동

① 의의

㉠ 코칭이란 모든 직원의 잠재력을 개인적 발전단계에 부합하도록 개발하여 그 능력을 극대화하는 것이다.

㉡ 1978년 미국의 Steven Stowell 박사에 의해 기업과 비즈니스에 최초로 적용되어 리더십의 한 형태로 발전해왔다.

㉢ 구성원들에게 무엇인가를 가르치는 대신 구성원 스스로가 무언가를 배울 수 있는 능력을 열어주는 것이다.

㉣ 리더와 구성원의 관계에서 과업과 인간관계에 대한 관심도를 서로 토의하며 서로의 기대를 이해하고 목표를 공유하는 것이다.

㉤ 코칭은 성과 관리제도를 시행하고 있는 조직의 리더들에게는 반드시 필요한 역량이며, 코칭은 리더가 구성원의 업무행동에 개입이나 중재를 하는 구체적인 커뮤니케이션 프로세스이다.

② 핵심 요소

방향 제시	코칭을 하는 사람은 상대방의 업무나 과제가 어떤 목적 또는 목표를 향해 가야 하는지 방향이나 비전을 설정해 주어야 함
구성원의 육성	코칭을 하는 사람은 상대방의 재능, 역량, 기술 등을 향상시켜 더 높은 성과를 올릴 수 있도록 도와 주어야 함
책임 있는 피드백	코칭을 하는 사람은 상대방이 수행하는 업무나 과제에 대해서 책임을 지도록 하고 그에 대해 공정하게 평가하고 피드백해 주어야 함
관계 형성	코칭을 하는 사람은 상대방과 개방적이고 신뢰적인 인간관계를 맺어야 하며, 상대방을 격려하고 칭찬하여 긍정적인 관계 형성

③ 단계별 프로세스

단계	코칭 활동
1단계 (지지한다)	코칭 프로세스의 심장부 역할, 상호 간의 신뢰/정직, 참된 배려 등이 바탕, 언어적/비언어적 표현뿐 아니라 눈에 보이는 물적지원이나 심적지원 등을 포함
2단계 (주제를 확인한다)	"무엇?"에 대한 것, 현재 당면한 사실/현실을 구체적으로 설명, 질문을 활용하여 발견을 촉진하고 학습을 지원, 개인의 요구사항에 관해 이야기하는 것을 명심
3단계 (파급효과를 알게 한다)	계획수립에 대한 동기 부여(변화의 필요성을 일깨워 주는 강력한 원인 제공), 문제를 다른 시각에서 재반영, 재평가하여 자기 분석을 하도록 유도
4단계(계획을 수립한다)	"이제부터 무엇을 할 것인가?", 논리적이고 합리적이어야 함, 계획이 드러나도록 함
5단계 (실천 약속을 받아 낸다)	"의지력" 실천 행동에 대한 감정, 열정·바람 등을 점검, 의식적이고도 서술적으로 자신의 확고한 의지를 표출
6단계 (변명에 대처한다)	계획의 충실도 테스트(논의할 필요가 있는 장애물이 있는가?) 변명 타입(1) : 과거에 대한 부정과 합리화는 무시할 수 있음 변명 타입(2) : 미래의 계획에 숨겨진 걱정과 두려움은 대처하여야 함
7단계 (결과를 명확히 한다)	긍정적 결과와 부정적 결과를 모두 다룸, 코치의 의도가 명확해야 함, 구성원을 위협하거나 실현 가능성이 적은 결과를 제시하지 않음
8단계(포기하지 않는다)	사후 계획을 수립(유지관리), 자신감을 형성, 계획의 핵심요소를 시연하고 재검토

01 BSC에 대한 균형의 관점으로 틀린 것은?

① 재무적 관점　　② 고객 관점
③ 학습과 성장 관점　　④ 인사관리 관점

해설

균형성과표(BSC)는 과거 성과에 대한 재무적인 성과지표와 미래성과의 동인에 대한 비재무적인 성과지표를 모두 포함하는 성과평가의 시스템이다. 이 성과지표는 재무적 관점, 고객 관점, 내부 비즈니스 관점, 그리고 학습과 성장 관점이다.

02 BSC의 고객 관점을 설명한 것으로 가장 옳지 않은 것은?

① 고객의 관심사를 범주화하고 공통적인 목표를 설정하여야 한다.
② 사업단위가 경쟁하게 될 고객 및 세분화된 시장을 규명한다.
③ 목표로 삼은 시장에서 사업 단위 성과의 측정지표들을 규정한다.
④ 고객에게 가치를 전달하기 위하여 시간, 품질, 성능, 서비스, 그리고 비용 등을 고객의 입장에서 지표화할 수 있다.

해설

일반적으로 고객의 관심사는 시간, 품질, 성능, 서비스, 비용 등 다섯 가지 범주로 구분된다. 따라서 이에 대한 각각의 목표를 분명하게 설정하여야 한다.

03 기업 내의 원재료, 정보, 사람 등과 같은 입력요소를 제품과 서비스 등의 산출요소로 변환시키는 과업이나 활동들의 집합은?

① 외부 공급
② 내부 프로세스
③ 마케팅 정보 시스템
④ 품질 관리 활동

해설

내부 프로세스란 기업 내의 원재료, 정보, 사람 등과 같은 입력 요소를 제품과 서비스 등의 산출 요소로 변환시키는 과업이나 활동들의 집합을 의미한다. 기업은 이러한 비즈니스 프로세스를 활용하여 고객의 기대를 충족시키고 조직의 전략을 성공적으로 실행할 수 있다.

04 BSC의 학습과 성장 관점을 설명한 것으로 가장 옳지 않은 것은?

① 기업의 장기적인 성장과 개선을 창출해야 한다.
② 지속적으로 기업의 능력을 개선해 나가야 함을 강조한다.
③ 가장 중요한 원천은 자금, 규정, 시장이다.
④ 조직의 학습과 성장을 실행시키는 목표와 측정지표를 개발한다.

해설

학습과 성장은 중요한 세 가지 원천인 사람, 시스템, 그리고 조직의 각종 절차로부터 나온다.

05 재무 지표의 활용 전략 중 제품 및 서비스의 매출을 확대하고, 새로운 고객과 시장에 접근하고자 하는 것은?

① 품질 관리　　② 원가 절감과 생산성 향상
③ 자산 활용률　　④ 수입과 성장

해설

재무 지표의 활용 전략 중 수입과 성장은 제품 및 서비스의 매출을 확대하고, 새로운 고객과 시장에 접근하며, 좀 더 부가가치가 높은 제품과 서비스로 이동하여 가격을 재조정하는 것을 말한다.

정답 01 ④　02 ①　03 ②　04 ③　05 ④

06 서비스 품질에 대한 설명으로 옳은 것은?

① 측정과 개념 규정이 명확하게 이루어진다.
② 용어 자체의 활용범위가 매우 한정되어 있다.
③ 평가 과정이 서비스를 받는 전 과정에서 이루어진다.
④ 객관적, 획일적으로 규명할 수 있다.

> **해설**
> ① 서비스 품질은 서비스의 본질적 특수성으로 인하여 측정과 개념 규정이 어려운 부분이다.
> ② 서비스 품질은 그 용어 자체의 활용범위가 매우 다양할 뿐만 아니라 광범위하기 때문에 여러 의미가 내포되어 있다.
> ④ 서비스 품질이란 객관적으로 또는 획일적으로 규명할 수 있는 것이 아니라 고객에 의하여 인식되고 판단되는 주관적인 평가라는 점이다.

07 서비스 품질의 특성을 설명한 것으로 가장 옳지 않은 것은?

① 유형의 재화와는 달리 객관적인 품질의 평가가 용이하지 않다.
② 지각된 서비스 품질이란 고객의 기대와 지각 사이의 일치 정도와 방향을 뜻한다.
③ 고객에 의해 지각된 품질이라는 의미로 정의된다.
④ 생산과 소비의 비분리성을 특징으로 한다.

> **해설**
> 지각된 서비스 품질이란 고객의 기대와 지각 사이의 일치가 아닌 불일치 정도와 방향을 뜻한다.

08 목표를 성공적으로 달성하기 위하여 핵심적으로 관리해야 하는 요소들에 대한 성과지표는?

① KPI
② KSA
③ KS
④ KEY

> **해설**
> 핵심 성과 지표(KPI : Key Performance Indicator)는 목표를 성공적으로 달성하기 위하여 핵심적으로 관리해야 하는 요소들에 대한 성과지표로 목표를 선정한 후 이행을 관리하기 위하여 필요한 것이다.

09 KPI의 구비 요건으로 거리가 먼 것은?

① 명확성
② 중복성
③ 출처 획득 가능성
④ 포괄성

> **해설**
> KPI의 구비 요건 중 하나로 비중복성이 있는데 다른 성과지표와 중복될 경우 그 중요도가 감소하게 된다.

10 목표관리(MBO)를 설명한 것으로 가장 옳지 않은 것은?

① 상사와 부하가 상호 협의 하에 공동의 목표를 확인한다.
② 개인의 중요한 책임영역을 각 개인에게 기대되는 성과로 환산하여 확정한다.
③ 결과는 반영구적으로 성취시켜야 한다.
④ 결과에 도달하기 위한 독특한 경쟁적 전략이다.

> **해설**
> 목표관리는 결과 성취를 위한 시간 지향적 과정이다. 결과는 특정 기간 내에 성취시켜야 한다.

11 목표관리(MBO)의 효과성을 설명한 것으로 가장 거리가 먼 것은?

① 목표 몰입
② 외적 동기 부여
③ 시스템 만족
④ 상위 목표 정열

> **해설**
> MBO는 내적인 동기 부여 효과가 있다. 내적인 동기 부여란 내재적 보상에 의해 이루어지는 동기 부여로서 행위자와 과업 간의 직접적 관계에서 발생하는 것이다. 과업을 수행하면서 얻은 성취감, 도전감, 확신감 등이 내재적 보상의 대표적인 예이고 내재적 동기부여란 이러한 보상들에 의한 노력의 발동상태를 의미한다.

12 효과적인 업적 평가의 기준으로 가장 옳지 않은 것은?

① 신뢰성 있는 척도이어야 한다.

② 피평가자의 임의적인 통제하에 있어야 한다.

③ 피평가자들에 의해서 수용 가능한 것이어야 한다.

④ 개인들의 업적 결과에 따른 차별화를 방지해야 한다.

> **해설**
>
> 개인들의 업적 결과에 따라 차별화할 수 있어야 한다. 업적 결과의 점수나 평점이 동일하면 아무런 소용이 없다.

13 역량 평가를 설명한 것으로 가장 부적절한 것은?

① 종사원이 조직에 기여하는 성과를 올리기 위하여 행동으로 발휘하는 것을 평가하는 과정이다.

② 조직 구성원의 자발적인 역량 개발 유도를 통해 조직의 전략목표를 달성하게 하는 것이 목적이다.

③ 조직성과를 올리기 위해 조직 구성원의 선발, 배치, 승진 등에 요구되는 역량 요건을 확보하는 것이 필요하다.

④ 가중치 부여는 특정 역량 한 가지에 집중적으로 배분되도록 해야 한다.

> **해설**
>
> 가중치 부여는 특수한 경우를 제외하고 특정 역량 한 가지에 과도하게 많이 배분되지 않도록 하고 가중치 부여의 기준은 우선시되는 역량을 중심으로 가중치를 순차적으로 배분한다.

14 정성적 평가에 대한 이해로 적절하지 않은 것은?

① 품질, 태도 등 계수화하기 어려운 평가에는 부적절하다.

② 요구되는 평균 수준의 성과를 정의하고 이를 기준으로 평가한다.

③ 평가의 공정성 확보를 위해 초과 달성 및 미달에 대해 피평가자와 사전에 협의한다.

④ 평가 시 고려 요소는 활용성, 유용성, 창의성, 혁신성, 실행 가능성, 성실성, 준수도 등이다.

> **해설**
>
> 정성적 평가는 정량적 평가와 대비되는 것으로 품질, 태도 등 계수화하기 어려운 평가를 말한다.

15 다음 설명에 해당하는 성과 평가 방법은?

> 스스로 파악하기 어려운 자신의 장·단점을 상사, 동료, 부하 직원, 고객 등 다양한 사람들로부터 평가를 받는 것을 말한다.

① OJT 평가   ② 다면 평가

③ 객관적 평가   ④ 만족도 평가

> **해설**
>
> 다면 평가 제도란 스스로 파악하기 어려운 자신의 장·단점을 상사, 동료, 부하 직원, 고객 등 다양한 사람들로부터 평가를 받는 것으로 정성적 평가에 해당하며, 편파적인 평가 의견을 견제함으로써 균형 있는 평가를 할 수가 있다.

16 다른 사람의 성과가 자신의 성과에 영향을 미치는 평가는?

① 절대평가   ② 상대평가

③ 정성 평가   ④ 정량 평가

> **해설**
>
> 상대평가란 피평가자들이 자신 획득한 점수에 따라 점수를 부여받고, 그 점수에 따라 성과가 평가되며 다른 사람의 성과가 자신의 성과에 영향을 미치는 것이다.

17 동기부여에 대한 설명으로 가장 옳지 않은 것은?

① 어떤 사람으로 하여금 바람직한 행동을 수행하도록 이끄는 것이다.

② 조직이 효과적이냐 아니냐 하는 것은 조직의 구성원들이 투입하는 에너지에 달려 있다.

③ 동기의 주체인 개인의 입장에서 자율적이고 능동적으로 나타나는 동기는 내적 요인의 동기이다.

④ 개인의 성과는 사람에 따라 다양하게 나타나게 되는데, 이는 능력의 차이에만 기인한다.

> **해설**
>
> 조직에서 나타나는 개인의 성과는 사람에 따라 다양하게 나타나게 되는데, 능력의 차이뿐만 아니라 능력을 발휘하고자 하는 개인의 자발적인 의욕, 즉 동기부여라고 하는 것이 성과를 결정하는 중요한 요소로 인식되었다.

정답   12 ④   13 ④   14 ①   15 ②   16 ②   17 ④

18 동기 부여 이론을 설명한 것으로 가장 옳지 않은 것은?

① Maslow 욕구 이론은 생리적 욕구 → 안정 욕구 → 사회적 욕구 → 존경 욕구 → 자아 실현 욕구 순서다.

② 불만족 요인은 주로 직무의 환경과 관련된 안전, 지위, 급여를 말한다.

③ 성취감, 인정, 동질감, 책임감, 성장과 발전은 만족 요인이다.

④ Herzberg는 만족과 불만족을 동일 선상의 양 극점으로 생각했다.

해설

Herzberg는 200명의 기술자와 회계사를 대상으로 "욕구 충족과 이러한 욕구 충족이 동기 부여에 미치는 효과"에 대해 연구하였다. 그 결과 만족과 불만족을 동일 선상의 양 극점으로 생각했던 종래의 견해와는 달리 만족 요인과 불만족 요인이 별개로 존재한다는 것을 알아냈다.

19 자신이 속해 있는 조직에 대해 심리적으로 동화되어 있는 정도 혹은 일체감을 느끼는 정도를 의미하는 용어는?

① 자아 만족 ② 직무 집중
③ 조직 몰입 ④ 기업 이념

해설

조직 몰입이란 자신이 속해 있는 조직에 대해 심리적으로 동화되어 있는 정도 혹은 일체감을 느끼는 정도로 정의될 수 있다. 외부의 상황 변화에 의해서 잘 변화되지 않으며 개인 스스로도 자율적으로 통제할 수 있기 때문에 강한 동기부여가 가능하다.

20 인센티브에 대한 설명으로 가장 적절하지 않은 것은?

① 사람들의 어떤 행동에 대해 인정해 주고 장려해 줌으로써 그러한 행동을 계속 유지하여 기대한 만큼의 효과를 얻는 것이다.

② 인센티브의 가장 중요한 목적은 경제적 유인을 불러일으키는 데 있다.

③ 효과적인 동기 부여 방법으로 광범위하게 사용되고 있고 관리 효능성을 제고하는 중요한 역할을 하고 있다.

④ 종업원의 심리적, 물질적 면을 만족시켜 주는데 있다.

해설

인센티브는 종업원의 심리적, 물질적 면을 만족시켜 주고 종업원의 적극성을 불러일으킨다. 인센티브의 목적은 금전적 보상뿐만 아니라 보다 중요한 것은 개인의 향후 행동 양식의 변화에 있는 것이다.

21 집단 인센티브에 대한 설명으로 틀린 것은?

① 이윤 배분제는 종업원의 기술과 작업 방법 개선 등에 보다 거부적인 태도를 형성하게끔 한다.

② 스캔론 플랜(Scanlon Plan)은 노사 공동의 의사 결정을 통한 상호 협조와 표준 이상의 결과에 대한 이윤 분배 제도를 근간으로 하고 있다.

③ 럭커 플랜(Rucker Plan)은 배분의 대상을 생산 가치로 보고 있다.

④ 회사의 이익이나 주식 배당금을 초과한 이익의 일정 비율을 추가임금으로 지불하는 제도는 이윤 배분제다.

해설

이윤 배분제는 분배의 원천을 이윤을 대상으로 하고 있으며 따라서 종업원의 기술과 작업 방법 개선 등에 보다 수용적인 태도를 형성하게끔 한다.

22 인센티브의 효과 중 성격이 다른 하나는?

① 모험의 억제
② 원인 규명 곤란
③ 경쟁 유발
④ 인간관계 훼손

해설

인센티브는 동기 유발, 사기 진작, 경쟁 유발, 생산성 증진과 같은 긍정적 효과뿐만 아니라 처벌, 인간관계 훼손, 원인 규명 곤란, 모험의 억제 등 부정적인 효과가 있다.

정답 (18 ④ 19 ③ 20 ② 21 ① 22 ③)

23 직무 자체에 자율성을 부여해 주거나 업무에 재량권을 부여하는 보상은?

① 금전적 보상
② 특권적 보상
③ 직무적 보상
④ 복합적 보상

해설

① 금전적 보상은 기본적인 보상으로 종업원들이 조직에서 근무한 대가로 얻은 봉급 상승의 기회나 높은 보너스를 받는 것을 말한다.
② 특권적 보상은 주어진 임무를 잘 수행하고 나서 조직에서 받은 칭찬이나 표창 아니면 직책과 호칭을 부여하는 것이 대표적이다.
④ 복합적 보상은 조직이 종사원에게 향후 진로에 대한 조언을 제공하는 것, 사내 교육훈련에 참여기회를 부여하는 등과 같은 자기 미래 성장과 발전에 관련된 보상이다.

24 분배 공정성을 설명한 것으로 가장 거리가 먼 것은?

① 공헌과 유인의 크기가 같거나 유인이 공헌보다 약간 작을 때 개인은 조직을 떠나지 않고 공헌을 계속한다는 것이다.
② 기여 법칙은 구성원에게 주는 보상이 기여한 내용과 공정을 이루어야 한다는 것을 말한다.
③ 욕구 법칙은 조직이 지급하는 분배의 규모는 지급받는 사람의 욕구와 일치해야 한다는 것이다.
④ 평등 법칙은 조직이 분배량을 결정할 때에는 무엇보다도 모든 구성원에게 있어서 평등하게 이루어져야 함을 말한다.

해설

분배 공정성은 교환의 내용으로서, 개인은 조직에 조직목표달성을 위해 공헌을 제공하고 조직은 개인에게 이에 대한 대가로 유인을 주는데, 여기서 공헌과 유인의 크기가 같거나 유인이 공헌보다 약간 클 때 개인은 조직을 떠나지 않고 공헌을 계속한다는 것이다.

25 보상 정책에 있어서 조직이 지급할 수 있는 능력을 초과해서 결정해서는 안 된다는 기준은?

① 적정성
② 공정성
③ 균형성
④ 원가 효율성

해설

① 적정성은 정부의 법규, 노사협약, 관리과정에 적합해야 하며 전반적으로 납득할 수 있는 적절한 보상 수준을 유지해야 한다는 것이다.
② 공정성은 각자의 노력, 능력, 훈련에 따라 공정하게 결정되어야 함을 의미한다.
③ 균형성은 종업원이 균형있는 생활을 유지할 수 있도록 전체 보상 금액을 합리적으로 구성해야 한다는 기준이다.

26 과제를 끝마치고 목표에 도달할 수 있는 자신의 능력에 대한 스스로의 평가를 가리키는 용어는?

① 상호작용감
② 심리적 안정감
③ 자기 효능감
④ 자기 만족감

해설

자기 효능감은 과제를 끝마치고 목표에 도달할 수 있는 자신의 능력에 대한 스스로의 평가를 가리킨다. 한 사람이 상황에 영향을 미칠 수 있는 자신의 힘에 대해 가진 신념을 결정함으로써, 자기 효능감은 그 사람이 도전에 유능하게 대응하는 실제의 힘과 그 사람이 취하는 선택 등에 강한 영향을 미친다.

27 다음 설명에 해당하는 것은?

> 조직의 비즈니스 목표 또는 목적을 달성하기 위해 행해지는 하나 이상의 연결된 과정 또는 활동의 집합이다.

① 비즈니스 프로세스
② 모니터링
③ 시스템
④ 산출관리

해설

세계워크플로 표준기구(WFMC)는 "BM은 조직의 비즈니스 목표 또는 목적을 달성하기 위해 행해지는 하나 이상의 연결된 과정 또는 활동의 집합이다. 또한 일반적으로 BM은 계층 구조를 가지며, 여러 위치에서 수행되고, 조직의 경계를 넘나들며, 고객 혹은 조직에 측정 가능한 가치를 창출한다"라고 제시한다.

정답 23 ③ 24 ① 25 ④ 26 ③ 27 ①

28 가치 사슬(Value Chain)에 대한 설명으로 가장 옳지 않은 것은?

① 하버드 비즈니스 스쿨의 마이클 포터(Michael Porter) 교수가 처음 제기하였다.

② 기업이 행하는 모든 활동들과 그 활동들이 어떻게 서로 반응하는가를 살펴보는 시스템적인 방법이다.

③ 기업이 상품과 서비스를 만들어내고 유통시키기 위하여 수행하는 일련의 활동들이다.

④ 조달 및 제조 등의 간접활동과 인력 채용 및 자금조달 등의 직접 활동이 있다.

해설
가치 사슬이란 기업이 상품과 서비스를 만들어내고 유통시키기 위하여 수행하는 일련의 활동들이며, 여기에는 조달 및 제조 등의 직접 활동과 인력 채용 및 자금조달 등의 간접활동이 있다.

29 통신판매 모니터링의 유형 중 다음 설명에 해당하는 것은?

판매상담 직원 모르게 무작위로 추출된 판매상담 내용을 평가자가 녹음하여 평가결과를 해당 직원과 공유한다.

① Self Monitoring
② Peer Monitoring
③ Side by Side Monitoring
④ Recording Monitoring

해설
① Self Monitoring은 직접 자신의 상담내용을 듣고 스스로를 평가, 개선 여부를 파악하여 정해진 평가표에 평가하는 방법이다.
② Peer Monitoring은 정해진 동료 파트너의 상담내용을 듣고 장·단점을 피드백하고 벤치마킹하는 방법이다.
③ Side by Side Monitoring은 관리자가 판매상담 직원의 근처에서 상담내용 및 업무처리 과정, 행동을 직접 관찰하고 즉각적으로 피드백하는 방법이다.

30 서비스 품질에 대한 설명으로 옳지 않은 것은?

① 객관적 품질이란 제품들 간의 실제적인 기술적 우월성이나 탁월함을 설명하기 위한 개념이다.

② 서비스 개선을 위한 시발점으로서보다는 품질 측정 그 자체에 큰 의미가 있다.

③ 서비스 품질은 고객의 기대와 인지된 서비스 차이에 의해 결정된다.

④ 서비스 품질 평가는 주로 고객과 서비스 직원 사이에서 일어나는 서비스 생산 프로세스에서 발생한다.

해설
서비스 품질을 측정하기란 상당히 어려운 문제이나 품질 측정은 결국 그 자체가 가치를 지니는 것이 아니라 개선을 유도하는 시발점으로서 더욱 중요성을 갖고 있다.

31 QA에 대한 설명으로 가장 적절하지 않은 것은?

① 고객이 만족하고 고객과의 통화를 통해서 얻는 모든 입력된 Data가 정확해야 한다.

② 하드웨어적인 품질과 소프트웨어적인 품질로 크게 구분된다.

③ 고객이 원하는 정확한 정보를 제공받아 고객의 콜이 다른 직원에게 전환되도록 해야 한다.

④ 기업과 고객 간 이루어지는 총체적인 통화의 품질 정도를 말한다.

해설
직원이 친절, 정확한 응대를 해야 하고 고객이 원하는 정확한 정보를 제공받아 고객의 콜이 다른 직원에게 전환되지 않아야 한다.

정답 28 ④ 29 ④ 30 ② 31 ③

01 목표를 성공적으로 달성하기 위하여 핵심적으로 관리해야 하는 요소들에 대한 성과지표를 쓰시오.

정답 KPI 또는 핵심 성과 지표

02 MBO를 설명하시오.

정답 상사와 부하가 상호 협의 하에 공동의 목표를 확인하고, 각 개인의 중요한 책임영역을 각 개인에게 기대되는 성과로 환산하여 확정하는 활동이다.

03 다면 평가의 장점을 3가지 쓰시오.

정답 ① 편파적인 평가 의견을 견제함으로써 균형 있는 평가를 할 수 있다.
② 상하 간·동료 간, 고객과 조직 간에 의사 교환을 통하여 조직 활성화에 기여할 수 있다.
③ 직상급자인 평가자 외 다른 구성원들에게도 평가에 참여할 기회를 제공함으로써 참여감과 조직에 대한 일체감을 증진시킬 수 있다.

04 내적 요인의 동기와 외적 요인의 동기를 각각 쓰시오.

정답 내적 요인의 동기는 동기의 주체인 개인의 입장에서 자율적이고 능동적으로 나타나는 동기고 외적 요인의 동기는 다른 사람으로부터의 타율적이고 피동적으로 부여받는 동기다.

05 자신이 속해 있는 조직에 대해 심리적으로 동화되어 있는 정도 혹은 일체감을 느끼는 정도를 나타내는 용어를 쓰시오.

정답 조직 몰입

06 다음 설명에 해당하는 서비스 품질의 평가 범위를 쓰시오.

> 고객과 서비스 직원의 상호작용이 논리적인 순서를 유지하고 효율적인 서비스가 제공되었는지를 평가한다.

정답 서비스 프로세스

07 고통화품질 서비스의 이점을 3가지 쓰시오.

정답 ① 마케팅 및 광고 판촉 경비 절감
② 직원의 불만, 지각, 이직률 감소
③ 직원의 사기 및 생산성 증가

08 모든 직원의 잠재력을 개인적 발전단계에 부합하도록 개발하여 그 능력을 극대화하는 활동을 쓰시오.

정답 코칭

1차 필기
기출유형 모의고사

1회 기출유형 모의고사

2회 기출유형 모의고사

COMPLETE - PASS

텔레
마케팅
1·2차 한권으로 끝내기
관리사

1과목 고객관리

01 효과적인 CRM을 위한 방법 및 수단이 아닌 것은?

① 고객통합 데이터베이스 구축
② 데이터베이스 마케팅의 기능 축소
③ 고객특성 분석을 위한 데이터마이닝 도구 준비
④ 마케팅 활동 대비를 위한 캠페인 관리용 도구

02 고객이 텔레마케터에게 가지는 "인정, 존중, 수용"의 욕구를 충족시킬 수 있는 고객응대 방법은?

① 고객의 사소한 질문을 지적한다.
② 고객의 호칭을 부르며 의견을 경청한다.
③ 텔레마케터의 생각을 일방적으로 이야기한다.
④ 항상 변론을 제기한다.

03 커뮤니케이션의 장애 요인에 해당되지 않는 것은?

① 고정관념을 가지고 상황을 판단한다.
② 수신자의 반응과 피드백이 부족하다.
③ 발신자의 목표의식이 부족하다.
④ 커뮤니케이션에 대한 지식과 기술의 수준이 높다.

04 다음 중 커뮤니케이션의 특징이 아닌 것은?

① 의사소통 수단의 고정화
② 정보 교환과 의미 부여
③ 순기능과 역기능이 존재
④ 오류와 장애의 발생 가능성

05 다음 중 제품에 불만족한 소비자를 상담할 때 필요한 상담처리 기술로 적절하지 않은 것은?

① 참을성이 있도록 공감적 경청을 한다.
② 차분하게 목소리를 상대적으로 낮추어 응대한다.
③ 가능한 문제 해결을 위해 최선을 다하고 있음을 전한다.
④ 고객사의 민·형사상 처리절차 등 법적 대응 방안 정책에 대하여 신속하게 알려준다.

06 시대 흐름에 따라 변화하는 고객 트렌드의 특징으로 옳은 것은?

① 고객의 구매 영향력이 감소하였다.
② 시대의 변화에 따라 고객의 욕구가 점차 통일되는 추세이다.
③ 고객의 권위의식이 낮아졌다.
④ 고객니즈가 다각화되고 있다.

07 다음 빅데이터 수집 방법 중에서 크롤링(Crawling)과 가장 관련이 있는 것은?

① 웹 로봇(Web Robot)
② 웹 로딩(Web Loading)
③ 웹 블로그(Web Blog)
④ 웹 로그 데이터(Web Log Data)

08 감정노동 종사자의 건강보호 조치방법이 아닌 것은?

① 고충처리 위원 배치 및 건의제도 운영
② 고객과의 갈등 최소화를 위한 업무처리 재량권 축소
③ 사업장 특성에 맞는 고객응대 업무 매뉴얼
④ 휴식시간 제공 및 휴게시설 설치

09 고객이 문제를 제기하였을 때의 처리절차가 순서대로 올바르게 나열된 것은?

> ⓐ 문제 파악   ⓑ 대안 탐색
> ⓒ 결정   ⓓ 대안 평가
> ⓔ 자료수집 · 분석

① ⓐ → ⓔ → ⓑ → ⓓ → ⓒ
② ⓔ → ⓐ → ⓑ → ⓒ → ⓓ
③ ⓑ → ⓓ → ⓐ → ⓔ → ⓒ
④ ⓐ → ⓑ → ⓔ → ⓓ → ⓒ

10 메타그룹의 산업보고서에 처음 제안된 CRM 시스템 아키텍처의 3가지 구성요소가 아닌 것은?

① 통합 CRM
② 운영 CRM
③ 협업 CRM
④ 분석 CRM

11 다음 중 의사소통 과정에서의 친밀감(Rapport) 형성에 관한 설명으로 옳은 것은?

① 고객에게 슬픈 감정을 유도하는 기법이다.
② 가망 고객을 진찰하듯 탐색하는 기법이다.
③ 품위를 지키는 프로다운 자세를 느끼도록 하는 기법이다.
④ 고객에게 신뢰감을 느끼도록 하는 기법이다.

12 고객응대에 대한 설명 중 틀린 것은?

① 고객과 커뮤니케이션을 하는 활동이다.
② 고객에게 필요한 정보를 제공한다.
③ 고객의 요구를 미리 판단하여 답을 제시한다.
④ 고객의 입장에서 판단한다.

13 CRM의 활용 목적에 대한 설명으로 가장 적합한 것은?

① 새로운 고객의 다수 확보에 용이하다.
② 내부 고객의 상담을 목적으로 한다.
③ 기존 고객을 단골 고객으로 계속 유지하고자 한다.
④ 고속도로 휴게소 식당과 같은 곳에서 고객을 유인할 때 효과적이다.

14 다음 중 빅데이터의 분석을 위해 활용하며, 표본집단의 특성을 나타내는 통계량이 아닌 것은?

① 중앙값   ② 최빈값
③ 전수   ④ 분산

15 고객 만족도 조사가 필요한 이유로 가장 적절하지 않은 것은?

① 마케팅 실무자들의 의사결정에 대한 효과성을 높여준다.
② 고객의 니즈를 규정하고, 고객을 만족시키는 마케팅 활동을 할 수 있도록 도와준다.
③ 기업에 대한 고객의 기대를 향상시킨다.
④ 고객의 심리적, 행동적 특성 파악에 도움을 준다.

16 전화를 거는 방법 중에서 가장 좋은 통화 예절은?

① 전화가 연결되더라도 자신이 누구인지는 나중에 밝힌다.
② 통화가 연결되는 즉시 담당자만 바꿔 달라고 한다.
③ 얼굴에서 미소를 띠며 밝은 목소리로 전화인사 한다.
④ 통화가 끝나면 끝인사 없이 수화기를 먼저 내려 놓는다.

17 화난 소비자를 대하는 상담전략에 대한 설명으로 옳은 것은?

① "죄송하다"라는 말 한마디가 중요하다.

② 고객에게 부당성을 지적하는 응대가 기본전략이다.

③ 화난 소비자의 감정 상태를 인정하면 안 된다.

④ 문제해결에 소비자의 화난 감정은 중요하지 않다고 유도하는 방향으로 상담을 진행해야 한다.

18 고객이 기업과 만나는 모든 때에 기업에 대한 고객의 경험과 인지에 영향을 미치는 "결정적인 순간"을 의미하는 것은?

① CRM(Customer Relationship Management)

② MOT(Moments of Truth)

③ MIS(Marketing Information System)

④ SCM(Customer Satisfaction Management)

19 고객의 이야기를 효율적으로 듣는 것을 방해하는 개인적인 장애요인이 아닌 것은?

① 편견 ② 청각장애

③ 사고의 속도 ④ 정보과잉

20 빅데이터의 3가지 특징(3V)에 해당하지 않는 것은?

① Virtual(가상성)

② Variety(다양성)

③ Volume(데이터의 양)

④ Velocity(속도)

21 고객과 상담 시 상담사가 가급적 피해야 할 표현은?

① 적절한 경어의 사용 ② 표준말

③ 긍정적인 말 ④ 단정적인 말

22 다음 중 표적집단면접조사(FGI)를 이용하여 조사하기에 적합하지 않은 경우는?

① 현 시장 내에서 자사 및 경쟁 사업자의 시장점유율 및 경제적 집중도 정보 수집

② 신상품 개발 기회를 찾기 위한 상세한 시장정보 수집

③ 새로운 시장의 마케팅이나 광고 전략을 수립하기 위해 정보 수집

④ 향후 시장 변화 예측에 대한 정보 수집

23 폐쇄형 질문에 대한 설명으로 가장 적합한 것은?

① 응답자의 충분한 의견을 반영할 수 있다.

② 예/아니오 등의 단답을 이끌어 내는 질문기법이다.

③ 문제해결에 도움을 줄 수 있는 방법을 구상하면서 고객의 요구사항을 파악하는 질문기법이다.

④ 응답자가 주관식으로 답변을 할 수 있는 질문기법이다.

24 불평하는 고객이 회사에 주는 이익으로 볼 수 없는 것은?

① 새로운 아이디어 창출의 기회이다.

② 미래 매출을 예측할 수 있는 기회이다.

③ 서비스의 문제점을 개선할 수 있는 기회이다.

④ 불평고객을 충성고객으로 전환할 수 있는 기회이다.

25 e-CRM의 특징으로 거리가 먼 것은?

① 웹기반의 단일 통합채널을 기본으로 한다.

② 실시간 고객성향 분석이 가능하다.

③ 초기 IT 구축비용과 지속적인 관리 유지비용이 높다.

④ 지역과 시간적 제약을 탈피할 수 있다.

26 다음 ( )에 알맞은 시장조사 방법은?

> ( )는 조사 의뢰자가 당면하고 있는 상황과 유사한 사례들을 찾아내며 깊이 있는 분석을 하는 조사방법으로서 분석하는 사례와 주어진 문제 사이의 유사점과 상이점을 찾아내어 현 상황에 대한 논리적인 유추를 하는 데 도움을 얻는 시장조사방법이다.

① 문헌조사   ② 횡단조사
③ 사례조사   ④ 전문가 의견조사

27 질적 조사와 계량적 조사의 비교가 잘못된 것은?

구분		질적 조사	계량적 조사
A	표본	큰 크기의 비대표 표본	큰 크기의 대표 표본
B	자료수집	비구조적	구조적
C	자료분석	비통계적	통계적
D	결과	최초의 이해를 개발	최종 행동방안 권고

① A   ② B
③ C   ④ D

28 조사자가 현재의 조사프로젝트를 위하여 직접 수집한 자료가 아니라 어떤 조사프로젝트의 다른 조사목적과 관련하여 조사내부 혹은 외부의 특정한 조사주체에 의해 기존에 이미 작성된 자료는?

① 2차 자료   ② 1차 자료
③ 현장자료   ④ 원 자료

29 모집단을 동질적인 여러 소그룹으로 나눈 후 특정 소그룹을 표본으로 추출하고 선택된 전체를 조사대상으로 삼아 조사하는 표본추출 방법은?

① 군집 표본추출   ② 층화 표본추출
③ 체계적 표본추출   ④ 단순무작위 표본추출

30 연구자가 조사대상자와 관련하여 지켜야 할 윤리규범에 해당하지 않는 것은?

① 익명성
② 사후 동의
③ 비밀성
④ 자발적 참여

31 측정 도구의 타당도에 관한 설명으로 옳지 않은 것은?

① 내용타당도(Content Validity)는 전문가의 판단에 기초한다.
② 구성타당도(Construct Validity)는 예측타당도(predictive Validity)라 한다.
③ 동시타당도(Concurrent Validity)는 신뢰할 수 있는 다른 측정 도구와 비교하는 것이다.
④ 기준관련 타당도(Criterion-related Validity)는 내용타당도보다 경험적 검증이 용이하다.

32 시장 조사를 위한 자료 수집 중 1차 자료에 해당하지 않는 것은?

① 고객 행동에 대한 관찰
② 실험실 조사에서의 소비자 반응 측정
③ 대학이나 연구소의 일반 소비자 조사 자료
④ 일반 소비자나 유통점 주인들을 대상으로 한 서베이

33 우편조사의 응답률에 영향을 미치는 요인과 가장 거리가 먼 것은?

① 응답집단의 동질성
② 응답자의 지역적 범위
③ 질문지의 양식 및 우송방법
④ 조사주관기관 및 지원 단체의 성격

34 표본추출과정을 순서대로 나열한 것은?

> ㄱ. 표본크기의 결정
> ㄴ. 모집단의 확정
> ㄷ. 표본추출
> ㄹ. 표본프레임의 선정
> ㅁ. 표본추출 방법의 결정

① ㄹ → ㄴ → ㅁ → ㄱ → ㄷ
② ㄱ → ㄷ → ㄴ → ㄹ → ㅁ
③ ㄴ → ㄹ → ㅁ → ㄱ → ㄷ
④ ㅁ → ㄴ → ㄹ → ㄱ → ㄷ

35 다음 중 조사원에 대한 통제가 가능하고, 응답률이 높은 편이며, 시간과 비용이 비교적 적게 드는 조사는?

① 우편조사   ② 방문조사
③ 전화조사   ④ 간접조사

36 표본의 규모가 큰 상업적 조사에서 사용할 수 있는 표본추출 방법으로 가장 적합한 것은?

① 임의 표본추출   ② 할당 표본추출
③ 목적 표본추출   ④ 일반 표본추출

37 명목척도의 특성으로 옳지 않은 것은?

① 상호 배타적인 범주로 구분하기 위하여 사용한다.
② 정보의 수준이 가장 높은 척도이다.
③ 우열을 표시하는 것이 아니다.
④ 질적변수로 구성되어 있다.

38 효과적인 전화조사를 위한 커뮤니케이션 방법으로 적합하지 않은 것은?

① 질문에 대하여 효과적으로 답변할 수 있도록 조사자가 생각하는 답을 사전에 응답자에게 언급한다.
② 응답자가 질문내용을 명확하게 알아들을 수 있도록 해야 한다.
③ 응답자를 후원하고 격려하여 응답자가 편안한 분위기에서 응답할 수 있도록 한다.
④ 응답자의 대답을 반복하거나 복창하여 답변을 확인한다.

39 다음 중 무응답 오류의 의미로 옳은 것은?

① 데이터 분석에서 나타나는 오류
② 부적절한 질문으로 인하여 나타나는 오류
③ 응답자의 거절이나 비접촉으로 나타나는 오류
④ 조사와 관련 없는 응답자를 선정하여 나타나는 오류

40 다음에 제시되어 있는 설문지 문항 중 잘못 작성된 것은?

① 귀하의 성별은?
　Ⓐ 남자 Ⓑ 여자
② 귀하의 자녀는 몇 명입니까?
　Ⓐ 없다 Ⓑ 1명 Ⓒ 2명 Ⓓ 3명 이상
③ 귀하의 월평균 수입은 어느 정도입니까?
　Ⓐ 100만원 미만
　Ⓑ 100만원 이상 ~ 200만원 미만
　Ⓒ 200만원 이상 ~ 300만원 미만
　Ⓓ 300만원 이상
④ 귀하의 월평균 용돈은?
　Ⓐ 20만원 이하
　Ⓑ 20만원 이상 ~ 30만원 이하
　Ⓒ 30만원 이상 ~ 40만원 이하
　Ⓓ 40만원 이상

41 우편조사법의 특징으로 옳지 않은 것은?

① 대인면접법에 비해 비용이 많이 든다.
② 지역에 제한받지 않고 조사가 가능하다.
③ 대인면접법보다 상대적으로 응답률이 낮다.
④ 전화조사법에 비해 자료수집 기간이 길다.

42 전수조사와 표본조사에 관한 설명으로 옳지 않은 것은?

① 표본조사는 전수조사에 비하여 시간과 비용을 줄일 수 있다.
② 전수조사 자체가 불가능한 경우에는 표본조사를 실시해야 하는 경우가 있다.
③ 비표본오류 때문에 전수조사가 표본조사보다 부정확한 결과를 산출할 가능성이 있다.
④ 일반적으로 표본조사에 비하여 전수조사가 많이 사용된다.

43 마케팅 조사 업체들이 조사 업무 수행 시 지켜야 할 사항으로 볼 수 없는 것은?

① 사전에 정한 표본추출대상을 추출하고 정확한 조사를 실시해야 한다.
② 면접원의 교육과 감독을 철저히 하여 올바른 자료가 수집되도록 해야 한다.
③ 조사 자료의 분석과 해석은 조사 의뢰 회사가 원하는 방향으로 맞추어서 해야 한다.
④ 조사실시과정에서 일어난 오류는 조사 의뢰 회사에 보고해야 한다.

44 다음 중 기술적 조사에 해당하지 않는 것은?

① 종단조사　　　② 횡단조사
③ 실험조사　　　④ 패널조사

45 다음은 설문지에 작성된 질문내용이다. 이러한 질문이 해당하는 질문유형은?

> Q : 당신은 왜 흡연을 하시나요?
> (　　　　　　　　　　)

① 리커트 척도　　　② 어의차이 척도
③ 폐쇄형 질문　　　④ 개방형 질문

46 4세 미만 여아들을 대상으로 선호하는 장난감 유형에 관한 조사를 시행하려 할 때 가장 적합한 조사방법은?

① 관찰조사　　　② 면접조사
③ 전화조사　　　④ 설문조사

47 자료의 신뢰성을 확보하기 위한 방법과 가장 거리가 먼 것은?

① 측정항목을 늘린다.
② 설문지의 모호성을 제거한다.
③ 동일한 질문이나 유사한 질문을 2회 이상 한다.
④ 면접자들의 면접방식과 태도를 피면접자에 따라 다양하게 진행한다.

48 자료의 측정에 있어 타당성을 높일 수 있는 방법으로 가장 적절하지 않은 것은?

① 연구 담당자가 마케팅의 전반 영역에 대한 깊은 지식을 습득한다.
② 이미 타당성을 인정받은 측정방법을 이용한다.
③ 사전조사를 통하여 상관관계가 낮은 항목들을 제거한 후 관계가 높은 변수들만을 개념측정에 이용한다.
④ 측정 시 문항의 수를 적게 하여 자료의 측정 타당도를 높인다.

49 응답자의 권리 보호와 거리가 먼 것은?

① 응답자의 개인정보를 상품판매에 이용해서는 안 된다.
② 응답자의 개인정보를 조사의뢰 회사에 누설해서는 안 된다.
③ 응답자의 개인정보는 보호되어야 한다.
④ 응답자의 개인정보를 임의로 활용하여 재조사를 요구할 수 있다.

50 표본크기에 관한 설명으로 옳지 않은 것은?

① 모집단의 구성요소가 이질적일 때 동질적인 경우에 비해 표본크기가 커야 한다.
② 표본크기가 클수록 표본오차는 증가한다.
③ 표본추출방법이 표본크기 결정에 영향을 미친다.
④ 요구되는 신뢰수준이 높을수록 표본크기는 커야 한다.

51 다음 중 인바운드 고객상담의 설명으로 옳은 것은?

① 인바운드 고객상담은 고객밀착형이다.
② 세일즈나 세일즈 리드(Sales Leads)를 창출할 수 있다.
③ 인바운드 고객상담은 주로 질문형의 문의상담 기능이 강하다.
④ 고객에게 오는 전화이니 만큼 대기시간은 줄이는 것이 중요하다.

52 아웃바운드 텔레마케팅의 전략적 활용방안 중 판매촉진의 방법으로 볼 수 있는 것은?

① 소비동향 조사
② 수요예측 조사
③ 대금, 미수금 독촉
④ 신상품 정보제공 및 구입 권유

53 포지셔닝 전략의 수립과정에서 가장 먼저 수행하는 시장분석을 통해 얻을 수 있는 정보가 아닌 것은?

① 현재와 미래의 시장 내의 경쟁구조
② 시장 내 수요의 전반적인 수준 및 추세
③ 세분시장의 크기와 잠재력
④ 시장 내 소비자의 지리적 분포

54 다음은 어떤 가격조정전략에 해당하는가?

> A대형마트에서는 B사의 오디오 제품 가격을 300,000원에서 299,000원으로 조정하였다.

① 세분화 가격결정　② 심리적 가격결정
③ 촉진적 가격결정　④ 지리적 가격결정

55 시장 세분화의 장점이 아닌 것은?

① 시장기회의 탐지가 가능하다.

② 보다 명확한 시장목표설정이 가능하다.

③ 대량생산에 의한 규모의 이익을 향유할 수 있다.

④ 시장의 구매동기, 소비자 욕구 등을 정확하게 파악할 수 있다.

56 소비자가 제품 또는 서비스의 공급자를 변경할 때 발생하는 전환비용에 관한 설명으로 틀린 것은?

① 탐색비용 : 병원의 초진료와 같이 서비스 개시를 위해 지출하는 비용

② 학습비용 : 새로운 시스템에 적응하는 데 드는 비용

③ 감정비용 : 공급자와의 장기적 관계가 끊어질 때 경험하는 감정적인 혼란

④ 인지적 비용 : 공급자를 바꿀 것인지의 여부를 생각하는 것과 관련된 비용

57 단일 브랜드에 대한 호의적인 태도와 지속적인 구매를 보이는 소비자의 행동을 의미하는 것은?

① 브랜드 차별(Brand Discrimination)

② 행위적 학습(Behavioral Learning)

③ 선별적 인식(Selective Perception)

④ 브랜드 충성도(Brand Loyalty)

58 제조업자가 중간상들로 하여금 제품을 최종사용자에게 전달, 촉진, 판매하도록 권유하기 위해 자사의 판매원을 이용하는 유통경로전략은?

① 푸시(push) 전략

② 풀(pull) 전략

③ 집중적 경로전략

④ 전속적 경로전략

59 효율적인 인바운드 고객응대를 위해서 실시할 수 있는 방법이 아닌 것은?

① 콜센터(Call Center)의 설치운영

② 일률적인 성과급제

③ 고객대응창구의 일원화

④ 24시간 전화접수 체제 구축

60 텔레마케팅에 대한 설명으로 옳지 않은 것은?

① 고객을 일일이 방문하는 것은 비용이 많이 소요되므로 통신매체를 이용해서 판매하는 것이다.

② 바쁜 고객에게는 전화에 의한 구매가 더 편리할 때가 있다.

③ 고객의 불만 사항을 전화로 접수하고 이를 시정하는 것도 텔레마케팅이다.

④ 텔레마케팅은 개인고객에게만 가능하고 기업고객에게는 성립하지 않는다.

61 텔레마케팅 시장현황의 거시적 환경 중 금융, 보험, 여행, 레저 등 서비스산업의 발달로 소득 증가에 따른 지출내용이 다양화되는 환경은?

① 인구 통계적 환경

② 경제적 환경

③ 기술적 환경

④ 사회문화적 환경

62 시장 세분화의 기준에 해당하지 않는 것은?

① 지리적 변수

② 인구통계학적 변수

③ 유효타당성 변수

④ 심리형태별 변수

63 특정 기업이 자사 제품을 경쟁제품과 비교하여 유리하고 독특한 위치를 차지하도록 하는 마케팅전략은?

① 관계마케팅　　　　② 표적시장 선정
③ 일대일 마케팅　　　④ 포지셔닝

64 드라마 상에 특정한 상품을 노출시켜 광고효과를 도모하는 기법은?

① POP　　　　　　　② USP
③ PPL　　　　　　　④ POS

65 세분시장의 평가에 대한 설명으로 틀린 것은?

① 세분시장이 기업의 목표와 일치한다면 그 세분시장에서 성공하는 데 필요한 기술과 자원을 보유한 것으로 본다.
② 세분시장을 평가하기 위하여 가장 먼저 각각의 세분시장의 매출액, 성장률 그리고 기대수익률을 조사하여야 한다.
③ 세분시장 내에 강력하고 공격적인 경쟁사가 다수 포진하고 있다면 그 세분시장의 매력성은 크게 떨어진다.
④ 세분시장 내에 다양한 대체 상품이 존재하는 경우에는 당해 상품의 가격이나 이익에도 많은 영향을 미친다.

66 다음 중 유통경로 설계절차가 바른 것은?

> ㄱ. 유통경로의 목표 설정
> ㄴ. 소비자 욕구 분석
> ㄷ. 유통경로의 대안 평가
> ㄹ. 유통경로의 대안 확인

① ㄱ → ㄴ → ㄷ → ㄹ
② ㄱ → ㄴ → ㄹ → ㄷ
③ ㄴ → ㄱ → ㄹ → ㄷ
④ ㄴ → ㄱ → ㄷ → ㄹ

67 마케팅 정보시스템에 관한 설명으로 옳지 않은 것은?

① 마케팅 정보시스템은 경영 정보시스템의 상위 시스템이다.
② 기업 내부 자료, 외부 자료와 정보를 체계적으로 관리한다.
③ 경영자의 마케팅 의사 결정에 사용할 수 있도록 하는 정보관리 시스템이다.
④ 마케팅을 보다 효과적으로 수행하기 위하여 관련된 사람, 고객의 정보, 기구 및 절차, 보고서 등을 관리하는 시스템을 말한다.

68 매우 비탄력적인 수요곡선을 지니는 신상품을 도입할 때 가장 적합한 가격책정전략은?

① 침투가격 전략
② 초기할인 전략
③ 고가격 전략
④ 경쟁가격 전략

69 STP 전략의 절차를 바르게 나열한 것은?

① 표적시장 선정 → 포지셔닝 → 시장 세분화
② 포지셔닝 → 표적시장 선정 → 시장 세분화
③ 시장 세분화 → 표적시장 선정 → 포지셔닝
④ 시장 세분화 → 포지셔닝 → 표적시장 선정

70 다음 (　　) 안에 들어갈 알맞은 것은?

> (　　)는 기업의 경영활동에 있어서 고객들이 기업의 서비스에 반응하는 각종 문의, 불만, 제안 등을 의미한다.

① 고객 충성도
② 고객의 수요
③ 고객의 니즈(needs)
④ 고객의 소리(VOC)

71 소비재 유형 중 선매품의 일반적인 소비자 구매행동으로 가장 거리가 먼 것은?

① 계획구매를 한다.
② 반복구매를 자주 하지 않는다.
③ 쇼핑에 대한 노력을 적게 하게 한다.
④ 가격, 품질, 스타일에 따라 상표를 비교한다.

72 일반적인 아웃바운드 텔레마케팅의 활용분야로 볼 수 없는 것은?

① 직접 판매
② 가망 고객 획득
③ 반복구매 촉진
④ 컴플레인 접수

73 서비스의 특성에 관한 설명으로 옳지 않은 것은?

① 소멸성 – 서비스는 저장하거나, 재판매하거나 돌려받을 수 없다.
② 비분리성 – 서비스는 제품의 특성과 분리되지 않고 동일하게 생산 후 소비가 된다.
③ 무형성 – 서비스는 객체라기보다 행위이고 성과이기 때문에 유형적 제품처럼 보거나 느낄 수 없다.
④ 이질성 – 서비스를 제공하는 행위자에 따라 오늘과 내일이 다르고 시간마다도 다르다.

74 기업의 환경분석을 통해 강점과 약점, 기회와 위협 요인으로 규정하고 이를 토대로 마케팅전략을 수립하는 기법은?

① 5 Force 분석
② 경쟁사 분석
③ SWOT 분석
④ 소비자 분석

75 본사가 다른 업체와 계약을 맺고 그 업체가 일정 기간 동안 자사의 상호, 기업운영 방식 등을 사용하여 사업을 할 수 있도록 권한을 부여하는 유통 제도를 일컫는 말은?

① 소매상 제도
② 도매상 제도
③ 분업화 제도
④ 프랜차이즈 제도

76 임금의 계산 및 지불방법을 의미하는 임금형태에 대한 설명으로 틀린 것은?

① 변동급제에는 성과급제, 상여급제가 있다.
② 고정급제에는 시간급제, 일급제, 주급제, 월급제, 연봉제가 있다.
③ 일을 기준으로 연공급, 직능급, 사람을 기준으로 직무급, 성과급으로 분류할 수 있다.
④ 경영이 안정 지향적이냐 혹은 성장 지향적이냐에 따라 고정급과 성과급으로 구분된다.

77 콜센터의 생산성을 향상시킬 수 있는 방안과 가장 거리가 먼 것은?

① 전반적인 업무환경(콜센터환경)을 개선한다.
② 콜센터 인력을 신규인력으로 대폭 교체한다.
③ 텔레마케터 성과에 대한 인센티브를 강화한다.
④ 콜센터의 인력(리더 및 상담원 등)에 대한 교육을 강화한다.

78 역량관리를 위한 직무분석의 내용으로 옳지 않은 것은?

① 역량관리는 직무를 수행할 종업원을 분석하는 것이 아니라 직무를 분석한다.
② 역량관리는 개인의 역량과 조직의 목표 간 직접적인 연결 관계가 있다.
③ 역량관리는 성공적 직무수행에 반드시 필요한 것이라고 규명된 일련의 역량세트로 구성된다.
④ 역량관리는 직무의 담당자가 일을 성공적으로 수행할 수 있는 역량을 갖는 것에 초점을 맞춘다.

79 다음은 어떤 리더십에 관한 설명인가?

> 추종자들에게 장기적 비전을 제시하고, 비전 달성을 위해서 함께 매진할 것을 호소하며 비전 성취에 대한 자신감을 고취시킴으로써 조직에 대한 몰입을 강조하며 부하를 성장시키는 리더십

① 거래적 리더십　② 변혁적 리더십
③ 전략적 리더십　④ 자율적 리더십

80 콜센터 조직에서 상담사에게 필요한 동기부여의 조건이 아닌 것은?

① 칭찬과 인정
② 자부심과 소속감
③ 상사의 권위적 리더십
④ 업무에 몰입할 수 있는 분위기 조성

81 조직관리의 목적으로 옳지 않은 것은?

① 운영전략과 수행 효율성의 최적화를 이룬다.
② 인적자원의 능력을 초과한 업무수행이 가능하도록 한다.
③ 충성심과 애호도를 높일 수 있도록 교육 및 훈련을 시킨다.
④ 조직의 역할이 최적화될 수 있도록 구성원 간의 역할과 기능을 명확히 한다.

82 '하우스(House)'가 제시한 목표-경로 모형의 리더십 유형에 관한 설명으로 틀린 것은?

① 후원적 리더십 - 부하의 복지와 욕구에 관심을 가지며 배려적이다.
② 참여적 리더십 - 하급자들과 상의하고 의사결정에 참여시키며 팀워크를 강조한다.
③ 성취지향적 리더십 - 일상적 수준의 목표를 가지고 지속적인 성과를 달성할 수 있도록 유도한다.
④ 지시적 리더십 - 조직화, 통제, 감독과 관련되는 행위, 규정, 작업일정을 수립하고 직무의 명확화를 기한다.

83 모니터링 평가 시 고려 요소의 하나로서 고객들이 실제로 상담원에게 어떻게 대우를 받았는지에 대한 서비스 평가와 서비스 모니터링 점수가 일치해야 하는 것을 의미하는 것은?

① 모니터링의 객관성
② 모니터링의 차별성
③ 모니터링의 타당성
④ 모니터링의 대표성

84 콜센터 운영 및 전략수립에 관한 내용으로 적절하지 않은 것은?

① 제품의 가격을 고려할 때 고객이 부담없이 접근할 수 있는 가격대가 좋다.
② 콜센터 운영에 적합한 제품이나 서비스를 선택할 때 신뢰성이 없는 제품이나 서비스도 선택하는 것이 유리하다.
③ 텔레마케팅전략의 수립은 고객에 대한 접근의 틀을 제공하고 고객으로부터의 신뢰창출 및 매출증대, 고객서비스 향상에 결정적인 영향을 미친다.
④ 아웃바운드형 콜센터를 운영할 때에는 전화를 거는 주고객층의 데이터를 직접 확보하거나 간접적인 제휴방식을 통해 확보할 수 있어야 한다.

85 다음과 같은 요인들의 상호작용을 통해서 나타날 수 있는 리더십 이론은?

> • 리더와 구성원 관계가 좋다 또는 나쁘다.
> • 과업구조가 높다 또는 낮다.
> • 직위권력이 강하다 또는 약하다.

① 리더십 특성이론
② 리더십 관계이론
③ 리더십 상황이론
④ 리더-구성원 상호작용이론

86 OJT(On the Job Training) 교육단계로 옳은 것은?

① 학습준비 → 업무설명 → 업무실행 → 결과확인
② 업무실행 → 학습준비 → 업무설명 → 결과확인
③ 업무실행 → 결과확인 → 업무설명 → 학습준비
④ 업무실행 → 업무설명 → 학습준비 → 결과확인

87 인바운드형 콜센터 조직에 대한 설명으로 옳은 것은?

① 인바운드형 콜센터는 고객이 전화했으므로 전문적인 상담스킬을 필요로 하지 않는다.
② 인바운드형 콜센터는 무엇보다 고객상담 서비스의 질적인 관리와 업그레이드가 요구된다.
③ 외부로부터 걸려오는 전화를 받아서 처리하는 곳이기 때문에 전화량을 사전예측할 필요가 없다.
④ 인바운드형 콜센터는 각종 광고나 알림, 서비스 개선 약속을 대중매체를 통해 전달하는 곳이다.

88 인적자원의 개발을 위한 교육훈련의 성과를 측정하기 위한 평가 방법에 관한 설명으로 옳지 않은 것은?

① 전이 평가 – 교육의 결과를 얼마나 현업에서 활용하고 있는지를 측정한다.
② 학습 평가 – 실제 교육을 통해 향상된 지식과 기술 및 태도를 측정한다.
③ 반응 평가 – 설문을 통해 피교육자가 교육을 어떻게 생각하는지 조사한다.
④ 효과성 평가 – 교육의 결과를 얼마나 동료에게 효과적으로 전달했는지 평가한다.

89 표준 작업일, 상담원 실근무시간 등의 상황변수를 토대로 보다 현실적이고 실제적으로 콜센터 업무를 계획하는 것은?

① 포기콜률　　　　　② 주문획득률
③ 수신콜 응답률　　　④ 콜센터 스케줄링

90 텔레마케팅의 개념에 대한 설명 중 옳지 않은 것은?

① 텔레마케팅은 고객과 1 : 1의 커뮤니케이션을 통해 이루어진다.
② 텔레마케팅은 각종 통신수단을 활용한 적극적이고 역동적인 마케팅이다.
③ 텔레마케팅은 데이터베이스 마케팅기법을 응용하여 마케팅을 전략적으로 활용할 수 있다.
④ 텔레마케팅은 기업이나 조직의 마케팅활동이므로 사회적, 서비스적 기능을 갖고 있지 않다.

91 직무만족의 의의를 직원의 개인적인 측면과 조직의 측면으로 나누어 생각할 수 있는데 조직의 입장에서 살펴본 직무만족에 관한 설명으로 가장 거리가 먼 것은?

① 직장은 직원들이 하루 중 대부분의 시간을 보내는 곳으로 직무만족도가 높으면 삶의 만족도도 높다.
② 직무만족이 높으면 이직률이 감소하여 직원의 생산성 증가효과가 있다.
③ 직무만족을 하는 직원은 조직내부 및 조직외부에서 원만한 인간관계를 유지한다.
④ 자신의 조직에 긍정적인 감정을 가진 직원은 조직에 호의적이다.

92 직무분석의 방법 중 관찰법에 대한 설명으로 옳은 것은?

① 대상 직무의 작업자가 많은 시간을 할애해야 한다.
② 다른 작업자를 감독하거나 조정하는 등의 직무 내용에 적합하다.
③ 분석자의 주관이 개입될 위험이 적다.
④ 분석자는 대상업무에 대한 전문적 지식이 필요 없다.

93 콜센터 상담원의 역할 스트레스에서 역할모호성의 영향 요인 중 개인적 요인에 해당하는 것은?

① 피드백(Feedback)
② 고려(Consideration)
③ 권한위임(Empowerment)
④ 직무경험(Duty Experience)

94 콜센터 내의 팀 업무성과 관리에 대한 설명으로 틀린 것은?

① 팀 목표를 설정하면 1년은 목표의 변경 없이 목표를 달성해야 한다.
② 성과 관리는 지속적인 과정으로서 1년에 1회씩 등급을 판정하는 연례행사가 아니다.
③ 팀은 주요 목표달성 상황을 지속적으로 추적하고 토의, 평가하고 의견을 수렴하여야 한다.
④ 업무성과 관리는 팀이 고객을 만족시키는 능력을 개선하기 위해 노력하는 것에 초점을 맞춰야 한다.

95 텔레마케터에 대한 코칭을 통해 얻고자 하는 효과가 아닌 것은?

① 모니터링 결과에 대한 커뮤니케이션
② 텔레마케터의 업무 수행능력 강화
③ 특정 부분에 대한 피드백 제공과 지도 및 교정
④ 특정 행동에 대한 감시와 감독

96 효율적인 콜센터 운영을 위한 고려사항으로 가장 적절하지 않은 것은?

① 관련 부서와의 긴밀한 협조
② 콜센터 조직 구성원 간의 신뢰
③ 고객의 요구수준에 부합한 서비스 제공
④ 동료 간의 철저한 경쟁을 통한 성과급 지급 체계

97 인력의 수요를 예측하는 방법 중에서 질적 방법에 해당하지 않는 것은?

① 시나리오분석
② 자격요건분석
③ 델파이법
④ 회귀분석

98 조직변화에 따른 저항이 발생하였을 때의 관리방법으로 옳은 것은?

① 정보가 부족하거나 분석이 부정확한 상황에서는 참여와 몰입을 통해 관리한다.
② 두려움이나 의구심으로 인해 저항할 때는 촉진과 지원을 통해 관리한다.
③ 변화에 실패하거나 저항세력이 클 때는 조작과 호선을 통해 관리한다.
④ 신속성이 필요하고 변화 담당자가 힘이 있을 때는 명시적·묵시적 압력을 통해 관리한다.

99 아이오와 대학 모형에 대한 설명으로 옳은 것은?

① 리더십 특성이론에 따른다.
② 20대 여성들을 대상으로 연구한 결과이다.
③ 리커트(Likert)의 연구 결과이다.
④ 전제적, 민주적, 방임형 리더십으로 분류한다.

100 인사이동의 유형 중에서 연공주의 승진의 요소가 아닌 것은?

① 근속연수
② 연령
③ 학력
④ 직무수행능력

1회 기출유형 모의 고사 〈1차 필기〉
정답 및 해설

01 ②	02 ②	03 ④	04 ①	05 ④
06 ④	07 ①	08 ②	09 ①	10 ①
11 ④	12 ③	13 ③	14 ③	15 ③
16 ③	17 ①	18 ②	19 ④	20 ①
21 ④	22 ①	23 ②	24 ②	25 ③
26 ③	27 ①	28 ①	29 ①	30 ②
31 ②	32 ②	33 ③	34 ④	35 ③
36 ②	37 ②	38 ①	39 ③	40 ④
41 ①	42 ④	43 ③	44 ④	45 ④
46 ①	47 ④	48 ④	49 ①	50 ②
51 ④	52 ④	53 ①	54 ②	55 ③
56 ①	57 ③	58 ①	59 ②	60 ④
61 ①	62 ③	63 ④	64 ②	65 ①
66 ③	67 ①	68 ③	69 ③	70 ④
71 ①	72 ④	73 ③	74 ①	75 ④
76 ③	77 ②	78 ①	79 ②	80 ③
81 ②	82 ③	83 ③	84 ③	85 ③
86 ①	87 ②	88 ④	89 ③	90 ④
91 ①	92 ③	93 ②	94 ①	95 ③
96 ④	97 ④	98 ④	99 ④	100 ④

01 정답 ②

해설

CRM은 영업, 마케팅, 서비스 측면에서 고객정보를 활용하기 위해 고객 데이터를 추출, 분석하고 고객의 행동을 예측하기 위한 기능을 구현한다. 따라서 효과적인 CRM을 위해서는 데이터베이스 마케팅이 함께 전개되어야 한다.

02 정답 ②

해설

고객의 인정, 존중, 수용의 욕구를 충족시키기 위해서는 고객의 의견을 경청하는 자세를 견지하고 적절히 고객의 호칭을 불러주는 것이 좋다.
① 고객의 사소한 질문을 지적할 경우 대화의 흐름이 끊길 수 있으며 고객의 기분을 불쾌하게 만드는 요인이 된다.
③ 텔레마케터의 생각을 일방적으로 이야기하는 것은 고객의 인정, 존중, 수용의 욕구와 역행한다.
④ 항상 변론을 제기할 경우 무책임한 인상을 줄 수 있다.

03 정답 ④

해설

커뮤니케이션은 기호를 통하여 서로 메시지를 보내고 받아서 공통된 의미를 수립하고 나아가서는 서로의 행동에 영향을 미치는 다양한 과정 및 행동이라고 할 수 있다. 커뮤니케이션의 장애 요인은 송신자, 수신자, 상황, 메시지 전달 등 다양한 요인에서 기인한다. 그러나 커뮤니케이션에 대한 지식과 기술의 수준이 높은 것은 장애 요인이 아니라 원활한 커뮤니케이션을 위해 필수적인 요소이다.

04 정답 ①

해설

커뮤니케이션은 수신자와 송신자 상호 간의 인간관계를 형성하고 정보를 획득하며 설득하고 의사결정하는 과정을 포함한다. 의사소통 수단은 고정화되어 있지 않고 다양한 수단이 활용된다.

05 정답 ④

해설

불만 고객 응대의 기본은 고객의 불만을 들어주는 것 자체가 중요한 고객 서비스가 되고 고객 불만을 해소해 줄 수 있는 기회가 된다는 것이다. 고객사의 민·형사상 처리절차 등 법적 대응 방안 정책에 대하여 신속하게 알려줄 경우, 불만 해소의 기회를 갖기도 전에 큰 문제로 확산할 수 있다.

06 정답 ④

해설

① 고객의 구매 영향력은 증가하고 있다.
② 시대의 변화에 따라 고객의 욕구가 점차 다양화되는 추세이다.
③ 고객의 권위 의식은 습득 정보량이 증가함에 따라 지속적으로 높아지고 있다.

07 정답 ①

해설

크롤링은 인터넷에 있는 웹페이지 및 웹문서를 방문하여 유용한 정보를 찾아 특정 데이터베이스를 수집하는 것을 의미하며, 이를 통해 무수히 많은 컴퓨터에 분산·저장되어 있는 문서를 수집하여 색인 작업을 수행하는 것이다. 검색엔진이 웹상의 정보들을 탐색하고 색인을 하기 위해서는 페이지의 내용을 읽는 로봇이 작동해야 한다. 그런 이유로 크롤링을 웹로봇, 웹봇이라고 부르기도 한다.

08 정답 ②

해설

산업구조의 변화로 서비스업의 비중이 증가 추세에 있으며, 이에 따라 고객과 직접 대면하는 서비스업 종사자 또한 지속적으로 증가하고 있다. 서비스업종 근로자들의 감정노동으로 인한 피해 사례가 인터넷 또는 소셜네트워크서비스(SNS) 등을 통해 빠르게 확산되면서 사회적 쟁점이 되고 있다. 감정노동 종사자의 고객과의 갈등을 최소화하기 위해서는 업무처리의 재량권을 적절히 부여해야 한다.

09 정답 ①

해설

고객 클레임 대응 절차는 문제 파악 → 관련 정보 및 자료 수집 · 분석 → 해결 대안의 탐색 → 대안의 평가 → 최적대안의 결정 순으로 진행된다.

10 정답 ①

해설

메타그룹(Meta group)의 산업보고서의 분류에 따르면 CRM은 프로세스 관점에 따라 분석(Analytical) CRM, 운영(Operational) CRM, 협업(Collaborative) CRM으로 구분된다.

11 정답 ④

해설

라포(Rapport)란 '신뢰 관계', '친밀한 관계'란 뜻으로 목표 고객과 실질적인 관계를 맺는 첫 단계인 라포 형성이 가장 중요하다. 라포 형성에 영향을 주는 요인으로는 외모적 요인, 커뮤니케이션 스킬, 공통적 관심사 등이 있다.

12 정답 ③

해설

고객 응대는 정중하고 바른 매너와 자세, 친절한 말씨와 세련된 화술로 고객을 응대하여 고객의 문제에 대한 해결책을 제시하는 것이다. 고객의 요구사항을 파악하여 그에 맞는 대응을 해야 하며 고객의 요구를 미리 판단하여 답을 제시해서는 안 된다.

13 정답 ③

해설

① CRM은 새로운 신규 고객을 유치한 후 핵심이 되는 고객 유형을 분석하여 이들과의 관계를 유지하는 활동이다.
② 기존 고객을 잘 관리하여 매출을 발생시키고 수익을 창출하는 것을 궁극적인 목적으로 한다.
④ 고속도로 휴게소 식당과 같은 곳에서 고객을 유인하는 것은 1회성 판매에 효과적이다. CRM은 상호 지속적인 관계 속에서 호감도를 높이는 커뮤니케이션 활동이다.

14 정답 ③

해설

표본집단은 통계 자료를 포함하는 집단 속에서 그 일부를 뽑아내어 조사한 결과로써 모집단의 성질을 추측하는 데 활용한다. 표본집단의 특성을 나타내는 통계량으로는 중앙값, 최빈값, 분산 등이 대표적이다. 전수는 표본을 포함하는 전체 집단의 자료로 전수 조사를 하는 것은 시간적 · 공간적 많은 제약이 따르므로 사실상 불가능하다.

15 정답 ③

해설

고객 만족도 조사는 제품 및 서비스에 대한 사용자의 만족도 수준을 측정하는 것이다. 고객 만족도 조사 결과를 피드백하는 과정에서 기업에 대한 고객의 기대를 향상시킬 수는 있겠지만 이는 고객 만족도 조사를 실시하는 직접적인 이유는 아니다.

16 정답 ③

해설

미소를 띠며 밝은 목소리로 인사하는 것이 전화 예절이다.
① 전화가 연결되면 자신이 누구인지를 먼저 밝히고 용무를 이야기한다.
② 통화가 연결되면 간단한 인사와 함께 전화를 건 용건을 밝히고 담당자를 바꿔 달라고 한다.
④ 통화가 끝나면 끝인사를 하고 상대방이 수화기를 내려 놓은 것을 확인한 후에 전화를 끊는다.

17 정답 ①

해설

화난 소비자를 대상으로 상담할 시에는 고객의 이야기를 경청하며 죄송하다는 말을 하는 것이 옳은 대응방법이다.
② 고객에게 부당성을 지적하는 응대는 고객의 부정적 감정을 증폭시킬 수 있다.
③ 화난 소비자의 감정 상태를 인정하고 차분하게 응대해야 한다.
④ 문제해결에 소비자의 화난 감정은 중요하지 않다고 유도하는 것은 화난 소비자 응대에 역행하는 부적절한 방법이다.

18 정답 ②

> **해설**
>
> MOT라는 용어는 스페인의 투우용어로 투우사가 소에게 관심을 집중하여 일 대 일로 대결하여 온 힘을 다해 승부를 거는 결정적 최후의 순간을 일컫는 뜻이다. 이러한 MOT가 서비스 운영의 주요 이슈로 떠오른 것은 1980년대 초 스칸디나비아 항공사(SAS)의 CEO인 얀 칼슨(Jan Carlzon)이 제안한 데서 비롯된다. MOT는 고객이 기업과 만나는 모든 때에 기업에 대한 고객의 경험과 인지에 영향을 미치는 "결정적인 순간"을 의미한다.

19 정답 ④

> **해설**
>
> 커뮤니케이션의 장애요인으로 편견, 청각장애, 사고의 속도는 개인적 장애요인에 해당하고 정보 과잉, 정보의 과소는 메시지 전달과 관련된 장애요인에 해당한다.

20 정답 ①

> **해설**
>
> 빅데이터(Big Data)는 규모가 매우 큰 대량의 필요한 데이터를 수집하여 이를 저장하고 목적에 따라 데이터를 분석하여 새로운 가치를 창출하는 기술을 의미한다.
> ② 데이터의 규모와 형식이 매우 다양하고,
> ③ 테라바이트급 이상의 초대용량으로 데이터의 양이 크며
> ④ 데이터의 초고속 수집과 발굴, 분석을 지원하는 차세대 기술이다.

21 정답 ④

> **해설**
>
> 고객과 상담시 피해야 할 표현은 단정적인 말, 고객의 말을 끊는 응대, 고객과의 논쟁, 대화의 본질을 회피하는 태도 등이다.

22 정답 ①

> **해설**
>
> 표적집단 면접조사(FGI)는 보통 6~10명의 참석자들이 모여 사회자의 진행에 따라 정해진 주제에 대해 이야기를 나누게 하고, 이를 통해 정보나 아이디어를 수집한다. 현 시장 내에서 자사 및 경쟁 사업자의 시장점유율 및 경제적 집중도 정보 수집은 마케팅 조사나 통계조사를 통해 수행해야 한다.

23 정답 ②

> **해설**
>
> 개방형 질문은 응답자가 직접 자기의 생각, 감정, 동기, 행동을 자유롭게 표현하는 질문방법으로 ①, ③, ④의 특징을 나타낸다. 폐쇄형 질문은 응답자가 주어진 보기 항목들 중의 하나 또는 그 이상을 선택하게 하는 질문방식으로 예/아니오 등의 단답을 이끌어 내는 질문기법이다.

24 정답 ②

> **해설**
>
> 컴플레인 대응은 고객들에게 견해를 표현하도록 장려하는 것으로 조직에 장기적으로 이익이 되므로 불평처리절차를 수립해야 한다. 컴플레인 대응을 통해 새로운 아이디어를 창출할 수 있고, 서비스의 문제점을 개선할 수 있으며 불평고객을 충성고객으로 전환할 수 있는 기회가 된다. 또한 컴플레인을 해결함으로써 부정적 구전을 피할 수 있는 기회가 되기도 한다.

25 정답 ③

> **해설**
>
> e-CRM은, e-비즈니스 프로세스 기반 하에서 웹 고객 데이터를 이용한 마케팅, 영업, 고객서비스 프로세스의 자동화 및 최적화를 통한 고객 관계 관리. 인터넷을 통한 실시간 고객 관계 관리를 통하여 고객 요구사항에 신속히 대응하고 고객 행동에 대한 예측성을 높임으로써 고객 점유율을 제고하며 시장점유율을 향상시키는 것을 목적으로 한다. 초기 구축에 필요한 비용이 적은 편이며 관리 비용 절감과 시간 및 공간의 한계 개선 등의 장점을 지니고 있다.

26 정답 ③

> **해설**
>
> ① 문헌조사는 과거나 현재 발행된 신문, 보고서, 통계 자료, 편지 등의 내용을 검토하여 원하는 정보를 찾아내는 방법이다.
> ② 횡단조사는 일정시점에서 서로 다른 특성을 지닌 광범위한 표본 집단을 대상으로 하며, 한 번의 조사로 끝나는 표본 조사가 대표적인 방법이다.
> ④ 전문가 의견조사는 각계의 전문지식을 갖춘 사람들로부터 인터뷰 등을 통해 정보를 획득하는 방법이다.

27 정답 ①

해설

질적 조사 또는 정성 조사는 소수의 소비자나 관찰대상을 선정하여 민감하고 정서적으로 깊이 있는 주제를 심층적으로 수행하는 것을 말한다. 계량적 조사는 대표성이 있는 많은 소비자를 대상으로 설문지와 같이 표준화된 측정방법을 이용하여 계량적 자료를 수집하고, 이에 통계적인 분석을 통하여 상황을 파악하고 대안을 찾는 조사기법이다. 표본의 경우 질적 조사는 작은 크기의 비대표 표본을 활용하고 계량적 조사는 큰 크기의 대표 표본을 활용한다.

28 정답 ①

해설

조사자가 현재의 조사프로젝트를 위하여 직접 수집한 자료를 1차 자료라 하고 어떤 조사프로젝트의 다른 조사목적과 관련하여 조사내부 혹은 외부의 특정한 조사주체에 의해 기존에 이미 작성된 자료를 2차 자료라 한다.

29 정답 ①

해설

② 층화 표본추출은 모집단을 유사한 추출단위들을 묶어서 여러 개의 층으로 분할하고, 각 층에서 독립적으로 일정한 수를 단순무작위 추출하는 방법이다.

③ 체계적 표본추출은 계통 표본추출이라고도 하며 처음 k개의 조사단위들 중 하나를 랜덤하게 선택한 후, 이를 출발점으로 하여 이후 k번째 떨어진 조사단위들을 표본으로 추출하는 방법이다.

④ 단순무작위 표본추출은 조사대상 각각에 일련번호를 부여하고 표본크기대로 난수를 발생하여 표본을 추출하는 방법이다.

30 정답 ②

해설

연구자는 조사대상자에게 연구진행과 관련하여 발생할 수 있는 제반사항을 설명하고 사전 동의를 받아야 한다.

31 정답 ②

해설

구성 타당도는 어떤 조사 도구를 이용해서 수집한 자료를 분석하여 얻은 경험적 관계와 이론적 관계(또는 가설)가 어느 정도 일치하는가를 나타낸다. 구성 타당도는 일반적으로 해당 검사의 점수와 다른 검사의 점수간의 상관관계를 이용하여 수렴 타당도와 변별 타당도를 확인함으로써 검증된다. 기준관련 타당도는 어떤 개념에 대한 새로운 조사도구와 널리 통용되고 있는 기존의 조사도구를 비교하여 새로운 조사도구의 타당성 여부를 판단할 때 사용하며 동시 타당도와 예측 타당도로 구분된다.

32 정답 ③

해설

대학이나 연구소의 일반 소비자 조사 자료는 다른 기관이나 개인이 자신들의 특정한 목적을 위하여 수집한 후 공개하는 자료로 2차 자료에 해당한다.

33 정답 ②

해설

우편조사는 설문지를 우편으로 발송하여 응답자에게 스스로 응답하게 한 후, 응답자가 응답한 설문지를 다시 우편으로 우송하도록 하는 방식이다. 적은 비용으로 지역적으로 넓은 영역의 조사가 가능하다는 특징이 있다.

우편조사는 지역적 범위를 제한하지 않고 실시할 수 있으므로 범위 자체가 응답률에 직접적인 영향을 주지 않는다.

① 응답집단이 동질성을 가지는 경우에는 이해관계에 따라 응답에 영향을 줄 수 있다.

③ 질문지를 어떤 형태로 작업하고 인쇄했는지, 온라인으로 실시했는지, 지필 서류를 우송했는지는 응답률에 영향을 미친다.

④ 조사주관기관 및 지원 단체가 응답자와 이해관계가 있거나 혹은 편견이 있는 기관이라면 응답률에 영향을 미친다.

34 정답 ③

해설

표본추출 과정은 모집단의 확정 → 표본프레임의 선정 → 표본추출 방법의 결정 → 표본크기의 결정 → 표본추출 순으로 진행된다.

35 정답 ③

해설

전화 조사는 추출된 조사대상자에게 전화를 걸어 질문 문항을 읽어준 후 응답자가 전화상으로 답변할 것을 조사자가 기록하여 정보를 수집하는 방법이다. 조사원에 대한 통제가 가능하고, 응답률이 높으며 특히 면접조사와 비교하여 시간과 비용이 적게 든다.

36 정답 ②

해설

할당 표본추출은 표본을 추출하기 전에 모집단을 분류 기준에 따라 분할한 후, 분할된 각 그룹의 집단 크기 비율을 유지하도록 표본을 추출하는 방법이다. 예를 들어, 성별, 연령별, 경제 수준별로 구분하여 조사를 할 경우, 성별, 연령별, 경제 수준별로 모집단을 분할한 후, 각 분할된 그룹별로 목표 표본을 먼저 선정한 후, 실제 조사에서 조사 대상을 접촉하면서 각 그룹별로 목표 표본의 크기를 달성할 때까지 조사를 진행하게 된다. 할당 표본추출은 표본의 규모가 큰 상업적 조사에서 사용하기 적합하다.

37 정답 ②

> 해설

명목척도는 단순히 속성을 분류하고자 할 때 그리고 변수의 특성을 식별하기 위해 적용되고, 상호배타적으로 분류된 명칭을 붙여 척도의 값을 나타내므로 정보의 수준이 가장 낮은 척도다. 정보의 수준이 가장 높은 척도는 절대 0점을 가지고 있는 척도로 진정한 산술적인 의미를 부여할 수 있는 비율척도다.

38 정답 ①

> 해설

효과적인 전화조사를 위한 커뮤니케이션 방법으로 응답자가 질문내용을 명확하게 이해할 수 있도록 설명해 주되, 조사자가 생각하는 답을 사전에 언급할 경우는 응답에 왜곡이 발생할 수 있다.

39 정답 ③

> 해설

무응답 오류란 응답자의 거절에 따른 접촉불가 또는 비접촉으로 데이터를 조사할 수 없어서 발생하는 관찰 불능의 오류를 의미한다. 무응답을 피하기 위해 사전 테스트, 알림장 발송, 비밀 보장, 인센티브 사용 등이 활용된다.

40 정답 ④

> 해설

월평균 용돈 구간을 이하와 이상으로 구분할 경우 응답의 중복이 발생하므로 잘못 작성된 것이다. 미만과 이상으로 구간을 구분해야 중복이 없게 된다.

41 정답 ①

> 해설

우편조사법은 대인면접법에 비하여 적은 비용과 시간으로 광범위한 지역에 걸쳐서 조사가 가능하다. 반면 응답자의 협조를 구하기 어려워 응답률이 낮거나, 무응답의 비율이 높은 단점이 있다.

42 정답 ④

> 해설

어떤 조사를 하고자 할 때 전수조사는 목적에 맞는 모든 집단을 대상으로 자료를 얻는 것으로 시간적·공간적 제약이 따르게 된다. 이런 이유로 전수조사보다는 표본조사가 많이 사용된다.

43 정답 ③

> 해설

마케팅 조사업체들이 조사 업무 시 조사 자료의 분석과 해석은 조사 의뢰 회사가 원하는 방향이 아니라, 조사 의뢰된 목적에 부합하는 방향으로 이루어져야 한다.

44 정답 ③

> 해설

기술적 조사란 의사 결정에 영향을 미치는 변수들의 상호 관계를 파악하고 상황 변화에 따라 응답자의 반응이 어떻게 달라지는지 예측하는 데 사용되는 조사로 횡단 조사, 종단 조사, 패널 조사가 대표적이다.

45 정답 ④

> 해설

흡연을 하는 이유로 자유롭게 답할 수 있는 유형은 응답자가 자기의 생각, 행동 등을 자유롭게 표현하는 개방형 질문이다. 조사자가 질문문항과 함께 응답 선택항목을 사전에 주지 않아 응답자의 응답범위를 무제한으로 부여하는 질문방식이다.

46 정답 ①

> 해설

관찰조사는 조사자가 육안으로 또는 녹화기기를 이용하여 소비자들의 제품 구매나 사용과정을 관찰하고, 이 내용을 검토하면서 새로운 제품기회나 차별적 접근방식을 찾을 때 활용하는 조사기법이다. 어린 아이들을 대상으로 선호하는 장난감 유형에 관한 조사를 시행하려 할 때 가장 적합한 조사다.

47 정답 ④

> 해설

자료의 신뢰성이란 어떤 측정 도구를 사용하여 얻은 결과에 일관성이 존재해야 한다는 것을 의미한다. 면접자들의 면접방식과 태도를 피면접자에 따라 다양하게 진행할 경우 결과의 일관성이 낮아지므로 신뢰성은 저하된다.

48 정답 ④

> 해설

타당도를 높이기 위해서는 측정하고자 하는 목적에 부합한 문항을 구성하고 적절한 수의 문항을 선정해야 한다.

49 정답 ④

해설

응답자의 개인정보는 관련법에 따라 엄격히 보호되므로 임의로 활용해서는 안 되며, 재조사 요구자에게는 안내 후 사전 동의를 받아 절차에 맞게 이루어져야 한다.

50 정답 ②

해설

모집단 전체를 조사하지 않고 표본인 일부만을 조사하기 때문에 추정값과 모집단의 실제 참값과의 차이를 표본오차 또는 허용오차라고 한다. 표본크기가 클수록 표본오차는 감소한다.

51 정답 ④

해설

① 인바운드 고객상담은 고객밀착보다는 고객이 먼저 제품·서비스에 관심을 갖고 문의를 하는 고객주도형이다.
② 세일즈나 세일즈 리드(Sales Leads)를 창출하는 것은 잠재 고객을 발굴하는 것인데 이는 아웃바운드 고객상담에서 도드라진다.
③ 인바운드 고객상담은 고객의 문의에 대한 답변 형식이 많으므로 Q&A 활용도가 높다.

52 정답 ④

해설

아웃바운드 텔레마케팅의 판매촉진 방법으로는 신상품 정보 제공 및 구입 권유를 통해 매출 향상을 도모하는 것이다. 이를 위해 상품에 대한 사전지식을 충분히 익히고 고객에게 호감을 줄 수 있는 경청자세를 훈련한다. 반론에 대한 자연스러운 대응력과 목표에 대한 순간포착능력을 향상시킨다. 통화 중 자신감 있는 자세를 견지하고 고객을 설득하는 커뮤니케이션 기술을 지속적으로 개발한다.

53 정답 ①

해설

포지셔닝 전략 수립 시 시장분석을 통해서 현재 시장의 경쟁구조를 파악하여 경쟁 제품의 포지션을 분석할 수 있다. 또한 이를 바탕으로 자사 제품의 포지션을 개발해야 하는데, 다만 미래 시장 내의 경쟁구조는 추정만 가능할 뿐이다.

54 정답 ②

해설

대형마트에서 제품 가격을 300,000원이 아닌 299,000원으로 책정한 것은 정수가 아닌 단수로 가격을 매겨 가격이 싸다는 느낌과 함께 정확히 책정했다는 인식을 받도록 하는 전략으로 심리적 가격 중 단수가격이다.

55 정답 ③

해설

세분화된 시장은 수요곡선이 다르므로 각각 별도의 제품 또는 마케팅믹스를 필요로 한다. 이는 대량생산이 아닌 맞춤 생산 내지 다품종 소량생산의 형태에 더 가깝다.

56 정답 ①

해설

전환비용이란 고객이 구매 중인 상품이나 서비스의 재구매를 중단하고 다른 상품이나 서비스로 구매를 전환함으로써 발생하는 금전적, 비금전적 비용을 의미한다. 이때 탐색비용은 새로운 상품 및 서비스를 제공할 기업을 탐색하는데 들이는 시간과 노력 등의 비용이다. 병원의 초진료와 같이 서비스 개시를 위해 지출하는 비용은 통상적으로 지출되는 비용이다. 만약 병원을 변경함에 따라 새로운 진료 및 진단서 작성 등과 같이 거래에 비용이 소모되었다면 이는 거래비용이다.

57 정답 ④

해설

특정 브랜드에 대한 호의적 태도와 지속적인 구매를 보이는 소비자의 행동은 브랜드 충성도다. 고객 구매 이력과 브랜드 충성도를 분석함으로써 개개인의 고객 특징에 맞는 질 높은 서비스 구현이 가능하다. 고객 세분화 접근 방식에서도 브랜드 충성도가 높은 고객은 상대적으로 유지비용이 낮으므로 이들에게 집중하는 것이 중요하다.

58 정답 ①

해설

제조업자가 중간상들로 하여금 제품을 최종사용자에게 전달, 촉진, 판매하도록 권유하기 위해 자사의 판매원을 이용하는 유통경로전략은 푸시(push) 전략이다. 끌어당기는 형태로 제조사가 매스미디어를 이용한 광고를 통해서 소비자에게 직접 메시지를 전달하고 수요를 창출하는 전략은 풀(pull) 전략이다.

59 정답 ②

해설

효율적인 인바운드 고객응대를 위해 상담원 인센티브제를 도입할 경우 성과 및 실적에 따라 차등 적용하는 성과급제가 공정성 면에서도 논란이 없고 동기부여 측면에서 효과적이다.

60 정답 ④

해설

텔레마케팅은 일반 소비자를 대상으로 한 B2C는 물론, 기업체를 대상으로 제품·서비스를 효율적으로 판매하거나 판매경로와 상권 확대를 도모하는 B2B도 가능하다.

61 정답 ②

해설

텔레마케팅 시장현황의 거시적 환경 중 금융, 보험, 여행, 레저 등 서비스산업의 발달로 소득 증가에 따른 지출내용이 다양화되는 환경은 경제적 환경이다.
① 인구 통계적 환경은 나이, 성별, 지역 등과 같은 변수와 관련된다.
③ 기술적 환경은 신기술, 기술 혁신, 정보통신 기술의 발전 등과 관련된다.
④ 사회문화적 환경은 소비 생활 양식, 트렌드 등과 관련된다.

62 정답 ③

해설

시장 세분화는 지리적, 인구통계학적, 심리형태별(생활양식별), 행동별 등으로 다양하게 세분화할 수 있으나 유효타당성 변수와는 상관이 없다.

63 정답 ④

해설

포지셔닝은 특정 기업이 자사 제품을 경쟁제품과 비교하여 유리하고 독특한 위치를 차지하도록 하는 마케팅전략이다. 이는 세분화된 시장 중 표적 시장과 목표 고객군을 정한 후 경쟁제품과는 다른 자사 제품만의 차별적 요소를 표적 시장 내 목표 고객의 머릿속에 인식시키기 위한 마케팅 믹스 활동이다.

64 정답 ③

해설

① POP(Point Of Purchase)는 구매시점 광고로 광고상품이 소비자에게 최종적으로 구입되는 장소에서 제공되는 것이다.
② USP(Unique Selling Proposition)는 독특한 판매 제안으로 철저한 제품 조사 및 소비자 조사를 바탕으로 제품 고유의 장점을 소비자에게 반복해서 전달하는 것이다.
④ POS(Point Of Sales)는 판매의 거점에 컴퓨터 단말을 설치하여 판매정보 등을 체계적이고 조직적으로 관리하는 방법이다.

65 정답 ①

해설

세분시장 평가 시 적합성을 따져봐야 하는데 시장이 매력적이고 기업의 목표와 일치한다고 해도 기업의 자원이나 능력이 부족하다면 그 시장은 선택할 수 없다.

66 정답 ③

해설

유통은 마케팅 경로라고도 할 수 있는데 상품을 생산지로부터 소비자에 이르기까지 이전시키는 활동이라 할 수 있다. 유통경로 설계는 소비자 욕구 분석 → 유통경로의 목표 설정 → 유통경로의 대안 확인 → 유통경로의 대안 평가 순으로 이루어진다.

67 정답 ①

해설

경영정보시스템은 회사의 목표를 달성하기 위해 업무, 경영, 전략적 의사결정을 체계적으로 통합하기 위해 내·외부 정보를 효과적으로 제공하는 조직시스템이다. 이와 비교하여 마케팅 정보시스템은 경영자의 마케팅 의사 결정에 사용할 수 있도록 하는 정보관리 시스템으로 두 시스템은 별개로 고유의 목적을 갖고 있다.

68 정답 ③

해설

매우 비탄력적인 수요곡선을 지니는 신상품은 수요의 가격탄력성이 낮다는 것으로 고가격 전략이 적합하다. 해당 상품의 진입장벽이 높을 때 유효하다.

69 정답 ③

해설

STP 전략의 절차는 시장을 세분화하고(Segmentation), 목표시장을 선정하고(Targeting), 고객들에게 포지셔닝하는 (Positioning) 3단계로 구분되며, 이를 각 전략의 영문 앞 자를 따 STP 전략이라 부른다.

70 정답 ④

해설

고객의 소리(Voice of Customer)는 기업의 경영 활동에 있어서 고객들이 기업의 서비스에 반응하는 각종 문의, 불만, 제안 등을 의미한다. 고객의 소리함, 전화, 인터넷, e-mail, 팩스, SMS 등 고객의 소리가 접수될 수 있는 다양한 비대면 채널을 통해 고객이 기업에 제시하는 문의, A/S 요청, 상담, 불만 그리고 칭찬과 제안 등이다.

71 정답 ③

해설

선매품은 여러 점포를 통해 상품을 비교한 후 최종구매가 이루어지는 상품으로 패션의료, 가구, 가전제품 등이 대표적이다. 쇼핑에 대한 노력은 전문품 보다는 적지만 편의품 보다는 높게 나타난다.

72 정답 ④

해설

컴플레인 접수, 고객 문의 및 불만 사항 응대는 아웃바운드 보다는 인바운드 텔레마케팅의 활용분야다.

73 정답 ②

해설

서비스의 특성 중 비분리성은 제품의 특성을 바라보는 것이 아니라 생산과 소비가 분리되지 않고 동시에 일어나는 것을 나타낸다.

74 정답 ③

해설

SWOT 분석은 외부환경을 통해 여러 기회와 위협을 찾고, 내부 환경 분석을 통해 여러 강점과 약점을 찾아 네 가지 요소들을 믹스 매칭 시켜주는 것이다. 강점(Strength), 약점(Weakness), 기회(Opportunity), 위기(Threat)의 앞 글자를 따서 SWOT 분석이라고 부른다.

75 정답 ④

해설

프랜차이즈 제도는 본사가 다른 업체와 계약을 맺고 그 업체가 일정 기간 동안 자사의 상호, 기업운영 방식 등을 사용하여 사업을 할 수 있도록 권한을 부여하는 유통 제도이다. 프랜차이지는 프랜차이저의 상호 등을 사용하는 권한을 갖기 위해서 가입금과 보증금 등을 지불한다.

76 정답 ③

해설

연공급, 직능급, 직무급 등의 분류는 임금형태가 아닌 임금체계에 해당한다. 임금 체계는 개별임금을 결정하는 임금항목 결정 기준을 말하며, 개인 간의 임금격차를 가장 공정하게 설정, 종업원들이 이를 이해하고 납득하며, 동기가 유발되도록 하는 것이 중요하다.

77 정답 ②

해설

신규 채용은 장기적인 관점에서 생산성을 향상시킬 수 있는 방안이며 또한 기존 인력과 조화될 수 있도록 적정 비율을 고려해야 한다. 콜센터 인력을 신규인력으로 대폭 교체할 경우 업무의 혼선과 지장을 초래할 수 있다.

78 정답 ①

해설

역량이란 특정한 상황이나 직무에서 우수한 성과를 내게 하는 원인이 되는 내적 특질이며 역량관리는 곧 직무를 수행할 종업원과 직무를 동시에 분석해야 한다.

79 정답 ②

해설

변혁적 리더십은 추종자들에게 장기적 비전을 제시하고, 비전 달성을 위해서 함께 매진할 것을 호소하며, 비전 성취에 대한 자신감을 고취시킴으로써 조직에 대한 몰입을 불러오는 리더십이다. 바스(B. M. Bass)는 변혁적 리더(Transformational Leader)란 네 가지 특성에서 적극적인 리더라고 보고 있다. 즉, 카리스마, 고취 능력(Inspiration), 지적인 자극, 개별화된 배려 등이 있다.

80 정답 ③

해설

동기 부여는 일반적으로 어떤 사람을 자극하는 행동을 불러일으키거나 또는 어떤 사람으로 하여금 바람직한 행동을 수행하도록 이끄는 것이다. 상사의 권위적 리더십은 오히려 동기 부여를 저해할 수 있다.

81 정답 ②

해설

조직관리의 목적은 인적자원의 능력을 지속적으로 개발하고 능력 범위 내에서 최대의 업무수행이 가능하도록 하는 것이다.

82 정답 ③

해설

하우스(House)가 제시한 경로-목표 모형의 성취지향적 리더십은 조직 구성원이 최고의 조직 성과를 달성하도록 도전적인 목표를 설정하고 조직 구성원들 자신의 능력에 대해서 자신을 갖도록 유도한다.

83 정답 ③

해설

① 모니터링의 객관성은 종업원을 평가 또는 통제하는 도구가 아니라 종업원의 장, 단점을 발견하고 능력을 향상시킬 수 있는 수단으로 활용한다는 것을 말한다.
② 모니터링의 차별성은 모니터링 평가는 서로 다른 스킬 분야의 차이를 인정하고 반영해야 함을 말한다.
④ 모니터링의 대표성은 전체적인 접점 서비스의 특성과 수준을 측정할 수 있어야 함을 말한다.

84 정답 ②

해설

콜센터 운영에 적합한 제품이나 서비스를 선택할 때 신뢰성이 없는 제품이나 서비스는 향후 고객 불만족을 야기하고 기업의 평판을 훼손하게 되므로 배제해야 한다.

85 정답 ③

해설

피들러(Fiedler)의 상황이론은 리더십은 리더와 조직 구성원의 상황 호의성과 상호작용을 통해 형성된다는 관점으로 연구되었다. 조직의 상황에 맞는 리더십이 발휘될 때 조직성과가 나타나고 조직 구성원의 만족도 또한 높아진다고 보았다. 상황변수로는 리더-구성원 관계, 과업 구조, 직위 권력을 제시하고 있다.

86 정답 ①

해설

OJT란 직장 상사가 강사가 되어 실시하는 교육으로 현장 업무를 통해 지식과 기능, 문제해결능력을 향상시키는 훈련이다. 교육단계는 학습준비 → 업무설명 → 업무실행 → 결과확인 순이다.

87 정답 ②

해설

① 인바운드형 콜센터는 고객이 전화하여 요구사항 및 세부적인 문의를 하게 되므로 제품 및 서비스에 대한 지식과 함께 전문적인 상담스킬이 필요하다.
③ 외부로부터 걸려오는 전화를 받아서 처리하는 곳이라도 지표 관리를 통해 업무 개선을 해야 하므로 전화량 사전 예측은 필요하다.
④ 아웃바운드형 콜센터는 각종 광고나 알림, 서비스 개선 약속을 대중매체를 통해 전달하는 곳이다.

88 정답 ④

해설

교육훈련의 성과는 전이 평가, 학습 평가, 반응 평가, 행동 평가, 결과 평가 등으로 측정한다. 교육의 결과를 얼마나 동료에게 효과적으로 전달했는지는 평가의 핵심 요소가 아니다.

89 정답 ④

해설

콜센터의 인건비는 고정비 성격이 강하여 회사의 비용에서 차지하는 비중이 매우 높아 콜센터의 이익을 좌지우지한다. 따라서 콜센터의 적정 인력의 고용과 배치 및 근무 관리는 인건비 뿐만 아니라 콜 성공률과 직결되어 있어 콜센터 운영에서 매우 중요한 사안이다.

90 정답 ④

해설

텔레마케팅이란 고객 서비스 및 고객 만족을 극대화시키기 위해 전기통신 매체와 컴퓨터 및 정보통신 매체, 데이터베이스를 근거로 마케팅을 전개하는 현대적인 기법이다. 고객과의 1 : 1 관계를 기초로 하여 인간적인 신뢰를 쌓는 마케팅 수단이며 데이터베이스 마케팅기법을 응용한 과학적이고 합리적인 마케팅 수단으로 사회적, 서비스적 기능을 실현할 수 있다.

91 정답 ①

해설

직장은 직원들이 하루 중 대부분의 시간을 보내는 곳으로, 직무만족도가 높으면 삶의 만족도도 높다는 것은 직무만족의 개인적 측면을 바라본 것이다.

92 정답 ②

해설

① 대상 직무의 작업자가 아니라 분석자가 작업자를 관찰해야 하므로 많은 시간을 할애해야 한다.
③ 분석자의 관점에 따라 주관이 개입될 위험이 있다.
④ 분석자는 관찰자가 수행하는 대상업무에 대한 전문적 지식을 갖추어야 정확한 분석이 가능하다.

93 정답 ④

해설

스트레스는 물리적 환경, 사회적 환경, 개인적 사건, 생활 습관, 왜곡된 인지 등에서 비롯된다. 이 중 직무경험에서 오는 스트레스는 역할 모호성의 영향 요인 중 개인적 요인에 해당한다.

94 정답 ①

[해설]

팀의 업무 성과는 통산 1년 단위로 평가를 받게 되나, 팀 목표를 설정한 후에도 환경의 변화, 회사 내부의 구조적 변동이 있을 경우 이에 수반하여 목표는 조정될 수 있다.

95 정답 ④

[해설]

텔레마케터의 코칭은 직원의 잠재력을 개인적 발전단계에 부합하도록 개발하여 그 능력을 극대화하는 것이다. 코칭은 성과 관리제도를 시행하고 있는 조직의 리더들에게는 반드시 필요한 역량이며, 코칭은 리더가 구성원의 업무행동에 개입이나 중재를 하는 구체적인 커뮤니케이션 프로세스이다.

96 정답 ④

[해설]

성과급은 경쟁을 도모하여 성과를 자극하는 긍정적인 측면이 있으나 동료 간의 철저한 경쟁으로 과열될 경우 갈등과 분열을 야기할 수 있다.

97 정답 ④

[해설]

회귀분석은 독립변수와 종속변수의 숫자적인 관계를 찾아내는 방식으로 양적 방법에 해당한다.

98 정답 ④

[해설]

① 참여와 몰입은 변화의 주도자가 변화에 필요한 정보를 가지고 있지 못하거나, 다른 사람들이 저항할 수 있는 상당한 힘을 갖고 있을 때 유용하다.
② 촉진과 지원은 적응문제로 사람들이 저항할 때 유용하다.
③ 조작과 호선은 다른 방법이 전혀 듣지 않거나 해결에 많은 비용이 소요되는 경우 유용하다.

99 정답 ④

[해설]

아이오와 대학의 리더십 모형은 리더의 행동을 중시한 것으로 권위형(전제적), 민주적, 방임형으로 구분하였고 생산성과 사기가 높게 나타나는 리더십 유형은 민주형이다.

100 정답 ④

[해설]

연공주의는 근속년수에 비례하여 개개인의 업무수행능력과 숙련도가 신장된다는 기본적인 사고에 입각하고 있다. 인사이동 시 직무수행능력을 고려하는 것은 능력주의의 요소다.

1과목 고객관리

01 올바른 상담태도로 알맞은 것은?

① 상담 시 시청각자료는 쓰지 않는다.
② 고객의 의견을 진지하게 경청하도록 한다.
③ 텔레마케터의 권위를 높이기 위해 전문적인 용어를 쓴다.
④ 텔레마케터는 전문가이므로 자신의 의견을 일방적으로 설득시키는 것이 좋다.

02 MOT(Moments of Truth)와 관계없는 것은?

① 스위스 항공사의 사장 한셀이 주창
② 기업의 생존이 결정되는 순간
③ 고객과 기업이 접촉하여 그 제공된 서비스에 대해 느낌을 갖는 15초간의 진실의 순간
④ 우리 회사를 선택한 것이 가장 현명한 선택이었다는 사실을 고객에게 입증시켜야 할 소중한 시간

03 빅데이터의 특징이 아닌 것은?

① 방대한 규모(Volume)
② 종류의 다양성(Variety)
③ 데이터 처리 및 분석의 속도(Velocity)
④ 데이터의 미덕(Virtue)

04 커뮤니케이션의 기본요소에 대한 설명으로 옳지 않은 것은?

① 발신자(Communicator) : 상대방에게 사상, 감정, 정보 등을 전달하고자 하는 사람을 말한다.
② 부호화(Encoding) : 사상, 감정, 정보 등을 전달하고자 하는 것을 언어, 몸짓, 기호로 표현한 것을 말한다.
③ 메시지(Message) : 기호화의 결과로 나타난 것이며, 언어적인 것과 비언어적인 것으로 구분된다.
④ 해독(Decoding) : 메시지를 받고 나서 어떤 반응을 보일 뿐만 아니라, 자신의 반응 일부를 전달자에게 다시 보내는 과정을 말한다.

05 상담 화법에 대한 설명으로 바람직하지 않은 것은?

① 아이 메시지(I-Message)는 대화 시 상대방에게 내 입장을 설명하는 화법
② 유 메시지(You-Message)는 대화 시 결과에 대해 상대방에게 핑계를 돌리는 화법
③ 두 메시지(Do-Message)는 어떤 잘못된 행동 결과에 대해 그 사람의 행동과정을 잘 조사하여 설명하고 잘못에 대하여 스스로 반성을 구하는 화법
④ 비 메시지(Be-Massage)는 잘못에 대한 결과를 서로 의논하여 합의점을 찾는 화법

06 호기심 많은 행동스타일의 소비자상담 전략 중 틀린 것은?

① 감정에 호소하는 의사소통기법을 사용한다.
② 제품에 관련된 고객의 배경이나 경험에 대해 구체적인 개방형 질문을 해야 한다.
③ 고객의 결정을 강요하지 말고 계약을 할 때까지 계속 설득해야 한다.
④ 미리 세부사항과 정보가 준비되도록 하고 그들과 철저히 친숙하여야 한다.

07 대인커뮤니케이션의 방향에서 미디어 이용의 진행 방향으로 옳은 것은?

① 욕구 → 동기 → 미디어 선택 → 충족
② 동기 → 욕구 → 미디어 선택 → 충족
③ 욕구 → 미디어 선택 → 동기 → 충족
④ 미디어 선택 → 동기 → 욕구 → 충족

08 특정 고객의 주관적인 욕구사항에 대한 응대 요령으로 옳은 것은?

① 수용 가능한지 아닌지 신중하게 판단하여 가능한 빠른 시간에 답을 주도록 한다.
② 고객이 원하는 것이므로 모든 내용을 수용하는 것이 원칙이다.
③ 요구를 받아들이기 어려운 상황에서는 거절에 대한 이유를 일일이 설명할 필요가 없다.
④ 무리한 요구를 하는 고객에게는 친절하게 응대하지 않아도 된다.

09 CRM이 등장하게 된 원인과 거리가 먼 것은?

① 업체 간 과다경쟁
② 고객욕구의 다양화
③ 고객데이터 축적의 어려움
④ 라이프스타일의 다양화

10 고객응대 시 효과적인 경청(Listening) 방법으로 볼 수 없는 것은?

① 반대의견을 제시하고 조목조목 따진다.
② 고객과의 공통 관심 영역을 갖는다.
③ 고객의 대화상 실수를 너그럽게 이해한다.
④ 고객에게 적극적인 호응을 한다.

11 고객유형별 응대 포인트로 옳은 것은?

① 신중형 : 잘 경청하고 당당하게 대하며, 너무 조르거나 스트레스를 주지 않는다.
② 변덕형 : 말씨나 태도를 공손히 하며, 동작이나 설명을 천천히 하며 기다리게 한다.
③ 우유부단형 : 논리 정연하게 설명하며, 요점을 간결하게 근거를 명확히 한다.
④ 이론형 : 세일즈 포인트를 비교하여 설득하며, "이것이 좋습니다"라고 조언한다.

12 감정노동에 관한 설명으로 틀린 것은?

① 감정노동이란 말투나 표정 등 드러나는 감정 표현을 직무의 한 부분으로 연기하기 위해 자신의 감정을 억누르고 통제하는 일이 수반되는 노동을 의미한다.
② 주로 고객 등을 직접 대면하거나 음성대화매체 등을 통하여 상대하면서 상품을 판매하거나 서비스를 제공하는 고객응대업무 과정에서 발생한다.
③ 최근에는 공공서비스나 민원처리 업무까지 광범위하고 다양한 직업군에서 수행하고 있다.
④ 백화점·마트의 판매원, 호텔직원 등은 간접대면 직업군으로 분류된다.

13 CRM에 관한 설명으로 틀린 것은?

① 고객과의 신뢰를 중시한다.
② 고객지향적 경영기법이다.
③ 안정적이고 장기적인 수익을 창출한다.
④ "Customer Rational Manager"의 약자이다.

14 홈페이지 개인정보 노출 방지대책으로 틀린 것은?

① 기관에서 운영 중인 홈페이지는 주기적으로 현황 조사를 실시하여 관리할 수 있도록 해야 한다.

② 로그인은 하지 않는 페이지더라도 소스코드, 파일, URL에 개인정보 포함 여부를 점검한다.

③ 관리자 페이지는 기본적으로 외부에서 접근이 용이하도록 운영한다.

④ 노출 발생 시 원인 분석 및 외부 유출여부 확인을 위해 웹서버 로그를 일정 기간 동안 보관한다.

15 우유부단한 고객에 대한 상담기술로 적합하지 않은 것은?

① 적극적으로 고객의 말을 들어주는 시간만을 가지는 것이 중요하다.

② 개방형 질문을 통하여 그들이 원하는 것이 무엇인지 적절히 표현할 수 있도록 도와준다.

③ 적절한 아이디어를 제공해 줌으로써 고객이 의사결정 하는 데 도움을 준다.

④ 의사결정을 강화시킬 수 있는 다른 대안들을 설명해 주고, 적절한 보상기준도 설명하여 문제 해결에 대한 신뢰를 가지도록 해준다.

16 다음 중 고객유지의 필요성에 대한 설명으로 틀린 것은?

① 기존 고객을 잘 관리하는 것이 신규고객을 유치하는 것보다 효율적이다.

② 기존 고객의 유지를 통해 고객 충성도를 증진시키고 고객 점유율을 유지할 수 있다.

③ 회사와의 지속적인 거래관계를 유도하여 매출액을 향상시킬 수 있다.

④ 새로운 고객을 지속적으로 유치하여 단골고객화할 수 있다.

17 B2B(Business to Business) CRM의 설명으로 틀린 것은?

① 기업 대 기업의 판매는 본질적으로 기업이 아닌 실체적인 개별 인간과의 거래이므로 실체적 인간이 바라는 요구에 대응하는 것이 B2B CRM의 핵심이다.

② B2B 고객과의 관계 관리는 기업의 특성을 고려한 가치 있는 해법을 찾는 것이 과제이다.

③ B2B 프로그램의 경우 기업과 소비자 모두를 대상으로 하기 때문에 개별 소비자 프로그램에 비해 범위가 넓다.

④ B2B CRM은 B2C(Business to Consumer) CRM에 비해서 고려해야 할 범위가 일반적으로 좁다고 할 수 있다.

18 전화 상담에서 필요한 말하기 기법에 관한 설명으로 틀린 것은?

① 전화로 이야기할 때에도 미소를 지으며, 중요한 단어를 강조하며 말한다.

② 억양에 변화를 주는 것은 소비자의 집중력을 약화시키므로 바람직하지 않다.

③ 소비자가 말하는 속도에 보조를 맞추되, 상담원은 되도록 천천히 말하는 습관을 갖는 것이 좋다.

④ 명확한 발음을 하기 위해 큰소리로 반복해서 연습하는 것이 필요하다.

19 인바운드 상담 중 고객의 욕구를 파악하기 위한 방법으로 가장 거리가 먼 것은?

① 고객정보 활용

② 적극적 경청

③ 이점 제안

④ 효과적인 질문 활용

20 불만족한 고객을 응대하기 위한 상담기법이라고 볼 수 없는 것은?

① 고객이 만족할 수 있는 최선의 대안을 제시한다.

② 공감하면서 경청한다.

③ 충분히 배려한다.

④ 제품에 대해 고객이 잘못 알고 있는 것을 전문용어를 사용하여 설명한다.

21 다음 중 고객가치 측정방법에 해당하지 않는 것은?

① RFM　　② 시장점유율

③ 고객 점유율　　④ 고객 생애가치

22 다음 중 언어적 의사소통의 도구는?

① 표정　　② 몸짓

③ 음성　　④ 스크립트

23 커뮤니케이션 과정에서 전달과 수신 사이에 발생하며 의사소통을 왜곡시키는 요인을 의미하는 것은?

① 잡음(Noise)

② 해독(Decoding)

③ 피드백(Feedback)

④ 부호화(Encoding)

24 텔레마케터의 바람직한 음성연출로 가장 거리가 먼 것은?

① 알맞은 음량

② 또렷한 목소리

③ 동일한 목소리 톤

④ 적당한 말의 속도

25 텔레마케팅을 통한 고객상담에 대한 설명으로 옳지 않은 것은?

① 통신장비를 활용한 비대면 중심의 커뮤니케이션이다.

② 언어적인 메시지와 비언어적인 메시지를 동시에 사용할 수 있다.

③ 고객을 직접 만나는 것이 아니기 때문에 응대의 결과와 반응은 그다지 중요하지 않다.

④ 고객과 텔레마케터 간에 제품구매 또는 서비스 거래 등의 커뮤니케이션 행위가 일어난다.

2과목 시장환경조사

26 시장조사의 역할로 옳지 않은 것은?

① 의사결정력 제고

② 문제해결을 위한 조직적 탐색

③ 타당성과 신뢰성 높은 정보획득

④ 고객의 심리적 · 행동적 특성 배제

27 면접조사의 원활한 자료수집을 위해 조사자가 응답자와 인간적인 친밀 관계를 형성하는 것은?

① 라포(Rapport)

② 사회화(Socialization)

③ 개념화(Conceptualization)

④ 조작화(Operationalization)

28 어떤 정보를 얻기 위해서 연구대상으로 선정된 집단 전체를 무엇이라 하는가?

① 확률　　② 추출틀

③ 표본　　④ 모집단

기출유형 모의고사

29 조사 시 활용되는 변수에 대한 설명으로 옳지 않은 것은?

① 교육수준에 따라 월평균 소득에 차이가 있다면 월평균 소득이 종속변수가 된다.

② 연속변수는 사람, 대상물 또는 사건을 그들 속성의 크기나 양에 따라 분류하는 것이다.

③ 이산변수는 시간, 길이, 무게 등과 같이 측정 시 최소한의 단위를 확정할 수 없을 때 사용하는 변수를 말한다.

④ 독립변수는 한 변수(x)가 다른 변수(Y)에 시간적으로 선행하면서 X에 변화가 Y의 변화에 영향을 미칠 때 영향을 미치는 변수를 의미한다.

30 비확률표본추출 방법에 해당하는 것은?

① 층화표본추출법

② 군집표본추출법

③ 편의표본추출법

④ 단순무작위표본추출법

31 면접방법 중 조사자가 응답자를 직접 만나는 개인면접조사의 장점으로 볼 수 없는 것은?

① 조사자가 필요에 따라서 질문을 수정할 수 있다.

② 응답자의 응답이 모호해도 재질문을 할 수 없다.

③ 질문을 반복하거나 변경함으로써 응답자의 반응을 살필 수 있다.

④ 조사자는 응답자의 비언어(몸짓, 표정 등)에서도 반응을 살필 수 있다.

32 일반적으로 응답률이 가장 낮은 조사 방법은?

① 웹조사

② 전화조사

③ 우편조사

④ 대인면접조사

33 탐색조사의 종류가 아닌 것은?

① 문헌조사   ② 전문가조사

③ 횡단조사   ④ 사례조사

34 다음 설문 문항에서 나타나는 오류는?

> 당신은 현재 근무하는 고객센터의 복지 수준과 임금 수준에 대해서 어느 정도 만족하고 계십니까?

① 대답을 유도하는 질문을 하였다.

② 단어들의 뜻을 명확하게 설명하지 않았다.

③ 하나의 항목으로 두 가지 내용을 질문하였다.

④ 응답자들에게 지나치게 자세한 응답을 요구하였다.

35 전화면접법에 대한 설명으로 옳지 않은 것은?

① 통화시간상 제약이 존재한다.

② 전화번호부를 표본프레임으로 선정하여 사용한다.

③ 전화면접법은 링크 서베이(Link Survey)라고도 한다.

④ 무작위로 전화번호를 추출(Random-Digit Dialing)하는 방법이 사용된다.

36 획득하고자 하는 정보의 내용을 대략 결정한 이후 이루어져야 할 질문지 작성과정을 바르게 나열한 것은?

> ㄱ. 자료수집방법의 결정
> ㄴ. 질문내용의 결정
> ㄷ. 질문형태의 결정
> ㄹ. 질문순서의 결정

① ㄱ → ㄴ → ㄷ → ㄹ

② ㄴ → ㄷ → ㄹ → ㄱ

③ ㄴ → ㄹ → ㄷ → ㄱ

④ ㄷ → ㄱ → ㄴ → ㄹ

37 다음에서 설명하는 표본추출 방법은?

> 조사에 참여한 응답자들이 그 조사에 참여할 가능성
> 이 있는 잠재적 응답자들을 추천하도록 함으로써 표
> 본을 추출하는 방법이다.

① 할당표본추출법(Quota Sampling)
② 판단표본추출법(Judgment Sampling)
③ 눈덩이표본추출법(Snowball Sampling)
④ 편의표본추출법(Convenience Sampling)

38 과학적 조사방법의 설명으로 옳지 않은 것은?

① 과학적 조사방법을 통해 시장조사과정과 분석과
   정에서 오류를 최소화하도록 해야 한다.
② 과학적 조사방법은 개인적 경험, 직관, 감성을
   근거로 자료를 수집하여 시장문제를 분석한다.
③ 과학적 조사방법으로 시장의 문제점을 발견하고,
   원인규명을 통하여 시장문제를 예측할 수 있다.
④ 조사자는 시장문제를 구성하고 있는 요소들을
   구분하고 그 상호관계를 분석함으로써 시장문제
   의 원인을 파악하고 해결방안을 모색한다.

39 다음 문항은 어떤 수준의 측정인가?

> [질의]
> 뱅킹 서비스 방식에 대한 당신의 선호도를 알기 위한
> 질문입니다. 가장 선호하는 방식에 대해서는 1을, 다
> 음으로 선호하는 방식에 대해서는 2로 표시함으로써
> 각각의 서비스 방식에 대해 선호도 순위를 매겨 주시
> 기 바랍니다.
>
> [답변]
> 은행 창구 (　　)　　　　　ATM (　　)
> 온라인뱅킹 (　　)　　　　우편뱅킹 (　　)
> 텔레폰뱅킹 (　　)

① 비율수준의 측정　② 등간수준의 측정
③ 명목수준의 측정　④ 서열수준의 측정

40 텔레마케터가 전화조사를 할 때 응답자가 대답을 회피
하거나 답하기 곤란해 할 수 있는 경우가 아닌 것은?

① 응답자가 경험한 적 없거나 오래되어 기억하기
   어려운 경우
② 텔레마케터가 너무 사무적이거나 불친절한 경우
③ 합법적인 목적이나 취지가 담긴 경우
④ 사회적으로 무리가 있는 민감한 정보를 질문하
   는 경우

41 다음 괄호 안에 들어갈 알맞은 것은?

> A텔레콤에서 50대 이상 연령층을 목표시장으로 하는
> 새로운 브랜드를 출시하기 위해 연령에 따른 인구통계
> 적 자료가 필요하다고 가정할 때, 이를 위하여 소비자
> 들을 대상으로 설문조사 등을 통해 정보를 수집할 경
> 우 이것은 (ㄱ) 자료지만, 기존의 자료를 이용한다
> 면 이는 (ㄴ) 자료가 된다.

① ㄱ : 1차, ㄴ : 2차　② ㄱ : 1차, ㄴ : 3차
③ ㄱ : 2차, ㄴ : 1차　④ ㄱ : 2차, ㄴ : 3차

42 비확률표본추출방법의 종류 중 인구통계적 요인, 경제
적 요인, 사회 · 문화 · 환경적 요인 등의 분류기준에
의해 전체 표본을 여러 집단으로 구분하고 각 집단별
로 필요한 대상을 사전에 정해진 비율로 추출하는 방
법은?

① 할당표본추출법(Quota Sampling)
② 판단표본추출법(Judgement Sampling)
③ 편의표본추출법(Convenience Sampling)
④ 층화표본추출법(Stratified Random Sampling)

43 다음 ( )에 들어갈 알맞은 용어는?

> 반복해서 여러 번 측정을 해도 그 측정값이 비슷하게 나온다면 ( )이 있다고 할 수 있다.

① 신뢰성　　　　② 타당성
③ 민감성　　　　④ 선별성

44 면접조사 시 면접조사원이 지켜야 할 사항과 가장 거리가 먼 것은?

① 응답자가 불필요한 말을 할 때는 질문에 관련된 화제로 자연스럽게 유도한다.
② 응답자가 왜 하필이면 자기가 선정되었냐고 질문하면 "귀하는 무작위로 선정되었고 표집 원칙상 귀하에게 반드시 질문을 해야 한다."고 응답한다.
③ 면접조사를 할 때 친구나 다른 사람을 대동하는 것이 응답자의 어색함을 덜어주므로 가급적 함께 다닌다.
④ 한 가족은 대체로 비슷한 의견이나 태도를 지니고 있기 때문에 한 가구당 한 사람으로부터 응답을 받는다.

45 고정된 일정 수의 표본가구 또는 개인을 선정하여 반복적으로 조사에 활용하는 방법은?

① 소비자패널 조사　　② 신디케이트 조사
③ 옴니버스 조사　　　④ 가정유치 조사

46 마케팅 조사의 과학적 특성으로 적절하지 않은 것은?

① 이론적으로 근거가 있는 객관적 사실에 입각하여 자료를 수집한다.
② 현재의 사실에만 국한하여 사실의 원인을 설명해야 한다.
③ 구성요소들의 상관관계, 원인 등을 분석한다.
④ 이론이나 가설이 보편적으로 적용될 수 있어야 한다.

47 다음과 같이 척도의 양 극점에 서로 상반되는 형용사나 표현을 붙이고, 요인분석 등과 같은 다변량 분석에 적용이 용이하도록 자료를 이용하는 척도법은?

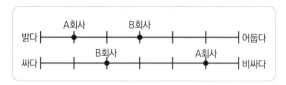

① 거트만 척도법(Guttman Scale)
② 어의 차이 척도법(Semantic Differential Scale)
③ 리커트 척도법(Likert Scale)
④ 서스톤 척도법(Thurstone Scale)

48 다항선택식 질문(복수응답)의 설문조사 작성 시 주의할 점이 아닌 것은?

① 선택 항목은 논리적이어야 한다.
② 선택 항목은 하나의 차원에서 제시되어야 한다.
③ 각각의 선택 항목이 너무 유사하거나 같으면 좋지 않다.
④ 선택 항목은 서로 배타적이지 않으며 구체적이어야 한다.

49 다음 중 일반적인 설문지 작성과정을 순서대로 나열한 것은?

> A. 질문(문항) 작성　　B. 사전 테스트
> C. 설문 인쇄　　　　　D. 질문내용 결정
> E. 질문순서 결정

① A > B > C > E > D
② B > A > E > D > C
③ C > E > D > A > B
④ D > A > E > B > C

50 총 학생 수가 2,000명인 학교에서 800명을 표집할 때의 표집률은?

① 20%　　　　② 40%
③ 80%　　　　④ 100%

51 다음이 설명하는 표적시장 선정 전략은?

> 큰 시장에서 낮은 점유율을 유지하는 대신에 자신에게 가장 알맞은 하나 혹은 몇 개의 세분시장을 선택한 후 이 세분시장에 집중함으로써 보다 높은 점유율을 확보하는 데 유용한 전략이다.

① 순차적 마케팅
② 차별화 마케팅
③ 집중화 마케팅
④ 비차별화 마케팅

52 인바운드 마케팅에 활용되는 기술 중에서 다음 설명에 해당하는 것은?

> 콜센터의 핵심요소인 컴퓨터와 전화 시스템을 통합하는 것이다.

① VOC(Voice of Customer)
② CTI(Computer Telephony Integration)
③ CRM(Customer Relationship Management)
④ DMB(Digital Multimedia Broadcasting)

53 다음 중 무점포 소매점의 형태로 볼 수 없는 것은?

① 홈쇼핑
② 편의점
③ 방문판매
④ 텔레마케팅

54 마케팅에서 판매촉진 비중이 증가하게 된 주요 원인이 아닌 것은?

① 광고노출 효과
② 소비자 가격 민감도
③ 기업 간 경쟁의 완화
④ 기업 내 판매성과 측정

55 제품을 판매하거나 서비스를 제공하는 과정에서 다른 제품이나 서비스에 대하여 판매를 유도하고 촉진시키는 마케팅 기법은?

① 재판매
② 교차판매
③ 인적판매
④ 이중판매

56 다음 중 전체시장을 대상으로 하지 않고 소비자 특성에 맞게 세분화한 소비자 집단만의 욕구에 대응하는 마케팅 방법은?

① 대중 마케팅(Mass Marketing)
② 표적 마케팅(Target Marketing)
③ 일반 마케팅(General Marketing)
④ 스폰서십 마케팅(Sponsorship Marketing)

57 코틀러(Kotler)가 제시한 제품의 3가지 수준에 해당하지 않는 것은?

① 핵심 제품(Core Product)
② 유형 제품(Tangible Product)
③ 확장 제품(Augmented Product)
④ 소비제품(Consumer Product)

58 소비재 중 전문품의 특성이 아닌 것은?

① 제품이 가지는 전문성이나 독특한 성격이 있고 브랜드 인지도가 높다.
② 소비자는 자기가 원하는 상표를 찾아내기 위해 쇼핑에 많은 노력을 기울인다.
③ 생산자가 대부분의 촉진부담을 가진다.
④ 가격에 대해서 탄력적이며 구매 전 지식이 적다.

59 다음 중 가격을 결정할 때 비교적 고가의 가격이 적합한 경우가 아닌 것은?

① 수요의 가격탄력성이 높을 때
② 진입장벽이 높아 경쟁기업의 진입이 어려울 때
③ 규모의 경제효과를 통한 이득이 미미할 때
④ 높은 품질로 새로운 소비자층을 유인하고자 할 때

60 제품수명주기의 단계별 특징과 마케팅 전략에 관한 설명으로 틀린 것은?

① 도입기 : 판매가 완만하게 상승하나 수요가 적고 제품의 원가 또한 높다.
② 성장기 : 경쟁제품과 모방제품 및 개량제품 등이 나타난다.
③ 성숙기 : 이미지 광고를 통한 제품의 차별화를 시도한다.
④ 쇠퇴기 : 제품의 수를 확대하거나 재활성화(revitalization)를 시도한다.

61 다음 중 시장 세분화의 장점이 아닌 것은?

① 마케팅 믹스를 효과적으로 조합하여 활용할 수 있다.
② 시장 수요의 변화에 신속하게 대처할 수 있다.
③ 다양한 특성을 지닌 전체 시장의 욕구를 모두 충족시킬 수 있다.
④ 세분시장의 욕구에 맞는 시장 기회를 비교적 쉽게 찾아낼 수 있다.

62 다음 중 아웃바운드 텔레마케팅에 해당되지 않는 것은?

① 대금 회수
② 고객의 불만접수
③ 해피콜
④ 계약 갱신

63 시장 세분화를 위하여 고객을 분류하는 방법으로 옳은 것은?

① 소득수준으로 분류해야 하며, 그 외의 다른 분류는 유용하지 않다.
② 나이, 성별에 따라 분류해야 하며, 그 외의 다른 분류는 유용하지 않다.
③ 과거의 구매성향(구매시기, 구매량, 행동(구매)빈도)으로 분류해야 하며, 그 외의 다른 분류는 유용하지 않다.
④ 인구통계, 생활양식(Life Style), 제품의 혜택추구 선호 등 다양한 방법으로 고객을 분류할 수 있다.

64 RFM 모델에 대한 내용이 아닌 것은?

① Recency : 얼마나 최근에 자사 제품을 구입했는가
② Frequency : 얼마나 자주 자사 제품을 구입하는가
③ Reflection : 얼마나 자사 제품생산에 영향을 끼치는가
④ Monetary : 제품구입에 어느 정도의 돈을 쓰고 있는가

65 일반적인 아웃바운드 텔레마케팅 도입절차를 순서대로 올바르게 나열한 것은?

A. 표준 스크립트 작성 및 교육훈련 개시
B. 목표고객 확보 및 리스트 준비
C. 효과측정 및 데이터베이스 기록, 유지
D. 텔레마케터 선발 또는 대행 계약 체결
E. 아웃바운드 업무개시

① B → D → A → E → C
② D → E → A → B → C
③ A → B → C → D → E
④ E → B → D → A → C

66 포지셔닝에 대한 설명 중 틀린 것은?

① 표적시장에서 차별적 위치를 차지하기 위해 자사 제품이나 기업의 이미지를 설계하는 행위이다.
② 포지셔닝에서 활용되는 "차별점(POD)"은 소비자들이 특정 브랜드와 관련하여 연상하는 차별적인 긍정적 속성이나 편익을 말한다.
③ 기업이 브랜드에 대한 다양한 주장을 할수록 확실한 포지션을 얻기 유리하다.
④ 성공적 차별화를 위해서는 전달성, 선점성, 가격 적절성, 수익성 등을 고려해야 한다.

67 아웃바운드 텔레마케터의 판매관리 범위에 대한 설명으로 틀린 것은?

① 판매촉진 : 카탈로그, DM발송, e-mail 마케팅 등의 활동
② 시스템관리 : 컴퓨터, 전화, 전산시스템관리 등의 활동
③ 고객관리 : 고객 분류, 고객니즈별 구매행위 분석, 고객상담 관리 등의 활동
④ 판매준비 : 판매전략 수립, 고객데이터 준비, 상담원 교육, 광고, 안내 준비 등의 활동

68 일반적으로 가장 많이 사용되며, 제품 원재료 가격에 일정 이익을 가산하여 제품의 가격을 결정하는 것은?

① 관습적 가격 결정법
② 원가가산 가격 결정법
③ 경쟁입찰 가격 결정법
④ 투자수익률기준 가격 결정법

69 고객서비스 지향적 인바운드 텔레마케팅 도입시의 점검사항이 아닌 것은?

① 목표고객의 리스트
② 고객정보의 활용 수준
③ 성과분석과 피드백
④ 소비자 상담창구 운영 능력

70 판매촉진 전략에 대한 설명 중 틀린 것은?

① 상품에 따라 촉진믹스의 성격이 달라진다.
② 광고는 비인적 대중매체를 활용하는 촉진수단이다.
③ 불황기에는 촉진 활동의 효과가 없다.
④ 촉진의 본질은 소비자에 대한 정보 전달에 있다.

71 가격 차별화전략의 전제조건과 가장 거리가 먼 것은?

① 각 시장을 세분할 수 있어야 한다.
② 각 세분시장은 수요탄력성이 달라야 한다.
③ 낮은 가격으로 판매하는 시장에서 비싼 가격으로 판매하는 시장으로 제품의 이전이 가능해야 한다.
④ 시장 세분화의 비용보다 이익이 더 커야 한다.

72 다음 중 소비자 구매의사결정 과정을 바르게 나열한 것은?

> A. 문제 인식   B. 대체안 평가   C. 정보 탐색
> D. 구매결정   E. 구매 후 행동

① A → B → C → D → E
② B → A → C → D → E
③ A → C → B → D → E
④ B → C → A → D → E

73 고객 생애가치(LTV)에 대한 설명으로 옳은 것은?

① 고객이 처음으로 자사 제품을 구입한 시기를 말한다.
② 고객이 특정 회사의 제품이나 서비스를 처음 구매했을 때부터 시작해서 사망하는 시점까지의 기간을 의미한다.
③ 고객이 특정 회사의 제품이나 서비스를 처음 구매했을 때부터 현재까지 구입한 서비스 누계를 말한다.
④ 고객이 특정 회사의 제품이나 서비스를 처음 구매했을 때부터 시작해서 마지막으로 구매할 것이라고 판단되는 시점까지 구매가 가능한 제품이나 서비스의 누계액을 의미한다.

74 고객에 대한 구매제안 유형 중 고객 구매이력 등의 관리를 통해 기존에 구매한 고객에게 다른 상품을 구입하도록 하는 제안은?

① Cross Selling   ② Up Selling
③ Negative Option   ④ Positive Option

75 가격결정의 다양한 주요 원인 중 고정비에 해당하는 것은?

① 조립 작업비   ② 판매 수수료
③ 재료비   ④ 빌딩 임대료

4과목 조직운영 및 성과 관리

---

76 개인 혹은 집단의 조직변화에 대한 거부적 행위를 변화의 저항(Resistance to change)이라고 하는데 이 변수에 속하지 않는 것은?

① 갈등   ② 근무의욕 감퇴
③ 조직 내 불신   ④ 정시 출퇴근

77 다음 중 콜센터 운영의 원칙으로 가장 옳은 것은?

① 콜센터와 통계와는 거리가 멀다.
② 생산성 측정단위는 개괄적인 것이어야 한다.
③ 실시간 코칭은 생산성에 악영향을 미친다.
④ 관리자는 현장주의를 원칙으로 해야 한다.

78 조직변화에 관한 설명으로 옳지 않은 것은?

① 조직변화의 내부요인으로는 법적 규제의 강화, 급속한 기술발전 등이 있다.
② 조직변화란 조직유효성과 능률 극대화, 구성원의 만족도 향상을 위해 조직의 구성요소를 변화시키는 것을 말한다.
③ 조직변화는 자연적 변화와 계획적 변화로 구분할 수 있다.
④ 조직변화 시 저항하는 구성원들의 협조가 필요할 때에는 교육과 원활한 의사소통을 통해 저항을 조정할 수 있다.

79 바람직한 콜센터 리더의 자세가 아닌 것은?

① 콜센터 내 긍정적인 분위기 활성화를 위해 항상 노력한다.
② 생산성과 통화품질의 목표를 위해 조직적 계획을 세우고 실행한다.
③ 콜센터의 수익성을 높이기 위해 팀 내의 경쟁심을 유발한다.
④ 상담원의 업무능력 향상을 위해 정기적으로 교육훈련을 실시한다.

80 텔레마케팅 운영 시 상담품질관리를 통한 장점이 잘못 연결된 것은?

① 고객 – 서비스에 대한 만족 및 불만족 요소를 전달할 수 있다.
② 회사 – 이미지 향상으로 고객확보와 이익이 발생한다.
③ 상담사 – 상담능력이 향상된다.
④ 모니터링 담당자 – 코칭 기술을 향상시킬 수 있다.

81 임금체계에 따른 분류방법으로 적절하지 않은 것은?

① 연공급
② 직무급
③ 직능급
④ 성과급

82 피들러(Fiedler)의 상황리더십이론에서 제시한 상황 호의성 변수로 볼 수 없는 것은?

① 과업구조
② 지위권력
③ 구성원의 성숙도
④ 리더와 구성원과의 관계

83 콜센터 상담원 교육 관리에 대한 설명으로 틀린 것은?

① 각 직무별 교육계획안은 부서에서만 작성한다.
② 교육생이 이수하지 못한 교과목은 이수 예정일을 기재한다.
③ 교육생이 이수한 교과목은 이수한 날짜를 양식에 표시한다.
④ 교육과정에 참여하기로 한 직원에게는 정기적 (혹은 월별로)으로 통지서를 보낸다.

84 개인 성과평가의 신뢰성과 공정성을 확보하기 위한 방법으로 틀린 것은?

① 다면평가를 효율적으로 활용한다.
② 평가자에 대해 평가체계, 평가기법 등의 종합적인 평가관련 교육을 강화한다.
③ 피평가자 보호를 위해 평가결과를 공개하지 않고 평가결과에 대한 면담을 지양한다.
④ 피평가자가 평가결과에 불만이 있는 경우 이의 제기를 할 수 있는 소통채널을 운영한다.

85 다음 중 콜센터 발전 방향과 가장 거리가 먼 것은?

① 코스트(cost) 센터에서 프로핏(profit) 센터로 변화
② 고객관계 중심에서 생산성 중심으로 운영관점의 변화
③ 전화 센터에서 멀티미디어 센터로 변화
④ 높은 이직률에서 커리어패스(career path)의 직업으로 변화

86 콜센터 조직의 특징으로 옳은 것은?

① 고객과 비대면 접촉이 일반화된 조직이다.
② 초기 조직적응이 비교적 덜 중시되는 조직이다.
③ 아웃소싱 활용의 보편화로 인해 이직률이 낮은 조직이다.
④ 직업에 대한 만족감, 적극성, 고객응대 수준 등 상담원의 개인 차이가 별로 나지 않는 조직이다.

87 모집은 조직이 필요로 하는 인력이 조직에 관심을 갖고 지원하도록 이끄는 과정을 의미하며 내부모집과 외부모집으로 구분된다. 내부모집과 외부모집을 통한 인력활용의 특징으로 옳은 것은?

① 외부모집의 가장 중요한 원천은 사내공모제이다.
② 외부인력 활용 시 안정되기까지 적응기간이 소요된다.
③ 내부인력 활용 시 부적격자가 승진할 위험성이 있다.
④ 외부인력 활용 시 모집범위가 제한적이다.

88 상담 모니터링 평가결과를 가지고 활용할 수 있는 분야가 아닌 것은?

① 통합 품질측정　　② 개별 코칭
③ 보상과 인정　　④ 콜 예측

89 콜센터의 통화품질에 관한 설명이 아닌 것은?

① 콜센터의 통화에 대한 품질과 경쟁력을 동시에 평가한다.
② 기업과 고객 간에 이루어지는 통화에서 느껴지는 품질의 정도이다.
③ 콜센터 내 사적인 통화 방지를 위함이다.
④ 궁극적인 목적은 콜센터 경영의 질을 향상시키는 것이다.

90 다음 중 콜센터의 인적자원관리 방안으로 적합하지 않은 것은?

① 동기부여 프로그램 운영
② 콜센터 리더 육성 프로그램 운영
③ 상담원 수준별 교육훈련 프로그램 운영
④ 상담원의 안정을 위한 고정급의 급여체계로 개선

91 다음 중 콜센터 신입 상담원 교육과정의 내용으로 적절하지 않은 것은?

① 기초업무지식
② 콜 분석 및 예측
③ 커뮤니케이션 스킬
④ 회사 전반적인 기초 사항

92 리더십의 효과는 콜센터 리더가 상담사의 개인적 특성과 환경적 특성에 따른 상황적 변수를 잘 파악하여 이에 맞는 리더십 유형을 사용할 때 클 수 있다. 리더십 유형 중 참여적 리더십에 대한 설명으로 옳은 것은?

① 도전적 목표 설정과 이를 달성하기 위하여 상담사를 독려하여 업적 향상을 추구하는 유형이다.
② 상담사의 욕구, 작업환경에 관심을 갖고 상담사의 상호 만족스러운 인간관계를 강조하는 유형이다.
③ 상담사는 자신에게 기대되는 것을 정확히 알고, 콜센터 리더는 상담사에게 구체적인 지침을 제공하는 유형이다.
④ 상담사와 정보를 교환하고 공통의 의사결정을 추구하는 유형이다.

93 SMART 성과 목표 설정 항목 중 S에 해당하는 것은?

① Specific
② Special
③ Speed
④ Social

94 콜센터 조직의 안정화와 거리가 먼 것은?

① 콜센터 상담원과 매니저 사이의 장벽 제거
② 안정된 근로조건의 필요성
③ 단계적인 생산지표관리의 필요성
④ 콜센터 심리공황의 임시적 방지책 강구

95 직무를 분류하고 다수의 평가요소들에 대하여 평가된 점수의 고저에 의해 그 직무가 갖는 상대적 가치를 결정하는 직무평가방법은?

① 점수법
② 요소비교법
③ 서열법
④ 분류법

96 인사고과의 목적에 해당하지 않는 것은?

① 인력배치 및 이동
② 직무의 가치평가
③ 성과 측정 및 보상
④ 조직개발 및 근로의욕 증진

97 통화 품질 관리(QA)의 핵심 성공 요인으로 볼 수 없는 것은?

① 통화품질 규정의 마련
② 전문평가 인력의 활용
③ 평가자의 주관이 반영되는 평가표
④ 합리적 평가표 마련

98 직무분석 및 직무평가를 실시하여 직무의 자격요건에 따라 적격자를 선정하여 승진시키는 제도는?

① 직계승진
② 대용승진
③ 자격승진
④ 역직승진

99 인사평가 오류유형 중 어느 한 평가요소가 피평가자의 다른 평가에 영향을 미치는 오류는?

① 유사오류
② 대조효과
③ 현혹효과
④ 논리적 오류

100 콜센터 BSC 성과 관리 관점과 그 항목의 연결이 틀린 것은?

① 재무적 관점 : 원가 및 비용절감
② 고객 관점 : 생산성 향상
③ 내부 프로세스 관점 : 조직구성 및 채널의 다양성
④ 성장과 학습관점 : 커뮤니케이션

01 ②	02 ①	03 ④	04 ④	05 ④
06 ①	07 ①	08 ①	09 ③	10 ①
11 ①	12 ④	13 ④	14 ③	15 ①
16 ④	17 ④	18 ②	19 ③	20 ④
21 ②	22 ④	23 ④	24 ③	25 ③
26 ④	27 ①	28 ④	29 ③	30 ③
31 ②	32 ③	33 ③	34 ③	35 ③
36 ①	37 ③	38 ③	39 ④	40 ③
41 ①	42 ③	43 ①	44 ③	45 ①
46 ②	47 ②	48 ③	49 ④	50 ②
51 ③	52 ②	53 ②	54 ③	55 ②
56 ②	57 ④	58 ④	59 ①	60 ④
61 ③	62 ④	63 ②	64 ③	65 ①
66 ③	67 ②	68 ②	69 ①	70 ③
71 ③	72 ④	73 ③	74 ②	75 ④
76 ④	77 ④	78 ①	79 ③	80 ①
81 ④	82 ③	83 ③	84 ④	85 ②
86 ①	87 ②	88 ④	89 ③	90 ④
91 ②	92 ④	93 ①	94 ④	95 ①
96 ②	97 ③	98 ①	99 ③	100 ②

01 정답 ②

해설

① 상담 시 시청각자료를 적절히 활용하여 고객의 호기심을 유발하고 집중과 이해를 높인다.
③ 상담은 고객의 입장에서 이해하기 쉬운 용어로 명료하게 설명해야 한다.
④ 텔레마케터는 전문가이므로 자신감 있게 고객 상담을 진행하되 고객의 입장을 충분히 듣고 요구사항을 파악하여 그에 필요한 응대를 해야 한다.

02 정답 ①

해설

MOT가 서비스 운영의 주요 이슈로 떠오른 것은 1980년대 초 스칸디나비아 항공사(SAS)의 CEO인 얀 칼슨(Jan Carlzon)이 제안한 데서 비롯된다.

03 정답 ④

해설

빅 데이터는 규모와 형식이 매우 다양하고, 데이터의 축적 속도가 실시간급으로 매우 빨라지고 있다. 테라바이트급 이상의 초대용량으로 매우 큰 특징을 지닌다.

04 정답 ④

해설

커뮤니케이션 과정 중 해독이란 전달된 메시지를 이해하기 위해 메시지의 의미를 해석하는 과정이다. 한편, 수신자가 메시지를 받고 나서 반응을 발신자에게 보내게 되는데 이를 피드백이라 한다.

05 정답 ④

해설

비 메시지(Be-Massage)는 어떤 잘못된 상황에서 잘못된 점에 대해 스스로 반성하도록 하는 것이 아니라 잘못을 단정짓는 것으로 지양해야 할 화법이다.

06 정답 ①

해설

호기심 많은 소비자의 경우 많은 질문과 궁금증이 있으므로 정확한 사실에 입각하여 구체적이고 명확하게 관련 정보를 제공해야 한다.

07 정답 ①

해설

유튜브, SNS 등 고객의 활동으로 위기를 증폭시키는 매체가 엄청나게 폭증했다. 특히 인터넷 미디어의 정보는 시간적, 공간적 제약 없이 무한대로 확산될 수 있는 특징을 갖고 있다. 대인커뮤니케이션의 방향에서 미디어 이용은 욕구 → 동기 → 미디어 선택 → 충족 순으로 진행된다.

08 정답 ①

해설

② 고객이 원하는 것이라도 회사의 예산상, 역량상으로 모든 내용을 수용하는 것은 불가능하다.
③ 요구를 받아들이기 어려운 상황에서는 고객의 감정을 해치지 않으면서 거절에 대한 이유를 친절하게 설명한다.
④ 무리한 요구를 하는 고객이더라도 향후 신규 고객 및 충성 고객으로 전환될 가능성이 있으므로 친절한 태도를 견지해야 한다.

09 정답 ③

해설

경쟁이 심하고 제품과 서비스의 차별화가 어려운 기업일수록 CRM의 필요성은 높아진다. 채팅, 전화, 이메일 등 모든 커뮤니케이션 도구가 CRM 프로그램과 연동될 수 있으며 자사의 규모 및 회원 수, 서비스 품질, 고객 특성 등을 분석하여 최적의 연결도구를 설정해야 한다. 데이터베이스 기술이 발달함에 고객데이터의 축적과 데이터관리가 가능해졌다.

10 정답 ①

해설

경청은 상대방의 이야기를 귀 기울여 듣고 이해하려고 노력하고, 상대가 표면적으로 말하는 것 이상으로 전달하고자 하는 진짜 의미를 깊이 듣고, 상대방이 전달하는 언어적 메시지뿐만 아니라 비언어적 메시지까지 주의 깊게 듣는 것을 내포하고 있다. 고객에게 반대의견을 제시하고 조목조목 따지는 것은 효과적인 경청을 저해하는 태도다.

11 정답 ①

해설

② 변덕형은 요구사항이 일관되지 않고 주관이 없으므로 논점을 명확히 하도록 대화의 흐름을 이어가야 한다.
③ 우유부단형은 요점을 명확하게 말하지 않으며 타인이 의사결정을 내려주기를 기다리므로 고객이 결정을 내리지 못하는 갈등요소가 무엇인지를 표면화시키기 위해 적절히 질문을 활용해야 한다.
④ 이론형은 자신이 가지고 있는 확신에 대한 고집을 꺾지 않으므로 고객의 이야기를 경청하며 상대의 능력에 대한 칭찬과 감탄의 말로 응대해야 한다.

12 정답 ④

해설

간접대면 직업군은 고객, 환자, 승객 등을 정보통신망을 통해 상대하면서 상품 판매나 서비스를 제공하는 업무를 담당하는 종사자를 의미한다. 백화점·마트의 판매원, 호텔직원 등은 직접적으로 대면을 하는 직업군이다.

13 정답 ④

해설

CRM은 고객 관계 관리로 Customer Relationship Management의 약자다.

14 정답 ③

해설

홈페이지의 관리자 페이지에는 고객 관련 개인정보, 회사 기밀 자료, 매출 관련 데이터 등이 누적되어 있으므로 외부에서 접근이 불가능하도록 설계되고 운영되어야 한다.

15 정답 ①

해설

우유부단한 고객은 스스로 결정을 내리지 못하므로 고객의 말을 들어주기만 할 경우 요구사항에 대한 결론을 내리지 못하게 된다. 따라서 적절한 질문 및 대안을 설명해 줌으로써 의사결정을 도와주어야 한다.

16 정답 ④

해설

고객 유지 활동은 신규 고객의 획득보다는 기존 고객의 유지와 향상에 초점을 맞추는 사업 활동을 의미한다. 이에 관계 마케팅의 중요성이 부각되는데, 고객이 가치를 찾아 계속해서 제공자를 바꾸기보다는 한 조직과 지속해서 관계를 맺는 것을 선호한다는 것에 착안한 것이다.

17 정답 ④

해설

B2B는 기업체를 대상으로 제품서비스를 효율적으로 판매하거나 판매경로와 상권 확대를 도모하고 기업 간의 수발주 업무의 원활한 처리를 위한 목적으로 진행된다. B2C는 일반 소비자를 대상으로 제품, 서비스의 판매촉진, 고객서비스 향상, 소비자 동향조사, 자료수집 등의 목적으로 진행된다. 두 CRM은 대상이 다를 뿐 고려해야 할 범위의 우열을 판단하는 것은 어렵다.

18 정답 ②

해설

억양에 변화 없이 일정한 톤으로 대화를 유지할 경우 자칫 지루하거나 집중력 저하를 유발할 수 있다. 소비자의 관심과 주의를 집중시키기 위해 적절한 상황에 억양의 변화를 주는 것을 생각해 볼 수 있다.

19 정답 ③

해설

인바운드 상담은 고객이 제품 및 서비스에 대한 관심과 정보를 인지한 상태에서 고객의 욕구를 파악하는 것이 중요하다. 이점을 제안하는 것은 아웃바운드 상담에서 고객의 관심을 유발하기 위해 활용될 수 있으며 인바운드 상담에서도 욕구 파악 단계보다는 고객의 욕구가 다 파악된 이후에 이루어져야 할 활동이다.

20 정답 ④

해설

불만족한 고객 응대시 제품에 대해 고객이 잘못 알고 있다고 하더라도, 우선은 고객의 불쾌함과 불편함에 사과와 공감을 표하고 고객 입장에서 알기 쉬운 용어로 설명해야 한다.

21 정답 ②

해설

고객 가치 측정은 고객 중에 보다 수익성이 있는 고객, 연계 또는 상승 판매를 유도할 수 있는 고객이 어떤 고객인가에 관해 분석하고 평가하는 것이다. RFM, 고객 점유율, 고객 생애 가치를 통해 측정할 수 있으나 시장점유율은 특정 업종의 제품시장에서 취급되는 전체 거래량 중에서 특정기업이 차지하는 비율로 고객가치 측정방법과는 거리가 멀다.

22 정답 ④

해설

표정, 몸짓, 음성은 모두 비언어적 의사소통의 형태다. 스크립트(script)란 텔레마케터(상담원)가 상담시 제품 및 서비스에 대한 내용을 원활하게 진행하기 위한 대화 대본이다. 상담 시 지침서가 되는 언어적 도구로서 효율적 상담에 필수 요소다.

23 정답 ①

해설

커뮤니케이션 과정에서 전달과 수신 사이에 발생하며 의사소통을 왜곡시키는 요인을 잡음 또는 소음이라고 한다. 여기에는 물리적 잡음(전파장애 등), 심리적 잡음(마음속의 고민 등), 의미적 잡음(메시지의 의미를 이해하지 못한 경우) 등이 있다.

24 정답 ③

해설

고객상담 시 동일한 톤을 일관되게 유지할 경우 고객에게 따분하고 지루한 인상을 주며 집중력을 저하시킬 수 있다. 적절한 상황에 맞게 목소리 톤을 조절하는 상담 방법을 활용해야 한다.

25 정답 ③

해설

텔레마케팅은 고객을 직접 만나는 것이 아니더라도 밝은 표정과 친절한 목소리로 응대해야 하며 전화상으로 인지되는 고객의 반응을 세심하게 살펴 응대해야 한다.

26 정답 ④

해설

시장조사란 마케팅에 필요한 정보가 무엇인지를 규명하고, 규명된 정보를 수집하는 방법을 설계하고, 자료의 수집과정을 통제하며, 수집된 자료를 분석하여 그 결과를 기업의 의사결정에 반영하는 과정이다. 고객 욕구를 파악하기 위해서는 고객의 심리적·행동적 특성을 배제할 것이 아니라 시장조사를 통해 파악 또는 추정해야 한다.

27 정답 ①

해설

라포(Rapport)는 면접조사의 원활한 자료수집을 위해 조사자가 응답자와 인간적인 친밀 관계를 형성하는 것이다. 라포 형성을 통해 서로가 말하고 있는 것에 대해 집중하고 관심을 가지게 된다.

28 정답 ④

해설

어떤 정보를 얻기 위해서 연구대상으로 선정된 집단 전체를 모집단이라고 한다. 조사의 대상이 소수인 경우에는 모집단 전체를 조사하면 되겠지만, 조사대상이 매우 큰 경우 전부를 다 조사할 경우 시간과 비용이 매우 많이 들어가게 되므로 표본 조사를 하게 된다.

29 정답 ③

해설

이산 변수란 직원 수, 불량품의 개수, 건물의 층수처럼 단위를 확정하여 셀 수 있는 변수를 말한다. 이와 비교하여 키, 몸무게, 나이, 한 가구의 소득처럼 최소한의 단위를 확정할 수 없고 각 값 사이에 무수히 많은 또 다른 값들이 존재하는 경우를 연속 변수라고 한다.

30 정답 ③

해설

비확률 표본 추출 방법은 각 추출단위가 표본에 포함될 확률을 알 수 없는 표본추출 방법으로 편의표본 추출, 판단표본 추출, 할당 표본 추출 등이 있다.

31 정답 ②

해설

개인 면접 조사는 응답자와 직접 만나 대화를 하면서 필요한 정보를 파악하는 방법으로 응답이 모호할 경우 재질문 또는 추가 질문을 통해 정보를 획득할 수 있다.

32 정답 ③

해설

우편 조사는 설문지를 표본으로 추출된 조사대상자에게 우편으로 발송하여 응답자에게 스스로 응답하게 한 후, 응답자가 응답한 설문지를 다시 우편으로 우송하도록 하는 방식이다. 응답자가 우송을 해야만이 응답률로 카운팅되므로 응답률이 가장 낮은 조사 방법에 속한다.

33 ③

해설

탐색조사란 무엇이 문제인가를 알기 위해서 시행하는 조사다. 특정 문제가 잘 알려져 있지 않은 경우 문제의 규명을 위해 수행한다. 탐색조사에는 사례조사, 문헌조사, 전문가 의견조사 등이 대표적으로 활용된다.

34 정답 ③

해설

설문 문항에서는 주제가 상이한 복지 수준과 임금 수준을 한 질문에 동시에 포함하고 있다. 이는 이중질문에 해당하며 설문 문항 설계 시 지양해야 할 원칙 중 하나다.

35 정답 ③

해설

링크 서베이(Link Survey)는 설문지를 응답자에게 전송하고 이에 접속하여 응답자가 설문 항목을 읽고 표기할 수 있도록 하는 방법으로 전화면접법이 아닌 설문조사에 해당한다.

36 정답 ①

해설

질문지 작성과정은 일반적으로 자료수집방법의 결정 → 질문 내용의 결정 → 질문 형태의 결정 → 질문 순서의 결정을 따른다.

37 정답 ③

해설

조사에 참여한 응답자들이 그 조사에 참여할 가능성이 있는 잠재적 응답자들을 추천하도록 함으로써 표본을 추출하는 방법은 비확률표본추출 중 눈덩이표본추출법이다. 처음 한 명을 표본으로 추천한 이후 그로부터 추천을 받아 눈덩이처럼 불려 나간다고 하여 붙여진 이름이다.

38 정답 ②

해설

과학적 조사방법은 개인적 경험, 직관, 감성을 배제하고 수치적, 통계적 관점에 입각하여 자료를 수집하여 시장문제를 분석한다.

39 정답 ④

해설

제시된 문항은 뱅킹 서비스 방식을 나열하고 1순위와 2순위를 기재하도록 하는 것으로 서열수준의 측정에 해당한다.

40 정답 ③

해설

합법적인 목적이나 취지가 담긴 전화조사 시 텔레마케터가 응답자에게 특별히 불쾌함을 유발하지 않는 이상 응답자는 대답을 회피하거나 답하기 곤란해하지 않는다.

41 정답 ①

해설

1차 자료란 현안문제를 해결하기 위해 직접 조사를 통해 수집한 자료로 설문조사, 면접, 관찰 등을 통해 수집한다. 2차 자료는 국가기관, 민간 단체, 신문이나 인터넷을 통해 검색할 수 있는 기존의 자료들이다.

42 정답 ①

해설

할당표본추출법은 비확률표본추출방법 중 하나로 인구통계적 요인, 경제적 요인, 사회·문화·환경적 요인 등의 분류기준에 의해 전체 표본을 여러 집단으로 구분하고 각 집단별로 필요한 대상을 사전에 정해진 비율로 추출하는 방법이다. 할당 추출을 많이 사용하는 이유는 추출 틀이 필요하지 않으며, 무응답이 발생할 경우 바로 다음 대상에게 조사를 진행하면 된다. 이러한 이유로 비용이 적게 들고 빠르게 조사를 진행할 수 있는 장점이 있다.

43 정답 ①

해설

반복해서 여러 번 측정을 해도 그 측정값이 비슷하게 나온다면 신뢰성이 있는 것이다. 신뢰성이란 어떤 측정 도구를 동일한 환경에서 반복하여 수행하였을 때 그 결과에 일관성이 존재해야 한다는 것을 의미한다.

44 정답 ③

해설

면접 조사를 할 때 특별한 이유가 없다면 면접은 1:1로 진행되어야 다른 사람의 영향을 배제하고 진솔한 답변을 얻을 수 있다. 친구나 다른 사람을 대동할 경우 응답에 제3자의 영향이 반영될 수 있다.

45 정답 ①

해설

② 신디케이트 조사는 조사기관이 주기적으로 자료를 수집하는 것인데, 소비자 패널조사와 점포 조사로 구분된다. 소비자 패널조사는 일정 수의 표본가구 또는 개인을 선정하여 반복적으로 조사에 활용하는 것이다. 점포 조사는 소매점을 대상으로 특정 제품 혹은 브랜드가 판매되는 양을 조사하는 것이다.
③ 옴니버스 조사는 하나의 조사에 여러 기업이 함께 참여하여 질문개수별로 비용을 형태로 진행된다.
④ 가정유치 조사(HUT : Home Use Test)는 면접원이 조사 대상자의 가정을 직접 방문해 제품을 유치하고 이를 사용하게 한 후 면접을 통해 설문을 받는 조사방법이다.

46 정답 ②

해설

고객 욕구를 파악하고 경쟁우위를 확보하기 위해 마케팅 담당자는 의사결정과정에서 필요한 자료들을 체계적으로 수집·분석해야 한다. 마케팅 조사는 이를 위해 수행되는데, 현재의 사실뿐 아니라 과거의 추세를 통해 미래의 상황을 예상해 보는 것도 가능하다.

47 정답 ②

해설

어의 차이 척도법은 의미분화 척도라고도 한다. 다차원적 개념을 측정하는데 사용하는 척도로 하나의 개념에 대하여 응답자들로 하여금 여러 가지 의미의 차원에서 평가한다. 어떤 개념을 조사설문지의 위쪽에 제시하고, 그 밑에 7점~3점 척도로 양극단의 형용사를 제시한 다음, 응답자들로 하여금 그 개념에 대한 느낌을 표시하도록 한다.

48 정답 ④

해설

다항선택 시 질문의 설문조사 작성시 선택 항목은 서로 배타적이어서 중첩이나 중복이 없어야 한다. 이때 각 항목의 내용은 구체적이어야 한다.

49 정답 ④

해설

일반적으로 설문지 작성은 질문 내용 결정 → 질문(문항) 작성 → 질문 순서 결정 → 사전 테스트 → 설문(완성본) 인쇄 순서로 진행한다.

50 정답 ②

해설

총 학생 수가 2,000명인 학교에서 800명을 표집했다면 표집률은 40%다.

51 정답 ③

해설

집중화 마케팅은 자사에 가장 알맞은 하나 혹은 몇 개의 세분시장을 선택 후 이 세분시장에 집중하는 전략이다. 복수 마케팅 믹스로 단일세분시장을 공략할 경우 시장 중심형이라고 하고, 단일 마케팅 믹스로 단일세분시장을 공략할 경우 유일세분시장형이라고 한다.

52 정답 ②

해설

CTI(Computer Telephony Integration)는 컴퓨터와 전화 통신을 결합시켜 컴퓨터를 이용해 통신시스템을 제어하는 기술이다. 컴퓨터의 응용프로그램과 콜을 처리하는 교환기가 연결되어 각종 콜과 데이터를 동시에 처리하는 프로그램이다.

53 정답 ②

해설

편의점은 점포 소매점이다. 무점포 소매점은 통신판매, 텔레마케팅(전화판매) 자동판매기, TV 홈쇼핑, 인터넷 쇼핑, 방문판매 등이 해당한다.

54 정답 ③

해설

판매 촉진이란 제품이나 서비스를 고객들에게 알리고 구매를 결정할 수 있도록 실시하는 광고, 이벤트 등의 판매촉진 활동을 의미한다. 기업 간 경쟁이 심화됨에 따라 소비자들의 선택을 받기 위해서는 판매촉진에 더 많은 노력을 기울이게 된다.

55 정답 ②

해설

교차판매란 한 상품을 구입한 고객이 다른 상품을 추가로 구입하도록 유도하는 것을 목적으로 하는 판매전략이다. 예를 들어 PC를 구입하는 경우에 프린터, 스피커 등 다른 상품까지 구입하도록 유도하는 것이다.

56 정답 ②

해설

표적 마케팅은 불특정 다수를 대상으로 하는 대중 마케팅과 비교하여 소비자 특성에 맞게 세분화한 특정 소비자 집단만의 욕구에 대응하는 마케팅 방법이다.

57 정답 ④

해설

코틀러(Kotler)는 제품의 수준에 따라 핵심 제품, 유형 제품, 확장 제품으로 구분했다.
핵심 제품은 소비자가 제품을 통해 얻고자 하는 편익이다. 선풍기를 예로 들면 이를 통해 얻고자 하는 시원함이라는 편익이 핵심 제품의 개념이다. 유형 제품은 핵심 제품을 물리적으로 제품화하기 위한 포장, 스타일과 디자인, 품질, 상표 등이 해당한다. 확장 제품은 유형 제품 이외에 부가적인 서비스 제공물들로 배달, 설치, A/S 등이다.

58 정답 ④

해설

전문품은 구매자의 지위와 연관이 있어 매우 높은 관여도 높은 가격대의 제품으로 자동차, 고급 의류 등이 대표적이다. 가격에 대해서 비탄력적이며 많은 구매 전 지식을 갖고 소비가 이루어진다.

59 정답 ①

해설

수요의 가격탄력성이 높을 때 고가의 가격을 책정할 경우 소비자들은 경쟁기업으로 이탈하게 된다. 고가의 가격을 책정하는 적합한 상황은 수요의 가격탄력성이 비탄력적인 때이다.

60 정답 ④

해설

제품수명주기상 쇠퇴기는 매출과 이익이 모두 감소하는 기간이다. 취약제품은 폐기하고, 광고는 핵심고객의 유지에 필요한 수준으로만 유지하며 판매촉진 활동은 최저수준으로 축소해야 하는 시기다. 쇠퇴기에는 비용 절감을 도모해야 하는 시기이므로 제품의 수를 확대해서는 안 된다.

61 정답 ③

해설

시장 세분화를 통해 전체 시장의 욕구를 모두 충족시키는 대신에 특정시장 부문에 바탕을 둔 마케팅 계획과 예산을 수립함으로써 보다 유리한 마케팅전략을 구사할 수 있다.

62 정답 ②

해설

고객의 불만접수, 상품 주문 접수, 상담문의 처리, 신규 가입 등은 아웃바운드 텔레마케팅이 아닌 인바운드 텔레마케팅의 주요 업무다.

63 정답 ④

해설

시장 세분화를 위하여 고객을 분류하는 방법은 특정 기준 하나만으로 분류할 것은 아니며 상품 및 서비스의 특성에 따라 인구통계, 생활양식(Life Style), 제품의 혜택추구 선호 등 다양한 방법으로 고객을 분류할 수 있다.

64 정답 ③

해설

RFM 분석은 회사 매출에 가장 중요한 인자는 최근성(Recency), 행동(구매)빈도(Frequency), 구매금액(Monetary)이라는 가정을 두고, 이러한 3가지 관점에서 고객의 가치를 분석하는 방법이다.

65 정답 ①

해설

아웃바운드 텔레마케팅은 일반적으로 목표고객 확보 및 리스트 준비 → 텔레마케터 선발 혹은 대행 계약 체결(에이전시 텔레마케팅) → 표준 스크립트 작성 및 교육훈련 개시 → 아웃바운드 업무 개시 → 효과측정 및 데이터베이스 기록, 유지 순으로 진행된다.

66 정답 ③

해설

포지셔닝은 세분화된 시장 중 표적 시장과 목표 고객군을 정한 후 경쟁 제품과는 다른 자사 제품만의 차별적 요소를 표적 시장 내 목표 고객의 머릿속에 인식시키기 위한 마케팅 믹스 활동이다. 다양한 주장을 하기보다는 경쟁 제품과 차별화된 자사 제품의 특징에 집중하여 포지셔닝 해야 한다.

67 정답 ②

해설

컴퓨터, 전화, 전산시스템 등의 관리 활동은 아웃바운드 텔레마케터의 판매관리 범위가 아니며 IT 또는 경영 관리부서에서 수행해야 할 업무다.

68 정답 ②

해설

원가가산 가격 결정법은 제품 원재료 가격에 일정 이익을 가산하여 제품의 가격을 결정하는 방법이다. 한편, 원가가산법은 가격의 하한선을 제시해 주며, 소비자기대수준 가격산정법은 가격의 상한선을 결정해 준다. 이런 방식으로 가격의 상·하한 폭이 결정되면 경쟁자의 가격 및 대체상품의 가격을 고려하여 기준가격을 결정하게 된다.

69 정답 ①

해설

목표고객의 리스트는 아웃바운드 텔레마케팅에서 중요하게 고려하는 요소다. 아웃바운드 텔레마케팅에서는 고객의 정보를 DB화하여 저장한 내용을 중심으로 아웃바운드 상담사에게 해당 DB를 분배하여 상담전화를 걸도록 하고 있다.

70 정답 ③

해설

촉진 활동은 단기적인 성과를 위한 판촉 활동, 중·장기적인 효과를 기대하는 광고 및 홍보 활동 등 다양한 활동이 포함된다. 따라서 불황기 극복을 위한 단기적인 촉진 활동을 수행할 수 있고 그에 따른 효과를 기대해 볼 수 있다.

71 정답 ③

해설

가격차별화가 유효하기 위해서는 재정거래에 따른 이익이 존재하지 않아야 한다. 즉 소비자가 세분시장에서 제품을 구매하고 그것을 다른 세분시장에 가서 다시 팔 수가 없어야 한다.

72 정답 ③

해설

소비자는 제품, 서비스, 아이디어 등과 같은 다양한 소비와 관련하여 의사결정들을 내리게 되는데 그 과정은 문제 인식 → 정보 탐색 → 대체안 평가 → 구매 결정 → 구매 후 행동 순으로 진행된다.

73 정답 ④

해설

고객 생애가치((LTV : Lifetime Value)는 고객이 특정 회사의 제품이나 서비스를 처음 구매했을 때부터 시작해서 마지막으로 구매할 것이라고 판단되는 시점까지 구매가 가능한 제품이나 서비스의 누계액을 의미한다. LTV 분석은 한 명의 고객이 일회적인 소비로 그치는 것이 아니라, 평생에 걸쳐 자사의 제품이나 서비스를 주기적으로 소비한다는 가정하에 고객가치를 측정하는 것이다.

74 정답 ①

해설

Cross Selling(교차판매)은 고객에 대한 구매제안 유형 중 고객 구매이력 등의 관리를 통해 기존에 구매한 고객에게 다른 상품을 구입하도록 하는 제안활동이다. Up Selling은 어떤 상품을 구입한 고객에게 보다 고급의 상품을 판매하는 전략이다.

75 정답 ④

해설

조업도의 변화와 관계없이 일정한 원가를 고정비라고 한다. 생산량이 늘어나거나 줄어들어도 변동이 없는 비용이다. 고정비에는 급료, 지대(임대료), 감가상각비, 이자, 보험료, 전기·수도·전화 요금 등이 포함된다.

76 정답 ④

해설

조직 내 갈등, 근무의욕 감퇴, 조직 내 불신은 모두 조직변화에 대한 저항을 야기하는 원인이 된다. 정시 출퇴근은 직원으로서 준수해야 할 사항으로 변화의 저항과는 관련이 없다.

77 정답 ④

해설

① 콜센터 업무는 일일, 주간, 월간 단위로 통계를 바탕으로 성과분석을 필수로 해야 한다.
② 생산성 측정단위는 구체적인 것이어야 한다.
③ 실시간 코칭은 생산성에 긍정적인 영향을 미친다.

78 정답 ①

해설

조직변화의 내부 요인은 회사의 규정이나 방침, 직원의 업무와 관련된 사항이다. 법적 규제의 강화, 급속한 기술발전 등은 외부 요인에 해당한다.

79 정답 ③

> **해설**

콜센터의 수익성을 높이기 위해 팀 내의 경쟁심을 유발하는 것은 실적에 대한 자극이 될 수 있으나 자칫 과열을 야기하여 팀의 분열과 갈등을 조장할 수도 있다. 직원 간 경쟁적인 요소는 리더의 개인적인 판단보다는 회사의 규정과 지침에 입각하여 제도적으로 운영되어야 한다.

80 정답 ①

> **해설**

서비스에 대한 만족 및 불만족 요소를 전달하는 것은 상담품질관리가 아닌 모니터링 단계에서 이루어지는 활동이다. 모니터링은 통신판매활동의 품질 및 성과 표준화와 유지, 개선을 목적으로 하며 판매직원의 업무수행에 대해 피드백을 제공함으로써 스킬과 수행능력을 향상시키고 판매에 대한 질적 검증을 도모한다.

81 정답 ④

> **해설**

임금체계는 개별임금을 결정하는 임금항목 결정 기준을 말하며 연공급, 직무급, 직능급 등으로 구분한다. 임금의 형태는 임금을 계산하여 지불하는 방식을 말하며 시간급, 성과급 등으로 구분한다.

82 정답 ③

> **해설**

피들러(Fiedler)의 상황리더십이론에서 제시한 상황 호의성 변수는 과업구조, 지위권력, 리더와 구성원의 관계다. 허쉬와 블랜차드(Hersey & Blanchard)는 리더의 행동을 과업지향적 행동과 관계지향적 행동으로 구분 후 리더십 상황으로 구성원의 성숙도를 추가하여 리더십의 3차원 모형을 제시하였다.

83 정답 ①

> **해설**

각 직무별 교육계획안은 부서에서 작성하여 관련 부서 및 전사 차원에서 공유하고 의견을 수렴하여 확정해야 한다. 또한 교육생 만족도 조사를 통해 피드백을 받아 보완·개선이 따라야 한다.

84 정답 ③

> **해설**

개인 성과평가의 신뢰성과 공정성을 확보하기 위해 평가결과를 공개하고 이의를 제기하고 면담할 수 있는 절차를 수립해야 한다.

85 정답 ②

> **해설**

콜센터의 발전 방향은 생산성 중심에서 고객 관계 중심으로 운영관점이 변화되어야 하며 공고화되는 추세에 있다. 이런 맥락에서 CRM이 대두되었고 지속적으로 발전하고 있다.

86 정답 ①

> **해설**

② 콜센터 조직은 초기 조직 적응에 따라 상담원의 역량 발휘가 결정된다.
③ 아웃소싱이 활용되어도 콜센터 인력의 특성은 임금이 낮아서 이직률이 높은 추세다.
④ 직업에 대한 만족감, 적극성, 고객응대 수준 등 상담원의 개인차가 심하고 그에 따라 성과 역시 천차만별이다.

87 정답 ②

> **해설**

① 사내공모제는 내부모집의 가장 대표적인 유형이다. 외부모집은 리크루팅, 인턴십 등을 통해 이루어진다.
③ 내부인력 활용 시는 외부인력 채용보다 부적격자가 승진할 위험성이 상대적으로 낮다.
④ 외부인력 활용 시는 모집범위를 넓힐 수 있고 내부인력 활용 시는 모집범위가 제한된다.

88 정답 ④

> **해설**

모니터링을 통해 조직 내부적으로는 통신판매활동의 고객접점에서 근무하는 직원들의 통화품질을 평가하고, 상담 스킬 향상을 도모한다. 콜 예측은 모니터링 평가결과보다는 아닌 업무수행 자체에서 이루어지는 일일, 주간, 월별 예측 활동이다.

89 정답 ③

> **해설**

콜센터의 통화품질은 내용(content), 프로세스(process), 구조(structure), 결과(outcome), 영향(impact)을 평가한다. 콜센터 내 사적 통화 방지는 인사노무 관리활동을 통해 수행된다.

90 정답 ④

> **해설**

상담원의 안정을 위해서는 고정급적인 요소를 운영하되, 성과와 실적을 자극하고 동기부여를 위해서는 성과급제를 병행해서 운영해야 한다.

91 정답 ②

해설

콜센터의 교육 과정으로 콜 분석 및 예측이 유용할 수 있으나 이는 기존 근무자 또는 관리자에게 필요한 교육과정이다. 신입 상담원은 회사 조기 적응을 위한 기초업무지식, 회사 전반적인 이해, 커뮤니케이션 스킬 등이 적합하다.

92 정답 ④

해설

참여적 리더십은 의사결정에 구성원을 참여시키고 소통을 강조하며, 업무 수행에 있어서 통제와 지시가 아닌 자율적인 분위기를 조성한다.

93 정답 ①

해설

SMART 목표는 George T. Dora가 1981년에 발행된 글에서 처음 제시하고 이후에 Robert S. Ruben 교수가 확장한 개념이다. Specific(구체적), Measurable(측정 가능한), Achievable(달성 가능한), Realistic(현실적), Time-bound(기한이 있는)의 뜻을 갖고 있다.

94 정답 ④

해설

콜센터 조직의 안정화와 관련하여 콜센터 심리공황의 방지책이 강구되어야 하며 이는 임시적이 아니라 사회적 지원 차원에서 영구적으로 운영되어야 한다.

95 정답 ①

해설

② 요소비교법은 조직 내 핵심이 되는 몇 개의 직무를 대상으로 조직 내에서 중요하게 여겨지는 가치들을 근거하여 사전에 평가요소를 선정하여 직무들의 상대적 가치를 비교하는 방법이다.
③ 서열법은 가장 오래되고 간단한 방법으로 직무의 복잡성 또는 직무의 중요도 등 조직에 일반적 가치기준으로 직무의 서열을 매기는 방법이다.
④ 분류법은 미리 결정된 등급에 따라 각 직무의 특성을 판단하여 해당 등급에 맞추어 넣는 평가 방법이다.

96 정답 ②

해설

인사고과는 종업원이 기업의 목적 달성에 얼마나 기여하고 있는지를 평가하여 그에 합당한 보상과 개발 및 관리방안을 수립하기 위해 시행된다. 직무의 가치평가는 인사고과가 아닌 직무 평가에서 이루어진다.

97 정답 ③

해설

기업의 통화 품질 관리(QA) 활동은 기업의 관점에서 재무적 관점, 프로세스적 관점, 성장과 학습 관점 등 객관적인 평가표를 통해 측정되어야 한다.

98 정답 ①

해설

② 대용승진은 마땅한 직책이 없을 경우 직무내용상 실질적 변화 없이 직위명칭 또는 자격호칭 등의 상승만 이루어지게 하는 형식적 승진이다.
③ 자격승진은 구성원들의 능력 신장 유도, 승진 정체 현상을 감소시키기 위한 것으로 직무수행능력에 따라 일정 자격이 되면 승진시킨다.
④ 역직승진은 직무에 따른 승진의 성격보다는 조직운영 원리(관리의 효율)에 의한 승진제도다.

99 정답 ③

해설

현혹 효과는 어느 한 평가요소가 피평가자의 다른 평가에 영향을 미치는 오류로 후광 효과라고도 한다. 평가자가 평가받는 사람의 한 가지 특성에 근거해서 나머지 모든 특성을 평가하는 오류이다.

100 정답 ②

해설

콜센터 BSC 성과 관리 관점은 재무적 관점, 프로세스적 관점, 성장과 학습 관점에서 이루어진다.

재무적 관점	생산성 및 수익성 향상, 고객 관점에서 고객 만족도, 원가 및 비용절감
프로세스적 관점	고객 유지 및 관리, 조직구성 및 채널의 다양성, 통화품질관리
성장과 학습 관점	시스템 및 정보 활용도, 커뮤니케이션, 인적 자원 육성 지표를 설정하여 관리

2차 실기

기출유형 모의고사

01 고객의 태도, 가치, 관심사, 성격적 특징으로 고객을 분류한다면 〈보기〉 중 어떤 기준에 해당하는지 쓰시오. (2점)

> 〈보기〉 인구학적 기준 / 심리학적 기준 / 지리학적 기준 / 행동학적 기준

02 〈보기〉는 빅데이터의 특징을 제시하고 있다. ㉠ ~ ㉢ 중 옳은 것을 두 가지 쓰시오. (4점)

> 〈보기〉 ㉠ 규모와 형식이 고정되어 있음
> ㉡ 데이터의 축적 속도가 실시간급으로 매우 빨라짐
> ㉢ 테라바이트급 이상의 초대용량으로 매우 큼

03 다음 〈보기〉의 설명에 해당하는 용어를 쓰시오. (5점)

> 〈보기〉 인터넷에 있는 웹페이지 및 웹문서를 방문하여 수집하는 것을 의미하며, 이를 통해 무수히 많은 컴퓨터에 분산·저장되어 있는 문서를 수집하여 색인 작업을 수행한다.

04 다음 설명에 해당하는 ㉠과 ㉡을 보기 중에서 골라 쓰시오. (4점)

(㉠) 소수의 집단을 대상으로 특정 주제에 대해 자유롭게 토론하게 하여 필요한 정보를 얻는다.
(㉡) 조사자가 일대일 면접을 통해 응답자의 잠재 의견을 알기 위해 연속적으로 질문한다.

> 〈보기〉 심층 면접 / 표적집단 면접법 / 서베이 조사

㉠ _____   ㉡ _____

정답 및 해설

01 심리학적 기준

02 ㉡, ㉢

03 크롤링(Crawling)

04 ㉠ 표적집단 면접법(FGI)   ㉡ 심층면접

05 다음 〈보기〉에 제시된 내용을 바탕으로 고객정보 분석절차를 ㉠ ~ ㉢까지 순서대로 쓰시오. (3점)

> 〈보기〉 결과수집 및 반영 / 고객에 대한 대응 / 고객에 대한 학습

(㉠   ) → (㉡   ) → (㉢   )

06 고객 관계 관리(CRM)의 이점을 3가지 쓰시오. (3점)

07 다음 설명에 해당하는 용어를 쓰시오. (5점)

> 고객이 타 기업으로 이탈 없이 기업과의 관계를 장기간 유지함으로써 개별 고객으로 증가하는 가치를 계산한 것이다. 고객들로부터 미래의 일정 기간 얻게 될 이익을 할인율에 따라 현재 가치로 환산한 재무적 가치를 의미한다.

08 고객 만족 경영의 효과 중 제품구매에서 만족한 고객이 주변 사람들에게 제품을 선전하는 효과를 〈보기〉 중에서 쓰시오. (2점)

> 〈보기〉 상표충성도 강화 / 비용 절감 / 구전 효과

09 커뮤니케이션 과정에서는 다양한 요인에 따라 장애가 발생할 수 있는데, 〈보기〉 중 송신자와 관련된 장애요인이 아닌 한 가지를 쓰시오. (2점)

> 〈보기〉 커뮤니케이션의 목표 결여 / 커뮤니케이션의 기술 부족 / 신뢰도의 결핍 / 정보의 과소

정답 및 해설

05 ㉠ 고객에 대한 학습 ㉡ 고객에 대한 대응 ㉢ 결과수집 및 반영
06 ① 고객과의 충성도를 강화할 수 있다.
　　② 고객 불만을 해결함으로써 고객 유지율을 개선한다.
　　③ 제품과 서비스에 만족하면 고객이 다른 사람에게 브랜드를 추천할 가능성이 커진다.
07 고객 생애가치(LTV)
08 구전 효과
09 정보의 과소

10 서비스 실패에 대한 반응으로서 고객의 불평 행동을 수정하거나 해결하기 위해 기업이 취하는 일련의 활동을 쓰시오. (5점)

11 고객 접점은 개인 간의 상호작용에 한정하지 않고 물리적 시설과 기타 유형적 요소와의 상호작용까지 포함하는 포괄적인 개념이다. 전화 접점의 개념과 예를 각각 쓰시오. (5점)

12 다음 설명에 해당하는 용어를 쓰시오. (5점)

> 상대방이 전달한 내용에 대한 표면적인 이해의 수준을 넘어 그의 주관적인 정서 상태를 이해하는 것이다.

13 컴플레인 대응의 이점을 3가지만 쓰시오. (4점)

14 제조사가 유통업자를 대상으로 자사의 취급제품을 소비자들이 구매하도록 유도하는 판매촉진의 전략을 쓰시오. (5점)

정답 및 해설

10 서비스 회복
11 개념 : 기업과 고객 간에 전화를 통해 이루어지는 접점
예 : 전화를 받는 종업원은 서비스 지식을 바탕으로 친절한 음성으로 응대한다.
12 공감(또는 공감적 경청)
13 ① 불만족한 고객과의 관계를 좋게 만들 수 있는 기회다.
② 부정적 구전을 피할 수 있는 기회가 된다.
③ 회사가 현재 서비스를 개선하고 있다는 이미지를 심어주는 계기가 된다.
14 푸시 전략

15 소비자가 의사결정을 할 때에는 관여 수준이 중요하게 작용하는데, 고관여 수준일 경우 ㉠과 ㉡에 들어갈 말을 〈보기〉에서 찾아 쓰시오. (4점)

> 소비자가 잘못 결정을 내릴 경우 입게 될 위험이 (㉠) 경우로 소비자는 구매 과정에 (㉡) 시간과 노력을 투입한다.

> 〈보기〉 큰 / 작은 / 적은 / 많은

16 다음은 포지셔닝의 과정을 나타내고 있다. 빈칸에 들어갈 ㉠과 ㉡을 〈보기〉 중에서 쓰시오. (4점)

> 소비자 분석 → (㉠) → 경쟁 제품의 포지션 분석 → 자사 제품의 포지션 개발 → 포지션 확인 → (㉡)

> 〈보기〉 경쟁자 확인 / 우수 제품 선정 / SWOT 분석 / 재포지셔닝

17 다음의 ㉠~㉢은 소비재를 설명하고 있다. 각각에 들어갈 용어를 쓰시오. (3점)

㉠	행동(구매)빈도가 높은 저가격의 제품으로 습관적 구매를 하는 경향이 강한 제품
㉡	여러 점포를 통해 상품을 비교한 후 최종구매가 이루어지는 상품
㉢	구매자의 지위와 연관이 있어 매우 높은 관여도와 높은 가격대의 제품

18 대행사를 이용하지 않고 자사 내에 텔레마케팅 설비와 필요한 인원을 배치하여 텔레마케팅 사업에 진출하는 형태를 쓰시오. (5점)

정답 및 해설

15 ㉠ 큰 　　　　㉡ 많은
16 ㉠ 경쟁자 확인 　　㉡ 재포지셔닝
17 ㉠ 편의품 　　　㉡ 선매품 　　　㉢ 전문품
18 인하우스 텔레마케팅

19 스크립트가 필요한 이유를 3가지 쓰시오. (3점)

20 텔레마케팅 성과를 측정해야 하는 이유를 2가지 쓰시오. (4점)

21 텔레마케팅 모니터링의 장점을 3가지 쓰시오. (3점)

22 괄호 안에 들어갈 ㉠과 ㉡을 각각 쓰시오. (4점)

(㉠)란 한 상품을 구입한 고객이 다른 상품을 추가로 구입하도록 유도하는 것을 목적으로 하는 판매전략이다.
(㉡)란 어떤 상품을 구입한 고객에게 보다 고급의 상품을 판매하는 전략을 의미한다.

정답 및 해설

19 ① 스크립트는 고객과 상담 시 상담단계별로 진행을 할 수 있도록 도와준다.
② 신입 텔레마케터나 상담부진 텔레마케터인 경우 스크립트를 교육과 훈련으로 활용하여 상담역량을 도모할 수 있다.
③ 스크립트는 텔레마케터가 고객과 상담 중에 돌발적인 상황이 발생되어 문제해결이 필요한 경우 다양한 상황으로 구성된 스크립트를 만들어 보완해 나갈 수 있다.

20 ① 성과 측정 결과에 따라 매체별 특성에 따른 효과를 알 수 있으므로 이를 바탕으로 마케팅전략을 수립할 수 있다.
② 마케팅 성과 측정에 따라 투입된 예산과 시간의 효율성 평가하여 마케팅의 성공 사례를 강화하고 실패 사례를 개선할 수 있다.

21 ① 성과기준을 제공하고 평가할 수 있다.
② 각 직원이 필요로 하는 교육을 파악할 수 있다.
③ 직원의 고객 응대 과정을 더욱 잘 알 수 있고 이를 통해 필요한 코칭을 제공할 수 있다.

22 ㉠ 교차 판매 ㉡ 상향 판매

23 고객과의 신뢰 관계, 친밀한 관계란 뜻으로 실질적 관계를 맺는 것을 뜻하는 용어를 쓰시오. (5점)

24 영상(video)과 상업(commerce)을 결합한 뉴미디어 마케팅으로 웹 사이트에 영상을 업로드하여 구매를 유도하는 전자상거래를 뜻하는 용어를 쓰시오. (5점)

25 인바운드 텔레마케터의 자질을 3가지 쓰시오. (6점)

정답 및 해설

23 라포(Rapport)

24 V커머스

25 ① 안정적인 목소리 톤과 정확한 발음
② 투철한 서비스 정신
③ 고객 설득능력

01 조직 경계 기준에 따라 고객을 내부 고객과 외부 고객으로 구분할 수 있는데 이를 각각 쓰시오. (4점)

- 내부 고객 :
- 외부 고객 :

02 정밀한 조사를 위한 가설을 수립하기 위해 사용하며 문제를 정의하는 것이 목적인 조사를 쓰시오. (5점)

03 〈보기〉 중 적은 시간 및 비용이 소요되며 고객에게 접근이 용이한 반면, 시청각적 보조물의 활용이 제한되는 특징을 지닌 조사를 쓰시오. (2점)

> 〈보기〉 전화조사, 면접조사, 우편조사

04 다음 설명에 해당하는 용어를 〈보기〉에서 찾아 쓰시오. (3점)

> 대량의 데이터 사이에 묻혀 있는 패턴을 발견하고 규칙을 추론함으로써, 의사결정을 지원하고 그 효과를 예측하기 위한 기법이다. 이 기법을 통해 특정 고객이 특정 상품을 더 잘 구매하는 경향을 발견하였다면 불특정 대중이 아닌 목표 고객에 집중된 마케팅을 수행할 수 있게 된다.

> 〈보기〉 데이터웨어하우스 / 데이터베이스 / 데이터마이닝 / 데이터마트 / DB마케팅

정답 및 해설

01 내부 고객 : 기업 내부의 업무를 처리하는 사람들로서 기업 조직의 내부에 존재하는 직원들을 지칭한다.
　　외부 고객 : 제품이나 서비스를 구매하는 사람들로서 직원들을 제외한 소비자를 지칭한다.
02 탐색조사
03 전화조사
04 데이터마이닝

05 회사 매출에 가장 중요한 인자는 최근성, 행동(구매)빈도, 구매금액이라는 가정을 두고, 이러한 3가지 관점에서 고객의 가치를 분석하는 방법을 쓰시오. (5점)

06 고객의 유입 경로를 2가지 쓰시오. (4점)

07 고객 수익기여도를 관리하기 위해서는 우량 고객에게 집중해야 한다. 파레토 법칙에서 제시된 20 : 80이 지니는 의미를 쓰시오. (5점)

08 텔레마케터의 전화 응대 기술 중 3 · 3 · 3 기법을 세 가지로 나누어서 각각 쓰시오. (3점)

09 〈보기〉는 고객 이탈 방지 프로세스를 제시한 것이다. ㉠ ~ ㉤까지 순서대로 쓰시오. (6점)

> 〈보기〉 이탈 고객의 파악 / 이탈 원인의 파악 / 이탈 모형의 개발 및 예측 / 이탈 고객의 정의 / 이탈 방지 활동 수행

(㉠) → (㉡) → (㉢) → (㉣) → (㉤)

정답 및 해설

05 RFM 분석
06 ① 기존 접점/구매 경로
　　② 신규 접점/구매 경로
07 일반적인 기업에서는 전체 수익의 80%를 20%의 우량 고객이 가져다 준다는 것을 의미한다.
08 ① 전화벨이 울리면 세 번 이내에 받는다.
　　② 통화는 핵심 내용으로 3분 안에 마칠 수 있도록 한다.
　　③ 용건을 마친 후에는 고객이 전화를 끊은 뒤 3초 후에 수화를 내려놓는다.
09 ㉠ 이탈 고객의 정의
　　㉡ 이탈 고객의 파악
　　㉢ 이탈 원인의 파악
　　㉣ 이탈 모형의 개발 및 예측
　　㉤ 이발 방지 활동 수행

10 VOC는 고객의 소리로 다양한 비대면 채널을 통해 고객으로부터 제시된다. VOC를 관리해야 하는 필요성을 3가지 쓰시오. (3점)

11 다음 설명에 해당하는 용어를 쓰시오. (5점)

> 고객이 서비스 기업의 종업원이나 특정 자원과 접촉하는 순간을 말하며, '진실의 순간' 또는 '결정적 순간'이라고 표현한다.

12 개방형 질문의 예와 장점을 각각 한 가지씩 쓰시오. (4점)

13 문제는 당사자가 해결해야 하지만 많은 고객은 책임자와 문제 해결을 하기 원한다. 이때 사람, 시간, 장소를 바꾸어 컴플레인을 처리하는 기법을 쓰시오. (5점)

정답 및 해설

10 ① 기업이 고객이탈을 막고 고객유지를 하기 위해서는 VOC를 관리해야 한다.
② 고객은 기업에 끊임없이 아이디어를 제공해 주는 원천이므로 고객의 소리를 적극적으로 들어야 한다.
③ 고객의 불만을 들어주는 것 자체가 중요한 고객 서비스가 되고 고객 불만을 해소해 줄 수 있는 기회가 된다.

11 MOT(Moment Of Truth)

12 예 : 저희 제품을 사용하신 느낌이 어떠셨나요?
장점 : 응답자가 자유롭게 응답할 수 있도록 함으로써 고객의 감정 혹은 사고까지도 파악할 수 있다.

13 MTP 기법

14 소비자들은 제품을 구입하고자 할 때 일련의 과정을 거친다. 다음 〈보기〉를 바탕으로 소비자의 구매의사 결정 과정을 ㉠ ~ ㉢까지 순서대로 쓰시오. (6점)

〈보기〉 대안 평가 / 구매 후 행동 / 구매 결정 / 정보 탐색 / 문제 인식

(㉠) → (㉡) → (㉢) → (㉣) → (㉤)

15 세분시장은 전략 수립에 의해 구성된 마케팅 믹스에 다르게 반응하여야 한다는 원칙을 쓰시오. (5점)

16 다음 ( )에 들어갈 말을 〈보기〉 중에서 쓰시오. (2점)

저가격 전략은 수요의 가격탄력성이 ( ) 경우 유용하다.

〈보기〉 높은 / 낮은

17 중앙에서 계획된 프로그램에 의해 경로 구성원들을 전문적으로 관리ㆍ통제하는 네트워크 형태의 경로조직을 나타내는 말을 쓰시오. (5점)

정답 및 해설

14 ㉠ 문제 인식
㉡ 정보 탐색
㉢ 대안 평가
㉣ 구매 결정
㉤ 구매 후 행동
15 차별적 반응
16 높은
17 수직적 마케팅 시스템(VMS)

18 텔레마케팅은 개인 소비자 대상의 판매 활동 이외에도 기업을 대상으로 수행 하는 경우도 있다. 기업 고객 대상의 텔레마케팅을 2가지 쓰시오. (4점)

19 텔레마케팅 성과 지표 중 고객 만족도에 영향을 주는 요인으로 평균 통화시간과 평균 마무리 시간의 합으로 산정하는 지표를 쓰시오. (5점)

20 종사원마다 또는 장소나 시간 등의 상황, 기계 사용능력 등에 따라서 품질이 달라지는 서비스의 특성을 〈보기〉에서 찾아 쓰시오. (2점)

〈보기〉 소멸성 / 이질성 / 비분리성 / 무형성

21 다음에 해당하는 용어를 쓰시오. (5점)

구매한 상품의 하자를 문제 삼아 기업이나 판매자를 상대로 과대한 피해 보상금을 요구하거나 거짓으로 피해를 본 것처럼 꾸며 보상을 요구

정답 및 해설

18 ① 기업체를 대상으로 판매경로와 상권 확대를 도모할 수 있다.
② 기업 간 여러 가지 수·발주 업무의 원활한 처리 활동
19 평균처리시간
20 이질성
21 블랙 컨슈머

22 다음 설명에 해당하는 용어를 보기에서 찾아 쓰시오. (2점)

> 고객 유지율을 높이는 비교적 쉬운 방법으로 포인트 시스템이나 VIP 보상 프로그램 등을 통해 구매 시 추가적인 가치를 부여하는 방법이다.

> 〈보기〉 닛치 마케팅 / 고객 충성도 프로그램 / CTI

23 다음 설명에 해당하는 용어를 쓰시오. (5점)

> 정기적 또는 지속적으로 고객과 전화나 대면으로 접촉하여 만족도 또는 컴플레인 등을 간단하게 서베이 한다. 이를 통해 얻은 자료로 데이터베이스를 구축한 후, 피드백 과정을 통해 서비스를 보완하여 더 나은 서비스를 제공함으로써 고객을 유지해가는 마케팅전략이다.

24 수요의 가격탄력성이 높을 경우 생존 및 시장점유율 극대화를 위해 취하는 가격 전략이 무엇인지 〈보기〉 중에서 찾아 쓰시오. (2점)

> 〈보기〉 고가격 전략 / 대등가격 전략 / 저가격 전략

25 아웃바운드 텔레마케팅 수행 시 콜드콜(cold call) 극복 방안을 3가지 쓰시오. (3점)

정답 및 해설

22 고객 충성도 프로그램
23 트레일러 콜
24 저가격 전략
25 ① 통화 전 전화에 대한 부정적인 감정을 철저히 분리하여 통화의 두려움을 극복해야 한다.
    ② 일일단위로 전화 목표량을 설정한다.
    ③ 지속적인 상담과 판매기술을 개발한다.

COMPLETE - PASS

텔레
마케팅
관리사

1 · 2차 한권으로 끝내기

개정판인쇄	2024년 1월 5일	
개정판발행	2025년 1월 10일	

편 저	텔레마케팅 교육 연구소	
발 행 인	최현동	
발 행 처	신지원	

주 소	07532 서울특별시 강서구 양천로 551-17, 813호(가양동, 한화비즈메트로 1차)
전 화	(02) 2013-8080
팩 스	(02) 2013-8090
등 록	제16-1242호

교재구입문의 (02) 2013-8080~1

ISBN 979-11-6633-488-7 13320

정 가 32,000원